MARC ZITZMANN

Rechtsschutz in der Pandemie

Schriften zum Öffentlichen Recht

Band 1591

Rechtsschutz in der Pandemie

Eine Analyse der verfassungs- und verwaltungsgerichtlichen Rechtsprechung zu Coronamaßnahmen

Von

Marc Zitzmann

Duncker & Humblot · Berlin

Die Rechtswissenschaftliche Fakultät
der Friedrich-Schiller-Universität Jena hat diese Arbeit im Jahre 2025
als Dissertation angenommen.

Bibliografische Information der Deutschen Nationalbibliothek

Die Deutsche Nationalbibliothek verzeichnet diese Publikation in
der Deutschen Nationalbibliografie; detaillierte bibliografische Daten
sind im Internet über http://dnb.d-nb.de abrufbar.

Satz: 3w+p GmbH, Rimpar
Druck: Beltz Grafische Betriebe GmbH, Bad Langensalza

ISSN 0582-0200
ISBN 978-3-428-19789-7 (Print)
ISBN 978-3-428-59789-5 (E-Book)
Gedruckt auf alterungsbeständigem (säurefreiem) Papier
entsprechend ISO 9706 ♾

Verlagsanschrift: Duncker & Humblot GmbH, Carl-Heinrich-Becker-Weg 9,
12165 Berlin, Germany | E-Mail: info@duncker-humblot.de
Internet: https://www.duncker-humblot.de

Für meinen Onkel Erich

Vorwort

Die Coronapandemie hat einige Wortneuschöpfungen mit sich gebracht: *Wellenbrecherlockdown*, *Bundesnotbremse*, *Öffnungsdiskussionsorgien*. Ein Wort erblickte schon im Herbst 2020 das Licht der Welt, behielt seine Aktualität aber bis heute: *Pandemiemüdigkeit*. Sechs Jahre nach Beginn des weltweiten Siegeszugs von SARS-CoV-2 beschreibt es treffend die Beziehung vieler Menschen zu einer zeitgeschichtlichen Epoche, die heute – zurück in der vorpandemischen Normalität – schon fast surreal wirkt. Entnervt von den Einschränkungen, Entbehrungen und Belastungen der damaligen Zeit, beschäftigt mit anderen Sorgen in einer Epoche der Dauerkrisen ist die Bereitschaft, sich mit längst Geschehenem und vermeintlich Abgeschlossenem zu beschäftigen, denkbar gering.

Doch ist die Phase der gesellschaftlichen und staatlichen Pandemiebewältigung wirklich so abgeschlossen, wie es zunächst wirken mag? Mancher Konflikt zwischen *Querdenkern*, *Team Eigenverantwortung* und *Team Vorsicht* ist bis heute nicht vollständig überwunden. Das Vertrauen vieler Menschen in die Fähigkeiten und die Integrität staatlicher Institutionen hat gelitten; der Hass auf manche Akteure der damaligen Zeit hält sich bis heute. Und ohnehin: Die nächste Pandemie steht womöglich schon vor der Tür. Eine Aufarbeitung, ein Blick zurück, so scheint es mir, ist weiterhin das Gebot der Stunde, um den Fokus sodann wieder etwas beruhigter und erfahrungsreicher nach vorne richten zu können. Hierzu soll dieses Werk seinen Beitrag leisten.

Die vorliegende Arbeit wurde von der Rechtswissenschaftlichen Fakultät der Friedrich-Schiller-Universität Jena im Oktober 2025 als Dissertation angenommen. Rechtsprechung und Literatur konnten im Wesentlichen bis Mitte November 2025 berücksichtigt werden.

Gewidmet ist dieses Buch meinem viel zu früh verstorbenen Onkel Erich Zitzmann, der mich überhaupt erst auf die Idee zu dieser Untersuchung brachte. Zu unendlichem Dank verpflichtet bin ich meinen Eltern, die mich über all die Jahre stets unermüdlich und bedingungslos unterstützten und unterstützen. Meiner Doktormutter, Frau Professor Dr. Anika Klafki, danke ich für die Aufnahme als externer Doktorand und die vielen hilfreichen Hinweise und Anmerkungen, die dieses Werk entscheidend mitgeprägt haben.

Berlin, im Februar 2026 *Marc Zitzmann*

Inhaltsverzeichnis

Einführung

Corona und Recht 17

1. Teil

Rechtsprechung zu Pandemiebekämpfungsmaßnahmen in der Coronapandemie 46

2. Teil

Prozessuale Aspekte 181

Einführung

Corona und Recht

A. COVID-19: Eine neue Krise

Als Angela Merkel am 31. Dezember 2019 vor die Kameras trat, war die damalige Bundeskanzlerin voller Zuversicht. „Die 20er Jahre", so hoffte die Kanzlerin in ihrer Neujahrsansprache, „können gute Jahre werden".[1] Für das erste Jahr dieses neuen Jahrzehnts prognostizierte *Der Spiegel* einen „globalen Stresstest".[2] Brexit, US-Wahl und Rechtspopulismus würden 2020 zu einem außenpolitisch herausfordernden Jahr machen. Dass im zentralchinesischen Wuhan 27 Menschen mit einer rätselhaften Lungenerkrankung in Quarantäne gebracht wurden, war an diesem Tag nur eine Randnotiz.[3] Niemand ahnte, dass Merkel dreieinhalb Monate später erneut vor die Kameras treten würde, um die Bevölkerung auf die größte Herausforderung „seit der Deutschen Einheit, nein, seit dem Zweiten Weltkrieg" einzustimmen.[4] Aus der mysteriösen Lungenkrankheit im entfernten Zentralchina war unlängst ein globaler Stresstest geworden. Der internationale Reiseverkehr war weitgehend zum Erliegen gekommen, Börsenkurse brachen ein. Die Welt stand still. Die ersten Jahre des neuen Jahrzehnts verbrachten Deutschland und die Welt im Krisenzustand.

Die Coronakrise reiht sich ein in eine ganze Reihe von Krisen. Der 11. September 2001 löste eine „Terrorismuskrise" aus. Der „Krieg gegen den Terror" wurde nicht nur in Form von langwierigen Militäreinsätzen geführt, sondern zog auch in Deutschland erweiterte Befugnisse der Sicherheitsbehörden zur Gefahrenverhütung nach sich, auf Kosten der Freiheit. Zur Prävention von Gefahren wurde so etwa die Telefonüberwachung, die Rasterfahndung und die heimliche Online-Durchsuchung eingeführt.[5] Die Bankenkrise 2008/2009 und die folgende Eurokrise machten erhebliche staatliche Interventionen notwendig, etwa Wert-

---

[1] Neujahrsansprache der Bundeskanzlerin, Bulletin der Bundesregierung Nr. 01-1 vom 1. Januar 2020.

[2] Jahresvorschau. Das wird das Jahr 2020 politisch, Der Spiegel vom 31. Dezember 2019.

[3] Wuhan – Zentralchina meldet mysteriöse Lungenkrankheit, Der Spiegel vom 31. Dezember 2019.

[4] Ansprache zur aktuellen Lage aufgrund des Coronavirus, Bulletin der Bundesregierung Nr. 37-1 vom 18. März 2020.

[5] *Lepsius*, in: Merkel/Nolte/Schuppert/Zürn, Der Rechtsstaat unter Bewährungsdruck, 2010, S. 23, 26 f.

papieraufkaufprogramme unter Leitung der Europäischen Zentralbank. In der „Flüchtlingskrise“ 2015/2016 gelangten die europäischen Verteilungsmechanismen und die innereuropäische Solidarität an ihre Grenzen. Zwischendurch wirft der Klimawandel in Form von Extremwetterereignissen und Naturkatastrophen seinen Schatten voraus, in der öffentlichen Debatte ist unlängst von der „Klimakrise“ oder gar „Klimakatastrophe“ die Rede.

Die Freiheitsbeschränkungen im Nachgang des 11. September 2001 zeichneten – und zeichnen – sich dadurch aus, dass sie teils tief ins Private eingreifen, man sich ihnen aber auch in der Öffentlichkeit nicht entziehen kann.[6] Außerdem weisen sie eine hohe Streubreite auf, treffen also auch viele unbeteiligte Personen (etwa die Anrufer eines überwachten Telefonanschlusses).[7] Gerade die Überwachung im privaten Bereich stellte eine neue Qualität von Grundrechtseingriffen dar, wenngleich dieser Trend durch die Terrorismusbekämpfung nur beschleunigt, nicht aber ausgelöst wurde.[8] Auch in der Coronakrise kam es zu einer neuen Qualität von Grundrechtseingriffen, verursacht durch die staatlichen Bekämpfungsmaßnahmen. Die Eingriffe waren vielfältig. Ausgangsbeschränkungen sanktionierten sogar, sich vor die eigene Haustür zu begeben. Auch mit Kontaktbeschränkungen wurde tief ins Private eingegriffen. Es ging aber nicht mehr nur darum, das Verhalten im Privaten zu überwachen, sondern darum, sozialübliches Verhalten im privaten Raum streng zu begrenzen. Andere ergriffene Maßnahmen waren dagegen bereits vor Corona bekannt und etabliert. Schon vor der Pandemie konnte das Gesundheitsamt zeitweise einen Gastronomiebetrieb schließen, Ansteckungsverdächtigte zuhause absondern oder einen Kindergarten geschlossen halten. Neu war aber, dass diese Maßnahmen eine Vielzahl von Adressaten betrafen, über längere Zeiträume angeordnet und mit einem ganzen Bündel anderer Maßnahmen kumulativ erlassen wurden.

Die politischen Reaktionen auf Krisen beschäftigen auch die Gerichte. Neue Befugnisse zur Terrorismusbekämpfung erreichten in Form von Präzedenzfällen das BVerfG,[9] ähnlich verhielt es sich bei den Wertpapieraufkaufprogrammen der Europäischen Zentralbank.[10] Gerade dann, wenn Gerichte den Behörden die Gefahrenabwehr erschweren, werden Entscheidungen Gegenstand der öffentlichen Diskussion. Teils müssen sich die Gerichte dann darum bemühen, ihre Autorität zu bewahren. So wurde als Reaktion auf den 11. September 2001 dem Bundes-

---

[6] *Lepsius*, in: Merkel/Nolte/Schuppert/Zürn, Der Rechtsstaat unter Bewährungsdruck, 2010, S. 23, 27 f.

[7] *Lepsius*, in: Merkel/Nolte/Schuppert/Zürn, Der Rechtsstaat unter Bewährungsdruck, 2010, S. 23, 29.

[8] So begann diese Entwicklung bereits 1998 mit dem „großen Lauschangriff“ zur Bekämpfung der „organisierten Kriminalität“, siehe dazu *Lepsius*, in: Merkel/Nolte/Schuppert/Zürn, Der Rechtsstaat unter Bewährungsdruck, 2010, S. 23, 24–26.

[9] So etwa im Falle einer niedersächsischen Regelung zur Rasterfahndung zu präventivpolizeilichen Zwecken, siehe BVerfGE 113, 348.

[10] Siehe etwa die Entscheidung zum PSPP-Programm, BVerfGE 154, 17.

verteidigungsminister die Befugnis eingeräumt, ein entführtes Luftfahrzeug notfalls abschießen zu lassen. Nachdem das BVerfG die Verfassungswidrigkeit der Regelung feststellte,[11] erklärte der damalige Verteidigungsminister, er würde ein solches Renegade-Flugzeug notfalls trotz der Entscheidung des BVerfG abschießen lassen.[12] Die Coronamaßnahmen zogen nicht nur Präzedenzentscheidungen nach sich, sie sorgten auch für eine regelrechte „Prozessflut" vor den Verwaltungsgerichten,[13] welche medial stark begleitet wurde. Auch hier liefen Gerichte Gefahr, als Hindernis für die Pandemiebekämpfung wahrgenommen zu werden. Entsprechende Einlassungen finden sich sowohl von Medizinern[14] als auch aus der Politik.[15] Ebenso sah sich die Rechtsprechung der Kritik ausgesetzt, sie wäre den intensiven Grundrechtseingriffen gegenüber zu unkritisch gewesen.[16] Ehe diese auch in der juristischen Diskussion vertretene Kritik näher betrachtet wird (C.), sollen zunächst Umstände und Verlauf der Coronapandemie in Erinnerung gerufen werden (B.).

B. Die Coronapandemie

I. Eigenschaften und Verbreitung von Corona

Das Virus SARS-CoV-2 gehört zur Familie der Coronaviren.[17] Einige Coronaviren zirkulieren endemisch, treten also bei einem größeren Teil der Bevölke-

---

[11] BVerfGE 115, 118.

[12] Berufung auf Notstand. Jung würde entführtes Flugzeug abschießen lassen, Spiegel vom 16. September 2007.

[13] Zu der genauen Zahl der Eingänge bei den Verwaltungsgerichten finden sich unterschiedliche Zahlen und Schätzungen; sie dürfte im vier- oder fünfstelligen Bereich liegen. Ähnlich verhielt es sich bereits zuvor im Rahmen der „Flüchtlingskrise".

[14] So etwa der Ärztefunktionär *Frank Ulrich Montgomery*: „Ich stoße mich daran, dass kleine Richterlein sich hinstellen und wie gerade in Niedersachsen 2G im Einzelhandel kippen, weil sie es nicht für verhältnismäßig halten. […]", siehe dazu *Vitzthum*, Frank Ulrich Montgomery – „Stoße mich daran, dass kleine Richterlein 2G im Einzelhandel kippen", WELT vom 27. Dezember 2021.

[15] So etwa der damals amtierende Regierende Bürgermeister von Berlin, *Michael Müller*, wenngleich sich seine Kritik primär an die Antragsteller richtete. Siehe dazu Berliner Senat will Sperrstunde gerichtsfest machen, n-tv.de vom 20. Oktober 2020.

[16] Siehe beispielsweise *Sehl*, Sind die Gerichte zu ängstlich?, LTO vom 28. September 2021.

[17] *Robert Koch-Institut*, SARS-CoV-2: Virologische Basisdaten sowie Virusvarianten im Zeitraum von 2020–2022, abrufbar unter https://www.rki.de/DE/Themen/Infektionskrankheiten/Infektionskrankheiten-A-Z/C/COVID-19-Pandemie/Virologische_Basisdaten.html (letzter Abruf: 18. November 2025).

rung fortwährend auf[18] und verursachen meist nur milde Erkältungskrankheiten.[19] Mit SARS-CoV verursachte allerdings ein Coronavirus bereits 2002/2003 eine SARS-Epidemie,[20] es ist eng mit SARS-CoV-2 verwandt.[21] SARS-CoV-2 wird hauptsächlich durch die Atemluft übertragen,[22] insbesondere über Aerosole, also kleine Partikel, welche gerade in geschlossenen Räumen länger in der Luft stehen und sich dort konzentrieren können.[23] Übertragungen finden daher tendenziell in Innenräumen statt. Übertragungen im Freien machen dagegen nur einen geringen Anteil am Infektionsgeschehen aus und sind gerade bei Einhaltung von Mindestabständen unwahrscheinlich.[24]

SARS-CoV-2 ist der Auslöser der Erkrankung COVID-19.[25] Eine Erkrankung kann unbemerkt und symptomlos verlaufen, milde Symptome wie Nasenrachenentzündungen, Atembeschwerden, Übelkeit und den temporären Verlust des Geruchs- und Geschmacksinns verursachen,[26] aber auch zu schweren, beatmungspflichtigen Lungenentzündungen und Multiorganversagen bis hin zum Tod füh-

---

[18] *Robert Koch-Institut*, Fachwörterbuch „Infektionsschutz und Infektionsepidemiologie", abrufbar unter https://www.rki.de/DE/Themen/Infektionskrankheiten/Fachwoerterbuch_Infektionsschutz.pdf (letzter Abruf: 18. November 2025), Stichwort „Endemie".

[19] *Robert Koch-Institut*, SARS-CoV-2: Virologische Basisdaten sowie Virusvarianten im Zeitraum von 2020–2022, abrufbar unter https://www.rki.de/DE/Themen/Infektionskrankheiten/Infektionskrankheiten-A-Z/C/COVID-19-Pandemie/Virologische_Basisdaten.html (letzter Abruf: 18. November 2025).

[20] *Robert Koch-Institut*, SARS-CoV-2: Virologische Basisdaten sowie Virusvarianten im Zeitraum von 2020–2022, abrufbar unter https://www.rki.de/DE/Themen/Infektionskrankheiten/Infektionskrankheiten-A-Z/C/COVID-19-Pandemie/Virologische_Basisdaten.html (letzter Abruf: 18. November 2025).

[21] *Gorbalenya u. a.*, Nat Microbiol 2020 (5), 536.

[22] *Sachverständigenausschuss nach § 5 Abs. 9 IfSG*, Evaluation der Rechtsgrundlagen und Maßnahmen der Pandemiepolitik, S. 20, abrufbar unter https://www.bundesgesundheitsministerium.de/fileadmin/Dateien/3_Downloads/S/Sachverstaendigenausschuss/220630_Evaluationsbericht_IFSG_NEU.pdf (letzter Abruf: 18. November 2025).

[23] *Sachverständigenausschuss nach § 5 Abs. 9 IfSG*, Evaluation der Rechtsgrundlagen und Maßnahmen der Pandemiepolitik, S. 20, abrufbar unter https://www.bundesgesundheitsministerium.de/fileadmin/Dateien/3_Downloads/S/Sachverstaendigenausschuss/220630_Evaluationsbericht_IFSG_NEU.pdf (letzter Abruf: 18. November 2025).

[24] *Robert Koch-Institut*, RKI-Ratgeber COVID-19, Stand: 22. Mai 2025, abrufbar unter https://www.rki.de/DE/Aktuelles/Publikationen/RKI-Ratgeber/Ratgeber/Ratgeber_COVID-19.html (letzter Abruf: 18. November 2025).

[25] *Robert Koch-Institut*, SARS-CoV-2: Virologische Basisdaten sowie Virusvarianten im Zeitraum von 2020–2022, abrufbar unter https://www.rki.de/DE/Themen/Infektionskrankheiten/Infektionskrankheiten-A-Z/C/COVID-19-Pandemie/Virologische_Basisdaten.html (letzter Abruf: 18. November 2025).

[26] *Robert Koch-Institut*, RKI-Ratgeber COVID-19, Stand: 22. Mai 2025, abrufbar unter https://www.rki.de/DE/Aktuelles/Publikationen/RKI-Ratgeber/Ratgeber/Ratgeber_COVID-19.html (letzter Abruf: 18. November 2025).

ren.[27] Schwere Verläufe treten nicht ausschließlich, aber insbesondere bei bestimmten Risikogruppen auf. Besonders gefährdet sind ältere Personen, wobei das Risiko ab 60 Lebensjahren weiter zunimmt.[28] Die Infektionssterberate – also der Anteil der Infizierten, der verstorben ist – schätzte das Robert Koch-Institut im November 2021 auf Basis der deutschen Meldedaten auf 0,4–0,9 %.[29]

Der Nachweis einer Infektion mit dem SARS-CoV-2-Virus kann einerseits mit einem PCR-Test (Reverse-Transkriptase-Polymerase-Kettenreaktion) geführt werden.[30] Im Laufe der Pandemie standen zunehmend auch Antigentests („Schnelltests") zur Verfügung. Im Gegensatz zu PCR-Tests weisen Antigentests eine geringere Spezifizität und Sensitivität auf, sie sind also häufiger falsch-positiv und falsch-negativ.[31] Der Nachweis des Erregers ist meldepflichtig, wie auch eine Erkrankung, ein Erkrankungsverdacht und der Tod in Bezug auf COVID-19 (§§ 6 Abs. 1 Nr. 1 lit. t, 7 Abs. 1 Nr. 44a IfSG). Das Robert Koch-Institut errechnete daraus während der Pandemie aktuelle Zahlen, wobei gerade zwei Werte in der politisch-medialen Diskussion eine besondere Rolle spielten. Zum einen war dies die 7-Tage-Inzidenz. Diese gibt an, wie viele neue Infektionen innerhalb der letzten sieben Tage pro 100.000 Einwohner gemeldet wurde. Da dieser Wert abhängig von der verfolgten Teststrategie ist, gilt er als problematisch.[32] Gerade in der ersten Welle spielte daneben die Reproduktionszahl („R-Wert") eine politische Rolle. Die Reproduktionszahl gibt an, wie viele Personen von einer infi-

---

[27] *Sachverständigenausschuss nach § 5 Abs. 9 IfSG*, Evaluation der Rechtsgrundlagen und Maßnahmen der Pandemiepolitik, S. 20, abrufbar unter https://www.bundesgesundheitsministerium.de/fileadmin/Dateien/3_Downloads/S/Sachverstaendigenausschuss/220630_Evaluationsbericht_IFSG_NEU.pdf (letzter Abruf: 18. November 2025).

[28] *Robert Koch-Institut*, RKI-Ratgeber COVID-19, Stand: 22. Mai 2025, abrufbar unter https://www.rki.de/DE/Aktuelles/Publikationen/RKI-Ratgeber/Ratgeber/Ratgeber_COVID-19.html (letzter Abruf: 18. November 2025).

[29] *Robert Koch-Institut*, Epidemiologischer Steckbrief zu SARS-CoV-2 und COVID-19, abrufbar unter und zitiert nach https://web.archive.org/web/20241217041716/https://www.rki.de/DE/Content/InfAZ/N/Neuartiges_Coronavirus/Steckbrief.html?nn=13490888 (letzter Abruf: 18. November 2025).

[30] *Robert Koch-Institut*, Hinweise zur Testung von Patientinnen und Patienten auf SARS-CoV-2, Stand: 20. Dezember 2023, abrufbar unter https://www.rki.de/DE/Themen/Infektionskrankheiten/Infektionskrankheiten-A-Z/C/COVID-19/Diagnostik-Hinweise.html (letzter Abruf: 18. November 2025).

[31] *Robert Koch-Institut*, Hinweise zur Testung von Patientinnen und Patienten auf SARS-CoV-2, Stand: 20. Dezember 2023, abrufbar unter https://www.rki.de/DE/Themen/Infektionskrankheiten/Infektionskrankheiten-A-Z/C/COVID-19/Diagnostik-Hinweise.html (letzter Abruf: 18. November 2025).

[32] *Sachverständigenausschuss nach § 5 Abs. 9 IfSG*, Evaluation der Rechtsgrundlagen und Maßnahmen der Pandemiepolitik, S. 44 f., abrufbar unter https://www.bundesgesundheitsministerium.de/fileadmin/Dateien/3_Downloads/S/Sachverstaendigenausschuss/220630_Evaluationsbericht_IFSG_NEU.pdf (letzter Abruf: 18. November 2025).

zierten Person im Schnitt angesteckt werden.[33] Bei einer Reproduktionszahl von 1 bleibt das Infektionsgeschehen konstant, bei einem Wert kleiner 1 geht das Infektionsgeschehen zurück. Die Basisreproduktionszahl R_0 bezieht sich auf ein Szenario, in welchem keine infektionsverhindernden Maßnahmen verhängt werden.[34] Für den ursprünglichen SARS-CoV-2-Erreger wurde ein mittlerer R_0-Wert von 2,8 bis 3,8 ermittelt, wobei eine Überschätzung des Wertes in der Anfangszeit nicht auszuschließen ist.[35]

Um das Risiko in geschlossenen Räumen zu senken, wurde hier das Tragen von Masken empfohlen. In Studien konnte klar belegt werden, dass OP-Masken und FFP2-/FFP3-Masken unter Laborbedingungen die Übertragung von SARS-CoV-2 vermindern.[36] Allerdings ist die Schutzwirkung davon abhängig, ob die Masken korrekt getragen werden, was gerade bei FFP2/FFP3-Masken nicht trivial ist; schlimmstenfalls droht gar ein negativer Effekt.[37] Ob die Maskenpflicht in der Praxis einen nennenswerten Effekt hatte, ist nicht abschließend geklärt.[38]

Ab dem Frühjahr 2021 standen zunehmend Impfstoffe zur Verfügung. Gerade in der Politik herrschte zu Beginn die Erwartungshaltung, dass Geimpfte das Virus nicht mehr übertrügen und man durch eine hohe Impfquote die Verbreitung des Virus eindämmen könne.[39] Spätestens mit fortschreitenden Mutationen von SARS-CoV-2 galt es als gesichert, dass die Impfstoffe allenfalls temporär das

---

[33] *Robert Koch-Institut*, Fachwörterbuch „Infektionsschutz und Infektionsepidemiologie", abrufbar unter https://www.rki.de/DE/Themen/Infektionskrankheiten/Fachwoerterbuch_Infektionsschutz.pdf (letzter Abruf: 18. November 2025), Stichwort „Basisreproduktionszahl".

[34] *Robert Koch-Institut*, Fachwörterbuch „Infektionsschutz und Infektionsepidemiologie", abrufbar unter https://www.rki.de/DE/Themen/Infektionskrankheiten/Fachwoerterbuch_Infektionsschutz.pdf (letzter Abruf: 18. November 2025), Stichwort „Basisreproduktionszahl".

[35] *Robert Koch-Institut*, Epidemiologischer Steckbrief zu SARS-CoV-2 und COVID-19, abrufbar unter und zitiert nach https://web.archive.org/web/20241217041716/https://www.rki.de/DE/Content/InfAZ/N/Neuartiges_Coronavirus/Steckbrief.html?nn=13490888 (letzter Abruf: 18. November 2025).

[36] So etwa *Andrejko u. a.*, MMWR Morb Mortal Wkly Rep 2022, 71 (6), 212; *Bagheri/Thiede/Hejazi/Schlenczek/Bodenschatz*, Proc. Natl. Acad. Sci. U.S.A. 2021, 118 (49); *Brooks/Butler*, JAMA 2021, 325 (10), 998; *Chan u. a.*, Clinical Infectious Diseases 2020, 71 (16), 2139.

[37] *Sachverständigenausschuss nach § 5 Abs. 9 IfSG*, Evaluation der Rechtsgrundlagen und Maßnahmen der Pandemiepolitik, S. 88, abrufbar unter https://www.bundesgesundheitsministerium.de/fileadmin/Dateien/3_Downloads/S/Sachverstaendigenausschuss/220630_Evaluationsbericht_IFSG_NEU.pdf (letzter Abruf: 18. November 2025).

[38] *Sachverständigenausschuss nach § 5 Abs. 9 IfSG*, Evaluation der Rechtsgrundlagen und Maßnahmen der Pandemiepolitik, S. 87–91, abrufbar unter https://www.bundesgesundheitsministerium.de/fileadmin/Dateien/3_Downloads/S/Sachverstaendigenausschuss/220630_Evaluationsbericht_IFSG_NEU.pdf (letzter Abruf: 18. November 2025).

[39] Siehe etwa den Bund-Länder-Beschluss vom 22. März 2021, abrufbar unter https://www.bundesregierung.de/breg-de/service/archiv/videokonferenz-der-bundeskanzlerin-mit-den-regierungschefinnen-und-regierungschefs-der-laender-am-22-maerz-2021-1880086 (letzter Abruf: 18. November 2025).

Risiko senken kann, dass Infizierte das Virus weiterverbreiten.[40] Allerdings senkt die Impfung dauerhaft das Risiko von schweren Verläufen und damit das Risiko einer Überlastung des Gesundheitssystems.[41]

II. Coronapandemie in Deutschland

1. Zeitliche Entwicklung der Pandemiebekämpfung

Für die Darstellung des zeitlichen Verlaufs wird im Folgenden – wie auch in der späteren Untersuchung – auf eine retrospektive Phaseneinteilung zurückgegriffen, die vom Robert Koch-Institut erarbeitet und mehrfach aktualisiert wurde.[42] Das Robert Koch-Institut identifiziert hier neun verschiedene Phasen. Der Verlauf wird darin in „Wellen" beschrieben, also Phasen stark zu- und wieder abnehmender Infektionszahlen, und in „Plateaus", in denen sich die Infektionszahlen auf niedrigem Niveau bewegen. Für die Zwecke dieser Arbeit ist eine Unterteilung in ein neunphasiges Modell aber zu ausdifferenziert, weshalb im Folgenden zur besseren Übersichtlichkeit mehrere Phasen zu einem vierphasigen Modell zusammengefasst werden. Zur besseren Verständlichkeit sei über die wesentlichen Entwicklungsschritte und die Phaseneinteilung zunächst gemeinsam mit den wichtigsten Indikatoren – der 7-Tage-Inzidenz, dem R-Wert und der Zahl der Intensivpatienten – ein visueller Überblick gegeben:[43]

[40] *Külper-Schiek u. a.*, Front. Immunol. 2022 (13), 940562.

[41] *Lauring u. a.*, BMJ 2022, 376:e069761; *Külper-Schiek u. a.*, Front. Immunol. 2022 (13), 940562.

[42] Siehe zur dritten und letzten Aktualisierung *Tolksdorf/Loenenbach/Buda*, Epid.Bull. 2022 (38), 3.

[43] Siehe dazu oben S. 21 f. – Die Kurve „Intensivpatienten" beschreibt die Anzahl aller in intensivmedizinischer Behandlung befindlicher SARS-CoV-2-positiver Patienten (nur bei labordiagnostischem Nukleinsäure- oder Antigennachweis; keine klinischen Verdachtsfälle), inklusive der Zählung von COVID-19-Patienten mit zurückliegendem SARS-CoV-2-Nachweis, die weiterhin mit ihrer COVID-19-Erkrankung intensivmedizinisch behandelt wurden. Die Daten stammen vom *Robert Koch-Institut*, Intensivkapazitäten und COVID-19-Intensivbettenbelegung in Deutschland, abrufbar unter https://zenodo.org/doi/10.5281/zenodo.12635204 (letzter Abruf: 18. November 2025). – Die Kurve „R-Wert" gibt den Punktschätzer des 7-Tage-R-Wertes wieder. Die Daten stammen von *an der Heiden*, SARS-CoV-2-Nowcasting und -R-Schätzung, abrufbar unter https://zenodo.org/doi/10.5281/zenodo.8062328 (letzter Abruf: 18. November 2025). – Die Kurve „Inzidenz" beschreibt die COVID-19-Fälle mit Meldedatum innerhalb der letzten sieben Tage je 100.000 Einwohnern. Die Daten stammen vom *Robert Koch-Institut*, 7-Tage-Inzidenz der COVID-19-Fälle in Deutschland, abrufbar unter https://zenodo.org/doi/10.5281/zenodo.12631992 (letzter Abruf: 18. November 2025).

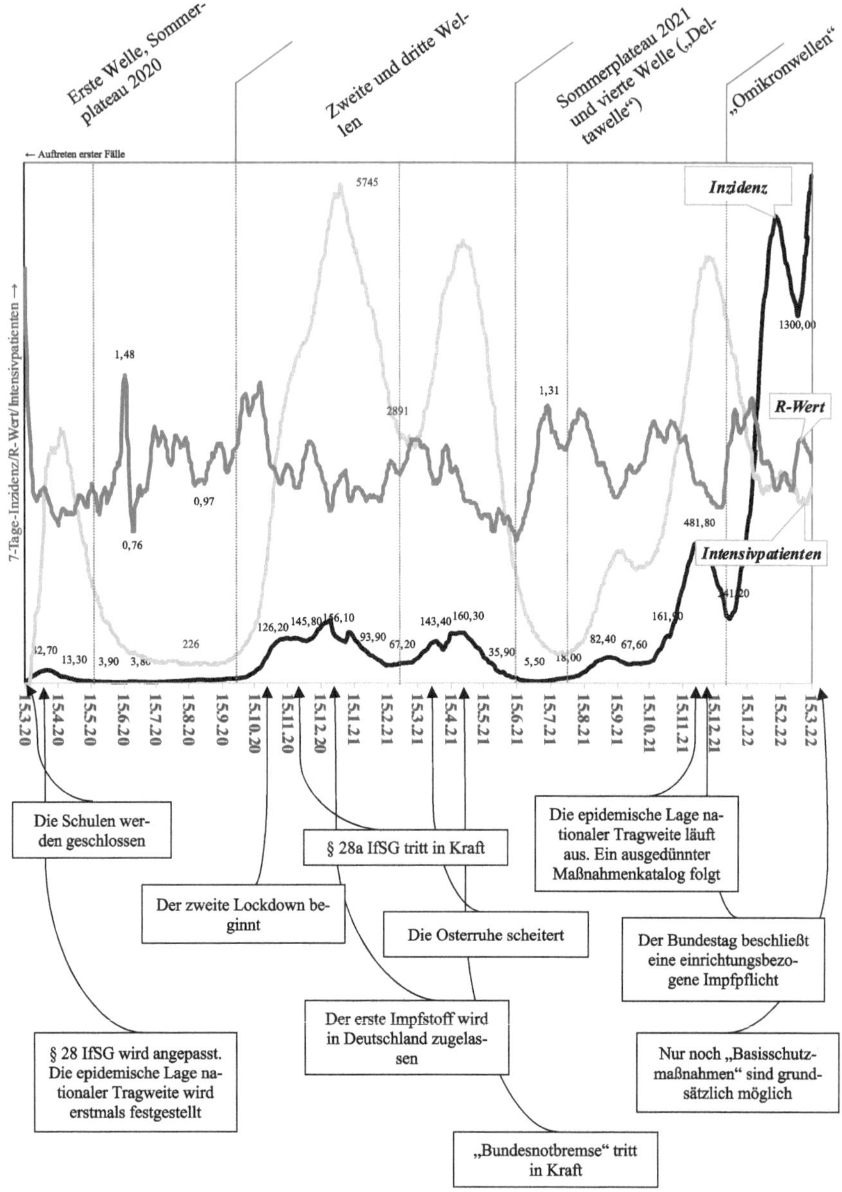
Erste Welle, Sommer-plateau 2020
Zweite und dritte Wel-len
Sommerplateau 2021 und vierte Welle („Del-tawelle“)
„Omikronwellen“
← Auftreten erster Fälle
7-Tage-Inzidenz/R-Wert/Intensivpatienten →
Inzidenz
R-Wert
Intensivpatienten
5745
2891
1300,00
1,48
1,31
0,97
0,76
481,80
226
13,30
3,90
126,20
145,80
93,90
67,20
143,40
160,30
35,90
5,50
18,00
82,40
67,60
15.3.20
15.4.20
15.5.20
15.6.20
15.7.20
15.8.20
15.9.20
15.10.20
15.11.20
15.12.20
15.1.21
15.2.21
15.3.21
15.4.21
15.5.21
15.6.21
15.7.21
15.8.21
15.9.21
15.10.21
15.11.21
15.12.21
15.1.22
15.2.22
15.3.22
Die Schulen werden geschlossen
§ 28a IfSG tritt in Kraft
Die epidemische Lage nationaler Tragweite läuft aus. Ein ausgedünnter Maßnahmenkatalog folgt
Der zweite Lockdown beginnt
Die Osterruhe scheitert
Der Bundestag beschließt eine einrichtungsbezogene Impfpflicht
Der erste Impfstoff wird in Deutschland zugelassen
§ 28 IfSG wird angepasst. Die epidemische Lage nationaler Tragweite wird erstmals festgestellt
Nur noch „Basisschutzmaßnahmen“ sind grundsätzlich möglich
„Bundesnotbremse“ tritt in Kraft

a) Auftreten sporadischer Fälle, erste Welle und Sommerplateau 2020

Die erste Infektion in Deutschland wurde am 27. Januar 2020 nachgewiesen. Wenig später wurden zwei Rückkehrer aus China positiv getestet.[44] In der Folgezeit kam es durch Rückreisende aus Skigebieten und Veranstaltungen („Superspreading Events") zu immer mehr Ausbrüchen.[45] Ab Anfang März 2020 häuften sich Ausbrüche, die nicht mehr auf Ansteckungen im Ausland zurückgeführt werden konnten. Mit immer höheren Meldezahlen begann die erste COVID-19-Welle.[46] Zunächst wurden noch Versuche unternommen, um regionale Ausbrüche einzudämmen. So wurde als Reaktion auf einen Ausbruch im oberpfälzischen Landkreis Tirschenreuth am 18. März 2020 die erste Ausgangsbeschränkung Deutschlands verhängt.[47] Die Bund-Länder-Konferenz einigte sich bereits am 12. März 2020 darauf, dass Veranstaltungen nach Möglichkeit abgesagt werden sollten.[48] Im Laufe des 13. März 2020 schloss ein Bundesland nach dem anderen die Schulen.[49] Am 16. März 2020 einigten sich Bund und Länder darauf, dass große Teile des öffentlichen Lebens geschlossen bleiben sollten.[50] Sechs Tage später beschlossen die Bundeskanzlerin und die Regierungschefinnen und -chefs der Länder Kontaktbeschränkungen im öffentlichen Raum,[51] nachdem die bayerische Staatsregierung bereits am 20. März 2020 eine landesweite Ausgangsbeschränkung verhängte.[52] Gerade zu Beginn wurden die Regelungen teils übereilt erlassen. So war es in München kurzzeitig verboten, auf einer Parkbank ein Buch zu lesen.[53] Als zentrale

---

[44] *Bayerisches Landesamt für Gesundheit und Lebensmittelsicherheit/Robert Koch-Institut*, Epid.Bull. 2020 (7), 3.

[45] Coronavirus Disease 2019 (COVID-19) Daily Situation Report of the Robert Koch Institute, 04.03.2020, abrufbar unter https://www.rki.de/DE/Content/InfAZ/N/Neuartiges_Coro navirus/Situationsberichte/2020-03-04-en.pdf?__blob=publicationFile.

[46] *Tolksdorf/Loenenbach/Buda*, Epid.Bull. 2022 (38), 3, 4.

[47] *Edenharter*, Freiheitsrechte ade?, Verfassungsblog vom 19. März 2020.

[48] Bund-Länder-Beschluss vom 12. März 2020, abrufbar unter https://www.bundesregie rung.de/breg-de/themen/coronavirus/beschluss-zu-corona-1730292 (letzter Abruf: 18. November 2025).

[49] *Jungblut*, Rückblick 2020 – Chronologie eines Schuljahrs in der Coronakrise, Deutschlandfunk.de vom 28. Dezember 2020.

[50] Bund-Länder-Beschluss vom 16. März 2020, abrufbar unter https://www.bundesregie rung.de/breg-de/service/archiv/vereinbarung-zwischen-der-bundesregierung-und-den-regie rungschefinnen-und-regierungschefs-der-bundeslaender-angesichts-der-corona-epidemie-in-deutschland-1730934 (letzter Abruf: 18. November 2025).

[51] Bund-Länder-Beschluss vom 22. März 2020, abrufbar unter und zitiert nach https://web. archive.org/web/20231206163018/https://www.bundesregierung.de/breg-de/themen/coronavi rus/besprechung-von-bundeskanzlerin-merkel-mit-den-regierungschefinnen-und-regierungs chefs-der-laender-zum-coronavirus-1733266 (letzter Abruf: 18. November 2025).

[52] Bekanntmachung des Bayerischen Staatsministeriums für Gesundheit und Pflege vom 20.03.2020, Az. Z6a-G8000-2020/122-98.

[53] *Himmelrath u. a.*, Coronavirus in München: Parkbank – Kritik an Tweet der Polizei, Der Spiegel vom 7. April 2020.

Ermächtigungsgrundlage für die Maßnahmen kristallisierte sich § 28 Abs. 1 IfSG heraus. Mit Wirkung zum 28. März 2020 wurde § 28 Abs. 1 IfSG, der noch aus der vorpandemischen Zeit stammte, „aus Gründen der Normenklarheit“ erstmals angepasst, behielt aber seinen generalklauselartigen Charakter.[54] Bereits am 25. März 2020 stellte der Deutsche Bundestag mit Wirkung zum 28. März 2020 erstmals eine epidemische Lage nationaler Tragweite im Sinne des § 5 Abs. 1 IfSG fest.[55] § 5 Abs. 2 IfSG gab dem Bundesministerium für Gesundheit dadurch eine weitreichende Ermächtigungsgrundlage, um per Rechtsverordnung Regelungen im Bereich des Gesundheits- und Pflegewesens und der Arzneimittelversorgung zu treffen.[56] Zudem konnte das Ministerium den grenzüberschreitenden Einreiseverkehr überwachen und beschränken. Eine Bedeutung für Maßnahmen nach § 28 Abs. 1 IfSG hatte die epidemische Lage nationaler Tragweite aber noch nicht.

Mitte April wurden zaghaft Lockerungen vorbereitet; insbesondere sollte der Einzelhandel mit einer Verkaufsfläche von unter 800 Quadratmetern wieder öffnen dürfen.[57] Schrittweise öffneten auch die Schulen wieder unter Hygieneregeln.[58] Diskussionen um weitergehende Lockerungen bezeichnete die damalige Bundeskanzlerin Angela Merkel als „Öffnungsdiskussionsorgien“.[59] Dennoch kam es mit sinkenden Zahlen in den Folgewochen zu weiteren Lockerungen.[60] Nachdem zuvor davon ausgegangen wurde, dass Masken keine nennenswerten Effekte hätten,[61] wurden die Lockerungen nun zunehmend mit einer Maskenpflicht an öffentlichen Orten kombiniert.[62] Zur gleichen Zeit bildete sich in Stuttgart die „Querdenker“-Bewegung, welche Kritik an den Maßnahmen mit verschwörungstheoretischen

[54] BGBl. 2020 I S. 587; zur Begründung siehe BT-Drs. 19/18111, S. 24.

[55] BT-PlPr. 19/154, 19169C.

[56] Siehe § 5 IfSG in der ab dem 28. März 2020 gültigen Fassung, BGBl. 2020 I S. 587.

[57] Bund-Länder-Beschluss vom 15. April 2020, abrufbar unter https://www.bundesregierung.de/breg-de/service/archiv/telefonschaltkonferenz-der-bundeskanzlerin-mit-den-regierungschefinnen-und-regierungschefs-der-laender-am-15-april-2020-1744228 (letzter Abruf: 18. November 2025).

[58] *Jungblut*, Rückblick 2020 – Chronologie eines Schuljahrs in der Coronakrise, Deutschlandfunk.de vom 28. Dezember 2020.

[59] Merkel kritisiert „Öffnungsdiskussionsorgien“, tagesschau.de vom 20. April 2020.

[60] Bund-Länder-Beschluss vom 6. Mai 2020, abrufbar unter https://www.bundesregierung.de/breg-de/service/archiv/telefonschaltkonferenz-der-bundeskanzlerin-mit-den-regierungschefinnen-und-regierungschefs-der-laender-am-06-mai-2020-1750988 (letzter Abruf: 18. November 2025).

[61] Siehe dazu etwa RKI-Präsident Wieler – „Die Leute dürfen das Coronavirus nicht unterschätzen“, Deutschlandfunk.de vom 8. April 2020.

[62] Bund-Länder-Beschluss vom 6. Mai 2020, abrufbar unter https://www.bundesregierung.de/breg-de/service/archiv/telefonschaltkonferenz-der-bundeskanzlerin-mit-den-regierungschefinnen-und-regierungschefs-der-laender-am-06-mai-2020-1750988 (letzter Abruf: 18. November 2025).

Ideologien verband und wegen zunehmend extremistischer Tendenzen später von den Verfassungsschutzbehörden beobachtet wurde.[63]

Mitte Mai 2020 endete die erste Welle, das Sommerplateau 2020 begann.[64] Bis Ende Juli 2020 blieben die Infektionszahlen niedrig. Ab Anfang August stiegen die Zahlen wieder leicht, hielten sich aber auf geringem Niveau. Entsprechend wurden die Maßnahmen weiter gelockert.[65] Um die Kontaktverfolgung durch die Gesundheitsämter sicherzustellen, wurde die „Corona-Warn-App" veröffentlicht.[66] Sofern lokal eine 7-Tages-Inzidenz von 50 überstiegen wurde, sollten regionale Verschärfungen folgen.[67] Menschen, die sich zuvor in diesen sogenannten „Hotspots" aufhielten, durften nur noch mit einem negativen Testergebnis in einem Beherbergungsbetrieb untergebracht werden.[68] Reiserückkehrer aus Risikogebieten im Ausland wurden Test- und Absonderungspflichten unterworfen.[69]

b) Zweite und dritte Welle

Ab September 2020 stiegen die Zahlen wieder an. Anfang Oktober 2020 begann die zweite Welle.[70] Bund und Länder reagierten zunächst mit leichten Verschärfungen. Insbesondere in „Hotspots" sollte es zu Kontaktbeschränkungen kommen,

---

[63] *Hippert u. a.*, Querdenken – Eine Chronologie der Corona-Demonstrationen, Süddeutsche.de vom 28. April 2021.

[64] *Tolksdorf/Loenenbach/Buda*, Epid.Bull. 2022 (38), 3, 4.

[65] Bund-Länder-Beschluss vom 17. Juni 2020, abrufbar unter https://www.bundesregierung.de/resource/blob/976074/1761548/717215c2befe6cb6ccf1a6f1512d9583/2020-06-17-infektionen-data.pdf (letzter Abruf: 18. November 2025).

[66] Bund-Länder-Beschluss vom 17. Juni 2020, abrufbar unter https://www.bundesregierung.de/resource/blob/976074/1761548/717215c2befe6cb6ccf1a6f1512d9583/2020-06-17-infektionen-data.pdf (letzter Abruf: 18. November 2025).

[67] Bund-Länder-Beschluss vom 17. Juni 2020, abrufbar unter https://www.bundesregierung.de/resource/blob/976074/1761548/717215c2befe6cb6ccf1a6f1512d9583/2020-06-17-infektionen-data.pdf (letzter Abruf: 18. November 2025); Bund-Länder-Beschluss vom 16. Juli 2020, abrufbar unter https://www.bundesregierung.de/breg-de/service/archiv/besprechung-des-chefs-des-bundeskanzleramtes-mit-den-chefinnen-und-chefs-der-staats-und-senatskanzleien-am-16-juli-2020-1769380 (letzter Abruf: 18. November 2025).

[68] Bund-Länder-Beschluss vom 16. Juli 2020, abrufbar unter https://www.bundesregierung.de/breg-de/service/archiv/besprechung-des-chefs-des-bundeskanzleramtes-mit-den-chefinnen-und-chefs-der-staats-und-senatskanzleien-am-16-juli-2020-1769380 (letzter Abruf: 18. November 2025).

[69] Bund-Länder-Beschluss vom 16. Juli 2020, abrufbar unter https://www.bundesregierung.de/breg-de/service/archiv/besprechung-des-chefs-des-bundeskanzleramtes-mit-den-chefinnen-und-chefs-der-staats-und-senatskanzleien-am-16-juli-2020-1769380 (letzter Abruf: 18. November 2025); Bund-Länder-Beschluss vom 27. August 2020, abrufbar unter https://www.bundesregierung.de/breg-de/service/archiv/telefonschaltkonferenz-der-bundeskanzlerin-mit-den-regierungschefinnen-und-regierungschefs-der-laender-am-27-august-2020-1780566 (letzter Abruf: 18. November 2025).

[70] *Tolksdorf/Loenenbach/Buda*, Epid.Bull. 2022 (38), 3, 4.

wobei sich einige Länder weigerten, diese für private Räumlichkeiten verbindlich festzuschreiben und durchzusetzen.[71] Ab 2. November 2020 galt in den meisten Lebensbereichen allerdings wieder ein Lockdown, auch die Kontaktbeschränkungen wurden verschärft.[72] Schulen und der Einzelhandel sollten aber unter Hygienemaßnahmen geöffnet bleiben.

Zum 19. November 2020 trat die neu geschaffene Ermächtigungsgrundlage in § 28a IfSG in Kraft.[73] Erstmals wurde die Generalklausel in § 28 Abs. 1 IfSG durch einen Katalog an Regelbeispielen ergänzt, welcher sich an den Maßnahmentypen orientierte, mit denen bereits zuvor gearbeitet wurde. Einige Maßnahmen – etwa Ausgangsbeschränkungen oder Versammlungsverbote – durften nur noch dann verhängt werden, wenn die wirksame Eindämmung des Coronavirus sonst erheblich gefährdet gewesen wäre (§ 28a Abs. 2 IfSG). Ab einer 7-Tage-Inzidenz von über 50 sollten umfassende Schutzmaßnahmen ergriffen werden (§ 28a Abs. 3 S. 5 IfSG); soziale, gesellschaftliche und wirtschaftliche Auswirkungen sollten nach Möglichkeit beachtet werden (§ 28a Abs. 6 S. 2 IfSG). Die Maßnahmen konnten nur verhängt werden, solange der Bundestag eine epidemische Lage nationaler Tragweite festgestellt hatte (§ 28a Abs. 1 IfSG). Am 2. Dezember 2020 ließ die britische Medicines & Healthcare Products Regulatory Agency als erste Behörde der Welt einen Impfstoff gegen COVID-19 zu.[74] Am 21. Dezember 2020 folgte die bedingte Marktzulassung in der Europäischen Union.[75]

---

[71] Bund-Länder-Beschluss vom 29. September 2020, abrufbar unter https://www.bundesregierung.de/breg-de/service/archiv/videoschaltkonferenz-der-bundeskanzlerin-mit-den-regierungschefinnen-und-regierungschefs-der-laender-am-29-september-2020-1792240 (letzter Abruf: 18. November 2025); Bund-Länder-Beschluss vom 7. Oktober 2020, abrufbar unter https://www.bundesregierung.de/breg-de/service/archiv/telefonschaltkonferenz-des-chefs-des-bundeskanzleramts-mit-den-chefinnen-und-chefs-der-staats-und-senatskanzleien-der-laender-am-7-oktober-2020-1796770 (letzter Abruf: 18. November 2025); Bund-Länder-Beschluss vom 14. Oktober 2020, abrufbar unter https://www.bundesregierung.de/breg-de/service/archiv/konferenz-der-bundeskanzlerin-mit-den-regierungschefinnen-und-regierungschefs-der-laender-am-14-oktober-2020-in-berlin-1799024 (letzter Abruf: 18. November 2025).

[72] Bund-Länder-Beschluss vom 28. Oktober 2020, abrufbar unter https://www.bundesregierung.de/breg-de/service/archiv/videokonferenz-der-bundeskanzlerin-mit-den-regierungschefinnen-und-regierungschefs-der-laender-am-28-oktober-2020-1805248 (letzter Abruf: 18. November 2025); Bund-Länder-Beschluss vom 16. November 2020, abrufbar unter https://www.bundesregierung.de/breg-de/service/archiv/videoschaltkonferenz-der-bundeskanzlerin-mit-den-regierungschefinnen-und-regierungschefs-der-laender-am-16-november-2020-1811820 (letzter Abruf: 18. November 2025); Bund-Länder-Beschluss vom 25. November 2020, abrufbar unter https://www.bundesregierung.de/breg-de/service/archiv/videoschaltkonferenz-der-bundeskanzlerin-mit-den-regierungschefinnen-und-regierungschefs-der-laender-am-25-november-2020-1820110 (letzter Abruf: 18. November 2025).

[73] BGBl. 2020 I S. 2397.

[74] Großbritannien lässt Corona-Impfstoff von Biontech zu, Redaktionsnetzwerk Deutschland vom 2. Dezember 2020.

[75] EU lässt Corona-Impfstoff zu, dw.com vom 21. Dezember 2020.

Am 16. Dezember 2020 wurden noch weitergehende Beschränkungen beschlossen.[76] Große Teile des Einzelhandels wurden wieder geschlossen, der Unterricht in Schulen sollte möglichst nicht in Präsenz stattfinden. Die Kontaktbeschränkungen wurden erneut verschärft. Über die Weihnachtsfeiertage sollten großzügigere Regeln für Zusammenkünfte gelten, über Silvester und Neujahr galt dagegen ein verschärftes Versammlungs- und Ansammlungsverbot. Der nicht lebensnotwendige Einzelhandel wurde geschlossen. Am 27. Dezember 2020 erfolgten die ersten Impfungen. Allerdings waren in den ersten Wochen kaum Impfdosen verfügbar.[77] Um den Jahreswechsel herum erreichte die zweite Welle ihren Höhepunkt. Angesichts neuer Mutationen von SARS-CoV-2 wurden am 5. Januar 2021 abermals Verschärfungen der Kontaktbeschränkungen beschlossen.[78] Bund und Länder einigten sich dabei auch darauf, in Hotspots weitere Maßnahmen zu ergreifen, darunter auch die Beschränkung des erlaubten Bewegungsradius auf 15 Kilometer um den Wohnort, um Tagesausflüge zu unterbinden. Zwei Wochen später folgte eine Maskenpflicht im ÖPNV.[79] Ab 1. März 2021 durften Friseure unter Auflagen wieder öffnen; sobald die Inzidenz unter 35 lag, waren lokale Lockerungen vorgesehen.[80]

Nachdem sich die epidemiologische Lage im Frühjahr 2021 kurzzeitig beruhigt hatte, stiegen die Zahlen wieder an. Dominierend war nun mit der Alpha-Variante eine mutierte Form von SARS-CoV-2, die ab Anfang März 2021 eine neue Welle verursachte („Alphawelle“).[81] Aus Sorge vor weiteren Mutationen sollte die Verbreitung von Virusvarianten stärker berücksichtigt werden.[82] Bund und Länder einigten sich am 3. März 2021 auf ein Stufenkonzept, welches von den jeweiligen

[76] Bund-Länder-Beschluss vom 13. Dezember 2020, abrufbar unter https://www.bundesregierung.de/breg-de/service/archiv/telefonkonferenz-der-bundeskanzlerin-mit-den-regierungschefinnen-und-regierungschefs-der-laender-am-13-dezember-2020-1827392 (letzter Abruf: 18. November 2025).

[77] *Finthammer*, Corona-Strategie des Bundesgesundheitsministers – Flächendeckendes Impfen soll ab Mitte 2021 starten, Deutschlandfunk.de vom 26. Dezember 2020.

[78] Bund-Länder-Beschluss vom 5. Januar 2021, abrufbar unter https://www.bundesregierung.de/breg-de/service/archiv/videoschaltkonferenz-der-bundeskanzlerin-mit-den-regierungschefinnen-und-regierungschefs-der-laender-am-5-januar-2021-1834354 (letzter Abruf: 18. November 2025).

[79] Bund-Länder-Beschluss vom 19. Januar 2021, abrufbar unter https://www.bundesregierung.de/breg-de/service/archiv/videoschaltkonferenz-der-bundeskanzlerin-mit-den-regierungschefinnen-und-regierungschefs-der-laender-am-19-januar-2021-1841020 (letzter Abruf: 18. November 2025).

[80] Bund-Länder-Beschluss vom 10. Februar 2021, abrufbar unter https://www.bundesregierung.de/breg-de/service/archiv/videoschaltkonferenz-der-bundeskanzlerin-mit-den-regierungschefinnen-und-regierungschefs-der-laender-am-10-februar-2021-1852824 (letzter Abruf: 18. November 2025).

[81] *Tolksdorf/Loenenbach/Buda*, Epid.Bull. 2022 (38), 3, 4.

[82] § 28a Abs. 3 IfSG in der Fassung vom 31. Januar 2021, siehe BGBl. 2021 I S. 370.

lokalen Inzidenzen abhängig war.[83] In der Nacht vom 22. auf den 23. März 2021 beschloss die Bund-Länder-Konferenz außerdem auf Bestreben des Kanzleramts einen Lockdown über Ostern („Osterruhe“).[84] Bereits am 24. März 2021 wurde der Beschluss aufgrund erheblicher Bedenken ob der praktischen Umsetzbarkeit wieder aufgehoben. Merkel entschuldigte sich öffentlich für den Beschluss.[85] Nachdem die Bundesländer entgegen der Einigung vom 3. März 2021 – nach Ansicht der Bundesregierung – nicht genug gegen die steigenden Zahlen unternahmen, drohte Merkel den Ländern indirekt damit, dass der Bund mittels einer Änderung des IfSG selbst für strengere Maßnahmen sorgen würde.[86] Zum 23. April 2021 trat so die sogenannte „Bundesnotbremse“ in Kraft.[87] Befristet bis zum 30. Juni 2021 galten in Landkreisen und kreisfreien Städten weitgreifende Maßnahmen bis hin zu einer nächtlichen Ausgangsbeschränkung, sofern eine Inzidenz von 100 an drei aufeinander folgenden Tagen überschritten wurde. In Bereichen, welche weiterhin geöffnet blieben – so etwa bestimmte körpernahe Dienstleistungen – musste ein negatives Testergebnis vorgelegt werden. Ebenfalls eingeführt wurde eine Homeoffice-Pflicht. Am 6. Mai 2021 stimmte der Bundestag darüber hinaus einer Verordnung der Bundesregierung zu, welche vollständig Geimpfte und Genesene von den Testpflichten und Kontaktbeschränkungen und Ausgangsbeschränkungen ausnahm („3G“). Bereits Anfang Juni 2021 waren die Infektionszahlen aber bereits derart gesunken, dass die „Bundesnotbremse“ in kaum einem Landkreis noch zur Anwendung kam.[88]

c) Sommerplateau 2021 und vierte Welle („Deltawelle“)

Auch zu Beginn des Sommers 2021 beruhigte sich die epidemiologische Lage wieder. Ab Mitte Juni begann in der Phaseneinteilung des Robert Koch-Instituts das Sommerplateau 2021.[89] Gleichzeitig waren ausreichend Impfdosen und -kapazitäten

---

[83] Bund-Länder-Beschluss vom 3. März 2021, abrufbar unter https://www.bundesregierung.de/breg-de/service/archiv/bund-laender-beschluss-1872126 (letzter Abruf: 18. November 2025).

[84] Bund-Länder-Beschluss vom 22. März 2020, abrufbar unter und zitiert nach https://web.archive.org/web/20231206163018/https://www.bundesregierung.de/breg-de/themen/coronavirus/besprechung-von-bundeskanzlerin-merkel-mit-den-regierungschefinnen-und-regierungschefs-der-laender-zum-coronavirus-1733266 (letzter Abruf: 18. November 2025). Siehe zu den Hintergründen *Bartsch u. a.*, Angela Merkel und die Corona-Osterruhe. Die Nacht, in der Deutschland scheiterte, Der Spiegel vom 26. März 2021.

[85] Information der Bundesregierung: Gründonnerstag und Karsamstag werden keine Ruhetage, abrufbar unter https://www.bundesregierung.de/breg-de/service/archiv/budeskanzlerin-ostern-ruhetage-1881286 (letzter Abruf: 18. November 2025).

[86] Angela Merkel drängt Länder zu härterem Coronakurs, Der Spiegel vom 28. März 2021.

[87] BGBl. 2021 I S. 802.

[88] *Schünemann*, Corona-Notbremse – In diesem letzten Landkreis gilt sie noch, Berliner Morgenpost vom 10. Juni 2021.

[89] *Tolksdorf/Loenenbach/Buda*, Epid.Bull. 2022 (38), 3, 4.

verfügbar, sodass – früher als zunächst angenommen – jeder Person ab 12 Jahren ein Impfangebot unterbreitet werden konnte.[90] Doch bereits ab Anfang August 2021 setzte die vierte Welle ein („Deltawelle").[91] Die Bundeskanzlerin und die Länder einigten sich am 10. August 2021 darauf, dass weiter „Basisschutzmaßnahmen" gelten und Großveranstaltungen, Veranstaltungen in geschlossenen Räumen und dergleichen allenfalls sehr restriktiv stattfinden sollten.[92] Schülerinnen und Schüler sollten weiterhin regelmäßig getestet werden. Sport, Gastronomie und Veranstaltungen in Innenräumen, körpernahe Dienstleistungen, Beherbergung und der Zugang zu Krankenhäusern sowie Alten- und Pflegeheimen und Einrichtungen der Behindertenhilfe sollten nur noch unter „3G"-Regeln stattfinden, sofern die Infektionszahlen nicht sehr niedrig waren. Da Impfungen mittlerweile flächendeckend verfügbar waren, sollten zudem zum 11. Oktober 2021 die kostenlosen Testmöglichkeiten abgeschafft werden. Zu Beginn des Herbstes kam es zunehmend auch bei Großveranstaltungen und Clubs zu Lockerungen.[93] Währenddessen stieg die Inzidenz zunehmend wieder, nunmehr getrieben von der abermals ansteckenderen Delta-Variante.

Gleichzeitig bildete sich nach der Bundestagswahl am 26. September 2021 eine neue Koalitionskonstellation aus *SPD*, *Bündnis 90/Grüne* und *FDP* ab. Während die bisherige Bundesregierung noch geschäftsführend im Amt war, kam es zwischen den zukünftigen Koalitionspartnern zu Diskussionen darüber, welche Maßnahmen noch zulässig sein sollten. Weitgehende Einigkeit bestand darüber, dass keine erneute epidemische Lage von nationaler Tragweite im Sinne des § 5 Abs. 1 IfSG festgestellt werden sollte, womit die Ermächtigungsgrundlage des §§ 28 Abs. 1 S. 1, 2, 28a Abs. 1 IfSG zum 26. November 2021 wegfielen.[94] Stattdessen beschlossen die Bundestagsfraktionen von *SPD*, *Bündnis 90/Grüne* und *FDP* einen ausgedünnten Maßnahmenkatalog, der zum 24. November 2021 in Kraft trat und bis 19. März 2022 befristet war.[95] Damit waren nach dem Ende einer Übergangsfrist

---

[90] Corona-Impfpriorisierung aufgehoben. Können sich ab Montag alle impfen lassen?, Redaktionsnetzwerk Deutschland vom 6. Juni 2021.

[91] *Tolksdorf/Loenenbach/Buda*, Epid.Bull. 2022 (38), 3, 4.

[92] Bund-Länder-Beschluss vom 10. August 2021, abrufbar unter https://www.bundesregierung.de/breg-de/service/archiv/videoschaltkonferenz-der-bundeskanzlerin-mit-den-regierungschefinnen-und-regierungschefs-der-laender-am-10-august-2021-1949578 (letzter Abruf: 18. November 2025).

[93] Siehe etwa Bericht aus der Kabinettssitzung der bayerischen Staatsregierung vom 30. September 2021, abrufbar unter https://www.bayern.de/bericht-aus-der-kabinettssitzung-vom-30-september-2021/ (letzter Abruf: 18. November 2025).

[94] Information des Bundesministeriums für Gesundheit zum Gesetz zur Änderung des Infektionsschutzgesetzes und weiterer Gesetze anlässlich der Aufhebung der Feststellung der epidemischen Lage von nationaler Tragweite, abrufbar unter https://www.bundesgesundheitsministerium.de/ministerium/gesetze-und-verordnungen/guv-20-lp/ifsg-aend.html?ref=hermes-kalamos.eu&cHash=d55ba663c2744d1ae11ad94eef940d54 (letzter Abruf: 18. November 2025).

[95] BGBl. 2021 I S. 4906. Siehe dazu *Sangs*, NVwZ 2022, 1489.

ab dem 16. Dezember 2021 Maßnahmen wie Ausgangsbeschränkungen, die Untersagung von Versammlungen und Gottesdiensten oder die Schließung des Einzelhandels ausgeschlossen. Zudem wurde eine „3G“-Regel am Arbeitsplatz und im ÖPNV eingeführt und die Homeoffice-Pflicht erneut in Kraft gesetzt. Bereits am 18. November 2021 einigten sich die geschäftsführende Bundesregierung und die Länder darauf, dass Einrichtungen des öffentlichen Lebens nur noch Geimpften und Genesenen offenstehen sollten („2G“).[96] Am 2. Dezember 2021 wurden diese „G-Regeln“ erneut verschärft, zudem wurden wieder größere Veranstaltungen beschränkt, Clubs geschlossen und Kontaktbeschränkungen eingeführt.[97]

d) „Omikronwellen“

In der letzten Woche des Jahres 2021 flachte die „Deltawelle“ ab, während gleichzeitig die noch ansteckendere Omikron-Variante eine neue Welle auslöste.[98] Angesichts einer als unzureichend empfundenen Impfquote wurden Diskussionen um eine Impfpflicht immer lauter. Am 10. Dezember 2021 beschloss der Bundestag als ersten Schritt eine „einrichtungsbezogene Impfpflicht“.[99] Personal in Gesundheits- und Pflegeeinrichtungen musste bis zum 15. März 2022 nachweisen, dass es geimpft oder genesen war oder aus medizinischen Gründen nicht geimpft werden konnte. Zu einer allgemeinen Impfpflicht kam es allerdings nicht. Mehrere Gruppenanträge verfehlten nach einer kontroversen Debatte im Bundestag am 7. April 2022 allesamt eine Mehrheit.[100]

Der im November 2021 temporär geschaffene Maßnahmenkatalog trat zum 19. März 2022 außer Kraft. Nunmehr waren lediglich „Basisschutzmaßnahmen“ wie eine Maskenpflicht im Luft- und Personennahverkehr, in Einrichtungen des Gesundheitswesens und bestimmten Gemeinschaftsunterkünften zulässig.[101] Weitergehende Maßnahmen sollten nur noch dann zulässig sein, wenn das jeweilige Landesparlament feststellte, dass „in einer konkret zu benennenden Gebietskörperschaft“ die konkrete Gefahr bestand, dass sich eine gefährliche neue Virusvari-

---

[96] Bund-Länder-Beschluss vom 18. November 2021, abrufbar unter https://www.bundesregierung.de/breg-de/service/archiv/videoschaltkonferenz-der-bundeskanzlerin-mit-den-regierungschefinnen-und-regierungschefs-der-laender-am-18-november-2021-1982916 (letzter Abruf: 18. November 2025).

[97] Bund-Länder-Beschluss vom 2. Dezember 2021, abrufbar unter https://www.bundesregierung.de/breg-de/service/archiv/videoschaltkonferenz-der-bundeskanzlerin-mit-den-regierungschefinnen-und-regierungschefs-der-laender-am-2-dezember-2021-1987060 (letzter Abruf: 18. November 2025).

[98] *Tolksdorf/Loenenbach/Buda*, Epid.Bull. 2022 (38), 3, 4.

[99] BGBl. 2022 I S. 5162.

[100] Deutscher Bundestag: Initiativen zur Corona-Impfpflicht fallen im Bundestag durch, abrufbar unter https://www.bundestag.de/dokumente/textarchiv/2022/kw14-de-impfpflicht-886566 (letzter Abruf: 18. November 2025).

[101] BGBl. 2022 I S. 466.

ante verbreitete, oder auf Grund einer besonders hohen Anzahl von Neuinfektionen oder eines besonders starken Anstiegs an Neuinfektionen eine Überlastung der Krankenhauskapazitäten in der jeweiligen Gebietskörperschaft drohte. Politisch und rechtlich umstritten war, ob diese „Hotspotregelung" auch auf ein gesamtes Bundesland angewandt werden konnte; wann genau ein Rückgriff auf die „Hotspot-Regelung" zulässig war, blieb zwischen dem Bundesgesundheitsminister und dem Bundesjustizminister Marco Buschmann umstritten.[102] Mecklenburg-Vorpommern und Hamburg machten kurzzeitig von der Regel Gebrauch, ansonsten spielte sie in der Praxis keine Rolle.

Obwohl SARS-CoV-2 weiterhin stark zirkulierte, geriet das Virus in Vergessenheit. Medien und die politische Debatte wurden nun durch den Angriffskrieg Russlands gegen die Ukraine dominiert, während sich eine neue Welle anbahnte. Aus Sorge, unvorbereitet in den Winter zu gehen, wurde das IfSG nach langen Diskussionen innerhalb der Bundesregierung[103] zum 1. Oktober 2022 abermals geändert.[104] In Arztpraxen und im Fernverkehr sollten nunmehr FFP2-Masken getragen werden, die Maskenpflicht in Flugzeugen entfiel dagegen. Den Ländern wurde wieder die Möglichkeit gegeben, Maskenpflichten in öffentlich zugänglichen Räumen einzuführen, wobei eine Ausnahme für getestete Personen vorzusehen war. Bei höherem Infektionsgeschehen konnten eine ausnahmslose Maskenpflicht, Mindestabstände und Personenobergrenzen für Veranstaltungen verhängt werden. Trotz des Appells des Bundesgesundheitsministers an die Länder, von den neuen Möglichkeiten Gebrauch zu machen,[105] verzichteten die Bundesländer darauf. Dabei hatten einige Länder zuvor noch kritisiert, dass der „Instrumentenkasten" an möglichen Maßnahmen nicht ausreichend wäre.[106] Stattdessen führte ein Interview des Virologen Christian Drosten Ende Dezember 2022[107] zu Diskussionen über ein Ende der noch verbliebenen Maßnahmen.[108] In der Folge begannen die meisten Länder, die Maskenpflicht im ÖPNV aufzuheben.[109] Zum 2. Februar 2023 wurde

[102] *Schmoll*, Weiter Unklarheit über Hotspot-Regelung, FAZ vom 16. März 2022.

[103] *Amann u. a.*, Ein Mann zieht durch. Gesundheitsminister Lauterbach und Corona, Der Spiegel vom 9. September 2022.

[104] BGBl. 2022 I S. 1454.

[105] Lauterbach appelliert an Länder, taz vom 12. Oktober 2022.

[106] *Grimm u. a.*, Länder fordern schärfere Corona-Regeln – FDP sperrt sich dagegen, Augsburger Allgemeine vom 10. August 2022.

[107] Christian Drosten zur Corona-Lage in Deutschland: „Nach meiner Einschätzung ist die Pandemie vorbei", Tagesspiegel vom 26. Dezember 2022.

[108] *Casdorff u. a.*, Nach Aussage von Drosten: Justizminister fordert Ende aller Corona-Schutzmaßnahmen, Tagesspiegel vom 26. Dezember 2022.

[109] So bereits Anfang Dezember Bayern und Sachsen-Anhalt, siehe Sachsen-Anhalt und Bayern: ÖPNV-Maskenpflicht fällt in zwei Bundesländern, Handelsblatt vom 6. Dezember 2022. Die letzten Bundesländer folgten im Februar, siehe *Büssow*, Ende der Maskenpflicht in Bus und Bahn. FDP feiert sich, Frankfurter Rundschau vom 2. Februar 2023.

vorzeitig die Maskenpflicht im Fernverkehr abgeschafft,[110] zum 1. März 2023 auch in fast allen anderen Bereichen sowie verbliebene Testpflichten.[111] Am 7. März 2023 endete mit dem Außerkrafttreten der Ermächtigungsgrundlagen im IfSG die politische Krisenbewältigung.

2. Pandemiebekämpfung im föderalen System: Die Bund-Länder-Konferenz

Die §§ 28 ff. IfSG weisen – entsprechend den Art. 30 und 83 GG – den Ländern die Zuständigkeit zu, die notwendigen Schutzmaßnahmen zur Bekämpfung von übertragbaren Krankheitserregern zu treffen. Trotz dieser klaren Zuständigkeitsaufteilung war gerade das Bundeskanzleramt bemüht, auf die Pandemiebekämpfungspolitik der Länder Einfluss zu nehmen. Möglich machte das die Bund-Länder-Konferenz (vollständig: „Konferenz der Bundeskanzlerin/des Bundeskanzlers mit den Regierungschefinnen und Regierungschefs der Länder“[112]).

Dieses Gremium wurde häufig mit der Ministerpräsidentenkonferenz gleichgesetzt.[113] Die Ministerpräsidentenkonferenz ist aber ein Gremium der Selbstkoordination der Länder[114] und setzt sich lediglich aus den Ministerpräsidentinnen und Ministerpräsidenten zusammen, der Bundeskanzler beziehungsweise die Bundeskanzlerin werden allenfalls durch den Vorsitz als Gast eingeladen.[115] Zu den Bund-Länder-Konferenzen lud hingegen in der Regel das Bundeskanzleramt die Länder ein,[116] ähnlich der Bund-Länder-Konsultationen, die gemäß § 31 GO BReg regelmäßig stattfinden sollen.[117] Neben den Ländervertretern waren auch weitere Vertreter von Bundesministerien anwesend.[118] Zu Beginn der Pandemie erstellte das Kanzleramt auch die Beschlussvorlagen.[119] Regelmäßig waren auch Wissenschaftlerinnen und Wissenschaftler zu Gast, um zu aktuellen Themen der Pandemiebe-

---

[110] BGBl. 2023 I Nr. 25.

[111] BGBl. 2023 I Nr. 50.

[112] Siehe etwa Bund-Länder-Beschluss vom 12. März 2020, abrufbar unter https://www.bundesregierung.de/breg-de/themen/coronavirus/beschluss-zu-corona-1730292 (letzter Abruf: 18. November 2025).

[113] So auch in Teilen der Literatur, siehe etwa *Blanke/Sander*, ZG 2023, 15, 19 f.; *Meyer*, NVwZ 2023, 1294. Ebenso differenzierend dagegen *Dederer/Preiß*, AöR 148 (2023), 289, 291, Fn. 3.

[114] *Barczak*, RuP 2020, 458, 461; *Korioth*, in: Huber/Voßkuhle, GG, 8. Auflage 2024, Art. 50 Rn. 29.

[115] Dazu aus rechtsvergleichender Perspektive *Klafki*, VerwArch 2018 (109), 96, 106 ff.

[116] BT-Drs. 19/28056, S. 11.

[117] *Gallon*, Informeller Föderalismus statt öffentlicher Deliberation, Verfassungsblog vom 9. Februar 2021; *Waldhoff*, NJW 2021, 2772, 2774. Siehe zu diesen Konsultationen *Busse*, Kommentar zur GO-BReg, 3. Online-Ausgabe 2018, § 31.

[118] BT-Drs. 19/28056, S. 2 ff.

[119] *Alexander*, Machtverfall, 2022, S. 37.

kämpfung zu referieren. Die Auswahl dieser Gäste erfolgte ebenfalls durch das Bundeskanzleramt und unter dem Gesichtspunkt, die Verhandlungsposition der damaligen Bundeskanzlerin unter dem Eindruck wissenschaftlicher Expertise durchzusetzen.[120] Die Bund-Länder-Konferenz war Ausdruck einer Machtverschiebung[121] hin zur Bundeskanzlerin, welche jedoch nur für eine begrenzte Zeit anhielt. Die Bund-Länder-Konferenz galt als notorisch indiskret, teils berichteten Medien in Echtzeit über Wortmeldungen aus der Runde.[122] Als vor einer Konferenz die Beschlussvorlage des Bundeskanzleramts bereits in den Medien erschien, bevor sie den Staats- und Senatskanzleien der Länder vorlagen, übernahm in der Folgezeit die Ministerpräsidentenkonferenz die Vorbereitung der Bund-Länder-Konferenz.[123] Der Beschluss vom 3. März 2021 wurde von diversen Ländern missachtet, darin vorgesehene Verschärfungen kamen nicht zur Anwendung, zum Missfallen der Bundeskanzlerin.[124] In der darauf folgenden Sitzung zeigte das Format dysfunktionale Tendenzen. In einer Nachtsitzung setzte das Kanzleramt mühsam Verschärfungen durch, welche keine zwei Tage später wieder zurückgenommen wurden.[125] Daraufhin wurde mit der „Bundesnotbremse" die Gestaltungsmacht für die Maßnahmenpolitik für einige Wochen weitestgehend auf den Bund verlagert, ehe die Länder wieder freie Hand hatten. In der Folgezeit gab es kaum noch Bund-Länder-Konferenzen.

Die Bund-Länder-Konferenzen standen teils in der Kritik. Bemängelt wurde unter anderem, dass es sich um ein im Grundgesetz nicht vorgesehenes Gremium handelte, welches erhebliche Grundrechtseingriffe beschloss.[126] Dabei wird und wurde aber übersehen, dass die Bund-Länder-Konferenz keine Maßnahmen verhängte. Es handelte sich lediglich um politische Absichtserklärungen. Die Umsetzung lag einzig bei den Ländern. Aus diesem Grund ist auch die Kritik daran abzulehnen, dass Länder gelegentlich von den Beschlüssen abwichen.[127] Schließlich trugen die Länder die politische und juristische Letztverantwortung für die Maßnahmen, nicht die Bund-Länder-Konferenz, wenngleich die Bund-Länder-Konferenz zu einer „Verantwortungsdiffusion" führte und die Verantwortung so ver-

---

[120] *Alexander*, Machtverfall, 2022, S. 316 f., 322.

[121] Siehe dazu auch *Lepsius*, JöR 69 (2021), 706, 719–722.

[122] *Alexander*, Machtverfall, 2022, S. 317 f.; *Bender u. a.*, Ministerpräsidentenkonferenz: Politiker haben Durchstecherei satt, FAZ vom 27. März 2021.

[123] *Alexander*, Machtverfall, 2022, S. 320.

[124] Angela Merkel drängt Länder zu härterem Coronakurs, Der Spiegel vom 28. März 2021.

[125] *Bartsch u. a.*, Angela Merkel und die Corona-Osterruhe. Die Nacht, in der Deutschland scheiterte, Der Spiegel vom 26. März 2021.

[126] So etwa *Lepsius*, DVBl. 2023, 701, 702 f.; *Jungholt u. a.*, Wolfgang Kubicki – „Ich halte das in einem Rechtsstaat für höchst problematisch", WELT vom 24. April 2021.

[127] Siehe etwa Erstes Bundesland schert aus: Thüringen will Beschluss nur in Teilen umsetzen, Focus Online vom 28. Oktober 2020; Schleswig-Holstein will nicht alle Coronavirus-Beschlüsse umsetzen, Der Spiegel vom 26. November 2020.

schleiert wurde.[128] Zwar kam es in der Folge zu einem häufig bemängelten „Flickenteppich“[129] aus von Land zu Land unterschiedlichen Maßnahmen. Doch verfolgt man das politische Ziel, die Pandemiebekämpfung möge bundesweit einheitlich erfolgen, dann müsste die Pandemiebekämpfung auf Bundesebene gesteuert, den Ländern nähere gesetzliche Vorgaben gemacht oder das IfSG im Wege der Bundesauftragsverwaltung nach Art. 85 GG vollzogen werden.[130] Dass ein Selbstkoordinierungsgremium vom Wunsch nach einer bundesweit einheitlichen Pandemiebekämpfung überfordert wurde, überrascht nicht. Denn in der Bund-Länder-Konferenz sind 16 Bundesländer mit unterschiedlichen Landesregierungen vertreten, deren politischen Ansichten sich bei derart weitgreifenden Entscheidungen selten so vereinbaren lassen dürften, dass daraus ein dauerhaft tragfähiger Konsens entstünde. Verfolgt man dagegen das Ziel, auch in der Pandemie die Vorzüge des Föderalismus zur Geltung kommen zu lassen und etwa den „Flickenteppich“ gezielt als Wettbewerb um das beste Pandemiebekämpfungskonzept zu nutzen,[131] dann wäre die Bund-Länder-Konferenz – oder die Ministerpräsidentenkonferenz – durchaus ein passables Mittel, um einheitliches, aber auch unterschiedliches Vorgehen der Länder zu koordinieren und zu kommunizieren.

3. Staatliche Wissensgenerierung: Das Robert Koch-Institut

Eine zentrale Rolle in der Pandemie spielte das Robert Koch-Institut (RKI). Entgegen seinem Namen handelt es sich in erster Linie nicht um eine Forschungseinrichtung, sondern um eine selbständige Bundesoberbehörde im Geschäftsbereich des Bundesgesundheitsministeriums. Das RKI ist in seiner heutigen Gestalt Nachfolger des Bundesgesundheitsamts, welches 1994 in Folge eines Skandals aufgelöst wurde.[132] Trotz seines Behördenstatus hat das Institut einen starken Fokus auf epidemiologische Forschung und fungiert als „infektionsepidemiologisches Zentrum“[133] der Bundesrepublik. Während der Coronapandemie hatte die Expertise des RKI eine zentrale Bedeutung für die Politik von Bund und Ländern. Das Institut steuerte die Pandemiebekämpfung gewissermaßen durch sein überlegenes Wis-

---

[128] *Waldhoff*, NJW 2021, 2772, 2774 f.

[129] Exemplarisch Coronaregeln für Risikogebiete in Deutschland: Kritik am „Flickenteppich“, taz vom 6. Oktober 2020; *Hufnagel*, Dieser Corona-Flickenteppich ist gefährlich, Augsburger Allgemeine vom 28. März 2021. Siehe auch etwa *Montag*, Die Mär vom dysfunktionalen Flickenteppich, S. 3, abrufbar unter https://www.kas.de/de/einzeltitel/-/content/die-maer-vom-dysfunktionalen-foederalismus (letzter Abruf: 18. November 2025).

[130] Für letzteren Ansatz *Aust*, Im Auftrag des Bundes, Verfassungsblog vom 15. Dezember 2020.

[131] Dafür etwa *Montag*, Die Mär vom dysfunktionalen Flickenteppich, S. 6–8, abrufbar unter https://www.kas.de/de/einzeltitel/-/content/die-maer-vom-dysfunktionalen-foederalismus (letzter Abruf: 18. November 2025); kritisch demgegenüber *Klafki*, JöR 2021 (69), 583, 601.

[132] *Klafki*, Risiko und Recht, 2017, S. 315.

[133] *Klafki*, Risiko und Recht, 2017, S. 199.

sen.[134] Das RKI stand während der Pandemie stark in der Öffentlichkeit und wandte sich, etwa in Form von Pressekonferenzen, auch gezielt an die breite Bevölkerung.

C. Corona und Rechtsschutz

Corona und die staatlichen Reaktionen zogen eine Vielzahl von rechtlichen Fragestellungen nach sich. Der *Beck-Verlag* legte mit COVuR gar eine eigene Fachzeitschrift für die Thematik auf. Auch die Rechtsprechung zu den Coronamaßnahmen wurde in der juristischen Fachliteratur häufig thematisiert. Zu diversen Entscheidungen finden sich Besprechungen.[135] Besonders häufig wurden die Entscheidungen des BVerfG zur „Bundesnotbremse" diskutiert. Neben Entscheidungsbesprechungen finden sich auch Beiträge, welche sich allgemein mit der Rechtsprechung der Verwaltungs- und Verfassungsgerichte beschäftigten. Während manche Auswertungen nur eine kleine Auswahl an Entscheidungen als Grundlage hatten,[136] legte Klafki eine rechtsempirische Analyse der Argumentationsmuster auf Basis einer größeren Auswahl an Entscheidungen von Verwaltungsgerichten und Verfassungsgerichten vor.[137] Grundlage waren allerdings nur Entscheidungen, die bis Oktober 2020 ergingen. Insbesondere sind damit keine Hauptsacheentscheidungen umfasst, welche erst später ergingen. Lüke wertete die Rechtsprechung bis August 2021 aus, beschränkte sich aber auf Entscheidungen nach § 47 Abs. 6 VwGO.[138] Die Arbeit von Kruse/Langner wertet eine noch größere Auswahl von verwaltungsgerichtlichen Entscheidungen zwischen März 2020 und September 2021 aus.[139] Auch hier sind noch kaum Hauptsacheentscheidungen enthalten, zumal diesen keine entsprechenden Entscheidungen im vorläufigen Rechtsschutz gegenübergestellt wurden. Außerdem verfolgt die Arbeit einen quantitativen Ansatz und wertet so insbesondere aus, wie häufig bestimmte prozessuale Konstellationen vorkamen, welche Maßnahmen streitgegenständlich waren und wie sich die Erfolgsquote über die Zeit entwickelte.

Manche Stimmen in der Literatur gingen mit der Rechtsprechung hart ins Gericht. Gerade die Eilentscheidungen des BVerfG wurden von einigen Stimmen in der Literatur lautstark kritisiert, weil das Gericht im vorläufigen Rechtsschutz zu zurückhaltend gewesen sei.[140] Zu den späteren Hauptsacheentscheidungen des Ge-

---

[134] *Rixen*, NJW 2020, 1097, 1097.

[135] Siehe zu diesen unten in Teil 1 bei den jeweiligen Maßnahmen.

[136] So etwa *Blankenagel*, JZ 2021, 702, 702 ff.; *Zuck/Zuck*, NJW 2020, 2302, 2302 ff.

[137] *Klafki*, JöR 2021 (69), 583, 583 ff.

[138] *Lüke*, JöR 2022 (70), 609, 609 ff.

[139] *Kruse/Langner*, NJW 2021, 3707, 3707 ff.

[140] Siehe insbesondere *Lepsius*, JZ 2021, 955, 955 ff.; *Lepsius*, Der Staat 60 (2021), 609, 609 ff.; differenzierter *Wagner*, COVuR 2021, 647, 647 ff.; *Wagner*, COVuR 2021, 710, 710 ff.

richts formulierte Kingreen: „Vom Bundesverfassungsgericht sollte man nach der Entscheidung zur Bundesnotbremse nämlich nichts mehr erwarten. Allenfalls wird man sich ein paar voluminöse Textbausteine im Maßstabsteil und eine als Verhältnismäßigkeitsprüfung getarnte brave Nacherzählung der Gesetzesbegründung im Subsumtionsteil abholen."[141] Neben diesen regelrechten Abrechnungen mit den Gerichten finden sich auch differenziertere Betrachtungen. So wurde teils die These aufgestellt, dass sich die Gerichte auch vom Infektionsgeschehen und der öffentlichen Stimmung hätten leiten lassen. Bei niedrigeren Inzidenzen hätten die Gerichte intensiver geprüft als bei höheren Infektionszahlen.[142] Andere Stimmen bestritten das.[143] Als mögliches Einfallstor für solche Tendenzen wurden hier insbesondere die Eigenheiten des vorläufigen Rechtsschutzes identifiziert.[144]

Das legt einen Verdacht nahe: Ließen sich die Gerichte von der öffentlichen Stimmung und der Infektionslage leiten? Aus rechtssoziologischer Sicht ist diese These nicht fernliegend. Gerichtliche Entscheidungsgründe suggerieren, die Spruchkörper würden deduktiv[145] arbeiten, also einen Sachverhalt unter das Gesetz subsumieren, so zu einem Ergebnis kommen und diesen Vorgang im Anschluss in den Entscheidungsgründen dokumentieren. Schon 1972 deuteten aber die Beobachtungen von Rüdiger Lautmann daraufhin hin, dass diese Annahme regelmäßig nicht der Realität entspricht. Vielmehr arbeiten Gerichte demnach meistens induktiv[146], also vom Ergebnis her. Dieses steht am Anfang der Entscheidungsfindung. Danach wird ein Weg gesucht, um das Ergebnis rechtlich zu begründen.[147] Diese Konstruktion[148] oder auch Herstellung[149] des Ergebnisses wird aber in den Entscheidungsgründen nicht offengelegt. Vielmehr wird hier ein formelles, deduktives Vorgehen dargestellt.[150] Im Mittelpunkt der Entscheidungsgründe steht nicht die Dokumentation des Herstellungsprozesses der Entscheidung, sondern die argu-

---

[141] *Kingreen*, Whatever it Takes II?, Verfassungsblog vom 15. Februar 2022. – Kritisch zu der Entscheidung auch *Boehme-Neßler*, NVwZ-Beilage 2022, 34, 34 f.; *Schwarz*, NVwZ-Beilage 2022, 3, 3 ff.; differenzierter dagegen *Degenhart*, NJW 2022, 123, 123 ff.

[142] *Blankenagel*, JZ 2021, 702, 708 f.; *Klafki*, JöR 2021 (69), 583, 593–595; *Volkmann*, Wenn die Justiz der Herde folgt. Wie der Zeitgeist die Rechtsprechung beeinflusst, FAZ vom 6. Mai 2020.

[143] *Kruse/Langner*, NJW 2021, 3707, 3711.

[144] *Blankenagel*, JZ 2021, 702, 707.

[145] *Wrase*, in: Frick/Lembcke/Lhotta, Rechtsinterpretation als soziale Praxis, 2017, S. 63, 66.

[146] *Wrase*, in: Frick/Lembcke/Lhotta, Rechtsinterpretation als soziale Praxis, 2017, S. 63, 66.

[147] *Lautmann*, Justiz – die stille Gewalt, 1972, S. 83–86.

[148] *Lautmann*, Justiz – die stille Gewalt, 1972, S. 83.

[149] So etwa *Sobota*, Sachlichkeit, rhetorische Kunst der Juristen, 1990, S. 18; *Wrase*, in: Frick/Lembcke/Lhotta, Rechtsinterpretation als soziale Praxis, 2017, S. 63, 66.

[150] *Lautmann*, Justiz – die stille Gewalt, 1972, S. 84.

mentative Überzeugungsleistung.[151] Die Herstellung erfolgt aber stets mit Blick darauf, ob das Ergebnis überhaupt auf Basis des geltenden Rechts getroffen werden kann.[152]

Daneben tritt ein weiteres Problem: Gerichten wird zwar von der Rechtsordnung Rechtsmacht verliehen, doch um ihre Autorität zu bewahren, müssen ihre Entscheidungen bei den Betroffenen auch Anerkennung finden.[153] Das stellt die Rechtsprechung in einer Situation wie einer Pandemie vor ein Dilemma. Entscheiden die Gerichte zu zurückhaltend, heben also Maßnahmen trotz Zweifeln an deren Wirksamkeit nicht auf, dann sinkt das Vertrauen in die Funktionsfähigkeit des Rechtsstaates. Greifen die Gerichte dagegen zu weit in die Gestaltungsfreiheit der Exekutive ein, dann droht schnell der Vorwurf, die Rechtsprechung verhindere eine effektive Pandemiebekämpfung.[154] Das Risiko, diesen Vorwürfen ausgesetzt zu sein, ließe sich auf dreierlei Arten reduzieren. Erstens könnten sich Gerichte bei stattgebenden Entscheidungen auf Aspekte konzentrieren, welche von der Exekutive selbst behoben werden könnten, ohne deren Pandemiebekämpfungskonzept zu bedrohen. So lassen sich etwa Gleichheitsverstöße unkompliziert auf verschiedene Arten beheben, nicht dagegen generelle Zweifel an der Eignung einer Maßnahme. Zweitens könnten sich Gerichte verleiten lassen, im Rahmen des rechtlich Möglichen die öffentliche Meinung zu einer bestimmten Maßnahme bei ihrer Entscheidungsfindung zu berücksichtigen. Drittens könnten die Gerichte ihre Prüfdichte von der empfundenen Bedrohungslage – insbesondere also von der Infektionslage – abhängig machen. Auch so ließe sich die Akzeptanz maximieren.

Manche Stimmen in der Literatur befürchteten solche verdeckten Erwägungen oder meinten, Beweise dafür gefunden zu haben. Volkmann prognostizierte zu Beginn des ersten Lockdowns: „Kein Verwaltungs- oder auch Verfassungsgericht würde es in der derzeitigen Situation riskieren, auch nur eine [Maßnahme] davon zu beanstanden und der Regierung im Kampf gegen die als existenziell empfundene Bedrohung in den Arm zu fallen."[155] Einige Wochen später stellte Volkmann die These auf, dass sich die Rechtsprechung von der öffentlichen Meinung treiben lasse.[156] Blankenagel meinte ein Jahr später: „Die Rechtsprechung spiegelt eher die jeweiligen Infektionszahlen als die Rechtslage wider." Die Kontrollschärfe sei von

---

[151] *Wrase*, in: Frick/Lembcke/Lhotta, Rechtsinterpretation als soziale Praxis, 2017, S. 63, 66.

[152] *Lautmann*, Justiz – die stille Gewalt, 1972, S. 85 f.

[153] *Holterhus/Michl*, in: Holterhus/Michl, Die schwache Gewalt? Zur Behauptung judikativer Autorität, 2022, S. 1, 6.

[154] In diese Richtung sind Meinungsäußerungen wie die des Vorstandsvorsitzende des Weltärztebunds *Frank Ulrich Montgomery* zu deuten, siehe etwa *Vitzthum*, Frank Ulrich Montgomery – „Stoße mich daran, dass kleine Richterlein 2G im Einzelhandel kippen", WELT vom 27. Dezember 2021.

[155] *Volkmann*, Der Ausnahmezustand, Verfassungsblog vom 20. März 2020.

[156] *Volkmann*, Wenn die Justiz der Herde folgt. Wie der Zeitgeist die Rechtsprechung beeinflusst, FAZ vom 6. Mai 2020.

der epidemiologischen Lage abhängig gewesen.[157] Laut Kammer/Jischkowski hätte die Zahl der stattgegebenen Entscheidungen in der Zeit nach dem Abflachen der ersten Pandemiewelle zugenommen. Der „Mut, Maßnahmen als unverhältnismäßig zu geißeln", hätte sich gesteigert, und in späteren Hauptsacheverfahren seien peniblere Prüfungen zu erwarten.[158] Kaiser meinte beobachtet zu haben, dass die Gerichte in der Zeit vor dem zweiten Lockdown strenger gewesen seien als in den ersten Monaten, in denen die Gerichte zurückhaltend agiert hätten,[159] und laut Lepsius hätte die Kontrolldichte in der oberverwaltungsgerichtlichen Rechtsprechung im Spätsommer 2020 gegenüber den Vormonaten spürbar zugenommen, um ab November 2020 wieder abzunehmen.[160] So naheliegend diese Annahmen sind, so schwer sind sie zu beweisen, wenngleich die Bemühungen teils auch laut ausgesprochen wurden, Maßnahmen möglichst nicht aufzuheben, um nicht für den Zusammenbruch des Gesundheitssystem verantwortlich gemacht zu werden.[161] Welche Prozesse zur Entscheidungsfindung führten und von welchen Erwägungen sich die handelnden Personen leiten ließen, könnte nur durch eine Befragung ebendieser noch nachträglich erforscht werden. Allenfalls könnte überprüft werden, ob ein Zusammenhang der Entscheidungspraxis mit dem Infektionsgeschehen bestand. Allerdings stellt sich dann das Problem, dass aus einer Korrelation noch keine Kausalität folgt, aus einem solchen Zusammenhang also kein sicherer Schluss auf die Erwägungen bei der Entscheidungsfindung geschlossen werden kann.[162] Dennoch wurden in der Literatur entsprechende Versuche unternommen. So wollte Blankenagel eine entsprechende Korrelation zwischen Inzidenz und Erfolgsquote beobachtet haben.[163] Allerdings war die Zahl der einbezogenen Entscheidungen denkbar knapp (42 verwaltungs- und oberverwaltungsgerichtliche und 21 bundesverfassungsgerichtliche Entscheidungen über einen Zeitraum von etwa einem Jahr). Nach einer Auswertung von Klafki ist der prozentuale Anteil von erfolgreichen Gerichtsverfahren mit den sinkenden Fallzahlen ab Mai 2020 gestiegen. Gleichzeitig sank demnach der Anteil von Entscheidungen, deren Begründungsschwerpunkt in der Folgenabwägung lag.[164] Allerdings bezog diese Auswertung nur Entscheidungen bis Oktober 2020 ein. Eine weit umfassendere Auswertung lieferten Kruse/Langner.[165] Nach Interpretation der Autoren hätte keine Korrelation bestanden.[166]

---

[157] *Blankenagel*, JZ 2021, 702, 705.

[158] *Kämmerer/Jischkowski*, GesR 2020, 341, 352 f.

[159] *Kaiser*, RuP 2021, 7, 14.

[160] *Lepsius*, JöR 69 (2021), 706, 746.

[161] So der Präsident des Niedersächsischen Staatsgerichtshofs und OVG-Richter *Thomas Smollich* im Rahmen einer Podiumsdiskussion am 14.09.2020, überliefert von *Klafki*, JöR 2021 (69), 583, 595.

[162] *Kruse/Langner*, NJW 2021, 3707, 3711.

[163] *Blankenagel*, JZ 2021, 702, 708 f.

[164] *Klafki*, JöR 2021 (69), 583, 593–595.

[165] *Kruse/Langner*, NJW 2021, 3707, 3707 ff.

Aus der bisherigen Aufarbeitung der Rechtsprechung in der Literatur lassen sich vier Thesen aufstellen. *Erstens* lässt sich eine allgemeine Unzufriedenheit bei Teilen der Literatur zu der These verdichten, dass Gerichte „zu lasch" kontrolliert hätten. Diese These lässt sich zur *zweiten These* erweitern, dass Gerichte in Zeiten hoher Infektionszahlen ihre Kontrolldichte reduziert hätten. Vermuten ließe sich – *These 3* –, dass der vorläufige Rechtsschutz einen effektiven Rechtsschutz erschwerte und als Einfallstor für eine zu geringe oder wechselnde Kontrolldichte diente. Ebenfalls könnte – *These 4* – vermutet werden, dass es zu einer Maßstabsverschiebung kam, die Gerichte also manche rechtlichen Prinzipien – etwa den Parlamentsvorbehalt – anders und zugunsten von Verordnungs- und Gesetzgeber anwandten. Um diese Thesen näher zu überprüfen, ist eine Analyse einer großen Zahl von Entscheidungen über den gesamten Pandemieverlauf erforderlich. Insbesondere muss diese Auswahl auch Hauptsacheentscheidungen in einem relevanten Umfang umfassen. Denn nur so lässt sich überprüfen, ob die Eigenheiten des Eilrechtsschutzes tatsächlich zu relevanten Problemen führte, und ob sich die Gerichte vom Infektionsgeschehen leiten ließen.

D. Aufbau und Methodik der Untersuchung

Um diese Thesen näher zu untersuchen, wird zunächst eine große Auswahl von Entscheidungen nach Maßnahmen betrachtet (Teil 1). Auf Basis der dort gemachten Beobachtungen werden die zentralen prozessualen und materiell-rechtlichen Aspekte analysiert (Teile 2 und 3), ehe ein Fazit gezogen wird (Schluss). Ermittelt und ausgewählt wurden die Entscheidungen dabei wie folgt:

(1) Es wurden lediglich verwaltungs- und verfassungsgerichtliche Entscheidungen betrachtet.[167] Entscheidungen der ordentlichen Gerichtsbarkeit etwa zu Ordnungswidrigkeitsverfahren, in welchen die Rechtmäßigkeit von Pandemiebekämpfungsmaßnahmen eine Rolle spielten, wurden nicht beachtet.

(2) Eingeflossen sind lediglich publizierte Entscheidungen, welche auf Beck-Online oder Juris zugänglich waren.[168]

---

[166] *Kruse/Langner*, NJW 2021, 3707, 3711.

[167] *Langner/Kruse* wendeten gegen die Studie von *Klafki* ein, diese könne keine belastbaren Aussagen treffen, weil sie nicht zwischen Verwaltungs- und Verfassungsgerichtsbarkeit differenziert und so relevante Unterschiede zwischen beiden Gerichtsbarkeiten missachte, siehe *Kruse/Langner*, NJW 2021, 3707, 3707, Fn. 1. Das ist aber keine Frage der Auswahl der Entscheidungen, sondern der weiteren Auswertung in den Teilen 2 und 3. Aussagen über Erfolgsquoten möchte diese Arbeit zudem ohnehin nicht treffen.

[168] Genutzt wurden dabei die jeweiligen Hochschulmodule der Friedrich-Schiller-Universität Jena. In Bezug auf Beck-Online sind dabei für die hiesigen Zwecke insbesondere folgende Zeitschriften verfügbar und relevant: BeckRS; KommJur; LKV; NJOZ; NJW; NJW-Beilage; NJW-RR; NJW-Spezial; NVwZ; NVwZ-Beilage; NVwZ-RR.

(3) Die Entscheidungen wurden für jede Maßnahme einzeln ermittelt. Dazu wurde für jede Maßnahme ein Suchbegriff genutzt, welcher in der Darstellung in Teil 1 jeweils angegeben wurde. Nach diesem wurde jeweils in Verbindung mit den Wörtern „Sars", „Covid" oder „Corona"[169] gesucht. Welche Maßnahmen wieso ausgewählt wurden, wird zu Beginn von Teil 1 erläutert.

(4) Ausgehend von der Ergebnisliste von Beck-Online und Juris wurde zunächst eine Schnellsichtung vorgenommen. Ausgewählt wurden zum einen Entscheidungen, welche offensichtlich die gesuchte Maßnahme thematisieren zum anderen solche, bei denen anhand des Titels beziehungsweise der Kurzbeschreibung in der Ergebnisliste nicht auf den Inhalt geschlossen werden konnte.

(5) Die aus der Ergebnisliste ausgewählten Entscheidungen wurden sodann einer detaillierten Sichtung unterzogen. Sofern sich bestätigte, dass sich die Entscheidung (auch) mit der Rechtmäßigkeit der gesuchten Maßnahme beschäftigte, wurde die Maßnahme in die Darstellung der jeweiligen Maßnahme in Teil 1 aufgenommen. Teils wurde aber auf die Darstellung in Teil 1 verzichtet, namentlich:

   (a) Auf die Darstellung verzichtet wurde in Einzelfällen auf Entscheidungen, welche die gesuchte Maßnahme nur am Rande thematisieren – etwa solche zu Anträgen, welche sich gegen eine Vielzahl von Maßnahmen richteten – sowie solche Anträge, in denen nahezu ausschließlich Einzelfallfragen, sofern diese für übergreifende strukturelle Aussagen nur begrenzt aussagekräftig sind, oder die Auslegung von Verordnungen und Allgemeinverfügungen eine Rolle spielen.

   (b) Grundsätzlich verzichtet wurde in Teil 1 auf die Darstellung von Entscheidungen über unzulässige Anträge, sofern in der Entscheidung nicht ergänzende umfangreichere Ausführungen zur Rechtmäßigkeit der Maßnahme enthaltet sind. Dargestellt werden jedoch Entscheidungen des BVerfG sowie regelmäßig solche in Hauptsacheverfahren.

(6) Sodann werden in Teil 1 die zentralen rechtlichen Aspekte der betrachteten Entscheidungen herausgearbeitet. Auf dieser Grundlage erfolgt in den Teilen 2 und 3 eine vertiefende Analyse dieser Aspekte, die sich weiterhin auf die in Teil 1 ausgewerteten Entscheidungen stützt. Hierzu werden gegebenenfalls Teilauswahlen von Entscheidungen getroffen, die nach Möglichkeit sowohl den gesamten relevanten Zeitraum als auch die Breite der einschlägigen Gerichtsbarkeit abdecken. Zur Veranschaulichung einzelner Aspekte werden exemplarisch ausgewählte Entscheidungen näher dargestellt.

Ziel der Arbeit ist es, die Entscheidungen nicht nur umfassend, sondern mit dem Anspruch größtmöglicher analytischer Tiefe und insbesondere Ergebnisoffenheit zu untersuchen. Die Arbeit verfolgt deshalb bewusst keinen quantitativen, sondern

[169] Genutzt wurden hier Oder-Operatoren.

einen qualitativen Ansatz, bei der die einzelnen Entscheidungen im Fokus stehen. Eine umfassende empirische Erfassung der gesamten Corona-Judikatur, bei der die Gesamtheit aller Entscheidungen im Vordergrund stünde, wird dagegen nicht angestrebt. Die Entscheidungen werden inhaltsanalytisch untersucht und kontextuell – rechtlich, gesellschaftlich und epidemiologisch – eingeordnet. Dieser Ansatz hat einen entscheidenden Vorteil: Nur auf diese Weise lassen sich Feinheiten, Besonderheiten und auch das Unerwartete identifizieren, ohne auf die Untersuchung vorher festgelegter Hypothesen beschränkt zu sein.

Die Untersuchung geht damit einerseits über bestehende Arbeiten hinaus, die nur eine kleinere Auswahl von Entscheidungen betrachtet.[170] Andererseits geht sie über quantitative Arbeiten hinaus, wie sie Kruse/Langner mit ihrer schon erwähnten Auswertung der Corona-Rechtsprechung bereits vorgelegt haben. Bei solchen quantitativen Ansätzen,[171] die auch im juristischen Bereich unter dem Begriff Legal Data Science zunehmend an Bedeutung gewinnen,[172] wird eine große Menge von Entscheidungen statistisch ausgewertet. Das ermöglicht es, Muster und Häufigkeiten auf breiter Datenbasis zu erfassen. Der Beitrag von Kruse/Langner zeigt dabei exemplarisch die Grenzen quantitativer Methodik auf: Die gewonnenen Ergebnisse beruhen auf Annahmen, die bereits zu Beginn der Untersuchung algorithmisch implementiert wurden. So ist eine zentrale Erkenntnis der Arbeit, dass die Erfolgsquote von Entscheidungen niedriger war, wenn in den Entscheidungen häufig das RKI zitiert wurde.[173] Dieser Zusammenhang konnte nur deshalb festgestellt werden, weil der gewählte Auswertungsalgorithmus unter anderem gezielt darauf ausgerichtet wurde, Bezüge auf das RKI zu berücksichtigen. Die scheinbare Objektivität quantitativer Verfahren täuscht insofern: Die Ergebnisse sind nicht frei von Hypothesenvorgaben, sondern sind zwangsläufig von diesen abhängig. Das relativiert auch die Behauptung, Ansätze der Legal Data Science seien reproduzierbar, vollständig und frei von subjektiven Einflüssen.[174] Daneben liefert Legal Data Science nur statistische Korrelationen. Die rechtlichen Begründungen und die jeweiligen Entscheidungskontexte können mit einem solchen Ansatz aber nicht erklärt werden. Eine Untersuchung bliebe so zwangsläufig an der Oberfläche.

Auch der Einsatz KI-gestützter Verfahren – etwa durch *Large Language Models* –[175] wurde bewusst verworfen. Zwar könnten solche Modelle eine große Anzahl von Entscheidungen schnell zusammenfassen. Doch stünden ihre Ergebnisse unter

---

[170] Siehe zu diesen Arbeiten S. 37 ff.

[171] Siehe zu diesen beiden Ansätzen im Kontext der Sozialforschung *Strübing*, Qualitative Sozialforschung, 2013, S. 3–9.

[172] Siehe dazu *Fobbe*, Legal Data Science – Teil I: Was ist das?, LTO vom 13. Juli 2022; *Fobbe*, Legal Data Science – Teil II: Wie man sie nutzen kann, LTO vom 8. Juni 2022.

[173] *Kruse/Langner*, NJW 2021, 3707, 3711 f.

[174] So etwa *Fobbe*, Legal Data Science – Teil II: Wie man sie nutzen kann, LTO vom 8. Juni 2022.

[175] Siehe dazu *Mielke/Wolff*, LRZ 2023, Rn. 560.

dem Verdacht einer unbefriedigenden und intransparenten Schwerpunktsetzung. Um diese zu vermeiden, müsste das Modell im Vorfeld präzise instruiert werden, welche Aspekte als relevant gelten. Damit würde aber die Offenheit der Analyse aufgegeben, und das Ergebnis wäre erneut vorgeprägt. Hinzu kommt die fehlende Zuverlässigkeit solcher Systeme: Halluzinationen, also die Erfindung nicht vorhandener Inhalte, sind weiterhin ein Problem.[176] Die Ergebnisse wären deshalb nur eingeschränkt vertrauenswürdig und müssten nachgeprüft werden, wodurch der vermeintliche Effizienzgewinn verloren ginge.

Zwar bringt der qualitative Ansatz methodische Herausforderungen mit sich, insbesondere hinsichtlich Reproduzierbarkeit und Auswahltransparenz. Diese werden jedoch durch eine möglichst breite Auswahl an berücksichtigten Entscheidungen sowie durch detaillierte Offenlegung der Methodik systematisch begrenzt. Die möglichst breite Auswahl wird hier dadurch gewährleistet, dass sowohl Beck-Online als auch Juris einbezogen werden. Zwar ist richtig, dass die Aufnahmeentscheidungen dieser Datenbanken nicht vollständig nachvollziehbar sind, was sie zu einer „Black Box" macht.[177] Allerdings trifft dies ebenso auf die Veröffentlichungspraxis der Gerichte zu. Gerade Entscheidungen von Instanzverwaltungsgerichten sind häufig überhaupt nicht öffentlich auffindbar. Ein Verzicht auf privat betriebene Datenbanken würde daher die Auswertung der Rechtsprechung erheblich erschweren oder sogar unmöglich machen, solange die Justiz ihre Entscheidungen nicht vollständig und frei zugänglich macht. Angesichts der enormen Anzahl an Entscheidungen, die über Beck-Online und Juris verfügbar sind, ist zudem davon auszugehen, dass ein sehr großer Teil der relevanten Judikatur dort erfasst ist. Überdies kommt publizierten Entscheidungen eine besondere Bedeutung zu, da sich andere Gerichte häufig darauf beziehen.

Die möglichst breite Auswahl an berücksichtigten Entscheidungen wird weiterhin dadurch gewährleistet, dass Maßnahmen aus allen Lebensbereichen betrachtet werden. Das nach Maßnahmen differenzierende Vorgehen ist gleichzeitig ein Weg, die Auswahl der Entscheidungen so zu begrenzen, dass diese einerseits noch handhabbar ist, andererseits aber die Begrenzung transparent ist und ohne Verluste für die weitere Untersuchung erfolgt. Denn wie sich zeigen wird, ähneln sich die Entscheidungen zu den Maßnahmen in den verschiedenen Lebensbereichen. So hätten etwa Entscheidungen zur Schließung von Wettbüros und Spielotheken – die nicht in die Betrachtung einfließen – kaum einen zusätzlichen Erkenntnisgewinn gebracht, da Entscheidungen aus verwandten Bereichen bereits ausführlich eingeflossen sind. Unschädlich ist daher auch das in (4) und (5) beschriebene Vorgehen der anfänglichen Schnellsichtung und des Ausschlusses einiger Entscheidungen. Insbesondere deshalb, weil ein Großteil der Entscheidungen trotz passender Begriffe für die Fragestellung nicht einschlägig war, konnten nicht sämtliche Treffer aus der Ergebnisliste analysiert werden. Der damit verbundene Verzicht auf ein-

[176] *Mielke/Wolff*, LRZ 2023, Rn. 560, Rn. 573.

[177] *Fobbe*, Legal Data Science – Teil II: Wie man sie nutzen kann, LTO vom 8. Juni 2022.

zelne, theoretisch relevante Entscheidungen ist methodisch gerechtfertigt, da der Aufwand einer vollständigen Sichtung in keinem Verhältnis zu dem geringen Erkenntnisgewinn durch einige wenige zusätzliche Entscheidungen stünde. Denn wie sich zeigen wird, sind die gerichtlichen Reaktionen auf vergleichbare Maßnahmen häufig strukturell sehr ähnlich.

In der weiteren Untersuchung macht es der Ansatz erforderlich, die Auswahl manuell zu begrenzen (5) und einzelne Entscheidungen zur näheren Analyse auszuwählen (6). Dies wäre aber auch erforderlich, würde man eine quantitative Vorauswahl mit einer anschließenden vertieften rechtsdogmatischen Analyse kombinieren, wie es Fobbe vorschlägt.[178] Im Gegenteil wäre bei einem solchen Vorgehen ein noch größerer Datensatz zu erwarten. Um diesen näher betrachten zu können, wäre eine noch restriktivere Auswahl nötig, denn eine zu große Auswahl ließe sich nicht mehr mit vertretbarem Aufwand auswerten. Letztlich ließe sich eine manuelle Auswahl auch in einem solchen kombinierten Modell nicht vermeiden. Dass es sich bei der endgültigen Auswahl der auszuwertenden Entscheidungen am Ende um eine Ermessensentscheidungen handelt, welche die Reproduzierbarkeit erschwert, ließe sich auch so nicht ändern. Ein zusätzlicher Nutzen durch einen Legal Data Science-Ansatz wäre damit nicht gewonnen.

---

[178] *Fobbe*, Legal Data Science – Teil II: Wie man sie nutzen kann, LTO vom 8. Juni 2022.

1. Teil

Rechtsprechung zu Pandemiebekämpfungsmaßnahmen in der Coronapandemie

Im folgenden Teil wird die Rechtsprechung zu den einzelnen Pandemiebekämpfungsmaßnahmen ausgewertet (B.). Zuvor soll aber noch kurz auf die gewählte Systematisierung und die Auswahl der Maßnahmen eingegangen werden (A.). Im Anschluss an die Auswertung werden die Entscheidungen im zeitlichen und epidemiologischen Kontext betrachtet (C.), ehe ein Fazit zu den zentralen rechtlichen Aspekten gezogen wird, die in der Auswertung der Entscheidungen zu Tage getreten sind (D.).

A. Systematisierung und Auswahl der Maßnahmen

Bei der Auswahl der Entscheidungen wurden zwei Ziele verfolgt. Einerseits sollte die Rechtsprechung zu den Maßnahmen möglichst umfassend in die Arbeit einbezogen werden. Andererseits sollte die Auswahl auf eine Menge begrenzt werden, welche noch mit einem vertretbaren Aufwand ausgewertet werden kann. Gegenstand dieser Untersuchung sind dabei lediglich Entscheidungen zu Freiheitsbeschränkungen durch staatlich verordnete Maßnahmen. Nicht betrachtet wurden dagegen Entscheidungen zu Versuchen, auf gerichtlichem Weg ein Mehr an Schutzmaßnahmen zu erwirken oder – entgegen der anfänglich bestehenden Impfpriorisierung – eine frühere Schutzimpfung gegen das Coronavirus zu erhalten.

Ausgangspunkt der Überlegungen sind die bereits in der Einführung dargestellten Beschlüsse der Bund-Länder-Konferenz.[1] Die darin vorgesehenen Maßnahmen wurden in fünf Gruppen sortiert. Innerhalb dieser Gruppen wurden einige Maßnahmen nicht betrachtet, um den Umfang der Auswertung zu begrenzen. In der ersten Gruppe (B.I.) finden sich Einschränkungen der privaten Lebensgestaltung, worunter hier Maßnahmen verstanden werden, welche primär in die allgemeine Handlungsfreiheit, die Freiheit der Person und in das Grundrecht auf Freizügigkeit eingriffen. Daran schließen sich in der zweiten Gruppe Maßnahmen an, welche die Versammlungsfreiheit, die Glaubensfreiheit sowie die Kunstfreiheit betrafen (B. II.). In der dritten Gruppe (B.III.) finden sich Beschränkungen im wirtschaftlichen

[1] Siehe dazu die Darstellung der Beschlüsse oben, S. 25 ff.

Bereich, Maßnahmen also, welche primär die Berufsfreiheit und den Schutz des Eigentums tangierten. Schließlich werden noch die Lebensbereiche Bildung (vierte Gruppe, B.IV.) sowie des Gesundheits- und Pflegewesens näher betrachtet (fünfte Gruppe, B.V.). Eine Rolle bei der Zuordnung spielte dabei auch, an welche Adressaten sich die jeweilige Regelung primär richtete und der Sachzusammenhang. So mag die Betriebsschließung eines Möbelmarktes auch in die Allgemeine Handlungsfreiheit eines Kunden eingreifen, welcher nun am Besuch des Möbelmarktes gehindert ist. Primär richtet sich das Öffnungsverbot aber an den Betreiber des Möbelmarktes, welcher seinen Markt geschlossen halten muss. Aus diesen Gründen finden sich die Maskenpflichten etwa im Einzelhandel auch nicht unter B. I., sondern bei der sonstigen Auswertung der Rechtsprechung im Zusammenhang mit dem Einzelhandel (B.III.1.). Die Systematik ist nicht trennscharf; teils kann es zu Überschneidungen kommen. Ohnehin kommen Mehrfachnennungen schon deshalb vor, weil in Entscheidungen regelmäßig mehrere Maßnahmen thematisiert werden.

Auf diese Weise wurden so rund 1.630 Entscheidungen ermittelt, welche in der weiteren Untersuchung betrachtet wurden. Davon entfällt gut die Hälfte (ca. 800) auf Beschränkungen im wirtschaftlichen Bereich. Zumeist handelt es sich Entscheidungen im vorläufigen Rechtsschutz. Auf spätere Hauptsacheentscheidungen wird jeweils besonders hingewiesen.

B. Auswertung

I. Einschränkungen der privaten Lebensgestaltung

Die Darstellung beginnt mit den Entscheidungen zu Maßnahmen, welche die private Lebensgestaltung eingeschränkt haben. Darunter werden hier solche Maßnahmen verstanden, die primär in die allgemeine Handlungsfreiheit, die Freiheit der Person und in das Grundrecht auf Freizügigkeit eingriffen. So vielfältig wie die Einschränkung in diesem Bereich waren, so vielfältig waren auch die Entscheidungen dazu. Die Maßnahmen lassen sich weiter unterteilen in Einschränkungen der Bewegungsfreiheit (1.), Kontaktbeschränkungen und Verbote der Zusammenkunft (2.), Hygieneregeln im öffentlichen Raum (3.) und sonstige Einschränkungen der Freizeit- und Lebensgestaltung (4.).

1. Einschränkungen der Bewegungsfreiheit

Während der Pandemie kam es zu zahlreichen Einschränkungen der Bewegungsfreiheit. So mussten sich Infizierte und Ansteckungsverdächtigte zuhause absondern (a)). Selbiges galt zeitweise für Reiserückkehrer aus bestimmten Regionen außerhalb Deutschlands (b)). Mit Ausgangsbeschränkungen wurde der Aufenthalt außerhalb der eigenen Unterkunft verboten (c)). Teils kam es auch zu innerdeutschen Reiseverboten (d)).

a) Isolation und Quarantäne von Infizierten und Ansteckungsverdächtigen

Für eine Vielzahl von publizierten Entscheidungen sorgten Anordnungen gegenüber positiv Getesteten und deren Kontaktpersonen, die sich zuhause absondern mussten.[2] Quarantäne bezeichnet dabei die Absonderung ansteckungsverdächtiger Personen, während mit Isolation die Absonderung von nachweislich infizierten Personen beschrieben wird.[3] Streitentscheidend war dabei regelmäßig nur, ob die Absonderungsanordnung unter Berücksichtigung der konkreten Umstände des Einzelfalls rechtswidrig war. Da von Umständen des Einzelfalls geprägte Entscheidungen für übergreifende strukturelle Aussagen nur begrenzt aussagekräftig sind, wird auf eine nähere Darstellung der Einzelfalljudikatur entsprechend des oben erläuterten methodischen Ansatzes verzichtet.[4] Die Rechtmäßigkeit der Ermächtigungsgrundlage hingegen wurde meist gar nicht thematisiert, allenfalls wurde sie mit sich ähnelnden Standardformulierungen bejaht.[5] Das dürfte nicht zuletzt daran liegen, dass die die Maßnahme mit § 30 Abs. 1 S. 2 IfSG auf eine eigene und bereits vor Corona etablierte spezielle Ermächtigungsgrundlage gestützt werden konnte.

Zwei Eilbeschlüsse des VGH Mannheim stechen aus den publizierten Entscheidungen heraus. In beiden Fällen begehrten die Antragsteller die Außervollzugsetzung der damaligen baden-württembergischen Verordnung zur Absonderung, ohne zu diesem Zeitpunkt selbst infiziert oder Kontaktperson gewesen zu sein. In der ersten Entscheidung brachten die Antragsteller unter anderem vor, positive

---

[2] Die einbezogenen Entscheidungen wurden ermittelt durch die Suche nach Treffern, welche alternativ die Begriffe „Quarantäne", „Isolation" oder „Absonderung" sowie – zur Abgrenzung zur Einreisequarantäne – den Begriff „Einreise" nicht enthalten.

[3] *Robert Koch-Institut*, Fachwörterbuch „Infektionsschutz und Infektionsepidemiologie", abrufbar unter https://www.rki.de/DE/Themen/Infektionskrankheiten/Fachwoerterbuch_Infektionsschutz.pdf (letzter Abruf: 18. November 2025), Stichwort „Quarantäne".

[4] Siehe S. 41 f.

[5] Exemplarische Entscheidungen aus dem Jahr 2021: *VG Schleswig*, Beschl. vom 03.04.2021, Az.: 1 B 44/21, BeckRS 2021, 10200; *VG Köln*, Beschl. vom 28.05.2021, Az.: 7 L 957/21, BeckRS 2021, 15442; *VG Würzburg*, Beschl. vom 29.06.2021, Az.: W 8 S 21.852, BeckRS 2021, 16952 (erfolgreich); *VG Köln*, Beschl. vom 08.07.2021, Az.: 7 L 1216/21, BeckRS 2021, 17879; *VG Schleswig*, Beschl. vom 26.07.2021, Az.: 1 B 101/21, BeckRS 2021, 20789 (erfolgreich). In der Hauptsache etwa *VG Koblenz*, Urt. vom 10.01.2022, Az.: 3 K 385/21.KO, BeckRS 2022, 2814; *VGH München*, Urt. vom 26.07.2022, Az.: 20 B 22.29, 20 B 22.30, BeckRS 2022, 19876; *VG Cottbus*, Urt. vom 12.03.2024, Az.: VG 8 K 1753/20, BeckRS 2024, 4594. Vgl. dagegen zu einem aus formellen Gründen erfolgreichen Antrag gegen eine entsprechende Allgemeinverfügung *VG Aachen*, Beschl. vom 13.10.2021, Az.: 7 L 561/21, BeckRS 2021, 32018. Zu Hauptsacheentscheidungen siehe etwa *VG Braunschweig*, Urt. vom 29.10.2024, Az.: 4 A 446/20, BeckRS 2024, 42878; *VG Cottbus*, Urt. vom 13.03.2025, Az.: VG 8 K 28/21, BeckRS 2025, 9104.

PCR-Testungen könnten keine Infektion selbst nachweisen.[6] Die seit jeher im IfSG vorgesehene Absonderungspflicht könne nur bei hochgefährlichen Erregern wie Ebola oder der Lungenpest verhängt werden, aber nicht bei einem vergleichsweise harmlosen Virus wie Corona; das gebiete das Verhältnismäßigkeitsprinzip.[7] Der zweite Antrag fokussierte sich auf die Regelung, welche auch die Haushaltsmitglieder von sog. Kontaktpersonen der Kategorie 1 als Ansteckungsverdächtige einstufte, was über die Empfehlungen des RKI hinausging.[8] Die Bedenken hinsichtlich der PCR-Testungen teilte der VGH Mannheim nicht, wozu er einen ausführlichen Exkurs in die Studienlage lieferte; auch daran, dass die Absonderungspflicht gegen Corona-Ansteckungsverdächtigte genutzt werden kann, zweifelte das Gericht nicht.[9] Ein Verstoß gegen die Freiheit der Person habe sich ebenfalls nicht aufgedrängt.[10] Die Einstufung von Haushaltsmitgliedern von Kontaktpersonen der Kategorie 1 als Ansteckungsverdächtige hingegen hielt der VGH Mannheim nach summarischer Prüfung für rechtswidrig. Wegen der Abweichung von der RKI-Empfehlung sei die entsprechende Regelung schon nicht von einer Rechtsgrundlage gedeckt.[11] Zudem sei die Regelung unangemessen, da auch Personen der Absonderungspflicht unterworfen würden, welche überhaupt nicht zum Infektionsgeschehen beitrügen.[12]

In einem Hauptsacheverfahren beschäftigte sich das VG Wiesbaden mit der Frage, ob die Absonderungspflicht nach § 30 Abs. 1 Satz 2 Alt. 2 IfSG mit dem Richtervorbehalt in Art. 104 Abs. 2 Satz 1 GG vereinbar ist. Ein Verstoß gegen den Richtervorbehalt sei abzulehnen, da es sich bei der Absonderungspflicht mangels physisch oder psychisch vermittelnden Zwangs nur um eine Freiheitsbeschränkung handle, nicht um eine Freiheitsentziehung.[13] Ebenfalls in der Hauptsache hatte das VG Göttingen über einen besonderen Fall zu entscheiden. Im Juni 2020 kam es in einem Wohnkomplex zu einer größeren Zahl von Coronainfektionen. Daraufhin ordnete die Beklagte nicht nur eine Absonderung sämtlicher Bewohner an, sondern ließ den Komplex auch umzäunen, um die Anordnung durchzusetzen. Das VG Göttingen sah darin eine Freiheitsentziehung. Außerdem fehle es für die Um-

---

[6] *VGH Mannheim*, Beschl. vom 15.01.2021, Az.: 1 S 4180/20, BeckRS 2021, 394 Rn. 5.

[7] *VGH Mannheim*, Beschl. vom 15.01.2021, Az.: 1 S 4180/20, BeckRS 2021, 394 Rn. 7.

[8] *VGH Mannheim*, Beschl. vom 16.03.2021, Az.: 1 S 751/21, BeckRS 2021, 4518 Rn. 7.

[9] *VGH Mannheim*, Beschl. vom 15.01.2021, Az.: 1 S 4180/20, BeckRS 2021, 394 Rn. 25–34.

[10] *VGH Mannheim*, Beschl. vom 15.01.2021, Az.: 1 S 4180/20, BeckRS 2021, 394 Rn. 72.

[11] *VGH Mannheim*, Beschl. vom 16.03.2021, Az.: 1 S 751/21, BeckRS 2021, 4518 Rn. 37–44.

[12] *VGH Mannheim*, Beschl. vom 16.03.2021, Az.: 1 S 751/21, BeckRS 2021, 4518 Rn. 54–56.

[13] *VG Wiesbaden*, Urt. vom 22.12.2023, Az.: 7 K 1126/20.WI, BeckRS 2023, 48416 Rn. 58–64.

zäunung an einer Rechtsgrundlage, wie das Gericht in seiner Hauptsacheentscheidung feststellte.[14]

b) Einreisequarantäne bei Auslandsreisen

Auch die verwandte Einreisequarantäne[15] zog diverse Entscheidungen mit Einzelfallbezug nach sich. Wesentlich häufiger stellten die Antragsteller aber auch die generelle Rechtmäßigkeit der Praxis in Frage, Rückreisende aus bestimmten Regionen außerhalb der Bundesrepublik zuhause abzusondern. Gegen die Einreisequarantäne bestehen erhebliche rechtliche Bedenken.[16] Zwar mag es sich nur um einen Unterfall der Absonderungspflicht halten. Allerdings ist es für einen Ansteckungsverdacht nach § 2 Nr. 7 IfSG erforderlich, dass die Person mit hinreichender Wahrscheinlichkeit einen Krankheitserreger aufgenommen hat. Dies allen Reiserückkehrer aus einem bestimmten Gebiet zu unterstellen, wird regelmäßig zu pauschal sein.[17]

Das zeigt sich auch in der Spruchpraxis. Bereits die ersten publizierten Entscheidungen waren für die Antragsteller erfolgreich. Die damalige Regelung, dass sich Ein- und Rückreisende aus dem gesamten Ausland pauschal in häusliche Quarantäne begeben mussten, wurde vom OVG Lüneburg und VG Hamburg vorläufig aufgehoben.[18] Die Störereigenschaft als Ansteckungsverdächtiger im Sinne des § 30 Abs. 1 IfSG sei nach BVerwG-Rechtsprechung anzunehmen, wenn der Betroffene mit hinreichender Wahrscheinlichkeit Kontakt mit einer infizierten Person hatte. Das könne je nach epidemiologischer Situation in den jeweiligen Herkunftsländern zwar durchaus anzunehmen sein. Es sei jedoch zu pauschal, dies in Bezug auf das gesamte außerdeutsche Gebiet anzunehmen.[19] Dem VG Freiburg genügte im Sinne eines „flexiblen Maßstabs“ auch „eine sehr geringe Wahrscheinlichkeit einer Infektion“. Der Argumentation des OVG Lüneburg, es erschließe sich nicht, wieso von Einreisenden pauschal eine höhere Gefahr ausgehen sollte als von in Deutschland lebenden Personen, hält das Gericht entgegen, dass Testzahlen unvollständig und auch nicht vergleichbar seien.[20] Ähnlich entschied das

---

[14] *VG Göttingen*, Beschl. vom 30.11.2023, Az.: 4 A 212/20, BeckRS 2023, 36336.

[15] Die einbezogenen Entscheidungen wurden ermittelt durch die Suche nach Treffern, welche alternativ die Begriffe „Quarantäne“, „Isolation“ oder „Absonderung“ sowie – als Abgrenzung zur Absonderungspflicht – den Begriff „Einreise“ enthalten.

[16] Siehe dazu ausführlich *Stach*, NJW 2021, 10, 10 ff.

[17] *Stach*, NJW 2021, 10, 13.

[18] *OVG Lüneburg*, Beschl. vom 11.05.2020, Az.: 13 MN 143/20, BeckRS 2020, 8099; *VG Hamburg*, Beschl. vom 13.05.2020, Az.: 15 E 1967/20, BeckRS 2020, 8685.

[19] *OVG Lüneburg*, Beschl. vom 11.05.2020, Az.: 13 MN 143/20, BeckRS 2020, 8099 Rn. 21, 27–29; *VG Hamburg*, Beschl. vom 13.05.2020, Az.: 15 E 1967/20, BeckRS 2020, 8685 Rn. 30 f.

[20] *VG Freiburg*, Beschl. vom 14.05.2020, Az.: 4 K 1621/20, BeckRS 2020, 10049 Rn. 27–29.

VG Dresden.[21] Da dies aber auch auf die deutschen Zahlen zutreffend gewesen sein dürfte und auch bei deutschen Einwohnern jedenfalls eine sehr geringe Wahrscheinlichkeit einer Infektion bestand, wäre demnach jede Person ein ansteckungsverdächtigter Störer. Das VG Schleswig schloss sich dem OVG Lüneburg explizit an,[22] das OVG Schleswig dagegen im Ergebnis dem VG Freiburg, was es mit der Gefahr von Ansteckungen während der Reise selbst begründete.[23] Das OVG Münster wiederum setzte eine Regelung außer Vollzug, welche explizit auf die Generalklausel des § 28 Abs. 1 S. 1 IfSG gestützt war, und begründete das mit der Sperrwirkung der Spezialregelung.[24]

Zum Ende der ersten Welle wurden die Prüfungen differenzierter. Betrachtet wurde jetzt die jeweilige epidemiologische Lage in der Ursprungsregion.[25] Ebenso wurden die Verordnungen differenzierter. Die Regelung, dass sich Einreisende aus Staaten mit einer Inzidenz über 50 in Quarantäne begeben müssen, hielt das OVG Lüneburg nunmehr für rechtmäßig.[26] Insbesondere unter dem Einfluss der Einstufung von Risikogebieten durch das RKI und damit korrespondierender Quarantäneverordnungen nahm die Erfolgsquote von Anträgen auf vorläufigen Rechtsschutz ab.[27] Das OVG Münster bemängelte im November 2020 dann aber auch die pauschale Quarantänepflicht für Reiserückkehrer aus Risikogebieten als zu undifferenziert und stellte vorläufig einen Verstoß dieser Regelung gegen Art. 3 Abs. 1 GG fest. Ein zusätzliches Infektionsrisiko sei bei vergleichbaren Inzidenzen

---

[21] *VG Dresden*, Beschl. vom 05.05.2020, Az.: 6 L 294/20 (juris).

[22] *VG Schleswig*, Beschl. vom 15.05.2020, Az.: 1 B 85/20, BeckRS 2020, 8535 Rn. 12. Eine Allgemeinverfügung, welche eine Absonderungspflicht für Risikogebiete nach RKI-Definition enthielt, befand das Gericht aber einen Monat zuvor für rechtmäßig, siehe *VG Schleswig*, Beschl. vom 03.04.2020, Az.: 1 B 43/20, BeckRS 2020, 5196; bestätigt durch *OVG Schleswig*, Beschl. vom 07.04.2020, Az.: 3 MB 13/20, BeckRS 2020, 5835.

[23] *OVG Schleswig*, Beschl. vom 25.05.2020, Az.: 3 MR 32/20, BeckRS 2020, 10989 Rn. 17.

[24] *OVG Münster*, Beschl. vom 05.06.2020, Az.: 13 B 776/20.NE, BeckRS 2020, 11272.

[25] *VG Köln*, Beschl. vom 29.05.2020, Az.: 7 L 957/20, BeckRS 2020, 10824 Rn. 16–20 (Ansteckungsverdacht bejaht); *VG Hamburg*, Beschl. vom 08.06.2020, Az.: 2 E 2353/20, BeckRS 2020, 12139 Rn. 44–49 (Ansteckungsverdacht verneint); pauschale Ablehnung der Störereigenschaft *VG Berlin*, Beschl. vom 10.06.2020, Az.: VG 14 L 150/20, BeckRS 2020, 12067 Rn. 29–34; offenlassend *OVG Weimar*, Beschl. vom 15.06.2020, Az.: 3 EN 375/20, BeckRS 2020, 15897; bejahend *OVG Münster*, Beschl. vom 13.07.2020, Az.: 13 B 968/20. NE, BeckRS 2020, 17887 Rn. 35–39.

[26] *OVG Lüneburg*, Beschl. vom 05.06.2020, Az.: 13 MN 195/20, BeckRS 2020, 11641 Rn. 18f.

[27] Erfolglos *VGH Mannheim*, Beschl. vom 16.07.2020, Az.: 1 S 1792/20, BeckRS 2020, 16501; siehe dazu *Kohler*, NVwZ 2020, 1451–1453; *OVG Münster*, Beschl. vom 28.08.2020, Az.: 13 B 1232/20.NE, BeckRS 2020, 22465; *OVG Schleswig*, Beschl. vom 30.10.2020, Az.: 3 MR 51/20, BeckRS 2020, 29090; *OVG Lüneburg*, Beschl. vom 04.11.2020, Az.: 13 MN 396/20, BeckRS 2020, 29156; *VGH Kassel*, Beschl. vom 12.11.2020, Az.: 8 B 2765/20.N, BeckRS 2020, 32408.

wie in Deutschland nicht gegeben.[28] Andere Gerichte folgten dem jedoch nicht und argumentierten mit den besonderen Infektionsgefahren, die bei Reisen bestünden.[29] Der VGH Mannheim setzte eine Regelung außer Vollzug, welche eine längere Quarantänezeit für die Rückkehr aus sog. Virusvariantengebieten vorsah. Das begründete das Gericht damit, dass keine wissenschaftlichen Erkenntnisse vorgebracht wurden, dass die Inkubationszeit bei Virusvarianten länger wäre als beim sog. Wildtyp.[30] Vor dem VG Frankfurt hatte der Eilantrag einer geimpften Person Erfolg. Geimpfte würden bei der Verbreitung der Erkrankung keine wesentliche Rolle mehr spielen.[31] Darüber hinaus zeigten sich die jeweiligen Landesregelungen in der Folgezeit – jedenfalls im vorläufigen Rechtsschutz – gerichtsfest, wobei die Gerichte in der Regel die Erfolgsaussichten als offen betrachteten und in die Folgenabwägung eintraten.[32]

Ende November 2020 bestätigte der BayVerfGH in einem Hauptsacheverfahren die entsprechenden, zwischen Mitte April und Mitte Mai 2020 geltenden bayerischen Verordnungen.[33] Bezüglich einer späteren Verordnung stellte der VGH München dagegen nachträglich die Rechtswidrigkeit fest.[34] Ein Ansteckungsverdacht nach § 30 Abs. 1 Satz 2 IfSG läge nicht vor, nur weil sich eine einreisende Person in einem Risikogebiet aufhielt. Denn ein Aufenthalt in einem solchen Gebiet lasse zwar darauf schließen, dass die Wahrscheinlichkeit einer Infektion höher ist als bei

---

[28] *OVG Münster*, Beschl. vom 20.11.2020, Az.: 13 B 1770/20.NE, BeckRS 2020, 31758 Rn. 17 f. Begrüßend *Hofmann/Zücker*, COVuR 2021, 58.

[29] *OVG Lüneburg*, Beschl. vom 30.11.2020, Az.: 13 MN 520/20, BeckRS 2020, 33216 Rn. 36; *OVG Berlin-Brandenburg*, Beschl. vom 03.12.2020, Az.: OVG 11 S 122/20, BeckRS 2020, 33580 Rn. 25; ohne Begründung *VGH Mannheim*, Beschl. vom 03.12.2020, Az.: 1 S 3737/20, NVwZ 2021, 86, 91 Rn. 60.

[30] *VGH Mannheim*, Beschl. vom 18.03.2021, Az.: 1 S 872/21, BeckRS 2021, 5527 Rn. 86 f.

[31] *VG Frankfurt a. M.*, Beschl. vom 20.04.2021, Az.: 5 L 1071/21.F, BeckRS 2021, 8558 Rn. 19–21.

[32] *VGH München*, Beschl. vom 03.12.2020, Az.: 20 NE 20.2749, BeckRS 2020, 33531; *OVG Weimar*, Beschl. vom 07.12.2020, Az.: 3 EN 810/20, BeckRS 2020, 34544; *OVG Bautzen*, Beschl. vom 09.12.2020, Az.: 3 B 417/20, BeckRS 2020, 34313; *OVG Saarlouis*, Beschl. vom 10.12.2020, Az.: 2 B 361/20, BeckRS 2020, 35029; *OVG Bremen*, Urt. vom 11.12.2020, Az.: 1 B 386/20, BeckRS 2020, 35294; *OVG Magdeburg*, Beschl. vom 11.12.2020, Az.: 3 R 260/20, BeckRS 2020, 37573; *VGH München*, Beschl. vom 16.12.2020, Az.: 20 NE 20.2888, BeckRS 2020, 36151; *OVG Münster*, Beschl. vom 07.01.2021, Az.: 13 B 2046/20.NE, BeckRS 2021, 28; *OVG Schleswig*, Beschl. vom 25.03.2021, Az.: 3 MR 17/21, BeckRS 2021, 6551; *OVG Lüneburg*, Beschl. vom 09.04.2021, Az.: 13 MN 170/21, BeckRS 2021, 6804; *VGH Mannheim*, Beschl. vom 09.04.2021, Az.: 1 S 1108/21, BeckRS 2021, 7228; *VGH München*, Beschl. vom 14.04.2021, Az.: 20 NE 21.963, BeckRS 2021, 7919; *VGH München*, Beschl. vom 15.04.2021, Az.: 20 NE 21.1057, BeckRS 2021, 7923; *VGH München*, Beschl. vom 18.04.2021, Az.: 20 NE 21.850, BeckRS 2021, 7915; *OVG Weimar*, Beschl. vom 05.05.2021, Az.: 3 EN 251/21, BeckRS 2021, 30645; *VG Hamburg*, Beschl. vom 26.10.2021, Az.: 5 E 4373/21, BeckRS 2021, 32633.

[33] *BayVerfGH*, Entsch. vom 23.11.2020, Az.: Vf. 59-VII-20, BeckRS 2020, 32354.

[34] *VGH München*, Urt. vom 02.08.2023, Az.: 20 N 20.2861, BeckRS 2023, 19255.

einer Person, die sich nicht in einem Risikogebiet aufgehalten hat. Nicht aber folge daraus ein Ansteckungsverdacht, denn dazu müsste die Wahrscheinlichkeit einer Ansteckung nach BVerwG-Rechtsprechung grundsätzlich höher sein als die Wahrscheinlichkeit, dass das Gegenteil der Fall ist.[35] Außerdem hätte der Verweis auf die aktuelle Liste der Risikogebiete des RKI in der streitgegenständlichen Verordnung gegen das Rechtsstaatsgebot verstoßen. Die an der Ausweisung als Risikogebiet beteiligten Bundesbehörden hätten zu Beginn der Geltungsdauer der Verordnung keine gesetzliche Befugnis gehabt, derartige Risikogebiete mit Rechtsfolgen nach außen festzulegen.[36] Das BVerwG hob die Entscheidung später wieder auf und verwies sie an den VGH München zurück.[37] Die Einreise aus einem ausländischen Risikogebiet sei sehr wohl geeignet, um einen Ansteckungsverdacht nach § 30 Abs. 1 S. 2 IfSG zu begründen.[38] Außerdem hätte der Verweis auf die Risikogebietsliste des RKI keinen Verstoß gegen das Rechtstaatsgebot dargestellt.[39]

Andere Gerichte folgen dem VGH München nicht. Insbesondere hätte nach Ansicht anderer Oberverwaltungsgerichte die Wahrscheinlichkeit einer Infektion ausgereicht, um einen Ansteckungsverdacht zu begründen. Denn nach BVerwG-Rechtsprechung gelte kein strikter Maßstab, vielmehr sei an die Wahrscheinlichkeit des Schadenseintritts umso geringere Anforderungen zu stellen sind, je größer und folgenschwerer der möglicherweise eintretende Schaden ist. Aufgrund der damaligen pandemischen Bedrohung hätte somit auch eine geringe Wahrscheinlichkeit für einen Ansteckungsverdacht genügt.[40]

c) Ausgangsbeschränkungen

Zu den grundrechtsintensivsten[41] Maßnahmen zur Pandemiebekämpfung zählten die Ausgangsbeschränkungen. Dass sich viele Entscheidungen zu dieser Maßnahme finden,[42] lässt sich auch mit den erheblichen rechtlichen Bedenken erklären. Diese beginnen nicht erst auf Ebene der Angemessenheit – ob es überhaupt im Verhältnis

---

[35] *VGH München*, Urt. vom 02.08.2023, Az.: 20 N 20.2861, BeckRS 2023, 19255 Rn. 62–80.

[36] *VGH München*, Urt. vom 02.08.2023, Az.: 20 N 20.2861, BeckRS 2023, 19255 Rn. 81–89.

[37] *BVerwG*, Urt. vom 19.02.2025, Az.: 3 CN 5.23, BeckRS 2025, 7722.

[38] *BVerwG*, Urt. vom 19.02.2025, Az.: 3 CN 5.23, BeckRS 2025, 7722 Rn. 26–34.

[39] *BVerwG*, Urt. vom 19.02.2025, Az.: 3 CN 5.23, BeckRS 2025, 7722 Rn. 35–40.

[40] *OVG Lüneburg*, Beschl. vom 29.11.2023, Az.: 14 KN 24/22, BeckRS 2023, 37054 Rn. 81–90; *OVG Weimar*, Beschl. vom 20.12.2023, Az.: 3 N 250/21, BeckRS 2023, 45605 Rn. 53–88; *OVG Berlin-Brandenburg*, Urt. vom 27.06.2024, Az.: OVG 5 A 35/22, BeckRS 2024, 18383 Rn. 66–91.

[41] Siehe zur Bedeutung der eingeschränkten Freiheiten etwa *Boehme-Neßler*, NVwZ 2021, 670, 670 f.

[42] Die einbezogenen Entscheidungen wurden ermittelt durch die Suche nach Treffern, welche alternativ die Begriffe „Ausgangsbeschränkung“ oder „Ausgangssperre“ enthalten.

zum Nutzen steht, wenn Bürger sich gegenüber dem Staat für banale Grundrechtsausübung rechtfertigen müssen („triftige Gründe"). Die Maßnahme ist schon mit Blick auf ihre Geeignetheit zum Infektionsschutz zweifelhaft; denn das bloße Verlassen der Wohnung begründet keine Infektionsgefahren. Durch die Kontaktbeschränkungen war die Begegnung mit anderen Menschen bereits streng limitiert. Auch die Erforderlichkeit ist daher zweifelhaft. Letztlich werden Geeignetheit und Erforderlichkeit der Ausgangsbeschränkungen damit begründet, dass so die Einhaltung anderer Maßnahmen wie Kontaktbeschränkungen einfacher kontrollierbar wäre. Das liefe jedoch darauf hinaus, dass der Staat grundrechtseinschränkende Regeln verhängt, die er jedoch gar nicht kontrollieren kann, und mit diesem eigenen Kontrolldefizit weitere Grundrechtseinschränkungen begründet. Dieses Argument der besseren Vollziehbarkeit existiert im Polizeirecht zwar auch.[43] Doch kommt es bei polizeilichen Maßnahmen nicht zu solch tiefgreifenden Grundrechtseingriffen mit einer derart weiten Streubreite. So wird auch die Angemessenheit gerade bei länger andauernden Ausgangsbeschränkungen fraglich.[44]

aa) Entscheidungen im einstweiligen Rechtsschutz

(1) Erste Welle

Die Rechtsprechung teilte die Zweifel an der Rechtmäßigkeit von Ausgangsbeschränkungen jedenfalls in der Anfangsphase der Pandemie nicht. Zwar ordnete das VG München bereits im März 2020 in mehreren Fällen die aufschiebende Wirkung gegen die damals noch mittels einer Allgemeinverfügung verhängten Ausgangsbeschränkung an.[45] Doch erfolgte das nicht aus Erwägungen hinsichtlich der Verhältnismäßigkeit. Entscheidend war vielmehr, dass die damalige Regelung gegen das Zitiergebot verstieß. Denn die Allgemeinverfügung war auf § 28 Abs. 1 S. 1 IfSG gestützt. § 28 IfSG nennt aber – anders als § 32 IfSG – Art. 11 Abs. 1 GG nicht als einschränkbares Grundrecht. Die Ausgangsbeschränkung stellt aber zugleich einen mittelbar-faktischen Eingriff in das Grundrecht auf Freizügigkeit dar, weil auch längere Aufenthalte außerhalb der eigenen Wohnung oder ein nicht zwingend erforderlicher Wohnungswechsel verboten waren.[46] Andere Gerichte

---

[43] So etwa bei der Störerauswahl, siehe *Graulich*, in: Bäcker/Denninger/Graulich, Handbuch des Polizeirechts, 7. Auflage 2021, Kapitel E, Rn. 226.

[44] *Schmitt*, NJW 2020, 1626, 1626 ff. Anders dagegen *Lang/Bühler*, DVBl. 2021, 20; *Ziekow*, DVBl. 2020, 732.

[45] *VG München*, Beschl. vom 24.03.2020, Az.: M 26 S 20.1255, NVwZ 2020, 651; ebenso *VG München*, Beschl. vom 24.03.2020, Az.: M 26 S 20.1255, NVwZ 2020, 651; *VG München*, Beschl. vom 24.03.2020, Az.: M 26 S 20.1252, BeckRS 2020, 6126.

[46] *VG München*, Beschl. vom 24.03.2020, Az.: M 26 S 20.1255, NVwZ 2020, 651 Rn. 29 f.; implizit wohl auch ein Eingriff in den Schutzbereich annehmend, einen Verstoß gegen das Zitiergebot aber ablehnend *VG Leipzig*, Beschl. vom 30.03.2020, Az.: 3 L 177/20, BeckRS 2020, 4979 Rn. 18 f. Siehe zu dieser Problematik auch *Brunner*, DÖV 2020, 925–930, der die Ansicht des VG München teilt.

lehnten hingegen schon die Eröffnung des Schutzbereiches ab und verwiesen auf die Rechtsprechung des BVerfG, welches die Freizügigkeit nicht im Sinne einer allgemeinen räumlich-körperlichen Bewegungsfreiheit versteht.[47] In der Literatur stieß das auf Kritik.[48] Das VG Ansbach stellte darauf ab, dass bereits der Schutzbereich von Art. 2 Abs. 2 S. 2 GG eröffnet sei und gegenüber Art. 11 Abs. 1 GG ein Exklusivitätsverhältnis bestehe. Auch sei ein mittelbar-faktischer Eingriff – entgegen der Annahme des VG München – nicht gegeben, die genaue Prüfung sei aber dem Hauptsacheverfahren vorbehalten.[49]

Zweifel an der Verhältnismäßigkeit kamen selten auf. So verwies das OVG Berlin-Brandenburg auf den Einschätzungsspielraum des Verordnungsgebers bei Geeignetheit und Erforderlichkeit.[50] Die Geeignetheit begründete das Gericht mit sinkenden Infektionszahlen in Staaten mit Ausgangsbeschränkungen wie Italien und China.[51] Kontaktbeschränkungen seien kein milderes Mittel,[52] obwohl andere Bundesländer sich auf diese beschränkten. Das VG Ansbach begründete die Erforderlichkeit der Maßnahme in einer Entscheidung damit, dass nur so die Gefahr zufälliger Personenansammlungen an viel frequentierten Orten vermieden werden könne.[53] Der VGH München betonte in einigen Entscheidungen, dass es keinen Anlass gebe, die „Einschätzung des Robert Koch-Instituts und damit die Eignung der Maßnahme" in Frage zu stellen, und beruft sich dabei auf die Empfehlung des RKI, soziale Kontakte und die Reisetätigkeit zu reduzieren um Infektionen zu vermeiden.[54] Dabei folgt aus der Empfehlung des RKI, Kontakte zu reduzieren und so Infektionen zu vermeiden, nicht automatisch, dass Ausgangsbeschränkungen geeignet wären, um diese Ziele zu erreichen. In späteren Beschlüssen sah sich der

---

[47] *OVG Berlin-Brandenburg*, Beschl. vom 23.03.2020, Az.: OVG 11 S 12/20, BeckRS 2020, 4408 Rn. 4; ähnlich *VG Dresden*, Beschl. vom 30.03.2020, Az.: 6 L 220/20, BeckRS 2020, 4784 Rn. 17.

[48] *Edenharter*, DVBl. 2020, 757, 778 f.

[49] *VG Ansbach*, Beschl. vom 27.03.2020, Az.: AN 18 S 20.538, BeckRS 2020, 6129 Rn. 20 f.

[50] *OVG Berlin-Brandenburg*, Beschl. vom 23.03.2020, Az.: OVG 11 S 12/20, BeckRS 2020, 4408 Rn. 8.

[51] *OVG Berlin-Brandenburg*, Beschl. vom 23.03.2020, Az.: OVG 11 S 12/20, BeckRS 2020, 4408 Rn. 8; ähnlich *VG Saarlouis*, Beschl. vom 30.03.2020, Az.: 6 L 340/20, BeckRS 2020, 4980 Rn. 12.

[52] *OVG Berlin-Brandenburg*, Beschl. vom 23.03.2020, Az.: OVG 11 S 12/20, BeckRS 2020, 4408 Rn. 10; ähnlich *VG Saarlouis*, Beschl. vom 30.03.2020, Az.: 6 L 340/20, BeckRS 2020, 4980 Rn. 14.

[53] *VG Ansbach*, Beschl. vom 27.03.2020, Az.: AN 18 S 20.538, BeckRS 2020, 6129 Rn. 24.

[54] *VGH München*, Beschl. vom 30.03.2020, Az.: 20 NE 20.632, NJW 2020, 1236 Rn. 59; *VGH München*, Beschl. vom 14.04.2020, Az.: 20 NE 20.763, BeckRS 2020, 6760 Rn. 46; *VGH München*, Beschl. vom 09.04.2020, Az.: 20 NE 20.664, BeckRS 2020, 6515 Rn. 32; *VGH München*, Beschl. vom 09.04.2020, Az.: 20 NE 20.688, BeckRS 2020, 5449 Rn. 44; ähnlich auch *OVG Bautzen*, Beschl. vom 15.04.2020, Az.: 3 B 113/20, BeckRS 2020, 9181 Rn. 17; *OVG Bautzen*, Beschl. vom 15.04.2020, Az.: 3 B 114/20, BeckRS 2020, 9180 Rn. 17.

VGH München in seiner Einschätzung bestätigt. Denn ein Bericht des RKI sei zum Ergebnis gekommen, dass seit Einführung der Ausgangsbeschränkungen Atemwegserkrankungen abrupt zurückgegangen wären.[55] Besagter Bericht stellte jedoch einen Rückgang im gesamten Bundesgebiet fest,[56] weshalb es erklärungsbedürftig ist, wieso nun ausgerechnet die Ausgangsbeschränkungen zum Rückgang geführt haben sollte, welche nur in sechs von 16 Bundesländern galten. Das OVG Bautzen hielt die Ausgangsbeschränkung selbst dann für erforderlich, soweit diese auch die Fortbewegung mit einem eigenen Kfz ohne triftigen Grund verbat. Zur Begründung führte das Gericht aus, dass mit der Teilnahme am Verkehr typischerweise Sozialkontakte einhergingen, etwa bei der Befriedigung von Versorgungsbedürfnissen, Staus und Pannen. Das könnte zu einer „möglicherweise unübersehbaren Weiterverbreitung“ des Virus führen.[57]

Früh beschäftigen die Ausgangsbeschränkungen auch die Verfassungsgerichte. Der BayVerfGH sah die Erfolgsaussichten eines Antrags gegen die bayerische Regelung als offen an, ohne zu begründen, wie er zu diesem Ergebnis kam.[58] Die Folgenabwägung fiel aufgrund der Lageeinschätzung des Robert Koch-Instituts zu Ungunsten des Antragstellers aus.[59] Das BVerfG schloss sich dem Weg des BayVerfGH an,[60] ebenso der VerfGH Sachsen.[61] Ähnlich verfuhr die Mehrheitsmeinung des BerlVerfGH.[62] In einem Sondervotum bezeichneten Seegmüller und Schönrock den Antrag jedoch als „teilweise offensichtlich begründet“.[63] Es sei schon nicht ersichtlich, welche Gefahr alleine davon ausgeht, wenn eine Person die Wohnung verlassen würde. Außerdem sei die Regelung zu unbestimmt.[64] Etwa einen Monat nach seiner ersten Entscheidung wurde der BayVerfGH dann erneut mit den Ausgangsbeschränkungen befasst. Wieder betrachtete das Gericht den Ausgang in der Hauptsache als offen. Das ergebe sich aus der Rechtsprechung des

---

[55] *VGH München*, Beschl. vom 09.04.2020, Az.: 20 NE 20.663, BeckRS 2020, 5446 Rn. 46; *VGH München*, Beschl. vom 09.04.2020, Az.: 20 NE 20.664, BeckRS 2020, 6515 Rn. 32; *VGH München*, Beschl. vom 09.04.2020, Az.: 20 NE 20.688, BeckRS 2020, 5449 Rn. 44.

[56] *Buchholz/Buda/Prahm*, Epid.Bull. 2020 (16), 7.

[57] *OVG Bautzen*, Beschl. vom 07.04.2020, Az.: 3 B 111/20, COVuR 2020, 41 Rn. 15.

[58] *BayVerfGH*, Entsch. vom 26.03.2020, Az.: Vf. 6-VII-20, NVwZ 2020, 624 Rn. 12.

[59] *BayVerfGH*, Entsch. vom 26.03.2020, Az.: Vf. 6-VII-20, NVwZ 2020, 624 Rn. 15–19.

[60] *BVerfG*, Beschl. vom 07.04.2020, Az.: 1 BvR 755/20, NJW 2020, 1429 Rn. 7–11; *BVerfG*, Beschl. vom 09.04.2020, Az.: 1 BvR 802/20, BeckRS 2020, 5596 Rn. 11–15; *BVerfG*, Beschl. vom 10.04.2020, Az.: 1 BvR 762/20, BeckRS 2020, 7273 Rn. 6–8; *BVerfG*, Beschl. vom 16.04.2020, Az.: 1 BvQ 33/20, BeckRS 2020, 7864 Rn. 5–8.

[61] *VerfGH Sachs*, Beschl. vom 17.04.2020, Az.: Vf. 51-IV-20, BeckRS 2020, 6054 Rn. 11–14.

[62] *VerfGH Bln*, Beschl. vom 14.04.2020, Az.: VerfGH 50 A/20 (juris) Rn. 8–12.

[63] *VerfGH Bln*, Beschl. vom 14.04.2020, Az.: VerfGH 50 A/20 (juris) Rn. 15.

[64] *VerfGH Bln*, Beschl. vom 14.04.2020, Az.: VerfGH 50 A/20 (juris) Rn. 16, 19.

VGH München und des BVerfG.[65] Dagegen setzte der SaarlVerfGH die entsprechende Regelung in der saarländischen Verordnung teilweise außer Vollzug. Zwar habe die Exekutive eine weite Einschätzungsprärogative. Jedoch gehe damit auch eine dauerhafte Überprüfungspflicht einher, wobei die Anforderungen an die Rechtfertigung mit der Zeit steige.[66] Lege man diese Anforderungen zugrunde, dann könne nicht nachvollzogen werden, wieso im Saarland weiter Ausgangsbeschränkungen notwendig sein sollten, in den restlichen Bundesländern – vorbehaltlich Bayern – aber nicht mehr, obwohl die epidemiologische Situation dort vergleichbar war.[67] Auffällig ist, dass der SaarlVerfGH eine Studie zitierte, welche Ausgangsbeschränkungen lediglich eine geringe Wirksamkeit zusprach.[68] In der Folgenabwägung legte der SaarlVerfGH dar, dass eine negative Auswirkung auf das Infektionsgeschehen nicht ausgeschlossen werden könne, der Verlust der Freiheit aber endgültig sei. Zugunsten des Beschwerdeführers sei auch zu berücksichtigen, dass die Regelung inkonsequent sei, wenn sich eine Familie unter Beachtung von Abstandsregeln zu einer Bestattung treffen dürfe, nicht aber zu Lebzeiten.[69]

Ende April 2020 beschäftigten die bayerischen Ausgangsbeschränkungen erneut den VGH München. Zentraler Streitpunkt in diesem Verfahren war, ob die entsprechende Regelung in der bayerischen Verordnung bestimmt genug war. Diese erlaubte das Verlassen nur bei Vorliegen „triftiger Gründe“, welche mit einer nicht abschließenden Aufzählung („insbesondere“) umschrieben wurden. Der VGH München betrachtete die Anforderungen an die Bestimmtheit jedenfalls im Rahmen des vorläufigen Rechtsschutzes[70] noch als gewahrt, da die Bestimmung so auszulegen sei, dass jeder sachliche und einer konkreten, nicht von vornherein unzulässigen Bedürfnisbefriedigung dienende Anlass einen „triftigen Grund“ darstelle.[71] Damit hat der VGH München die Ausgangsbeschränkung entkernt; erlaubt war demnach, was nicht ohnehin nach anderen Bestimmungen der Verordnung verboten war. Die Regelung verfehlt in dieser Auslegung ihren eigentlichen Sinn; konsequenter wäre es gewesen, sie als verfassungswidrig einzustufen.[72] Kurz darauf stellte das VG München dann auch klar, dass das Befahren des Starnberger Sees mit einem eigenen Motorboot einen triftigen Grund darstellt. Dass durch ein Verbot Infektio-

---

[65] *BayVerfGH*, Entsch. vom 24.04.2020, Az.: Vf. 29-VII-20, NVwZ 2020, 785 Rn. 12–22.

[66] *VerfGH Saarl*, Beschl. vom 28.04.2020, Az.: Lv 7/20, NVwZ-RR 2020, 514 Rn. 29 f.

[67] *VerfGH Saarl*, Beschl. vom 28.04.2020, Az.: Lv 7/20, NVwZ-RR 2020, 514 Rn. 33–37.

[68] *VerfGH Saarl*, Beschl. vom 28.04.2020, Az.: Lv 7/20, NVwZ-RR 2020, 514 Rn. 34.

[69] *VerfGH Saarl*, Beschl. vom 28.04.2020, Az.: Lv 7/20, NVwZ-RR 2020, 514 Rn. 41–50.

[70] *VGH München*, Beschl. vom 28.04.2020, Az.: 20 NE 20.849, BeckRS 2020, 7227 Rn. 36. Auch in einer Hauptsacheentscheidung scheint das Gericht bei dieser Einschätzung geblieben zu sein, siehe *VGH München*, Beschl. vom 23.01.2025, Az.: 20 N 20.850, BeckRS 2025, 804.

[71] *VGH München*, Beschl. vom 28.04.2020, Az.: 20 NE 20.849, BeckRS 2020, 7227 Rn. 46.

[72] *Schmitt*, BayVBl. 2020, 519, 520 f.

nen vermieden und das Gesundheitssystem geschont werden könnte, sei nicht ersichtlich.[73] Das OVG Bautzen hingegen hatte keine Bedenken an der Bestimmtheit einer Regelung, nach der Sport und Bewegung nur „vorrangig im Umfeld des Wohnbereichs“ sowie nur „im Ausnahmefall mit einer weiteren nicht im Hausstand lebenden Person“ einen triftigen Grund darstellt. Was das bedeute, könne der Empfängerhorizont unter Heranziehung der Webseiten der Landesregierung und des RKI aber durchaus auslegen.[74]

(2) Zweite und dritte Welle

Ab Herbst 2020 kamen Ausgangsbeschränkungen – zuerst in bayerischen Hotspots – wieder zum Einsatz. Die Verwaltungsgerichte bestätigten die jeweiligen Allgemeinverfügungen mit der schon bekannten Argumentation.[75] Hatte das VG München im Frühjahr noch eine entsprechende Ausgangsbeschränkung aufgehoben, weil § 28 IfSG den Art. 11 Abs. 1 GG nicht als einschränkbares Grundrecht benennt, wurde das Zitiergebot vom VG München und vom VG Regensburg nun nicht mehr thematisiert. Im Fall des VG Regensburg könnte eine Erklärung dafür sein, dass in der 9. BayIfSMV vorgesehen war, dass Landkreise und kreisfreie Ausgangsbeschränkung verhängen sollten.[76] Die 9. BayIfSMV war auf § 32 IfSG gestützt, welcher Art. 11 Abs. 1 GG ausdrücklich als einschränkbares Grundrecht nennt.

Einen Sonderfall der Ausgangsbeschränkung stellt die 15-Kilometer-Regel dar, welche zum Jahreswechsel 2020/21 kurzzeitig Verbreitung fand. Bewohner von sog. „Hotspots“ sollten sich demnach ohne triftigen Grund nur noch in einem Umkreis von 15 Kilometern um ihren Wohnort bewegen dürfen. Das OVG Berlin-Brandenburg ordnete diese Radiusregel als Reiseregelung im Sinne des § 28a Abs. 1 Nr. 11 IfSG ein,[77] hielt die Regelung geeignet, um menschliche Kontakte und damit Infektionen zu verhindern,[78] und auch für erforderlich.[79] Insbesondere

---

[73] *VG München*, Beschl. vom 30.04.2020, Az.: M 26 E 20.1701, BeckRS 2020, 7968 Rn. 31.

[74] *OVG Bautzen*, Beschl. vom 07.04.2020, Az.: 3 B 111/20, COVuR 2020, 41 Rn. 16–21.

[75] *VG München*, Beschl. vom 29.10.2020, Az.: M 26a S 20.5372, BeckRS 2020, 29644, 10; *VG Regensburg*, Beschl. vom 02.12.2020, Az.: RN 14 S 20.2948, BeckRS 2020, 33571.

[76] BayMBl. 2020 Nr. 683, S. 9.

[77] *OVG Berlin-Brandenburg*, Beschl. vom 14.01.2021, Az.: OVG 11 S 3/21, BeckRS 2021, 192 Rn. 15; *OVG Berlin-Brandenburg*, Beschl. vom 14.01.2021, Az.: OVG 11 S 5/21, BeckRS 2021, 208 Rn. 19.

[78] *OVG Berlin-Brandenburg*, Beschl. vom 14.01.2021, Az.: OVG 11 S 3/21, BeckRS 2021, 192 Rn. 17 f.; *OVG Berlin-Brandenburg*, Beschl. vom 14.01.2021, Az.: OVG 11 S 5/21, BeckRS 2021, 208 Rn. 21 f.; *OVG Berlin-Brandenburg*, Beschl. vom 11.02.2021, Az.: OVG 11 S 11/21, BeckRS 2021, 2412 Rn. 40 f.

[79] *OVG Berlin-Brandenburg*, Beschl. vom 14.01.2021, Az.: OVG 11 S 3/21, BeckRS 2021, 192 Rn. 21; *OVG Berlin-Brandenburg*, Beschl. vom 14.01.2021, Az.: OVG 11 S 5/21, BeckRS 2021, 208 Rn. 25.

könne so verhindert werden, dass Infektionen aus Hotspots in andere Regionen mit niedrigeren Inzidenzen getragen werden.[80] Das VG Wiesbaden befand, dass die Regelung zu unbestimmt war; zudem sei sie womöglich kontraproduktiv, da die Menschen so tendenziell auf Innenräumen oder Außenbereiche im näheren Umfeld ausweichen und sich dort konzentrieren würden. Die Regelung sei deshalb ungeeignet.[81] Die Absperrung von touristischen Hotspots stelle zudem ein milderes Mittel dar.[82] Das OVG Magdeburg zweifelte hingegen daran, dass das Mittel gleich effektiv sei.[83] An der Bestimmtheit der Regelung hatte das Gericht dagegen keine Zweifel.[84] Der VGH München setzte den Vollzug der 15-Kilometer-Regelung wegen eines Verstoßes gegen das Bestimmtheitsgebot ebenso aus[85] wie das OVG Greifswald.[86] Letzteres befand die Regelung in Form einer Allgemeinverfügung zudem als formell rechtswidrig[87] und hatte darüber hinaus an der Erforderlichkeit Zweifel. Die Existenz von „touristischen Hotspots", deren Besuch unterbunden werden müsste, sei dem Gericht nicht bekannt.[88]

Ebenfalls zum Jahreswechsel 2020/2021 wurden in diversen Bundesländern nächtliche Ausgangsbeschränkungen verhängt. Bei diesen stellte sich zum einen die Frage, ob es sich noch um Ausgangsbeschränkungen im Sinne von § 28a Abs. 1 Nr. 3 IfSG handelt oder bereits um – vom Wortlaut des § 28a Abs. 1 Nr. 3 IfSG nicht mehr gedeckten – Ausgangssperren. Auch ist fragwürdig, wieso zwischen Tag und Nacht differenziert wird. Denn nachts ist das Infektionsrisiko nicht größer – im Gegenteil: Gerade zu dieser Zeit ist die Wahrscheinlichkeit von zufälligen Begegnungen deutlich geringer. Wenn mit nächtlichen Ausgangsbeschränkungen nächtliche – verbotene – Zusammenkünfte unterbunden werden sollen, dann stellen sich nicht nur die bereits oben erwähnten Bedenken zur Ausgangsbeschränkung als Hilfsmaßnahme[89] zur Durchsetzung von Kontaktbeschränkungen. Da die meisten menschlichen Kontakte tagsüber stattfinden, ist die Effektivität dieser Maßnahme abgeschwächt. Außerdem ist es plausibel, dass es zu Ausweichbewegungen kommt und nächtliche Zusammenkünfte schlicht in die Zeit außerhalb der Ausgangsbe-

---

[80] *OVG Berlin-Brandenburg*, Beschl. vom 14.01.2021, Az.: OVG 11 S 3/21, BeckRS 2021, 192 Rn. 18; ebenso *OVG Magdeburg*, Beschl. vom 25.01.2021, Az.: 3 R 2/21, BeckRS 2021, 2668 Rn. 43.

[81] *VG Wiesbaden*, Beschl. vom 15.01.2021, Az.: 7 L 31/21.WI, BeckRS 2021, 537 Rn. 45.

[82] *VG Wiesbaden*, Beschl. vom 15.01.2021, Az.: 7 L 31/21.WI, BeckRS 2021, 537 Rn. 48–50.

[83] *OVG Magdeburg*, Beschl. vom 25.01.2021, Az.: 3 R 2/21, BeckRS 2021, 2668 Rn. 44.

[84] *OVG Magdeburg*, Beschl. vom 25.01.2021, Az.: 3 R 2/21, BeckRS 2021, 2668 Rn. 19–25.

[85] *VGH München*, Beschl. vom 26.01.2021, Az.: 20 NE 21.162, NJW 2021, 872. Zustimmend *Ogorek*, NJW 2021, 824–827.

[86] *VG Greifswald*, Beschl. vom 29.01.2021, Az.: 4 B 134/21 HGW (juris) Rn. 30–34.

[87] *VG Greifswald*, Beschl. vom 29.01.2021, Az.: 4 B 134/21 HGW (juris) Rn. 25.

[88] *VG Greifswald*, Beschl. vom 29.01.2021, Az.: 4 B 134/21 HGW (juris) Rn. 35.

[89] *Kießling*, in: Kießling, IfSG, 3. Auflage 2022, § 28a Rn. 28, 112.

schränkungen verlagert werden.[90] Allenfalls ließe sich anführen, dass zur nächtlichen Stunde häufiger Alkohol konsumiert wird, was die Wahrscheinlichkeit von Rechtsverstößen steigert. Dann aber wird die breite Bevölkerung durch eine eingriffsintensive Maßnahme in Anspruch genommen, um vereinzelte Regelverstöße einzelner Personen zu verhindern, was Fragen zur Angemessenheit der Maßnahme aufwirft.

Entsprechend zogen die nächtliche Ausgangsbeschränkungen zahlreiche Anträge auf vorläufigen Rechtsschutz nach sich. In aller Regel wurden diese abgewiesen. Die Gerichte gingen dann hinsichtlich der Geeignetheit davon aus, dass diese gegeben sei, weil so gesellige Zusammenkünfte reduziert würden.[91] Das VG Wiesbaden unterstellte der Ausgangsbeschränkung ohne weitere (wissenschaftliche) Begründung gar eine „effektive" Begegnung von Ansteckungen im privaten Bereich.[92] Das VG Düsseldorf begründete die Geeignetheit und Erforderlichkeit unter anderem damit, dass die Ausgangsbeschränkungen „im wissenschaftlichen Diskurs [...] als wirksame Maßnahme angesehen werden" und verwies zum Beleg auf eine Äußerung des damaligen Bundestagsabgeordneten Karl Lauterbach, welcher Ausgangsbeschränkungen forderte.[93] Das OVG Hamburg beschäftigte sich kurz mit zwei Studien, welche nach Ansicht des Antragstellers negative Effekte der Ausgangsbeschränkung auf das Infektionsgeschehen nahelegten. Allerdings seien diese nicht auf die Situation in Hamburg übertragbar, zudem würde die Wirksamkeit der Ausgangsbeschränkung bestätigt.[94] Andere Gerichte argumentierten außerdem, dass schon ein nächtlicher Spaziergang zu ungewollten Sozialkontakten und damit In-

---

[90] Ebenso *Kießling*, NJW 2021, 182, 183.

[91] *VGH München*, Beschl. vom 14.12.2020, Az.: 20 NE 20.2907, NJW 2021, 178 Rn. 40 (kritische Anmerkung dazu von *Kießling*, NJW 2021, 182); *VGH Mannheim*, Beschl. vom 18.12.2020, Az.: 1 S 4028/20, BeckRS 2020, 36334 Rn. 41; *VGH Mannheim*, Beschl. vom 18.12.2020, Az.: 1 S 4041/20, BeckRS 2020, 36335 Rn. 18; *VG Minden*, Beschl. vom 08.01.2021, Az.: 7 L 12/21, BeckRS 2021, 213 Rn. 5; *VGH München*, Beschl. vom 11.01.2021, Az.: 20 NE 20.3030, BeckRS 2021, 163 Rn. 31; *VGH München*, Beschl. vom 11.01.2021, Az.: 20 NE 20.3032, BeckRS 2021, 961 Rn. 31; *VGH München*, Beschl. vom 12.01.2021, Az.: 20 NE 20.2933, BeckRS 2021, 436 Rn. 46; *VG Köln*, Beschl. vom 20.04.2021, Az.: 7 L 689/21, BeckRS 2021, 8208 Rn. 12; *VG Köln*, Beschl. vom 22.04.2021, Az.: 7 L 721/21, BeckRS 2021, 40712 Rn. 12; *VG Köln*, Beschl. vom 22.04.2021, Az.: 7 L 722/21, BeckRS 2021, 32454 Rn. 11; *VG Köln*, Beschl. vom 22.04.2021, Az.: 7 L 723/21, BeckRS 2021, 8215 Rn. 11; *VG Köln*, Beschl. vom 22.04.2021, Az.: 7 L 731/21, BeckRS 2021, 8361 Rn. 12; *VG Köln*, Beschl. vom 22.04.2021, Az.: 7 L 736/21, BeckRS 2021, 11067 Rn. 12.

[92] *VG Wiesbaden*, Beschl. vom 15.01.2021, Az.: 7 L 31/21.WI, BeckRS 2021, 537 Rn. 28.

[93] 24. Kammer des *VG Düsseldorf*, Beschl. vom 21.04.2021, Az.: 24 L 849/21, BeckRS 2021, 8619 Rn. 31. Die 26. Kammer hingegen beschränkte sich auf extrem spartanische Prüfungen, so in *VG Düsseldorf*, Beschl. vom 22.04.2021, Az.: 26 L 838/21, BeckRS 2021, 8999; *VG Düsseldorf*, Beschl. vom 23.04.2021, Az.: 26 L 897/21, BeckRS 2021, 8997.

[94] *OVG Hamburg*, Beschl. vom 21.04.2021, Az.: 5 Bs 85/21, BeckRS 2021, 8271 Rn. 9–12.

fektionen führen könnte.[95] Den Bedenken, dass Zusammenkünfte dann in die Zeit vor den Beginn der nächtlichen Ausgangsbeschränkung verlegt würden, entgegnete etwa das VG Düsseldorf, dass die Ausgangsbeschränkung als Ergänzung zu Kontaktbeschränkungen zu sehen sei, welche den Anreiz zu privaten Zusammenkünften insgesamt senke.[96] Das VG Sigmaringen rechtfertigte die Differenzierung zwischen Tag und Nacht mit dem „erfahrungsgemäß durch eine eher gelöste Stimmung geprägt[en]" Charakter dieser Tageszeit.[97] Die Erforderlichkeit wurde häufig alleine daran festgemacht, dass die bisher ergriffenen Maßnahmen noch nicht ausgereicht hätten, etwa weil die Inzidenzgrenze von 50 noch nicht unterschritten wurde.[98] Angesichts des Stufenkonzepts des § 28a Abs. 2 Nr. 3, 3 S. 1 IfSG ist das auch naheliegend. Kontaktbeschränkungen im privaten Bereich alleine hielt das VG Köln für nicht gleich effektiv. In den Abend- und Nachtstunden bestünde ein erhöhtes Risiko für unerlaubte Kontakte unter Außerachtlassung der allgemeinen Vorsichtsmaßnahmen. Zudem wurde auf die effektivere Kontrollierbarkeit der Regeln verwiesen.[99] Auf Ebene der Angemessenheit sei zu beachten, dass die meisten Menschen den fraglichen Zeitpunkt ohnehin zuhause verbringen würden, viele Freizeit- und Kulturangebote verboten waren und „vieles dafür [spricht], dass die Mehrzahl der potenziell Betroffenen dem Verbot durch eine zeitliche Umgestaltung ihres Freizeitverhaltens ausweichen kann."[100] Dann stellt sich allerdings wieder die Frage, wieso dann nicht auch gesellige Treffen unter Missachtung der allgemeinen Vorsichtsmaßnahmen in die Zeit vor Beginn der Ausgangsbeschränkung verlagert werden sollten. Die Argumentation ist insofern widersprüchlich.

---

[95] *VGH Mannheim*, Beschl. vom 18.12.2020, Az.: 1 S 4028/20, BeckRS 2020, 36334 Rn. 41; *VGH Mannheim*, Beschl. vom 18.12.2020, Az.: 1 S 4041/20, BeckRS 2020, 36335 Rn. 18; *VGH Mannheim*, Beschl. vom 18.12.2020, Az.: 1 S 4061/20, BeckRS 2020, 36336 Rn. 39; ähnlich *VG Schleswig*, Beschl. vom 26.02.2021, Az.: 1 B 19/21, BeckRS 2021, 3060 Rn. 13 mit der Befürchtung von zufälligen Kontakten im Flur eines Mehrfamilienhauses; identisch *VG Schleswig*, Beschl. vom 26.02.2021, Az.: 1 B 20/21, BeckRS 2021, 4792 Rn. 12; *VG Hamburg*, Beschl. vom 02.04.2021, Az.: 14 E 1579/21, BeckRS 2021, 6386 Rn. 25; *VG Hamburg*, Beschl. vom 08.04.2021, Az.: 21 E 1603/21, BeckRS 2021, 8121 Rn. 28.

[96] *VG Düsseldorf*, Beschl. vom 22.12.2020, Az.: 26 L 2603/20, BeckRS 2020, 36340 Rn. 6.

[97] *VG Sigmaringen*, Beschl. vom 16.02.2021, Az.: 3 K 326/21, BeckRS 2021, 2645 Rn. 51.

[98] So explizit *VG Schleswig*, Beschl. vom 26.02.2021, Az.: 1 B 19/21, BeckRS 2021, 3060 Rn. 15; *VG Schleswig*, Beschl. vom 26.02.2021, Az.: 1 B 20/21, BeckRS 2021, 4792 Rn. 14; implizit *VGH München*, Beschl. vom 12.01.2021, Az.: 20 NE 20.3047, BeckRS 2021, 164 Rn. 17; *VGH München*, Beschl. vom 12.01.2021, Az.: 20 NE 20.3047, BeckRS 2021, 164 Rn. 23; *OVG Weimar*, Beschl. vom 18.02.2021, Az.: 3 EN 67/21, BeckRS 2021, 5303 Rn. 64.

[99] So etwa *VG Köln*, Beschl. vom 20.04.2021, Az.: 7 L 689/21, BeckRS 2021, 8208 Rn. 13. Das *VG Köln* bestätigte die Regelung auch in Hauptsacheverfahren, siehe etwa *VG Köln*, Gerichtsbesch. vom 21.12.2022, Az.: 7 K 2647/21, BeckRS 2022, 41489.

[100] So etwa *VG Köln*, Beschl. vom 20.04.2021, Az.: 7 L 689/21, BeckRS 2021, 8208 Rn. 15; *VG Köln*, Beschl. vom 22.04.2021, Az.: 7 L 736/21, BeckRS 2021, 11067 Rn. 15.

Unter dem Eindruck einer abflauenden zweiten Welle gab dann aber der VGH Mannheim Anfang Februar 2021 einem Antrag gegen die nächtliche Ausgangsbeschränkung statt. Die strengen Anforderungen der § 28a Abs. 2, 3 IfSG seien angesichts der vom RKI gemeldeten Zahlen nicht mehr erfüllt gewesen. Andere Gerichte folgten dieser Argumentation.[101] Doch auch grundsätzliche Bedenken an der Maßnahme wurden zunehmend laut. So wurde gegen die Eignung der nächtlichen Ausgangssperre ausgeführt, dass die meisten Menschen nachts ohnehin nicht das Haus verlassen würden, womit schon kaum ein Effekt erwartbar sei.[102] Das VG Hannover bemerkte nicht nur, dass die Studienlage kaum einen Effekt nachweisen konnte. Auch könne bei Fortschreiten der Pandemie nicht mehr auf mangelnde Erkenntnisse und damit einhergehende geringere Anforderungen an die Rechtfertigung von Maßnahmen verwiesen werden, wenn die mangelnden Erkenntnisse aus einer unterlassenen Evaluation der Maßnahmen herrühren.[103] Gesellige Ereignisse würden in frühere Zeitfenster verlagert, und Menschen, welche schon die Kontaktbeschränkungen missachten würden sich auch durch ein zusätzliches Verbot nicht abschrecken lassen, weshalb auch die einfachere Kontrollierbarkeit nicht überzeugend sei.[104] Als milderes Mittel betrachtete das VG Hannover Maßnahmen in anderen Bereichen, welche zunächst eingeführt werden müssten.[105] Das OVG Lüneburg bestätigte die Entscheidung und hielt Zufallskontakte insbesondere im Freien für vernachlässigbar.[106] Das VG Greifswald hielt eine Regelung

---

[101] *VGH Mannheim*, Beschl. vom 05.02.2021, Az.: 1 S 321/21, KommJur 2021, 106, 113 f.; *OVG Bautzen*, Beschl. vom 04.03.2021, Az.: 3 B 26/21, KommJur 2021, 183, 189 f.; *VG Hannover*, Beschl. vom 02.04.2021, Az.: 15 B 2883/21, BeckRS 2021, 6293 Rn. 17–19; zweifelnd, aber offen lassend *VG Frankfurt a. M.*, Beschl. vom 09.04.2021, Az.: 5 L 919/21. F, BeckRS 2021, 7229 Rn. 16–19; *VG Arnsberg*, Beschl. vom 13.04.2021, Az.: 6 L 286/21, BeckRS 2021, 7130 Rn. 13–17; *VG Arnsberg*, Beschl. vom 13.04.2021, Az.: 6 L 291/21, BeckRS 2021, 7129 Rn. 14–18; *OVG Greifswald*, Beschl. vom 23.04.2021, Az.: 1 KM 221/21 OVG, BeckRS 2021, 8471 Rn. 24–31. Kritisch zur Entscheidung des VGH Mannheim *Frenz*, DVBl. 2021, 548, 550 f., dem die Anforderungen des VGH Mannheims an den Verordnungsgebers angesichts der grundrechtlichen Schutzpflicht aus Art. 2 Abs. 2 GG zu weitgehend sind.

[102] *VG Hannover*, Beschl. vom 02.04.2021, Az.: 15 B 2883/21, BeckRS 2021, 6293 Rn. 24.

[103] *VG Hannover*, Beschl. vom 02.04.2021, Az.: 15 B 2883/21, BeckRS 2021, 6293 Rn. 25; ähnlich auch *OVG Lüneburg*, Beschl. vom 06.04.2021, Az.: 13 ME 166/21, BeckRS 2021, 6292 Rn. 19, 30; Verweise auf die Studienlage auch *VG Arnsberg*, Beschl. vom 13.04.2021, Az.: 6 L 286/21, BeckRS 2021, 7130 Rn. 19; *VG Arnsberg*, Beschl. vom 13.04.2021, Az.: 6 L 291/21, BeckRS 2021, 7129 Rn. 20; mit gegenteiligem Ergebnis *OVG Münster*, Beschl. vom 22.04.2021, Az.: 13 B 610/21, BeckRS 2021, 9252 Rn. 10 f.

[104] *VG Hannover*, Beschl. vom 02.04.2021, Az.: 15 B 2883/21, BeckRS 2021, 6293 Rn. 25, 27 f.

[105] *VG Hannover*, Beschl. vom 02.04.2021, Az.: 15 B 2883/21, BeckRS 2021, 6293 Rn. 32.

[106] *OVG Lüneburg*, Beschl. vom 06.04.2021, Az.: 13 ME 166/21, BeckRS 2021, 6292 Rn. 25; der Entscheidung zustimmend *Wesser*, jurisPR-MedizinR 4/2021 Anm. 1. Ergänzend sei auf die kuriose Auslegung des OVG Lüneburg in Rn. 21 verwiesen, demzufolge die

für unverhältnismäßig, weil sie faktisch zu einem Ausreiseverbot aus dem Kreisgebiet geführt hätte.[107] Das OVG Münster hob dagegen zwei Beschlüsse des VG Arnsberg auf, welches die Ausgangsbeschränkung zuvor als unverhältnismäßig einstufte.[108] Der Verordnungsgeber hätte seine Einschätzungsprärogative voraussichtlich noch nicht überschritten.[109] Der VGH München hielt im März 2021 auch tagsüber geltende Ausgangsbeschränkungen für verhältnismäßig.[110]

Sofern die Ausgangsbeschränkung im Wege einer Allgemeinverfügung verhängt wurde, hatten Anträge wegen formeller Aspekte teils Erfolg: Einige Gerichte stuften die Ausgangsbeschränkung als abstrakt-generelle Regelung ein, da nicht mehr nur ein Lebenssachverhalt geregelt werde.[111] Andere Verwaltungsgerichte hielten die Rechtsfrage für so komplex, dass sie eine Beantwortung im Rahmen des vorläufigen Rechtsschutzes für nicht möglich hielten und auf das Hauptsacheverfahren verwiesen.[112] Das VG Sigmaringen und das VG Karlsruhe teilten zwar die Bedenken, setzten die sofortige Vollziehbarkeit aber wegen der herausragenden Bedeutung des Vollzugsinteresses nicht aus.[113]

Rückkehr von einem zwischen 05:01 und 21:59 Uhr begonnenen Aufenthalt in einem anderen Haushalt stets einen Grund für eine Ausnahme von der Ausgangsbeschränkung darstelle. Die Argumentation, dass niemand gezwungen werden könnte, sich gegen den Willen des Haushaltsvorstands des Gasthaushalts dort weiter aufzuhalten oder sich an einen anderen Ort als den eigenen Haushalt begeben zu müssen, ist zwar nachvollziehbar; jedoch steht die Auslegung in einem offensichtlichen Widerspruch zum Willen des Verordnungsgebers, welcher solche Treffen eben gerade möglichst unattraktiv machen wollte. Überaus kritisch gegenüber der Entscheidung *Haratsch*, DÖV 2021, 538–542.

[107] *VG Greifswald*, Beschl. vom 29.01.2021, Az.: 4 B 134/21 HGW (juris) Rn. 28 f.; *VG Greifswald*, Beschl. vom 29.01.2021, Az.: 4 B 154/21 HGW (juris) Rn. 35 f.

[108] *VG Arnsberg*, Beschl. vom 13.04.2021, Az.: 6 L 286/21, BeckRS 2021, 7130; *VG Arnsberg*, Beschl. vom 13.04.2021, Az.: 6 L 291/21, BeckRS 2021, 7129.

[109] *OVG Münster*, Beschl. vom 22.04.2021, Az.: 13 B 610/21, BeckRS 2021, 9252 Rn. 16.

[110] *VGH München*, Beschl. vom 05.03.2021, Az.: 20 NE 20.3097, BeckRS 2021, 3800 Rn. 18; *VGH München*, Beschl. vom 05.03.2021, Az.: 20 NE 20.3099, BeckRS 2021, 3801 Rn. 18; *VGH München*, Beschl. vom 07.03.2021, Az.: 20 NE 21.524, KommJur 2021, 179, 182; *VGH München*, Beschl. vom 23.03.2021, Az.: 20 NE 21.841, BeckRS 2021, 5693 Rn. 25; *VGH München*, Beschl. vom 31.03.2021, Az.: 20 NE 21.924, BeckRS 2021, 8706 Rn. 16. Im Februar 2021 hielt das Gericht die Maßnahme für „noch" verhältnismäßig, siehe *VGH München*, Beschl. vom 19.02.2021, Az.: 20 NE 21.458, BeckRS 2021, 3811 Rn. 18.

[111] *VG Aachen*, Beschl. vom 23.12.2020, Az.: 7 L 951/20, BeckRS 2020, 37236 Rn. 6–16; *VG Greifswald*, Beschl. vom 29.01.2021, Az.: 4 B 134/21 HGW (juris), 01 Rn. 20–24; *VG Greifswald*, Beschl. vom 29.01.2021, Az.: 4 B 154/21 HGW (juris) Rn. 30–32; offen lassend *VG Mainz*, Beschl. vom 15.04.2021, Az.: 1 L 291/21.MZ, BeckRS 2021, 38351 Rn. 14–18.

[112] *VG Koblenz*, Beschl. vom 03.02.2021, Az.: 3 L 84/21.KO, BeckRS 2021, 2144 Rn. 4; *VG Minden*, Beschl. vom 08.01.2021, Az.: 7 L 12/21, BeckRS 2021, 213 Rn. 5.

[113] *VG Karlsruhe*, Beschl. vom 10.12.2020, Az.: 2 K 5102/20, BeckRS 2020, 34648 Rn. 39–49, 66; *VG Sigmaringen*, Beschl. vom 16.02.2021, Az.: 3 K 326/21, BeckRS 2021, 2645 Rn. 28–32, 55; *VG Sigmaringen*, Beschl. vom 15.04.2021, Az.: 3 K 1060/21, BeckRS 2021, 8594 Rn. 33–35 sowie 58–60.

Erfolgreiche Anträge auf vorläufigen verfassungsgerichtlichen Rechtsschutz sind nicht zu verzeichnen. Entweder stellten die Verfassungsgerichte ohne Prüfung in der Sache fest, dass die Entscheidung in der Hauptsache offen sei und wendeten sich der Folgenabwägung zu,[114] oder es kam – namentlich im Falle des BayVerfGH – zwar zu einer materiell-rechtlichen Prüfung, die Prüfung der Verhältnismäßigkeit geriet dabei aber sehr knapp.[115] Das BVerfG hatte mehrfach über die nächtliche Ausgangsbeschränkung im Rahmen der „Bundesnotbremse“[116] zu entscheiden. Die damalige Regelung des § 28b Abs. 1 S. 1 Nr. 2 IfSG warf eine Reihe formell- und materiell-rechtlicher Fragen auf und wurde in der Literatur des Öfteren als verfassungswidrig bezeichnet.[117] Gleichwohl lehnte die zuständige Kammer des BVerfG im Mai und Juni 2021 Eilanträge gegen die Regelung ab.[118] Sowohl die summarische Prüfung als auch die Argumentation in der Folgenabwägung traf in der Literatur auf Kritik,[119] teils wurde die Zurückhaltung des Gerichts aber auch begrüßt.[120]

(3) Vierte Welle und „Omikronwellen“

Nach Ende der „Bundesnotbremse“ verschwanden die Ausgangsbeschränkung weitestgehend aus dem Maßnahmenrepertoire. Aus dem Januar 2022 findet sich noch eine Entscheidung aus dem einstweiligen Rechtsschutz. Das OVG Weimar lehnte nach einer knappen Prüfung einen Antrag gegen eine – nunmehr nur noch für

---

[114] *ThürVerfGH*, Beschl. vom 28.12.2020, Az.: VerfGH 118/20 (juris) Rn. 68; *VerfGH Sachs*, Beschl. vom 11.02.2021, Az.: Vf. 14-II-21, BeckRS 2021, 1739 Rn. 18 f.; *VerfGH RhPf*, Beschl. vom 23.04.2021, Az.: VGH A 33/21, BeckRS 2021, 8561.

[115] *BayVerfGH*, Entsch. vom 17.12.2020, Az.: Vf. 110-VII-20, BeckRS 2020, 35808 Rn. 21 f.; *BayVerfGH*, Entsch. vom 30.12.2020, Az.: Vf. 96-VII-20, BeckRS 2020, 36981 Rn. 31 f.; *BayVerfGH*, Entsch. vom 29.01.2021, Az.: Vf. 96-VII-20, BeckRS 2021, 9551 Rn. 45 f.; *BayVerfGH*, Entsch. vom 01.02.2021, Az.: Vf. 98-VII-20, BeckRS 2021, 1009 Rn. 20.

[116] Siehe dazu oben S. 27 ff.

[117] Siehe dazu etwa *Boehme-Neßler*, NVwZ 2021, 670, 670 ff.; *Kießling*, in: Kießling, IfSG, 2. Auflage 2021, § 28b Rn. 25, 31–35; *Lepsius*, JZ 2021, 955, 955 ff.; *Wagner*, COVuR 2021, 647, 647 ff.; *Wagner*, COVuR 2021, 710, 710 ff.; kritisch auch *Schwarz*, COVuR 2021, 258, 258 ff.; anders dagegen *Greve/Lassahn*, NVwZ 2021, 665–670. Siehe dazu auch *Mangold*, Kurzgutachten: „Grundrechtliche Bewertung einer Ausgangssperre zur Pandemiebekämpfung“, 2021, im Auftrag einer der Beschwerdeführer.

[118] BVerfGE 157, 394; *BVerfG*, Beschl. vom 01.06.2021, Az.: 1 BvR 927/21, BeckRS 2021, 12456 (unzulässig); *BVerfG*, Beschl. vom 29.06.2021, Az.: 1 BvQ 54/21, BeckRS 2021, 18842; *BVerfG*, Beschl. vom 29.06.2021, Az.: 1 BvQ 55/21, BeckRS 2021, 18829; *BVerfG*, Beschl. vom 29.06.2021, Az.: 1 BvQ 59/21, BeckRS 2021, 18833; *BVerfG*, Beschl. vom 29.06.2021, Az.: 1 BvR 827/21, BeckRS 2021, 18826; *BVerfG*, Beschl. vom 29.06. 2021, Az.: 1 BvR 945/21, 1 BvR 946/21, BeckRS 2021, 20558.

[119] *Lepsius*, JZ 2021, 955, 955 ff.; *Lepsius*, Der Staat 60 (2021), 609, 609 ff.; *Wagner*, COVuR 2021, 710, 710 ff.

[120] *Muckel*, JA 2021, 608, 610, der zwar die Verfassungswidrigkeit ebenfalls nicht ausschließen will, angesichts der Gewaltenteilung aber einen besonders strengen Prüfungsmaßstab fordert. Begrüßend wohl auch *Hecker*, NVwZ 2021, 795–796.

Ungeimpfte und nicht Genesene geltende – nächtliche Ausgangsbeschränkung ab.[121]

bb) Spätere Bewertung in Hauptsacheverfahren

Die Ausgangsbeschränkungen beschäftigten die Gerichte auch noch in Hauptsacheverfahren. So hatte der BayVerfGH im Februar 2021 eine Popularklage gegen die vorläufige Ausgangsbeschränkung im März 2020 abgewiesen. Die Maßnahme sei geeignet gewesen. Das begründete der BayVerfGH im Wesentlichen damit, dass der Verordnungsgeber die Maßnahme angesichts der Übertragung des Virus über menschliche Kontakte, der Einschätzung des RKI und der unklaren wissenschaftlichen Lage als zielfördernd hätte betrachten können.[122] Aufgrund der Einschätzungsprärogative sei der Verordnungsgeber auch nicht gehalten gewesen, sich auf den Schutz von Risikogruppen, Ausgangsbeschränkungen nur in Hotspots oder auf Maßnahmen zu beschränken, welche im Rahmen der Bund-Länder-Konferenz vereinbart wurden.[123] Der VGH München stellte dann im Oktober 2021 die Unwirksamkeit der vorläufigen Ausgangsbeschränkung in der ersten Welle fest. Diese Einschätzung wurde nicht nur auf einen formalen Fehler – die Voraussetzungen einer erfolgten Notbekanntmachung waren nach Ansicht des Gerichts nicht gegeben[124] – gestützt, auch materiell hielt der VGH München die Ausgangsbeschränkung für rechtswidrig. Das Gericht stellte umfangreiche Überlegungen zur gerichtlichen Kontrolldichte von Verordnungen an und entschied sich im vorliegenden Fall für eine intensive Nachprüfung.[125] An der Geeignetheit hatte das Gericht keine Zweifel.[126] Die Wahl der Ausgangsbeschränkung statt – oder neben – den Kontaktbeschränkungen hielt das Gericht aber nicht mehr für von einer Einschätzungsprärogative gedeckt. Denn ohne Ausgangsbeschränkung könne es zwar durchaus zu zusätzlichen Kontakten in der Öffentlichkeit kommen. Jedoch sei das Verweilen in der Öffentlichkeit an sich epidemiologisch irrelevant; wenn der Verordnungsgeber so die Bildung von Ansammlungen befürchtet, so unterstelle er der Bevölkerung rechtswidriges Verhalten. Dass dies in relevantem Ausmaß geschehen wäre, sei auch nach dem Vorbringen des Antragsgegners nicht ersichtlich. Deshalb

---

[121] *OVG Weimar*, Beschl. vom 13.01.2022, Az.: 3 EN 764/21, BeckRS 2022, 271 Rn. 86–89.

[122] *BayVerfGH*, Entsch. vom 09.02.2021, Az.: Vf. 6-VII-20, BeckRS 2021, 1765 Rn. 74–78.

[123] *BayVerfGH*, Entsch. vom 09.02.2021, Az.: Vf. 6-VII-20, BeckRS 2021, 1765 Rn. 83–89.

[124] *VGH München*, Beschl. vom 04.10.2021, Az.: 20 N 20.767, BeckRS 2021, 29086 Rn. 32–38.

[125] *VGH München*, Beschl. vom 04.10.2021, Az.: 20 N 20.767, BeckRS 2021, 29086 Rn. 64–70.

[126] *VGH München*, Beschl. vom 04.10.2021, Az.: 20 N 20.767, BeckRS 2021, 29086 Rn. 76.

sei die Maßnahme schon nicht erforderlich gewesen.[127] Bei der Angemessenheit komme dem Verordnungsgeber kein Einschätzungsspielraum zu. Die Ausgangsbeschränkung sei unangemessen gewesen, weil Bayern von der Einigung in der Ministerpräsidentenkonferenz abwich, obwohl die Infektionslage gar nicht bedrohlicher war als im restlichen süddeutschen Raum.[128]

Im November 2021 beschäftigte sich der 1. Senat des BVerfG ausführlich mit der Verfassungsmäßigkeit der nächtlichen Ausgangsbeschränkung im Rahmen der „Bundesnotbremse", welche er als gewahrt betrachtete.[129] Eingegriffen wurde nach Ansicht des 1. Senats in Art. 2 Abs. 2 S. 2 in Verbindung mit Art. 104 Abs. 1 GG, Art. 2 Abs. 2 in Verbindung mit Art. 1 GG sowie Art. 6 Abs. 1 GG. Eine Freiheitsentziehung im Sinne von Art. 104 Abs. 2 GG hätte dagegen nicht vorgelegen, da es einer nur nachts geltenden Ausgangsbeschränkung an der nötigen Intensität fehle.[130] Die Schrankenanforderung des Art. 104 Abs. 1 S. 1 GG sei gewahrt worden, obwohl in diesem Artikel die Rede davon ist, dass die Freiheit der Person „nur auf Grund eines förmlichen Gesetzes" beschränkt werden kann, die „Bundesnotbremse" die Freiheit aber unmittelbar *durch* ein Gesetz tangiere.[131] Der 1. Senat hielt die Ausgangsbeschränkung für geeignet, um ohnehin untersagte Zusammenkünfte in der Nachtzeit zu verhindern.[132] Die Angemessenheit sei bei Beachtung des „Einschätzungs-, Wertungs- und Gestaltungsspielraum des Gesetzgebers" gewahrt.[133] So werde das Eingriffsgewicht der Maßnahme dadurch gemildert, dass sie nur nachts und damit während der „regelmäßigen Ruhens- und Schlafenszeiten" galt,[134] womit das Gericht dann aber wiederum die zu erwartende Wirkung der Maßnahme relativiert. Konsequenter Weise müsste dieser Umstand dann also auch zulasten der (Effektivität der) Ausgangsbeschränkung in die Angemessenheitsabwägung eingestellt werden. Auch in der Literatur hat die Entscheidung teils einen schweren Stand,[135] ebenso wurde die Entscheidung aber auch positiv rezipiert.[136]

---

[127] *VGH München*, Beschl. vom 04.10.2021, Az.: 20 N 20.767, BeckRS 2021, 29086 Rn. 78 f.

[128] *VGH München*, Beschl. vom 04.10.2021, Az.: 20 N 20.767, BeckRS 2021, 29086 Rn. 81, 84.

[129] BVerfGE 159, 223 – Bundesnotbremse I.

[130] BVerfGE 159, 223, Rn. 239–251.

[131] BVerfGE 159, 223, Rn. 267–273.

[132] BVerfGE 159, 223, Rn. 277–281.

[133] BVerfGE 159, 223, Rn. 264. Kritisch zu einer angeblichen verfassungsrechtlichen Neuentdeckung *Kersten/Rixen*, Der Verfassungsstaat in der Corona-Krise, 3. Auflage 2022, S. 139–141, 147; *Lepsius*, Hat das BVerfG den Rechtsstaat pandemisch umgebaut?, LTO vom 3. Dezember 2021; siehe dazu auch *Rixen*, Abschied von der Verhältnismäßigkeit?, Verfassungblog vom 25. Mai 2022.

[134] BVerfGE 159, 223, Rn. 301.

[135] Kritisch *Boehme-Neßler*, NVwZ-Beilage 2022, 34, 34 f.; *Degenhart*, NJW 2022, 123, 123 ff.; *Lepsius*, Hat das BVerfG den Rechtsstaat pandemisch umgebaut?, LTO vom 3. Dezember 2021 („Kommentare sollten [die Entscheidung] nicht zitieren"); *Ritgen*, ZG 2022, 102,

Trotz der Entscheidung des BVerfG bestätigte das BVerwG im November 2022 die Entscheidung des VGH München.[137] In der Folge stellten auch das OVG Bautzen und der ThürVerfGH fest, dass frühere nächtliche Ausgangsbeschränkungen unverhältnismäßig waren. Die Regelungen seien unangemessen gewesen. Denn nach der BVerwG-Entscheidung müsse die Ausgangsbeschränkung einen Beitrag zur Zweckerreichung beitragen, welcher erheblich über den Beitrag von Kontaktbeschränkung hinausgeht. Das hätten die Antragsgegner jeweils nicht dargelegt.[138] In einer früheren Entscheidung hielt der ThürVerfGH dagegen die nächtliche Ausgangsbeschränkung grundsätzlich noch für angemessen, nicht mehr aber dann, soweit auch einzelnen Personen das Verlassung der Wohnung verboten war, um sich alleine im Freien zu bewegen.[139] Auch das OVG Bautzen wich von seiner Einschätzung im vorläufigen Rechtsschutz ab. Hatte das Gericht im vorläufigen Rechtsschutz die sächsische Regelung noch für bestimmt genug gehalten, weil die Normadressaten diese mittels einer FAQ der Landesregierung entsprechend auslegen hätten können,[140] hielt das Gericht die Regelung nun auch unter Heranziehung dieser Informationen für nicht mehr verständlich.[141] Das VG Köln bestätigte dagegen nächtliche Ausgangsbeschränkungen wie bereits zuvor im vorläufigen Rechtsschutz.[142]

Anfang 2025 hatte der VGH München erneut über Ausgangsbeschränkungen zu entscheiden. Die streitgegenständliche Verordnung aus dem Dezember 2020 sah eine tagsüber geltende Ausgangsbeschränkung mit Ausnahmetatbeständen sowie

102 ff.; *Rixen*, Abschied von der Verhältnismäßigkeit?, Verfassungblog vom 25. Mai 2022; *Schwarz*, NVwZ-Beilage 2022, 3, 3 ff.

[136] So wohl *Walter*, jurisPR-MedizinR 12/2021 Anm. 1; ebenso *Frenz*, DVBl. 2022, 43, 43 ff.; *Muckel*, JA 2022, 171, 171 ff. Siehe auch *Haurand*, DVP 2022, 134, 134 ff. Abgesehen von der Angemessenheitsprüfung auch noch versöhnlich *Kersten/Rixen*, Der Verfassungsstaat in der Corona-Krise, 3. Auflage 2022, S. 132–142, 146 f.; siehe auch *Sachs*, JuS 2022, 182.

[137] BVerwGE 177, 92.

[138] *OVG Bautzen*, Urt. vom 27.04.2023, Az.: 3 C 8/21, BeckRS 2023, 18376 Rn. 123–128; *ThürVerfGH*, Urt. vom 26.06.2024, Az.: VerfGH 4/22, BeckRS 2024, 14761 Rn. 150–162. Ähnlich auch *VG Regensburg*, Gerichtsbesch. vom 30.03.2023, Az.: RO 5 K 20.491, BeckRS 2023, 11455.

[139] *ThürVerfGH*, Beschl. vom 14.12.2021, Az.: VerfGH 117/20 (juris), Rn. 295–301. Das ist zwar grundsätzlich zu begrüßen, jedoch inkonsequent, wenn sich der ThürVerfGH bei der Eignung der nächtlichen Ausgangsbeschränkung der Erwartung des Verordnungsgebers anschließt, dass nächtliche Zusammenkünfte unterbunden würden (Rn. 280). Denn eine nächtliche Ausgangsbeschränkung, unter der sich immer ein triftiger Grund für den Aufenthalt außer der Wohnung finden ließe, wäre gerade kein Hindernis für die Abhaltung nächtlicher Verstöße gegen die Kontaktbeschränkungen.

[140] *OVG Bautzen*, Beschl. vom 07.04.2020, Az.: 3 B 111/20, COVuR 2020, 41 Rn. 16–21; siehe bereits oben.

[141] *OVG Bautzen*, Urt. vom 21.04.2021, Az.: 3 C 8/20, BeckRS 2021, 8023 Rn. 31–36.

[142] *VG Köln*, Urt. vom 18.06.2024, Az.: 7 K 2169/21, BeckRS 2024, 25382; *VG Köln*, Gerichtsbesch. vom 31.10.2024, Az.: 7 K 2846/21, BeckRS 2024, 37594; *VG Köln*, Gerichtsbesch. vom 05.11.2024, Az.: 7 K 2224/21, BeckRS 2024, 35845.

eine verschärfte nächtliche Ausgangsbeschränkung vor. Anders als 2021 hielt der VGH München die Maßnahme nunmehr für rechtmäßig. Die Maßnahme sei erforderlich, weil gleich effektive Mittel von der Antragstellerin nicht aufgezeigt worden und „auch sonst nicht erkennbar“ wären.[143] Wieso der VGH München hier seine Einschätzung geändert hat, ergibt sich nicht aus den Entscheidungsgründen; auf seine frühere Entscheidung und die bestätigende Entscheidung des BVerwG nimmt der entscheidende 20. Senat keinen Bezug. Auch die differenzierende Herleitung der gerichtlichen Kontrolldichte von Verordnungen aus der früheren Entscheidung[144] findet sich nicht mehr in den Entscheidungsgründen. Die Angemessenheit sah der VGH München wegen der epidemiologischen Lage und den Ausnahmetatbeständen gewahrt,[145] obwohl diese bezüglich der nächtlichen Ausgangsbeschränkung noch restriktiver waren als im Rahmen der – rund um die Uhr geltenden – vorläufigen Ausgangsbeschränkung, die in der früheren Entscheidung streitgegenständlich war.[146] Der VerfGH Sachsen hielt eine erweiterte nächtliche Ausgangsbeschränkung für nicht erforderlich.[147]

Teils scheiterten Klagen an der Zulässigkeit. Das VG Augsburg lehnte eine Fortsetzungsfeststellungsklage gegen die Ausgangsbeschränkung im März 2020 wegen des fehlenden Feststellungsinteresses ab.[148] Ebenso lehnte das OVG Saarlouis einen Antrag nach § 47 Abs. 1 VwGO auf „nachträgliche“ Überprüfung mangels eines schutzwürdigen Interesses an der Feststellung ab.[149] Das LVerfG Sachsen-Anhalt, das OVG Bautzen und das OVG Berlin-Brandenburg bestätigten die 15-Kilometer-Regelung in späteren Hauptsacheverfahren.[150]

cc) Fazit

Insgesamt zeigt sich, dass die Rechtsprechung 2020 keine Zweifel an der materiellen Rechtmäßigkeit der Ausgangsbeschränkung hatte. Das änderte sich im Laufe des Jahres 2021; die Maßnahme wurde nun vermehrt im vorläufigen Rechtsschutz

---

[143] *VGH München*, Beschl. vom 27.01.2025, Az.: 20 N 20.3096, BeckRS 2025, 805 Rn. 47.

[144] *VGH München*, Beschl. vom 04.10.2021, Az.: 20 N 20.767, BeckRS 2021, 29086 Rn. 64–70.

[145] *VGH München*, Beschl. vom 27.01.2025, Az.: 20 N 20.3096, BeckRS 2025, 805 Rn. 50 f.

[146] Siehe BayMBl. 2020 Nr. 162.

[147] *VerfGH Sachs*, Urt. vom 12.06.2025, Az.: Vf. 13-II-21 (HS), BeckRS 2025, 13086 Rn. 339–351.

[148] *VG Augsburg*, Urt. vom 16.11.2020, Az.: Au 9 K 20.575, BeckRS 2021, 10756; ebenso *VG München*, Urt. vom 11.07.2022, Az.: M 26a K 20.1251, BeckRS 2022, 17889 Rn. 46–63.

[149] *OVG Saarlouis*, Urt. vom 24.03.2022, Az.: 2 C 108/20, BeckRS 2022, 6172.

[150] *LVerfG LSA*, Urt. vom 26.03.2021, Az.: LVG 4/21, BeckRS 2021, 9553; *OVG Bautzen*, Urt. vom 27.04.2023, Az.: 3 C 8/21, BeckRS 2023, 18376; *OVG Berlin-Brandenburg*, Beschl. vom 21.03.2024, Az.: OVG 5 A 23/22, BeckRS 2024, 10628.

aufgehoben, während das BVerfG die nächtliche Ausgangsbeschränkung billigte. Hilfreich für die Gerichte waren die strengen Anforderungen, welcher der Gesetzgeber ab November 2020 in § 28a IfSG vorsah. Daneben konnten Antragsteller auch schon 2020 mit formellen Bedenken Erfolge erzielen. In späteren Hauptsacheverfahren wurde teils auch die Rechtswidrigkeit von Ausgangsbeschränkungen festgestellt, die während der ersten Welle verhängt wurden. Entsprechende oberverwaltungsgerichtliche Entscheidungen wurden durch das BVerwG 2022 gebilligt. In Kontrast dazu steht die Entscheidung Bundesnotbremse I des BVerfG aus dem November 2021, in welchem nächtliche Ausgangsbeschränkungen als verfassungsmäßig eingestuft wurden.

d) Innerdeutsche Einreisebeschränkungen und Ausreisegebote

Eine Besonderheit in einigen Bundesländern waren Maßnahmen, die sich als innerdeutsche Einreisebeschränkungen und Ausreisegebote kategorisieren lassen. Gemeinsam war diesen die Motivation, aus einem mehr oder weniger großen Gebiet der Bundesrepublik dort nicht fest ansässige Personen nach Möglichkeit fernzuhalten. Unterscheiden lassen sich dabei Entscheidungen zu faktischen „Grenzschließungen“ durch Bundesländer (aa)) und zu entsprechenden Beschränkungen bezüglich kleinerer Gebiete (bb)). Einen Sonderfall stellen Anreise- und Nutzungsverbote von Nebenwohnungen dar (cc)).[151]

aa) Einreiseverbote und -beschränkungen in einzelne Bundesländer

Lediglich Schleswig-Holstein und Mecklenburg-Vorpommern setzten zeitweise auf ein striktes Einreiseverbot. Den Einwohnern anderer Länder wurde damit die Einreise in das Landesgebiet untersagt. In der ersten Welle entschied das OVG Schleswig zu einem Normenkontrolleilantrag, dass dieses Vorgehen nicht zu beanstanden sei; in einer summarischen Prüfung würden sich keine durchgreifenden Bedenken ergeben.[152] Die Verhältnismäßigkeit sieht das Gericht schon deshalb als gewahrt an, weil auch durch einen Tagestourist, der die Kontaktbeschränkung befolge und sich in dünn besiedeltem Gebiet aufhalte, „die Gefahr einer Infizierung weiterer Bevölkerungsteile nicht ausgeschlossen“ werden könne.[153] Den Schutzbereich von Art. 11 Abs. 1 GG betrachtet das OVG Schleswig als nicht eröffnet.[154]

---

[151] Die einbezogenen Entscheidungen wurden ermittelt durch die Suche nach Treffern, welche alternativ die Begriffe „Einreiseverbot“, „Einreisebeschränkung“, „Reiseverbot“, „Ausreiseanordnung“, „Ausreisegebot“, „Betretungsverbot“, „Zutrittsverbot“, „Nebenwohnung“ oder „Zweitwohnung“ enthalten, wobei schon bei der initialen Suche Entscheidungen ausgeschlossen wurden, welche „Aufenthaltsgesetz“ oder „AufenthG“ enthalten.

[152] *OVG Schleswig*, Beschl. vom 09.04.2020, Az.: 3 MR 4/20, BeckRS 2020, 5658 Rn. 6.

[153] *OVG Schleswig*, Beschl. vom 09.04.2020, Az.: 3 MR 4/20, BeckRS 2020, 5658 Rn. 17.

[154] *OVG Schleswig*, Beschl. vom 09.04.2020, Az.: 3 MR 4/20, BeckRS 2020, 5658, 20 Rn. 19.

Das OVG Greifswald hatte ebenfalls keine Bedenken.[155] In einer ersten Entscheidung hatte dieses Gericht über einen Antrag zu entscheiden, der sich gegen eine Reihe von Maßnahmen richtete. Die Prüfung der Verhältnismäßigkeit erfolgte im Wege einer gemeinsamen Prüfung aller Maßnahmen.[156] Diese seien demnach erforderlich, weil weder ein Impfstoff existierte und auch keine direkte medizinische Behandlung möglich gewesen sei; Kontaktreduktion sei daher die gebotene Methode, um die Virusverbreitung zu hemmen. Ob die Erforderlichkeit gewahrt wurde, ließ das Gericht offen. Die Angemessenheit sei ebenfalls zu bejahen. Dies ergebe sich aus der Befristung sowie aus dem Grundsatz, dass an die Wahrscheinlichkeit des Schadenseintritts umso geringere Anforderungen zu stellen sei, je größer und folgenschwerer der möglicherweise eintretende Schaden wäre. Der möglicherweise eintretende Schaden sei hier eine hohe Zahl von schweren Lungenerkrankungen mit Hospitalisierung und Todesfällen. Das Gericht bemerkte dazu zwar selbst, dass zum Entscheidungszeitpunkt die Infektions- und Erkrankungszahlen überaus niedrig waren, mutmaßte aber, dass die Indikatoren womöglich zu niedrig sein könnten. So könne nicht „ausgeschlossen [werden], dass eine größere Zahl von Personen in Mecklenburg-Vorpommern infiziert ist und die Infektion weitergeben kann, ohne dass dies bemerkt wird". Dezidiert zum Einreiseverbot stellte das Gericht nur fest, dass die Ausnahmetatbestände die Eingriffsschwere ausreichend mildern würden.[157] In Folgeentscheidungen zitierte das OVG Schleswig diesen Beschluss[158] und fügte ergänzend hinzu, dass der Schutzbereich von Art. 11 Abs. 1 GG nicht eröffnet sei[159] und sowohl der Eingriff in Art. 12 Abs. 1 GG – als Vermieter einer Ferienwohnung – als auch der Eingriff in Art. 2 Abs. 2 S. 2 GG „qualitativ und quantitativ gering" seien. Für den – vom Gericht jedenfalls für möglich gehaltenen – Eingriff in die Freiheit der Person gelte das besonders, weil sich die Antragsteller vorbehaltlich der Regelungen anderer Bundesländer ansonsten frei im Bundesgebiet bewegen könnten.[160]

---

[155] *OVG Greifswald*, Beschl. vom 08.04.2020, Az.: 2 KM 236/20 OVG, BeckRS 2020, 5637; *OVG Greifswald*, Beschl. vom 09.04.2020, Az.: 2 KM 267/20 OVG, BeckRS 2020, 5675; *OVG Greifswald*, Beschl. vom 09.04.2020, Az.: 2 KM 293/20 OVG, BeckRS 2020, 5636.

[156] *OVG Greifswald*, Beschl. vom 08.04.2020, Az.: 2 KM 236/20 OVG, BeckRS 2020, 5637 Rn. 23–30.

[157] *OVG Greifswald*, Beschl. vom 08.04.2020, Az.: 2 KM 236/20 OVG, BeckRS 2020, 5637 Rn. 33.

[158] *OVG Greifswald*, Beschl. vom 09.04.2020, Az.: 2 KM 267/20 OVG, BeckRS 2020, 5675 Rn. 14; *OVG Greifswald*, Beschl. vom 09.04.2020, Az.: 2 KM 293/20 OVG, BeckRS 2020, 5636 Rn. 17.

[159] *OVG Greifswald*, Beschl. vom 09.04.2020, Az.: 2 KM 293/20 OVG, BeckRS 2020, 5636 Rn. 19.

[160] *OVG Greifswald*, Beschl. vom 09.04.2020, Az.: 2 KM 293/20 OVG, BeckRS 2020, 5636 Rn. 21 f.

Das VG Greifswald lehnte einen Antrag ebenso ab.[161] Der Verordnungsgeber habe seinen Einschätzungsspielraum bei Geeignetheit und Erforderlichkeit nicht überschritten.[162] Die intensivmedizinische Versorgung sei an der vor Ort lebenden und erstgemeldeten Bevölkerung orientiert, weshalb es sachgerecht sei, in touristischen Zieldestinationen den Personenzufluss zu minimieren.[163] Gut einen Monat später blieb das OVG Greifswald seiner vorherigen Rechtsprechung jedenfalls im Ergebnis treu,[164] prüfte nun jedoch umfangreich die Verhältnismäßigkeit des Einreise- und Beherbergungsverbots. Angesichts des „Wiedereröffnungskonzeptes" des Landes mitsamt Zeitplan befand das Gericht, dass zum Entscheidungszeitpunkt „noch" keine durchgreifenden Bedenken gegen die Angemessenheit bestanden hätten.[165]

Im Herbst 2020 hatte ein Normenkontrolleilantrag Erfolg. Der Antrag richtete sich gegen das Einreise- und Beherbergungsverbot für Touristen aus Hotspots, welche keinen negativen Test vorweisen konnten.[166] Das OVG Greifswald hielt die Regelung zwar für geeignet; sie trage zur Reduktion der Mobilität, dadurch zur Reduzierung von Kontakten und somit zur Entspannung des Infektionsgeschehens bei.[167] Die Regelung sei aber unangemessen, weil nur Touristen aus Hotspots der Testpflicht unterliegen würden, nicht aber etwa Studenten, Berufspendler oder Schüler aus Hotspots. Für eine solche Ungleichbehandlung habe der Antragsgegner keine Begründung vorgebracht.[168] Aus dem umgekehrten Grund – einer fehlenden Differenzierung – hielt das OVG Greifswald den Antrag eines vollständig geimpften Antragstellers gegen das erneute Einreiseverbot im April 2021 grundsätzlich für begründet.[169] Unter Berufung auf das RKI befand das Gericht, das Einreiseverbot für Geimpfte erweise sich vor dem Hintergrund, „dass vollständig Geimpften bei der Epidemiologie keine wesentliche Rolle mehr spielen, als willkürlich".[170] Den-

---

[161] *VG Greifswald*, Beschl. vom 08.04.2020, Az.: 4 B 339/20 HGW, BeckRS 2020, 5323.

[162] *VG Greifswald*, Beschl. vom 08.04.2020, Az.: 4 B 339/20 HGW, BeckRS 2020, 5323 Rn. 22.

[163] *VG Greifswald*, Beschl. vom 08.04.2020, Az.: 4 B 339/20 HGW, BeckRS 2020, 5323 Rn. 25.

[164] *OVG Greifswald*, Beschl. vom 11.05.2020, Az.: 2 KM 389/20 OVG, BeckRS 2020, 15490.

[165] *OVG Greifswald*, Beschl. vom 11.05.2020, Az.: 2 KM 389/20 OVG, BeckRS 2020, 15490 Rn. 32 f.

[166] *OVG Greifswald*, Beschl. vom 20.10.2020, Az.: 2 KM 702/20 OVG, BeckRS 2020, 37219.

[167] *OVG Greifswald*, Beschl. vom 20.10.2020, Az.: 2 KM 702/20 OVG, BeckRS 2020, 37219 Rn. 37.

[168] *OVG Greifswald*, Beschl. vom 20.10.2020, Az.: 2 KM 702/20 OVG, BeckRS 2020, 37219 Rn. 41.

[169] *OVG Greifswald*, Beschl. vom 23.04.2021, Az.: 1 KM 272/21 OVG, BeckRS 2021, 9981.

[170] *OVG Greifswald*, Beschl. vom 23.04.2021, Az.: 1 KM 272/21 OVG, BeckRS 2021, 9981 Rn. 27.

noch sei die Außervollzugsetzung der Regelung nicht dringend geboten, hätte dies doch zur Folge gehabt, dass das gesamte Einreiseverbot nicht mehr hätte vollzogen werden können. Das Gericht fürchtete sich jedoch vor einer „unüberschaubaren Anzahl Tagesausflügler" aus den angrenzenden Bundesländern, Berlin und Hamburg, welche sodann unkontrolliert Mecklenburg-Vorpommern besuchen würden.[171]

Abgesehen davon wurde das Einreiseverbot im April/Mai 2021 vom OVG Greifswald jedoch noch als verhältnismäßig betrachtet. In der Entscheidung zum Antrag eines Zweitwohnungsbesitzers befand das Gericht, dass dem Verordnungsgeber ein Beurteilungs- und Prognosespielraum zukomme, mit dem eine fortwährende Beobachtungs- und Überprüfungspflicht korrespondiere.[172] Tagestouristen und gerade Zweitwohnungsbesitzer würden unterschiedliche Kontaktumfelder verbinden, das Infektionsgeschehen sei diffus, das Einreiseverbot damit geeignet;[173] eine Negativtestung sei kein milderes, gleich effektives Mittel, weil Antigentests – unter Verweis auf das RKI – unzuverlässig seien und die Testpflicht nicht kontrollierbar wäre.[174] Angesichts Inzidenzen über 50, einer neuen Variante – damals die „Alpha-Variante" – und einer steigenden Auslastung der Krankenhäuser sei die Regelung auch angemessen.[175] Ähnlich entschied das Gericht kurz darauf über den Antrag eines Hoteliers.[176]

Das VG Greifswald erreichte eine Klage in der Hauptsache. Die Kläger hielten sich im März 2020 nach eigenen Angaben in Mecklenburg-Vorpommern auf, obwohl sie zu dieser Zeit der Ausreisepflicht unterlagen. Im Rahmen einer „Vor-Ort-Kontrolle" wurden sie zur Ausreise aufgefordert.[177] Die Fortsetzungsfeststellungsklage gegen diese Ausreiseverfügung hielt das Gericht jedoch schon auf Grund eines fehlenden Fortsetzungsfeststellungsinteresses für unzulässig. Weder bestünde ein Rehabilitationsinteresse[178] noch Wiederholungsgefahr. Denn selbst wenn eine identische Regelung erlassen würde, so würde das eine tatsächliche und rechtliche

---

[171] *OVG Greifswald*, Beschl. vom 23.04.2021, Az.: 1 KM 272/21 OVG, BeckRS 2021, 9981 Rn. 32.

[172] *OVG Greifswald*, Beschl. vom 28.04.2021, Az.: 1 KM 241/21 OVG, BeckRS 2021, 10209 Rn. 27 f.

[173] *OVG Greifswald*, Beschl. vom 28.04.2021, Az.: 1 KM 241/21 OVG, BeckRS 2021, 10209 Rn. 30.

[174] *OVG Greifswald*, Beschl. vom 28.04.2021, Az.: 1 KM 241/21 OVG, BeckRS 2021, 10209 Rn. 32.

[175] *OVG Greifswald*, Beschl. vom 28.04.2021, Az.: 1 KM 241/21 OVG, BeckRS 2021, 10209 Rn. 33–38.

[176] *OVG Greifswald*, Beschl. vom 07.05.2021, Az.: 1 KM 189/21 OVG, BeckRS 2021, 12149.

[177] *VG Greifswald*, Urt. vom 25.10.2021, Az.: 4 A 1136/20, BeckRS 2021, 34357 Rn. 1–4.

[178] *VG Greifswald*, Urt. vom 25.10.2021, Az.: 4 A 1136/20, BeckRS 2021, 34357 Rn. 26 f.

Änderung der Umstände bedeuten.[179] Auch ein objektives Rechtsklärungsinteresse bestünde in Ermangelung eines gewichtigen Grundrechtseingriffs nicht.[180] Ähnlich entschied auch das OVG Greifswald.[181] Zulässig, aber nicht begründet war nach Ansicht des Gerichts dagegen der Antrag eines Betreibers von Beherbergungsstätten, der wirtschaftliche Schäden durch das Einreiseverbot geltend machte.[182] Das OVG Schleswig bestätigte das im April 2020 geltende Einreiseverbot in der Hauptsache.[183]

bb) Lokale Betretungsverbote

Auch kleinere Gebiete wie Landkreise versuchten sich abzuschotten. So verbot es der Kreise Ostholstein im März 2020, die Insel Fehmarn zu betreten, was das VG Schleswig für rechtmäßig befand. Die Kapazitäten der Intensivmedizin auf der Insel seien nicht für Besucher ausgelegt. Selbst bei einem kurzen Besuch – im Falle des Antragstellers zur Reparatur einer Motoryacht – könne nicht ausgeschlossen werden, dass die auswärtige Person behandlungsbedürftig werde.[184] Großzügiger als gegenüber den Einwohnern anderer Bundesländer zeigte sich das oben erwähnte OVG Greifswald gegenüber dem eigenen Landesvolk. Ein temporäres Verbot über die Ostertage 2020, tagestouristische Ausflüge zu den Ostseeinseln und den meeresnahen Touristengebieten zu unternehmen, wurde vom Gericht aufgehoben.[185] Dabei hatte das OVG Greifswald keine Zweifel an der gesetzlichen Grundlage und der Geeignetheit. Der Eingriff sei jedoch nicht angemessen. Denn die Regelung verbiete einerseits Reisen zu vergleichsweise weitläufigen touristischen Destinationen; andererseits verhindere sie nicht, dass die Einwohner Mecklenburg-Vorpommerns sodann auf andere – erlaubte – Destinationen ausweichen. Dort würden sie sich dann womöglich auf engem Raum konzentrieren. Der zu erwartende Nutzen der Maßnahme sei daher gering, die Einschränkung für die Bevölkerung, welche ihr Verhalten an die besondere Situation angepasst hätte, aber durchaus gewichtig.[186]

---

[179] *VG Greifswald*, Urt. vom 25.10.2021, Az.: 4 A 1136/20, BeckRS 2021, 34357 Rn. 28.

[180] *VG Greifswald*, Urt. vom 25.10.2021, Az.: 4 A 1136/20, BeckRS 2021, 34357 Rn. 30.

[181] *OVG Greifswald*, Urt. vom 06.12.2022, Az.: 1 K 266/20 OVG, BeckRS 2022, 46828; *OVG Greifswald*, Urt. vom 19.02.2025, Az.: 1 K 357/21 OVG, BeckRS 2025, 10299.

[182] *OVG Greifswald*, Urt. vom 12.06.2024, Az.: 1 K 410/21 OVG, BeckRS 2024, 15621.

[183] *OVG Schleswig*, Urt. vom 13.11.2023, Az.: 3 KN 5/20, BeckRS 2023, 39617; *OVG Schleswig*, Urt. vom 13.11.2023, Az.: 3 KN 1/20, BeckRS 2023, 37795. Eine Beschwerde dagegen wurde zurückgewiesen, siehe *BVerwG*, Beschl. vom 16.10.2024, Az.: 3 BN 2.24, BeckRS 2024, 31074.

[184] *VG Schleswig*, Beschl. vom 01.04.2020, Az.: 1 B 34/20, BeckRS 2020, 4876 Rn. 9.

[185] *OVG Greifswald*, Beschl. vom 09.04.2020, Az.: 2 KM 281/20 OVG, BeckRS 2020, 5634.

[186] *OVG Greifswald*, Beschl. vom 09.04.2020, Az.: 2 KM 281/20 OVG, BeckRS 2020, 5634 Rn. 19 f.

Das VG Oldenburg kam nach einer ausführlichen Prüfung zum Ergebnis, dass ein per Allgemeinverfügung geregelte Testpflicht bei Betreten einer Insel rechtmäßig ist.[187] Das OVG Lüneburg bestätigte die Eilentscheidung des Verwaltungsgerichts.[188]

cc) Sonderfall: Nebenwohnungen

Teils wurde auch die Anreise zu Nebenwohnungen im Sinne des Bundesmeldegesetzes untersagt oder ein entsprechendes Abreiseverbot statuiert.[189] Erfolg hatten Eilanträge gegen diese Maßnahme vor dem VG Potsdam.[190] Die Maßnahme sei nicht erforderlich: Weder sei ein Zusammenhang zwischen Nebenwohnungsnutzern und intensivmedizinischen Kapazitäten erkennbar, noch sei die Situation im Landkreis zum Zeitpunkt der Entscheidung angespannt gewesen.[191] Das OVG Berlin-Brandenburg teilte die Einschätzung des Verwaltungsgerichts in zweiter Instanz.[192]

Zur gleichen Zeit kam das VG Oldenburg bei ähnlich gelagerten Anträgen zum gegenteiligen Ergebnis.[193] Das Gericht stellte sich in der summarischen Prüfung einzig die Frage, ob sich die Allgemeinverfügung auf § 28 Abs. 1 S. 1 IfSG stützen ließ, was es bejahte. Die Verhältnismäßigkeit der Maßnahme prüfte das Gericht nicht. Auch in der Folgenabwägung unterlagen die Antragsgegner. Aus dem Umstand, dass die Landesregierung die Krankenhäuser zur Freihaltung von Kapazitäten anwies, zog das VG Oldenburg die nicht weiter erläuterte Schlussfolgerung, dass Krankenhauskapazitäten nur für Ersteinwohner geplant seien, nicht aber für Nebenwohnungsnutzer. Gerade weil im Landkreis eine hohe Zahl an Nebenwohnungen gemeldet war, bestünde ohne die Maßnahme eine hohe Überlastungsgefahr.[194] Im Gegensatz zum VG Potsdam hinterfragte das VG Oldenburg weder diesen

---

[187] *VG Oldenburg*, Beschl. vom 21.05.2021, Az.: 7 B 1886/21, BeckRS 2021, 17083.

[188] *OVG Lüneburg*, Beschl. vom 28.06.2021, Az.: 13 ME 299/21, BeckRS 2021, 17082.

[189] Betrachtet werden nur Entscheidungen zu Regelungen, welche explizit die Nutzung von Nebenwohnungen untersagten; nicht betrachtet werden also insbesondere Entscheidungen zu Einreiseverboten, welche keinen Ausnahmetatbestand für die Inhaber von Nebenwohnungen im Landesgebiet vorsahen (siehe dazu schon oben).

[190] *VG Potsdam*, Beschl. vom 31.03.2020, Az.: VG 6 L 302/20, BeckRS 2020, 4872, 20. Nahezu identisch *VG Potsdam*, Beschl. vom 31.03.2020, Az.: VG 6 L 308/20, BeckRS 2020, 4873.

[191] *VG Potsdam*, Beschl. vom 31.03.2020, Az.: VG 6 L 302/20, BeckRS 2020, 4872 Rn. 10–12.

[192] *OVG Berlin-Brandenburg*, Beschl. vom 07.04.2020, Az.: OVG 11 S 15/20, NJW 2020, 1454. Identisch *OVG Berlin-Brandenburg*, Beschl. vom 07.04.2020, Az.: OVG 11 S 16/20, BeckRS 2020, 5266.

[193] *VG Oldenburg*, Beschl. vom 27.03.2020, Az.: 7 B 721/20, BeckRS 2020, 4610; *VG Oldenburg*, Beschl. vom 31.03.2020, Az.: 7 B 709/20, BeckRS 2020, 4679.

[194] *VG Oldenburg*, Beschl. vom 27.03.2020, Az.: 7 B 721/20, BeckRS 2020, 4610 Rn. 17–20.

kausalen Zusammenhang, noch ging es auf die lokale Situation zum Zeitpunkt der Entscheidung ein.

Das VG Schleswig entschied in einer Vielzahl von Entscheidungen ähnlich.[195] Auch hier wurde in den meisten Entscheidungen auf eine Prüfung der Verhältnismäßigkeit verzichtet. In der Folgenabwägung verwies das Gericht auf die Infektionsgefahren – ohne zu hinterfragen, inwiefern diese gesteigert wird, wenn sich Menschen in ihrer Zweit- statt Erstwohnung aufhalten[196] – sowie auf die Sicherung medizinischer Kapazitäten mit der bereits bekannten Argumentation, dass die Kapazitäten anhand der Ersteinwohner geplant würden und die Zahl der Menschen reduziert werden müsse. Weiter sei es „allgemein bekannt", dass „derzeit noch weder in ausreichendem Maß die in absehbarer Zeit notwendig werdenden Intensivbetten noch das ausreichende Pflegepersonal flächendeckend zur Verfügung"[197] stünden. In einem Verfahren ging das Gericht auf die Einhaltung der Wesentlichkeitstheorie ein und verwies dazu auf die Rechtsprechung des BVerwG, dass das Fehlen einer normativen Ermächtigung für eine Übergangszeit hinzunehmen sei.[198] Das OVG Schleswig bestätigte die Entscheidung des VG Schleswig.[199] Das Oberverwaltungsgericht vermochte einen Angriff in das Grundrecht auf Freizügigkeit zu

---

[195] *VG Schleswig*, Beschl. vom 21.03.2020, Az.: 1 B 10/20, BeckRS 2020, 4511; *VG Schleswig*, Beschl. vom 21.03.2020, Az.: 1 B 11/20, BeckRS 2020, 4584; *VG Schleswig*, Beschl. vom 21.03.2020, Az.: 1 B 12/20, BeckRS 2020, 4585; *VG Schleswig*, Beschl. vom 21.03.2020, Az.: 1 B 13/20, BeckRS 2020, 4586; *VG Schleswig*, Beschl. vom 21.03.2020, Az.: 1 B 14/20, BeckRS 2020, 4587; *VG Schleswig*, Beschl. vom 22.03.2020, Az.: 1 B 16/20, BeckRS 2020, 4962; *VG Schleswig*, Beschl. vom 22.03.2020, Az.: 1 B 17/20, BeckRS 2020, 4048; *VG Schleswig*, Beschl. vom 23.03.2020, Az.: 1 B 19/20, BeckRS 2020, 4963; *VG Schleswig*, Beschl. vom 23.03.2020, Az.: 1 B 20/20, BeckRS 2020, 4964; *VG Schleswig*, Beschl. vom 23.03.2020, Az.: 1 B 21/20, BeckRS 2020, 4965; *VG Schleswig*, Beschl. vom 23.03.2020, Az.: 1 B 22/20, BeckRS 2020, 4967; *VG Schleswig*, Beschl. vom 23.03.2020, Az.: 1 B 24/20, BeckRS 2020, 4966; *VG Schleswig*, Beschl. vom 23.03.2020, Az.: 1 B 25/20, BeckRS 2020, 4968; *VG Schleswig*, Beschl. vom 23.03.2020, Az.: 1 B 26/20, BeckRS 2020, 4970; *VG Schleswig*, Beschl. vom 25.03.2020, Az.: 1 B 30/20, BeckRS 2020, 4434; *VG Schleswig*, Beschl. vom 27.03.2020, Az.: 1 B 31/20, BeckRS 2020, 4513; *VG Schleswig*, Beschl. vom 27.03.2020, Az.: 1 B 29/20, BeckRS 2020, 4512; *VG Schleswig*, Beschl. vom 03.04.2020, Az.: 1 B 40/20, BeckRS 2020, 5380; *VG Schleswig*, Beschl. vom 06.04.2020, Az.: 1 B 39/20, BeckRS 2020, 5198; *VG Schleswig*, Beschl. vom 08.04.2020, Az.: 1 B 46/20, BeckRS 2020, 5377; *VG Schleswig*, Beschl. vom 08.04.2020, Az.: 1 B 44/20, BeckRS 2020, 5411; *VG Schleswig*, Beschl. vom 08.04.2020, Az.: 1 B 49/20, BeckRS 2020, 5852; *VG Schleswig*, Beschl. vom 22.04.2020, Az.: 1 B 56/20, BeckRS 2020, 6863; *VG Schleswig*, Beschl. vom 23.04.2020, Az.: 1 B 57/20, BeckRS 2020, 6894; *VG Schleswig*, Beschl. vom 23.04.2020, Az.: 1 B 58/20, BeckRS 2020, 6895; *VG Schleswig*, Beschl. vom 23.04.2020, Az.: 1 B 59/20, BeckRS 2020, 6896; *VG Schleswig*, Beschl. vom 24.04.2020, Az.: 1 B 62/20, BeckRS 2020, 6897. Bestätigt durch das OVG Schleswig, siehe *OVG Schleswig*, Beschl. vom 02.04.2020, Az.: 3 MB 11/20, BeckRS 2020, 4960; *OVG Schleswig*, Beschl. vom 02.04. 2020, Az.: 3 MB 8/20, NJW 2020, 1382.

[196] *VG Schleswig*, Beschl. vom 21.03.2020, Az.: 1 B 10/20, BeckRS 2020, 4511 Rn. 10.

[197] *VG Schleswig*, Beschl. vom 21.03.2020, Az.: 1 B 10/20, BeckRS 2020, 4511 Rn. 11.

[198] *VG Schleswig*, Beschl. vom 25.03.2020, Az.: 1 B 30/20, BeckRS 2020, 4434 Rn. 8 f.

[199] *OVG Schleswig*, Beschl. vom 02.04.2020, Az.: 3 MB 8/20, NJW 2020, 1382.

erkennen,[200] hatte aber „keine Zweifel" an Geeignetheit, Erforderlichkeit und Angemessenheit. Das begründete das Gericht mit der bundesweiten Zahl an Neuinfektionen und Toten sowie einer unterstellten „hinreichenden Wahrscheinlichkeit", dass auch die Anreise zu einer Nebenwohnung die Infektionsausbreitung steigern könnte.[201] Eine Herleitung dieser hinreichenden Wahrscheinlichkeit lässt der Beschluss ebenso vermissen wie eine Betrachtung der regionalen Corona-Situation.

Mit der Zeit wurden die Beschlüsse des VG Schleswig umfangreicher, das Gericht blieb aber seiner Argumentationslinie treu: Es handele sich um eine notwendige Maßnahme im Sinne des § 28 Abs. 1 IfSG, was nunmehr damit begründet wird, dass die Antragsteller das Virus einschleppen könnten.[202] Die Wahrscheinlichkeit sei bei Nebenwohnungsbesitzern höher als bei Tagestouristen. Denn aufgrund der typischerweise längeren Aufenthaltsdauer sei Kontakt mit der Bevölkerung wahrscheinlicher.[203] Insbesondere die Gesundheitsversorgung müsse sichergestellt werden. Das wäre zwar zum Zeitpunkt der Entscheidungen jeweils der Fall, doch könne ein plötzliches exponentielles Wachstum und in der Folge eine Überlastung nicht ausgeschlossen werden.[204] Das Gericht hielt es dabei für abwegig, dass auch auf Krankenhauskapazitäten außerhalb der jeweiligen Kreise zurückgegriffen werden könnte, da eine solche Verlegung schon aus „medizinischen Gründen kaum in Betracht kommen" könne.[205] In der Folgenabwägung erwog das Gericht, für die Vollziehung der Regelung spreche, dass die Antragsteller zumindest nicht wirtschaftlich existenziell getroffen würden.[206] Doch weder wird ein Grundrechtseingriff dadurch milder, dass andere „noch schlimmer" getroffen werden, noch wiegt eine Einschränkung der persönlichen Freiheit weniger als eine wirtschaftliche Schädigung, welche sich zudem – wie regelmäßig geschehen – durch Unterstützungs- und Kompensationsleistungen mildern lässt. Selbst weitere zwei Wochen später – am 22. und 23. April 2020 – hielt das VG Schleswig an seiner Gefahrenprognose fest, obwohl es selbst bemerkte, dass die Infektionszahlen sanken.[207] Auch

[200] *OVG Schleswig*, Beschl. vom 02.04.2020, Az.: 3 MB 8/20, NJW 2020, 1382 Rn. 32.

[201] *OVG Schleswig*, Beschl. vom 02.04.2020, Az.: 3 MB 8/20, NJW 2020, 1382 Rn. 31.

[202] *VG Schleswig*, Beschl. vom 08.04.2020, Az.: 1 B 44/20, BeckRS 2020, 5411 Rn. 11.

[203] *VG Schleswig*, Beschl. vom 08.04.2020, Az.: 1 B 44/20, BeckRS 2020, 5411 Rn. 14.

[204] *VG Schleswig*, Beschl. vom 08.04.2020, Az.: 1 B 44/20, BeckRS 2020, 5411 Rn. 12.

[205] *VG Schleswig*, Beschl. vom 08.04.2020, Az.: 1 B 49/20, BeckRS 2020, 5852 Rn. 17.

[206] So etwa *VG Schleswig*, Beschl. vom 08.04.2020, Az.: 1 B 44/20, BeckRS 2020, 5411 Rn. 22.

[207] *VG Greifswald*, Beschl. vom 18.02.2021, Az.: 4 B 283/21 HGW, BeckRS 2021, 2180 Rn. 38; *VG Schleswig*, Beschl. vom 22.04.2020, Az.: 1 B 56/20, BeckRS 2020, 6863 Rn. 11; *VG Schleswig*, Beschl. vom 23.04.2020, Az.: 1 B 58/20, BeckRS 2020, 6895 Rn. 26. Ergänzend sei auf zwei Beschlüsse vom Folgetag verwiesen, welche sich hauptsächlich mit unterschiedlichen und inkonsequenten Regelungen in schleswig-holsteinischen Landkreisen beschäftigen, auch sie hatten keinen Erfolg, vgl. *VG Schleswig*, Beschl. vom 23.04.2020, Az.: 1 B 57/20, BeckRS 2020, 6894; *VG Schleswig*, Beschl. vom 23.04.2020, Az.: 1 B 59/20, BeckRS 2020, 6896.

Anträge nach § 123 Abs. 1 VwGO, gerichtet auf die Feststellung, dass die Anreise im Einzelfall zulässig sein sollte, wurden wegen des Fehlens eines Anordnungsanspruchs aus den gleichen Erwägungen konsequent abgelehnt.[208]

Nach Ende des ersten Lockdowns kamen Nebenwohnungsverbote kaum noch zum Einsatz. Aus dem Februar 2021 finden sich noch zwei Beschlüsse[209] des VG Greifswald zu einem erneut mittels Allgemeinverfügung verhängten Nebenwohnungsverbot. Beide Anträge hatten im Ergebnis keinen Erfolg. Das begründete das Gericht innerhalb der materiell-rechtlichen Prüfung nicht mit der lokalen Kapazitätsplanung der Krankenhäuser, sondern mit dem Ziel, Neuinfektionen zu vermeiden und Infektionsketten zu durchbrechen.[210] Eine Testpflicht sei kein milderes, gleich effektives Mittel, da die Antragsteller sich auch vor Ort infizieren und das Virus sodann weiter verbreiten könnten.[211] Es stellt sich die Frage, ob diese „zusätzlichen" Infektionen nun wirklich von entscheidendem Gewicht wären, wenn man den Antragstellern nicht pauschal unterstellen möchte, die im Februar 2021 strengen Kontaktbeschränkungen zu ignorieren. Doch da das Einreiseverbot lediglich ein Teil eines „Maßnahmenbündels" war, dürften die Anforderungen an Eignung, Erforderlichkeit und Angemessenheit der Einzelmaßnahme nach Ansicht des VG Greifswald „nicht überhöht werden".[212] In der Konsequenz bedeutet das, dass die Kontrolldichte abnimmt, je mehr Maßnahmen gleichzeitig ergriffen werden und damit, je intensiver die Freiheitseinschränkungen insgesamt werden.

dd) Fazit

Die Einreisebeschränkungen und Ausreisegebote erwiesen sich damit im vorläufigen Rechtsschutz als weitgehend gerichtsfest. Trotz Zweifeln an der Verhältnismäßigkeit gingen die Gerichte davon aus, dass sich die Maßnahmen in späteren

---

[208] *VG Schleswig*, Beschl. vom 27.03.2020, Az.: 1 B 31/20, BeckRS 2020, 4513; *OVG Schleswig*, Beschl. vom 02.04.2020, Az.: 3 MB 11/20, BeckRS 2020, 4960; *VG Schleswig*, Beschl. vom 03.04.2020, Az.: 1 B 40/20, BeckRS 2020, 5380; *VG Schleswig*, Beschl. vom 08.04.2020, Az.: 1 B 46/20, BeckRS 2020, 5377; *VG Schleswig*, Beschl. vom 24.04.2020, Az.: 1 B 62/20, BeckRS 2020, 6897.

[209] *VG Greifswald*, Beschl. vom 18.02.2021, Az.: 4 B 283/21 HGW, BeckRS 2021, 2180; *VG Greifswald*, Beschl. vom 19.02.2021, Az.: 4 B 284/21 HGW, BeckRS 2021, 2903. Die beiden angegriffenen Allgemeinverfügungen untersagten nicht nur das Betreten der jeweiligen Landkreise zum Zwecke des Aufsuchens der Zweitwohnung, sondern auch zu tagestouristischen Ausflügen. Da sich in beiden Verfahren die Antragsbegehren aber auf das Verbot der Anreise zur Zweitwohnung beschränkten, erfolgt die Einordnung hier nicht unter (1), sondern unter (3).

[210] *VG Greifswald*, Beschl. vom 18.02.2021, Az.: 4 B 283/21 HGW, BeckRS 2021, 2180 Rn. 28 f.

[211] *VG Greifswald*, Beschl. vom 18.02.2021, Az.: 4 B 283/21 HGW, BeckRS 2021, 2180 Rn. 30.

[212] *VG Greifswald*, Beschl. vom 18.02.2021, Az.: 4 B 283/21 HGW, BeckRS 2021, 2180 Rn. 34.

Hauptsacheverfahren als rechtmäßig erweisen werden. Hauptsacheentscheidungen finden sich nur wenige, was nicht zuletzt an den hohen Zulässigkeitshürden des VG Greifswald und OVG Greifswald lag.

2. Kontaktbeschränkungen

Auch Kontaktbeschränkungen zogen eine Reihe von – zumeist für die Antragstellenden erfolglosen – Gerichtsentscheidungen nach sich. Während sich alle Maßnahmen als kontaktreduzierende Maßnahmen charakterisieren lassen, werden hier Kontaktbeschränkungen im engeren Sinne betrachtet. Diese Maßnahme zielte darauf ab, mittels Höchstzahlen genau zu regeln, wie viel Personen sich im öffentlichen und teils auch im privaten Raum gleichzeitig treffen durften.

a) Entscheidungen im einstweiligen Rechtsschutz

aa) Erste Welle und Sommerplateau 2020

In der Anfangszeit wurden die Kontaktbeschränkungen im Eilrechtsschutz einhellig als voraussichtlich rechtmäßig beurteilt. Hinsichtlich der Erforderlichkeit wurde auf die epidemiologische Lage verwiesen.[213] Überlegungen zur konkreten Gestaltung – ob es etwa ein milderes, gleich effektives Mittel gewesen wäre, zumindest Treffen zwischen zwei Haushalten zuzulassen, statt der damals häufigen Regel, sich nur mit einer haushaltsfremden Person treffen zu dürfen – wurden aber nicht angestellt. In Angemessenheit und Folgenabwägung betonten zwar Gerichte den bisher einmaligen Eingriff in das Privatleben, verwiesen aber pauschal auf die bisher auch einmalige Pandemiesituation.[214] Auch mit der Milde der Kontaktbeschränkung im Vergleich zu Ausgangsbeschränkungen wurde argumentiert.[215] Teils wurde auch die Verhältnismäßigkeit mit der allgemeinen Pandemielage[216] oder wegen bereits erfolgter Lockerungen[217] bejaht. Der VGH München rekurrierte zur Kontaktbeschränkung im öffentlichen Raum lediglich auf seine Entscheidung zur

---

[213] *VG Schleswig*, Beschl. vom 01.04.2020, Az.: 1 B 32/20, BeckRS 2020, 4875 Rn. 11, 17–19; *VG Schleswig*, Beschl. vom 03.04.2020, Az.: 1 B 35/20, BeckRS 2020, 4969 Rn. 11, 17–19; *VGH Kassel*, Beschl. vom 08.04.2020, Az.: 8 B 910/20.N, BeckRS 2020, 5627 Rn. 50; *VG Karlsruhe*, Beschl. vom 28.04.2020, Az.: 7 K 1606/20, BeckRS 2020, 9655 Rn. 18.

[214] *VG Schleswig*, Beschl. vom 01.04.2020, Az.: 1 B 32/20, BeckRS 2020, 4875 Rn. 12; *VG Schleswig*, Beschl. vom 03.04.2020, Az.: 1 B 35/20, BeckRS 2020, 4969 Rn. 12.

[215] *VG Karlsruhe*, Beschl. vom 28.04.2020, Az.: 7 K 1606/20, BeckRS 2020, 9655 Rn. 20.

[216] *OVG Bautzen*, Beschl. vom 11.05.2020, Az.: 3 B 173/20, BeckRS 2020, 9441 Rn. 15.

[217] *OVG Saarlouis*, Beschl. vom 13.05.2020, Az.: 2 B 175/20, BeckRS 2020, 8498 Rn. 24 f.

vorher geltenden Ausgangsbeschränkung.[218] Das OVG Lüneburg sah hingegen keine Notwendigkeit mehr für die Kontaktbeschränkung,[219] bewertete die Folgen einer Aussetzung jedoch zulasten des Antragstellers. Begründet wurde dies damit, dass dem Verordnungsgeber ein „wesentlicher Grundbaustein" entzogen würde, während der Eingriff in die Rechte des Antragstellers nur von geringem Gewicht sei.[220] Auch an der formellen Rechtmäßigkeit scheiterte keine Regelung vor Gericht. So bestätigte das VG Schleswig entsprechende Allgemeinverfügungen als rechtmäßig.[221] Verfahren vor den Verfassungsgerichten waren nicht erfolgreicher. Teils kamen die Gerichte in einer materiell-rechtlichen Prüfung zum Ergebnis, dass zumindest kein Fall der offensichtlichen Begründetheit vorliegt.[222] Lediglich in einem Sondervotum hielt ein Teil des BerlVerfGH die Kontaktbeschränkungen in ihrer damaligen Fassung wegen eines Eingriffs in den Kernbereich privater Lebensgestaltung für verfassungswidrig.[223] Teils sahen die Gerichte auch die Erfolgsaussichten in der Hauptsache ohne weitere Prüfung als offen an und traten direkt in die Folgenabwägung ein.[224] Diese fiel dann unter dem Eindruck eines möglichen Zusammenbruchs des Gesundheitssystems stets zu Lasten der Antragsteller aus.[225]

---

[218] *VGH München*, Beschl. vom 26.05.2020, Az.: 20 NE 20.1069, BeckRS 2020, 10401 Rn. 30; *VGH München*, Beschl. vom 29.05.2020, Az.: 20 NE 20.1065, BeckRS 2020, 10399 Rn. 30; *VGH München*, Beschl. vom 29.05.2020, Az.: 20 NE 20.1067, BeckRS 2020, 10400 Rn. 30.

[219] *OVG Lüneburg*, Beschl. vom 11.06.2020, Az.: 13 MN 192/20, BeckRS 2020, 12899 Rn. 41–49.

[220] *OVG Lüneburg*, BeckRS 2020, 12899 Rn. 51 f.

[221] *VG Schleswig*, Beschl. vom 01.04.2020, Az.: 1 B 32/20, BeckRS 2020, 4875 Rn. 14; *VG Schleswig*, Beschl. vom 03.04.2020, Az.: 1 B 35/20, BeckRS 2020, 4969 Rn. 14.

[222] *BayVerfGH*, Entsch. vom 08.05.2020, Az.: Vf. 34-VII-20, BeckRS 2020, 8029 Rn. 17–25; *BayVerfGH*, Entsch. vom 15.05.2020, Az.: Vf. 34-VII-20, BeckRS 2020, 8650 Rn. 8–13.

[223] *VerfGH Bln*, Beschl. vom 14.04.2020, Az.: VerfGH 50 A/20 (juris) Rn. 17.

[224] *BVerfG*, Beschl. vom 01.05.2020, Az.: 1 BvQ 42/20, BeckRS 2020, 8421 Rn. 8–10 unter strenger Einhaltung des eigenen Grundsatzes, nur die offensichtliche Unzulässigkeit und Unbegründetheit zu prüfen, nicht aber eine mögliche Begründetheit; *VerfGH Sachs*, Beschl. vom 30.04.2020, Az.: Vf. 60-IV-20 (e.A.), BeckRS 2020, 7524 Rn. 11 mit der pauschalen Begründung, dass eine eingehendere Prüfung im Eilverfahren nicht möglich sei; ebenso *VerfGH Sachs*, Beschl. vom 30.04.2020, Az.: Vf. 60-IV-20 (e.A.), BeckRS 2020, 7524 Rn. 11; *VerfGH Bln*, Beschl. vom 07.05.2020, Az.: VerfGH 64 A/20, BeckRS 2020, 8314 Rn. 12; *VerfGH Bln*, Beschl. vom 20.05.2020, Az.: VerfGH 81 A/20, BeckRS 2020, 9726 Rn. 15; *VerfGH NRW*, Beschl. vom 29.05.2020, Az.: VerfGH 67/20.VB-1, NVwZ 2020, 1042, 1043 Rn. 19.

[225] *BVerfG*, Beschl. vom 01.05.2020, Az.: 1 BvQ 42/20, BeckRS 2020, 8421 Rn. 10; *VerfGH Sachs*, Beschl. vom 30.04.2020, Az.: Vf. 60-IV-20 (e.A.), BeckRS 2020, 7524 Rn. 13–15; *VerfGH Bln*, Beschl. vom 07.05.2020, Az.: VerfGH 64 A/20, BeckRS 2020, 8314 Rn. 17; *BayVerfGH*, Entsch. vom 08.05.2020, Az.: Vf. 34-VII-20, BeckRS 2020, 8029 Rn. 35; *BayVerfGH*, Entsch. vom 15.05.2020, Az.: Vf. 34-VII-20, BeckRS 2020, 8650 Rn. 14; *VerfGH Bln*, Beschl. vom 20.05.2020, Az.: VerfGH 81 A/20, BeckRS 2020, 9726 Rn. 24; *VerfGH NRW*, Beschl. vom 29.05.2020, Az.: VerfGH 67/20.VB-1, NVwZ 2020, 1042 Rn. 21.

Im Sommer 2020 wurden die Kontaktbeschränkungen, wenn auch in abgemilderter Form, beibehalten. Die Gerichte blieben sich sowohl im Ergebnis als auch der Argumentation zunächst treu.[226] Das änderte sich im Juli 2020. Anlässlich eines lokalen Infektionsgeschehens bei einem fleischverarbeitenden Unternehmen wurden in den Landkreisen Gütersloh und Warendorf per Verordnung schärfere Kontaktbeschränkungen vorgesehen, als im restlichen Land Nordrhein-Westfalen galten. Mit Beschluss vom 29. Juni 2020 lehnte das OVG Münster den Erlass einer einstweiligen Verfügung dagegen zunächst ab. Angesichts des erhöhten Infektionsgeschehens hätten keine durchgreifenden Bedenken bestanden, der Entwicklung mittels verschärfter Kontaktbeschränkungen zu begegnen.[227] Daran ändere es auch nichts, dass in einigen Gemeinden dieser Landkreise nur wenige oder gar keine Infektionen festgestellt wurden; angesichts der Dynamik des Infektionsgeschehens komme dem Verordnungsgeber hier ein Beurteilungsspielraum zu.[228] Bereits am 6. Juli 2020 gab das OVG Münster dann aber einem weiteren Antrag auf Erlass einer einstweiligen Verfügung statt. Der Verordnungsgeber hätte in der Zwischenzeit Gelegenheit gehabt, lokal differenziertere Regelungen zu schaffen und nicht den gesamten Landkreis pauschal unter verschärfte Maßnahmen zu stellen.[229] Da es dem Verordnungsgeber weiterhin möglich war, lokal differenzierte Regelungen zu erlassen, fiel auch die Folgenabwägung zu Gunsten der Antragstellerin aus.[230]

bb) Zweite und dritte Welle

Ab Herbst 2020 kam es allmählich wieder zu Verschärfungen. Als einige Städte im September und Oktober 2020 per Allgemeinverfügung schärfere Kontaktbeschränkungen verhängten, welche auch ausdrücklich in der Gastronomie galten, hielten das VG Würzburg und das VG München das angesichts des diffusen Infektionsgeschehens für erforderlich, insbesondere um die Kontaktnachverfolgung wieder zu ermöglichen.[231] Erfolg hatte dagegen ein Antragsteller, der sich gegen die damalige Frankfurter Regelung wendete, welche „Feiern im privaten Raum (ins-

[226] *BVerfG*, Beschl. vom 07.07.2020, Az.: 1 BvR 1187/20, BeckRS 2020, 17557; *BayVerfGH*, Entsch. vom 03.07.2020, Az.: Vf. 34-VII-20, BeckRS 2020, 15590; *OVG Münster*, Beschl. vom 31.07.2020, Az.: 13 B 739/20.NE, BeckRS 2020, 18689; *OVG Münster*, Beschl. vom 18.08.2020, Az.: 13 B 847/20.NE, BeckRS 2020, 21590.

[227] *OVG Münster*, Beschl. vom 29.06.2020, Az.: 13 B 911/20.NE, BeckRS 2020, 14032 Rn. 34–48.

[228] *OVG Münster*, Beschl. vom 29.06.2020, Az.: 13 B 911/20.NE, BeckRS 2020, 14032 Rn. 54 f.

[229] *OVG Münster*, Beschl. vom 06.07.2020, Az.: 13 B 940/20.NE, BeckRS 2020, 14802 Rn. 19–21.

[230] *OVG Münster*, Beschl. vom 06.07.2020, Az.: 13 B 940/20.NE, BeckRS 2020, 14802 Rn. 24–26.

[231] *VG Würzburg*, Beschl. vom 18.09.2020, Az.: W 8 S 20.1337, BeckRS 2020, 23244 Rn. 25; *VG München*, Beschl. vom 25.09.2020, Az.: M 26b S 20.4629, BeckRS 2020, 26927 Rn. 42 f.

besondere in Wohnungen) mit mehr als zehn Personen oder Personen aus mehr als zwei Haushalten“ untersagte.[232] Die Gleichsetzung von Personenhöchstgrenze und Haushaltshöchstgrenze verstieß nach Ansicht des VG Frankfurt gegen den Gleichbehandlungsgrundsatz, zumal das Verbot von „Feiern“, nicht aber Ansammlungen zu unbestimmt sei.[233]

Angesichts steigender Infektionszahlen blieben die Anträge auf vorläufigen Rechtsschutz weiterhin in den meisten Fällen erfolglos.[234] Der VGH München äu-

---

[232] *VG Frankfurt a.M.*, Beschl. vom 22.10.2020, Az.: 5 L 2765/20.F, BeckRS 2020, 27747.

[233] *VG Frankfurt a.M.*, Beschl. vom 22.10.2020, Az.: 5 L 2765/20.F, BeckRS 2020, 27747 Rn. 16 f.

[234] *VGH Kassel*, Beschl. vom 28.10.2020, Az.: 8 B 1831/20.N, BeckRS 2020, 41383, das schlicht auf seine Rechtsprechung aus dem Frühjahr verweist und sodann in die Folgenabwägung einsteigt; *VGH München*, Beschl. vom 06.11.2020, Az.: 20 NE 20.2466, BeckRS 2020, 30425; *VGH München*, Beschl. vom 10.11.2020, Az.: 20 NE 20.2477, BeckRS 2020, 30786; *VG Gera*, Beschl. vom 11.11.2020, Az.: 3 K 1661/20 Ge, BeckRS 2020, 31506; *VGH Mannheim*, Beschl. vom 11.11.2020, Az.: 1 S 3379/20, BeckRS 2020, 31406 Rn. 72–84; *OVG Bremen*, Urt. vom 12.11.2020, Az.: 1 B 344/20, BeckRS 2020, 31135 Rn. 55–59; *VGH München*, Beschl. vom 16.11.2020, Az.: 20 NE 20.2461, BeckRS 2020, 36148; *VGH München*, Beschl. vom 16.11.2020, Az.: 20 NE 20.2469, BeckRS 2020, 32234; *OVG Bautzen*, Beschl. vom 17.11.2020, Az.: 3 B 350/20, BeckRS 2020, 31669; *OVG Magdeburg*, Beschl. vom 24.11.2020, Az.: 3 R 220/20, BeckRS 2020, 32485 mit einer sehr ausführlichen Prüfung der Verhältnismäßigkeit; *LVerfG LSA*, Beschl. vom 08.12.2020, Az.: LVG 25/20, BeckRS 2020, 39494; *OVG Lüneburg*, Beschl. vom 23.12.2020, Az.: 13 MN 569/20, BeckRS 2020, 36338; *OVG Lüneburg*, Beschl. vom 23.12.2020, Az.: 13 MN 506/20, BeckRS 2020, 36298; *VG Düsseldorf*, Beschl. vom 23.12.2020, Az.: 24 L 2625/20, BeckRS 2020, 37099; *StGH Hess*, Beschl. vom 06.01.2021, Az.: P.St. 2768, P.St. 2769, BeckRS 2021, 11 mit einer reinen Folgenabwägung in Rn. 39–41; *VGH München*, Beschl. vom 12.01.2021, Az.: 20 NE 20.3047, BeckRS 2021, 164; *OVG Münster*, Beschl. vom 15.01.2021, Az.: 13 B 1899/20.NE, BeckRS 2021, 384; *OVG Lüneburg*, Beschl. vom 18.01.2021, Az.: 13 MN 11/21, BeckRS 2021, 209; *VGH München*, Beschl. vom 19.01.2021, Az.: 20 NE 21.92, BeckRS 2021, 439; *VGH München*, Beschl. vom 19.01.2021, Az.: 20 NE 21.129, BeckRS 2021, 1834; *VGH Mannheim*, Beschl. vom 20.01.2021, Az.: 1 S 4025/20, BeckRS 2021, 575; *OVG Schleswig*, Beschl. vom 22.01.2021, Az.: 3 MR 4/21, BeckRS 2021, 538; *BayVerfGH*, Entsch. vom 29.01.2021, Az.: Vf. 96-VII-20, BeckRS 2021, 9551; *OVG Saarlouis*, Beschl. vom 29.01.2021, Az.: 2 B 25/21, BeckRS 2021, 942; *BayVerfGH*, Entsch. vom 01.02.2021, Az.: Vf. 98-VII-20, BeckRS 2021, 1009; *LVerfG LSA*, Beschl. vom 02.02.2021, Az.: LVG 4/21, BeckRS 2021, 1360; *VerfGH NRW*, Beschl. vom 10.02.2021, Az.: VerfGH 27/21.VB-3, BeckRS 2021, 2337; *OVG Berlin-Brandenburg*, Beschl. vom 11.02.2021, Az.: OVG 11 S 11/21, BeckRS 2021, 2412; *VG Köln*, Beschl. vom 11.02.2021, Az.: 7 L 230/21, BeckRS 2021, 25709; *VerfGH Sachs*, Beschl. vom 11.02.2021, Az.: Vf. 14-II-21, BeckRS 2021, 1739; *OVG Münster*, Beschl. vom 12.02.2021, Az.: 13 B 1750/20.NE, BeckRS 2021, 1854; *OVG Hamburg*, Beschl. vom 18.02.2021, Az.: 5 Bs 14/21, KommJur 2021, 153; *OVG Münster*, Beschl. vom 19.02.2021, Az.: 13 B 1939/20.NE, BeckRS 2021, 2347; *VGH Mannheim*, Beschl. vom 25.02.2021, Az.: 1 S 519/21, BeckRS 2021, 3221; *VG Schleswig*, Beschl. vom 26.02.2021, Az.: 1 B 19/21, BeckRS 2021, 3060; *VG Schleswig*, Beschl. vom 26.02.2021, Az.: 1 B 20/21, BeckRS 2021, 4792; *VG Köln*, Beschl. vom 01.03.2021, Az.: 7 L 325/21, BeckRS 2021, 3654; *OVG Bremen*, Beschl. vom 03.03.2021, Az.: 1 B 102/21, BeckRS 2021, 3207; *VG Köln*, Beschl. vom 04.03.2021, Az.: 7 L 323/21, BeckRS 2021, 28585; *OVG Münster*,

ßerte wiederholt „erhebliche Zweifel“ oder „nicht unerhebliche Zweifel“ an der weiteren Einhaltung von Parlamentsvorbehalt und Bestimmtheitsgrundsatz, hielt die Frage aber erst im Hauptsacheverfahren für endgültig beantwortbar.[235] Das OVG Lüneburg lehnte im Januar 2021 zwar einen Eilantrag gegen die Kontaktbeschränkung ab, meldete aber erhebliche Bedenken an der Rechtmäßigkeit der Regelung an. Es sei schon zweifelhaft, ob es ein legitimes Ziel darstellt, die Inzidenz auf maximal 50 zu begrenzen. Eine genaue Prüfung könne aber erst im Hauptsacheverfahren erfolgen.[236] Die Eignung sei noch gegeben, werde aber dadurch herabgesetzt, dass zeitlich voneinander getrennte Kontakte ohne Höchstmenge möglich waren. Das senke zwar grundsätzlich den Anreiz, sich zu treffen, sei aber innerhalb von Familien zweifelhaft: Infektionen würden dann nur zeitlich gestreckt, innerhalb von Haushalten und Familien aber dennoch stattfinden. Außerdem dürfte Regelungen, welche in den privaten Bereich hineinreichen, von der Mehrheit der Menschen ignoriert und von staatlichen Institutionen nicht durchgesetzt werden können, ohnehin die Eignung fehlen.[237] Erhebliche Zweifel hatte das OVG Lüneburg zudem hinsichtlich der Angemessenheit der konkreten Gestaltung der Kontaktbeschränkung.[238] Wie bereits im Frühjahr hielt das Gericht den Ausgang des Verfahrens in der Hauptsache aber nur offen; die Folgenabwägung fiel zu Lasten der Antragsteller aus.[239] Kurz darauf setzte das OVG Saarlouis die Vollziehung der damaligen saarländischen Regelung – die einem Haushalt lediglich das Treffen mit einer haushaltsfremden Person erlaubte – aus, sofern diese auch Kontaktbeschränkungen für den familiären Bezugskreis vorsah.[240] Die Regelung sei zu unbestimmt gewesen, da nicht erkennbar gewesen sei, ob sich die Regelung auf den öffentlichen Raum, den

---

Beschl. vom 05.03.2021, Az.: 13 B 305/21, BeckRS 2021, 3653; *VGH München*, Beschl. vom 05.03.2021, Az.: 20 NE 20.3097, BeckRS 2021, 3800; *VGH München*, Beschl. vom 05.03.2021, Az.: 20 NE 20.3099, BeckRS 2021, 3801; *VGH München*, Beschl. vom 07.03.2021, Az.: 20 NE 21.524, KommJur 2021, 179; *OVG Bremen*, Beschl. vom 29.03.2021, Az.: 1 B 100/21, BeckRS 2021, 6450; *VGH München*, Beschl. vom 31.03.2021, Az.: 20 NE 21.924, BeckRS 2021, 8706.

[235] *VGH München*, Beschl. vom 06.11.2020, Az.: 20 NE 20.2466, BeckRS 2020, 30425 Rn. 20; *VGH München*, Beschl. vom 10.11.2020, Az.: 20 NE 20.2477, BeckRS 2020, 30786 Rn. 21 f.; *VGH München*, Beschl. vom 16.11.2020, Az.: 20 NE 20.2461, BeckRS 2020, 36148 Rn. 20 f.; *VGH München*, Beschl. vom 16.11.2020, Az.: 20 NE 20.2469, BeckRS 2020, 32234 Rn. 12 f.; ähnlich *OVG Magdeburg*, Beschl. vom 24.11.2020, Az.: 3 R 220/20, BeckRS 2020, 32485 Rn. 24; dagegen *OVG Bautzen*, Beschl. vom 17.11.2020, Az.: 3 B 350/20, BeckRS 2020, 31669 Rn. 21 mit einer ausführlichen Prüfung.

[236] *OVG Lüneburg*, Beschl. vom 18.01.2021, Az.: 13 MN 11/21, BeckRS 2021, 209 Rn. 22 f.

[237] *OVG Lüneburg*, Beschl. vom 18.01.2021, Az.: 13 MN 11/21, BeckRS 2021, 209 Rn. 27–29.

[238] *OVG Lüneburg*, Beschl. vom 18.01.2021, Az.: 13 MN 11/21, BeckRS 2021, 209 Rn. 40 f.

[239] *OVG Lüneburg*, Beschl. vom 18.01.2021, Az.: 13 MN 11/21, BeckRS 2021, 209 Rn. 42–45.

[240] *OVG Saarlouis*, Beschl. vom 20.01.2021, Az.: 2 B 7/21, BeckRS 2021, 397.

privaten Raum oder beide bezog. Zudem monierte das Gericht einen Widerspruch zu einer anderen Regelung.[241] Nachdem der Verordnungsgeber die Verordnung überarbeitete und die Anwendbarkeit sowohl im privaten als auch öffentlichem Raum klarstellte, lehnte das Gericht einen erneuten Antrag ab. Zwar stelle die Regelung einen erheblichen Eingriff in das Leben der Kernfamilie und damit auch in Art. 6 Abs. 1 GG dar.[242] Dennoch betrachtete das Gericht die Erfolgsaussichten als offen, in der Folgenabwägung ging das Gericht dann den gleichen Weg wie das OVG Lüneburg.[243] Auch das OVG Schleswig war sich ob der Angemessenheit einer ähnlichen Regelung nicht mehr sicher; dies bedürfe hier „weiterer Prüfung“. Dabei prüfte das Gericht die (Un-)Angemessenheit durchaus ausführlich,[244] wechselt dann aber dennoch zur Folgenabwägung und lehnte den Antrag daraufhin ab.[245]

Mitte März 2021 erklärte das OVG Lüneburg dann die Kontaktbeschränkung wegen eines unangemessenen Eingriffs in Art. 6 Abs. 1 und Art. 2 Abs. 1 GG als rechtswidrig und setzte die Regelung vorläufig außer Vollzug.[246] Der 13. Senat konnte schon die Notwendigkeit einer erneuten Verschärfung der Höchstgrenze nicht nachvollziehen.[247] Auch hielt das Gericht es „bei summarischer Prüfung nicht von vornherein [für] ausgeschlossen“, dass mildere, aber ähnlich effektive Mittel ergriffen werden konnten.[248] Der Verordnungsgeber hätte demnach die Zeit nutzen und selbst aktiv werden können, etwa indem er die Erforschung von Infektionsfeldern vorantreibt und Kontaktnachverfolgung und Impfkampagnen intensiviert.[249] Die Bedenken hinsichtlich der Erforderlichkeit führten auch zur Unangemessenheit der konkreten Regelung.[250] Das Gericht wies explizit darauf hin, den Antragsgegner bereits mehrfach „vorgewarnt“ zu haben.[251] Nachahmer fand das OVG Lüneburg

[241] *OVG Saarlouis*, Beschl. vom 20.01.2021, Az.: 2 B 7/21, BeckRS 2021, 397 Rn. 11.

[242] *OVG Saarlouis*, Beschl. vom 29.01.2021, Az.: 2 B 25/21, BeckRS 2021, 942 Rn. 11.

[243] *OVG Saarlouis*, Beschl. vom 29.01.2021, Az.: 2 B 25/21, BeckRS 2021, 942 Rn. 12 f.

[244] *OVG Schleswig*, Beschl. vom 22.01.2021, Az.: 3 MR 4/21, BeckRS 2021, 538 Rn. 37–47.

[245] *OVG Schleswig*, Beschl. vom 22.01.2021, Az.: 3 MR 4/21, BeckRS 2021, 538 Rn. 48–51.

[246] *OVG Lüneburg*, Beschl. vom 19.03.2021, Az.: 13 MN 132/21, BeckRS 2021, 4839.

[247] *OVG Lüneburg*, Beschl. vom 19.03.2021, Az.: 13 MN 132/21, BeckRS 2021, 4839 Rn. 33.

[248] *OVG Lüneburg*, Beschl. vom 19.03.2021, Az.: 13 MN 132/21, BeckRS 2021, 4839 Rn. 34.

[249] *OVG Lüneburg*, Beschl. vom 19.03.2021, Az.: 13 MN 132/21, BeckRS 2021, 4839 Rn. 37 f.

[250] *OVG Lüneburg*, Beschl. vom 19.03.2021, Az.: 13 MN 132/21, BeckRS 2021, 4839 Rn. 39–46.

[251] *OVG Lüneburg*, Beschl. vom 19.03.2021, Az.: 13 MN 132/21, BeckRS 2021, 4839 Rn. 42.

aber nicht; die folgenden publizierten Entscheidungen bis zur „Bundesnotbremse“ hielten die Kontaktbeschränkungen aufrecht.[252]

Die „Bundesnotbremse“[253] sah neben der bereits oben erwähnten nächtlichen Ausgangsbeschränkung auch – im Falle der Aktivierung der „Bremse“ – bundesweit einheitliche Kontaktbeschränkungen vor. Auch diese Maßnahme zog Verfahren vor dem BVerfG nach sich, die sich jedoch nicht als erfolgreich erweisen sollten. So lehnte die zuständige Kammer im Mai 2021 einen Eilantrag mittels einer reinen Folgenabwägung ab, welche solange zulasten der Antragsteller ausfalle, wie die vom Gesetzgeber geregelte Inzidenzschwellen überschritten sei.[254]

cc) Sommerplateau 2021, vierte Welle und Omikronwellen

Auch nach Ende der „Bundesnotbremse“ kamen Kontaktbeschränkungen auf Länderebene erneut zum Einsatz, wenn auch in einem wesentlich geringeren Umfang. Die Kontaktbeschränkungen galten nunmehr nur für Personen, welche weder geimpft noch genesen waren („2G“) oder privilegierten zumindest immunisierte Personen. Der VGH München lehnte im August 2021 einen Antrag gegen diese Besserstellung von Geimpften ab. Den Gesetz- und Verordnungsgebern stehe ein besonders großer Spielraum bei der Erfüllung von staatlichen Schutzpflichten zu. Außerdem lägen Erkenntnissen vor, denen zufolge Geimpfte allenfalls mild erkranken würden.[255] Aus dem Winter 2021/22 finden sich noch einige Anträge von nichtimmunisierten Antragstellern gegen diese Schlechterstellung. Die Anträge wurden aber mit Verweis auf die Einschätzung des RKI zu reduzierten Virusausscheidungen von geimpften Personen abgelehnt.[256] Eine Höchstbegrenzung auf

---

[252] *OVG Bremen*, Beschl. vom 29.03.2021, Az.: 1 B 100/21, BeckRS 2021, 6450; *BayVerfGH*, Entsch. vom 12.04.2021, Az.: Vf. 21-VII-21, BeckRS 2021, 7686; *OVG Bautzen*, Beschl. vom 14.04.2021, Az.: 3 B 90/21, BeckRS 2021, 8853; *VG Berlin*, Beschl. vom 14.04.2021, Az.: VG 14 L 163/21, BeckRS 2021, 7460; *VG Berlin*, Beschl. vom 20.04.2021, Az.: VG 14 L 125/21, BeckRS 2021, 10482.

[253] Siehe dazu oben S. 27 ff.

[254] *BVerfG*, Beschl. vom 20.05.2021, Az.: 1 BvR 900/21, NVwZ 2021, 980, 981 Rn. 17.

[255] *VGH München*, Beschl. vom 18.08.2021, Az.: 25 NE 21.2103, BeckRS 2021, 24986 Rn. 17, 20.

[256] *BayVerfGH*, Entsch. vom 07.12.2021, Az.: Vf. 60-VII-21, BeckRS 2021, 38287 Rn. 26; *VGH Mannheim*, Beschl. vom 17.12.2021, Az.: 1 S 3528/21, BeckRS 2021, 39967 Rn. 53, 76–78; *VGH Mannheim*, Beschl. vom 17.12.2021, Az.: 1 S 3670/21, BeckRS 2021, 39371 Rn. 67, 103–110; *OVG Münster*, Beschl. vom 23.12.2021, Az.: 13 B 1901/21.NE, BeckRS 2021, 40534 Rn. 20–28, 86–89; *OVG Greifswald*, Beschl. vom 07.01.2022, Az.: 1 KM 661/21 OVG, BeckRS 2022, 14 Rn. 81; *OVG Weimar*, Beschl. vom 13.01.2022, Az.: 3 EN 764/21, BeckRS 2022, 271 Rn. 43–53; *VG Berlin*, Beschl. vom 14.01.2022, Az.: VG 14 L 619/21, BeckRS 2022, 791 Rn. 47; *BayVerfGH*, Entsch. vom 28.01.2022, Az.: Vf. 65-VII-21, BeckRS 2022, 866 Rn. 27 f.; *OVG Lüneburg*, Beschl. vom 09.02.2022, Az.: 14 MN 139/22, BeckRS 2022, 1417 Rn. 29; *OVG Münster*, Beschl. vom 16.03.2022, Az.: 13 B 28/22.NE, BeckRS 2022, 4831 Rn. 48–50, 74 mit Verweis auf den weiterhin guten Schutz vor schweren Verläufen und damit Schonung der Intensivkapazitäten; diese Argu-

maximal 10 Personen im Rahmen einer „Winterruhe“ hielt das OVG Lüneburg – nunmehr dessen 14. Senat – auch im Februar 2022 mit dem Verweis auf hohe Inzidenzen für rechtmäßig.[257]

b) Bewertung in Hauptsacheverfahren

Auch in späteren Hauptsacheverfahren war ein Vorgehen gegen die Kontaktbeschränkungen meist nicht erfolgreich. Der LVerfG Sachsen-Anhalt hielt aber Teile von Regelungen aus der zweiten Welle für zu unbestimmt, außerdem hat das Gericht einen Verstoß gegen den Parlamentsvorbehalt festgestellt.[258] Der VerfGH Sachsen bestätigte die Kontaktbeschränkungen zwar im Kern, die Bestimmung, Kontaktbeschränkungen bei Eheschließungen und Beerdigungen auf zehn Teilnehmer stufte das Gericht aber als unangemessen ein. Der Verordnungsgeber habe den besonderen Charakter dieser Veranstaltungen nicht in die Abwägung eingestellt.[259] Der ThürVerfGH hielt eine Regelung wegen eines Verstoßes gegen das Zitiergebot aus Art. 44 Abs. 1 Satz 2 ThürVerf i. V. m. Art. 80 Abs. 1 Satz 3 GG für nichtig.[260] Das OVG Bautzen zitierte zu einer Klage gegen die Kontaktbeschränkung im April 2020 wörtlich seine Ausführungen im Rahmen des vorläufigen Rechtsschutzes und lehnte so auch den Antrag in der Hauptsache ab.[261] Diese Entscheidung wurde im November 2022 vom BVerwG bestätigt.[262] In der Folge nahm die 14. Kammer des OVG Lüneburg von den Zweifeln an der Angemessenheit Abstand, welche die 13. Kammer im vorläufigen Rechtsschutz noch äußerte.[263] Auch in anderen Fällen war ein nachträgliches Vorgehen gegen die Regelung nicht erfolgreich.[264] Gelegentlich wiesen Verwaltungsgerichte Klagen wegen eines fehlenden Rechtsschutzinteresses oder wegen der Unstatthaftigkeit ab.[265]

---

mentation übersieht, dass der Antragsteller – ein 17-Jähriger – auch ohne Impfung wohl kaum Intensivkapazitäten in Anspruch hätte nehmen müssen.

[257] *OVG Lüneburg*, Beschl. vom 10.02.2022, Az.: 14 MN 143/22, BeckRS 2022, 1585.

[258] *LVerfG LSA*, Urt. vom 26.03.2021, Az.: LVG 25/20, BeckRS 2021, 9552.

[259] *VerfGH Sachs*, Urt. vom 12.06.2025, Az.: Vf. 13-II-21 (HS), BeckRS 2025, 13086 Rn. 297–303.

[260] *ThürVerfGH*, Urt. vom 01.03.2021, Az.: VerfGH 18/20, BeckRS 2021, 3015.

[261] *OVG Bautzen*, Urt. vom 15.10.2021, Az.: 3 C 15/20, BeckRS 2021, 33251 Rn. 48 f.

[262] BVerwGE 177, 60.

[263] *OVG Lüneburg*, Urt. vom 17.08.2023, Az.: 14 KN 22/22, BeckRS 2023, 25471 Rn. 107.

[264] *LVerfG LSA*, Urt. vom 26.03.2021, Az.: LVG 4/21, BeckRS 2021, 9553; *OVG Bremen*, Urt. vom 19.04.2022, Az.: 1 D 126/21, BeckRS 2022, 9596; *VG Arnsberg*, Urt. vom 16.03.2023, Az.: 6 K 812/21, BeckRS 2023, 8082; *VGH Mannheim*, Urt. vom 11.04.2024, Az.: 1 S 278/23, BeckRS 2024, 12539; *VGH Mannheim*, Urt. vom 11.04.2024, Az.: 1 S 930/23, BeckRS 2024, 12594; *VGH Mannheim*, Urt. vom 11.04.2024, Az.: 1 S 932/23, BeckRS 2024, 12608; *OVG Münster*, Urt. vom 08.05.2025, Az.: 13 D 111/20.NE, BeckRS 2025, 10023.

[265] *VG Augsburg*, Urt. vom 16.11.2020, Az.: Au 9 K 20.575, BeckRS 2021, 10756; *OVG Magdeburg*, Beschl. vom 17.03.2022, Az.: 3 K 221/20, BeckRS 2022, 7443; *OVG Saarlouis*,

Auch das BVerfG entschied in der Entscheidung Bundesnotbremse I unter anderem auch über die Kontaktbeschränkungen im Rahmen der „Bundesnotbremse".[266] Das Gericht bestätigte darin die Rechtmäßigkeit der Maßnahme. Die Kontaktbeschränkungen griffen dem 1. Senat zufolge neben der allgemeinen Handlungsfreiheit auch in das allgemeine Persönlichkeitsrecht, das Familiengrundrecht und die Ehegestaltungsfreiheit ein.[267] Allerdings seien die Eingriffe gerechtfertigt gewesen. Keine Bedenken hatte das BVerfG dabei insbesondere an der Gestaltung als selbstvollziehendes Gesetz. Obwohl Rechtsschutz so einzig mit einer Verfassungsbeschwerde vor dem BVerfG zu erreichen war, sei der Anspruch auf effektiven Rechtsschutz nicht beeinträchtigt worden.[268] Auf Ebene der Angemessenheit räumte das Gericht dem Gesetzgeber einen Einschätzungsspielraum ein.[269]

3. Hygiene- und Abstandsregeln im öffentlichen Raum

Hygiene- und Abstandsregeln waren ein allgegenwärtiger Bestandteil der Maßnahmen zur Pandemiebekämpfung. Soweit diese in einem Lebensbereich galten, der in der weiteren Auswertung näher betrachtet wird, so wird die Maßnahme jeweils im Zusammenhang thematisiert (bspw. die Maskenpflicht im Einzelhandel[270]). Im Folgenden werden lediglich das Abstandsgebot im öffentlichen Raum (a)), die Maskenpflicht auf öffentlichen Plätzen und Straßen (b)) und die Maskenpflicht im Personen- und Flugverkehr (c)) betrachtet.

a) Abstandsgebot im öffentlichen Raum

Einige Anträge auf vorläufigen Rechtsschutz richteten sich gegen das Abstandsgebot im öffentlichen Raum.[271] Der VGH München wies wiederholt darauf hin, dass es sich bei der Vorgabe „Wo immer möglich ist ein Mindestabstand zwischen zwei Personen von 1,5 m einzuhalten" lediglich um einen programmatischen

---

Urt. vom 24.03.2022, Az.: 2 C 108/20, BeckRS 2022, 6172; *OVG Saarlouis*, Urt. vom 24.03.2022, Az.: 2 C 40/21, BeckRS 2022, 6185; *OVG Greifswald*, Urt. vom 11.07.2023, Az.: 1 K 808/20 OVG, BeckRS 2023, 21453.

[266] BVerfGE 159, 223 – Bundesnotbremse I.

[267] BVerfGE 159, 223, Rn. 106–116.

[268] BVerfGE 159, 223, Rn. 135–150. Die Entscheidungen wurden teils stark kritisiert, siehe etwa *Boehme-Neßler*, NVwZ-Beilage 2022, 34, 34 f.; *Schwarz*, NVwZ-Beilage 2022, 3, 3 ff.; zu den Eilentscheidungen schon *Lepsius*, Der Staat 60 (2021), 609, 609 ff.; *Lepsius*, JZ 2021, 955, 955 f.; *Wagner*, COVuR 2021, 710, 710 ff.; *Wagner*, COVuR 2021, 647, 647 ff.

[269] BVerfGE 159, 223, Rn. 217.

[270] Siehe S. 132 ff.

[271] Die einbezogenen Entscheidungen wurden ermittelt durch die Suche nach Treffern, welche alternativ die Begriffe „Abstandsgebot" oder „Abstandspflicht" in Kombination mit dem Begriff „öffentlicher Raum", nicht aber die Begriffe „Gastronomie", „Versammlung" und „Einzelhandel" enthalten.

Appell handele, nicht um eine bußgeldbewehrte Vorschrift. Ansonsten würde voraussichtlich „der Boden der Normenklarheit“ verlassen.[272] Zuvor hatte das VG München einem Eilantrag gegen eine solche Vorgabe stattgegeben. Da sich die Regelung an einen nicht bestimmbaren Personenkreis richte, könne sie nicht im Wege einer Allgemeinverfügung getroffen werden, sondern müsste im Wege der Rechtsverordnung erlassen werden.[273] Das VG Regensburg hielt dieselbe Regelung in einer späteren Hauptsacheentscheidung für zu unbestimmt und damit verfassungswidrig.[274] Die – bußgeldbewehrte – thüringische Regelung, dass „wo immer möglich und zumutbar“ ein Abstand von mindestens 1,5 Meter einzuhalten ist, hielt das OVG Weimar noch für bestimmt genug.[275]

b) Maskenpflicht auf öffentlichen Plätzen und Straßen

Auf die Maskenpflicht wurde zunächst nur zögerlich zurückgegriffen.[276] Zeitweise wurde aber mit Maskenpflichten auf öffentlichen Plätzen gearbeitet[277] Solche Vorschriften zogen jedoch erhebliche Bedenken hinsichtlich Eignung und Erforderlichkeit nach sich: Das Ansteckungsrisiko im Freien gilt als gering,[278] erst recht, wenn Mindestabstände eingehalten werden. Darauf deuteten bereits 2020 wissenschaftliche Auswertungen hin.[279] Erschwerend kommt hinzu, dass die Maßnahme gerade dazu diente, Ansteckungen durch zufällige Kontakte zu verringern. Bei flüchtigen Begegnungen im Sekundenbereich ist eine Ansteckung aber äußerst unwahrscheinlich, weil diese gerade bei einer längeren Kontaktzeit stattfinden.[280] Entsprechend gering ist die Eignung der Maßnahme, wenn sie sogar nachts gilt und

---

[272] *VGH München*, Beschl. vom 30.03.2020, Az.: 20 NE 20.632, NJW 2020, 1236 Rn. 51.

[273] *VG München*, Beschl. vom 24.03.2020, Az.: M 26 S 20.1255, NVwZ 2020, 651 Rn. 20–24.

[274] *VG Regensburg*, Gerichtsbesch. vom 30.03.2023, Az.: RO 5 K 20.491, BeckRS 2023, 11455 Rn. 39.

[275] *OVG Weimar*, Beschl. vom 03.07.2020, Az.: 3 EN 391/20, BeckRS 2020, 15286 Rn. 29–34; *OVG Weimar*, Beschl. vom 30.08.2020, Az.: 3 EN 531/20, BeckRS 2020, 42120 Rn. 17.

[276] Siehe zu dieser Maskenpflicht in öffentlichen Innenräumen etwa unten S. 132, 143 sowie sogleich c).

[277] Die einbezogenen Entscheidungen wurden ermittelt durch die Suche nach Treffern, welche alternativ die Begriffe „Maske“ oder „Mund-Nasen-Bedeckung“ in Verbindung mit den Wörtern „Freien“ oder „Begegnungsflächen“ enthalten, wobei Entscheidungen mit dem Wort „Versammlung“ ausgenommen wurden.

[278] Siehe dazu S. 19 ff. Zu allgemein zu Zweifeln an der genauen Wirksamkeit und deren rechtlichen Bedeutung siehe *Seidel*, DÖV 2023, 243–251.

[279] Siehe nur etwa den Anfang April 2020 erschienenen Preprint von *Qian/Miao/Liu/Zheng/Luo/Li*, Indoor transmission of SARS-CoV-2, abrufbar unter http://medrxiv.org/lookup/doi/10.1101/2020.04.04.20053058 (letzter Abruf: 18. November 2025).

[280] Siehe etwa die bereits im November 2020 publizierte Auswertung von *Bulfone/Malekinejad/Rutherford/Razani*, The Journal of Infectious Diseases 2021, 550.

Ansammlungen und Zusammenkünfte im Freien durch Kontaktbeschränkungen ohnehin untersagt sind.

Häufig teilten Gerichte diese Bedenken. Das VG Karlsruhe hatte über eine Allgemeinverfügung zu entscheiden, die – anders als die damalige Landesverordnung – eine Maskenpflicht selbst dann vorsah, wenn der Mindestabstand zu anderen Personen gewahrt werden konnte. Das Gericht hielt diese verschärfte Maskenpflicht für nicht erforderlich, da sie keine Ausnahme bei Einhaltung des Mindestabstands und keine zeitliche Einschränkungen vorsah.[281] Ähnlich entschied das VG Stuttgart, welches zudem darauf hinwies, dass es sich bei der Maskenpflicht trotz ihrer vermeintlichen Milde um einen Eingriff in die allgemeine Handlungsfreiheit handelt; beeinträchtigt würde nicht nur die freie Gestaltung des Erscheinungsbildes, sondern auch Mimik und Kommunikation.[282] Das VG Koblenz konnte die Erforderlichkeit einer Maskenpflicht nicht nachvollziehen, welche von 20:00 bis 05:00 Uhr galt. Die pauschale Befürchtung, es käme zu Ansammlungen zum Zwecke des Alkoholkonsums, reiche angesichts der geltenden Kontaktbeschränkungen nicht aus.[283] Eine Jenaer Allgemeinverfügung, der zufolge auf stark frequentierten Verkehrswegen, Plätzen und Flächen bei Unterschreitung des Mindestabstands eine Maske zu tragen war, wurde als zu unbestimmt gewertet.[284] Dasselbe galt in einer Entscheidung des VG Braunschweig für „Ski- und Rodelhängen einschließlich deren unmittelbaren Zuwegungen" sowie „dortige/umliegende/vorgelagerte/unmittelbare Parkflächen" im Oberharz. Zudem hatte das Gericht angesichts dieser Regelung Bedenken hinsichtlich der Erforderlichkeit.[285] Bayerische Gerichte konnten in einigen Fällen die Festlegung von „stark frequentierten Plätzen" oder „zentrale Begegnungsfläche" im Sinne der damaligen Landesverordnung nicht nachvollziehen.[286]

Das VG Hamburg hielt eine Maskenpflicht auf Spielplätzen, sofern sich dort lediglich der Antragsteller mit seinem Kind aufhielt, nicht für geeignet.[287] Eine Maskenpflicht auch in Naherholungsgebieten, welche sogar beim Joggen galt, war

---

[281] *VG Karlsruhe*, Beschl. vom 26.10.2020, Az.: 7 K 4209/20, BeckRS 2020, 28347 Rn. 10 f.

[282] *VG Stuttgart*, Beschl. vom 10.11.2020, Az.: 16 K 5206/20, BeckRS 2020, 31182 Rn. 34–37.

[283] *VG Koblenz*, Beschl. vom 02.11.2020, Az.: 3 L 976/20.KO, BeckRS 2020, 29925 Rn. 10.

[284] *VG Gera*, Beschl. vom 11.11.2020, Az.: 3 K 1661/20 Ge, BeckRS 2020, 31506 Rn. 31 f.

[285] *VG Braunschweig*, Beschl. vom 03.03.2021, Az.: 4 B 51/21, BeckRS 2021, 4527 Rn. 32–34, 52 f.

[286] *VG Regensburg*, Beschl. vom 09.11.2020, Az.: RN 14 S 20.2676, BeckRS 2020, 30559; *VG Bayreuth*, Beschl. vom 18.11.2020, Az.: B 7 S 20.1232, BeckRS 2020, 33099; *VG Ansbach*, Beschl. vom 15.01.2021, Az.: AN 18 S 21.57, BeckRS 2021, 406; *VG Ansbach*, Beschl. vom 03.03.2021, Az.: AN 18 S 21.302, BeckRS 2021, 3881; abgelehnt dagegen *VG Regensburg*, Beschl. vom 17.12.2020, Az.: RO 14 S 20.3090, BeckRS 2020, 37895.

[287] *VG Hamburg*, Beschl. vom 08.03.2021, Az.: 13 E 942/21, BeckRS 2021, 5182 Rn. 10, 12–17.

laut der 9. Kammer des VG Hamburg nicht erforderlich; der Verordnungsgeber habe die Gründe für die Einstufung der jeweiligen Örtlichkeiten nicht ausreichend dargelegt.[288] Nach Ansicht der 13. Kammer war die Maskenpflicht dagegen erforderlich, da eine Pflicht nur bei Unterschreiten des Mindestabstands gerade beim Joggen nicht praxistauglich sei. Angesichts des geringen Risikos in Außenbereichen sei die Regelung aber unangemessen.[289] Das OVG Hamburg gab dann aber Beschwerden des Hamburger Senats gegen beide Beschlüsse statt. Die Maskenpflicht sei geeignet, da sie die Attraktivität der Naherholungsgebiete und damit auch das Besucheraufkommen mindere und auch eine Infektionsgefahr durch Jogger nicht ausgeschlossen werden könne.[290] Sie sei auch erforderlich, da angesichts des hohen Besucheraufkommens die Einhaltung von Mindestabständen womöglich nicht gewahrt werden könne.[291] Zur Angemessenheit führte das Gericht unter anderem die Befristung an; selbst wenn es zu einer Verlängerung komme, so würden die sportlichen Aktivitäten des Antragstellers allenfalls „nur einige Monate lang" eingeschränkt.[292] Dass das Gericht die mögliche monatelange Dauer der Regelung als mildernden Faktor aufführt, während es selbst bemerkt, dass die Infektionsgefahr ohne Maske unklar, wohl aber tendenziell zu vernachlässigen sei,[293] überrascht. Im Ergebnis gibt sich das OVG Hamburg damit zu unkritisch und überlässt dem Verordnungsgeber einen zu großen Spielraum. Klüver spricht dagegen von einem „Lehrstück, das in Argumentation und Ergebnis überzeugt".[294]

Auch andere Gerichte ließen sich von den Argumenten gegen die Maskenpflicht im Freien nicht überzeugen. Dem VG Neustadt a. d. Weinstraße zufolge sei die Maskenpflicht erforderlich, weil es in der Bevölkerung nur eine mangelhafte Akzeptanz für die bestehenden Hygieneregeln gäbe.[295] Entsprechend des Vorbringens der Antragsgegnerin, dass sich gerade nachts junge Menschen unter Missachtung der Hygieneregeln ansammeln würden, sei die Maskenpflicht selbst in den Nachtstunden erforderlich.[296] Das VG Düsseldorf hielt eine Maskenpflicht in einer Grünanlage für verhältnismäßig, wobei das Gericht fürchtete, dass Sportler unge-

[288] *VG Hamburg*, Beschl. vom 11.03.2021, Az.: 9 E 920/21, BeckRS 2021, 6417 Rn. 18.

[289] *VG Hamburg*, Beschl. vom 18.03.2021, Az.: 13 E 1253/21, BeckRS 2021, 9906 Rn. 13–24.

[290] *OVG Hamburg*, Beschl. vom 01.04.2021, Az.: 5 Bs 54/21, KommJur 2021, 190, 193; ähnlich auch *VG Düsseldorf*, Beschl. vom 21.04.2021, Az.: 24 L 851/21, BeckRS 2021, 9333 Rn. 25.

[291] *OVG Hamburg*, Beschl. vom 01.04.2021, Az.: 5 Bs 54/21, KommJur 2021, 190, 193 f.

[292] *OVG Hamburg*, Beschl. vom 01.04.2021, Az.: 5 Bs 54/21, KommJur 2021, 190, 195.

[293] *OVG Hamburg*, Beschl. vom 01.04.2021, Az.: 5 Bs 54/21, KommJur 2021, 190.

[294] *Klüver*, NVwZ 2021, 820, 822.

[295] *VG Neustadt a. d. Weinstraße*, Beschl. vom 05.11.2020, Az.: 5 L 958/20.NW, BeckRS 2020, 29469 Rn. 21.

[296] *VG Neustadt a. d. Weinstraße*, Beschl. vom 05.11.2020, Az.: 5 L 958/20.NW, BeckRS 2020, 29469 Rn. 23.

wollt Mindestabstände unterschreiten würden und es so zu Infektionen käme.[297] Das VG Frankfurt verzichtete weitestgehend auf eine Verhältnismäßigkeitsprüfung,[298] das VG Greifswald hielt die Maskenpflicht auf „belebten öffentlichen Straßen, Wegen und Plätzen" auch für Laien für auslegbar und damit dem Bestimmtheitsgebot genügend.[299]

c) Maskenpflicht im Personen- und Flugverkehr

Trotz der vermeintlichen Milde einer Maskenpflicht im Freien haben viele Gerichte die Maßnahme zu Recht kritisch und mit Erfolg hinterfragt. Weniger erfolgreich waren dagegen Anträge gegen die Maskenpflicht im Nah- und Fernverkehr sowie im Flugverkehr.[300] Im Gegensatz zur Maskenpflichten im Freien bestehen keine grundsätzlichen Zweifel an Geeignetheit und Erforderlichkeit dieser Maßnahme.[301]

Keine einzige der hier ausgewerteten Entscheidungen, in dem sich die Rechtsschutzsuchenden (auch) gegen die Maskenpflicht im Personen- und Flugverkehr richteten, war erfolgreich.[302] Das VG Mainz beschäftigte sich ausführlich mit den

---

[297] *VG Düsseldorf*, Beschl. vom 21.04.2021, Az.: 24 L 851/21, BeckRS 2021, 9333 Rn. 23, 25 f., 32. Ebenso erfolglos *VG Düsseldorf*, Beschl. vom 19.11.2020, Az.: 24 L 2232/20, BeckRS 2020, 31950; *VG Düsseldorf*, Beschl. vom 25.11.2020, Az.: 29 L 2317/20, BeckRS 2020, 34087.

[298] *VG Frankfurt a.M.*, Beschl. vom 09.11.2020, Az.: 5 L 2944/20.F, BeckRS 2020, 30310.

[299] *VG Greifswald*, Beschl. vom 18.12.2020, Az.: 4 B 2129/20 HGW, BeckRS 2020, 37057 Rn. 6.

[300] Die einbezogenen Entscheidungen wurden ermittelt durch die Suche nach Treffern, welche den Begriff „Maske" oder „Mund-Nasen-Bedeckung" in Verbindung mit „Personennahverkehr", „Personenfernverkehr", „ÖPNV" oder „Luftverkehr" enthalten.

[301] Siehe aber zur Maskenpflicht oben S. 22 ff.

[302] *VG Gera*, Beschl. vom 03.04.2020, Az.: 3 E 432/20 Ge, BeckRS 2020, 5211; *VG Karlsruhe*, Beschl. vom 28.04.2020, Az.: 7 K 1606/20, BeckRS 2020, 9655; *VG Mainz*, Beschl. vom 28.04.2020, Az.: 1 L 276/20.MZ, BeckRS 2020, 7096; *OVG Bautzen*, Beschl. vom 29.04.2020, Az.: 3 B 143/20, BeckRS 2020, 8753; *VG Saarlouis*, Beschl. vom 30.04.2020, Az.: 6 L 452/20, BeckRS 2020, 7425; *VGH München*, Beschl. vom 05.05.2020, Az.: 20 NE 20.926, BeckRS 2020, 7696; *VerfGH Bln*, Beschl. vom 07.05.2020, Az.: VerfGH 64 A/20, BeckRS 2020, 8314; *VG Berlin*, Beschl. vom 07.05.2020, Az.: VG 14 L 100/20, BeckRS 2020, 12981; *VGH München*, Beschl. vom 07.05.2020, Az.: 20 NE 20.955, BeckRS 2020, 7701; *BayVerfGH*, Entsch. vom 08.05.2020, Az.: Vf. 34-VII-20, BeckRS 2020, 8029; *OVG Bremen*, Urt. vom 12.05.2020, Az.: 1 B 140/20, BeckRS 2020, 11201; *VGH München*, Beschl. vom 12.05.2020, Az.: 20 NE 20.1080, BeckRS 2020, 8471; *OVG Saarlouis*, Beschl. vom 13.05.2020, Az.: 2 B 175/20, BeckRS 2020, 8498; *VGH München*, Beschl. vom 15.05.2020, Az.: 20 NE 20.1102, BeckRS 2020, 9826; *VGH München*, Beschl. vom 17.05.2020, Az.: 20 NE 20.843, BeckRS 2020, 9564; *OVG Münster*, Beschl. vom 19.05.2020, Az.: 13 B 557/20.NE, BeckRS 2020, 9803; *OVG Magdeburg*, Beschl. vom 11.06.2020, Az.: 3 R 102/20, BeckRS 2020, 12249; *VG Berlin*, Beschl. vom 12.06.2020, Az.: VG 14 L 162/20, BeckRS 2020, 18280; *OVG Weimar*, Beschl. vom 13.06.2020, Az.: 3 EN 374/20, BeckRS 2020,

Ausführungen der Antragstellerin zur angeblichen Schädlichkeit von Masken.[303] Manche Gerichte erörterten, ob sog. Community-Masken noch geeignet sind, bejahten dies aber mit Verweis auf eine entsprechende Einschätzung des RKI.[304] Ausführlich beschäftigte sich auch das OVG Weimar in einer späteren Hauptsacheentscheidung mit derartigen Bedenken des Antragstellers.[305] Der VGH München hatte Zweifel an der Verhältnismäßigkeit der damaligen Regelung, weil diese keine Ausnahmeregelung für Menschen vorsah, die aus gesundheitlichen Gründen keine Masken tragen konnten. Dennoch lehnte das Gericht den Antrag ab, die Frage müsse im Hauptsacheverfahren geklärt werden.[306]

12442; *VGH München*, Beschl. vom 14.06.2020, Az.: 20 NE 20.929, BeckRS 2020, 14610; *VGH München*, Beschl. vom 14.06.2020, Az.: 20 NE 20.1196, BeckRS 2020, 14609; *VGH München*, Beschl. vom 19.06.2020, Az.: 20 NE 20.1337, BeckRS 2020, 12885; *OVG Weimar*, Beschl. vom 03.07.2020, Az.: 3 EN 391/20, BeckRS 2020, 15286; *OVG Münster*, Beschl. vom 28.07.2020, Az.: 13 B 675/20.NE, BeckRS 2020, 17988; *OVG Münster*, Beschl. vom 29.07.2020, Az.: 13 B 792/20.NE, BeckRS 2020, 22547; *BayVerfGH*, Entsch. vom 12.08.2020, Az.: Vf. 34-VII-20, BeckRS 2020, 19281; *OVG Münster*, Beschl. vom 18.08.2020, Az.: 13 B 847/20.NE, BeckRS 2020, 21590; *BayVerfGH*, Entsch. vom 29.10.2020, Az.: Vf. 81-VII-20, BeckRS 2020, 29488; *StGH Hess*, Beschl. vom 06.01.2021, Az.: P. St. 2768, P.St. 2769, BeckRS 2021, 11; *VGH München*, Beschl. vom 26.01.2021, Az.: 20 NE 21.171, BeckRS 2021, 796; *VGH München*, Beschl. vom 04.02.2021, Az.: 20 NE 21.283, BeckRS 2021, 1681; *VGH München*, Beschl. vom 09.02.2021, Az.: 20 NE 21.239, BeckRS 2021, 1837; *ThürVerfGH*, Urt. vom 01.03.2021, Az.: VerfGH 18/20, BeckRS 2021, 3015; *VGH München*, Beschl. vom 18.04.2021, Az.: 20 NE 21.1012, BeckRS 2021, 7911; *BVerfG*, Beschl. vom 01.06.2021, Az.: 1 BvR 927/21, BeckRS 2021, 12456; *VGH München*, Beschl. vom 30.07.2021, Az.: 25 NE 21.1869, BeckRS 2021, 22548; *VGH München*, Beschl. vom 04.08.2021, Az.: 25 NE 21.1958, BeckRS 2021, 22555; *VGH München*, Beschl. vom 10.08.2021, Az.: 25 NE 21.2066, BeckRS 2021, 24985; *OVG Lüneburg*, Beschl. vom 15.09.2021, Az.: 13 MN 369/21, BeckRS 2021, 26109; *OVG Lüneburg*, Beschl. vom 13.04.2022, Az.: 14 MN 217/22, BeckRS 2022, 7615; *OVG Lüneburg*, Beschl. vom 02.06.2022, Az.: 14 MN 259/22, BeckRS 2022, 12281; *VGH München*, Beschl. vom 25.06.2022, Az.: 20 NE 22.1311, BeckRS 2022, 18546; *OVG Lüneburg*, Beschl. vom 01.11.2022, Az.: 14 MN 321/22, BeckRS 2022, 29480; *OVG Münster*, Beschl. vom 16.01.2023, Az.: 13 B 1010/22.NE, BeckRS 2023, 528; *BayVerfGH*, Entsch. vom 27.09.2023, Az.: Vf. 62-VII-20, BeckRS 2023, 28483 (Hauptsache); *VGH Mannheim*, Urt. vom 11.04.2024, Az.: 1 S 278/23, BeckRS 2024, 12539 (Hauptsache).

303 *VG Mainz*, Beschl. vom 28.04.2020, Az.: 1 L 276/20.MZ, BeckRS 2020, 7096 Rn. 15–23.

304 So etwa der *VGH München*, Beschl. vom 07.05.2020, Az.: 20 NE 20.955, BeckRS 2020, 7701 Rn. 32; *OVG Münster*, Beschl. vom 18.08.2020, Az.: 13 B 847/20.NE, BeckRS 2020, 21590 Rn. 38 f.

305 *OVG Weimar*, Beschl. vom 21.08.2023, Az.: 3 N 447/20, BeckRS 2023, 43502.

306 *VGH München*, Beschl. vom 05.05.2020, Az.: 20 NE 20.926, BeckRS 2020, 7696 Rn. 25.

4. Sonstige Einschränkungen der Freizeit- und Lebensgestaltung

Die sonstige Freizeit- und Lebensgestaltung wurde durch Maßnahmen vielfach direkt und indirekt eingeschränkt. Exemplarisch sollen hier Entscheidungen zum Alkoholkonsumverbot im öffentlichen Raum (a)) sowie zu den Feuerwerksverboten (b)) betrachtet werden. Gemeinsam ist diesen beiden Maßnahmen, dass sich der Zusammenhang mit dem Ziel der Bekämpfung einer Pandemie nicht intuitiv erschließt.

a) Alkoholkonsumverbot im öffentlichen Raum

Die Sinnhaftigkeit des häufiger verhängten Alkoholkonsumverbots im öffentlichen Raum ist durchaus zweifelhaft. Denn Alkoholkonsum alleine erhöht nicht die Infektionsgefahr. Nimmt man an, dass gemeinschaftlicher Alkoholkonsum enthemmt und so zu Verstößen gegen Corona-Verhaltensregeln führt, so ist die zugrunde liegende Unterstellung gegenüber Alkoholkonsumenten äußerst pauschal. Zu erwarten wäre eine derartige Enthemmung in Fällen des planvoll begangenen Sichbetrinkens. Dann wäre aber einerseits fraglich, ob Verstöße gegen Hygieneregeln und Kontaktbeschränkungen überhaupt die Folge des Alkoholkonsums wären oder bereits vorher und unabhängig davon einkalkuliert wurden. Andererseits ist zu befürchten, dass solche Zusammenkünfte aus dem öffentlichen in den privaten Raum verlegt werden, was zumeist Innenräume sein dürften. Insofern können Alkoholkonsumverbote schlimmstenfalls sogar eine kontraproduktive Wirkung zu bewirken.

Dennoch lehnten manche Gerichte Anträge gegen solche Verbote ab. Häufig hatte ein gerichtliches Vorgehen aber auch Erfolg.[307] Als erstes Gericht entschied das VG Köln Ende April 2020 zum Alkoholkonsumverbot am 1. Mai; es hielt die Maßnahme angesichts einer befürchteten „[geselligen] Stimmung“ für rechtmäßig.[308] Das VG München hielt ein stadtweites Alkoholverbot im August 2020 für nicht erforderlich. Ein milderes und gleich effektives Mittel sei eine Beschränkung auf einzelne Örtlichkeiten, auch wenn ein entsprechendes Ausweichverhalten zu erwarten wäre.[309] Nachdem mit § 28a Abs. 1 Nr. 9 IfSG eine – im Vergleich zur vormaligen Generalklausel – konkretere Rechtsgrundlage geschaffen worden war, stellte sich die Frage, ob sich entgegen deren Wortlaut auch flächendeckende Alkoholverbote darauf stützen lassen. Das LVerfG Sachsen-Anhalt lehnte einen Eilantrag unter anderem gegen ein flächendeckendes Alkoholkonsumverbot noch im Rahmen der Folgenabwägung

[307] Die einbezogenen Entscheidungen wurden ermittelt durch die Suche nach Treffern, welche den Begriff „Alkoholverbot“ oder „Alkoholkonsum“ enthalten.

[308] *VG Köln*, Beschl. vom 30.04.2020, Az.: 7 L 779/20, BeckRS 2020, 9157 Rn. 10.

[309] *VG München*, Beschl. vom 28.08.2020, Az.: M 26b E 20.3956, BeckRS 2020, 21234 Rn. 11–14.

ab.[310] In der Hauptsache hatte der Normenkontrollantrag dann aber Erfolg, weil es an einer ausreichenden Ermächtigungsgrundlage gefehlt hätte.[311] Ähnlich entschied das OVG Hamburg schon im vorläufigen Rechtsschutz,[312] anders dagegen vorgehend das VG Hamburg.[313] Wie das OVG Hamburg entschieden auch das VG Regensburg, der VGH München und das OVG Berlin-Brandenburg.[314] Der ThürVerfGH bestätigte diese Ansicht in einer Hauptsacheentscheidung.[315] Das VG Mainz sah ebenso den Anordnungsanspruch als gegeben; der Antragsteller hätte aber den Anordnungsgrund nicht glaubhaft gemacht.[316]

Soweit die Alkoholkonsumverbote örtlich begrenzt waren, hielten das VG Düsseldorf, der VGH München und der VerfGH Sachsen sie allerdings für rechtmäßig.[317] Einzig das VG Würzburg bewertete die Allgemeinverfügung, welche ein örtlich begrenztes Verbot regelte, als zu unbestimmt.[318] Neben den erwähnten Entscheidungen des LVerfG Sachsen-Anhalt und des ThürVerfGH entschied auch das VG Mainz in der Hauptsache zum Alkoholkonsumverbot, lehnte die Klage jedoch schon als unzulässig ab. Es fehle am entsprechenden besonderen Feststellungsinteresse, denn weder bestehe Wiederholungsgefahr, noch habe es sich um einen gewichtigen Grundrechtseingriff gehandelt.[319]

b) Feuerwerksverbot

Auch der Zusammenhang des Verbots des Abbrennens von Feuerwerk mit der Pandemiebekämpfung erschließt sich nur eingeschränkt.[320] Denn die Verwendung von Feuerwerk alleine trägt nicht zur Verbreitung eines Virus bei. Verhängt man ein solches Verbot, um Anreize zur Bildung von – ohnehin verbotenen – Ansammlungen und Zusammenkünften zu vermindern, so unterstellt man den Bürgerinnen und

---

[310] *LVerfG LSA*, Beschl. vom 02.02.2021, Az.: LVG 4/21, BeckRS 2021, 1360; ebenso *ThürVerfGH*, Beschl. vom 28.12.2020, Az.: VerfGH 118/20 (juris).

[311] *LVerfG LSA*, Urt. vom 26.03.2021, Az.: LVG 4/21, BeckRS 2021, 9553 (Rn. 129).

[312] *OVG Hamburg*, Beschl. vom 12.03.2021, Az.: 5 Bs 33/21, BeckRS 2021, 5898.

[313] *VG Hamburg*, Beschl. vom 27.01.2021, Az.: 2 E 195/21, BeckRS 2021, 5899.

[314] *VGH München*, Beschl. vom 19.01.2021, Az.: 20 NE 21.76, BeckRS 2021, 273; *OVG Berlin-Brandenburg*, Beschl. vom 05.02.2021, Az.: OVG 11 S 10/21, BeckRS 2021, 1217; *VG Regensburg*, Beschl. vom 25.06.2021, Az.: RO 5 S 21.1145, BeckRS 2021, 20500.

[315] *ThürVerfGH*, Beschl. vom 14.12.2021, Az.: VerfGH 117/20 (juris) Rn. 244–247.

[316] *VG Mainz*, Beschl. vom 23.02.2021, Az.: 1 L 75/21.MZ, BeckRS 2021, 3681.

[317] *VerfGH Sachs*, Beschl. vom 11.02.2021, Az.: Vf. 14-II-21, BeckRS 2021, 1739; *VGH München*, Beschl. vom 19.02.2021, Az.: 20 NE 21.458, BeckRS 2021, 3811; *VG Düsseldorf*, Beschl. vom 28.05.2021, Az.: 7 L 1159/21, BeckRS 2021, 13048.

[318] *VG Würzburg*, Beschl. vom 12.04.2021, Az.: W 8 S 21.455, BeckRS 2021, 6989.

[319] *VG Mainz*, Urt. vom 12.05.2022, Az.: 1 K 177/21.MZ, BeckRS 2022, 21144. Ebenso später *OVG Greifswald*, Urt. vom 02.04.2025, Az.: 1 LB 155/23 OVG, BeckRS 2025, 10302.

[320] Entscheidungen dazu wurden ermittelt durch die Suche nach Treffern, welche den Begriff „Pyrotechnik“ oder „Feuerwerk“ enthalten.

Bürgern rechtswidriges Verhalten. Rechtfertigt man die Maßnahme mit einer Entlastung des Gesundheitssystems, indem pyrotechnikbedingte Unfälle vermieden werden sollen, dann stellt sich die Frage, inwiefern sich dies auf §§ 28, 28a IfSG stützten lässt.[321]

Dennoch wurde dieses Verbot zu den Jahreswechseln 2020/2021 und 2021/2022 verhängt. Der VGH Mannheim hielt das Feuerwerksverbot in der Öffentlichkeit für rechtmäßig. Das Verbot sei geeignet, die Anzahl physischer Kontakte zu reduzieren.[322] Das VG Hamburg sah das ebenso und begründete diese Eignung unter anderem mit dem zeitgleich geltenden bundesweiten Verkaufsverbot für Feuerwerk: Da infolge dieses Verbotes Feuerwerk zum Jahreswechsel 2020/21 ein Seltenheitswert zukam, sei mit Gruppenbildung zu rechnen, auch unter Verstoß gegen die geltenden Kontaktbeschränkungen.[323] Die Argumentation ist schlüssig, läuft jedoch darauf hinaus, dass die intendierte Wirkung eines staatlichen Verbotes die Notwendigkeit eines weiteren staatlichen Verbotes nach sich zieht. Der Argumentation schloss sich jedoch auch das VG Bremen an und ergänzte, dass das Verbot auch geeignet sei, Verletzungen zu vermeiden und so die Krankenhäuser zu entlasten.[324] Auch das VG Dresden und der ThürVerfGH bestätigten eine entsprechende Regelung.[325]

Dem hielt das OVG Lüneburg zutreffend entgegen, dass eine Maßnahme, welche auf eine infektionsrechtliche Ermächtigungsgrundlage gestützt ist, nur die Abwehr infektionsbezogener Gefahren verfolgen kann, nicht aber die Abwehr von feuerwerksspezifischen Gefahren.[326] Außerdem hielt das OVG Lüneburg eine Überlastung ausgerechnet in Folge der Kombination von „Feuerwerksopfern“ und Coronapatienten für unplausibel.[327] In dem Umfang der Regelung, die sich auf alle Feuerwerkskörper bezog und zudem örtlich und zeitlich unbegrenzt galt, sei die Maßnahme zudem nicht erforderlich.[328] Das VG Augsburg,[329] das VG Ansbach[330]

---

[321] Sehr kritisch auch *Eibenstein*, Feuerwerksverbote in pandemischen Zeiten, Verfassungsblog vom 22. Dezember 2020.

[322] *VGH Mannheim*, Beschl. vom 22.12.2020, Az.: 1 S 4109/20, BeckRS 2020, 36588 Rn. 36.

[323] *VG Hamburg*, Beschl. vom 23.12.2020, Az.: 14 E 5238/20, BeckRS 2020, 52909 Rn. 21 f.

[324] *OVG Bremen*, Beschl. vom 30.12.2020, Az.: 1 B 467/20, BeckRS 2020, 37749 Rn. 31 f.; *OVG Bremen*, Beschl. vom 30.12.2020, Az.: 1 B 468/20, BeckRS 2020, 37755 Rn. 35 f.; *OVG Bremen*, Urt. vom 30.12.2020, Az.: 1 B 474/20, BeckRS 2020, 37721 Rn. 29 f.

[325] *ThürVerfGH*, Beschl. vom 28.12.2020, Az.: VerfGH 118/20 (juris); *VG Dresden*, Beschl. vom 29.12.2020, Az.: 6 L 981/20 (juris).

[326] *OVG Lüneburg*, Beschl. vom 18.12.2020, Az.: 13 MN 568/20, BeckRS 2020, 35812 Rn. 31, 34.

[327] *OVG Lüneburg*, Beschl. vom 18.12.2020, Az.: 13 MN 568/20, BeckRS 2020, 35812 Rn. 34.

[328] *OVG Lüneburg*, Beschl. vom 18.12.2020, Az.: 13 MN 568/20, BeckRS 2020, 35812 Rn. 35–42.

und das VG Frankfurt.[331] entschieden ebenso und gaben Anträgen gegen die jeweiligen Allgemeinverfügungen statt, sofern auch das Abbrennen auf dem eigenen Grundstück untersagt wurde. Der VGH München bestätigte die Entscheidung des VG Augsburg.[332] In einer späteren Hauptsacheentscheidung befand das OVG Lüneburg die niedersächsische Regelung aus dem Dezember 2020 darüber hinaus als zu unbestimmt.[333] Zum Jahreswechsel 2021/22 lehnten das OVG Bautzen und das OVG Bremen entsprechende Anträge ab.[334] Der ThürVerfGH bestätigte das Verbot in der Hauptsache.[335]

II. Versammlungen, Religion, Kunst und Kultur

Einige Maßnahmen griffen auch in die Versammlungs- (1.), Glaubens- (2.) und Kunstfreiheit (3.) ein. Im Folgenden werden nur Entscheidungen betrachtet, in welchen diese speziellen Grundrechte eine Rolle spielten oder hätten spielen müssen.

1. Versammlungen

Zu Versammlungsbeschränkungen im Zusammenhang mit der Coronapandemie finden sich unzählige Entscheidungen.[336] Häufig spielen dabei die Umstände des Einzelfalls und versammlungsrechtliche Fragestellungen eine Rolle. Auf eine genauere Betrachtung solcher versammlungsrechtlichen Aspekte soll im Folgenden verzichtet werden. Denn einerseits hat Kraft bereits eine ausführliche Auswertung der Rechtsprechung mit Blick auf das Versammlungsrecht vorgelegt.[337] Andererseits

---

[329] *VG Augsburg*, Beschl. vom 22.12.2020, Az.: Au 9 S 20.2731, BeckRS 2020, 36580.

[330] *VG Ansbach*, Beschl. vom 30.12.2020, Az.: AN 15 S 20.2909, BeckRS 2020, 40004.

[331] *VG Frankfurt a.M.*, Beschl. vom 30.12.2020, Az.: 5 L 3467/20.F, BeckRS 2020, 37336; *VG Frankfurt a.M.*, Beschl. vom 30.12.2020, Az.: 5 L 3443/20.F, BeckRS 2020, 37343.

[332] *VGH München*, Entsch. vom 29.12.2020, Az.: 20 CS 20.3139, BeckRS 2020, 36579.

[333] *OVG Lüneburg*, Urt. vom 16.02.2023, Az.: 14 KN 30/22, BeckRS 2023, 4888.

[334] *OVG Bremen*, Beschl. vom 21.12.2021, Az.: 1 B 475/21, KommJur 2022, 16; *OVG Bautzen*, Beschl. vom 22.12.2021, Az.: 3 B 450/21, BeckRS 2021, 40385. Erfolglos war im Übrigen auch das Vorgehen vor dem VG Berlin gegen das vom Bundesministerium des Innern und für Heimat verhängten Überlassungsverbots von Feuerwerkskörpern, siehe etwa *VG Berlin*, Beschl. vom 27.12.2021, Az.: VG 1 L 562/21, BeckRS 2021, 41568; in der Hauptsache *VG Berlin*, Urt. vom 16.12.2022, Az.: VG 1 K 452/20, BeckRS 2022, 40148.

[335] *ThürVerfGH*, Beschl. vom 14.12.2021, Az.: VerfGH 117/20 (juris).

[336] Die einbezogenen Entscheidungen wurden ermittelt durch die Suche nach Treffern, welche den Begriff „Versammlung" enthalten.

[337] *Kraft*, JöR 2022 (70), 547, 547 ff.

seits sind von den Umständen des Einzelfalls geprägte Entscheidungen für übergreifende strukturelle Aussagen nur begrenzt aussagekräftig.[338]

Der Versammlungsfreiheit wird in der Rechtsprechung traditionell ein besonders hohes Gewicht zugesprochen (eine der „zartesten Pflanzen im Garten der Grundrechte", welche „die Rechtsprechung am meisten hegt und pflegt"[339]). Diese Tendenz zeigte sich auch durchaus, als die Versammlungsfreiheit zum Zwecke der Pandemiebekämpfung eingeschränkt wurde.

a) Entscheidungen im einstweiligen Rechtsschutz

aa) Erste Welle und Sommerplateau 2020

Zu Beginn des ersten Lockdowns kam es zu besonders starken Einschränkungen von Versammlungen.[340] Viele Eilanträge gegen diese Regelungen waren erfolglos.[341] Mit einer beträchtlichen Häufigkeit war ein gerichtliches Vorgehen aber gerade ab Mitte April 2020 erfolgreich.[342]

---

[338] Siehe dazu auch S. 41 ff.

[339] *Kalscheuer*, COVuR 2020, 212, 212 ff.

[340] Siehe zu den Beschränkungen in der Anfangszeit und den dazu ergangenen Entscheidungen *Peters/Janz*, GSZ 2020, 223, 223 ff.; kritisch zur Rechtmäßigkeit *Völzmann*, DÖV 2020, 893, 904 ff.

[341] *BVerfG*, Beschl. vom 20.03.2020, Az.: 1 BvR 661/20, BeckRS 2020, 4022; *VG Hannover*, Beschl. vom 27.03.2020, Az.: 15 B 1968/20, BeckRS 2020, 4665; *VG Dresden*, Beschl. vom 30.03.2020, Az.: 6 L 212/20, BeckRS 2020, 4780; *BVerfG*, Beschl. vom 31.03. 2020, Az.: 1 BvR 712/20, NVwZ 2020, 622; *VG Gießen*, Beschl. vom 31.03.2020, Az.: 4 L 1332/20.GI, BeckRS 2020, 4894; *VGH Kassel*, Beschl. vom 01.04.2020, Az.: 2 B 925/20, BeckRS 2020, 4981; *VG Schleswig*, Beschl. vom 03.04.2020, Az.: 3 B 30/20, BeckRS 2020, 5197; *BVerfG*, Beschl. vom 09.04.2020, Az.: 1 BvQ 27/20, BeckRS 2020, 5618; *BVerfG*, Beschl. vom 09.04.2020, Az.: 1 BvQ 29/20, BeckRS 2020, 5620; *VG Gießen*, Beschl. vom 09.04.2020, Az.: 4 L 1479/20.GI, BeckRS 2020, 5767; *VG Köln*, Beschl. vom 09.04.2020, Az.: 7 L 687/20, BeckRS 2020, 6473; *VG Köln*, Beschl. vom 09.04.2020, Az.: 7 L 701/20, BeckRS 2020, 9068; *VG München*, Beschl. vom 09.04.2020, Az.: M 26 E 20.1506, BeckRS 2020, 7188; *VG Potsdam*, Beschl. vom 09.04.2020, Az.: VG 3 L 350/20, BeckRS 2020, 12229; *BVerfG*, Beschl. vom 10.04.2020, Az.: 1 BvQ 26/20, BeckRS 2020, 5586; *OVG Weimar*, Beschl. vom 10.04.2020, Az.: 3 EN 248/20, BeckRS 2020, 6395; *VG Weimar*, Beschl. vom 10.04.2020, Az.: 7 E 535/20 We, BeckRS 2020, 10893; *VG Ansbach*, Beschl. vom 11.04.2020, Az.: AN 30 S 20.654, BeckRS 2020, 12204; *VG Karlsruhe*, Beschl. vom 14.04.2020, Az.: 19 K 1816/20, BeckRS 2020, 5775; *VGH Kassel*, Beschl. vom 14.04.2020, Az.: 2 B 985/20, BeckRS 2020, 6459; *VGH Mannheim*, Beschl. vom 15.04.2020, Az.: 1 S 1078/20, BeckRS 2020, 5956; *VG Gießen*, Beschl. vom 16.04.2020, Az.: 4 L 1522/20.GI, BeckRS 2020, 6784; *VG Hamburg*, Beschl. vom 17.04.2020, Az.: 14 E 1635/20, BeckRS 2020, 12201; *VG Aachen*, Beschl. vom 29.04.2020, Az.: 7 L 306/20, BeckRS 2020, 9136; *VG Chemnitz*, Beschl. vom 29.04.2020, Az.: 7 L 230/20, BeckRS 2020, 7235; *VG Gelsenkirchen*, Beschl. vom 29.04.2020, Az.: 20 L 523/20, BeckRS 2020, 9152; *VG Gelsenkirchen*, Beschl. vom 29.04.2020, Az.: 20 L 526/20, BeckRS 2020, 9153; *VG Hamburg*, Beschl. vom 29.04. 2020, Az.: 11 E 1790/20, BeckRS 2020, 7213; *OVG Hamburg*, Beschl. vom 30.04.2020, Az.: 5 Bs 66/20, BeckRS 2020, 7212; *VG Bremen*, Beschl. vom 30.04.2020, Az.: 5 V 763/20,

Beschränkungen wurden in der damaligen Phase häufig per Allgemeinverfügung getroffen. Anträge auf Anordnung der aufschiebenden Wirkung gegen diese hatten in der Regel keinen Erfolg.[343] Mitte April 2020 gab das VG Dresden jedoch einem Antrag gegen eine Allgemeinverfügung statt, soweit diese sogar eine maximal fünfminütige Versammlung mit sechs Personen unter strenger Beachtung von Abständen untersagte.[344] Teils blieben die Gerichte in der Begründung vage. So unterließ das VG Hannover eine genaue Verhältnismäßigkeitsprüfung und behielt diese Entscheidung dem Hauptsacheverfahren vor. Ebenso verfuhr das Gericht mit der Frage, ob eine Regelung per Allgemeinverfügung ausreichend war.[345] Andere Gerichte bejahten das dagegen bereits im Rahmen der summarischen Prüfung.[346] Auch Normenkontrollanträge waren erfolgreich.[347]

BeckRS 2020, 7216; *VG Düsseldorf*, Beschl. vom 30.04.2020, Az.: 7 L 775/20, BeckRS 2020, 9161; *VG Hamburg*, Beschl. vom 30.04.2020, Az.: 17 E 1826/20, BeckRS 2020, 12483; *VG Köln*, Beschl. vom 30.04.2020, Az.: 7 L 783/20, BeckRS 2020, 9158; *VG Weimar*, Beschl. vom 30.04.2020, Az.: 7 E 589/20 We, BeckRS 2020, 9223.

342 *VGH München*, Beschl. vom 09.04.2020, Az.: 20 CE 20.755, BeckRS 2020, 6313; *VG Schwerin*, Beschl. vom 11.04.2020, Az.: 15 B 486/20 SN, BeckRS 2020, 5959; *VG Schwerin*, Beschl. vom 11.04.2020, Az.: 15 B 487/20 SN, BeckRS 2020, 5958; *BVerfG*, Beschl. vom 15.04.2020, Az.: 1 BvR 828/20, NVwZ 2020, 709; *VG Hamburg*, Beschl. vom 16.04.2020, Az.: 17 E 1648/20, BeckRS 2020, 9930; *VG Hannover*, Beschl. vom 16.04.2020, Az.: 10 B 2232/20, BeckRS 2020, 5950; *BVerfG*, Beschl. vom 17.04.2020, Az.: 1 BvQ 37/20, NVwZ 2020, 711; *VG Dresden*, Beschl. vom 17.04.2020, Az.: 6 L 265/20, BeckRS 2020, 7580; *VG Halle*, Beschl. vom 17.04.2020, Az.: 5 B 190/20 HAL, BeckRS 2020, 8017; *VG Hamburg*, Beschl. vom 17.04.2020, Az.: 15 E 1640/20, BeckRS 2020, 6394; *VG München*, Beschl. vom 17.04.2020, Az.: M 26 E 20.1619, BeckRS 2020, 50656; *VGH Kassel*, Beschl. vom 17.04.2020, Az.: 2 B 1031/20, BeckRS 2020, 6783; *OVG Magdeburg*, Beschl. vom 18.04.2020, Az.: 3 M 60/20, BeckRS 2020, 8016; *VG Chemnitz*, Beschl. vom 20.04.2020, Az.: 7 L 221/20, BeckRS 2020, 15658; *VG Chemnitz*, Beschl. vom 23.04.2020, Az.: 7 L 228/20, BeckRS 2020, 7095; *VG Köln*, Beschl. vom 24.04.2020, Az.: 7 L 752/20, BeckRS 2020, 9127; *VG Regensburg*, Beschl. vom 24.04.2020, Az.: RO 14 E 20.675, BeckRS 2020, 7824; *VG Münster*, Beschl. vom 25.04.2020, Az.: 5 L 361/20, BeckRS 2020, 6676; *VG Gelsenkirchen*, Beschl. vom 28.04.2020, Az.: 20 L 514/20, BeckRS 2020, 9150; *VG Düsseldorf*, Beschl. vom 29.04.2020, Az.: 7 L 745/20, BeckRS 2020, 10144; *VG Regensburg*, Beschl. vom 30.04.2020, Az.: RO 14 S 20.727, BeckRS 2020, 7828; *OVG Bautzen*, Beschl. vom 30.04.2020, Az.: 3 B 167/20, BeckRS 2020, 7234; *OVG Berlin-Brandenburg*, Beschl. vom 30.04.2020, Az.: OVG 11 S 36/20, BeckRS 2020, 7530; *OVG Münster*, Beschl. vom 30.04.2020, Az.: 15 B 606/20, BeckRS 2020, 9250; *VG Trier*, Beschl. vom 30.04.2020, Az.: 6 L 1180/20. TR, BeckRS 2020, 7214.

343 *VG Hannover*, Beschl. vom 27.03.2020, Az.: 15 B 1968/20, BeckRS 2020, 4665; *VG Dresden*, Beschl. vom 30.03.2020, Az.: 6 L 212/20, BeckRS 2020, 4780.

344 *VG Dresden*, Beschl. vom 17.04.2020, Az.: 6 L 265/20, BeckRS 2020, 7580.

345 So etwa *VG Hannover*, Beschl. vom 27.03.2020, Az.: 15 B 1968/20, BeckRS 2020, 4665 Rn. 9, 12.

346 So etwa *VG Dresden*, Beschl. vom 30.03.2020, Az.: 6 L 212/20, BeckRS 2020, 4780.

347 *OVG Weimar*, Beschl. vom 10.04.2020, Az.: 3 EN 248/20, BeckRS 2020, 6395; *VGH Mannheim*, Beschl. vom 23.04.2020, Az.: 1 S 1046/20, BeckRS 2020, 8068.

Teils wurden auch im Einzelfall von Behörden Verbote ausgesprochen, etwa wegen der Besorgnis, dass Mindestabstände unterschritten würden. Häufig wurde das von den Gerichten im vorläufigen Rechtsschutz bestätigt.[348] Das VG Schwerin stellte in zwei Fällen die aufschiebende Wirkung von Verbotsverfügungen unter genau benannten und zu beachtenden Maßgaben wieder her. Ein vollständiges Verbot der Versammlungen könne unter Abwägung von Gesundheitsschutz und Versammlungsfreiheit nicht gerechtfertigt werden.[349] Der VGH Kassel änderte – entgegen der vorherigen Entscheidung des VG Gießen[350] – die Liste der Auflagen ab, da diese nach Ansicht des Verwaltungsgerichtshofs zu weitreichend waren.[351]

Auch beim BVerfG gingen Anträge ein. Häufig wurden diese abgewiesen, weil der Rechtsweg nicht erschöpft war.[352] Sofern Rechtssuchende die Hürde der Zulässigkeit überwinden konnte, scheiterten sie an der Folgenabwägung; einer materiell-rechtlichen Prüfung verweigerte sich das BVerfG zumeist.[353] Mitte April 2020 hatten dann jedoch zwei Anträge Erfolg. Gegenständlich waren zwei Verbotsanordnungen der Versammlungsbehörde in Giesen. Die Behörde ging davon aus, dass die damalige hessische Verordnung Versammlungen generell untersagte. Das war nach Feststellung des BVerfG jedoch gar nicht der Fall. Vielmehr hätte die Behörde einen Ermessensspielraum gehabt, welchen sie jedoch nicht nutzte.[354] Kurz darauf gab das Gericht dann einem weiteren Antrag aus ähnlichen Erwägungen statt.[355] Die Frage, ob sich ein präventives Verbot von Versammlungen mit Ausnahmevorbehalt mit Art. 8 GG vereinbaren lässt, ließ das BVerfG für das Hauptsacheverfahren offen.[356]

Auswirkungen hatte diese Rechtsprechung des BVerfG auf Versuche, die jeweiligen Behörden zur Erteilung von Ausnahmegenehmigungen zu verpflichten. In den ersten Wochen konnten Rechtssuchende die Gerichte nicht davon überzeugen,

---

[348] *VG Gießen*, Beschl. vom 31.03.2020, Az.: 4 L 1332/20.GI, BeckRS 2020, 4894; *VGH Kassel*, Beschl. vom 01.04.2020, Az.: 2 B 925/20, BeckRS 2020, 4981; *VG Gießen*, Beschl. vom 09.04.2020, Az.: 4 L 1479/20.GI, BeckRS 2020, 5767; *VGH Kassel*, Beschl. vom 14.04.2020, Az.: 2 B 985/20, BeckRS 2020, 6459.

[349] *VG Schwerin*, Beschl. vom 11.04.2020, Az.: 15 B 486/20 SN, BeckRS 2020, 5959; *VG Schwerin*, Beschl. vom 11.04.2020, Az.: 15 B 487/20 SN, BeckRS 2020, 5958.

[350] *VG Gießen*, Beschl. vom 16.04.2020, Az.: 4 L 1522/20.GI, BeckRS 2020, 6784.

[351] *VGH Kassel*, Beschl. vom 17.04.2020, Az.: 2 B 1031/20, BeckRS 2020, 6783.

[352] *BVerfG*, Beschl. vom 20.03.2020, Az.: 1 BvR 661/20, BeckRS 2020, 4022; *BVerfG*, Beschl. vom 31.03.2020, Az.: 1 BvR 712/20, NVwZ 2020, 622; *BVerfG*, Beschl. vom 09.04.2020, Az.: 1 BvQ 27/20, BeckRS 2020, 5618; *BVerfG*, Beschl. vom 10.04.2020, Az.: 1 BvQ 26/20, BeckRS 2020, 5586.

[353] *BVerfG*, Beschl. vom 09.04.2020, Az.: 1 BvQ 29/20, BeckRS 2020, 5620.

[354] *BVerfG*, Beschl. vom 15.04.2020, Az.: 1 BvR 828/20, NVwZ 2020, 709. Siehe dazu *Sachs*, JuS 2020, 474, 474 ff.

[355] *BVerfG*, Beschl. vom 17.04.2020, Az.: 1 BvQ 37/20, NVwZ 2020, 711.

[356] *BVerfG*, Beschl. vom 17.04.2020, Az.: 1 BvQ 37/20, NVwZ 2020, 711 Rn. 24. Siehe zu dieser Frage *Eibenstein*, NVwZ 2020, 1811, 1811 ff.

bei ihrem Vorhaben die Infektionsgefahr senken zu können.[357] Das VG München hatte in einem Fall hauptsächlich auf das Verhalten von Passanten abgestellt, die sich etwa zur Befriedigung der Schaulust unerlaubt ansammeln könnten.[358] Doch der VGH München gab der zuständigen Behörde angesichts der Bedeutung von Art. 8 GG eine erneute Entscheidung auf.[359] Die 17. Kammer des VG Hamburg verpflichtete Mitte April 2020 die Antragsgegnerin nicht – wie es beantragt wurde – dazu, eine Ausnahmegenehmigung zu erteilen. Stattdessen verpflichtete es die Antragsgegnerin dazu, die geplante Versammlung zu ermöglichen. Hintergrund dieser Entscheidung war die Auffassung der 17. Kammer, dass das präventive Verbot von Versammlungen mit Ausnahmevorbehalt in seiner konkreten Gestaltung ohnehin nicht mit Art. 8 GG zu vereinbaren wäre.[360] Auch ohne diesen Gesichtspunkt überwögen in der Folgenabwägung die Interessen der Antragsteller.[361] Die Entscheidung wurde dann jedoch noch am gleichen Tag vom OVG Hamburg aufgehoben, da die Versammlung ohnehin schon wegen eines Verstoßes gegen die Bannkreisregelung verboten gewesen sei.[362] Die 15. Kammer verpflichtete die Antragsgegnerin zwei Tage später – und zwei Tage nach den beiden ersten Entscheidungen des BVerfG – in einem anderen Fall zur Erteilung einer Ausnahmegenehmigung.[363]

Zeitgleich erklärte das VG Hannover die niedersächsische Verordnung für rechtswidrig, da diese – im Gegensatz zu den Verordnungen anderer Bundesländer – keinen Ausnahmevorbehalt vorsah.[364] Das VG Halle verpflichtete die Antragsgegnerin wegen fehlerhafter Ermessensausübung dazu, eine Ausnahmegeneh-

---

[357] *VG Schleswig*, Beschl. vom 03.04.2020, Az.: 3 B 30/20, BeckRS 2020, 5197; *VG Köln*, Beschl. vom 09.04.2020, Az.: 7 L 687/20, BeckRS 2020, 6473; *VG Köln*, Beschl. vom 09.04.2020, Az.: 7 L 701/20, BeckRS 2020, 9068; *VG München*, Beschl. vom 09.04.2020, Az.: M 26 E 20.1506, BeckRS 2020, 7188; *VG Potsdam*, Beschl. vom 09.04.2020, Az.: VG 3 L 350/20, BeckRS 2020, 12229; *VG Ansbach*, Beschl. vom 11.04.2020, Az.: AN 30 S 20.654, BeckRS 2020, 12204; *VG Karlsruhe*, Beschl. vom 14.04.2020, Az.: 19 K 1816/20, BeckRS 2020, 5775; *VGH Mannheim*, Beschl. vom 15.04.2020, Az.: 1 S 1078/20, BeckRS 2020, 5956.

[358] *VG München*, Beschl. vom 09.04.2020, Az.: M 26 E 20.1506, BeckRS 2020, 7188 Rn. 27.

[359] *VGH München*, Beschl. vom 09.04.2020, Az.: 20 CE 20.755, BeckRS 2020, 6313 Rn. 6–8.

[360] *VG Hamburg*, Beschl. vom 16.04.2020, Az.: 17 E 1648/20, BeckRS 2020, 9930 Rn. 13–31. Anders dagegen die 14. Kammer, siehe *VG Hamburg*, Beschl. vom 17.04.2020, Az.: 14 E 1635/20, BeckRS 2020, 12201 Rn. 56–58.

[361] *VG Hamburg*, Beschl. vom 16.04.2020, Az.: 17 E 1648/20, BeckRS 2020, 9930 Rn. 32–35.

[362] *OVG Hamburg*, Beschl. vom 16.04.2020, Az.: 5 Bs 58/20, BeckRS 2020, 5951. Kritisch zum Beschluss des OVG und mit Hintergründen *Heinecke*, KJ 2021, 88.

[363] *VG Hamburg*, Beschl. vom 17.04.2020, Az.: 15 E 1640/20, BeckRS 2020, 6394.

[364] *VG Hannover*, Beschl. vom 16.04.2020, Az.: 10 B 2232/20, BeckRS 2020, 5950.

migung zu erteilen.[365] Ebenso entscheiden das VG München,[366] das VG Chemnitz,[367] das VG Köln,[368] das VG Regensburg[369], das VG Münster[370], das VG Gelsenkirchen,[371] das VG Düsseldorf[372] und das VG Trier.[373] Andere Anträge wurden – teils von denselben Gerichten – abgelehnt.[374] Grund dafür waren jeweils die Umstände des Einzelfalls, etwa die Vorerfahrung mit dem betreffenden Antragsteller[375] oder die örtliche Nähe anderer Versammlungen, welche angekündigt hatten, sich der Versammlung des Antragstellers anzuschließen, womit Personenhöchstgrenzen verletzt worden wären.[376] Das OVG Bautzen änderte einen Beschluss des VG Chemnitz ab, was einzig mit einer Folgenabwägung begründet wurde.[377] Umgekehrt verhalf das OVG Bautzen der Antragstellerin entgegen der vorinstanzlichen Entscheidung des VG Chemnitz zur Ausnahmegenehmigung,[378] ebenso das OVG Berlin entgegen der vorherigen Entscheidung des VG Berlin[379] und das OVG Münster entgegen dem Beschluss des vorinstanzlichen VG Gelsenkirchen.[380]

Ab Mai 2020 wichen die präventiven Verbote mit Ausnahmevorbehalt Höchstbeschränkungen mit Ausnahmevorbehalten. Zudem waren Abstands- und teils auch Maskenpflichten zu beachten. Entsprechend nahmen gerichtliche Versuche ab,

---

[365] *VG Halle*, Beschl. vom 17.04.2020, Az.: 5 B 190/20 HAL, BeckRS 2020, 8017; bestätigt vom *OVG Magdeburg*, Beschl. vom 18.04.2020, Az.: 3 M 60/20, BeckRS 2020, 8016.

[366] *VG München*, Beschl. vom 17.04.2020, Az.: M 26 E 20.1619, BeckRS 2020, 50656.

[367] *VG Chemnitz*, Beschl. vom 20.04.2020, Az.: 7 L 221/20, BeckRS 2020, 15658; *VG Chemnitz*, Beschl. vom 23.04.2020, Az.: 7 L 228/20, BeckRS 2020, 7095.

[368] *VG Köln*, Beschl. vom 24.04.2020, Az.: 7 L 752/20, BeckRS 2020, 9127.

[369] *VG Regensburg*, Beschl. vom 24.04.2020, Az.: RO 14 E 20.675, BeckRS 2020, 7824.

[370] *VG Münster*, Beschl. vom 25.04.2020, Az.: 5 L 361/20, BeckRS 2020, 6676.

[371] *VG Gelsenkirchen*, Beschl. vom 28.04.2020, Az.: 20 L 514/20, BeckRS 2020, 9150.

[372] *VG Düsseldorf*, Beschl. vom 29.04.2020, Az.: 7 L 745/20, BeckRS 2020, 10144.

[373] *VG Trier*, Beschl. vom 30.04.2020, Az.: 6 L 1180/20.TR, BeckRS 2020, 7214.

[374] *VG Aachen*, Beschl. vom 29.04.2020, Az.: 7 L 306/20, BeckRS 2020, 9136; *VG Chemnitz*, Beschl. vom 29.04.2020, Az.: 7 L 230/20, BeckRS 2020, 7235; *VG Gelsenkirchen*, Beschl. vom 29.04.2020, Az.: 20 L 523/20, BeckRS 2020, 9152; *VG Gelsenkirchen*, Beschl. vom 29.04.2020, Az.: 20 L 526/20, BeckRS 2020, 9153; *VG Hamburg*, Beschl. vom 29.04.2020, Az.: 11 E 1790/20, BeckRS 2020, 7213; *OVG Hamburg*, Beschl. vom 30.04.2020, Az.: 5 Bs 66/20, BeckRS 2020, 7212; *VG Düsseldorf*, Beschl. vom 30.04.2020, Az.: 7 L 775/20, BeckRS 2020, 9161; *VG Hamburg*, Beschl. vom 30.04.2020, Az.: 17 E 1826/20, BeckRS 2020, 12483; *VG Köln*, Beschl. vom 30.04.2020, Az.: 7 L 783/20, BeckRS 2020, 9158.

[375] *VG Chemnitz*, Beschl. vom 29.04.2020, Az.: 7 L 230/20, BeckRS 2020, 7235 Rn. 18 f.

[376] *VG Gelsenkirchen*, Beschl. vom 29.04.2020, Az.: 20 L 523/20, BeckRS 2020, 9152 Rn. 11.

[377] *OVG Bautzen*, Beschl. vom 24.04.2020, Az.: 3 B 151/20, BeckRS 2020, 6623.

[378] *OVG Bautzen*, Beschl. vom 30.04.2020, Az.: 3 B 167/20, BeckRS 2020, 7234.

[379] *OVG Berlin-Brandenburg*, Beschl. vom 30.04.2020, Az.: OVG 11 S 36/20, BeckRS 2020, 7530.

[380] *OVG Münster*, Beschl. vom 30.04.2020, Az.: 15 B 606/20, BeckRS 2020, 9250.

Ausnahmegenehmigungen zur Abhaltung von Versammlungen zu erreichen.[381] Versuche, auf diesem Weg die Höchstbeschränkungen zu überschreiten, waren weit weniger erfolgreich als die gerichtlichen Verpflichtungsversuche im April 2020.[382]

Selten erfolgreich waren Verfahren gegen Personenhöchstbegrenzungen, Masken- und Abstandsregeln, welche nunmehr häufiger in Verordnungen geregelt wurden.[383] Einzig erfolgreich war ein Antrag vor dem brandenburgischen Verfassungsgericht: Die Regelung, dass selbst Ende Mai 2020 Versammlungen generell noch genehmigungspflichtig waren, setzte das VerfG Brandenburg teilweise außer Vollzug, wobei es sich auf eine Folgenabwägung stützte.[384] Ebenfalls nicht erfolgreich waren Anträge gegen entsprechende Regelungen, sofern sie als Allgemeinverfügung[385] oder versammlungsrechtliche Auflagen verfügt wurden.[386] Das OVG Lüneburg hielt jedoch entgegen dem VG Oldenburg die verfügte Höchstgrenze von 300 Teilnehmern, die Maskenpflicht für Kinder unter sechs Jahren sowie die Mindestabstandsregel, soweit sie auch zwischen Kind und Elternteil gilt,

---

[381] *BVerfG*, Beschl. vom 01.05.2020, Az.: 1 BvR 1003/20, BeckRS 2020, 7211 (reine Folgenabwägung); *VG Cottbus*, Beschl. vom 12.05.2020, Az.: VG 3 L 215/20, BeckRS 2020, 8301; *VG Hamburg*, Beschl. vom 20.05.2020, Az.: 17 E 2120/20, BeckRS 2020, 11811 (erfolgreich); *OVG Hamburg*, Beschl. vom 22.05.2020, Az.: 5 Bs 82/20, BeckRS 2020, 11810 (erfolgreich); *VG Mainz*, Beschl. vom 02.06.2020, Az.: 1 L 361/20.MZ, BeckRS 2020, 13462 (erfolgreich); *OVG Koblenz*, Beschl. vom 04.06.2020, Az.: 7 B 10688/20.OVG, BeckRS 2020, 12284.

[382] *VG München*, Beschl. vom 15.05.2020, Az.: M 13 E 20.2046, BeckRS 2020, 8617; *BVerfG*, Beschl. vom 16.05.2020, Az.: 1 BvQ 55/20, BeckRS 2020, 8616; *VG München*, Beschl. vom 22.05.2020, Az.: M 13 E 20.2200, BeckRS 2020, 50798; *VGH München*, Beschl. vom 22.05.2020, Az.: 10 CE 20.1236, BeckRS 2020, 14520; *VG München*, Beschl. vom 29.05.2020, Az.: M 13 E 20.2351, BeckRS 2020, 10655; *VGH München*, Beschl. vom 29.05.2020, Az.: 10 CE 20.1291, BeckRS 2020, 25571; *BVerfG*, Beschl. vom 11.06.2020, Az.: 1 BvQ 66/20, BeckRS 2020, 12066 (unzulässig); *VG Würzburg*, Beschl. vom 25.09.2020, Az.: W 5 S 20.1403, BeckRS 2020, 25098.

[383] *BayVerfGH*, Entsch. vom 08.05.2020, Az.: Vf. 34-VII-20, BeckRS 2020, 8029 (weitestgehend Folgenabwägung); *VG Hamburg*, Beschl. vom 11.05.2020, Az.: 9 E 1919/20, BeckRS 2020, 8673; *OVG Saarlouis*, Beschl. vom 13.05.2020, Az.: 2 B 175/20, BeckRS 2020, 8498.

[384] *VerfG Bbg*, Beschl. vom 03.06.2020, Az.: VfGBbg 9/20 EA, BeckRS 2020, 11248. Siehe dazu *Krüger/Saberzadeh*, npoR 2020, 255 f.

[385] *VG München*, Beschl. vom 02.10.2020, Az.: M 26a S 20.4823, BeckRS 2020, 26924; *VG Dresden*, Beschl. vom 23.10.2020, Az.: 6 L 788/20, BeckRS 2020, 28570. Siehe aber *OVG Bautzen*, Beschl. vom 24.10.2020, Az.: 3 B 338/20, BeckRS 2020, 28569: erfolgreich, soweit nur ortsfeste Versammlungen erlaubt waren.

[386] *VG Stuttgart*, Beschl. vom 15.05.2020, Az.: 5 K 2334/20, BeckRS 2020, 8757; *VGH Mannheim*, Beschl. vom 16.05.2020, Az.: 1 S 1541/20, BeckRS 2020, 8755; *VG Stuttgart*, Beschl. vom 29.05.2020, Az.: 5 K 2634/20, BeckRS 2020, 10577; *VGH Mannheim*, Beschl. vom 30.05.2020, Az.: 1 S 1651/20, BeckRS 2020, 10576; *BVerfG*, Beschl. vom 31.05.2020, Az.: 1 BvQ 63/20, NVwZ-RR 2020, 761 (reine Folgenabwägung); *VG Oldenburg*, Beschl. vom 26.06.2020, Az.: 7 B 1615/20, BeckRS 2020, 14355; *VG Hannover*, Beschl. vom 10.09.2020, Az.: 10 B 4681/20, BeckRS 2020, 26832.

für rechtswidrig, und stellte insoweit die aufschiebende Wirkung wieder her.[387] Das VG Karlsruhe hielt eine per Auflage verfügte Maskenpflicht für Ordner und Teilnehmer einer maßnahmenkritischen Versammlung für unverhältnismäßig. Eine entsprechende Abstandspflicht sei milder und gleich geeignet.[388] Das VG Köln hegte Zweifel an der Geeignetheit einer Regelung, nach welcher zur Kontaktnachverfolgung die Kontaktdaten von anwesenden Personen dokumentiert werden musste, da eine solche Pflicht zu falschen Eintragungen führen könnte.[389] Dem wollten das VG Aachen sowie bestätigend das OVG Münster auch im Ergebnis nicht folgen.[390]

In anderen Konstellationen waren gerichtliche Abwehrversuche dagegen erfolgreicher. Das gilt insbesondere für Versammlungsverbote, welche von den jeweiligen Behörden ausgesprochen wurden, weil diese Verstöße gegen die Hygieneregeln befürchteten, sowie für Auflagen, welche aus diesem Grund den Ort der Versammlung änderten.[391] Relevant wurden in diesen Entscheidungen primär ver-

---

[387] *OVG Lüneburg*, Beschl. vom 26.06.2020, Az.: 11 ME 139/20, BeckRS 2020, 13925; vorgehend *VG Oldenburg*, Beschl. vom 26.06.2020, Az.: 7 B 1615/20, BeckRS 2020, 14355; siehe dazu auch *BVerfG*, Beschl. vom 27.06.2020, Az.: 1 BvQ 74/20, BeckRS 2020, 13737 (Folgenabwägung, nicht erfolgreich).

[388] *VG Karlsruhe*, Beschl. vom 30.10.2020, Az.: 3 K 4416/20, BeckRS 2020, 28885.

[389] *VG Köln*, Beschl. vom 07.05.2020, Az.: 7 L 809/20, BeckRS 2020, 7882; *VG Köln*, Beschl. vom 07.05.2020, Az.: 7 L 814/20, BeckRS 2020, 7840; kritisch dazu *Kalscheuer*, COVuR 2020, 212 f.

[390] *VG Aachen*, Beschl. vom 21.09.2020, Az.: 7 L 676/20, BeckRS 2020, 24618; *OVG Münster*, Beschl. vom 23.09.2020, Az.: 13 B 1422/20, NVwZ-RR 2021, 162; *OVG Münster*, Beschl. vom 23.09.2020, Az.: 15 B 1421/20, BeckRS 2020, 24542. Siehe zur Thematik und zur Entscheidung des OVG Münster *Waldhoff*, JuS 2021, 903.

[391] *BVerfG*, Beschl. vom 01.05.2020, Az.: 1 BvR 1004/20, BeckRS 2020, 7215 (reine Folgenabwägung); *OVG Greifswald*, Beschl. vom 08.05.2020, Az.: 1 M 417/20 OVG, 7 B 731/20 OVG, BeckRS 2020, 24184; *VG Gelsenkirchen*, Beschl. vom 15.05.2020, Az.: 14 L 596/20, BeckRS 2020, 9678; *VG Düsseldorf*, Beschl. vom 22.05.2020, Az.: 18 L 918/20, BeckRS 2020, 60881; *VG Bayreuth*, Beschl. vom 22.05.2020, Az.: B 7 E 20.456, BeckRS 2020, 10929; *VGH München*, Beschl. vom 22.05.2020, Az.: 10 CS 20.1237, BeckRS 2020, 14529; *VG Stuttgart*, Beschl. vom 22.05.2020, Az.: 5 K 2478/20, BeckRS 2020, 10343; *VGH Mannheim*, Beschl. vom 23.05.2020, Az.: 1 S 1586/20, BeckRS 2020, 10590; *OVG Münster*, Beschl. vom 24.05.2020, Az.: 15 B 755/20, BeckRS 2020, 13245; *OVG Münster*, Beschl. vom 26.05.2020, Az.: 15 B 773/20, BeckRS 2020, 12830; *VG Gelsenkirchen*, Beschl. vom 03.07.2020, Az.: 14 L 863/20, BeckRS 2020, 23512; *VG Köln*, Beschl. vom 31.07.2020, Az.: 20 L 1374/20, BeckRS 2020, 19726; *VG Köln*, Beschl. vom 31.07.2020, Az.: 20 L 1379/20, BeckRS 2020, 33964; *VG Schleswig*, Beschl. vom 07.08.2020, Az.: 1 B 105/20, BeckRS 2020, 19304; *VG Berlin*, Beschl. vom 28.08.2020, Az.: VG 1 L 296/20, BeckRS 2020, 21355; *VG Berlin*, Beschl. vom 28.08.2020, Az.: VG 1 L 299/20, BeckRS 2020, 24864; *VG Berlin*, Beschl. vom 28.08.2020, Az.: VG 1 L 300/20, BeckRS 2020, 22055; *VG Berlin*, Beschl. vom 28.08.2020, Az.: VG 1 L 301/20, BeckRS 2020, 22051; *OVG Berlin-Brandenburg*, Beschl. vom 29.08.2020, Az.: OVG 1 S 101/20, BeckRS 2020, 22113; *OVG Berlin-Brandenburg*, Beschl. vom 29.08.2020, Az.: OVG 1 S 102/20, BeckRS 2020, 28321; *VG Berlin*, Beschl. vom 29.08.2020, Az.: VG 1 L 305/20, BeckRS 2020, 25375; *VG Berlin*, Beschl. vom 29.08.2020, Az.: VG 1 L 306/20, BeckRS 2020, 23130; *BVerfG*, Beschl. vom

sammlungsrechtliche Fragestellungen wie Gefahrenprognosen sowie die Pflichtigkeit[392] der Versammlungsteilnehmer. In einer beträchtlichen Anzahl stellten Verwaltungsgerichte hier die aufschiebende Wirkung wieder her; die Oberverwaltungsgerichte zeigten sich in Beschwerdeverfahren noch großzügiger.[393] Stets wurden den Antragstellern dabei im Tenor Auflagen mit auf den Weg gegeben.

30.08.2020, Az.: 1 BvQ 94/20, NVwZ 2020, 1508; siehe dazu *Berwanger*, NVwZ 2020, 1511; *VG Halle*, Beschl. vom 31.08.2020, Az.: 5 B 372/20, BeckRS 2020, 52320; *VGH München*, Beschl. vom 11.09.2020, Az.: 10 CS 20.2063, BeckRS 2020, 24837; *VGH München*, Beschl. vom 11.09.2020, Az.: 10 CS 20.2064, BeckRS 2020, 24844; *VG München*, Beschl. vom 11.09.2020, Az.: M 13 E 20.4258, BeckRS 2020, 24845; *VG München*, Beschl. vom 11.09.2020, Az.: M 13 E 20.4261, BeckRS 2020, 24838; *VG München*, Beschl. vom 12.09.2020, Az.: M 13 S 20.4346, BeckRS 2020, 24151; *VGH München*, Beschl. vom 19.09.2020, Az.: 10 CS 20.2103, BeckRS 2020, 24616; *VG Aachen*, Beschl. vom 21.09.2020, Az.: 7 L 676/20, BeckRS 2020, 24618; *VG Bremen*, Beschl. vom 22.10.2020, Az.: 5 V 2328/20, BeckRS 2020, 29071; *VG München*, Beschl. vom 31.10.2020, Az.: M 13 S 20.5546, BeckRS 2020, 29621; *VG München*, Beschl. vom 31.10.2020, Az.: M 13 S 20.5551, BeckRS 2020, 29622.

[392] Siehe zu dieser Fragestellung insbesondere *VGH München*, Beschl. vom 22.05.2020, Az.: 10 CS 20.1237, BeckRS 2020, 14529; *VG Bayreuth*, Beschl. vom 22.05.2020, Az.: B 7 E 20.456, BeckRS 2020, 10929; *VG Stuttgart*, Beschl. vom 22.05.2020, Az.: 5 K 2478/20, BeckRS 2020, 10343; *VGH Mannheim*, Beschl. vom 23.05.2020, Az.: 1 S 1586/20, BeckRS 2020, 10590.

[393] Erfolgreich: *VG Düsseldorf*, Beschl. vom 22.05.2020, Az.: 18 L 918/20, BeckRS 2020, 60881; *VG Bayreuth*, Beschl. vom 22.05.2020, Az.: B 7 E 20.456, BeckRS 2020, 10929; *VGH München*, Beschl. vom 22.05.2020, Az.: 10 CS 20.1237, BeckRS 2020, 14529; *VGH Mannheim*, Beschl. vom 23.05.2020, Az.: 1 S 1586/20, BeckRS 2020, 10590; *OVG Münster*, Beschl. vom 26.05.2020, Az.: 15 B 773/20, BeckRS 2020, 12830; *VG Gelsenkirchen*, Beschl. vom 03.07.2020, Az.: 14 L 863/20, BeckRS 2020, 23512; *VG Berlin*, Beschl. vom 28.08.2020, Az.: VG 1 L 296/20, BeckRS 2020, 21355; *VG Berlin*, Beschl. vom 28.08.2020, Az.: VG 1 L 299/20, BeckRS 2020, 24864; *VG Berlin*, Beschl. vom 28.08.2020, Az.: VG 1 L 300/20, BeckRS 2020, 22055; *VG Berlin*, Beschl. vom 28.08.2020, Az.: VG 1 L 301/20, BeckRS 2020, 22051; *OVG Berlin-Brandenburg*, Beschl. vom 29.08.2020, Az.: OVG 1 S 101/20, BeckRS 2020, 22113; *OVG Berlin-Brandenburg*, Beschl. vom 29.08.2020, Az.: OVG 1 S 102/20, BeckRS 2020, 28321; *VG Berlin*, Beschl. vom 29.08.2020, Az.: VG 1 L 305/20, BeckRS 2020, 25375; *VG Berlin*, Beschl. vom 29.08.2020, Az.: VG 1 L 306/20, BeckRS 2020, 23130; *VG Halle*, Beschl. vom 31.08.2020, Az.: 5 B 372/20, BeckRS 2020, 52320; *VGH München*, Beschl. vom 11.09.2020, Az.: 10 CS 20.2063, BeckRS 2020, 24837 (entgegen VG München); *VGH München*, Beschl. vom 11.09.2020, Az.: 10 CS 20.2064, BeckRS 2020, 24844 (entgegen VG München); *VG Bremen*, Beschl. vom 22.10.2020, Az.: 5 V 2328/20, BeckRS 2020, 29071. – Nicht erfolgreich *VG Gelsenkirchen*, Beschl. vom 15.05.2020, Az.: 14 L 596/20, BeckRS 2020, 9678; *VG Stuttgart*, Beschl. vom 22.05.2020, Az.: 5 K 2478/20, BeckRS 2020, 10343; *OVG Münster*, Beschl. vom 24.05.2020, Az.: 15 B 755/20, BeckRS 2020, 13245; *VG Köln*, Beschl. vom 31.07.2020, Az.: 20 L 1374/20, BeckRS 2020, 19726; *VG Köln*, Beschl. vom 31.07.2020, Az.: 20 L 1379/20, BeckRS 2020, 33964; *VG Schleswig*, Beschl. vom 07.08.2020, Az.: 1 B 105/20, BeckRS 2020, 19304; *BVerfG*, Beschl. vom 30.08.2020, Az.: 1 BvQ 94/20, NVwZ 2020, 1508; *VG München*, Beschl. vom 11.09.2020, Az.: M 13 E 20.4258, BeckRS 2020, 24845; *VG München*, Beschl. vom 11.09.2020, Az.: M 13 E 20.4261, BeckRS 2020, 24838; *VG München*, Beschl. vom 12.09.2020, Az.: M 13 S 20.4346, BeckRS 2020, 24151; *VGH München*, Beschl. vom 19.09.2020, Az.: 10 CS 20.2103, BeckRS 2020, 24616; *VG München*, Beschl. vom 31.10.2020,

bb) Zweite und dritte Welle

Auch mit Beginn der zweiten Welle behandelten die meisten Entscheidungen weiterhin Anträge auf Wiederherstellung der aufschiebenden Wirkung gegen Verbote und Auflagen. Häufig ging es nun um Maßgaben wie Höchstzahlen, Maskenpflicht und Abstandspflichten. Das war in zahlreichen Einzelfällen durchaus[394] erfolgreich.[395] Das VG München gebot etwa allzu restriktiven Auflagen bei einem Autokorso Einhalt.[396] Das VG Magdeburg stellte die aufschiebende Wirkung gegen einen Bescheid wieder her, der eine Maskenpflicht ohne behördliche, ärztliche oder sonst begründeten Befreiungen vorsah, da diese Regelung einen faktischen Ausschluss einer Personengruppe darstellte.[397] Das VG Köln hielt eine Pflicht zur Dokumentation von Kontaktdaten der Teilnehmer nunmehr für voraussichtlich rechtmäßig, nicht aber das VG Magdeburg.[398] In einigen Fällen wurden auch Regelungen angegriffen, die per Allgemeinverfügung oder Verordnung getroffen wurden, je-

---

Az.: M 13 S 20.5546, BeckRS 2020, 29621; *VG München*, Beschl. vom 31.10.2020, Az.: M 13 S 20.5551, BeckRS 2020, 29622; *VGH München*, Beschl. vom 01.11.2020, Az.: 10 CS 20.2449, BeckRS 2020, 30392; *VGH München*, Beschl. vom 01.11.2020, Az.: 10 CS 20.2450, BeckRS 2020, 30369.

[394] Nicht erfolgreich *VG München*, Beschl. vom 04.11.2020, Az.: M 13 E 20.5610, BeckRS 2020, 29625; *VG Leipzig*, Beschl. vom 06.11.2020, Az.: 1 L 782/20, BeckRS 2020, 29987; *VG Regensburg*, Beschl. vom 11.11.2020, Az.: RN 4 S 20.2742, BeckRS 2020, 30562; *VG Karlsruhe*, Beschl. vom 13.11.2020, Az.: 5 K 4651/20, BeckRS 2020, 32959; *VG Kassel*, Beschl. vom 13.11.2020, Az.: 6 L 2098/20.KS, BeckRS 2020, 32989 (überwiegend erfolglos); *VG Regensburg*, Beschl. vom 13.11.2020, Az.: RO 4 S 20.2767, BeckRS 2020, 31465; *VGH München*, Beschl. vom 16.11.2020, Az.: 10 CS 20.2658, BeckRS 2020, 32689; *OVG Münster*, Beschl. vom 20.11.2020, Az.: 15 B 1822/20, BeckRS 2020, 32563; *VG Köln*, Beschl. vom 20.11.2020, Az.: 20 L 2193/20, BeckRS 2020, 44565; *VG Karlsruhe*, Beschl. vom 02.12.2020, Az.: 3 K 4941/20, BeckRS 2020, 33428; *VG Köln*, Beschl. vom 03.12.2020, Az.: 20 L 2276/20, BeckRS 2020, 44227; *VG Karlsruhe*, Beschl. vom 05.12.2020, Az.: 1 K 5020/20, BeckRS 2020, 35101; *VGH München*, Beschl. vom 16.03.2021, Az.: 10 CS 21.772, BeckRS 2021, 6077; *VG Regensburg*, Beschl. vom 26.03.2021, Az.: RN 4 S 21.569, BeckRS 2021, 6837; bestätigt durch *VGH München*, Beschl. vom 26.03.2021, Az.: 10 CS 21.903, BeckRS 2021, 6836.

[395] Erfolgreich *OVG Münster*, Beschl. vom 04.12.2020, Az.: 15 B 1909/20, BeckRS 2020, 34298: maximal 200 statt 100 Teilnehmer (entgegen VG Köln); *VGH München*, Beschl. vom 31.01.2021, Az.: 10 CS 21.323, BeckRS 2021, 1285 (Höchstzahl); anders zuvor aber noch *VG München*, Beschl. vom 29.01.2021, Az.: M 13 S 21.442, BeckRS 2021, 1179; ähnlich wie der VGH *VG Arnsberg*, Beschl. vom 29.01.2021, Az.: 6 L 58/21, BeckRS 2021, 1002; bestätigt durch *OVG Münster*, Beschl. vom 30.01.2021, Az.: 15 B 124/21, BeckRS 2021, 1001; *VG Köln*, Beschl. vom 08.03.2021, Az.: 20 L 400/21, BeckRS 2021, 4163: Abstand zu Passanten, Gesangsverbot und Höchstzahl von 50; *VG Köln*, Beschl. vom 18.03.2021, Az.: 20 L 494/21, BeckRS 2021, 5147; noch erweitert durch *OVG Münster*, Beschl. vom 18.03.2021, Az.: 15 B 425/21, BeckRS 2021, 5558.

[396] *VG München*, Beschl. vom 06.02.2021, Az.: M 13 S 21.649, BeckRS 2021, 2213.

[397] *VG Magdeburg*, Beschl. vom 15.01.2021, Az.: 3 B 32/21, BeckRS 2021, 2679.

[398] *VG Köln*, Beschl. vom 06.11.2020, Az.: 20 L 2077/20, BeckRS 2020, 33073; dagegen aber *VG Magdeburg*, Beschl. vom 30.12.2020, Az.: 4 B 419/20, BeckRS 2020, 42211.

doch ohne großen Erfolg.[399] Das OVG Münster bewertete eine pauschale, per Allgemeinverfügung getroffene Begrenzung auf 100 Teilnehmer sowie eine Maskenpflicht als nicht notwendig.[400] Das OVG Bautzen stufte die Untersagung von nicht ortsfesten Versammlungen durch die sächsische Corona-Verordnung als voraussichtlich rechtmäßig ein.[401] Der VGH München setzte den Vollzug der Beschränkung von Versammlungen in geschlossenen Räumen auf maximal 100 Teilnehmer aus, nicht aber den Vollzug der Maskenpflicht.[402] Entscheidungen zu Ausnahmegenehmigungen finden sich nur noch selten.[403] Das VG Cottbus hielt in einer solchen Entscheidung das präventive Verbot von nicht ortsfesten Versammlungen für rechtmäßig, verpflichtete die zuständige Behörde aber zur Erteilung einer Ausnahmegenehmigung.[404]

Weiterhin wurden Versammlungen verboten, verlegt oder durch Untersagung des Aufzugsteils stark eingeschränkt, weil die Behörden befürchteten, dass Hygieneregeln nicht eingehalten werden würden.[405] Mitte November 2020 begannen

---

[399] *VG Köln*, Beschl. vom 09.11.2020, Az.: 20 L 2065/20, BeckRS 2020, 43257; *VG Regensburg*, Beschl. vom 02.12.2020, Az.: RN 14 S 20.2948, BeckRS 2020, 33571; bestätigend *VGH München*, Beschl. vom 04.12.2020, Az.: 20 CS 20.2873, BeckRS 2020, 34835; *OVG Greifswald*, Beschl. vom 29.12.2020, Az.: 2 KM 872/20 OVG, BeckRS 2020, 45164; *VG Berlin*, Beschl. vom 27.01.2021, Az.: VG 1 L 118/21, BeckRS 2021, 1539.

[400] *OVG Münster*, Beschl. vom 10.11.2020, Az.: 13 B 1765/20, BeckRS 2020, 31566; *OVG Münster*, Beschl. vom 11.11.2020, Az.: 13 B 1771/20, BeckRS 2020, 32423; anders zuvor noch *VG Köln*, Beschl. vom 09.11.2020, Az.: 20 L 2065/20, BeckRS 2020, 43257; *VG Köln*, Beschl. vom 10.11.2020, Az.: 20 L 2103/20, BeckRS 2020, 32424.

[401] *OVG Bautzen*, Beschl. vom 20.11.2020, Az.: 3 B 399/20, BeckRS 2020, 31845.

[402] *VGH München*, Beschl. vom 30.03.2021, Az.: 20 NE 21.805, BeckRS 2021, 6325.

[403] *VG Ansbach*, Beschl. vom 31.12.2020, Az.: AN 18 E 20.2921, BeckRS 2020, 38179 (Überschreitung der Höchstzahl, nicht erfolgreich); *VG Cottbus*, Beschl. vom 25.02.2021, Az.: VG 3 L 83/21, BeckRS 2021, 2889; *VG Cottbus*, Beschl. vom 12.03.2021, Az.: VG 3 L 106/21, BeckRS 2021, 4988; *VG Cottbus*, Beschl. vom 12.03.2021, Az.: VG 3 L 105/21, BeckRS 2021, 45203.

[404] *VG Cottbus*, Beschl. vom 25.02.2021, Az.: VG 3 L 83/21, BeckRS 2021, 2889; *VG Cottbus*, Beschl. vom 12.03.2021, Az.: VG 3 L 106/21, BeckRS 2021, 4988; *VG Cottbus*, Beschl. vom 12.03.2021, Az.: VG 3 L 105/21, BeckRS 2021, 45203.

[405] Nicht erfolgreich *VG Leipzig*, Beschl. vom 06.11.2020, Az.: 1 L 782/20, BeckRS 2020, 29987; *VG Leipzig*, Beschl. vom 06.11.2020, Az.: 1 L 783/20, BeckRS 2020, 29845; *VG München*, Beschl. vom 06.11.2020, Az.: M 13 S 20.5656, BeckRS 2020, 30389; *VG München*, Beschl. vom 06.11.2020, Az.: M 13 S 20.5689, BeckRS 2020, 30387; *OVG Bautzen*, Beschl. vom 07.11.2020, Az.: 3 B 367/20, BeckRS 2020, 29844; *VG Ansbach*, Beschl. vom 19.11.2020, Az.: AN 18 S 20.2484, BeckRS 2020, 32219; *VG Düsseldorf*, Beschl. vom 19.11.2020, Az.: 24 L 2335/20, BeckRS 2020, 32110; *OVG Münster*, Beschl. vom 20.11.2020, Az.: 15 B 1834/20, BeckRS 2020, 32552; *VG Neustadt a.d. Weinstraße*, Beschl. vom 20.11.2020, Az.: 5 L 1030/20.NW, BeckRS 2020, 31654; *VGH München*, Beschl. vom 20.11.2020, Az.: 10 CS 20.2745, BeckRS 2020, 32683; *BVerfG*, Beschl. vom 21.11.2020, Az.: 1 BvQ 135/20, NVwZ 2021, 141; *VG Bremen*, Beschl. vom 02.12.2020, Az.: 5 V 2748/20, BeckRS 2020, 33349; *OVG Bremen*, Beschl. vom 04.12.2020, Az.: 1 B 385/20, BeckRS 2020, 33589; *BVerfG*, Beschl. vom 05.12.2020, Az.: 1 BvQ 145/20, BeckRS 2020, 33781 (Folgenabwägung); *VG Karlsruhe*, Beschl. vom 05.12.2020, Az.: 1 K 5020/20, BeckRS

dabei erste Gerichte, Anträge gegen Verbote von coronamaßnahmenkritischen Versammlungen („Querdenker“) abzulehnen und dabei der Argumentation der zuständigen Behörden zu folgen, dass aus der maßnahmenkritischen Einstellungen der Teilnehmer und Erfahrungen aus der Vergangenheit mit Verstößen gegen Abstands- und Maskenpflichten zu rechnen sei, selbst wenn die Veranstalter nicht identisch waren.[406] Das BVerfG billigte die Praxis ausdrücklich.[407] Ablehnende Entscheidungen mit dieser Begründung wurden so die Regel.[408] Dass Beschränkungen der

2020, 35101; *OVG Bautzen*, Beschl. vom 11.12.2020, Az.: 6 B 432/20, BeckRS 2020, 34976; *VG Frankfurt a. M.*, Beschl. vom 11.12.2020, Az.: 5 L 3330/20.F, BeckRS 2020, 36603; *VG Weimar*, Beschl. vom 11.12.2020, Az.: 7 E 1732/20 We, BeckRS 2020, 43226; *OVG Weimar*, Beschl. vom 12.12.2020, Az.: 3 EO 820/20, BeckRS 2020, 42880; *VG Freiburg*, Beschl. vom 17.12.2020, Az.: 7 K 3936/20, BeckRS 2020, 44884; *VG Ansbach*, Beschl. vom 15.01.2021, Az.: AN 4 S 21.102, BeckRS 2021, 788; *VG Magdeburg*, Beschl. vom 15.01.2021, Az.: 3 B 31/21, BeckRS 2021, 2678; *VGH München*, Beschl. vom 16.01.2021, Az.: 10 CS 21.166, BeckRS 2021, 787; *VG München*, Beschl. vom 22.01.2021, Az.: M 13 S 21.337, BeckRS 2021, 480; *VG München*, Beschl. vom 29.01.2021, Az.: M 13 S 21.442, BeckRS 2021, 1179; *VG Würzburg*, Beschl. vom 15.02.2021, Az.: W 5 E 21.227, BeckRS 2021, 2874; *VG Weimar*, Beschl. vom 25.02.2021, Az.: 1 E 222/21 We, BeckRS 2021, 6816; bestätigt durch *OVG Weimar*, Beschl. vom 26.02.2021, Az.: 3 EO 134/21, BeckRS 2021, 5302; siehe dazu *Müller*, COVuR 2021, 224; *VG Magdeburg*, Beschl. vom 12.03.2021, Az.: 3 B 73/21, BeckRS 2021, 6623; *OVG Magdeburg*, Beschl. vom 12.03.2021, Az.: 3 M 55/21, BeckRS 2021, 33728; *OVG Bautzen*, Beschl. vom 13.03.2021, Az.: 6 B 96/21, BeckRS 2021, 5768; *OVG Koblenz*, Beschl. vom 17.03.2021, Az.: 7 B 11475/20.OVG, BeckRS 2021, 47709 (entgegen VG Trier). – Zumindest teilweise erfolgreich *OVG Bautzen*, Beschl. vom 07.11.2020, Az.: 6 B 368/20, KommJur 2021, 17; siehe dazu *Hofmann*, NVwZ 2020, 1855; kritisch *Edenharter*, DVBl. 2021, 130; *VG Frankfurt a. M.*, Beschl. vom 19.11.2020, Az.: 5 L 3106/20.F, BeckRS 2020, 32403; entgegen dem VG München hinsichtlich der Ortsverlegung teilweise erfolgreich *VGH München*, Beschl. vom 24.01.2021, Az.: 10 CS 21.249, BeckRS 2021, 479; *VG Gießen*, Beschl. vom 26.01.2021, Az.: 4 L 241/21.Gl, BeckRS 2021, 7510: immerhin 15 Personen; *OVG Lüneburg*, Beschl. vom 19.02.2021, Az.: 11 ME 34/21, BeckRS 2021, 3708; *VG München*, Beschl. vom 20.02.2021, Az.: M 13 S 21.900, BeckRS 2021, 3503; *VGH München*, Beschl. vom 21.02.2021, Az.: 10 CS 21.526, BeckRS 2021, 2785; *VGH München*, Beschl. vom 27.02.2021, Az.: 10 CS 21.602, BeckRS 2021, 4189; *OVG Münster*, Beschl. vom 09.03.2021, Az.: 15 B 339/21, BeckRS 2021, 4162; *VG Kassel*, Beschl. vom 17.03.2021, Az.: 6 L 562/21.KS, BeckRS 2021, 5137; *VG Kassel*, Beschl. vom 17.03.2021, Az.: 6 L 573/21.KS, BeckRS 2021, 5134 (abgeändert durch den VGH Kassel); *VGH Kassel*, Beschl. vom 19.03.2021, Az.: 2 B 588/21, BeckRS 2021, 5136.

406 *VG Düsseldorf*, Beschl. vom 19.11.2020, Az.: 24 L 2335/20, BeckRS 2020, 32110 Rn. 16–22; *VG Neustadt a. d. Weinstraße*, Beschl. vom 20.11.2020, Az.: 5 L 1030/20.NW, BeckRS 2020, 31654 Rn. 32–37; *OVG Münster*, Beschl. vom 20.11.2020, Az.: 15 B 1834/20, BeckRS 2020, 32552 Rn. 10; *VGH München*, Beschl. vom 20.11.2020, Az.: 10 CS 20.2745, BeckRS 2020, 32683 Rn. 18.

407 *BVerfG*, Beschl. vom 21.11.2020, Az.: 1 BvQ 135/20, NVwZ 2021, 141, Rn. 11.

408 Siehe insbesondere *VG Bremen*, Beschl. vom 02.12.2020, Az.: 5 V 2748/20, BeckRS 2020, 33349; *VG Karlsruhe*, Beschl. vom 05.12.2020, Az.: 1 K 5020/20, BeckRS 2020, 35101; *OVG Bautzen*, Beschl. vom 11.12.2020, Az.: 6 B 432/20, BeckRS 2020, 34976; *VG Frankfurt a. M.*, Beschl. vom 11.12.2020, Az.: 5 L 3330/20.F, BeckRS 2020, 36603.

Versammlungsfreiheit trotz des geringen Infektionsrisiko im Freien[409] grundsätzlich verhältnismäßig sind, wurde dabei in aller Regel unterstellt.[410]

Anlässlich des Jahreswechsels 2020/2021 wurden erneut Präventivverbote von Versammlungen verhängt. Die Maßnahme wurde unterschiedlich bewertet. Das VG Berlin hielt die Regelung wegen einer „besonderen Gefährdungslage an Silvester und Neujahr" für verhältnismäßig. Da es hier erfahrungsgemäß zu vielen Begegnungen bei Ansammlungen komme, müssten zusätzliche physische Kontakte bei Versammlungen im Sinne des Art. 8 GG untersagt werden.[411] Das unterstellt nicht nur, das massenhaft gegen die geltenden Kontaktbeschränkungen verstoßen wird.[412] Es stellt auch eine unangemessene Instrumentalisierung der Versammlungsfreiheit dar, wenn Versammlungen pauschal untersagt werden, um deren Infektionsrisiko zu vermeiden und auf diese Weise die Infektionsrisiken anderer Verhaltensweisen auszugleichen. Dennoch bestätigte der OVG Berlin-Brandenburg die Entscheidung, ebenso entschied der BayVerfGH.[413] Das OVG Münster setzte den Vollzug einer entsprechenden Regel dagegen aus.[414]

Auch mit dem einsetzenden Frühjahr blieb es dabei, dass häufig stattgebende Einzelfallentscheidungen zu Versammlungsverboten und -auflagen zu verzeichnen waren.[415] Gelegentlich entschieden Gerichte auch über Ausnahmegenehmigungen

---

[409] Siehe dazu oben S. 19 f.

[410] Siehe aber etwa *VGH München*, Beschl. vom 24.01.2021, Az.: 10 CS 21.249, BeckRS 2021, 479 Rn. 30–33, wobei dem Senat bereits die reine Erhöhung des Infektionsrisikos genügt. Wie hoch diese Erhöhung aber ist und ob diese im Verhältnis mit der Beschränkung der Versammlungsfreiheit steht, erörtert der Senat nicht.

[411] *VG Berlin*, Beschl. vom 29.12.2020, Az.: VG 1 L 458/20, BeckRS 2020, 37396 Rn. 27–30.

[412] *Eibenstein*, COVuR 2021, 102, 102 f.

[413] *OVG Berlin-Brandenburg*, Beschl. vom 30.12.2020, Az.: OVG 1 S 177/20, BeckRS 2020, 37020; *BayVerfGH*, Entsch. vom 30.12.2020, Az.: Vf. 96-VII-20, BeckRS 2020, 36981.

[414] *OVG Münster*, Beschl. vom 30.12.2020, Az.: 13 B 2070/20.NE, BeckRS 2020, 37108.

[415] Nicht erfolgreich *VG Dresden*, Beschl. vom 03.04.2021, Az.: 6 L 253/21, BeckRS 2021, 19527; *VG Karlsruhe*, Beschl. vom 09.04.2021, Az.: 10 K 1307/21, BeckRS 2021, 11184; *VG Leipzig*, Beschl. vom 09.04.2021, Az.: 1 L 202/21, BeckRS 2021, 6823; bestätigt durch *OVG Bautzen*, Beschl. vom 10.04.2021, Az.: 6 B 177/21, BeckRS 2021, 6822; *VG Stuttgart*, Beschl. vom 15.04.2021, Az.: 5 K 1872/21, BeckRS 2021, 8332; *VG Stuttgart*, Beschl. vom 15.04.2021, Az.: 5 K 1874/21, BeckRS 2021, 9996; beide bestätigt vom *VGH Mannheim*, Beschl. vom 16.04.2021, Az.: 1 S 1304/21, BeckRS 2021, 8263; *VGH Mannheim*, Beschl. vom 16.04.2021, Az.: 1 S 1305/21, BeckRS 2021, 9885; *VG Dresden*, Beschl. vom 15.04.2021, Az.: 6 L 283/21 (juris); *OVG Bautzen*, Beschl. vom 16.04.2021, Az.: 6 B 186/21, BeckRS 2021, 8200; *VG Köln*, Beschl. vom 16.04.2021, Az.: 20 L 687/21, BeckRS 2021, 12174; *VGH München*, Beschl. vom 16.04.2021, Az.: 10 CS 21.1113, BeckRS 2021, 9416; *VGH München*, Beschl. vom 16.04.2021, Az.: 10 CS 21.1114, BeckRS 2021, 9418; *VGH München*, Beschl. vom 19.04.2021, Az.: 10 CS 21.1135, BeckRS 2021, 9634; *VG Berlin*, Beschl. vom 21.04.2021, Az.: VG 1 L 236/21, BeckRS 2021, 8066; *OVG Bautzen*, Beschl. vom 24.04.2021, Az.: 6 B 204/21, BeckRS 2021, 8459; *VG Chemnitz*, Beschl. vom 30.04.2021, Az.: 7 L 207/21, BeckRS 2021, 9347 (abgeändert durch OVG Bautzen); *VG*

zur Durchführung von Aufzügen.[416] Anträge gegen Versammlungsverbote waren dabei erfolgreicher als Anträge gegen andere Beschränkungen der Versammlungsfreiheit. Anlässlich mehrerer Verbote betonte das VG Kassel Ende Juni 2021, dass die Infektionslage isoliert nicht mehr genüge, um Verbote noch zu rechtfertigen.[417] Das VG Berlin sowie das OVG Berlin hielten dagegen auch Ende Juli 2021 Verbote von Corona-kritischen Versammlungen noch für rechtmäßig, ohne zu hinterfragen, ob die Masken- und Abstandspflichten – deren befürchtete Verletzungen die Begründung für die Verbote darstellten – angesichts des Impffortschritts und der Infektionslage überhaupt noch notwendig und angemessen waren.[418] Gegen verord-

---

Köln, Beschl. vom 30.04.2021, Az.: 20 L 802/21, BeckRS 2021, 12171; dagegen aber *OVG Münster*, Beschl. vom 30.04.2021, Az.: 15 B 804/21, BeckRS 2021, 10705; *VG Würzburg*, Beschl. vom 30.04.2021, Az.: W 5 S 21.591, BeckRS 2021, 9370; *VG Freiburg*, Beschl. vom 05.05.2021, Az.: 1 K 1396/21, BeckRS 2021, 11743; *OVG Münster*, Beschl. vom 06.05. 2021, Az.: 15 B 835/21, BeckRS 2021, 10691; *VG Düsseldorf*, Beschl. vom 07.05.2021, Az.: 24 L 1008/21, BeckRS 2021, 10693; dagegen aber *OVG Münster*, Beschl. vom 08.05. 2021, Az.: 15 B 841/21, BeckRS 2021, 10692; *VG Würzburg*, Beschl. vom 07.05.2021, Az.: W 5 S 21.615, BeckRS 2021, 10339; *VG Dresden*, Beschl. vom 12.05.2021, Az.: 6 L 351/21, BeckRS 2021, 10812; bestätigt durch *OVG Bautzen*, Beschl. vom 14.05.2021, Az.: 6 B 234/21, BeckRS 2021, 19542; *VG Berlin*, Beschl. vom 21.05.2021, Az.: VG 1 L 271/21, BeckRS 2021, 12800; *VG Berlin*, Beschl. vom 21.05.2021, Az.: VG 1 L 272/21, BeckRS 2021, 12568; *VG Karlsruhe*, Beschl. vom 28.05.2021, Az.: 3 K 1937/21, BeckRS 2021, 18083; *VG Karlsruhe*, Beschl. vom 02.06.2021, Az.: 3 K 2016/21, BeckRS 2021, 18105; *VG Gießen*, Beschl. vom 11.06.2021, Az.: 4 L 2145/21.GI, BeckRS 2021, 58231; bestätigt durch *VGH Kassel*, Beschl. vom 11.06.2021, Az.: 2 B 1259/21 (juris); *VG Kassel*, Beschl. vom 16.06.2021, Az.: 6 L 1115/21.KS, BeckRS 2021, 20152. – Erfolgreich *VG Köln*, Beschl. vom 09.04.2021, Az.: 20 L 635/21, BeckRS 2021, 8992; *VGH München*, Beschl. vom 10.04.2021, Az.: 10 CS 21.1023, BeckRS 2021, 9413; *VG Köln*, Beschl. vom 16.04.2021, Az.: 20 L 687/21, BeckRS 2021, 12174; *OVG Bautzen*, Beschl. vom 01.05.2021, Az.: 6 B 220/21, BeckRS 2021, 9346 (entgegen VG Chemnitz); *VG München*, Beschl. vom 30.04. 2021, Az.: M 13 S 21.2315, BeckRS 2021, 9540; *VG Arnsberg*, Beschl. vom 07.05.2021, Az.: 6 L 439/21, BeckRS 2021, 10418; *VG Ansbach*, Beschl. vom 14.05.2021, Az.: AN 4 E 21.885, AN 4 S 21.886, BeckRS 2021, 11976; bestätigt durch *VGH München*, Beschl. vom 14.05.2021, Az.: 10 CS 21.1385, BeckRS 2021, 12859; *VG Magdeburg*, Beschl. vom 14.05. 2021, Az.: 3 B 124/21, BeckRS 2021, 12793; *VG Kassel*, Beschl. vom 18.06.2021, Az.: 6 L 1137/21.KS, BeckRS 2021, 20158; *VG Kassel*, Beschl. vom 18.06.2021, Az.: 6 L 1138/21. KS, BeckRS 2021, 20161; *VG Frankfurt a. M.*, Beschl. vom 02.07.2021, Az.: 5 L 1832/21.F, BeckRS 2021, 18865.

[416] Erfolgreich *VG Ansbach*, Beschl. vom 30.04.2021, Az.: AN 4 S 21.00806, BeckRS 2021, 11939; *VG Leipzig*, Beschl. vom 01.06.2021, Az.: 3 L 308/21, BeckRS 2021, 12801.

[417] *VG Kassel*, Beschl. vom 18.06.2021, Az.: 6 L 1137/21.KS, BeckRS 2021, 20158 Rn. 14; *VG Kassel*, Beschl. vom 18.06.2021, Az.: 6 L 1138/21.KS, BeckRS 2021, 20161 Rn. 14.

[418] *VG Berlin*, Beschl. vom 30.07.2021, Az.: VG 1 L 379/21, BeckRS 2021, 21236; bestätigt durch *OVG Berlin-Brandenburg*, Beschl. vom 31.07.2021, Az.: OVG 1 S 109/21, BeckRS 2021, 21185; *VG Berlin*, Beschl. vom 30.07.2021, Az.: VG 1 L 377/21, BeckRS 2021, 30808; *VG Berlin*, Beschl. vom 30.07.2021, Az.: VG 1 L 378/21, BeckRS 2021, 27786; *VG Berlin*, Beschl. vom 30.07.2021, Az.: VG 1 L 380/21, BeckRS 2021, 21235; bestätigt durch *OVG Berlin-Brandenburg*, Beschl. vom 31.07.2021, Az.: OVG 1 S 108/21, BeckRS 2021, 20620; *OVG Berlin-Brandenburg*, Beschl. vom 31.07.2021, Az.: OVG 1 S

nungsrechtliche Regelungen und Allgemeinverfügungen wurde dagegen selten vorgegangen, entsprechende Versuche waren nicht erfolgreich.[419]

cc) Sommerplateau 2021, vierte Welle und Omikronwellen

Auch nachdem die Impfkampagne zu ihrem Abschluss kam und die meisten Maßnahmen abgeschafft wurden, blieben Masken- und Abstandspflichten bei Versammlungen zunächst der Normalfall. Das OVG Bautzen sah Anfang August 2021 kein Problem darin.[420]

Verbote von Corona-kritischen Versammlungen wurden weiterhin wegen befürchteter Verstöße gegen Hygieneregeln ausgesprochen und von Gerichten im vorläufigen Rechtsschutz bestätigt.[421] Das VG Berlin blieb seiner Linie treu und lehnte auch noch Ende August 2021 – während Diskotheken und Clubs wieder ohne Maske und Abstand öffnen konnten[422] – Anträge gegen die Verbote von Corona-kritischen Versammlungen ab, da die Inzidenz zu hoch und die Impfquote zu niedrig sei, um zu erwartende Verstöße gegen Masken- und Abstandspflichten hinnehmen zu können.[423] Masken- und Abstandspflichten blieben auch im Winter 2021/22 noch an der Tagesordnung; weiterhin war ein Vorgehen gegen diese Maßnahmen selbst nie erfolgreich.[424] Erfolg hatten teils aber Anträge gegen

110/21, BeckRS 2021, 21186; *VG Berlin*, Beschl. vom 31.07.2021, Az.: VG 1 L 381/21 (VG-SR 1/21), BeckRS 2021, 21923.

[419] *BayVerfGH*, Entsch. vom 12.04.2021, Az.: Vf. 21-VII-21, BeckRS 2021, 7686; *OVG Schleswig*, Beschl. vom 16.04.2021, Az.: 3 MR 21/21, BeckRS 2021, 8151; *VG Ansbach*, Beschl. vom 30.04.2021, Az.: AN 4 S 21.00806, BeckRS 2021, 11939; *VGH München*, Beschl. vom 20.07.2021, Az.: 25 NE 21.1814, BeckRS 2021, 20947.

[420] *OVG Bautzen*, Beschl. vom 09.08.2021, Az.: 3 B 254/21, BeckRS 2021, 21672.

[421] *VG Karlsruhe*, Beschl. vom 21.12.2021, Az.: 3 K 4579/21, BeckRS 2021, 41288; *VG Hamburg*, Beschl. vom 28.01.2022, Az.: 9 E 356/22, BeckRS 2022, 1155; bestätigt durch *OVG Hamburg*, Beschl. vom 28.01.2022, Az.: 4 Bs 13/22, BeckRS 2022, 1156.

[422] Siehe unten S. 166 f.

[423] *VG Berlin*, Beschl. vom 27.08.2021, Az.: VG 1 L 423/21, BeckRS 2021, 24227; *VG Berlin*, Beschl. vom 27.08.2021, Az.: VG 1 L 424/21, BeckRS 2021, 24223; *VG Berlin*, Beschl. vom 27.08.2021, Az.: VG 1 L 425/21, BeckRS 2021, 24228.

[424] *VG Ansbach*, Beschl. vom 07.01.2022, Az.: AN 4 S 22.17, BeckRS 2022, 103; *OVG Münster*, Beschl. vom 14.01.2022, Az.: 13 B 33/22.NE, BeckRS 2022, 285; *VG München*, Beschl. vom 20.01.2022, Az.: M 33 S 22.192, BeckRS 2022, 394; *VG München*, Beschl. vom 26.01.2022, Az.: M 33 S 22.332, BeckRS 2022, 1220; *VG München*, Beschl. vom 26.01. 2022, Az.: M 33 S 22.360, BeckRS 2022, 765; *VG Würzburg*, Beschl. vom 07.02.2022, Az.: W 5 S 22.173, BeckRS 2022, 2933; *VG München*, Beschl. vom 11.02.2022, Az.: M 33 S 22.675, BeckRS 2022, 4107; *VG München*, Beschl. vom 18.02.2022, Az.: M 33 S 22.824, BeckRS 2022, 2966; *VG Gießen*, Beschl. vom 28.02.2022, Az.: 9 L 423/22.GI, BeckRS 2022, 28841 (erfolgreich hinsichtlich einer Ausweismitführungspflicht). Siehe zu vereinzelt auffindbaren „3G"-Regelungen *Benamor*, DÖV 2022, 590, 590 ff.

Höchstgrenzen oder Ortsverlegungen.[425] Auch präventive Verbote solcher Veranstaltungen mittels Allgemeinverfügungen wurde von Verwaltungsgerichten gebilligt, obwohl mit dem Ende der epidemischen Lage nationaler Tragweite § 28a Abs. 1 Nr. 10 IfSG, der die Untersagung von Versammlungen ermöglichte, nicht mehr anwendbar war.[426] Das BVerfG hielt die Frage erst in einem Hauptsacheverfahren für beantwortbar und lehnte einen Antrag im Rahmen einer Folgenabwägung ab,[427] während das VG Düsseldorf einem Antrag stattgab.[428] Entsprechende präventive Verbote blieben bis Februar 2022 in Gebrauch, mit unterschiedlicher verwaltungsgerichtlicher Beurteilung.[429] Vor dem VG Stuttgart hatte ein Antrag wegen Unverhältnismäßigkeit Erfolg. Auch erfolgreiche Anträge vor dem VG Karlsruhe und dem VG München sind zu verzeichnen.[430]

[425] *VG Dresden*, Beschl. vom 07.01.2022, Az.: 6 L 9/22 (juris); *VG München*, Beschl. vom 29.12.2021, Az.: M 13 S 21.6688, BeckRS 2021, 41722; *VG München*, Beschl. vom 19.01.2022, Az.: M 33 S 22.259, BeckRS 2022, 395.

[426] Deswegen zweifelnd *VG Neustadt a. d. Weinstraße*, Beschl. vom 03.01.2022, Az.: 5 L 1276/21.NW, BeckRS 2022, 2 Rn. 13; ebenso *OVG Koblenz*, Beschl. vom 03.01.2022, Az.: 7 B 10005/22.OVG, BeckRS 2022, 15; *VG Koblenz*, Beschl. vom 14.01.2022, Az.: 3 L 38/22.KO, BeckRS 2022, 367; *VGH München*, Beschl. vom 17.01.2022, Az.: 10 CS 22.126, BeckRS 2022, 4061; *VGH München*, Beschl. vom 19.01.2022, Az.: 10 CS 22.162, BeckRS 2022, 921; siehe dazu *Höfler*, KommunalPraxis BY 2022, 143–145; *VG Freiburg*, Beschl. vom 24.01.2022, Az.: 4 K 142/22, BeckRS 2022, 436; *VG Freiburg*, Beschl. vom 24.01.2022, Az.: 4 K 158/22, BeckRS 2022, 459; *VG Freiburg*, Beschl. vom 24.01.2022, Az.: 4 K 163/22, BeckRS 2022, 478; *VGH Mannheim*, Beschl. vom 24.01.2022, Az.: 9 S 178/22, BeckRS 2022, 809; *VG Freiburg*, Beschl. vom 27.01.2022, Az.: 8 K 165/22, BeckRS 2022, 752. Kritisch zur Praxis auch *Eibenstein/Greve*, NVwZ-Extra 2022 4a, 1, 1 ff.; *Gregor*, DÖV 2022, 759, 759 ff.; *Peters/Janz*, NWVBl 2022, 269, 269 ff.; *Thiel/Schorlemer*, KriPoZ 2022, 97, 97 ff.

[427] *BVerfG*, Beschl. vom 31.01.2022, Az.: 1 BvR 208/22, NVwZ 2022, 324. Zustimmend *Hippeli*, jurisPR-MedizinR 3/2022 Anm. 1.

[428] *VG Düsseldorf*, Beschl. vom 07.01.2022, Az.: 29 L 23/22, BeckRS 2022, 60.

[429] Aufschiebende Wirkung wiederhergestellt: *VG Cottbus*, Beschl. vom 04.02.2022, Az.: VG 3 L 29/22, BeckRS 2022, 1726. Nicht erfolgreich *VGH Mannheim*, Beschl. vom 04.02.2022, Az.: 10 S 236/22, BeckRS 2022, 1441; *VG München*, Beschl. vom 07.02.2022, Az.: M 33 S 22.588, BeckRS 2022, 1752; *OVG Berlin-Brandenburg*, Beschl. vom 10.02.2022, Az.: OVG 1 S 16/22, BeckRS 2022, 1725.

[430] *VG Stuttgart*, Beschl. vom 12.01.2022, Az.: 1 K 80/22, BeckRS 2022, 168; *VG Karlsruhe*, Beschl. vom 17.01.2022, Az.: 14 K 119/22, BeckRS 2022, 216; *VG München*, Beschl. vom 17.01.2022, Az.: M 33 S 22.185, BeckRS 2022, 2307; *VG München*, Beschl. vom 19.01.2022, Az.: M 33 S 22.216, BeckRS 2022, 388 (aufgehoben vom VGH München); *VG Karlsruhe*, Beschl. vom 27.01.2022, Az.: 4 K 185/22, BeckRS 2022, 720 (abgeändert vom VGH Mannheim); *VG Stuttgart*, Beschl. vom 27.01.2022, Az.: 1 K 371/22, BeckRS 2022, 747; *VG München*, Beschl. vom 28.01.2022, Az.: M 33 S 22.422, BeckRS 2022, 6500. Zustimmend *Ullrich*, NVwZ 2022, 271, 271 f.

b) Bewertung in der Hauptsache

Auch zu Versammlungsbeschränkungen finden sich Entscheidungen in der Hauptsache. Manche Klagen wurden schon als unzulässig abgewiesen.[431] Der VGH München bestätigte das vollständige Verbot von Versammlungen im März 2020,[432] das VG Bremen die Rechtmäßigkeit eines Versammlungsverbots im Dezember 2020.[433] Das VG Koblenz hielt die damalige Praxis präventiver Verbote in Form von Allgemeinverfügungen für rechtmäßig.[434] Dagegen wiederholte das VG Düsseldorf seine Einschätzung aus dem vorläufigen Rechtsschutz, nach der die Untersagung eines Aufzugs im Januar 2022 rechtswidrig war.[435] Ähnlich bewertete das VG Frankfurt eine Verbotsverfügung aus dem April 2020 als rechtswidrig[436] und das VG Gelsenkirchen die Verlegung einer Versammlung an einen anderen Ort.[437] Das VG Köln befand Nebenbestimmungen zu einer Ausnahmegenehmigung als rechtswidrig, welche eine Begrenzung auf 30 Personen und eine Kontaktdatenerfassung vorschrieben.[438] War dagegen nicht der Kundgabeerfolg beeinträchtigt, sondern ging es nur um weniger grundrechtsintensive Versammlungsauflagen, so billigten die Gerichte diese meistens. So hielt das VG Würzburg wie schon im Rahmen des vorläufigen Rechtsschutz Masken- und Kontaktdatenpflicht für rechtmäßig,[439] der VerfGH Sachsen bestätigte die Maskenpflicht,[440] und das VG Berlin billigte Platzverweise wegen des Verstoßes gegen die Maskenpflicht.[441] Nach Ansicht des OVG Münster sei neben einer Maskenpflicht für Versammlungen im

---

[431] So etwa *VG Augsburg*, Urt. vom 10.06.2021, Az.: Au 8 K 21.384, BeckRS 2021, 30521 (Unstatthaft, kein Fortsetzungsfeststellungsinteresse, im vorläufigen Rechtsschutz teilweise erfolgreich); *VG Aachen*, Urt. vom 22.06.2021, Az.: 6 K 2734/20, BeckRS 2021, 18593 (Kein Fortsetzungsfeststellungsinteresse); *OVG Magdeburg*, Beschl. vom 17.03.2022, Az.: 3 K 221/20, BeckRS 2022, 7443 (Kein Rechtsschutzinteresse/Feststellungsinteresse); *OVG Saarlouis*, Urt. vom 24.03.2022, Az.: 2 C 108/20, BeckRS 2022, 6172 (Kein Rechtsschutzinteresse/Feststellungsinteresse); *BayVerfGH*, Entsch. vom 29.03.2022, Az.: Vf. 48-VII-21, BeckRS 2022, 6946 (Unsubstantiiert); *VG Ansbach*, Urt. vom 22.09.2022, Az.: AN 4 K 21.126, BeckRS 2022, 29911 (Kein Fortsetzungsfeststellungsinteresse).

[432] *VGH München*, Beschl. vom 07.03.2022, Az.: 20 N 21.1926, BeckRS 2022, 5016; *VGH München*, Beschl. vom 10.03.2025, Az.: 20 N 21.2745, BeckRS 2025, 5883.

[433] *VG Bremen*, Urt. vom 17.03.2022, Az.: 5 K 2778/20, BeckRS 2022, 5736.

[434] *VG Koblenz*, Urt. vom 25.07.2022, Az.: 3 K 269/22, BeckRS 2022, 20972.

[435] *VG Düsseldorf*, Urt. vom 03.02.2022, Az.: 29 K 78/22, BeckRS 2022, 1157. Ähnlich auch *VG München*, Gerichtsbesch. vom 02.05.2023, Az.: M 10 K 20.5541, BeckRS 2023, 21070.

[436] *VG Frankfurt a.M.*, Gerichtsbesch. vom 18.11.2020, Az.: 5 K 1124/20.F, BeckRS 2020, 32405.

[437] *VG Gelsenkirchen*, Urt. vom 19.07.2022, Az.: 14 K 1768/21, BeckRS 2022, 22137.

[438] *VG Köln*, Urt. vom 04.04.2023, Az.: VG 7 K 2346/20, BeckRS 2023, 12743.

[439] *VG Würzburg*, Urt. vom 06.05.2021, Az.: W 5 K 20.1466, BeckRS 2021, 16991.

[440] *VerfGH Sachs*, Beschl. vom 15.08.2024, Az.: Vf. 197-II-20, BeckRS 2024, 21369.

[441] *VG Berlin*, Urt. vom 20.09.2021, Az.: VG 1 K 223/21, BeckRS 2021, 37087; *VG Berlin*, Beschl. vom 20.09.2021, Az.: VG 1 K 221/21, BeckRS 2021, 56971.

Freien im Frühjahr 2022 auch eine grundsätzliche „3G“-Regel für Versammlungen im Freien, sofern Mindestabstände nicht eingehalten werden konnten, rechtmäßig gewesen.[442] Das VerfG Brandenburg befand eine an die Veranstalter von Versammlungen adressierte Pflicht, „das verpflichtende Tragen einer Mund-Nasen-Bedeckung durch die Teilnehmenden“ sicherzustellen, als zu unbestimmt.[443]

Das OVG Bautzen bestätigte im Dezember 2021 das sächsische Versammlungsverbot mit Ausnahmevorbehalt aus dem April 2020.[444] Es habe sich nicht um einen allgemeinen und folglich verfassungswidrigen Erlaubnisvorbehalt gehandelt. Denn die Genehmigung hätte lediglich unter dem Vorbehalt gestanden, dass infektionsschutzrechtliche Vorgaben eingehalten werden.[445] Diese Entscheidung hielt einer Überprüfung durch das BVerwG im Jahr 2023 aber nicht stand. Entgegen der Ansicht des OVG Bautzen sei das Versammlungsverbot unangemessen gewesen.[446] Maßgeblich begründete das Gericht dies damit, dass die Erlaubnis einer Versammlung maßgeblich von der Entscheidung einer Behörde abhing. Damit hätte der Versammlungsanmelder das Risiko getragen, die Versammlungsfreiheit notfalls zunächst gerichtlich durchsetzen zu müssen. Ein Anspruch auf Erteilung der Ausnahmegenehmigung hätte nach der Verordnung nicht bestanden, diesen hätte der Verordnungsgeber ausdrücklich regeln müssen.[447] Ähnlich entschied das VG Berlin 2024 zu einer vergleichbaren Regelung.[448] Die Regelung, Versammlungen bei erwartbaren Verstößen gegen Abstandsregeln verbieten zu können, erwies sich dagegen vor dem VGH Mannheim als rechtmäßig.[449] Landesverfassungsgerichtlich wurden die Beschränkungen vom LVerfG Sachsen-Anhalt gebilligt.[450] Dagegen entschied das VerfG Brandenburg zu Versammlungsbeschränkungen in der ersten Welle. Sowohl das generelle Verbot von Versammlungen in Innenräumen als auch das repressive Verbot mit Erlaubnisvorbehalt von Versammlungen unter freiem Himmel bewertete das Gericht als unangemessen.[451]

---

[442] *OVG Münster*, Urt. vom 26.11.2024, Az.: 13 D 5/22.NE, BeckRS 2024, 46455.

[443] *VerfG Bbg*, Beschl. vom 19.09.2025, Az.: VfGBbg 87/20, BeckRS 2025, 26622 Rn. 440–487.

[444] *OVG Bautzen*, Urt. vom 16.12.2021, Az.: 3 C 20/20, BeckRS 2021, 41523.

[445] *OVG Bautzen*, Urt. vom 16.12.2021, Az.: 3 C 20/20, BeckRS 2021, 41523 Rn. 41–49.

[446] BVerwGE 179, 168.

[447] BVerwGE 179, 168, Rn. 45–52.

[448] *VG Berlin*, Urt. vom 11.04.2024, Az.: VG 1 K 226/21, BeckRS 2024, 6985.

[449] *VGH Mannheim*, Urt. vom 11.04.2024, Az.: 1 S 278/23, BeckRS 2024, 12539.

[450] *LVerfG LSA*, Urt. vom 26.03.2021, Az.: LVG 4/21, BeckRS 2021, 9553.

[451] *VerfG Bbg*, Beschl. vom 20.06.2025, Az.: VfGBbg 45/20, BeckRS 2025, 16661 Rn. 203–246.

c) Fazit

Zusammenfassend lässt sich feststellen, dass das gerichtliche Vorgehen gegen Versammlungsbeschränkungen erfolgreicher war als gegen andere Maßnahmen. Allerdings handelte es sich um Einzelfallentscheidungen. Dass Versammlungen pandemiebedingt grundsätzlich auch umfassend eingeschränkt werden konnten, wurde von den Gerichten in aller Regel unterstellt. Eine wichtige Orientierungswirkung für die Verwaltungsgerichte hatten die Entscheidungen des BVerfG aus dem Frühjahr 2020.[452] Oberverwaltungsgerichte zeigten sich regelmäßig großzügiger als die Instanzgerichte.

2. Religion

Die Anzahl der auffindbaren Entscheidungen zu Einschränkungen von Gottesdiensten und ähnlichen Zusammenkünfte und Veranstaltungen hält sich im Vergleich zu Versammlungsbeschränkungen in Grenzen.[453] Auch die Erfolgsquote war geringer; dennoch lässt sich hier ebenso ein Einfluss des BVerfG auf die Rechtsprechung der Verwaltungsgerichte erkennen.

So hielten die Gerichte die vollständigen Verbote von Gottesdiensten und ähnlichen Zusammenkünfte und Veranstaltungen ab März 2020 angesichts des Infektionsrisikos zunächst aufrecht.[454] Ende April 2020 gab das BVerfG dann wegen der

[452] *BVerfG*, Beschl. vom 15.04.2020, Az.: 1 BvR 828/20, NVwZ 2020, 709; *BVerfG*, Beschl. vom 17.04.2020, Az.: 1 BvQ 37/20, NVwZ 2020, 711.

[453] Die einbezogenen Entscheidungen wurden ermittelt durch die Suche nach Treffern, welche den Begriff „Religion", „Glauben" oder „Gottesdienst" enthalten. Siehe generell zum Rechtsschutz gegen Gottesdienstverbote *Bender*, NVwZ-Extra 2020 9b, 1, 1 ff.; *Wolf*, NVwZ 2023, 1872, 1872 ff.; zu den Beschränkungen der Religionsausübung *Schaub/Gölzer/Fischer-Uebler*, DVBl. 2022, 146, 146 ff.

[454] *BVerfG*, Beschl. vom 31.03.2020, Az.: 1 BvR 712/20, NVwZ 2020, 622 (Unzulässig); *VG Leipzig*, Beschl. vom 03.04.2020, Az.: 3 L 182/20, BeckRS 2020, 5783; *VG Berlin*, Beschl. vom 07.04.2020, Az.: VG 14 L 32/20, BeckRS 2020, 5241; bestätigt durch *OVG Berlin-Brandenburg*, Beschl. vom 08.04.2020, Az.: OVG 11 S 21/20, BeckRS 2020, 5585; *VG Hannover*, Beschl. vom 07.04.2020, Az.: 15 B 2112/20, BeckRS 2020, 5410; *VGH Kassel*, Beschl. vom 07.04.2020, Az.: 8 B 892/20.N, BeckRS 2020, 5242; *OVG Greifswald*, Beschl. vom 08.04.2020, Az.: 2 KM 236/20 OVG, BeckRS 2020, 5637; *VGH Kassel*, Beschl. vom 08.04.2020, Az.: 8 B 910/20.N, BeckRS 2020, 5627; *VGH Kassel*, Beschl. vom 08.04. 2020, Az.: 8 B 913/20.N, BeckRS 2020, 5639; *OVG Weimar*, Beschl. vom 09.04.2020, Az.: 3 EN 238/20, BeckRS 2020, 7743; *VG Hamburg*, Beschl. vom 09.04.2020, Az.: 9 E 1605/20, BeckRS 2020, 12234; *VGH München*, Beschl. vom 09.04.2020, Az.: 20 NE 20.704, BeckRS 2020, 5414; *VGH München*, Beschl. vom 09.04.2020, Az.: 20 NE 20.738, BeckRS 2020, 5451; *BVerfG*, Beschl. vom 10.04.2020, Az.: 1 BvQ 28/20, NVwZ 2020, 878 (Folgenabwägung); *BVerfG*, Beschl. vom 10.04.2020, Az.: 1 BvQ 31/20, BeckRS 2020, 5584; siehe dazu *Krüger/Saberzadeh*, npoR 2020, 192–193; *OVG Lüneburg*, Beschl. vom 23.04. 2020, Az.: 13 MN 109/20, BeckRS 2020, 6554; *OVG Lüneburg*, Beschl. vom 28.04.2020, Az.: 13 MN 90/20, BeckRS 2020, 7304; *VG Karlsruhe*, Beschl. vom 28.04.2020, Az.: 7 K 1606/20, BeckRS 2020, 9655.

Bedeutung von Art. 4 Abs. 1, 2 GG jedoch einem Antrag nach § 32 BVerfGG gegen ein solches Verbot statt, soweit das abstrakt-generell geregelte Verbot keine Möglichkeit zur Erteilung einer Ausnahmegenehmigung vorsah.[455]

In der Folgezeit nahmen pauschale Verbote von religiösen Veranstaltungen und Zusammenkünften ab. Sie wurden ersetzt durch Abstands- und Maskenpflichten, Kontaktnachverfolgung und Höchstzahlbegrenzungen, die sich als gerichtsfest erwiesen.[456] Das galt sogar hinsichtlich des Verbots des liturgischen Gesangs, der als besonders infektionsverbreitend betrachtet wurde.[457] Das VG Stade hob eine Maskenpflicht am Platz aus Gleichheitsgründen auf.[458] Das VG Stuttgart stellte klar, dass kirchliche Bestattungen nicht der Personenzahlbeschränkung der „Bundesnotbremse" unterfielen.[459] Das VG Minden entschied in einer Hauptsacheentscheidung, dass ein Verbot von Gottesdiensten im März 2021 nicht erforderlich und damit unverhältnismäßig war. Die Antragsgegnerin hätte mit der Annahme, ohne das Verbot wäre eine wirksame Eindämmung des Virus erheblich gefährdet gewesen, ihre Einschätzungsprärogative überschritten. Denn zunächst hätte sie andere Maßnahmen wie etwa die Verlagerung der Gottesdienste unter freien Himmel prüfen müssen.[460] Bloße Abstandsregeln hielten dagegen einer Überprüfung durch

---

[455] *BVerfG*, Beschl. vom 29.04.2020, Az.: 1 BvQ 44/20, BeckRS 2020, 7089. Begrüßend *Becker*, COVuR 2020, 95, 95 f.; siehe mit dem gleichen Ergebnis auch *Kaltenbach*, HRN 2020, 5, 5 ff.

[456] *VGH München*, Beschl. vom 07.05.2020, Az.: 20 NE 20.955, BeckRS 2020, 7701; *BayVerfGH*, Entsch. vom 08.05.2020, Az.: Vf. 34-VII-20, BeckRS 2020, 8029; *VGH München*, Beschl. vom 11.05.2020, Az.: 20 NE 20.971, BeckRS 2020, 8313; *VGH Mannheim*, Beschl. vom 13.05.2020, Az.: 1 S 1314/20, BeckRS 2020, 8657; *VGH München*, Beschl. vom 17.05.2020, Az.: 20 NE 20.843, BeckRS 2020, 9564; *VGH Mannheim*, Beschl. vom 18.05.2020, Az.: 1 S 1357/20, BeckRS 2020, 9350; *VerfG Bbg*, Beschl. vom 03.06.2020, Az.: VfGBbg 9/20 EA, BeckRS 2020, 11248 (Folgenabwägung); *VGH München*, Beschl. vom 26.06.2020, Az.: 20 NE 20.1423, BeckRS 2020, 15021; *BayVerfGH*, Entsch. vom 03.07.2020, Az.: Vf. 34-VII-20, BeckRS 2020, 15590 (Folgenabwägung); *VGH Mannheim*, Beschl. vom 26.08.2020, Az.: 1 S 2075/20, BeckRS 2020, 29490; *VG Frankfurt a. M.*, Beschl. vom 27.10.2020, Az.: 5 L 2749/20.F, BeckRS 2020, 28267; *VGH Kassel*, Beschl. vom 28.10.2020, Az.: 8 B 1831/20.N, BeckRS 2020, 41383; *VG Regensburg*, Beschl. vom 02.12.2020, Az.: RN 14 S 20.2948, BeckRS 2020, 33571; *BayVerfGH*, Entsch. vom 30.12.2020, Az.: Vf. 96-VII-20, BeckRS 2020, 36981; *StGH Hess*, Beschl. vom 06.01.2021, Az.: P. St. 2768, P.St. 2769, BeckRS 2021, 11; *VG Köln*, Beschl. vom 16.03.2021, Az.: 7 L 304/21, BeckRS 2021, 5044; *VGH München*, Beschl. vom 30.07.2021, Az.: 25 NE 21.1869, BeckRS 2021, 22548; *VGH München*, Beschl. vom 10.08.2021, Az.: 25 NE 21.2066, BeckRS 2021, 24985; *VGH München*, Beschl. vom 18.08.2021, Az.: 25 NE 21.2103, BeckRS 2021, 24986.

[457] *VG Hannover*, Beschl. vom 04.03.2021, Az.: 15 B 1069/21, BeckRS 2021, 3520; *VG Stade*, Beschl. vom 10.03.2021, Az.: 6 B 252/21, BeckRS 2021, 3992; *OVG Lüneburg*, Beschl. vom 24.03.2021, Az.: 13 MN 145/21, BeckRS 2021, 5280; *VG Minden*, Beschl. vom 25.03.2021, Az.: 7 L 159/21, BeckRS 2021, 6389; *OVG Lüneburg*, Beschl. vom 21.04.2021, Az.: 13 ME 146/21, BeckRS 2021, 8421; *OVG Lüneburg*, Beschl. vom 28.04.2021, Az.: 13 ME 111/21, BeckRS 2021, 8813.

[458] *VG Stade*, Beschl. vom 10.03.2021, Az.: 6 B 252/21, BeckRS 2021, 3992 Rn. 86–88.

[459] *VG Stuttgart*, Beschl. vom 04.05.2021, Az.: 16 K 2291/21, BeckRS 2021, 10110.

[460] *VG Minden*, Urt. vom 18.11.2022, Az.: 7 K 1188/21, BeckRS 2022, 47949.

das VGH Mannheim stand.[461] Wie zu vielen anderen Maßnahmen finden sich auch Hauptsacheentscheidungen, in denen die Gerichte Klagen wegen eines fehlenden Feststellungsinteresses abwiesen.[462] Insbesondere wurde hier ein hinreichend schwerwiegender Grundrechtseingriff verneint.

3. Kunst und Kultur

Auch der Kunst- und Kulturbranche stand mit der Kunstfreiheit auf den ersten Blick ein Grundrecht zur Seite, welches Einschränkungen besonders rechtfertigungsbedürftig machte. Doch trotz weitreichender und anhaltender Beschränkungen in diesem Bereich waren die Erfolgsaussichten unter den wenigen auffindbaren Entscheidungen[463] für Rechtssuchende ernüchternd. Teils wurde die Kunstfreiheit überhaupt nicht angesprochen, so im Falle des Antrags einer Veranstalterin von Konzerten im Bereich der klassischen Musik.[464] Doch auch Verfahren, in denen die Kunstfreiheit in die gerichtliche Prüfung einbezogenen wurde, waren nicht erfolgreich. So hielt das VG Ansbach einen etwaigen Eingriff in die Kunstfreiheit durch eine Kontaktdatenerfassungspflicht für den Betreiber einer Freilichtbühne ohne weitere Prüfung für gerechtfertigt.[465] Ebenso bestätigte das VG Berlin im November 2020 eine Berliner Regelung, die Veranstaltungen in Innenräumen mit maximal 50 Personen zuließ, Kultur- und Kunstveranstaltungen vor Publikum aber vollständig verbot.[466] Den Eingriff in die Kunstfreiheit hielt das Gericht für angemessen, da der Kernbereich des grundrechtlich geschützten Wirkbereichs weiter gewahrt bleibe: Die Antragsteller könnten ihre Konzerte schließlich auch digital zugänglich machen.[467] Ebenso entschieden im Ergebnis der VGH Mannheim sowie der VGH München, wobei jedoch beide die Entscheidung wegen Bedenken hinsichtlich des Gleichheitsgrundsatzes für offen hielten.[468] Der BayVerfGH hatte im März 2021 keine Zweifel an der vollständigen Schließung von Theatern, Opern-

[461] *VGH Mannheim*, Urt. vom 11.04.2024, Az.: 1 S 930/23, BeckRS 2024, 12594.

[462] Nicht zulässig *OVG Saarlouis*, Urt. vom 24.03.2022, Az.: 2 C 108/20, BeckRS 2022, 6172; *VG Mainz*, Urt. vom 02.06.2022, Az.: 1 K 348/20.MZ, BeckRS 2022, 21123.

[463] Die einbezogenen Entscheidungen wurden ermittelt durch die Suche nach Treffern, welche den Begriff „Kunst" oder „Kultur" enthalten.

[464] *VGH München*, Beschl. vom 18.09.2020, Az.: 20 NE 20.2035, BeckRS 2020, 24347; siehe auch *VG Cottbus*, Beschl. vom 04.06.2021, Az.: VG 8 L 209/21, BeckRS 2021, 14991.

[465] *VG Ansbach*, Beschl. vom 15.05.2020, Az.: AN 18 E 20.911, BeckRS 2020, 10417 Rn. 11.

[466] *VG Berlin*, Beschl. vom 03.11.2020, Az.: VG 14 L 508/20, BeckRS 2020, 29924.

[467] *VG Berlin*, Beschl. vom 03.11.2020, Az.: VG 14 L 508/20, BeckRS 2020, 29924 Rn. 25.

[468] *VGH Mannheim*, Beschl. vom 06.11.2020, Az.: 1 S 3448/20, BeckRS 2020, 30988; bestätigt in der Hauptsache, siehe *VGH Mannheim*, Urt. vom 05.02.2025, Az.: 1 S 1592/23, BeckRS 2025, 2568; *VGH München*, Beschl. vom 16.11.2020, Az.: 20 NE 20.2561, BeckRS 2020, 32249; *VGH München*, Beschl. vom 16.11.2020, Az.: 20 NE 20.2601, BeckRS 2020, 32245.

häusern und ähnlichen Einrichtungen.[469] Einen Antrag zur Durchführung einer Fotoausstellung mit bis zu 50 Personen lehnte das VG Berlin im November 2021 ab,[470] ähnlich entschied später das VG Schleswig.[471] An der Erforderlichkeit sowie der Angemessenheit der Schließung von Freilichtbühnen im Frühjahr 2021 hatte das OVG Lüneburg Zweifel,[472] der VGH München hinsichtlich der generellen Schließung von Kultureinrichtungen hingegen nicht.[473] „G-Regeln" wurden von den Gerichten vor dem Hintergrund der Kunstfreiheit ebenso bestätigt.[474] In einer Hauptsacheentscheidung billigte der VGH München Hygienevorgaben wie Abstandsregeln, Personenhöchstgrenzen und eine Maskenpflicht bei kulturellen Veranstaltungen.[475]

Zum inzidenzabhängigen Kulturveranstaltungsverbot der „Bundesnotbremse" äußerte sich das BVerfG: Eine entsprechende Verfassungsbeschwerde nahm es nicht zur Entscheidung an.[476] Insbesondere liege keine willkürliche Ungleichbehandlung gegenüber weiterhin erlaubten Gottesdiensten vor, da diesen – im Gegensatz zu Kulturveranstaltungen – ein liturgisches Konzept zugrunde liege.[477] Die Relevanz dieses liturgischen Konzepts für die Infektionsgefahr erläuterte das BVerfG dabei jedoch nicht. Zudem rechtfertigte das Gericht die Ungleichbehandlung damit, dass Träger der Glaubensfreiheit auch die Besucher des Gottesdienstes wären, Besucher von Kulturveranstaltungen aber regelmäßig nicht Träger der Kunstfreiheit seien.[478] Insgesamt lässt sich damit feststellen, dass das BVerfG – wie auch die Verwaltungsgerichtsbarkeit – der Kunstfreiheit damit nicht die gleiche Bedeutung einräumte wie der Versammlungs- und Glaubensfreiheit.

4. Fazit

Der Versammlungsfreiheit wurde von den Gerichten eine große Bedeutung zugemessen, was die vielen erfolgreichen Verfahren erklärt. Auch das Gewicht von Art. 4 Abs. 1, Abs. 2 GG wurde in der Rechtsprechung gewürdigt. Die Kunstfreiheit spielte in der Argumentation der Gerichte dagegen eine weit geringere Rolle. Die

---

[469] *BayVerfGH*, Entsch. vom 22.03.2021, Az.: Vf. 23-VII-21, BeckRS 2021, 5200 Rn. 41–46.

[470] *VG Berlin*, Beschl. vom 16.11.2020, Az.: VG 14 L 511/20, BeckRS 2020, 31645.

[471] *VG Schleswig*, Beschl. vom 25.03.2021, Az.: 1 B 32/21, BeckRS 2021, 7592.

[472] *OVG Lüneburg*, Beschl. vom 14.04.2021, Az.: 13 MN 161/21, BeckRS 2021, 7221.

[473] *VGH München*, Beschl. vom 15.04.2021, Az.: 20 NE 21.919, BeckRS 2021, 7403.

[474] *OVG Bautzen*, Beschl. vom 19.11.2021, Az.: 3 B 411/21, BeckRS 2021, 36404; *BayVerfGH*, Entsch. vom 07.12.2021, Az.: Vf. 60-VII-21, BeckRS 2021, 38287.

[475] *VGH München*, Beschl. vom 04.03.2024, Az.: 20 N 20.2036, BeckRS 2024, 4467.

[476] *BVerfG*, Beschl. vom 20.05.2021, Az.: 1 BvR 928/21, BeckRS 2021, 11560.

[477] *BVerfG*, Beschl. vom 20.05.2021, Az.: 1 BvR 928/21, BeckRS 2021, 11560 Rn. 35.

[478] *BVerfG*, Beschl. vom 20.05.2021, Az.: 1 BvR 928/21, BeckRS 2021, 11560 Rn. 35.

Erfolgsquote war bei Entscheidungen zu Einschränkungen von Kunst und Kultur daher gering.

III. Wirtschaftliche Beschränkungen

Die Beschränkungen im wirtschaftlichen Bereich waren nicht nur vielfältig, umfassend und langanhaltend; sie führten auch zu einer nahezu unüberschaubaren Zahl von publizierten Entscheidungen. So machen schon die im Folgenden dargestellten – um die 800 Judikate – gut die Hälfte der in dieser Arbeit betrachteten Entscheidungen aus. Daher werden in diesem Abschnitt exemplarisch Entscheidungen zu Beschränkungen des Einzelhandels (1.), der Gastronomie (2.), von Veranstaltungen (3.), des Tourismus (4.), von körpernahen Dienstleistungen (5.) sowie von Freizeiteinrichtungen (6.) betrachtet.

1. Einzelhandel

Innerhalb der wirtschaftlichen Beschränkungen nahmen Einschränkungen des Einzelhandels eine zentrale Rolle ein. Dies spiegelt sich auch in der Anzahl von Prozessen wider, die wegen dieser Maßnahmen geführt wurden.[479] Bei den meisten Regelungen wurde zwischen der Art oder Größe der jeweiligen Einzelhändler differenziert, was in vielen Fällen einen neuralgischen Punkt für die Rechtmäßigkeit der Maßnahmen darstellte. Im Folgenden wird daher zunächst auf die rechtliche Bewertung von Einzelhandelsschließungen (a)), „G-Regeln" (b)) und Personenzahlbegrenzungen (c)) eingegangen. Die gerichtliche Bewertung der Differenzierungen wird sodann dezidiert erörtert (d)); die Betrachtung sonstiger Hygieneregelungen schließt sich daran an (e)).

a) Schließungen

In der ersten Welle sowie im Winter 2020/21 wurde die Schließung eines Großteils des Einzelhandels als Maßnahme angeordnet. Obwohl die Maßnahme für die betroffenen Einzelhandelsunternehmen sehr intensiv war, war die Erfolgsquote gerichtlichen Vorgehens gegen die Maßnahme gering.

---

[479] Die einbezogenen Entscheidungen wurden ermittelt durch die Suche nach Treffern, welche den Begriff „Einzelhandel" enthalten.

aa) Entscheidungen im einstweiligen Rechtsschutz

(1) Erste Welle

Anträge auf vorläufigen Rechtsschutz gegen die Vollschließung des nicht lebensnotwendigen Einzelhandels in der ersten Welle waren nahezu ausnahmslos erfolglos.[480] Noch kaum wurde damals problematisiert, ob eine dem Vorbehalt des Gesetzes genügende Rechtsgrundlage existierte.[481] Geeignetheit und Erforderlichkeit wurden vor dem Hintergrund des Infektionsgeschehens und dem daraus folgenden Bedürfnis, physische Begegnungen von Menschen möglichst zu vermeiden, schnell bejaht.[482] Die Angemessenheitsprüfung und Folgenabwägungen fielen angesichts des Schutzes von Leben und körperlicher Unversehrtheit stets zu Lasten des Einzelhandels aus.[483] Auf die Besonderheiten des jeweiligen Einzelhandels, etwa dem zu erwartenden Kundenaufkommen in einem Pralinenfachgeschäft oder

---

[480] *VG München*, Beschl. vom 20.03.2020, Az.: M 26 E 20.1209, BeckRS 2020, 6266; *VG München*, Beschl. vom 20.03.2020, Az.: M 26 S 20.1222, BeckRS 2020, 4617; *VG Hamburg*, Beschl. vom 20.03.2020, Az.: 10 E 1380/20, BeckRS 2020, 5436; *VG Aachen*, Beschl. vom 21.03.2020, Az.: 7 L 235/20, BeckRS 2020, 4691; *VG Bremen*, Beschl. vom 26.03.2020, Az.: 5 V 553/20, BeckRS 2020, 5927; *OVG Hamburg*, Beschl. vom 26.03.2020, Az.: 5 Bs 48/20, BeckRS 2020, 4731; *VG Bremen*, Beschl. vom 30.03.2020, Az.: 5 V 565/20, BeckRS 2020, 5876; *VGH München*, Beschl. vom 30.03.2020, Az.: 20 CS 20.611, NJW 2020, 1240; siehe dazu *Vohl*, IMR 2020, 303; *VG Bremen*, Beschl. vom 02.04.2020, Az.: 5 V 596/20, BeckRS 2020, 5878; *VG Bremen*, Beschl. vom 03.04.2020, Az.: 5 V 604/20, BeckRS 2020, 6984; *OVG Münster*, Beschl. vom 06.04.2020, Az.: 13 B 398/20.NE, BeckRS 2020, 5158; siehe dazu *Redeker*, IMR 2021, 302; *OVG Bremen*, Beschl. vom 09.04.2020, Az.: 1 B 97/20, BeckRS 2020, 5629; *OVG Bremen*, Urt. vom 14.04.2020, Az.: 1 B 89/20, BeckRS 2020, 5963; *VG Stuttgart*, Beschl. vom 14.04.2020, Az.: 16 K 1869/20, BeckRS 2020, 5625; *OVG Lüneburg*, Beschl. vom 16.04.2020, Az.: 13 MN 79/20, BeckRS 2020, 6303; *VG Hamburg*, Beschl. vom 16.04.2020, Az.: 2 E 1671/20, BeckRS 2020, 12202; *OVG Berlin-Brandenburg*, Beschl. vom 17.04.2020, Az.: OVG 11 S 23/20, BeckRS 2020, 6073; *OVG Lüneburg*, Beschl. vom 17.04.2020, Az.: 13 MN 84/20, BeckRS 2020, 6188; *OVG Berlin-Brandenburg*, Beschl. vom 17.04.2020, Az.: OVG 11 S 22/20, BeckRS 2020, 6142; *OVG Lüneburg*, Beschl. vom 17.04.2020, Az.: 13 MN 82/20, BeckRS 2020, 6165; *OVG Greifswald*, Beschl. vom 17.04.2020, Az.: 2 KM 333/20 OVG, BeckRS 2020, 5961.

[481] So etwa *VG München*, Beschl. vom 20.03.2020, Az.: M 26 E 20.1209, BeckRS 2020, 6266 Rn. 29–33; *VG Bremen*, Beschl. vom 26.03.2020, Az.: 5 V 553/20, BeckRS 2020, 5927 Rn. 24; *VGH München*, Beschl. vom 30.03.2020, Az.: 20 CS 20.611, NJW 2020, 1240 Rn. 17; äußerst umfangreich argumentiert *OVG Münster*, Beschl. vom 06.04.2020, Az.: 13 B 398/20.NE, BeckRS 2020, 5158 Rn. 28–41; ebenso *VG Hamburg*, Beschl. vom 16.04.2020, Az.: 2 E 1671/20, BeckRS 2020, 12202 Rn. 10–21.

[482] Siehe etwa *VG Bremen*, Beschl. vom 26.03.2020, Az.: 5 V 553/20, BeckRS 2020, 5927 Rn. 30, 32 f.; *OVG Münster*, Beschl. vom 06.04.2020, Az.: 13 B 398/20.NE, BeckRS 2020, 5158 Rn. 51–62; leicht zweifelnd *OVG Lüneburg*, Beschl. vom 16.04.2020, Az.: 13 MN 79/20, BeckRS 2020, 6303 Rn. 21; ebenso *OVG Lüneburg*, Beschl. vom 17.04.2020, Az.: 13 MN 82/20, BeckRS 2020, 6165 Rn. 23.

[483] Siehe etwa *VG Bremen*, Beschl. vom 26.03.2020, Az.: 5 V 553/20, BeckRS 2020, 5927 Rn. 34; *OVG Münster*, Beschl. vom 06.04.2020, Az.: 13 B 398/20.NE, BeckRS 2020, 5158 Rn. 63 f.

einem Filialeinzelhandel für E-Zigaretten, wurde dabei kaum eingegangen.[484] Ebenso konnten Antragsteller nicht mit Vorschlägen wie Abstandsregeln und Personenzahlbegrenzungen durchdringen, da es sich nach Ansicht der Gerichte nicht um gleich effektive Maßnahmen handle.[485] Eine Ausnahme stellte der Antrag eines Weinhandels dar. Die unbefristete Schließungsanordnung wurde vom VG Aachen als offensichtlich unangemessen bewertet.[486] Stattgebende Hauptsacheentscheidungen sind nicht auffindbar.[487]

Die Erfolgsaussichten stiegen erheblich nach der Teilöffnung von Einzelhandelsbetrieben, deren Verkaufsfläche maximal 800 Quadratmeter betrug („800-Quadratmeter-Regelung"). Teils wurde diese Regelung als unverhältnismäßig eingestuft. Die Differenzierung sei nicht geeignet oder erforderlich, da nicht ersichtlich sei, dass großflächiger Einzelhandel eine besondere Anziehungskraft besitzen würde.[488] Manche Entscheidungen stellten auch die Prüfung des Gleichheitssatzes in den Mittelpunkt und folgerten aus einem Verstoß gegen diesen auch die Unverhältnismäßigkeit.[489]

Andere Gerichte hingegen hielten die Differenzierung dagegen für verhältnismäßig. Dabei stützten sie sich in der Regel auf die baurechtlichen Wertungen (der Rechtsprechung des BVerwG zur Großflächigkeit von Einzelhandel nach § 11 Abs. 3 S. 1 Nr. 2 BauNVO) und der zugrunde liegenden Annahme, dass großflächiger Handel besonders große Kundenströme anziehen würde.[490] Eine Rolle spielte

[484] Siehe etwa *VG Hamburg*, Beschl. vom 20.03.2020, Az.: 10 E 1380/20, BeckRS 2020, 5436 (E-Zigaretten); *VG Aachen*, Beschl. vom 21.03.2020, Az.: 7 L 235/20, BeckRS 2020, 4691 (Pralinen); *VG Bremen*, Beschl. vom 30.03.2020, Az.: 5 V 565/20, BeckRS 2020, 5876 (Autohaus); *VG Stuttgart*, Beschl. vom 14.04.2020, Az.: 16 K 1869/20, BeckRS 2020, 5625 (Erotikshop).

[485] Siehe etwa *OVG Hamburg*, Beschl. vom 26.03.2020, Az.: 5 Bs 48/20, BeckRS 2020, 4731 Rn. 21; *OVG Bremen*, Beschl. vom 09.04.2020, Az.: 1 B 97/20, BeckRS 2020, 5629 Rn. 43, das insbesondere auf ein Vollzugsdefizit abstellt; *OVG Berlin-Brandenburg*, Beschl. vom 17.04.2020, Az.: OVG 11 S 23/20, BeckRS 2020, 6073 Rn. 19.

[486] *VG Aachen*, Beschl. vom 03.04.2020, Az.: 7 L 259/20, BeckRS 2020, 5210 Rn. 23 f.

[487] Erfolglos *VGH Mannheim*, Urt. vom 02.06.2022, Az.: 1 S 1079/20, BeckRS 2022, 15543; *VG München*, Urt. vom 16.11.2022, Az.: M 26b K 20.1221, BeckRS 2022, 39509.

[488] Siehe dazu insbesondere *VG Hamburg*, Beschl. vom 21.04.2020, Az.: 3 E 1675/20, BeckRS 2020, 6396 Rn. 25–28, in dem das Gericht die Maßnahme nicht unter Gleichheitssatzgesichtspunkten prüft. Ähnlich auch *VG Hamburg*, Beschl. vom 05.05.2020, Az.: 7 E 1804/20, BeckRS 2020, 7808 mit dem Ergebnis, dass die Maßnahme jedenfalls unverhältnismäßig war.

[489] Siehe dazu unten S. 127 ff. Kritisch gegenüber der Differenzierung *Kahle/Martin*, NVwZ 2020, 1333, 1333 ff.

[490] Siehe etwa *OVG Bremen*, Beschl. vom 23.04.2020, Az.: 1 B 107/20, BeckRS 2020, 6622 Rn. 25; *OVG Saarlouis*, Beschl. vom 24.04.2020, Az.: 2 B 122/20, BeckRS 2020, 6909 Rn. 18; *VG Ansbach*, Beschl. vom 26.04.2020, Az.: AN 30 S 20.775, BeckRS 2020, 6627 Rn. 20; *OVG Saarlouis*, Beschl. vom 27.04.2020, Az.: 2 B 141/20, BeckRS 2020, 7355 Rn. 37; *OVG Lüneburg*, Beschl. vom 27.04.2020, Az.: 13 MN 98/20, BeckRS 2020, 6651 Rn. 49; in diese Richtung auch *VGH Kassel*, Beschl. vom 28.04.2020, Az.: 8 B 1039/20.N,

auch, dass eine schlagartige Normalisierung angesichts des noch angespannten Infektionsgeschehens nicht möglich gewesen sei. Deshalb sei dem Verordnungsgeber die Möglichkeit eines stufenweisen Vorgehens einzuräumen.[491] Auch lässt sich die Annahme finden, dass infektionsrechtliche Vorgaben bei kleineren Verkaufsflächen leichter kontrollierbar wären.[492] Diese Annahme setzt jedoch voraus, dass mit Zunahme der Verkaufsfläche die Personalstärke des Einzelhandelbetriebes nicht zunimmt. Zudem ist bei einer größeren Verkaufsfläche die Einhaltung von Abstandsregeln einfacher möglich als auf kleinen Flächen. Teils folgerten Gerichte die höhere Anziehungskraft auch aus den Umständen des Einzelfalls, etwa im Falle eines Factory-Outlets, bei dem eine überregionale Anziehungskraft nicht von der Hand zu weisen ist.[493] Auch hier spielte Art. 3 Abs. 1 GG eine überragende Rolle, sowohl in Bezug auf die 800-Quadratmeter-Regel selbst als auch hinsichtlich der Frage, welche Einzelhandelsbereiche ihr unterworfen wurden und welche nicht.[494] Nicht erfolgreich waren Eilanträge vor dem BVerfG und dem BayVerfGH, wobei sich diese Gerichte auf die Folgenabwägung beschränkten.[495]

(2) Zweite und dritte Welle

Die erneute weitgehende Schließung des Einzelhandels ab dem Jahreswechsel 2020/2021 zog eine große Anzahl von Anträgen auf vorläufigen Rechtsschutz nach sich. Wieder waren diese in aller Regel erfolglos. Die Argumentation der Gerichte

---

BeckRS 2020, 7280 Rn. 24; *OVG Bautzen*, Beschl. vom 29.04.2020, Az.: 3 B 144/20, BeckRS 2020, 7081 Rn. 53; *OVG Lüneburg*, Beschl. vom 29.04.2020, Az.: 13 MN 120/20, BeckRS 2020, 7098 Rn. 37; *OVG Lüneburg*, Beschl. vom 29.04.2020, Az.: 13 MN 121/20, BeckRS 2020, 7143 Rn. 36; *OVG Lüneburg*, Beschl. vom 29.04.2020, Az.: 13 MN 122/20, BeckRS 2020, 7097 Rn. 36; *OVG Magdeburg*, Beschl. vom 29.04.2020, Az.: 3 R 71/20, BeckRS 2020, 12629 Rn. 26, 36; *OVG Bautzen*, Beschl. vom 29.04.2020, Az.: 3 B 146/20, BeckRS 2020, 16028 Rn. 53; *OVG Lüneburg*, Beschl. vom 29.04.2020, Az.: 13 MN 117/20, BeckRS 2020, 7140 Rn. 38; *OVG Hamburg*, Beschl. vom 30.04.2020, Az.: 5 Bs 64/20, BeckRS 2020, 7265 Rn. 25; *OVG Bremen*, Urt. vom 07.05.2020, Az.: 1 B 129/20, BeckRS 2020, 8065 Rn. 22; *VG Berlin*, Beschl. vom 30.04.2020, Az.: VG 14 L 55/20, BeckRS 2020, 8516 Rn. 22; *VG Berlin*, Beschl. vom 30.04.2020, Az.: VG 14 L 55/20, BeckRS 2020, 8516 Rn. 22; *VG Berlin*, Beschl. vom 04.05.2020, Az.: VG 14 L 74/20, BeckRS 2020, 8651 Rn. 22; *VG Berlin*, Beschl. vom 05.05.2020, Az.: VG 14 L 51/20, BeckRS 2020, 11944 Rn. 22.

[491] Siehe hierzu etwa *OVG Berlin-Brandenburg*, Beschl. vom 28.04.2020, Az.: OVG 11 S 28/20, BeckRS 2020, 7276 Rn. 15–19 unter schlichter Wiedergabe des entsprechenden Beschlusses der Ministerpräsidentenkonferenz.

[492] Siehe etwa *OVG Bremen*, Beschl. vom 23.04.2020, Az.: 1 B 107/20, BeckRS 2020, 6622 Rn. 24.

[493] *VG Stuttgart*, Beschl. vom 22.04.2020, Az.: 16 K 1975/20, BeckRS 2020, 12199 Rn. 15.

[494] Siehe unten S. 127 ff.

[495] *BVerfG*, Beschl. vom 29.04.2020, Az.: 1 BvQ 47/20, BeckRS 2020, 7210 Rn. 13; *BayVerfGH*, Entsch. vom 08.05.2020, Az.: Vf. 34-VII-20, BeckRS 2020, 8029.

unterschied sich nicht von der aus dem ersten Lockdown.[496] Selbst das Verbot von Abholservices mit Vorbestellung („Click and Collect") wurde von vielen Gerichten

---

[496] *OVG Bautzen*, Beschl. vom 22.12.2020, Az.: 3 B 438/20, BeckRS 2020, 36069; *VG Saarlouis*, Beschl. vom 23.12.2020, Az.: 6 L 1571/20, BeckRS 2020, 38738; *VG Karlsruhe*, Beschl. vom 23.12.2020, Az.: 3 K 5284/20, BeckRS 2020, 39906; *VG Karlsruhe*, Beschl. vom 28.12.2020, Az.: 1 K 5285/20, BeckRS 2020, 40855; *VG München*, Beschl. vom 05.01. 2021, Az.: M 26b E 20.6705, BeckRS 2021, 1181; *OVG Bautzen*, Beschl. vom 07.01.2021, Az.: 3 B 446/20, BeckRS 2021, 39; siehe dazu *Bachmann*, NJW-Spezial 2021, 78; *OVG Bautzen*, Beschl. vom 14.01.2021, Az.: 3 B 442/20, BeckRS 2021, 169; *VG Düsseldorf*, Beschl. vom 15.01.2021, Az.: 24 L 14/21, BeckRS 2021, 835; zweifelnd *OVG Lüneburg*, Beschl. vom 21.01.2021, Az.: 13 MN 10/21, BeckRS 2021, 444; *VG Saarlouis*, Beschl. vom 21.01.2021, Az.: 6 L 35/21, BeckRS 2021, 379; *OVG Saarlouis*, Beschl. vom 22.01.2021, Az.: 2 B 11/21, BeckRS 2021, 522; *OVG Schleswig*, Beschl. vom 22.01.2021, Az.: 3 MR 3/ 21, BeckRS 2021, 618; *OVG Bautzen*, Beschl. vom 02.02.2021, Az.: 3 B 8/21, BeckRS 2021, 1790; *VGH München*, Beschl. vom 08.02.2021, Az.: 20 NE 21.362, BeckRS 2021, 3802; *OVG Münster*, Beschl. vom 08.02.2021, Az.: 13 B 89/21.NE, BeckRS 2021, 1374; *VGH München*, Beschl. vom 09.02.2021, Az.: 20 NE 21.384, BeckRS 2021, 2696; *OVG Greifswald*, Beschl. vom 10.02.2021, Az.: 2 KM 38/21 OVG, BeckRS 2021, 6960; *OVG Weimar*, Beschl. vom 11.02.2021, Az.: 3 EN 58/21, BeckRS 2021, 5304; *OVG Münster*, Beschl. vom 12.02.2021, Az.: 13 B 28/21.NE, BeckRS 2021, 1844; *VGH München*, Beschl. vom 15.02. 2021, Az.: 20 NE 21.406, BeckRS 2021, 2694; *OVG Saarlouis*, Beschl. vom 19.02.2021, Az.: 2 B 35/21, BeckRS 2021, 2194; *VGH München*, Beschl. vom 23.02.2021, Az.: 20 NE 21.367, BeckRS 2021, 2697; *OVG Weimar*, Beschl. vom 25.02.2021, Az.: 3 EN 88/21, BeckRS 2021, 3233; *VGH München*, Beschl. vom 25.02.2021, Az.: 20 NE 21.460, BeckRS 2021, 3819; *VGH München*, Beschl. vom 25.02.2021, Az.: 20 NE 21.475, BeckRS 2021, 3810; *OVG Lüneburg*, Beschl. vom 26.02.2021, Az.: 13 MN 63/21, BeckRS 2021, 3018; *VGH Mannheim*, Beschl. vom 01.03.2021, Az.: 1 S 555/21, BeckRS 2021, 3230; *OVG Berlin-Brandenburg*, Beschl. vom 03.03.2021, Az.: OVG 11 S 19/21, BeckRS 2021, 3774; *OVG Berlin-Brandenburg*, Beschl. vom 03.03.2021, Az.: OVG 11 S 22/21, BeckRS 2021, 3355; *OVG Lüneburg*, Beschl. vom 03.03.2021, Az.: 13 MN 91/21, BeckRS 2021, 3287; *OVG Berlin-Brandenburg*, Beschl. vom 03.03.2021, Az.: OVG 11 S 23/21, BeckRS 2021, 3361; *VGH München*, Beschl. vom 04.03.2021, Az.: 20 CE 21.550, BeckRS 2021, 3799; *OVG Bautzen*, Beschl. vom 04.03.2021, Az.: 3 B 33/21, BeckRS 2021, 3689; *VG Gießen*, Beschl. vom 05.03.2021, Az.: 4 L 673/21.GI, BeckRS 2021, 7554; *OVG Schleswig*, Beschl. vom 05.03.2021, Az.: 3 MR 10/21, BeckRS 2021, 3781; *OVG Magdeburg*, Beschl. vom 05.03. 2021, Az.: 3 R 20/21, BeckRS 2021, 6595; *VG Regensburg*, Beschl. vom 09.03.2021, Az.: RO 5 E 21.363, BeckRS 2021, 4050; *VG Regensburg*, Beschl. vom 11.03.2021, Az.: RO 5 E 21.412, BeckRS 2021, 4769; *VGH München*, Beschl. vom 17.03.2021, Az.: 20 NE 21.603, BeckRS 2021, 5349; *VGH München*, Beschl. vom 17.03.2021, Az.: 20 NE 21.605, BeckRS 2021, 5350; *VGH München*, Beschl. vom 17.03.2021, Az.: 20 NE 21.609, BeckRS 2021, 5351; *VGH München*, Beschl. vom 18.03.2021, Az.: 20 NE 21.579, BeckRS 2021, 5348; *VG Schleswig*, Beschl. vom 18.03.2021, Az.: 1 B 25/21, BeckRS 2021, 4797; *OVG Magdeburg*, Beschl. vom 22.03.2021, Az.: 3 R 22/21, BeckRS 2021, 8299; *OVG Bremen*, Beschl. vom 23.03.2021, Az.: 1 B 95/21, BeckRS 2021, 5629; *OVG Bremen*, Beschl. vom 23.03.2021, Az.: 1 B 103/21, BeckRS 2021, 5625; *OVG Bremen*, Beschl. vom 23.03.2021, Az.: 1 B 89/21, BeckRS 2021, 5626; *OVG Weimar*, Beschl. vom 23.03.2021, Az.: 3 EN 119/ 21, BeckRS 2021, 8667; *OVG Bautzen*, Beschl. vom 23.03.2021, Az.: 3 B 78/21, BeckRS 2021, 5496; *OVG Weimar*, Beschl. vom 26.03.2021, Az.: 3 EN 180/21, BeckRS 2021, 8672; *VG Frankfurt a. M.*, Beschl. vom 01.04.2021, Az.: 5 L 817/21.F, BeckRS 2021, 11651; *VGH München*, Beschl. vom 07.04.2021, Az.: 20 NE 21.868, BeckRS 2021, 7569; *VG Schleswig*, Beschl. vom 07.04.2021, Az.: 1 B 41/21, BeckRS 2021, 6541; *VG Schleswig*, Beschl. vom

zunächst gebilligt, und zwar selbst dann, wenn dieser Abholservice im Freien eingerichtet worden wäre.[497] Mit der Zeit finden sich in manchen Entscheidungsgründen Bedenken mit Blick auf die Erforderlichkeit der Vollschließung, ohne dass dies jedoch zum Erfolg der Anträge geführt hätte.[498] Mit Fortschreiten des Lockdowns ergingen Entscheidungen, in denen die Gerichte Zweifel an der Verhältnismäßigkeit hegten. Insbesondere das OVG Lüneburg hielt es in seinen Entscheidungen für offen, ob die Einhaltung eines Inzidenzwertes von maximal 50 – damals der relevante Schwellenwert für Einzelhandelsschließungen – alleine ein legitimes Ziel darstellt, und ob Hygieneregeln, ggf. kombiniert mit ausreichenden behördlichen Kontrollen, nicht ein milderes, gleich effektives Mittel sein könnten. Auch an der Angemessenheit zweifelte das OVG Lüneburg angesichts der langen Dauer des Lockdowns.[499] Der VGH Mannheim hielt die Erfolgsaussichten in der Hauptsache wegen Bedenken bezüglich des Parlamentsvorbehalts für offen.[500]

In zwei Fällen gab das OVG Saarlouis Normenkontrolleilanträgen statt. Maßgeblich war die Erwägung, dass die wirtschaftliche Situation nach Monaten des Lockdowns gerade für kleinere Einzelhändler existenzbedrohend sein könne. Demgegenüber wäre aber die Bedrohung des Gesundheitssystems zum Entscheidungszeitpunkt nicht groß genug gewesen, um die Angemessenheit der Schließun-

---

08.04.2021, Az.: 1 B 50/21, BeckRS 2021, 6545; *VG Schleswig*, Beschl. vom 09.04.2021, Az.: 1 B 52/21, BeckRS 2021, 7590; *VG Schleswig*, Beschl. vom 09.04.2021, Az.: 1 B 46/21, BeckRS 2021, 6932; *VG Schleswig*, Beschl. vom 13.04.2021, Az.: 1 B 55/21, BeckRS 2021, 7607; *OVG Schleswig*, Beschl. vom 14.04.2021, Az.: 3 MB 13/21, BeckRS 2021, 8153; *VG Würzburg*, Beschl. vom 14.04.2021, Az.: W 8 E 21.510, BeckRS 2021, 7782; *VG Augsburg*, Beschl. vom 16.04.2021, Az.: Au 9 E 21.864, BeckRS 2021, 15249; *VGH München*, Beschl. vom 16.04.2021, Az.: 20 NE 21.925, BeckRS 2021, 7917; *VGH München*, Beschl. vom 18.04.2021, Az.: 20 NE 21.965, BeckRS 2021, 7908; *VGH München*, Beschl. vom 21.04.2021, Az.: 20 NE 21.1068, BeckRS 2021, 8707; *OVG Bautzen*, Beschl. vom 22.04.2021, Az.: 3 B 172/21, BeckRS 2021, 8753; *BayVerfGH*, Entsch. vom 22.03.2021, Az.: Vf. 23-VII-21, BeckRS 2021, 5200.

[497] *OVG Bautzen*, Beschl. vom 22.12.2020, Az.: 3 B 438/20, BeckRS 2020, 36069 Rn. 41.

[498] Siehe insbesondere *OVG Lüneburg*, Beschl. vom 03.03.2021, Az.: 13 MN 91/21, BeckRS 2021, 3287.

[499] *OVG Lüneburg*, Beschl. vom 21.01.2021, Az.: 13 MN 10/21, BeckRS 2021, 444 Rn. 12–28; *OVG Lüneburg*, Beschl. vom 26.02.2021, Az.: 13 MN 63/21, BeckRS 2021, 3018 Rn. 7–23; *OVG Lüneburg*, Beschl. vom 03.03.2021, Az.: 13 MN 91/21, BeckRS 2021, 3287 Rn. 7–25; *OVG Lüneburg*, Beschl. vom 03.03.2021, Az.: 13 MN 84/21, BeckRS 2021, 3328 Rn. 7–26; *OVG Lüneburg*, Beschl. vom 04.03.2021, Az.: 13 MN 89/21, BeckRS 2021, 3397 Rn. 11–30; *OVG Lüneburg*, Beschl. vom 11.03.2021, Az.: 13 MN 70/21, BeckRS 2021, 4254 Rn. 13–38; *OVG Lüneburg*, Beschl. vom 15.03.2021, Az.: 13 MN 103/21, BeckRS 2021, 4511 Rn. 16–33; *OVG Lüneburg*, Beschl. vom 22.03.2021, Az.: 13 MN 121/21, BeckRS 2021, 5286 Rn. 18–35.

[500] *VGH Mannheim*, Beschl. vom 18.02.2021, Az.: 1 S 398/21, BeckRS 2021, 2078 Rn. 53–56; *VGH Mannheim*, Beschl. vom 01.03.2021, Az.: 1 S 555/21, BeckRS 2021, 3230 Rn. 41–44.

gen zu begründen.[501] Das VG Frankfurt gab wegen eines Verstoßes gegen den Gleichbehandlungsgrundsatz zwei Anträgen statt,[502] ebenso das OVG Bautzen.[503] Im Rahmen der „Bundesnotbremse“ wurden erneut Schließungen verfügt. Das BVerfG lehnte Eilanträge ab, wobei es sich auf eine reine Folgenabwägung beschränkte.[504]

bb) Bewertung in Hauptsacheverfahren

Die Schließungen beschäftigten die Gerichte auch später im Rahmen von Hauptsacheverfahren. Die 14. Kammer des OVG Lüneburg bestätigte die Schließungen und distanzierte sich von früheren Bedenken der 13. Kammer.[505] Das VG Koblenz bestätigte eine Schließungsanordnung; die Begründung unterschied sich dabei nicht von solchen in Eilverfahren.[506] Das OVG Saarlouis hielt Normenkontrollanträge teils für (nicht) mehr zulässig,[507] teils dagegen für zulässig und begründet.[508] So wäre nach Ansicht des Gerichts in einem Möbelhaus aufgrund dessen Größe auch mit Hygienemaßnahmen ein sicherer Betrieb möglich gewesen.[509] Das BVerwG hob diese Entscheidung aber auf. Das OVG Saarlouis hätte den Einschätzungsspielraum und die Typisierungsbefugnis des Verordnungsgebers missachtet.[510] Bestätigt wurde die Schließung auch vom OVG Weimar,[511] vom OVG Münster[512] und vom VGH München.[513] Ebenso wurden ablehnende Ent-

---

[501] *OVG Saarlouis*, Beschl. vom 09.03.2021, Az.: 2 B 58/21, BeckRS 2021, 4001 Rn. 18–23; *OVG Saarlouis*, Beschl. vom 10.03.2021, Az.: 2 B 65/21, BeckRS 2021, 45371 Rn. 10. Zum Verstoß gegen Art. 3 Absatz 1 GG siehe unten.

[502] *VG Frankfurt a. M.*, Beschl. vom 16.03.2021, Az.: 5 L 623/21.F, BeckRS 2021, 4482; *VG Frankfurt a. M.*, Beschl. vom 13.04.2021, Az.: 5 L 902/21.F, BeckRS 2021, 10522, siehe dazu unten.

[503] *OVG Bautzen*, Beschl. vom 23.03.2021, Az.: 3 B 67/21, BeckRS 2021, 5235.

[504] *BVerfG*, Beschl. vom 20.05.2021, Az.: 1 BvR 968/21, 1 BvR 1113/21, 1 BvQ 66/21, 1 BvQ 71/21, 1 BvQ 75/21, NVwZ 2021, 982.

[505] *OVG Lüneburg*, Urt. vom 01.06.2023, Az.: 14 KN 36/22, BeckRS 2023, 13678; bestätigt durch *BVerwG*, Urt. vom 26.06.2025, Az.: 3 CN 3.23, BeckRS 2025, 24703.

[506] *VG Koblenz*, Urt. vom 30.08.2021, Az.: 3 K 297/21.KO, BeckRS 2021, 33440.

[507] *OVG Saarlouis*, Urt. vom 24.03.2022, Az.: 2 C 108/20, BeckRS 2022, 6172; *OVG Saarlouis*, Beschl. vom 13.04.2022, Az.: 2 C 289/21, BeckRS 2022, 7778; *OVG Saarlouis*, Urt. vom 31.05.2022, Az.: 2 C 57/21, BeckRS 2022, 13137.

[508] So insbesondere *OVG Saarlouis*, Urt. vom 15.09.2022, Az.: 2 C 62/21, BeckRS 2022, 25643.

[509] *OVG Saarlouis*, Urt. vom 15.09.2022, Az.: 2 C 62/21, BeckRS 2022, 25643 Rn. 18.

[510] *BVerwG*, Urt. vom 18.04.2024, Az.: 3 CN 12.22, BeckRS 2024, 16488 Rn. 17–20.

[511] *OVG Weimar*, Urt. vom 20.12.2022, Az.: 3 N 233/21, BeckRS 2022, 46523; *OVG Weimar*, Beschl. vom 30.10.2024, Az.: 3 N 471/22, BeckRS 2024, 45794; *OVG Weimar*, Beschl. vom 26.11.2024, Az.: 3 N 462/22, BeckRS 2024, 45792.

[512] *OVG Münster*, Urt. vom 05.03.2025, Az.: 13 D 48/21.NE, BeckRS 2025, 5356.

[513] *VGH München*, Beschl. vom 10.03.2025, Az.: 20 N 21.2746, BeckRS 2025, 5887.

scheidungen des einstweiligen Rechtsschutzes gegen die 800-Quadratmeter-Regel in Hauptsacheentscheidungen regelmäßig bestätigt.[514]

b) „G-Regelungen“

Im Laufe der Pandemie wurde der Einzelhandel sog. „G-Regeln“ („Geimpft, genesen, getestet“) in unterschiedlicher Ausgestaltung unterworfen: der Testpflicht (aa)) und „2G“/„3G“-Regeln (bb)).

aa) Testpflicht

„G-Regeln“ wurden dem Einzelhandel zunächst im Frühjahr 2021 auferlegt. Testpflichten für alle Kunden bestimmter Einzelhandelssparten – unabhängig vom Immunitätsstatus – sollten Öffnungen ermöglichen und absichern. Erfolgreich waren Eilanträge dagegen jedoch nicht.[515]

bb) „2G“/„3G“

Ab Herbst Winter 2021 fanden zunehmend „G-Regeln“ Verwendung, nunmehr in Gestalt von „3G“- („Geimpft, genesen oder getestet“) und „2G“-Regeln („Geimpft oder genesen“).[516] Zumeist waren Anträge dagegen nicht erfolgreich.[517] Das OVG Lüneburg gab aber einem Eilantrag gegen eine „2G“-Regel statt.[518] Das Ge-

---

[514] *OVG Bremen*, Urt. vom 19.04.2022, Az.: 1 D 104/20, BeckRS 2022, 9393; *OVG Bautzen*, Urt. vom 17.05.2022, Az.: 3 C 16/20, BeckRS 2022, 13520 (bestätigt in BVerwGE 183, 119); *VG Berlin*, Urt. vom 13.01.2023, Az.: VG 14 K 58/20, BeckRS 2023, 3570; anders dagegen *OVG Bautzen*, Urt. vom 05.09.2022, Az.: 3 C 29/20, BeckRS 2022, 24687 (Norm zu unbestimmt); *OVG Magdeburg*, Urt. vom 30.06.2022, Az.: 3 K 55/20, BeckRS 2022, 18374 (Norm zu unbestimmt).

[515] *VG Berlin*, Beschl. vom 01.04.2021, Az.: VG 14 L 96/21, BeckRS 2021, 9565; *OVG Saarlouis*, Beschl. vom 16.04.2021, Az.: 2 B 95/21, BeckRS 2021, 7750; *OVG Saarlouis*, Beschl. vom 22.04.2021, Az.: 2 B 104/21, BeckRS 2021, 8526; *OVG Lüneburg*, Beschl. vom 20.05.2021, Az.: 13 MN 263/21, BeckRS 2021, 11669; *OVG Münster*, Beschl. vom 25.05.2021, Az.: 13 B 271/21.NE, BeckRS 2021, 12161; *OVG Saarlouis*, Beschl. vom 26.05.2021, Az.: 2 B 136/21, BeckRS 2021, 12437.

[516] Siehe zur zweifelhaften Verhältnismäßigkeit von „2G“-Regeln *Warg*, NJOZ 2022, 65, 65 ff.

[517] *VGH Mannheim*, Beschl. vom 15.11.2021, Az.: 1 S 3295/21, BeckRS 2021, 34651; *VerfGH Sachs*, Beschl. vom 02.12.2021, Az.: Vf. 114-IV-21 (HS), Vf. 115-IV-21 (e.A.), NJOZ 2022, 122; *VG Berlin*, Beschl. vom 10.12.2021, Az.: VG 14 L 607/21, BeckRS 2021, 42908; *OVG Saarlouis*, Beschl. vom 20.12.2021, Az.: 2 B 278/21, BeckRS 2021, 40145; *OVG Saarlouis*, Beschl. vom 20.12.2021, Az.: 2 B 280/21, BeckRS 2021, 40242; *OVG Bautzen*, Beschl. vom 21.12.2021, Az.: 3 B 436/21, BeckRS 2021, 40287; *VG Berlin*, Beschl. vom 14.01.2022, Az.: VG 14 L 619/21, BeckRS 2022, 791; *OVG Münster*, Beschl. vom 21.01.2022, Az.: 13 B 1927/21.NE, BeckRS 2022, 2180. Siehe dazu auch unten S. 141 f.

[518] *OVG Lüneburg*, Beschl. vom 16.12.2021, Az.: 13 MN 477/21, BeckRS 2021, 39187.

richt hatte wegen der zahlreichen Ausnahmen von Einzelhandelsbranchen schon Zweifel an der Eignung.[519] Da der Einfluss des Einzelhandels auf das Infektionsgeschehen unklar gewesen sei und FFP2-Maskenpflicht sowie eine Testpflicht für Nichtimmunisierte, d.h. „3G“, ein milderes, gleich effektives Mittel darstellen könnten, sah das Gericht auch die Erforderlichkeit als offen an.[520] Da das Gericht auch das Infektionsgeschehens als überschaubar bewertete, stufte das Gericht die „2G“-Regelung als unangemessen ein.[521] Der VGH München, das OVG Saarlouis und das VG Frankfurt hielten die jeweiligen Regelungen, wonach Ladengeschäfte von der „2G“-Regel ausgenommen sind, für zu unbestimmt;[522] das OVG Saarlouis und das BVerwG bestätigten diese Einschätzung später im Hauptsacheverfahren.[523] Nach Ansicht des VGH Mannheim widersprach die temporäre verhängte „2G“-Regel der zugrundeliegenden Rechtsgrundlage des damaligen § 28a Abs. 3 S. 4 IfSG, weil die „2G“-Regel ausdrücklich unabhängig von der Sieben-Tage-Hospitalisierungsinzidenz galt.[524] Ähnlich entschied auch das OVG Greifswald.[525] Das OVG Saarlouis schließlich stellte in einem Einzelfall einen Verstoß gegen den Gleichheitsgrundsatz fest, setzte die Vollziehung jedoch trotz des Antrags nach § 47 Abs. 1 VwGO nur gegenüber dem Antragsteller aus.[526]

Das OVG Lüneburg blieb mit seiner Argumentation isoliert: Ausnahmslos hielten andere Gerichte die Maßnahme für angemessen. Bei der Geeignetheit legten die Gerichte einen großzügigeren Maßstab an, gaben sich also schon mit einem womöglich nur kleinen Beitrag zur Zweckerreichung zufrieden; bei der der Erforderlichkeit und insbesondere der Effektivität etwaiger milderer Mittel räumten sie den Verordnungsgebern größere Spielräume ein. Das wirkte sich dann auch auf die Prüfung der Angemessenheit aus, welche bejaht wurde.[527]

---

[519] *OVG Lüneburg*, Beschl. vom 16.12.2021, Az.: 13 MN 477/21, BeckRS 2021, 39187 Rn. 28.

[520] *OVG Lüneburg*, Beschl. vom 16.12.2021, Az.: 13 MN 477/21, NVwZ 2022, 173 Rn. 29–36.

[521] *OVG Lüneburg*, Beschl. vom 16.12.2021, Az.: 13 MN 477/21, BeckRS 2021, 39187 Rn. 37–44. Kritisch dazu *Kaiser*, JuS 2022, 382, 383.

[522] *VGH München*, Beschl. vom 19.01.2022, Az.: 20 NE 21.3119, BeckRS 2022, 272; *OVG Saarlouis*, Beschl. vom 21.01.2022, Az.: 2 B 295/21, BeckRS 2022, 456; *VG Frankfurt a.M.*, Beschl. vom 31.01.2022, Az.: 5 L 182/22.F, BeckRS 2022, 1005.

[523] *OVG Saarlouis*, Urt. vom 21.07.2022, Az.: 2 C 294/21, BeckRS 2022, 18515 Rn. 25–29; *BVerwG*, Urt. vom 18.04.2024, Az.: 3 CN 8.22, BeckRS 2024, 16510 Rn. 31–42; *OVG Saarlouis*, Urt. vom 09.09.2025, Az.: 2 C 139/24, BeckRS 2025, 27650 Rn. 32–34.

[524] *VGH Mannheim*, Beschl. vom 25.01.2022, Az.: 1 S 89/22, BeckRS 2022, 534.

[525] *OVG Greifswald*, Beschl. vom 07.01.2022, Az.: 1 KM 661/21 OVG, BeckRS 2022, 14.

[526] *OVG Saarlouis*, Beschl. vom 27.12.2021, Az.: 2 B 282/21, BeckRS 2021, 40331. Siehe dazu *Eibenstein*, NJW 2022, 980, 980 ff.

[527] *OVG Schleswig*, Beschl. vom 14.12.2021, Az.: 3 MR 31/21, KommJur 2022, 59; *VG Hamburg*, Beschl. vom 21.12.2021, Az.: 21 E 5155/21, BeckRS 2021, 40104; *OVG Bautzen*, Beschl. vom 22.12.2021, Az.: 3 B 445/21, BeckRS 2021, 41295; *OVG Münster*, Beschl. vom

c) Personenzahlbegrenzungen und Terminbuchungspflicht

Als weitere Vorstufe zu Schließungen oder zur Absicherung von Öffnungen wurde die Zahl der Personen begrenzt, welche sich gleichzeitig in einem Einzelhandelsbetrieb aufhalten durfte. Teilweise war es auch erforderlich, vor dem Besuch des Einzelhandels einen Termin zu buchen. Entscheidungen dazu finden sich aus der zweiten und der dritten Welle.

Zunächst wurden in der zweiten Welle für noch geöffnete Einzelhandelsbetriebe Personenzahlbegrenzungen verfügt. Die jeweilige Höchstzahl war dabei von der Verkaufsfläche abhängig. Insgesamt wurde diese Maßnahme von den Gerichten gehalten.[528] Teils hatten Anträge jedoch Erfolg, da die Gerichte nicht nachvollziehen konnten, wieso auf eine etwaige Verkaufsfläche über 800 Quadratmeter weniger Kunden zugelassen werden durften als auf die Verkaufsfläche bis 800 Quadratmeter.[529] In einem Fall wurde auch die Vollziehung einer als zu unbestimmt befundenen Regelung ausgesetzt.[530]

22.12.2021, Az.: 13 B 1858/21.NE, BeckRS 2021, 40249; *VG Berlin*, Beschl. vom 23.12.2021, Az.: VG 14 L 632/21, BeckRS 2021, 40646; *OVG Saarlouis*, Beschl. vom 27.12.2021, Az.: 2 B 282/21, BeckRS 2021, 40331; *OVG Münster*, Beschl. vom 28.12.2021, Az.: 13 B 1928/21.NE, BeckRS 2021, 40533; *OVG Berlin-Brandenburg*, Beschl. vom 30.12.2021, Az.: OVG 11 S 109/21, BeckRS 2021, 40885; *OVG Schleswig*, Beschl. vom 30.12.2021, Az.: 3 MR 35/21, BeckRS 2021, 43572; *OVG Weimar*, Beschl. vom 30.12.2021, Az.: 3 EN 775/21, BeckRS 2021, 41461; *OVG Bremen*, Beschl. vom 04.01.2022, Az.: OVG 1 B 479/21, BeckRS 2022, 136; *OVG Bautzen*, Beschl. vom 06.01.2022, Az.: 3 B 454/21, BeckRS 2022, 34; *OVG Berlin-Brandenburg*, Beschl. vom 06.01.2022, Az.: OVG 5 S 1/22, BeckRS 2022, 46; *OVG Greifswald*, Beschl. vom 07.01.2022, Az.: 1 KM 661/21 OVG, BeckRS 2022, 14; *OVG Magdeburg*, Beschl. vom 11.01.2022, Az.: 3 R 216/21, BeckRS 2022, 57; *VGH Mannheim*, Beschl. vom 11.01.2022, Az.: 1 S 3781/21, BeckRS 2022, 59; *VGH Mannheim*, Beschl. vom 11.01.2022, Az.: 1 S 3805/21, BeckRS 2022, 173; *OVG Münster*, Beschl. vom 12.01.2022, Az.: 13 B 1929/21.NE, BeckRS 2022, 162; *OVG Weimar*, Beschl. vom 24.01.2022, Az.: 3 EN 804/21, BeckRS 2022, 535; *VG Berlin*, Beschl. vom 24.01.2022, Az.: VG 14 L 650/21, BeckRS 2022, 460; *VGH Mannheim*, Beschl. vom 25.01.2022, Az.: 1 S 89/22, BeckRS 2022, 534.

[528] *OVG Berlin-Brandenburg*, Beschl. vom 11.12.2020, Az.: OVG 11 S 124/20, BeckRS 2020, 35389; *OVG Magdeburg*, Beschl. vom 11.12.2020, Az.: 3 R 261/20, BeckRS 2020, 37366; *VGH Kassel*, Beschl. vom 16.12.2020, Az.: 8 B 3000/20.N, BeckRS 2020, 37107; *OVG Lüneburg*, Beschl. vom 16.12.2020, Az.: 13 MN 552/20, BeckRS 2020, 35567 (aus anderen Gründen teilweise erfolgreich); *OVG Bremen*, Beschl. vom 17.12.2020, Az.: 1 B 406/20, BeckRS 2020, 37740; *OVG Weimar*, Beschl. vom 21.12.2020, Az.: 3 EN 812/20, BeckRS 2020, 42874; *OVG Münster*, Beschl. vom 21.12.2020, Az.: 13 B 1917/20.NE, BeckRS 2020, 36232 (aus anderen Gründen teilweise erfolgreich); *VGH München*, Beschl. vom 23.12.2020, Az.: 20 NE 20.2870, BeckRS 2020, 36582; *OVG Bautzen*, Beschl. vom 07.01.2021, Az.: 3 B 424/20, BeckRS 2021, 15; *OVG Koblenz*, Beschl. vom 18.01.2021, Az.: 6 B 11642/20.OVG, BeckRS 2021, 252.

[529] *VG Mainz*, Beschl. vom 21.12.2020, Az.: 1 L 1000/20.MZ, BeckRS 2020, 36270 (aufgehoben durch das OVG Koblenz); zweifelnd auch *OVG Saarlouis*, Beschl. vom 11.12.2020, Az.: 2 B 362/20, BeckRS 2020, 34796 Rn. 14.

[530] *OVG Saarlouis*, Beschl. vom 11.12.2020, Az.: 2 B 362/20, BeckRS 2020, 34796 Rn. 13.

Zu Beginn der dritten Welle wurde dem nicht lebensnotwendigen Einzelhandel die Wiedereröffnung ermöglicht, soweit dort nur Kunden mit vorheriger Terminbuchung eingelassen und die Anzahl der anwesenden Personen stark begrenzt wurde. Sofern sich Antragsteller gegen diese Maßnahmen wendeten, waren Anträge in aller Regeln nicht erfolgreich.[531] Das VG Berlin hielt jedoch die im Vergleich zum privilegierten Einzelhandel reduzierte Höchstpersonenzahl für nicht mehr angemessen. Ein Aspekt war dabei, dass die Berliner Regel zusätzlich auch noch einen Antigenschnelltest vorsah, womit der entsprechende Beschluss der Bund-Länder-Konferenz übererfüllt wurde.[532] Die unterschiedlichen Regeln für privilegierte und nichtprivilegierte Einzelhandelsbetriebe führte darüber hinaus in zwei weiteren Fällen zu vorläufig festgestellten Verstößen gegen Art. 3 Abs. 1 GG.[533] Später sollte das OVG Saarlouis die konkrete Ausgestaltung der Regelungen im Hauptsacheverfahren für nicht erforderlich erklären,[534] wenngleich die Entscheidung später wieder vom BVerwG aufgehoben wurde.[535]

d) Differenzierungen im Einzelhandel

Beschränkungen des Einzelhandels galten zumeist nicht für alle Einzelhandelsbetriebe gleichermaßen. Vielmehr wurde zwischen verschiedenen Teilbereichen differenziert. Ebendiese Differenzierungen wurden in diversen Entscheidungen mit Blick auf den Gleichbehandlungsgrundsatz thematisiert.

---

[531] *VGH Kassel*, Beschl. vom 11.03.2021, Az.: 8 B 262/21.N, BeckRS 2021, 5543; *OVG Münster*, Beschl. vom 19.03.2021, Az.: 13 B 252/21.NE, BeckRS 2021, 4912; *VGH München*, Beschl. vom 19.03.2021, Az.: 20 NE 21.806, BeckRS 2021, 7568; *OVG Bautzen*, Beschl. vom 23.03.2021, Az.: 3 B 78/21, BeckRS 2021, 5496; *OVG Weimar*, Beschl. vom 25.03.2021, Az.: 3 EN 175/21, BeckRS 2021, 8669; *VG Schleswig*, Beschl. vom 29.03.2021, Az.: 1 B 35/21, BeckRS 2021, 6542; *OVG Berlin-Brandenburg*, Beschl. vom 29.03.2021, Az.: OVG 11 S 42/21, BeckRS 2021, 6068; *OVG Bautzen*, Beschl. vom 30.03.2021, Az.: 3 B 65/21, BeckRS 2021, 6067; *VG Neustadt a. d. Weinstraße*, Beschl. vom 05.04.2021, Az.: 5 L 334/21.NW, BeckRS 2021, 6444; *OVG Schleswig*, Beschl. vom 15.04.2021, Az.: 3 MB 14/21, BeckRS 2021, 8152; *OVG Bautzen*, Beschl. vom 22.04.2021, Az.: 3 B 172/21, BeckRS 2021, 8753; *VGH Mannheim*, Beschl. vom 11.05.2021, Az.: 1 S 1048/21, BeckRS 2021, 11469; *OVG Greifswald*, Beschl. vom 24.03.2021, Az.: 2 KM 120/21 OVG, BeckRS 2021, 12153 (von Außervollzugsetzung abgesehen); *VerfG Bbg*, Beschl. vom 26.03.2021, Az.: VfGBbg 5/21 EA, BeckRS 2021, 5648 (im Wesentlichen Folgenabwägung).

[532] *VG Berlin*, Beschl. vom 01.04.2021, Az.: VG 14 L 91/21, BeckRS 2021, 6420 Rn. 32 f.; *VG Berlin*, Beschl. vom 01.04.2021, Az.: VG 14 L 92/21, BeckRS 2021, 9160 Rn. 33 f.; *VG Berlin*, Beschl. vom 01.04.2021, Az.: VG 14 L 96/21, BeckRS 2021, 9565 Rn. 31 f.

[533] *OVG Münster*, Beschl. vom 19.03.2021, Az.: 13 B 252/21.NE, BeckRS 2021, 4912; *VGH Mannheim*, Beschl. vom 24.03.2021, Az.: 1 S 677/21, BeckRS 2021, 5398.

[534] *OVG Saarlouis*, Urt. vom 15.09.2022, Az.: 2 C 62/21, BeckRS 2022, 25643 Rn. 19 f.

[535] *BVerwG*, Urt. vom 18.04.2024, Az.: 3 CN 12.22, BeckRS 2024, 16488.

aa) Privilegierung von Einzelhandelsbranchen

Zentral war die Unterscheidung zwischen privilegierten und nicht privilegierten Einzelhandelsbranchen. Zu den Zeiten der Lockdowns musste der privilegierte Einzelhandel nicht schließen; in anderen Zeiten galten dort manche Hygieneregeln nicht. Ausgangspunkt der Erwägungen war, dass manche Branchen der Versorgung mit lebensnotwendigen Gütern dienen. Die genaue Einstufung fiel dabei je nach Bundesland und Zeitraum anders aus.

Anfangs wurde diese Differenzierung noch unkritisch bewertet. Sofern der Aspekt überhaupt angesprochen wurde, fiel dessen Behandlung knapp aus.[536] Das änderte sich im Rahmen der langsamen Öffnungen zum Ende der ersten Welle. So konnte etwa das OVG Saarlouis nicht nachvollziehen, wieso auf ein Einrichtungshaus die 800-Quadratmeter-Regelung anzuwenden sein soll, auf einen Gartenmarkt oder Fahrradhandel aber nicht, und setzte die Vollziehung der Regelung aus.[537] Der VGH München hielt die Besserstellung von Baumärkten gegenüber Warenhäusern wegen deren meist dezentralen Lage für gerechtfertigt, nicht aber die von Buchhandlungen.[538] Später bestätigte das Gericht diese Einschätzung in einer Hauptsacheentscheidung.[539] Das OVG Berlin-Brandenburg dagegen maß dem Fahrrad- und Buchhandel eine wichtige Bedeutung zur Deckung von Mobilitäts- beziehungsweise Informationsbedürfnissen zu und hielt dessen Privilegierung als lebensnotwendiger Einzelhandel für gerechtfertigt.[540] Das VG Mainz lehnte die Rechtfertigung einer Schlechterstellung von Einrichtungshäusern ab.[541] Teils wurde zur Be-

[536] Siehe insbesondere *VG München*, Beschl. vom 20.03.2020, Az.: M 26 E 20.1209, BeckRS 2020, 6266 Rn. 48–52; *VG Aachen*, Beschl. vom 21.03.2020, Az.: 7 L 235/20, BeckRS 2020, 4691 Rn. 8 zu der Schließung eines Pralinienfachgeschäfts; *VG Bremen*, Beschl. vom 26.03.2020, Az.: 5 V 553/20, BeckRS 2020, 5927 Rn. 35 (Mischsortiment); *OVG Berlin-Brandenburg*, Beschl. vom 17.04.2020, Az.: OVG 11 S 23/20, BeckRS 2020, 6073 Rn. 13–16.

[537] *OVG Saarlouis*, Beschl. vom 27.04.2020, Az.: 2 B 143/20, BeckRS 2020, 6903 Rn. 18 f.; ähnlich *VGH Mannheim*, Beschl. vom 30.04.2020, Az.: 1 S 1101/20, BeckRS 2020, 7262 Rn. 50–52; *VGH Mannheim*, Beschl. vom 04.05.2020, Az.: 1 S 1101/20(2), BeckRS 2020, 8478 Rn. 49–52.

[538] *VGH München*, Beschl. vom 27.04.2020, Az.: 20 NE 20.793, BeckRS 2020, 6630 Rn. 36–38.

[539] *VGH München*, Urt. vom 06.10.2022, Az.: 20 N 20.794, BeckRS 2022, 31586.

[540] *OVG Berlin-Brandenburg*, Beschl. vom 29.04.2020, Az.: OVG 11 S 30/20, BeckRS 2020, 7277 Rn. 26; ähnlich auch *OVG Lüneburg*, Beschl. vom 29.04.2020, Az.: 13 MN 117/20, BeckRS 2020, 7140 Rn. 51; *OVG Hamburg*, Beschl. vom 30.04.2020, Az.: 5 Bs 64/20, BeckRS 2020, 7265 Rn. 53–57.

[541] *VG Mainz*, Beschl. vom 29.04.2020, Az.: 1 L 273/20.MZ, BeckRS 2020, 9197 Rn. 42; ähnlich *VG Saarlouis*, Beschl. vom 29.04.2020, Az.: 6 L 456/20, BeckRS 2020, 7506 Rn. 15; *VG Gießen*, Beschl. vom 04.05.2020, Az.: 4 L 1608/20.GI, BeckRS 2020, 7485 Rn. 12.

gründung von Differenzierungen auch auf ein erwartetes niedrigeres Infektionsrisiko etwa in Fahrradläden abgestellt.[542]

In den Entscheidungen aus der zweiten Welle wurden im Vergleich zur ersten Welle seltener Gleichheitsverstöße festgestellt. Teils kamen Zweifel auf, die aber in Hauptsacheverfahren verschoben wurden.[543] Das VGH München meldete wiederholt Bedenken an, vertrat jedoch die Ansicht, dass selbst bei einem Verstoß gegen den Gleichheitsgrundsatz grundsätzlich kein Anspruch auf Außervollzugsetzung der jeweiligen Maßnahme bestünde. Das ergebe sich daraus, dass dem Verordnungsgeber regelmäßig die Entscheidung zustehe, ob er die Privilegierung zurücknimmt, also alle Betriebe der Maßnahme unterwirft, oder ob er die betreffende Maßnahme für alle Einzelhandelsbetriebe aufhebt. Ob ein derart schwerer Verstoß vorliegt, der ausnahmsweise dennoch eine Außervollzugsetzung erfordert, könne erst im Hauptsacheverfahren entschieden werden.[544] Manche Anträge hatten jedoch auch Erfolg. So konnte das VG Frankfurt die Unterscheidung zwischen Gartenmärkten, Blumenläden, Bau- und Heimwerkermärkten und einem Einzelhändler mit Grillsortiment nicht mehr nachvollziehen.[545] Das OVG Münster wies zutreffend darauf hin, dass die Deckung des Grundbedarfs eine Begründung dafür sein kann, nur manche Einzelhandelsbereiche zu schließen, nicht jedoch dafür, die Bereiche unterschiedlichen Regelungen hinsichtlich Personenhöchstzahlen zu unterwerfen.[546] Die von Babyfachmärkten angebotenen Waren stellen nach Einschätzung des

[542] So etwa *OVG Bremen*, Urt. vom 07.05.2020, Az.: 1 B 129/20, BeckRS 2020, 8065 Rn. 38. Siehe zur Infektionsgefährdung in den verschiedenen Einzelhandelsbranchen etwa *Mayer*, ARP 2021, 55–59.

[543] *OVG Greifswald*, Beschl. vom 10.02.2021, Az.: 2 KM 38/21 OVG, BeckRS 2021, 6960 Rn. 42; *OVG Lüneburg*, Beschl. vom 26.02.2021, Az.: 13 MN 63/21, BeckRS 2021, 3018 Rn. 24–30; *OVG Lüneburg*, Beschl. vom 03.03.2021, Az.: 13 MN 91/21, BeckRS 2021, 3287 Rn. 26–34; *OVG Lüneburg*, Beschl. vom 03.03.2021, Az.: 13 MN 84/21, BeckRS 2021, 3328 Rn. 27–35; *OVG Lüneburg*, Beschl. vom 11.03.2021, Az.: 13 MN 70/21, BeckRS 2021, 4254 Rn. 39–45; *OVG Lüneburg*, Beschl. vom 15.03.2021, Az.: 13 MN 103/21, BeckRS 2021, 4511 Rn. 34–41; *OVG Lüneburg*, Beschl. vom 22.03.2021, Az.: 13 MN 121/21, BeckRS 2021, 5286 Rn. 36–42; *OVG Lüneburg*, Beschl. vom 20.05.2021, Az.: 13 MN 263/21, BeckRS 2021, 11669 Rn. 35–42.

[544] *VGH München*, Beschl. vom 17.03.2021, Az.: 20 NE 21.609, BeckRS 2021, 5351 Rn. 30; *VGH München*, Beschl. vom 18.03.2021, Az.: 20 NE 21.579, BeckRS 2021, 5348 Rn. 33; *VGH München*, Beschl. vom 07.04.2021, Az.: 20 NE 21.868, BeckRS 2021, 7569 Rn. 45; ebenfalls wohl das *OVG Weimar*, Beschl. vom 23.03.2021, Az.: 3 EN 119/21, BeckRS 2021, 8667 Rn. 102; *OVG Weimar*, Beschl. vom 25.03.2021, Az.: 3 EN 175/21, BeckRS 2021, 8669 Rn. 69; *OVG Weimar*, Beschl. vom 26.03.2021, Az.: 3 EN 180/21, BeckRS 2021, 8672 Rn. 71.

[545] *VG Frankfurt a. M.*, Beschl. vom 16.03.2021, Az.: 5 L 623/21.F, BeckRS 2021, 4482 Rn. 19; ähnlich auch *VG Frankfurt a. M.*, Beschl. vom 13.04.2021, Az.: 5 L 902/21.F, BeckRS 2021, 10522.

[546] *OVG Münster*, Beschl. vom 19.03.2021, Az.: 13 B 252/21.NE, BeckRS 2021, 4912 Rn. 53; bestätigt in der Hauptsache, siehe *OVG Münster*, Urt. vom 03.07.2025, Az.: 13 D 52/21.NE, BeckRS 2025, 18369 Rn. 158–160. Kritisch *Frenz*, DVBl. 2021, 678, 679–681, der befürchtet, dass nicht nur dem Verordnungsgeber Möglichkeiten zum Experimentieren ge-

OVG Bautzen Teil der Grundversorgung dar. Babyfachmärkte nicht auch zu privilegieren, sei daher gleichheitswidrig.[547] Erneut wurde als gleichheitswidrig eingestuft, dass der Buchhandel privilegiert wurde.[548]

bb) Sonderfall: Mischsortimentanbieter

Als Sonderfall der Privilegierung von Einzelhandelsbranchen lässt sich die faktische Privilegierung von Mischsortimentanbietern einordnen. So durfte beispielsweise ein Elektronikfachmarkt phasenweise nicht öffnen. Ein Lebensmittelhändler hingegen durfte nicht nur öffnen; er durfte regelmäßig auch Elektronikartikel verkaufen, sofern diese zu seinem regelmäßigen Sortiment gehörten und der Anteil dieser Nonfood-Artikel weniger als die Hälfte des Sortiments betrug. Die ohnehin schon privilegierten Einzelhandelsbranchen wurden damit noch weiter bevorzugt. Entsprechend wurde auch dieser Aspekt häufig in gerichtlichen Verfahren vorgebracht.

Von den Gerichten wurde diese Praxis in der Regel gebilligt. Als Begründung wurde aufgeführt, dass durch den weiterhin erlaubten Verkauf solcher Sortimentsteile keine weiteren Infektionen zu erwarten seien, durch die Öffnung zusätzlicher Einzelhandelsbranchen aber schon.[549] Das OVG Saarlouis vertrat die Ansicht, dass zur Rechtfertigung einer Ungleichbehandlung lediglich auf „seuchenrechtlich relevante Tatbestände, Umstände und Gesichtspunkte" abgestellt werden dürfe. Solche konnte das Gericht jedoch nicht erkennen und setzte die Vollziehung unter anderem wegen dieses Aspekts aus.[550] Später bestätigte das OVG Saarlouis diese Ansicht in der Hauptsache,[551] wurde aber vom BVerwG korrigiert.[552] Das OVG Greifswald

---

nommen werden, sondern auch davor warnt, dass das Verbot von Differenzierungen zu einer Zurückhaltung bei Lockerungen und damit zu weiteren Freiheitseinschränkungen führen könnte.

547 *OVG Bautzen*, Beschl. vom 23.03.2021, Az.: 3 B 67/21, BeckRS 2021, 5235.

548 *VGH Mannheim*, Beschl. vom 24.03.2021, Az.: 1 S 677/21, BeckRS 2021, 5398; *OVG Greifswald*, Beschl. vom 24.03.2021, Az.: 2 KM 120/21 OVG, BeckRS 2021, 12153 Rn. 50 (von Außervollzugsetzung abgesehen).

549 Siehe etwa *VGH Mannheim*, Beschl. vom 18.02.2021, Az.: 1 S 398/21, BeckRS 2021, 2078 Rn. 92; *OVG Magdeburg*, Beschl. vom 22.03.2021, Az.: 3 R 22/21, BeckRS 2021, 8299 Rn. 73; *OVG Bremen*, Beschl. vom 23.03.2021, Az.: 1 B 95/21, BeckRS 2021, 5629 Rn. 47; *OVG Münster*, Beschl. vom 25.05.2021, Az.: 13 B 271/21.NE, BeckRS 2021, 12161 Rn. 32; *OVG Schleswig*, Beschl. vom 30.12.2021, Az.: 3 MR 35/21, BeckRS 2021, 43572 Rn. 46; *VGH Kassel*, Beschl. vom 11.03.2021, Az.: 8 B 262/21.N, BeckRS 2021, 5543 Rn. 41.

550 *OVG Saarlouis*, Beschl. vom 09.03.2021, Az.: 2 B 58/21, BeckRS 2021, 4001 Rn. 12; *OVG Saarlouis*, Beschl. vom 10.03.2021, Az.: 2 B 65/21, BeckRS 2021, 45371 Rn. 11; *OVG Saarlouis*, Beschl. vom 27.12.2021, Az.: 2 B 282/21, BeckRS 2021, 40331 Rn. 17; andere Auffassung dagegen explizit *OVG Berlin-Brandenburg*, Beschl. vom 29.03.2021, Az.: OVG 11 S 42/21, BeckRS 2021, 6068 Rn. 29.

551 *OVG Saarlouis*, Urt. vom 21.07.2022, Az.: 2 C 294/21, BeckRS 2022, 18515 Rn. 24; *OVG Saarlouis*, Urt. vom 21.07.2022, Az.: 2 C 64/21, BeckRS 2022, 18512 Rn. 21; *OVG Saarlouis*, Urt. vom 15.09.2022, Az.: 2 C 62/21, BeckRS 2022, 25643 Rn. 21–31.

hielt „fast ein Jahr nach Ausbruch der Pandemie" die Abtrennung und Schließung von entsprechenden Sortimentsteilen für machbar.[553] Der VGH Mannheim bestätigte die Mischsortimentklausel in einer Hauptsacheentscheidung.[554]

cc) Differenzierung nach Verkaufsfläche

Auch wenn Einzelhandelsbetriebe abhängig von ihrer Verkaufsfläche unterschiedlich behandelt wurden, lag dem eine Ungleichbehandlung zugrunde. Bei Entscheidungen dazu lässt sich ein Gleichlauf der Verhältnismäßigkeitsprüfung und Prüfung des Gleichheitssatzes feststellen. Sofern sich die Gerichte in der Entscheidung auf die Verhältnismäßigkeitsprüfung fokussierten, wurde die Einhaltung beziehungsweise – im Falle der Feststellung der Unverhältnismäßigkeit – die Verletzung des Gleichheitssatzes noch kurz festgestellt.[555] Umgekehrt wurde, sofern die Prüfung des Gleichheitssatzes im Mittelpunkt stand, daraus auch die (Un-)Verhältnismäßigkeit hergeleitet.[556] Ebenso finden sich Entscheidungen, in denen beide Aspekte ausführlich geprüft wurden; dann entsprechen sich Prüfung von Verhältnismäßigkeit und Gleichheitssatz in der Argumentation.[557] Nicht finden lassen sich

---

[552] *BVerwG*, Urt. vom 18.04.2024, Az.: 3 CN 8.22, BeckRS 2024, 16510. Siehe danach *OVG Saarlouis*, Urt. vom 09.09.2025, Az.: 2 C 139/24, BeckRS 2025, 27650.

[553] *OVG Greifswald*, Beschl. vom 24.03.2021, Az.: 2 KM 120/21 OVG, BeckRS 2021, 12153 Rn. 49 (von Außervollzugsetzung abgesehen).

[554] *VGH Mannheim*, Urt. vom 02.06.2022, Az.: 1 S 1079/20, BeckRS 2022, 15543 Rn. 219.

[555] *VG Hamburg*, Beschl. vom 21.04.2020, Az.: 3 E 1675/20, BeckRS 2020, 6396 Rn. 29 (erfolgreich); *OVG Saarlouis*, Beschl. vom 24.04.2020, Az.: 2 B 122/20, BeckRS 2020, 6909 Rn. 19 (erfolglos); *OVG Lüneburg*, Beschl. vom 27.04.2020, Az.: 13 MN 98/20, BeckRS 2020, 6651 Rn. 53–55 (erfolgslos); *OVG Berlin-Brandenburg*, Beschl. vom 28.04.2020, Az.: OVG 11 S 28/20, BeckRS 2020, 7276 Rn. 30 f. (erfolglos); *OVG Lüneburg*, Beschl. vom 29.04.2020, Az.: 13 MN 120/20, BeckRS 2020, 7098 Rn. 45 (erfolglos); *OVG Lüneburg*, Beschl. vom 29.04.2020, Az.: 13 MN 121/20, BeckRS 2020, 7143 Rn. 44 (erfolglos); *OVG Lüneburg*, Beschl. vom 29.04.2020, Az.: 13 MN 122/20, BeckRS 2020, 7097 Rn. 44 (erfolglos); *OVG Lüneburg*, Beschl. vom 29.04.2020, Az.: 13 MN 117/20, BeckRS 2020, 7140 Rn. 50; *OVG Bautzen*, Beschl. vom 12.05.2020, Az.: 3 B 177/20, BeckRS 2020, 8235 Rn. 20 (erfolgreich).

[556] *OVG Schleswig*, Beschl. vom 24.04.2020, Az.: 3 MR 9/20, BeckRS 2020, 6917 Rn. 35 (erfolgreich); *OVG Saarlouis*, Beschl. vom 27.04.2020, Az.: 2 B 143/20, BeckRS 2020, 6903 Rn. 21 (erfolgreich); *OVG Berlin-Brandenburg*, Beschl. vom 29.04.2020, Az.: OVG 11 S 30/20, BeckRS 2020, 7277 Rn. 41 (erfolglos); *OVG Berlin-Brandenburg*, Beschl. vom 29.04.2020, Az.: OVG 11 S 31/20, BeckRS 2020, 7278 Rn. 34 (erfolglos); *OVG Münster*, Beschl. vom 29.04.2020, Az.: 13 B 496/20.NE, BeckRS 2020, 9226 Rn. 31 (erfolglos); *OVG Münster*, Beschl. vom 29.04.2020, Az.: 13 B 512/20.NE, BeckRS 2020, 7282 Rn. 26 (erfolglos); *OVG Münster*, Beschl. vom 30.04.2020, Az.: 13 B 558/20.NE, BeckRS 2020, 12196 Rn. 32 (erfolglos).

[557] *OVG Bremen*, Beschl. vom 23.04.2020, Az.: 1 B 107/20, BeckRS 2020, 6622 Rn. 29–37 (erfolglos); *OVG Saarlouis*, Beschl. vom 27.04.2020, Az.: 2 B 141/20, BeckRS 2020, 7355 (erfolglos); *VGH Kassel*, Beschl. vom 28.04.2020, Az.: 8 B 1039/20.N, BeckRS 2020, 7280 Rn. 27–32 (erfolglos); *OVG Bautzen*, Beschl. vom 29.04.2020, Az.: 3 B 144/20,

dagegen Entscheidungen, in denen sich beide Prüfungen im Ergebnis nicht decken.[558]

e) Sonstige Hygieneregelungen

Auch gegen die Maskenpflicht wurden Anträge auf vorläufigen Rechtsschutz gestellt. Gegen diese im Vergleich zu Schließungen harmlose Maßnahme vorzugehen, war jedoch in aller Regel nicht erfolgreich,[559] auch wenn zu Beginn Zweifel an der Wirksamkeit[560] und der Angemessenheit bestanden.[561]

BeckRS 2020, 7081 Rn. 46–62 (erfolglos); *OVG Bautzen*, Beschl. vom 29.04.2020, Az.: 3 B 146/20, BeckRS 2020, 16028 Rn. 46–62 (erfolglos); *OVG Bautzen*, Beschl. vom 29.04.2020, Az.: 3 B 147/20, BeckRS 2020, 9760 Rn. 46–62 (erfolglos); *OVG Schleswig*, Beschl. vom 30.04.2020, Az.: 3 MR 15/20, BeckRS 2020, 7768 Rn. 22–38 (erfolglos); *VG Berlin*, Beschl. vom 30.04.2020, Az.: VG 14 L 55/20, BeckRS 2020, 8516 Rn. 24–29 (erfolgreich); *VG Gießen*, Beschl. vom 04.05.2020, Az.: 4 L 1608/20.GI, BeckRS 2020, 7485 Rn. 7–13 (erfolgreich); *VG Berlin*, Beschl. vom 04.05.2020, Az.: VG 14 L 74/20, BeckRS 2020, 8651 Rn. 25–30 (erfolgreich); *VG Berlin*, Beschl. vom 05.05.2020, Az.: VG 14 L 51/20, BeckRS 2020, 11944 Rn. 25–30 (erfolgreich); *OVG Schleswig*, Beschl. vom 08.05.2020, Az.: 3 MR 23/20, BeckRS 2020, 9076 Rn. 24–39 (erfolglos).

[558] Nähere Prüfung in das Hauptsacheverfahren verschoben *VGH München*, Beschl. vom 27.04.2020, Az.: 20 NE 20.793, BeckRS 2020, 6630 Rn. 43 (Verstoß gegen Gleichheitsgrundsatz angenommen, von Außervollzugsetzung jedoch abgesehen); lediglich wegen fehlender Entscheidungsrelevanz offenlassend *VG Mainz*, Beschl. vom 29.04.2020, Az.: 1 L 273/20.MZ, BeckRS 2020, 9197 Rn. 32 (erfolgreich); nicht erwähnend *VG Saarlouis*, Beschl. vom 29.04.2020, Az.: 6 L 456/20, BeckRS 2020, 7506 (erfolgreich).

[559] *VG Hamburg*, Beschl. vom 27.04.2020, Az.: 10 E 1784/20, BeckRS 2020, 7092; *OVG Bautzen*, Beschl. vom 29.04.2020, Az.: 3 B 140/20, BeckRS 2020, 9387; *OVG Lüneburg*, Beschl. vom 06.05.2020, Az.: 13 MN 119/20, BeckRS 2020, 7519; *VG Berlin*, Beschl. vom 07.05.2020, Az.: VG 14 L 100/20, BeckRS 2020, 12981; *VGH München*, Beschl. vom 07.05.2020, Az.: 20 NE 20.955, BeckRS 2020, 7701; *VG Hamburg*, Beschl. vom 08.05.2020, Az.: 2 E 1837/20, BeckRS 2020, 18368; *VG Hamburg*, Beschl. vom 11.05.2020, Az.: 9 E 1919/20, BeckRS 2020, 8673; *VGH München*, Beschl. vom 17.05.2020, Az.: 20 NE 20.843, BeckRS 2020, 9564; *VGH München*, Beschl. vom 11.05.2020, Az.: 20 NE 20.971, BeckRS 2020, 8313; *OVG Bremen*, Urt. vom 12.05.2020, Az.: 1 B 140/20, BeckRS 2020, 11201; *VGH München*, Beschl. vom 12.05.2020, Az.: 20 NE 20.1080, BeckRS 2020, 8471; *VGH München*, Beschl. vom 15.05.2020, Az.: 20 NE 20.1102, BeckRS 2020, 9826; *OVG Greifswald*, Beschl. vom 20.05.2020, Az.: 2 KM 384/20 OVG, BeckRS 2020, 10494; *OVG Magdeburg*, Beschl. vom 11.06.2020, Az.: 3 R 102/20, BeckRS 2020, 12249; *VGH München*, Beschl. vom 14.06.2020, Az.: 20 NE 20.929, BeckRS 2020, 14610; *VGH München*, Beschl. vom 14.06.2020, Az.: 20 NE 20.1196, BeckRS 2020, 14609; *VGH München*, Beschl. vom 19.06.2020, Az.: 20 NE 20.1337, BeckRS 2020, 12885; *OVG Magdeburg*, Beschl. vom 16.07.2020, Az.: 3 R 126/20, BeckRS 2020, 18550; *OVG Hamburg*, Beschl. vom 21.07.2020, Az.: 5 Bs 86/20, BeckRS 2020, 18367; *OVG Lüneburg*, Beschl. vom 14.08.2020, Az.: 13 MN 300/20, BeckRS 2020, 19582; *OVG Münster*, Beschl. vom 18.08.2020, Az.: 13 B 847/20.NE, BeckRS 2020, 21590; *OVG Lüneburg*, Beschl. vom 18.11.2020, Az.: 13 MN 448/20, BeckRS 2020, 31605; *VGH München*, Beschl. vom 26.01.2021, Az.: 20 NE 21.171, BeckRS 2021, 796; *VGH München*, Beschl. vom 09.02.2021, Az.: 20 NE 21.239, BeckRS 2021, 1837; *VGH München*, Beschl. vom 18.04.2021, Az.: 20 NE 21.1012, BeckRS 2021, 7911; *VGH München*, Beschl. vom 30.07.2021, Az.: 25 NE 21.1869, BeckRS

Mit Ende der epidemischen Lage nationaler Tragweite im März 2022 entfiel grundsätzlich die Rechtsgrundlage für eine Anordnung der Maskenpflicht im Einzelhandel.[562] Die Maßnahme beizubehalten, war nur unter den Voraussetzungen des § 28a Abs. 8 S. 1 und 2 IfSG in der ab dem 19. März 2022 gültigen Fassung möglich. Voraussetzung war damit die konkrete Gefahr einer sich dynamisch ausbreitenden Infektionslage sowie ein Beschluss des jeweiligen Landesparlaments, welcher das Bestehen einer solchen Gefahr feststellt. Mecklenburg-Vorpommern und Hamburg machten von dieser Möglichkeit Gebrauch.[563] Ob eine solche konkrete Gefahr einer sich dynamisch ausbreitenden Infektionslage in den Ländern vorlag, wurde von den Gerichten – trotz vergleichbarer Infektionslage[564] – unterschiedlich bewertet. Das OVG Greifswald setzte den Vollzug der Regelung aus.[565] Zu beachten seien dabei die „Grenzen des dem Parlament eingeräumten weiten Einschätzungs- und Entscheidungsspielraums“.[566] Dabei verweist das Gericht auf seine eigene Rechtsprechung zu den Spielräumen des Verordnungsgebers,[567] was insofern überraschend ist, als dass sich diese auf die Rechtsfolgenseite bezieht, hier aber die Ebene des Tatbestandes betroffen ist. Zudem trennte das Gericht nicht zwischen den Spielräumen des Verordnungsgebers und denen des Parlaments. Keinen Erfolg hatte ein entsprechendes Vorgehen dagegen vor dem VG Hamburg sowie dem OVG Hamburg.[568] Das VG Hamburg stellte anders als das OVG Greifswald nicht

---

2021, 22548; *VGH München*, Beschl. vom 10.08.2021, Az.: 25 NE 21.2066, BeckRS 2021, 24985; *VGH Mannheim*, Urt. vom 11.04.2024, Az.: 1 S 278/23, BeckRS 2024, 12539 (Hauptsache); *VGH Mannheim*, Urt. vom 11.04.2024, Az.: 1 S 930/23, BeckRS 2024, 12594 (Hauptsache). Siehe aber die erfolgreichen Entscheidungen *OVG Münster*, Beschl. vom 10.02.2021, Az.: 13 B 1932/20.NE, BeckRS 2021, 1544; *OVG Münster*, Urt. vom 19.06. 2023, Az.: 13 D 283/20.NE, BeckRS 2023, 16275 (Hauptsache) zu einer zu unbestimmten Regelung hinsichtlich einer Maskenpflicht im unmittelbaren Umfeld von Einzelhandelsgeschäften. Ähnlich *VerfG Bbg*, Beschl. vom 19.09.2025, Az.: VfGBbg 87/20, BeckRS 2025, 26622 (Hauptsache).

560 *OVG Lüneburg*, Beschl. vom 06.05.2020, Az.: 13 MN 119/20, BeckRS 2020, 7519 Rn. 21–29.

561 *VGH München*, Beschl. vom 07.05.2020, Az.: 20 NE 20.955, BeckRS 2020, 7701 Rn. 37 (fehlende Ausnahmeregelungen).

562 Siehe zur Gesetzeshistorie im Detail S. 32 ff.

563 Verlängert wurde auf dieser Basis nicht nur die Maskenpflicht im Einzelhandel, sondern auch Masken- und Testpflichten in anderen Bereichen. Die Entscheidungen werden hier stellvertretend auch für diese Bereiche wiedergegeben.

564 Siehe S. 32 ff.

565 *OVG Greifswald*, Beschl. vom 22.04.2022, Az.: 1 KM 221/22 OVG, BeckRS 2022, 8112.

566 *OVG Greifswald*, Beschl. vom 22.04.2022, Az.: 1 KM 221/22 OVG, BeckRS 2022, 8112 Rn. 45.

567 *OVG Greifswald*, Beschl. vom 22.04.2022, Az.: 1 KM 221/22 OVG, BeckRS 2022, 8112 Rn. 50.

568 *VG Hamburg*, Beschl. vom 13.04.2022, Az.: 5 E 1581/22, KommJur 2022, 150; *OVG Hamburg*, Beschl. vom 26.04.2022, Az.: 5 Bs 59/22, BeckRS 2022, 10047.

auf die Spielräume des Parlaments (mit) ab, sondern lediglich auf die des exekutiven Verordnungsgebers.[569]

f) Fazit

Bei den Entscheidungen zum Einzelhandel zeigt sich die Bedeutung von Art. 3 Abs. 1 GG und der Zusammenhang von Gleichheits- und Folgerichtigkeitsargumenten mit der Verhältnismäßigkeit. Dass Maßnahmen – unabhängig von solchen Erwägungen – als unverhältnismäßig eingestuft wurden, war dagegen selten. Mitverantwortlich waren dafür auch staatliche Entschädigungsleistungen, welche ein wichtiges Argument für die Angemessenheit der Maßnahmen darstellten.

2. Gastronomie

Auch das Gastronomiegewerbe ging häufig gegen ihm auferlegte Beschränkungen vor, wenngleich die Zahl der auffindbaren Entscheidungen nicht so hoch ist wie im Falle des Einzelhandels.[570]

a) Schließungen

Während der vollständigen Lockdowns kam es zur nahezu vollständigen Schließung der Gastronomie. Lediglich die Abgabe und Lieferung mitnahmefähiger Speisen blieb erlaubt. Eine Vielzahl von Gastronomiebetrieben setzte sich dagegen gerichtlich zu Wehr.

aa) Entscheidungen im einstweiligen Rechtsschutz

(1) Erste Welle

Zu den Gastronomieschließungen in der ersten Welle finden sich einige Anträge auf vorläufigen Rechtsschutz, welche allesamt nicht erfolgreich waren.[571] Nicht

[569] *VG Hamburg* BeckRS 2022, 7639 Rn. 29.

[570] Die einbezogenen Entscheidungen wurden ermittelt durch die Suche nach Treffern, welche den Begriff „Gastronomie,“ „Gaststätte“ oder „Restaurant“ enthalten.

[571] *OVG Saarlouis*, Beschl. vom 22.04.2020, Az.: 2 B 130/20, BeckRS 2020, 6458; *OVG Bremen*, Beschl. vom 22.04.2020, Az.: 1 B 111/20, BeckRS 2020, 7041; *OVG Saarlouis*, Beschl. vom 22.04.2020, Az.: 2 B 128/20, BeckRS 2020, 6415; *VGH Mannheim*, Beschl. vom 28.04.2020, Az.: 1 S 1068/20, BeckRS 2020, 7285; *OVG Bautzen*, Beschl. vom 29.04. 2020, Az.: 3 B 138/20, BeckRS 2020, 7239; *OVG Magdeburg*, Beschl. vom 30.04.2020, Az.: 3 R 69/20, BeckRS 2020, 12755; *OVG Münster*, Beschl. vom 06.05.2020, Az.: 13 B 583/20.NE, BeckRS 2020, 7762; *VG Berlin*, Beschl. vom 13.05.2020, Az.: VG 14 L 101/20, BeckRS 2020, 11923; *VerfGH Sachs*, Beschl. vom 14.05.2020, Az.: Vf. 72-IV-20 (e. A.), BeckRS 2020, 8501; *VG Gera*, Beschl. vom 15.05.2020, Az.: 3 E 661/20 Ge, BeckRS 2020, 9221.

durchdringen konnten Antragsteller mit Bedenken, ob dem Parlamentsvorbehalts Genüge getan wurde, trotz der damals noch generalklauselartigen Rechtsgrundlage.[572] Manche Gericht hielten die Frage für offen und im Rahmen des vorläufigen Rechtsschutzes für nicht abschließend beantwortbar.[573] Bei der Erforderlichkeit der Schließung stellten die Gerichte auf den Umstand ab, dass sich in gastronomischen Einrichtungen Hygienemaßnahmen schlecht umsetzen lassen würden und nicht gleich effizient wären.[574] Selbst eine Öffnung nur der Außengastronomie hielt das VG Berlin Mitte Mai 2020 für nicht gleich effektiv.[575] Zur positiven Feststellung der Angemessenheit trugen die Befristung der Maßnahmen[576] und die Wirtschaftshilfen[577] bei. Auch auf die teils katastrophalen Entwicklungen der Pandemie in anderen Ländern wurde hingewiesen.[578] Der VerfGH Sachsen beschränkte sich in einer Entscheidung auf eine reine Folgenabwägung.[579]

(2) Zweite und dritte Welle

Mit Beginn der zweiten Welle wurden ab November 2020 erneut gastronomische Einrichtungen geschlossen. Die Erfolgsaussichten von Anträgen auf vorläufigen

---

[572] *OVG Saarlouis*, Beschl. vom 22.04.2020, Az.: 2 B 130/20, BeckRS 2020, 6458 Rn. 12–17; *OVG Bremen*, Beschl. vom 22.04.2020, Az.: 1 B 111/20, BeckRS 2020, 7041 Rn. 19–28; *OVG Saarlouis*, Beschl. vom 22.04.2020, Az.: 2 B 128/20, BeckRS 2020, 6415 Rn. 12–17; *OVG Bautzen*, Beschl. vom 29.04.2020, Az.: 3 B 138/20, BeckRS 2020, 7239 Rn. 12–17; *OVG Magdeburg*, Beschl. vom 30.04.2020, Az.: 3 R 69/20, BeckRS 2020, 12755 Rn. 13–19.

[573] *VGH Mannheim*, Beschl. vom 28.04.2020, Az.: 1 S 1068/20, BeckRS 2020, 7285 Rn. 30–36.

[574] *OVG Saarlouis*, Beschl. vom 22.04.2020, Az.: 2 B 130/20, BeckRS 2020, 6458 Rn. 23; *OVG Bremen*, Beschl. vom 22.04.2020, Az.: 1 B 111/20, BeckRS 2020, 7041 Rn. 44; *OVG Saarlouis*, Beschl. vom 22.04.2020, Az.: 2 B 128/20, BeckRS 2020, 6415 Rn. 23; *VGH Mannheim*, Beschl. vom 28.04.2020, Az.: 1 S 1068/20, BeckRS 2020, 7285 Rn. 41–43.

[575] *VG Berlin*, Beschl. vom 13.05.2020, Az.: VG 14 L 101/20, BeckRS 2020, 11923 Rn. 21.

[576] *OVG Saarlouis*, Beschl. vom 22.04.2020, Az.: 2 B 130/20, BeckRS 2020, 6458 Rn. 24; *OVG Saarlouis*, Beschl. vom 22.04.2020, Az.: 2 B 128/20, BeckRS 2020, 6415 Rn. 24; unter dem Eindruck angekündigter Lockerungen *OVG Magdeburg*, Beschl. vom 30.04.2020, Az.: 3 R 69/20, BeckRS 2020, 12755 Rn. 36.

[577] *OVG Saarlouis*, Beschl. vom 22.04.2020, Az.: 2 B 130/20, BeckRS 2020, 6458 Rn. 27; *OVG Saarlouis*, Beschl. vom 22.04.2020, Az.: 2 B 128/20, BeckRS 2020, 6415 Rn. 27; *OVG Bremen*, Beschl. vom 22.04.2020, Az.: 1 B 111/20, BeckRS 2020, 7041 Rn. 45; *OVG Bautzen*, Beschl. vom 29.04.2020, Az.: 3 B 138/20, BeckRS 2020, 7239 Rn. 32; *OVG Magdeburg*, Beschl. vom 30.04.2020, Az.: 3 R 69/20, BeckRS 2020, 12755 Rn. 35; *OVG Münster*, Beschl. vom 06.05.2020, Az.: 13 B 583/20.NE, BeckRS 2020, 7762 Rn. 31; *VG Gera*, Beschl. vom 15.05.2020, Az.: 3 E 661/20 Ge, BeckRS 2020, 9221 Rn. 17.

[578] *OVG Saarlouis*, Beschl. vom 22.04.2020, Az.: 2 B 130/20, BeckRS 2020, 6458 Rn. 26; *OVG Saarlouis*, Beschl. vom 22.04.2020, Az.: 2 B 128/20, BeckRS 2020, 6415 Rn. 26.

[579] *VerfGH Sachs*, Beschl. vom 14.05.2020, Az.: Vf. 72-IV-20 (e. A.), BeckRS 2020, 8501 Rn. 13.

Rechtsschutz dagegen blieben weiterhin gering.[580] Zwar wurden die Warnschüsse, eine dem Parlamentsvorbehalt entsprechende Rechtsgrundlage zu schaffen, lauter.[581] Der Gesetzgeber kam dem dann mit Schaffung des neuen § 28a IfSG Ende

---

[580] *VG München*, Beschl. vom 27.10.2020, Az.: M 26b SE 20.5311, BeckRS 2020, 28234; *OVG Magdeburg*, Beschl. vom 04.11.2020, Az.: 3 R 218/20, BeckRS 2020, 29264; *VGH München*, Beschl. vom 05.11.2020, Az.: 20 NE 20.2468, BeckRS 2020, 29302; *OVG Lüneburg*, Beschl. vom 06.11.2020, Az.: 13 MN 411/20, BeckRS 2020, 29454; *OVG Lüneburg*, Beschl. vom 06.11.2020, Az.: 13 MN 411/20, BeckRS 2020, 29454; *VGH Mannheim*, Beschl. vom 06.11.2020, Az.: 1 S 3388/20, BeckRS 2020, 29929; *OVG Weimar*, Beschl. vom 08.11. 2020, Az.: 3 EN 725/20, BeckRS 2020, 34845; *OVG Münster*, Beschl. vom 09.11.2020, Az.: 13 B 1656/20.NE, BeckRS 2020, 30121; *OVG Schleswig*, Beschl. vom 09.11.2020, Az.: 3 MR 60/20, BeckRS 2020, 30557; siehe dazu *Dünchheim*, jurisPR-ÖffBauR 2/2021 Anm. 6; *VG Berlin*, Beschl. vom 09.11.2020, Az.: VG 4 L 476/20, BeckRS 2020, 29943; *OVG Magdeburg*, Beschl. vom 10.11.2020, Az.: 3 R 219/20, BeckRS 2020, 32480; *OVG Magdeburg*, Beschl. vom 10.11.2020, Az.: 3 R 223/20, BeckRS 2020, 33648; *OVG Berlin-Brandenburg*, Beschl. vom 11.11.2020, Az.: OVG 11 S 111/20, BeckRS 2020, 30462; *OVG Bremen*, Urt. vom 12.11.2020, Az.: 1 B 347/20, BeckRS 2020, 31139; *OVG Saarlouis*, Beschl. vom 12.11.2020, Az.: 2 B 320/20, BeckRS 2020, 30643; *OVG Saarlouis*, Beschl. vom 12.11.2020, Az.: 2 B 327/20, BeckRS 2020, 30645; *OVG Berlin-Brandenburg*, Beschl. vom 13.11.2020, Az.: OVG 11 S 118/20, BeckRS 2020, 30983; *BayVerfGH*, Entsch. vom 16.11.2020, Az.: Vf. 90-VII-20, BeckRS 2020, 31088; *OVG Bautzen*, Beschl. vom 17.11. 2020, Az.: 3 B 369/20, BeckRS 2020, 31475; *VG Hamburg*, Beschl. vom 17.11.2020, Az.: 21 E 4586/20, BeckRS 2020, 41994; *VerfGH Saarl*, Beschl. vom 27.11.2020, Az.: Lv 26/20 eA, BeckRS 2020, 33219 mit einer reinen Folgenabwägung; *OVG Münster*, Beschl. vom 30.11.2020, Az.: 13 B 1658/20.NE, BeckRS 2020, 33307; *OVG Bautzen*, Beschl. vom 02.12.2020, Az.: 3 B 370/20, BeckRS 2020, 33300; *VGH München*, Beschl. vom 08.12. 2020, Az.: 20 NE 20.2461, BeckRS 2020, 34549; *VerfG Bbg*, Beschl. vom 11.12.2020, Az.: VfGBbg 21/20 EA, BeckRS 2020, 35512 mit einer reinen Folgenabwägung; *OVG Bremen*, Beschl. vom 07.01.2021, Az.: 1 B 470/20, BeckRS 2021, 62; *OVG Magdeburg*, Beschl. vom 08.01.2021, Az.: 3 R 297/20, BeckRS 2021, 986; *OVG Münster*, Beschl. vom 02.02. 2021, Az.: 13 B 1661/20.NE, BeckRS 2021, 1074; *VGH München*, Beschl. vom 15.02.2021, Az.: 20 NE 21.406, BeckRS 2021, 2694; *VerfGH Sachs*, Beschl. vom 25.02.2021, Az.: Vf. 19-IV-21 (e. A.), BeckRS 2021, 3286 (Folgenabwägung); *OVG Bautzen*, Beschl. vom 04.03.2021, Az.: 3 B 33/21, BeckRS 2021, 3689; *OVG Berlin-Brandenburg*, Beschl. vom 05.03.2021, Az.: OVG 11 S 17/21, BeckRS 2021, 3773; *BayVerfGH*, Entsch. vom 22.03. 2021, Az.: Vf. 23-VII-21, BeckRS 2021, 5200 (Folgenabwägung); *VGH Mannheim*, Beschl. vom 23.03.2021, Az.: 1 S 732/21, BeckRS 2021, 6878; *OVG Lüneburg*, Beschl. vom 24.03. 2021, Az.: 13 MN 130/21, BeckRS 2021, 5447; *OVG Münster*, Beschl. vom 26.03.2021, Az.: 13 B 363/21.NE, BeckRS 2021, 5706; *VGH München*, Beschl. vom 30.03.2021, Az.: 20 NE 21.480, BeckRS 2021, 6340; *VGH München*, Beschl. vom 31.03.2021, Az.: 20 NE 21.784, BeckRS 2021, 6323; *OVG Bremen*, Beschl. vom 12.04.2021, Az.: 1 B 123/21, BeckRS 2021, 7079; *VGH München*, Beschl. vom 13.04.2021, Az.: 20 NE 21.848, BeckRS 2021, 48017; *OVG Bautzen*, Beschl. vom 14.04.2021, Az.: 3 B 90/21, BeckRS 2021, 8853; *OVG Berlin-Brandenburg*, Beschl. vom 11.05.2021, Az.: OVG 11 S 41/21, BeckRS 2021, 11897; *OVG Bautzen*, Beschl. vom 20.05.2021, Az.: 3 B 141/21, BeckRS 2021, 11964.

[581] So etwa *OVG Magdeburg*, Beschl. vom 04.11.2020, Az.: 3 R 218/20, BeckRS 2020, 29264 Rn. 21, 63; *VGH München*, Beschl. vom 05.11.2020, Az.: 20 NE 20.2468, BeckRS 2020, 29302 Rn. 11–13; *VGH Mannheim*, Beschl. vom 06.11.2020, Az.: 1 S 3388/20, BeckRS 2020, 29929 Rn. 16–25; *VG Hamburg*, Beschl. vom 17.11.2020, Az.: 21 E 4586/20, BeckRS 2020, 41994 Rn. 9; anders aber etwa *OVG Lüneburg*, Beschl. vom 06.11.2020, Az.: 13 MN 411/20, BeckRS 2020, 29454 Rn. 11–16; *OVG Weimar*, Beschl. vom 08.11.

November 2020 jedoch noch rechtzeitig nach. Zur Angemessenheit der Maßnahme wurde weiterhin auf die staatlichen Unterstützungsleistungen verwiesen.[582] Die Betreiberinnen zweier Hotels mit angeschlossenen Restaurants wiesen hierzu anlässlich eines Eilverfahrens vor dem OVG Magdeburg auf die schleppende Auszahlungspraxis hin. Das Gericht ließ jedoch offen, ob der Gesetzgeber verpflichtende und effektive Ausgleichregelungen hätte schaffen müssen. Dennoch wurde der Antrag abgewiesen.[583] Das OVG Lüneburg beschäftigte sich mit einem Bericht des RKI zum Infektionsumfeld von COVID-19-Ausbrüchen in Deutschland,[584] demzufolge lediglich 0,53 % der registrierten Infektionen in der Gastronomie stattfanden. Dennoch zweifelte das Gericht nicht am starken Einfluss der Gastronomie auf das Infektionsgeschehen, da bei einer sehr hohen Zahl von Infektionen der Ursprung gar nicht geklärt werden könne.[585] Dafür hatte das OVG Lüneburg Zweifel daran, ob der Verordnungsgeber bei der Differenzierung zwischen zu schließenden und nicht zu schließenden Lebensbereichen sachgemäß vorging, hielt das aber erst in einem Hauptsacheverfahren für beantwortbar.[586] Bedenken, dass die Menschen bei Schließung der Gastronomie ihre Kontaktbedürfnisse – ohne hygie-

2020, Az.: 3 EN 725/20, BeckRS 2020, 34845 Rn. 25 f.; *OVG Berlin-Brandenburg*, Beschl. vom 11.11.2020, Az.: OVG 11 S 111/20, BeckRS 2020, 30462 Rn. 17–22; *OVG Bremen*, Urt. vom 12.11.2020, Az.: 1 B 347/20, BeckRS 2020, 31139 Rn. 23–38.

[582] Siehe nur *VGH München*, Beschl. vom 05.11.2020, Az.: 20 NE 20.2468, BeckRS 2020, 29302 Rn. 24; *VGH Mannheim*, Beschl. vom 06.11.2020, Az.: 1 S 3388/20, BeckRS 2020, 29929 Rn. 46 f.; *OVG Lüneburg*, Beschl. vom 06.11.2020, Az.: 13 MN 411/20, BeckRS 2020, 29454 Rn. 53; *OVG Münster*, Beschl. vom 09.11.2020, Az.: 13 B 1656/20.NE, BeckRS 2020, 30121 Rn. 26–28; *VG Berlin*, Beschl. vom 09.11.2020, Az.: VG 4 L 476/20, BeckRS 2020, 29943 Rn. 28; *OVG Magdeburg*, Beschl. vom 10.11.2020, Az.: 3 R 219/20, BeckRS 2020, 32480 Rn. 69; *OVG Berlin-Brandenburg*, Beschl. vom 11.11.2020, Az.: OVG 11 S 111/20, BeckRS 2020, 30462 Rn. 45; *OVG Bremen*, Urt. vom 12.11.2020, Az.: 1 B 347/20, BeckRS 2020, 31139 Rn. 53; *OVG Saarlouis*, Beschl. vom 12.11.2020, Az.: 2 B 320/20, BeckRS 2020, 30643 Rn. 25; *OVG Saarlouis*, Beschl. vom 12.11.2020, Az.: 2 B 327/20, BeckRS 2020, 30645 Rn. 17; *BayVerfGH*, Entsch. vom 16.11.2020, Az.: Vf. 90-VII-20, BeckRS 2020, 31088 Rn. 24; *VG Hamburg*, Beschl. vom 17.11.2020, Az.: 21 E 4586/20, BeckRS 2020, 41994 Rn. 27–29.

[583] *OVG Magdeburg*, Beschl. vom 08.01.2021, Az.: 3 R 297/20, BeckRS 2021, 986 Rn. 28–40; ähnlich auch *VGH München*, Beschl. vom 15.02.2021, Az.: 20 NE 21.406, BeckRS 2021, 2694 Rn. 15 f.

[584] *Buda/an der Heiden/Altmann/Diercke/Hamouda/Rexroth*, Epid.Bull. 2020 (38), 3.

[585] *OVG Lüneburg*, Beschl. vom 06.11.2020, Az.: 13 MN 411/20, BeckRS 2020, 29454 Rn. 45.

[586] *OVG Lüneburg*, Beschl. vom 06.11.2020, Az.: 13 MN 411/20, BeckRS 2020, 29454 Rn. 54–58; ähnlich *OVG Weimar*, Beschl. vom 08.11.2020, Az.: 3 EN 725/20, BeckRS 2020, 34845 Rn. 65–69; anders dagegen *OVG Münster*, Beschl. vom 09.11.2020, Az.: 13 B 1656/20.NE, BeckRS 2020, 30121 Rn. 30–33; *OVG Schleswig*, Beschl. vom 09.11.2020, Az.: 3 MR 60/20, BeckRS 2020, 30557 Rn. 40–44; *VG Berlin*, Beschl. vom 09.11.2020, Az.: VG 4 L 476/20, BeckRS 2020, 29943 Rn. 29–33; *OVG Magdeburg*, Beschl. vom 10.11.2020, Az.: 3 R 219/20, BeckRS 2020, 32480 Rn. 63–68; *OVG Bremen*, Urt. vom 12.11.2020, Az.: 1 B 347/20, BeckRS 2020, 31139 Rn. 54–56; *OVG Lüneburg*, Beschl. vom 24.03.2021, Az.: 13 MN 130/21, BeckRS 2021, 5447 Rn. 32–39.

nische Maßnahmen – im privaten Raum ausleben könnten, teilten die Gerichte nicht.[587] Im Laufe der Zeit kamen Zweifel auf, ob Hygienekonzepte angesichts der bereits langen Dauer der Schließung nicht doch eine Alternative sein könnten.[588] An der geringen Erfolgsquote der Anträge änderte dies jedoch nichts.

bb) Entscheidungen in Hauptsacheverfahren

Auch in Hauptsacheverfahren blieben die Gerichte im Ergebnis meist bei ihren Entscheidungen im vorläufigen Rechtsschutz.[589] Das OVG Saarlouis gab jedoch Klagen gegen die erneuten Schließungen im Herbst 2020 statt. Die entsprechende Verordnung sei wegen eines Verstoßes gegen den Vorbehalt des Gesetzes und der Wesentlichkeitstheorie formell rechtswidrig gewesen: Da eine erneute Infektionswelle absehbar war, hätte der Gesetzgeber eine ausreichende Rechtsgrundlage schaffen können und müssen.[590] Das BVerwG hob die Urteile aber auf. Ein Verstoß gegen den Parlamentsvorbehalt habe nicht vorgelegen.[591] Ebenso wie das OVG Saarlouis sah das LVerfG Sachsen-Anhalt die Maßnahmen im Herbst 2020 – vor Inkrafttreten des § 28a IfSG – nicht mehr als von § 28 IfSG gedeckt an.[592] Das

---

[587] So etwa mit sehr knapper Begründung *OVG Magdeburg*, Beschl. vom 10.11.2020, Az.: 3 R 223/20, BeckRS 2020, 33648 Rn. 52.

[588] *OVG Lüneburg*, Beschl. vom 24.03.2021, Az.: 13 MN 130/21, BeckRS 2021, 5447 Rn. 19–31, in dem das Gericht die gleiche Effektivität zumindest nicht für ausgeschlossen hielt.

[589] *LVerfG LSA*, Urt. vom 26.03.2021, Az.: LVG 4/21, BeckRS 2021, 9553; *OVG Bautzen*, Urt. vom 15.10.2021, Az.: 3 C 15/20, BeckRS 2021, 33251 unter Verweis auf die Entscheidung im vorläufigen Rechtsschutz, bestätigt durch BVerwGE 177, 60; nicht zur Entscheidung angenommen *BVerfG*, Beschl. vom 10.02.2022, Az.: 1 BvR 1073/21, BeckRS 2022, 4309; ebenso *BVerfG*, Beschl. vom 23.03.2022, Az.: 1 BvR 1295/21, BeckRS 2022, 9849; siehe zur Entscheidung *Wienbracke*, GWR 2022, 190; begrüßend *Muckel*, JA 2022, 612–614; *VGH Mannheim*, Urt. vom 02.06.2022, Az.: 1 S 1067/20, BeckRS 2022, 15501; *OVG Bautzen*, Urt. vom 30.06.2022, Az.: 3 C 54/20, BeckRS 2022, 18163; *OVG Magdeburg*, Urt. vom 30.06. 2022, Az.: 3 K 72/20, BeckRS 2022, 18375; *OVG Münster*, Urt. vom 25.08.2022, Az.: 13 D 74/20.NE (juris); *VGH München*, Beschl. vom 18.10.2024, Az.: 20 N 20.2817, BeckRS 2024, 30433; *VGH München*, Beschl. vom 10.03.2025, Az.: 20 N 21.2746, BeckRS 2025, 5887; *VGH München*, Beschl. vom 03.04.2025, Az.: 20 N 21.778, BeckRS 2025, 7345; *VGH München*, Beschl. vom 18.06.2025, Az.: 20 N 20.844, BeckRS 2025, 13961; *VGH München*, Beschl. vom 23.07.2025, Az.: 20 N 20.1014, BeckRS 2025, 18868. Der *VGH Mannheim* hielt die Schließung für materiell rechtmäßig, stellte aber – anders als im vorläufigen Rechtsschutz – einen Ausfertigungsmangel fest, siehe *VGH Mannheim*, Urt. vom 13.02.2025, Az.: 1 S 1721/23, BeckRS 2025, 2634.

[590] *OVG Saarlouis*, Urt. vom 31.05.2022, Az.: 2 C 319/20, BeckRS 2022, 13614 Rn. 19–27; *OVG Saarlouis*, Urt. vom 07.07.2022, Az.: 2 C 326/20, BeckRS 2022, 51575 Rn. 19–25.

[591] BVerwGE 179, 298; *BVerwG*, Urt. vom 16.05.2023, Az.: 3 CN 5.22, BeckRS 2023, 10364. Daraufhin lehnte das OVG Saarlouis die entsprechenden Normenkontrollanträge ab, siehe *OVG Saarlouis*, Urt. vom 10.07.2024, Az.: 2 C 157/23, BeckRS 2024, 22423; *OVG Saarlouis*, Urt. vom 10.07.2024, Az.: 2 C 158/23, BeckRS 2024, 23503.

[592] *LVerfG LSA*, Urt. vom 26.03.2021, Az.: LVG 25/20, BeckRS 2021, 9552.

BVerfG nahm eine Verfassungsbeschwerde gegen die Schließung der Gastronomie im Rahmen der „Bundesnotbremse" nicht zur Entscheidung an.[593]

b) Sperrstunden und Alkoholverbote

Zwei gerade nach der ersten Welle und zu Beginn der zweiten Welle eingesetzte Instrumente zur Absicherung geöffneter Gastronomie stellten Sperrstundenregelungen und Alkoholverbote dar. Letztere werfen die gleichen Fragen auf wie schon die Alkoholverbote im öffentlichen Raum.[594] Zudem wirft hier auch die Angemessenheit Fragen auf, denn auf den Alkoholkonsum dürfte regelmäßig ein relevanter Umsatzanteil der Gastronomie entfallen. Diese Bedenken spiegeln sich auch in der Rechtsprechung wider. Sowohl Anträge gegen ein reines Außer-Haus-Verkaufsverbot von alkoholischen Getränken als auch gegen generelle Ausschankverbote sowie gegen die Schließung reiner Schankwirtschaften hatten Erfolg.[595] Außer-Haus-Verkaufsverboten wurde die Eignung abgesprochen, da der Verkauf und Verzehr außer Haus nicht unmittelbar weitere Infektionen zur Folge hätte[596] und die Verkaufsverbote schlicht zu Ausweichbewegungen bei der Alkoholbeschaffung führen würden.[597] Letzteres wurde vom VGH München bezweifelt; es würde der „Nachschub" abgeschnitten, die vorherige Entscheidung des VG Bayreuth wurde aufgehoben.[598] Reine Schankwirtschaften zu schließen, Speisewirtschaften dagegen nicht, verstieß nach Ansicht des VGH Mannheim gegen Art. 3 Abs. 1 GG, sofern Schankwirtschaften bestuhlte Außenbewirtschaftungsbereiche nicht nutzen durften. Für die Differenzierung fehlte es angesichts des niedrigen Infektionsrisikos im Freien an sachlichen Gründen.[599] Die Differenzierung zwischen Speise- und Schankwirtschaften konnte das Gericht dagegen nachvollziehen, da Speise- und

---

[593] *BVerfG*, Beschl. vom 23.03.2022, Az.: 1 BvR 1295/21, BeckRS 2022, 9849.

[594] Siehe dazu oben S. 92.

[595] *VG Düsseldorf*, Beschl. vom 25.05.2020, Az.: 7 L 903/20, BeckRS 2020, 10295 (Außer-Haus-Verkaufsverbot); *VGH Mannheim*, Beschl. vom 02.06.2020, Az.: 1 S 1528/20, BeckRS 2020, 10755 (Schließung Schankwirtschaft); *VG Bayreuth*, Beschl. vom 06.08.2020, Az.: B 7 S 20.682, BeckRS 2020, 19556 (Außer-Haus-Verkaufsverbot); *OVG Lüneburg*, Beschl. vom 29.10.2020, Az.: 13 MN 393/20, BeckRS 2020, 28385 (Außer-Haus-Verkaufsverbot).

[596] *VG Düsseldorf*, Beschl. vom 25.05.2020, Az.: 7 L 903/20, BeckRS 2020, 10295 Rn. 17.

[597] *VG Düsseldorf*, Beschl. vom 25.05.2020, Az.: 7 L 903/20, BeckRS 2020, 10295 Rn. 17; *VG Bayreuth*, Beschl. vom 06.08.2020, Az.: B 7 S 20.682, BeckRS 2020, 19556 Rn. 43.

[598] *VGH München*, Beschl. vom 13.08.2020, Az.: 20 CS 20.1821, BeckRS 2020, 19555 Rn. 32; im Ergebnis ebenso, aber mit sehr knapper Begründung *OVG Münster*, Beschl. vom 26.10.2020, Az.: 13 B 1581/20.NE, BeckRS 2020, 28127; *OVG Münster*, Beschl. vom 29.10.2020, Az.: 13 B 1586/20.NE, BeckRS 2020, 29553; *VG Karlsruhe*, Beschl. vom 30.10.2020, Az.: 3 K 4418/20, BeckRS 2020, 29719.

[599] *VGH Mannheim*, Beschl. vom 02.06.2020, Az.: 1 S 1528/20, BeckRS 2020, 10755 Rn. 37.

Schankwirtschaften aus anderen Motivationen besucht und anders gestaltet seien.[600] Der Einschätzung zu Innenräumen schloss sich der VGH München an.[601] Meist nicht erfolgreich waren Anträge gegen Ausschankverbote.[602] Zu einem solchen Verbot zwischen 22:00 Uhr und 06:00 Uhr befand das VG München, dass keine wissenschaftliche Belege notwendig wären um anzunehmen, dass es ohne die Regelung zu alkoholbedingter Enthemmung und in der Folge zur Missachtungen von Hygieneregeln kommen würde. Vielmehr reiche dafür die allgemeine Lebenserfahrung aus. Deshalb sei die Maßnahme geeignet.[603] Auch andere Gerichte schlossen sich der Einstufung von solchen nächtlichen Ausschankverboten an.[604]

Erfolgreicher waren dagegen Anträge gegen Sperrstundenregelungen für die Gastronomie. Das VG Berlin hielt die Sperrstundenregelung nicht für erforderlich, um eine nennenswerte Zahl an Infektionen zu verhindern. Bereits ergriffene mildere Mittel wie Schutz- und Hygienemaßnahmen sowie das Alkoholausschankverbot seien gleich geeignet.[605] Das Gericht verwies auf die bereits erwähnten Daten des RKI, denen zufolge der Gastronomie als Infektionsumfeld nur eine untergeordnete Rolle zukäme. Sofern der Antragsgegner darauf verwies, dass häufig die Infektionsquelle nicht aufgeklärt werden konnte, könne daraus nicht auf eine besonders hohe Dunkelziffer hinsichtlich Infektionen in der Gastronomie geschlossen werden; ansonsten überschreite der Verordnungsgeber seinen Einschätzungs- und Prognosespielraum.[606] Zu alkoholbedingten Enthemmungen könne es schon wegen des nächtlichen Alkoholausschankverbots nicht kommen.[607] Das VG Osnabrück und

---

[600] *VGH Mannheim*, Beschl. vom 02.06.2020, Az.: 1 S 1528/20, BeckRS 2020, 10755 Rn. 35.

[601] *VGH München*, Beschl. vom 14.07.2020, Az.: 20 NE 20.1572, BeckRS 2020, 16911 Rn. 31; *VGH München*, Beschl. vom 14.07.2020, Az.: 20 NE 20.1574, BeckRS 2020, 16912 Rn. 31.

[602] Erfolgreich aber *VGH München*, Beschl. vom 19.06.2020, Az.: 20 NE 20.1127, BeckRS 2020, 12883.

[603] *VG München*, Beschl. vom 15.10.2020, Az.: M 26b S 20.5125, BeckRS 2020, 27813 Rn. 40; *VG München*, Beschl. vom 15.10.2020, Az.: M 26b S 20.5134, BeckRS 2020, 27812 Rn. 37.

[604] *VG Karlsruhe*, Beschl. vom 30.10.2020, Az.: 3 K 4412/20, BeckRS 2020, 29563 Rn. 51–56; *VG Karlsruhe*, Beschl. vom 30.10.2020, Az.: 3 K 4418/20, BeckRS 2020, 29719 Rn. 44–50.

[605] *VG Berlin*, Beschl. vom 15.10.2020, Az.: VG 14 L 422/20, BeckRS 2020, 26757 Rn. 18; *VG Berlin*, Beschl. vom 15.10.2020, Az.: VG 14 L 424/20, BeckRS 2020, 26759 Rn. 18.

[606] *VG Berlin*, Beschl. vom 15.10.2020, Az.: VG 14 L 422/20, BeckRS 2020, 26757 Rn. 19 f.; *VG Berlin*, Beschl. vom 15.10.2020, Az.: VG 14 L 424/20, BeckRS 2020, 26759 Rn. 19 f.

[607] *VG Berlin*, Beschl. vom 15.10.2020, Az.: VG 14 L 422/20, BeckRS 2020, 26757 Rn. 22; *VG Berlin*, Beschl. vom 15.10.2020, Az.: VG 14 L 424/20, BeckRS 2020, 26759 Rn. 22.

das OVG Saarlouis erkannten in dieser Regel ebenfalls ein milderes Mittel.[608] Das OVG Lüneburg vermisste Anhaltspunkte dafür, dass das Infektionsrisiko nachts signifikant erhöht wäre, und gab einem Antrag statt.[609] Dagegen argumentierte das VG Karlsruhe, dass eine Verkürzung der Öffnungszeiten zu einer Minimierung der Sozialkontakte und damit zur Infektionsreduktion führe; deshalb sei die Maßnahme geeignet.[610] Das ist jedoch abzulehnen: Zum einen ist der Zusammenhang schon zweifelhaft, da mit Ausweichreaktionen auf andere Zeiten und andere Orte zu rechnen ist, wie das Gericht später selbst bemerkt.[611] Zum anderen stellt sich dann die Frage, ob diese Infektionsreduktion groß genug ist, um in den nächsten Prüfungsstufen die Erforderlichkeit sowie die Angemessenheit zu bejahen. Ebenso lehnt das VG Karlsruhe ohne Begründung ein Alkoholausschankverbot als milderes Mittel ab.[612] Auch andere Gerichte argumentierten ähnlich.[613]

c) „G-Regeln“

Neben Sperrstunden und Alkoholverboten sollten auch „G-Regeln“ dazu dienen, die Wiedereröffnung beziehungsweise die Offenhaltung der Gastronomie abzusichern. Sofern immunisierte Personen Getesteten gegenüber gleich- oder bessergestellt werden, bestehen hiergegen naturwissenschaftliche Bedenken, da die Impfeffektivität hinsichtlich des Übertragungsschutzes mit der Zeit wieder stark absinkt und jedenfalls gegen die Omikron-Variante die Impfung ohnehin nur einen be-

---

[608] *VG Osnabrück*, Beschl. vom 23.10.2020, Az.: 3 B 75/20, BeckRS 2020, 27910 Rn. 10; *OVG Saarlouis*, Beschl. vom 28.10.2020, Az.: 2 B 296/20, BeckRS 2020, 28733 Rn. 14.

[609] *OVG Lüneburg*, Beschl. vom 29.10.2020, Az.: 13 MN 393/20, BeckRS 2020, 28385 Rn. 58. Anders dagegen in einer späteren Hauptsacheentscheidung, siehe *VG Osnabrück*, Urt. vom 08.03.2022, Az.: 3 A 175/20, BeckRS 2022, 3820; *OVG Lüneburg*, Beschl. vom 19.06.2024, Az.: 14 LB 107/23, BeckRS 2024, 14002.

[610] *VG Karlsruhe*, Beschl. vom 23.10.2020, Az.: 1 K 4274/20, BeckRS 2020, 27906 Rn. 20–23; *VG Karlsruhe*, Beschl. vom 30.10.2020, Az.: 3 K 4418/20, BeckRS 2020, 29719 Rn. 32; *VG Karlsruhe*, Beschl. vom 30.10.2020, Az.: 3 K 4412/20, BeckRS 2020, 29563 Rn. 35.

[611] *VG Karlsruhe*, Beschl. vom 23.10.2020, Az.: 1 K 4274/20, BeckRS 2020, 27906 Rn. 28.

[612] *VG Karlsruhe*, Beschl. vom 23.10.2020, Az.: 1 K 4274/20, BeckRS 2020, 27906 Rn. 27.

[613] *OVG Münster*, Beschl. vom 26.10.2020, Az.: 13 B 1581/20.NE, BeckRS 2020, 28127; *OVG Münster*, Beschl. vom 29.10.2020, Az.: 13 B 1586/20.NE, BeckRS 2020, 29553; ohne Erörterung der Verhältnismäßigkeit *VGH München*, Beschl. vom 29.10.2020, Az.: 20 NE 20.2360, BeckRS 2020, 28521; *VGH München*, Beschl. vom 06.07.2021, Az.: 25 NE 21.1647, BeckRS 2021, 18467; *VGH München*, Beschl. vom 06.07.2021, Az.: 25 NE 21.1721, BeckRS 2021, 18468; *VGH München*, Beschl. vom 18.08.2021, Az.: 25 NE 21.1741, BeckRS 2021, 24982; *OVG Bautzen*, Beschl. vom 09.12.2021, Az.: 3 B 420/21, BeckRS 2021, 38323.

schränkten Übertragungsschutz erzeugte.[614] Entsprechende Zweifel kamen bereits im Herbst 2021 auf.[615] Wenn nicht immunisierte Gäste ausgeschlossen oder Testnachweise gefordert werden, führt dies zu einer Verkleinerung des potenziellen Kundenkreises und einer für manche Kunden abschreckenden Voraussetzung für einen Besuch. Die Regelungen stellen sich daher als potenziell geschäftsschädigend für gastronomische Einrichtungen dar, weshalb bei einem entspannten epidemiologischen Geschehen die Angemessenheit solcher Regelungen in Frage stehen kann.[616]

Anträge auf vorläufigen Rechtsschutz waren jedoch ausnahmslos erfolglos.[617] In aller Regel handelte es sich dabei um Anträge von Rechtssuchenden, welche sich unspezifisch gegen „G-Regeln“ auch in anderen Bereichen wendeten, ohne die Situation der Gastronomie besonders zu thematisieren. Gemein ist den Entscheidungen, dass regelmäßig auf Angaben des RKI verwiesen wird, denen zufolge die

[614] Siehe *Sachverständigenausschuss nach § 5 Abs. 9 IfSG*, Evaluation der Rechtsgrundlagen und Maßnahmen der Pandemiepolitik, S. 76, abrufbar unter https://www.bundesgesundheitsministerium.de/fileadmin/Dateien/3_Downloads/S/Sachverstaendigenausschuss/220630_Evaluationsbericht_IFSG_NEU.pdf (letzter Abruf: 18. November 2025). Siehe dazu auch S. 35 ff. Zur rechtlichen Zulässigkeit der Differenzierung nach dem Impfstatus siehe auch *Komp/Thrun*, JA 2021, 743, 743 ff.

[615] Siehe etwa *Habich u. a.*, Kein Zutritt für Ungeimpfte – wie sinnvoll ist das?, Redaktionsnetzwerk Deutschland vom 10. September 2021.

[616] Unkritisch gegenüber dieser Maßnahme dagegen *Greve/Lassahn*, NVwZ 2022, 197, 197 ff.

[617] *OVG Saarlouis*, Beschl. vom 16.04.2021, Az.: 2 B 95/21, BeckRS 2021, 7750 (Testpflicht); *OVG Saarlouis*, Beschl. vom 01.09.2021, Az.: 2 B 197/21, BeckRS 2021, 25256 (3G); *VGH München*, Beschl. vom 14.09.2021, Az.: 25 NE 21.2307, BeckRS 2021, 28472 (3G); *VGH München*, Beschl. vom 14.09.2021, Az.: 25 NE 21.2226, NJW 2021, 3269 (3G); *VGH München*, Beschl. vom 14.09.2021, Az.: 25 NE 21.2307, BeckRS 2021, 28472 (3G); *VGH München*, Beschl. vom 14.09.2021, Az.: 25 NE 21.2309, BeckRS 2021, 28475 (3G); *VGH München*, Beschl. vom 14.09.2021, Az.: 25 NE 21.2375, BeckRS 2021, 28478 (3G); *VGH Mannheim*, Beschl. vom 12.10.2021, Az.: 1 S 3038/21, BeckRS 2021, 30074 (3G, PCR-Test); *VGH München*, Beschl. vom 04.11.2021, Az.: 25 NE 21.2561, BeckRS 2021, 36735 (3G); *VGH München*, Beschl. vom 04.11.2021, Az.: 25 NE 21.2562, BeckRS 2021, 36738 (3G); *VGH München*, Beschl. vom 04.11.2021, Az.: 25 NE 21.2686, BeckRS 2021, 33582 (3G); *OVG Bautzen*, Beschl. vom 04.11.2021, Az.: 3 B 374/21, BeckRS 2021, 33293 (2G-Optionsmodell); *VerfGH Sachs*, Beschl. vom 10.11.2021, Az.: Vf. 91-IV-21, BeckRS 2021, 34996 (3G); *OVG Münster*, Beschl. vom 12.11.2021, Az.: 13 B 1425/21, KommJur 2021, 471 (3G); *OVG Bautzen*, Beschl. vom 19.11.2021, Az.: 3 B 411/21, BeckRS 2021, 36404 (2G-Optionsmodell); *VerfGH Sachs*, Beschl. vom 24.11.2021, Az.: Vf. 104-II-21 (e. A.), BeckRS 2021, 39360 (3G, 2G-Optionsmodell); *BayVerfGH*, Entsch. vom 07.12.2021, Az.: Vf. 60-VII-21, BeckRS 2021, 38287 (2G+); *OVG Lüneburg*, Beschl. vom 08.12.2021, Az.: 13 MN 464/21, KommJur 2022, 156 (2G+); *VGH Mannheim*, Beschl. vom 17.12.2021, Az.: 1 S 3528/21, BeckRS 2021, 39967 (3G/2G); *OVG Saarlouis*, Beschl. vom 20.12.2021, Az.: 2 B 280/21, BeckRS 2021, 40242 (2G/2G+); *OVG Bautzen*, Beschl. vom 21.12.2021, Az.: 3 B 435/21, BeckRS 2021, 40368 (2G); *OVG Bautzen*, Beschl. vom 21.12.2021, Az.: 3 B 436/21, BeckRS 2021, 40287; *VGH Kassel*, Beschl. vom 04.01.2022, Az.: 8 B 2448/21.N, BeckRS 2022, 3 (2G); *OVG Münster*, Beschl. vom 07.02.2022, Az.: 13 B 16/22.NE, BeckRS 2022, 1458 (2G+).

Impfstoffe die Verbreitung stark einschränken würde.[618] Das OVG Bautzen sprach dem Verordnungsgeber anlässlich des Antrags eines Gastronomiebetriebs ausdrücklich einen Einschätzungsspielraum auch bei der Angemessenheit zu.[619] Auch das OVG Münster argumentiert bei der Prüfung einer „2G+“-Regelung im Februar 2022 mit einem Einschätzungsspielraum des Verordnungsgebers, der noch nicht überschritten worden sei.[620]

d) Sonstige Hygieneregelungen

Daneben wurde auch die Gastronomie zu Hygieneregeln verpflichtet. Anträge gegen die Maskenpflicht beschränkten sich meist nicht auf die Gastronomie; sie waren nicht erfolgreich.[621] Mindestabstandsregelungen wurden als geschäftsschädigend, aber dennoch rechtmäßig eingestuft.[622] Eine Pflicht zur Erhebung von Kontaktdaten wurde in einem Fall mangels Rechtsgrundlage als rechtswidrig bewertet, in den anderen Fällen aber als rechtmäßig betrachtet.[623]

3. Veranstaltungen

Veranstaltungen wurden vielfältigen Einschränkungen unterworfen. Bei Suche nach dem hier verwendeten Suchbegriff[624] findet sich auf Beck-Online sowie auf Juris eine vierstellige Zahl an Ergebnissen. Entsprechend der hiesigen Systematik[625] werden unter diesem Punkt jedoch nur – wesentlich weniger – Entscheidungen geführt, welche (auch) den Aspekt der Berufsfreiheit betreffen.

Die aufgefundenen Entscheidungen lassen sich als heterogen und schwer kategorisierbar beschreiben. Vergleichsweise selten waren Entscheidungen zu Anträ-

---

[618] Siehe bspw. *VGH München*, Beschl. vom 14.09.2021, Az.: 25 NE 21.2193, BeckRS 2021, 28469 Rn. 41, 60; *OVG Bautzen*, Beschl. vom 04.11.2021, Az.: 3 B 374/21, BeckRS 2021, 33293 Rn. 51 f.

[619] *OVG Bautzen*, Beschl. vom 21.12.2021, Az.: 3 B 435/21, BeckRS 2021, 40368 Rn. 53.

[620] *OVG Münster*, Beschl. vom 07.02.2022, Az.: 13 B 16/22.NE, BeckRS 2022, 1458 Rn. 61 f.

[621] Spezifisch gegen die Maskenpflicht in der Gastronomie: *VG Weimar*, Beschl. vom 20.05.2020, Az.: 8 E 665/20 We, BeckRS 2020, 10159. Erfolgreich dagegen *VG Gera*, Urt. vom 03.11.2022, Az.: 3 K 673/20 Ge, BeckRS 2022, 34560.

[622] *VGH München*, Beschl. vom 16.07.2020, Az.: 20 NE 20.1580, BeckRS 2020, 16913; *OVG Münster*, Beschl. vom 22.07.2020, Az.: 13 B 886/20.NE, BeckRS 2020, 16700.

[623] Erfolgreich *VerfGH Saarl*, Beschl. vom 28.08.2020, Az.: Lv 15/20, NVwZ 2020, 1513; erfolglos *OVG Münster*, Beschl. vom 23.06.2020, Az.: 13 B 695/20.NE, BeckRS 2020, 13705; *VGH Mannheim*, Beschl. vom 25.06.2020, Az.: 1 S 1739/20, ZD 2020, 655; *VGH München*, Beschl. vom 15.07.2021, Az.: 25 NE 21.1811, BeckRS 2021, 20944.

[624] Die einbezogenen Entscheidungen wurden ermittelt durch die Suche nach Treffern, welche den Begriff „Veranstaltung“ enthalten.

[625] Siehe oben S. 46 f.

gen, welche sich pauschal gegen die Beschränkung von Veranstaltungen richteten; diese waren auch nicht erfolgreich.[626] Häufiger bemühten sich Veranstalter ab dem Ende des ersten vollständigen Lockdowns um Ausnahmegenehmigungen, hatten damit aber auch kaum Erfolg. Abgelehnt wurde etwa die Ausnahmegenehmigung für die Ausrichtung eines Spezialmarktes im Mai 2020 und die Abhaltung eines Street-Food-Festivals im Juli 2020, weil die Gerichte die vorgelegten Hygienekonzepte jeweils nicht für ausreichend hielten.[627] Das VG Schleswig hielt einen auf Erlass einer Genehmigung gerichteten Eilantrag für ein Ernährungsseminar für unbegründet, da die erforderliche besondere Härte für den Antragsteller nicht glaubhaft gemacht worden sei.[628] Das VG Bremen sowie das OVG Bremen hielten es für ermessensfehlerhaft, einen Antrag auf eine Ausnahmegenehmigung mit dem pauschalen Verweis auf die Ungeeignetheit von Hygienekonzepten im Allgemeinen abzulehnen; im Falle einer Theatervorführung hätte nach Ansicht der Gerichte aber noch keine Ermessensreduktion auf null vorgelegen.[629] Ebenso versuchten Veranstalter die Verhältnismäßigkeit von Veranstaltungsbeschränkungen zu erschüttern, indem sie auf geplante Hygienekonzepte verwiesen. Erfolgreicher waren sie dabei aber nicht: Das VG Berlin sowie das OVG Berlin-Brandenburg lehnten den Antrag eines Veranstalters von Abiturbällen ab, der die damalige Personenhöchstgrenze überschreiten wollte.[630] Dafür setzte das OVG Berlin-Brandenburg einige Wochen später das Verbot von Großveranstaltungen über 1.000 Personen außer Vollzug, sofern auch Autokinos ausnahmslos untersagt wurden. Der Eingriff in die Berufsfreiheit wurde gegenüber dem durch das Verbot zusätzlich zu erreichenden Schutz als unverhältnismäßig bewertet.[631] Dagegen hatte der VGH München im Juni 2020

---

[626] Siehe aus der Anfangszeit zu vollständigen Veranstaltungsverboten *BayVerfGH*, Entsch. vom 08.05.2020, Az.: Vf. 34-VII-20, BeckRS 2020, 8029; *ThürVerfGH*, Beschl. vom 24.06.2020, Az.: VerfGH 17/20, BeckRS 2020, 16410, jeweils auf Basis einer reinen Folgenabwägung; *OVG Münster*, Beschl. vom 18.08.2020, Az.: 13 B 847/20.NE, BeckRS 2020, 21590 zu Abstands- und Maskenpflicht; zu erneuten Verboten *BayVerfGH*, Entsch. vom 16.11.2020, Az.: Vf. 90-VII-20, BeckRS 2020, 31088; *OVG Bautzen*, Beschl. vom 17.11. 2020, Az.: 3 B 350/20, BeckRS 2020, 31669; *OVG Magdeburg*, Beschl. vom 24.11.2020, Az.: 3 R 220/20, BeckRS 2020, 32485; *LVerfG LSA*, Beschl. vom 08.12.2020, Az.: LVG 25/ 20, BeckRS 2020, 39494; *OVG Münster*, Beschl. vom 02.02.2021, Az.: 13 B 1661/20.NE, BeckRS 2021, 1074; *OVG Münster*, Beschl. vom 12.02.2021, Az.: 13 B 1750/20.NE, BeckRS 2021, 1854; *BayVerfGH*, Entsch. vom 12.04.2021, Az.: Vf. 21-VII-21, BeckRS 2021, 7686; *OVG Weimar*, Beschl. vom 14.04.2021, Az.: 3 EN 195/21, BeckRS 2021, 30675.

[627] *VG Ansbach*, Beschl. vom 19.05.2020, Az.: AN 18 E 20.921, BeckRS 2020, 10881 Rn. 18–27; *VG Bayreuth*, Beschl. vom 14.07.2020, Az.: B 7 E 20.601, BeckRS 2020, 16141 Rn. 27–30.

[628] *VG Schleswig*, Beschl. vom 03.06.2020, Az.: 1 B 93/20, BeckRS 2020, 10985.

[629] *VG Bremen*, Beschl. vom 09.10.2020, Az.: 5 V 2166/20, BeckRS 2020, 27543; *OVG Bremen*, Urt. vom 10.10.2020, Az.: 1 B 315/20, BeckRS 2020, 27542.

[630] *VG Berlin*, Beschl. vom 05.06.2020, Az.: VG 14 L 166/20, BeckRS 2020, 12274; *OVG Berlin-Brandenburg*, Beschl. vom 10.06.2020, Az.: OVG 1 S 58.20, BeckRS 2020, 12252.

[631] *OVG Berlin-Brandenburg*, Beschl. vom 21.07.2020, Az.: OVG 11 S 65/20, BeckRS 2020, 16701 Rn. 13–27.

in zwei Fällen umfangreiche Zweifel daran, ob das Verbot von Kirchweih- und Volksfesten noch rechtmäßig war, sah die Erfolgschancen dann aber noch als offen an und lehnte die Anträge ab.[632]

Das Verbot einer Jobmesse mit mehr als 250 Teilnehmern verletzte nach Ansicht des VG Bremen den Gleichheitsgrundsatz und die Berufsfreiheit, wenn im Einzelhandel keine derartigen Personenhöchstgrenzen vorgeschrieben sind; es bejahte insofern den Anordnungsanspruch.[633] Allerdings lehnte das Gericht sodann aber den Anordnungsgrund ab: Es sei nicht glaubhaft gemacht worden, dass der Veranstalterin bei Durchführung der Messe mit nur 250 Teilnehmern ein schwerer wirtschaftlicher Schaden entstehen würde.[634] Der Antrag hatte damit im Ergebnis keinen Erfolg. Das VG Stuttgart gab dagegen einige Zeit später einem Antrag zu einer Messe aus ähnlichen Erwägungen statt;[635] das OVG Koblenz sah den Gleichheitsgrundsatz hingegen als gewahrt an.[636] Ebenso erfolglos war ein Vorgehen gegen das Verbot von Whiskeyverkostungen im kleinen Kreis (Juni 2020)[637] oder Konzerten (Herbst 2020, Frühjahr 2021)[638] sowie das Vorgehen von den Betreibern von Gastronomie, Diskotheken und ähnlichem, die ihre Lokalitäten für – damals nur eingeschränkt erlaubte – private Feiern wie Hochzeiten vermieten wollten.[639] Das OVG Lüneburg legte eine Fassung der niedersächsischen Verordnung so aus, dass private Veranstaltungen in angemieteten Lokalitäten schon gar nicht dem öffentlichen Raum und damit der Personenhöchstgrenze unterfallen.[640]

Einen Eilantrag gegen das partielle Veranstaltungsverbot im Rahmen der „Bundesnotbremse" lehnte das BVerfG im Juni 2021 ab, weil die Rechtsverletzung

[632] *VGH München*, Beschl. vom 14.07.2020, Az.: 20 NE 20.1485, BeckRS 2020, 16145; *VGH München*, Beschl. vom 14.07.2020, Az.: 20 NE 20.1489, BeckRS 2020, 16146.

[633] *VG Bremen*, Beschl. vom 27.08.2020, Az.: 5 V 1672/20, BeckRS 2020, 21981 Rn. 33–45.

[634] *VG Bremen*, Beschl. vom 27.08.2020, Az.: 5 V 1672/20, BeckRS 2020, 21981 Rn. 47–49.

[635] *VG Stuttgart*, Beschl. vom 29.10.2020, Az.: 16 K 5196/20, BeckRS 2020, 28394.

[636] *OVG Koblenz*, Beschl. vom 05.11.2020, Az.: 6 B 11353/20.OVG, BeckRS 2020, 30986.

[637] *VG Aachen*, Beschl. vom 08.06.2020, Az.: 7 L 366/20, BeckRS 2020, 12271.

[638] *VGH Mannheim*, Beschl. vom 06.11.2020, Az.: 1 S 3448/20, BeckRS 2020, 30988; *VGH München*, Beschl. vom 15.04.2021, Az.: 20 NE 21.919, BeckRS 2021, 7403.

[639] *VGH München*, Beschl. vom 08.06.2020, Az.: 20 NE 20.1316, BeckRS 2020, 12008; *VGH München*, Beschl. vom 16.07.2020, Az.: 20 NE 20.1500, BeckRS 2020, 16671; *VGH München*, Beschl. vom 28.07.2020, Az.: 20 NE 20.1609, BeckRS 2020, 17622; *OVG Lüneburg*, Beschl. vom 14.08.2020, Az.: 13 MN 283/20, BeckRS 2020, 19866; *VG München*, Beschl. vom 24.09.2020, Az.: M 26b S 20.4586, BeckRS 2020, 26926; *VG Koblenz*, Beschl. vom 25.09.2020, Az.: 3 L 849/20.KO, BeckRS 2020, 24631; *VG München*, Beschl. vom 02.10.2020, Az.: M 26a S 20.4823, BeckRS 2020, 26924.

[640] *OVG Lüneburg*, Beschl. vom 29.07.2020, Az.: 13 MN 280/20, BeckRS 2020, 17436 Rn. 13–26.

nicht substantiiert vorgebracht worden sei.[641] Angesichts einer zunehmenden Rücknahme von Maßnahmen nahmen die Anträge gegen Veranstaltungseinschränkungen in der folgenden Zeit ab und blieben bis ins Frühjahr 2022 hinein erfolglos.[642] Für ein erneutes Prozessaufkommen sorgten aber Anträge gegen die „G-Regelungen", die ebenso erfolglos blieben.[643] In einer Hauptsacheentscheidung bestätigte das OVG Lüneburg die „2G+"-Regelung für Weihnachtsmärkte.[644]

Einen Sonderfall stellten Großveranstaltungen in Gestalt von größeren Sportereignissen mit Zuschauern dar.[645] Einen ersten Anlauf unternahm ein Antragsteller im September 2020 vor dem VGH München. Das Gericht sah sich „mit einer Vielzahl komplexer fachlicher und rechtlicher Fragen konfrontiert, die einer abschließenden Klärung in einem Eilverfahren nicht zugänglich" seien, und stellte wegen offener Erfolgsaussichten auf eine – zulasten des Antragstellers ausfallende – Folgenabwägung ab.[646] Trotz des nahezu durchgehenden Verbotes solcher Veranstaltungen[647] finden sich aus den darauffolgenden neun Monaten keine Entscheidungen mehr dazu. Erst ab Juni 2021 sind wieder Entscheidungen auffindbar.

---

[641] *BVerfG*, Beschl. vom 01.06.2021, Az.: 1 BvR 927/21, BeckRS 2021, 12456.

[642] *VG Cottbus*, Beschl. vom 04.06.2021, Az.: VG 8 L 209/21, BeckRS 2021, 14991; *OVG Münster*, Beschl. vom 13.08.2021, Az.: 13 B 1332/21.NE, BeckRS 2021, 22721; *VGH München*, Beschl. vom 09.12.2021, Az.: 20 NE 21.2902, BeckRS 2021, 37959; *VG Weimar*, Beschl. vom 15.12.2021, Az.: 8 E 1643/21 We, BeckRS 2021, 39909; *OVG Münster*, Beschl. vom 03.02.2022, Az.: 13 B 71/22.NE, BeckRS 2022, 1258; *OVG Lüneburg*, Beschl. vom 10.02.2022, Az.: 14 MN 143/22, BeckRS 2022, 1585.

[643] *OVG Saarlouis*, Beschl. vom 01.09.2021, Az.: 2 B 197/21, BeckRS 2021, 25256; *VGH München*, Beschl. vom 14.09.2021, Az.: 25 NE 21.2193, BeckRS 2021, 28469; *OVG Lüneburg*, Beschl. vom 08.10.2021, Az.: 13 MN 400/21, BeckRS 2021, 29880; *OVG Bautzen*, Beschl. vom 04.11.2021, Az.: 3 B 374/21, BeckRS 2021, 33293; *VGH München*, Beschl. vom 04.11.2021, Az.: 25 NE 21.2561, BeckRS 2021, 36735; *VGH München*, Beschl. vom 04.11.2021, Az.: 25 NE 21.2562, BeckRS 2021, 36738; *VGH München*, Beschl. vom 04.11.2021, Az.: 25 NE 21.2686, BeckRS 2021, 33582; *OVG Bautzen*, Beschl. vom 19.11.2021, Az.: 3 B 411/21, BeckRS 2021, 36404; *VerfGH Sachs*, Beschl. vom 24.11.2021, Az.: Vf. 104-II-21 (e.A.), BeckRS 2021, 39360; *VerfGH Sachs*, Beschl. vom 02.12.2021, Az.: Vf. 114-IV-21 (HS), Vf. 115-IV-21 (e.A.), NJOZ 2022, 122; *OVG Saarlouis*, Beschl. vom 20.12.2021, Az.: 2 B 278/21, BeckRS 2021, 40145; *OVG Saarlouis*, Beschl. vom 20.12.2021, Az.: 2 B 280/21, BeckRS 2021, 40242; *OVG Lüneburg*, Beschl. vom 23.12.2021, Az.: 13 MN 485/21, BeckRS 2021, 40174; *VGH München*, Beschl. vom 28.12.2021, Az.: 20 NE 21.2916, BeckRS 2021, 40581; *VG Berlin*, Beschl. vom 14.01.2022, Az.: VG 14 L 619/21, BeckRS 2022, 791; *OVG Münster*, Beschl. vom 21.01.2022, Az.: 13 B 1927/21.NE, BeckRS 2022, 2180.

[644] *OVG Lüneburg*, Beschl. vom 29.11.2023, Az.: 14 KN 60/22, BeckRS 2023, 36261.

[645] Siehe aus der Literatur *Gersdorf*, COVuR 2022, 518, 518 ff.; *Gersdorf*, COVuR 2022, 578, 578 ff., der das Zuschauerverbot im Januar 2022 für rechtswidrig befand, da ein Zuschauerbetrieb auch mit einem vorgeschlagenen „2G+++"-Modell möglich gewesen sei.

[646] *VGH München*, Beschl. vom 19.09.2020, Az.: 20 NE 20.1994, BeckRS 2020, 24360, insb. Rn. 17 f. Siehe auch zu dem Verbot einer Veranstaltung mit mehr als 1.000 Teilnehmern Anfang März 2020 *VG Minden*, Beschl. vom 12.03.2020, Az.: 7 L 212/20, BeckRS 2020, 3592 (nicht erfolgreich).

[647] Siehe dazu S. 23 ff.

So hielt das OVG Bautzen eine Verordnung für rechtmäßig, soweit darin Großveranstaltungen nur unter der Bedingung von Kontakterfassung und Vorlage eines tagesaktuellen Coronatests erlaubt waren.[648] Das VG Würzburg lehnte ein Antrag ab, der auf die Erteilung einer Ausnahmegenehmigung gerichtet war, 3.000 Zuschauer zuzulassen. Die Tatbestandsvoraussetzungen für eine solche Genehmigung lagen nicht vor. Die Rechtmäßigkeit der damaligen Verordnung hinterfragte das Gericht nicht.[649] In einer ähnlichen Konstellation lehnte das VG Berlin im Oktober 2021 einen Antrag auf die Zulassung von mindestens 18.000 Zuschauern ab.[650] Das Berliner Gericht bewertete die Begrenzung auf die Hälfte der Höchstkapazität wegen der zu niedrigen Impfquote „derzeit als noch verfassungsgemäß".[651] Ein Antrag zweier Inhaber von Bundesliga-Dauerkarten gegen eine ähnliche Regelung hatte vor dem OVG Bautzen im November ebenso keinen Erfolg[652] wie ein Eilantrag vor dem OVG Weimar gegen das erneute vollständige Verbot von Sportveranstaltungen mit Zuschauern im Januar 2022.[653] Erstmals und auch einmalig gab dann im Februar 2022 das OVG Lüneburg einem Antrag statt. Das Verbot von Veranstaltungen im Freien mit über 500 Teilnehmern ohne Ausnahmemöglichkeit sei zwar geeignet und erforderlich, aber nicht mehr angemessen, da die „Grenzen der rechtlich zulässigen Pauschalierung" überschritten wurden.[654] Die grundsätzliche Zulässigkeit der Beschränkung von Großveranstaltungen wurde damit aber weiterhin nicht in Frage gestellt. Die letzten auffindbaren Entscheidungen – zu den (großzügigeren) Regelungen des Landes Nordrhein-Westfalen im Februar 2022 – fielen weiterhin zu Ungunsten der Antragsteller aus.[655]

Erfolgreiche Klagen in der Hauptsache waren nicht zu verzeichnen. Das VG Würzburg und das OVG Saarlouis wiesen die Klagen schon wegen eines fehlenden Fortsetzungsfeststellungsinteresses beziehungsweise nicht mehr bestehender Statthaftigkeit zurück.[656] Das VG Würzburg führte aber dennoch eine Prüfung der Begründetheit der Klage durch. Die Beschränkung von Veranstaltungen im Vorfeld

---

[648] *OVG Bautzen*, Beschl. vom 20.07.2021, Az.: 3 B 287/21, BeckRS 2021, 19331.

[649] *VG Würzburg*, Beschl. vom 11.06.2021, Az.: W 8 E 21.788, BeckRS 2021, 14181.

[650] *VG Berlin*, Beschl. vom 14.10.2021, Az.: VG 14 L 565/21, BeckRS 2021, 30524.

[651] *VG Berlin*, Beschl. vom 14.10.2021, Az.: VG 14 L 565/21, BeckRS 2021, 30524 Rn. 11, 15.

[652] *OVG Bautzen*, Beschl. vom 19.11.2021, Az.: 3 B 303/21, BeckRS 2021, 38402.

[653] *OVG Weimar*, Beschl. vom 10.01.2022, Az.: 3 EN 801/21, BeckRS 2022, 105.

[654] *OVG Lüneburg*, Beschl. vom 11.02.2022, Az.: 14 MN 144/22, BeckRS 2022, 1659 Rn. 34–45.

[655] *OVG Münster*, Beschl. vom 18.02.2022, Az.: 13 B 203/22, BeckRS 2022, 2277; *VerfGH NRW*, Beschl. vom 18.02.2022, Az.: VerfGH 20/22.VB-2, NVwZ-RR 2022, 364 mit vergleichsweise ausführlicher summarischer Prüfung; *OVG Münster*, Beschl. vom 21.02.2022, Az.: 13 B 232/22.NE, BeckRS 2022, 3219.

[656] *VG Würzburg*, Urt. vom 22.01.2021, Az.: W 8 K 20.519, BeckRS 2021, 639 (bestätigt durch den VGH München, BeckRS 2021, 27750); *OVG Saarlouis*, Urt. vom 24.03.2022, Az.: 2 C 108/20, BeckRS 2022, 6172.

des ersten Lockdowns im März 2020 hielt das Gericht für rechtmäßig. Auch der VGH München und der VGH Mannheim bestätigten Veranstaltungsverbote.[657]

4. Tourismus

Die Tourismusbranche hatte im Laufe der Pandemie häufig unter Maßnahmen zu leiden. Teils war dies die mittelbare Folge von bestimmten Regelungen: Wenn etwa ein Freizeitpark geschlossen bleiben muss, dann wirkt sich das auch auf Hotels in der Nähe aus. Ebenfalls wurde der Tourismus unmittelbar und gezielt eingeschränkt. Insbesondere war das bei den touristischen Beherbergungsverboten der Fall.[658]

a) Beherbergungsverbote

Beherbergungsbetriebe – also Hotels und Anbieter von Ferienwohnungen und ähnlicher Übernachtungsangebote – gerieten bereits in der ersten Welle in das Visier der Maßnahmenpolitik. Übernachtungsangebote durften nunmehr nicht mehr zu touristischen Zwecken genutzt und angeboten werden. Dazu finden sich allerdings kaum Entscheidungen.[659] Keiner der Anträge war erfolgreich.

Mit den allgemeinen Lockerungen zum Ende der ersten Welle wurde dieses vollständigen touristischen Übernachtungsverbot abgeschafft und durch die sog. Hotspot-Regelung ersetzt. Nach dieser galt grundsätzlich ein Beherbergungsverbot für Gäste, die aus innerdeutschen oder internationalen Hotspots stammten oder von dort anreisten. Als Hotspot definierte das RKI damals Orte, an denen die 7-Tage-Inzidenz über 50 lag. Ausgenommen davon waren Gäste, welche einen negativen PCR-Test nachweisen konnten. Nicht betroffen von dieser Regelung waren Gäste, welche aus nichttouristischen Anlässen anreisten.

Die Regelung stößt gleich mehrfach auf Bedenken. Von einer Übernachtung selbst geht schon kein Risiko aus.[660] Das Beherbergungsverbot kann also allenfalls

[657] *VGH Mannheim*, Urt. vom 05.02.2025, Az.: 1 S 1592/23, BeckRS 2025, 2568; *VGH München*, Beschl. vom 10.03.2025, Az.: 20 N 21.2745, BeckRS 2025, 5883; *VGH München*, Beschl. vom 18.06.2025, Az.: 20 N 25.447, BeckRS 2025, 13963.

[658] Die einbezogenen Entscheidungen wurden ermittelt durch die Suche nach Treffern, welche den Begriff „Beherbergung“ enthalten.

[659] *VG Göttingen*, Beschl. vom 20.03.2020, Az.: 4 B 56/20, BeckRS 2020, 4816; *OVG Berlin-Brandenburg*, Beschl. vom 23.04.2020, Az.: OVG 11 S 25/20, BeckRS 2020, 6642; *VG Mainz*, Beschl. vom 24.04.2020, Az.: 1 L 253/20.MZ, BeckRS 2020, 6892; *OVG Berlin-Brandenburg*, Beschl. vom 05.05.2020, Az.: OVG 11 S 38/20, BeckRS 2020, 7533; *BayVerfGH*, Entsch. vom 08.05.2020, Az.: Vf. 34-VII-20, BeckRS 2020, 8029; *OVG Greifswald*, Beschl. vom 11.05.2020, Az.: 2 KM 389/20 OVG, BeckRS 2020, 15490; *OVG Magdeburg*, Beschl. vom 13.05.2020, Az.: 3 R 78/20, BeckRS 2020, 8434; *VG Berlin*, Beschl. vom 14.05. 2020, Az.: VG 14 L 97/20, BeckRS 2020, 9352.

[660] *Eibenstein*, COVuR 2020, 688, 690.

mittelbar wirken, indem dadurch Reisen unterbleiben. Weiter geht von einer Person nicht pauschal eine größere Infektionsgefahr aus, nur weil diese aus einer Region mit einer hohen 7-Tage-Inzidenz anreist oder dort wohnhaft ist. Schließlich hängt die Wahrscheinlichkeit, dass eine Person ansteckend ist, nicht primär von der 7-Tage-Inzidenz des jeweiligen Landkreises ab. Denn diese kann auch etwa auch durch ein einzelnes, isoliertes Ausbruchsgeschehen – zum Beispiel in einem Pflegeheim – in die Höhe getrieben werden.[661] Darüber hinaus ist die Inzidenz am Meldeort nur bedingt aussagekräftig: So kann eine Person in einem Landkreis mit hoher 7-Tage-Inzidenz gemeldet sein, sich aber größtenteils in einem Landkreis mit niedriger Inzidenz aufhalten. Nach Logik der Regelung wäre ihr dann eigentlich ein niedrigeres Risiko zu unterstellen; dennoch dürfte sie ohne Test keine touristische Übernachtung beanspruchen. Umgekehrt dürfte die Person, die im Landkreis mit niedriger 7-Tage-Inzidenz gemeldet ist, sich aber größtenteils im Hochinzidenzkreis aufhält, trotz – unterstellter – höherer Infektionsgefahr ohne Test übernachten. Über das persönliche Infektionsrisiko der Person ist damit also alleine noch nichts gesagt, denn dieses hängt im Wesentlichen vom individuellen Kontakt- und Risikoverhalten ab. Auch kann sich die paradoxe Situation ergeben, dass ein Übernachtungsgast einen Test vorweisen muss, obwohl die 7-Tage-Inzidenz am Abreiseort niedriger ist als am Übernachtungsort. Akzeptiert man diese Typisierung anhand der Herkunftsinzidenz als noch notwendige Pauschalisierung einer abstrakt-generellen Regelung, dann stellt die Frage, wie die unterschiedliche Behandlung von touristischen und nichttouristischen Gästen gerechtfertigt werden soll. Verständlich mag es noch sein, nichttouristische und unvermeidbare Übernachtungen zu privilegieren. Nicht mehr erklärbar ist allerdings, wenn nichttouristische Gäste aus Hotspots keinen Testnachweis vorlegen müssen. Denn von touristischen und nichttouristischen Gästen geht die gleiche Infektionsgefahr aus.

Die Bedenken finden sich auch in der Rechtsprechung wieder. Diverse Anträge waren erfolgreich.[662] Während das OVG Greifswald eine Hotspot-Regelung im Mai 2020 noch für rechtmäßig hielt,[663] bewertete es die Maßnahme im Oktober 2020 als nicht mehr angemessen.[664] Der Antragsgegner hätte nicht dargelegt, dass von Übernachtungsgästen ein besonders hohes Infektionsrisiko ausgehe, weshalb nicht einzusehen sei, dass diese für Einreise und Übernachtung eine negatives Tester-

---

[661] *Eibenstein*, COVuR 2020, 688, 690.

[662] *VGH München*, Beschl. vom 28.07.2020, Az.: 20 NE 20.1609, BeckRS 2020, 17622; *OVG Lüneburg*, Beschl. vom 15.10.2020, Az.: 13 MN 371/20, BeckRS 2020, 26667; *VGH Mannheim*, Beschl. vom 15.10.2020, Az.: 1 S 3156/20, BeckRS 2020, 26559; *OVG Berlin-Brandenburg*, Beschl. vom 16.10.2020, Az.: OVG 11 S 87/20, LKV 2020, 468; *OVG Berlin-Brandenburg*, Beschl. vom 16.10.2020, Az.: OVG 11 S 88/20, BeckRS 2020, 27820; *OVG Greifswald*, Beschl. vom 20.10.2020, Az.: 2 KM 702/20 OVG, BeckRS 2020, 37219; *OVG Magdeburg*, Beschl. vom 27.10.2020, Az.: 3 R 205/20, BeckRS 2020, 28262.

[663] *OVG Greifswald*, Beschl. vom 27.05.2020, Az.: 2 KM 439/20 OVG, BeckRS 2020, 10493 Rn. 31–36.

[664] *OVG Greifswald*, Beschl. vom 20.10.2020, Az.: 2 KM 702/20 OVG, BeckRS 2020, 37219.

gebnis vorlegen mussten.[665] Der VGH München hielt die Inzidenz wegen der Möglichkeit eines nur isolierten Ausbruchsgeschehens in einer Entscheidung im Juli 2020 für einen ungeeigneten Indikator.[666] Das OVG Lüneburg forderte die Einbeziehung weiterer Faktoren und zweifelte überhaupt schon an der Eignung und Erforderlichkeit von Übernachtungs- und Reisebeschränkungen, im Ergebnis lehnte es daher die Angemessenheit ab.[667] Entscheidend war insbesondere die Erwägung, dass das Beherbergungsverbot eine an sich ungefährliche Aktivität – Übernachtungen – verbat, während Personen aus Hotspots weiterhin etwa im Rahmen des Tagestourismus verreisen und dabei Aktivitäten nachgehen konnten, welche höhere Infektionsrisiken bargen.[668] Ähnlich entschieden der VGH Mannheim, das OVG Berlin-Brandenburg und das OVG Magdeburg.[669] Einzig das VG Hamburg lehnte einen Antrag ab, hatte aber an der Angemessenheit auch „nicht unerhebliche Bedenken".[670] Das OVG Schleswig bestätigte die Regelung zunächst,[671] erkannte später aber einen Verstoß gegen den Gleichheitsgrundsatz. Die Rechtsprechungsänderung begründete das Gericht mit einer Äußerung des Präsidenten des RKI, Lothar Wieler, demzufolge Ansteckungen zu dieser Zeit im Wesentlichen im Privaten stattgefunden hätten, nicht aber in Hotels.[672]

Mit Fortschreiten der zweiten Welle durften Beherbergungsangebote wieder nur für nichttouristische Übernachtungen in Anspruch genommen werden. Wie bereits in der ersten Welle hielten diese vollständigen touristischen Beherbergungsverbote der gerichtlichen Überprüfung weitgehend stand.[673] Der Unterschied zu den Hot-

---

[665] *OVG Greifswald*, Beschl. vom 20.10.2020, Az.: 2 KM 702/20 OVG, BeckRS 2020, 37219 Rn. 41.

[666] *VGH München*, Beschl. vom 28.07.2020, Az.: 20 NE 20.1609, BeckRS 2020, 17622 Rn. 45. Bereits unzulässig *VGH München*, Beschl. vom 22.10.2020, Az.: 20 NE 20.2297, BeckRS 2020, 28384.

[667] *OVG Lüneburg*, Beschl. vom 15.10.2020, Az.: 13 MN 371/20, BeckRS 2020, 26667 Rn. 54–62.

[668] *OVG Lüneburg*, Beschl. vom 15.10.2020, Az.: 13 MN 371/20, BeckRS 2020, 26667 Rn. 52.

[669] *VGH Mannheim*, Beschl. vom 15.10.2020, Az.: 1 S 3156/20, BeckRS 2020, 26559 Rn. 31–41; *OVG Berlin-Brandenburg*, Beschl. vom 16.10.2020, Az.: OVG 11 S 87/20, LKV 2020, 468, 471 f.; *OVG Berlin-Brandenburg*, Beschl. vom 16.10.2020, Az.: OVG 11 S 88/20, BeckRS 2020, 27820 Rn. 32–41; *OVG Magdeburg*, Beschl. vom 27.10.2020, Az.: 3 R 205/20, BeckRS 2020, 28262 Rn. 23–35.

[670] *VG Hamburg*, Beschl. vom 23.10.2020, Az.: 7 E 4337/20, BeckRS 2020, 29150 Rn. 27–32.

[671] *OVG Schleswig*, Beschl. vom 15.10.2020, Az.: 3 MR 45/20, BeckRS 2020, 26705.

[672] *OVG Schleswig*, Beschl. vom 23.10.2020, Az.: 3 MR 47/20, BeckRS 2020, 27894 Rn. 24. Siehe auch *BVerfG*, Beschl. vom 22.10.2020, Az.: 1 BvQ 116/20, NVwZ 2020, 1749.

[673] *OVG Magdeburg*, Beschl. vom 04.11.2020, Az.: 3 R 218/20, BeckRS 2020, 29264; *OVG Schleswig*, Beschl. vom 05.11.2020, Az.: 3 MR 56/20, BeckRS 2020, 29770; *OVG Weimar*, Beschl. vom 08.11.2020, Az.: 3 EN 725/20, BeckRS 2020, 34845; *OVG Lüneburg*, Beschl. vom 11.11.2020, Az.: 13 MN 436/20, BeckRS 2020, 30086; *VGH Mannheim*, Beschl. vom 13.11.2020, Az.: 1 S 3405/20, BeckRS 2020, 31490; *BayVerfGH*, Entsch. vom

spot-Beherbergungsverboten war hier, dass die als ungeeignet bewertete 7-Tage-Inzidenz als Indikator keine Rolle mehr spielte[674] und das Beherbergungsverbot nun Teil eines Maßnahmenbündels war, welches auch Aktivitäten mit höherem Infektionsrisiko verbat.[675]

Vollständige touristische Beherbergungsverbote bestätigten das LVerfG Sachsen-Anhalt, der ThürVerfGH, das OVG Greifswald, das OVG Münster und der VGH München später auch in der Hauptsache.[676] In einem Fall hatte ein Antrag auf

---

16.11.2020, Az.: Vf. 90-VII-20, BeckRS 2020, 31088; *VG Berlin*, Beschl. vom 18.11.2020, Az.: VG 14 L 580/20, BeckRS 2020, 33473; *OVG Schleswig*, Beschl. vom 23.11.2020, Az.: 3 MR 66/20, BeckRS 2020, 32543; *OVG Münster*, Beschl. vom 30.11.2020, Az.: 13 B 1658/20.NE, BeckRS 2020, 33307; *LVerfG LSA*, Beschl. vom 08.12.2020, Az.: LVG 25/20, BeckRS 2020, 39494; *OVG Magdeburg*, Beschl. vom 11.12.2020, Az.: 3 R 259/20, BeckRS 2020, 37570; *OVG Münster*, Beschl. vom 23.12.2020, Az.: 13 B 1707/20.NE, BeckRS 2020, 36417; *OVG Berlin-Brandenburg*, Beschl. vom 08.01.2021, Az.: OVG 1 S 156/20, BeckRS 2021, 29; *OVG Magdeburg*, Beschl. vom 08.01.2021, Az.: 3 R 297/20, BeckRS 2021, 986; *OVG Hamburg*, Beschl. vom 20.01.2021, Az.: 5 Bs 228/20, BeckRS 2021, 5757; *LVerfG LSA*, Beschl. vom 02.02.2021, Az.: LVG 4/21, BeckRS 2021, 1360; *VG Greifswald*, Beschl. vom 05.02.2021, Az.: 4 B 122/21 HGW, BeckRS 2021, 3776; *OVG Berlin-Brandenburg*, Beschl. vom 17.03.2021, Az.: OVG 11 S 32/21, BeckRS 2021, 4756; *VGH Mannheim*, Beschl. vom 22.03.2021, Az.: 1 S 649/21, BeckRS 2021, 5806; *OVG Lüneburg*, Beschl. vom 24.03.2021, Az.: 13 MN 129/21, BeckRS 2021, 5528; *OVG Schleswig*, Beschl. vom 25.03.2021, Az.: 3 MR 17/21, BeckRS 2021, 6551; *OVG Münster*, Beschl. vom 26.03.2021, Az.: 13 B 346/21.NE, BeckRS 2021, 5838; *VGH München*, Beschl. vom 30.03.2021, Az.: 20 NE 21.480, BeckRS 2021, 6340; *OVG Schleswig*, Beschl. vom 31.03.2021, Az.: 3 MB 10/21, BeckRS 2021, 6741; *VGH München*, Beschl. vom 31.03.2021, Az.: 20 NE 21.784, BeckRS 2021, 6323; *OVG Weimar*, Beschl. vom 09.04.2021, Az.: 3 EN 190/21, BeckRS 2021, 30644; *VGH München*, Beschl. vom 12.04.2021, Az.: 20 NE 21.462, BeckRS 2021, 7564; *VGH München*, Beschl. vom 13.04.2021, Az.: 20 NE 21.848, BeckRS 2021, 48017; *OVG Bautzen*, Beschl. vom 14.04.2021, Az.: 3 B 21/21, BeckRS 2021, 9021; *OVG Berlin-Brandenburg*, Beschl. vom 14.04.2021, Az.: OVG 11 S 49/21, BeckRS 2021, 7695; *OVG Weimar*, Beschl. vom 14.04.2021, Az.: 3 EN 195/21, BeckRS 2021, 30675; *OVG Bremen*, Beschl. vom 15.04.2021, Az.: 1 B 127/21, BeckRS 2021, 7988; *OVG Greifswald*, Beschl. vom 07.05.2021, Az.: 1 KM 189/21 OVG, BeckRS 2021, 12149; *OVG Berlin-Brandenburg*, Beschl. vom 11.05.2021, Az.: OVG 11 S 41/21, BeckRS 2021, 11897; *VG Regensburg*, Beschl. vom 12.05.2021, Az.: RN 5 E 21.759, BeckRS 2021, 11709; *OVG Bautzen*, Beschl. vom 20.05.2021, Az.: 3 B 141/21, BeckRS 2021, 11964.

674 Siehe etwa *OVG Lüneburg*, Beschl. vom 11.11.2020, Az.: 13 MN 436/20, BeckRS 2020, 30086 Rn. 44.

675 So etwa *OVG Magdeburg*, Beschl. vom 04.11.2020, Az.: 3 R 218/20, BeckRS 2020, 29264 Rn. 48.

676 *LVerfG LSA*, Urt. vom 26.03.2021, Az.: LVG 4/21, BeckRS 2021, 9553; *ThürVerfGH*, Urt. vom 28.02.2024, Az.: VerfGH 110/20, BeckRS 2024, 3520; *OVG Münster*, Urt. vom 29.05.2024, Az.: 13 D 238/20, BeckRS 2024, 14060; *OVG Greifswald*, Urt. vom 12.06.2024, Az.: 1 K 410/21 OVG, BeckRS 2024, 15621; *VGH München*, Beschl. vom 18.10.2024, Az.: 20 N 20.2817, BeckRS 2024, 30433; *OVG Münster*, Urt. vom 03.07.2025, Az.: 13 D 70/21.NE, BeckRS 2025, 18378. Der VGH Mannheim hielt das Beherbergungsverbot ebenfalls für materiell rechtmäßig, stellte aber – anders als im vorläufigen Rechtsschutz – einen Ausfertigungsmangel fest, siehe *VGH Mannheim*, Urt. vom 13.02.2025, Az.: 1 S 1721/23, BeckRS 2025, 2634.

abstrakte Normenkontrolle jedoch auch Erfolg, da das LVerfG Sachsen-Anhalt das Beherbergungsverbot im Herbst 2020 nicht mehr von § 28 IfSG gedeckt sah.[677]

b) „G-Regelungen"

Auch im Beherbergungsbereich wurde mit „G-Regeln" gearbeitet. Anträge, welche sich dezidiert gegen die „G-Regeln" in der Hotellerie richteten, waren nicht erfolgreicher[678] als Anträge, welche sich auch gegen „G-Regeln" in anderen Bereichen richteten.[679]

5. Körpernahe Dienst- und Werkleistungen

Körpernahe Dienst- und Werkleistungen wurden aufgrund des als höher eingeschätzten Infektionsrisikos eigenen Einschränkungen unterworfen.[680] Diese Beschränkungen zogen zahlreiche Entscheidungen nach sich.

a) Erste Welle und Sommerplateau 2020

Im ersten Lockdown mussten die Betriebe im Bereich der körpernahen Dienst- und Werkleistungen schließen. Vor den Gerichten hielten sich die Betriebe zunächst zurück; aus März und April 2020 finden sich jedenfalls keine Entscheidungen. Als zu Beginn des Mai 2020 jedoch zunächst – ausschließlich – Friseurbetrieben und Kosmetikern und Fußpflegebetrieben die Wiederaufnahme des Betriebs erlaubt wurde, erhoben Tattoo-, Piercing- und Massagestudios erfolgreich Eilanträge.[681] Entscheidend dabei war der Aspekt der Ungleichbehandlung.[682]

---

[677] *LVerfG LSA*, Urt. vom 26.03.2021, Az.: LVG 25/20, BeckRS 2021, 9552.

[678] *OVG Lüneburg*, Beschl. vom 19.05.2021, Az.: 13 MN 262/21, BeckRS 2021, 11257; *VGH München*, Beschl. vom 15.07.2021, Az.: 25 NE 21.1811, BeckRS 2021, 20944.

[679] Generell zu „G-Regeln" auch in anderen Bereichen *VGH München*, Beschl. vom 14.09.2021, Az.: 25 NE 21.2307, BeckRS 2021, 28472; *VGH München*, Beschl. vom 14.09.2021, Az.: 25 NE 21.2226, NJW 2021, 3269; *VGH München*, Beschl. vom 14.09.2021, Az.: 25 NE 21.2193, BeckRS 2021, 28469; *OVG Bautzen*, Beschl. vom 19.11.2021, Az.: 3 B 411/21, BeckRS 2021, 36404; *VerfGH Sachs*, Beschl. vom 24.11.2021, Az.: Vf. 104-II-21 (e.A.), BeckRS 2021, 39360; *OVG Lüneburg*, Beschl. vom 21.12.2021, Az.: 13 MN 478/21, BeckRS 2021, 39541; *BayVerfGH*, Entsch. vom 28.01.2022, Az.: Vf. 65-VII-21, BeckRS 2022, 866.

[680] Die einbezogenen Entscheidungen wurden ermittelt durch die Suche nach Treffern, welche den Begriff „Körpernahe" enthalten.

[681] *VG Schleswig*, Beschl. vom 07.05.2020, Az.: 1 B 74/20, BeckRS 2020, 7887; *OVG Lüneburg*, Beschl. vom 14.05.2020, Az.: 13 MN 165/20, BeckRS 2020, 8506; *OVG Lüneburg*, Beschl. vom 18.05.2020, Az.: 13 MN 169/20, BeckRS 2020, 9279; *VG Gelsenkirchen*, Beschl. vom 19.05.2020, Az.: 20 L 589/20, BeckRS 2020, 9353.

[682] Statt aller *VG Schleswig*, Beschl. vom 07.05.2020, Az.: 1 B 74/20, BeckRS 2020, 7887 Rn. 23–34; *OVG Lüneburg*, Beschl. vom 14.05.2020, Az.: 13 MN 165/20, BeckRS 2020, 8506 Rn. 34–37.

Nach weiteren Öffnungsschritten verblieb das Prostitutionsgewerbe als letzte Branche, welche Betriebsschließungen unterworfen wurde. Entsprechend finden sich aus dem Zeitraum von Mai bis Oktober 2020 eine Vielzahl von Entscheidungen zu diesem Themenkomplex. Am Anfang waren Eilanträge hier erfolglos; die Ungleichbehandlung im Vergleich zu anderen körpernahen Leistungen wurde als gerechtfertigt betrachtet.[683] So hielt das OVG Lüneburg das Vorbringen eines Bordells, dass sexuelle Dienstleistungen auch mit Maske oder Abstand durchgeführt werden könnten, für „schlechterdings lebensfremd".[684] Das OVG Bautzen hatte Zweifel, ob es mangels Kontrollmöglichkeiten – wie vom Antragsteller versprochen – nur bei Massagedienstleistungen bleiben würde.[685] Der VGH Mannheim fürchtete eine deutlich gesteigerte Atemaktivität, welche zu einem erhöhten Aerosolausstoß führen könnte, was das Gericht sogar mit einer Studie belegte.[686] Einen ersten Vorstoß wagte das VG Berlin, das im Ende Juni 2020 den Betrieb eines Domina-Studios sowie die erotische Massage wieder ermöglichte, sofern es bei der Massage bleibt und das Hygienekonzept eingehalten wird.[687] Das begründete das Gericht damit, dass sich Domina-Studios beziehungsweise die erotische Massage aus epidemiologischer Sicht wesentlich von Bordellen unterscheiden würden; insofern läge eine nicht gerechtfertigte Gleichbehandlung vor.[688] Zweifel, dass der Umfang der Leistungserbringung entgegen den Vorgaben und Annahmen im Einzelfall erweitert werden könnte, hatte das VG Berlin im Gegensatz zu anderen Gerichten – mangels entsprechender Ausführungen – nicht. Andere Gerichte schlossen sich der Ansicht des VG Berlin nicht an und argumentierten weiterhin mit

---

[683] *OVG Lüneburg*, Beschl. vom 29.05.2020, Az.: 13 MN 185/20, BeckRS 2020, 10749; *OVG Bautzen*, Beschl. vom 03.06.2020, Az.: 3 B 203/20, BeckRS 2020, 11819; *OVG Saarlouis*, Beschl. vom 03.06.2020, Az.: 2 B 201/20, BeckRS 2020, 11247; *VGH Mannheim*, Beschl. vom 04.06.2020, Az.: 1 S 1617/20, BeckRS 2020, 20861; *OVG Lüneburg*, Beschl. vom 08.06.2020, Az.: 13 MN 204/20, BeckRS 2020, 12267; *VGH Kassel*, Beschl. vom 08.06.2020, Az.: 8 B 1446/20.N, BeckRS 2020, 12256; *OVG Lüneburg*, Beschl. vom 09.06.2020, Az.: 13 MN 211/20, BeckRS 2020, 11781; *VG Hamburg*, Beschl. vom 11.06.2020, Az.: 9 E 2258/20, BeckRS 2020, 21384; bestätigt durch *OVG Hamburg*, Beschl. vom 20.08.2020, Az.: 5 Bs 114/20, BeckRS 2020, 21383; *VG Berlin*, Beschl. vom 23.06.2020, Az.: VG 14 L 158/20, BeckRS 2020, 14031; *OVG Münster*, Beschl. vom 25.06.2020, Az.: 13 B 800/20.NE, BeckRS 2020, 13708; *OVG Weimar*, Beschl. vom 10.07.2020, Az.: 3 EN 394/20, BeckRS 2020, 20490; *VG Mainz*, Beschl. vom 14.07.2020, Az.: 1 L 445/20.MZ, BeckRS 2020, 20292.

[684] *OVG Lüneburg*, Beschl. vom 29.05.2020, Az.: 13 MN 185/20, BeckRS 2020, 10749 Rn. 30.

[685] *OVG Bautzen*, Beschl. vom 03.06.2020, Az.: 3 B 203/20, BeckRS 2020, 11819 Rn. 20 f.

[686] *VGH Mannheim*, Beschl. vom 04.06.2020, Az.: 1 S 1617/20, BeckRS 2020, 20861 Rn. 27.

[687] *VG Berlin*, Beschl. vom 22.07.2020, Az.: VG 14 L 163/20, BeckRS 2020, 17618; *VG Berlin*, Beschl. vom 22.07.2020, Az.: VG 14 L 173/20, NVwZ-RR 2020, 1066.

[688] *VG Berlin*, Beschl. vom 22.07.2020, Az.: VG 14 L 163/20, BeckRS 2020, 17618 Rn. 16 f.; *VG Berlin*, Beschl. vom 22.07.2020, Az.: VG 14 L 173/20, NVwZ-RR 2020, 1066 Rn. 15–17.

fehlenden Kontrollmöglichkeiten und atemfrequenzbedingten Aerosolausstößen.[689] Dagegen hob das OVG Saarlouis kurz darauf das vollständige Betriebsverbot von Prostitutionsstätten auf.[690] Da Hygienemaßnahmen durchaus umsetzbar seien, liege eine nicht gerechtfertigte Ungleichbehandlung gegenüber anderen körpernahen Dienstleistungen vor.[691] Im Ergebnis ähnlich entschied das OVG Lüneburg, das sich aber auf die Erforderlichkeit im Rahmen der Verhältnismäßigkeit fokussierte. Eine Maskenpflicht für Dienstleisterin und Kunden war für das Gericht – entgegen dessen früheren Ausführungen – nicht mehr schlechterdings lebensfremd; ein Vollzugsdefizit hinsichtlich der Einhaltung wollte das OVG Lüneburg den Beteiligten nicht pauschal unterstellen.[692] Insofern stützt sich die Argumentation des OVG Lüneburg – im Gegensatz zu jener des VG Berlin und des OVG Saarlouis – auf einen Verstoß gegen das Verhältnismäßigkeitsprinzip. Die Verletzung des Gleichheitsgrundsatzes ließ das Gericht offen.[693] Das OVG Magdeburg, das OVG Münster und der VGH Mannheim schlossen sich der Lüneburger Linie an.[694] Die Aufhebung von Ausweiskontrollpflicht und Alkoholverbot ging dem niedersächsischen Gericht dann aber im Interesse der Einhaltung der Hygiene- und Kontaktnachverfolgungsregeln zu weit, ein darauf gerichteter Antrag wurde abgelehnt.[695]

b) Zweite und dritte Welle

Ab November 2020 wurden die Betriebsschließungen in umgekehrter Reihenfolge wiedereingeführt. Zunächst wurden erneut sämtliche körpernahen Dienst- und Werkleistungen untersagt, ausgenommen solche des Friseurwesens. Im Gegensatz zum Frühjahr erwies sich diese Maßnahme trotz der Privilegierung von Friseurbetrieben als gerichtsfest.[696] Begründet wurde das mit einer Grund-

---

[689] *VGH Mannheim*, Beschl. vom 20.08.2020, Az.: 1 S 2347/20, BeckRS 2020, 20509; *OVG Koblenz*, Beschl. vom 20.08.2020, Az.: 6 B 10868/20.OVG, BeckRS 2020, 20291; *OVG Koblenz*, Beschl. vom 28.08.2020, Az.: 6 B 10864/20.OVG, BeckRS 2020, 21307.

[690] *OVG Saarlouis*, Beschl. vom 06.08.2020, Az.: 2 B 258/20, BeckRS 2020, 18704.

[691] *OVG Saarlouis*, Beschl. vom 06.08.2020, Az.: 2 B 258/20, BeckRS 2020, 18704 Rn. 11–18.

[692] *OVG Lüneburg*, Beschl. vom 28.08.2020, Az.: 13 MN 307/20, BeckRS 2020, 21034 Rn. 23–27.

[693] *OVG Lüneburg*, Beschl. vom 28.08.2020, Az.: 13 MN 307/20, BeckRS 2020, 21034 Rn. 28.

[694] *OVG Magdeburg*, Beschl. vom 03.09.2020, Az.: 3 R 156/20, BeckRS 2020, 22061; *OVG Münster*, Beschl. vom 08.09.2020, Az.: 13 B 902/20.NE, BeckRS 2020, 22109; *VGH Mannheim*, Beschl. vom 06.10.2020, Az.: 1 S 2871/20, BeckRS 2020, 26103.

[695] *OVG Lüneburg*, Beschl. vom 14.10.2020, Az.: 13 MN 358/20, BeckRS 2020, 26725.

[696] *OVG Berlin-Brandenburg*, Beschl. vom 04.11.2020, Az.: OVG 11 S 101/20, BeckRS 2020, 29273; *OVG Berlin-Brandenburg*, Beschl. vom 04.11.2020, Az.: OVG 11 S 94/20, BeckRS 2020, 29285; *OVG Berlin-Brandenburg*, Beschl. vom 05.11.2020, Az.: OVG 11 S 99/20, BeckRS 2020, 29409; *OVG Berlin-Brandenburg*, Beschl. vom 06.11.2020, Az.: OVG 11 S 98/20, BeckRS 2020, 29750; *OVG Berlin-Brandenburg*, Beschl. vom 06.11.2020, Az.: OVG 11 S 100/20, BeckRS 2020, 29748; *OVG Bremen*, Urt. vom 09.11.2020, Az.: 1 B

versorgungsfunktion und einem entsprechenden öffentlichen Interesse an der Aufrechterhaltung des Friseurbetriebs.[697] Auch an der Verhältnismäßigkeit – insbesondere daran, ob die Schließung erforderlich ist, oder ob Hygienemaßnahmen wie bei Friseuren nicht ein gleich effektives Mittel sein könnten – hatten die Gerichte keine Zweifel. Besonders auffällig ist die Rechtsprechung des OVG Lüneburg. Hatte es im Frühjahr die Schlechterstellung von Tattoo- und Piercingstudios noch für rechtswidrig befunden,[698] lehnte es Anträge nunmehr ab. Eine Verletzung des Gleichheitsgrundsatzes hielt es im Eilverfahren aber für nicht vollständig ausgeschlossen.[699] Einzig das OVG Saarlouis sowie das VG Saarlouis hielten die Differenzierung für rechtswidrig.[700] Die Annahme einer „Systemrele-

---

339/20, BeckRS 2020, 30294; *OVG Schleswig*, Beschl. vom 09.11.2020, Az.: 3 MR 60/20, BeckRS 2020, 30557; *OVG Berlin-Brandenburg*, Beschl. vom 10.11.2020, Az.: OVG 11 S 107/20, BeckRS 2020, 29991; *OVG Lüneburg*, Beschl. vom 10.11.2020, Az.: 13 MN 412/20, BeckRS 2020, 30567; *OVG Bremen*, Urt. vom 10.11.2020, Az.: 1 B 354/20, BeckRS 2020, 30295; *OVG Lüneburg*, Beschl. vom 10.11.2020, Az.: 13 MN 479/20, BeckRS 2020, 29843; *VG Bremen*, Beschl. vom 11.11.2020, Az.: 5 V 2472/20, BeckRS 2020, 30882; *VGH München*, Beschl. vom 11.11.2020, Az.: 20 NE 20.2503, BeckRS 2020, 32236; *OVG Bautzen*, Beschl. vom 11.11.2020, Az.: 3 B 357/20, BeckRS 2020, 30493; *VGH München*, Beschl. vom 11.11.2020, Az.: 20 NE 20.2485, BeckRS 2020, 30790; *OVG Lüneburg*, Beschl. vom 11.11.2020, Az.: 13 MN 485/20, BeckRS 2020, 30046; *OVG Bautzen*, Beschl. vom 11.11.2020, Az.: 3 B 349/20, BeckRS 2020, 30182; *OVG Münster*, Beschl. vom 11.11.2020, Az.: 13 B 1635/20.NE, BeckRS 2020, 30311; *OVG Bremen*, Urt. vom 12.11.2020, Az.: 1 B 344/20, BeckRS 2020, 31135; *VG Berlin*, Beschl. vom 13.11.2020, Az.: VG 11 L 413/20, BeckRS 2020, 31478; *BayVerfGH*, Entsch. vom 16.11.2020, Az.: Vf. 90-VII-20, BeckRS 2020, 31088; *OVG Bautzen*, Beschl. vom 17.11.2020, Az.: 3 B 350/20, BeckRS 2020, 31669; *OVG Magdeburg*, Beschl. vom 17.11.2020, Az.: 3 R 225/20, BeckRS 2020, 32486; *VGH München*, Beschl. vom 17.11.2020, Az.: 20 NE 20.2620, BeckRS 2020, 32232; *VGH München*, Beschl. vom 17.11.2020, Az.: 20 NE 20.2603, BeckRS 2020, 32241; *OVG Bautzen*, Beschl. vom 20.11.2020, Az.: 3 B 378/20 (juris); *OVG Berlin-Brandenburg*, Beschl. vom 18.11.2020, Az.: OVG 11 S 104/20, BeckRS 2020, 31502; *VGH München*, Beschl. vom 23.11.2020, Az.: 20 NE 20.2453, BeckRS 2020, 50527; *OVG Bautzen*, Beschl. vom 26.11.2020, Az.: 3 B 354/20, BeckRS 2020, 33094; *OVG Münster*, Beschl. vom 26.11.2020, Az.: 13 B 1636/20.NE, BeckRS 2020, 33639; *OVG Bautzen*, Beschl. vom 26.11.2020, Az.: 3 B 374/20, BeckRS 2020, 33098; *VG Chemnitz*, Beschl. vom 26.11.2020, Az.: 4 L 592/20, BeckRS 2020, 41466; *VGH München*, Beschl. vom 26.11.2020, Az.: 20 NE 20.2589, BeckRS 2020, 32988; *VGH München*, Beschl. vom 27.11.2020, Az.: 20 NE 20.2550, 20 S 20.2807, BeckRS 2020, 32985.

[697] Siehe etwa *OVG Berlin-Brandenburg*, Beschl. vom 04.11.2020, Az.: OVG 11 S 101/20, BeckRS 2020, 29273 Rn. 44; *OVG Schleswig*, Beschl. vom 09.11.2020, Az.: 3 MR 60/20, BeckRS 2020, 30557 Rn. 48; *OVG Bautzen*, Beschl. vom 11.11.2020, Az.: 3 B 349/20, BeckRS 2020, 30182 Rn. 68; *OVG Münster*, Beschl. vom 11.11.2020, Az.: 13 B 1635/20.NE, BeckRS 2020, 30311 Rn. 35.

[698] *OVG Lüneburg*, Beschl. vom 14.05.2020, Az.: 13 MN 165/20, BeckRS 2020, 8506.

[699] Siehe etwa *OVG Lüneburg*, Beschl. vom 10.11.2020, Az.: 13 MN 412/20, BeckRS 2020, 30567 Rn. 60.

[700] *OVG Saarlouis*, Beschl. vom 06.11.2020, Az.: 2 B 306/20, BeckRS 2020, 31038; *OVG Saarlouis*, Beschl. vom 09.11.2020, Az.: 2 B 323/20, BeckRS 2020, 30375; *VG Saarlouis*, Beschl. vom 11.11.2020, Az.: 6 L 1372/20, BeckRS 2020, 30380; *OVG Saarlouis*, Beschl.

vanz" von Friseuren sei nicht überzeugend, da das Leistungsportfolio von Friseuren regelmäßig über das reine Schneiden hinausgehe und Behandlungen umfasse, die nicht mehr unter Grundversorgung eingeordnet werden könnten.[701] Daran hielt das Gericht auch in einer Hauptsacheentscheidung fest.[702] Angesichts der geringen Infektionsrisiken bei Einhaltung von Hygienemaßnahmen bejahte das OVG Saarlouis auch die Verletzung der Art. 12 Abs. 1 und Art. 14 Abs. 1 GG.[703] Den Normenkontrolleilantrag eines Kosmetikstudios lehnte das Gericht aber zeitgleich ab, da die Antragstellerin nicht ihre Absicht dargelegt hätte, Hygienemaßnahmen zu beachten, sondern vielmehr ihre Ablehnung ebendieser zum Ausdruck gebracht habe.[704] Neben dem OVG Lüneburg äußerte auch der VGH München Zweifel daran, ob die Lebensnotwendigkeit noch ein ausreichendes infektionsschutzrechtliches Kriterium war, hielt die Frage aber ebenfalls erst im Hauptsacheverfahren für beantwortbar.[705] Das OVG Bautzen lehnte auch einen Normenkontrollantrag in der Hauptsache als unbegründet ab.[706]

Anfang 2021 mussten auch die Friseurbetriebe geschlossen bleiben. Anträge dagegen waren ausnahmslos erfolglos. Die von den Antragstellenden vorgebrachte Einschätzung, die Vollschließung sei unverhältnismäßig, wurde von den Gerichten weiterhin nicht geteilt.[707] Alleine das OVG Lüneburg formulierte um-

---

vom 16.11.2020, Az.: 2 B 340/20, BeckRS 2020, 31419; *OVG Saarlouis*, Beschl. vom 16.11. 2020, Az.: 2 B 337/20, BeckRS 2020, 31183.

[701] Siehe etwa *OVG Saarlouis*, Beschl. vom 06.11.2020, Az.: 2 B 306/20, BeckRS 2020, 31038 Rn. 19.

[702] *OVG Saarlouis*, Urt. vom 31.05.2022, Az.: 2 C 324/20, NVwZ 2023, 622.

[703] *OVG Saarlouis*, Beschl. vom 06.11.2020, Az.: 2 B 306/20, BeckRS 2020, 31038 Rn. 20 f.

[704] *OVG Saarlouis*, Beschl. vom 09.11.2020, Az.: 2 B 325/20, BeckRS 2020, 30743.

[705] Siehe etwa *VGH München*, Beschl. vom 11.11.2020, Az.: 20 NE 20.2485, BeckRS 2020, 30790 Rn. 34.

[706] *OVG Bautzen*, Urt. vom 10.08.2022, Az.: 3 C 62/20, BeckRS 2022, 24660.

[707] *OVG Münster*, Beschl. vom 04.01.2021, Az.: 13 B 1724/20.NE, BeckRS 2021, 23; *OVG Schleswig*, Beschl. vom 19.01.2021, Az.: 3 MR 1/21, BeckRS 2021, 371; *OVG Münster*, Beschl. vom 22.01.2021, Az.: 13 B 1768/20.NE, BeckRS 2021, 1782; *OVG Münster*, Beschl. vom 27.01.2021, Az.: 13 B 1902/20.NE, BeckRS 2021, 725; *OVG Weimar*, Beschl. vom 28.01.2021, Az.: 3 EN 22/21, BeckRS 2021, 1745; *OVG Berlin-Brandenburg*, Beschl. vom 29.01.2021, Az.: OVG 11 S 8/21, BeckRS 2021, 1144; *VGH Kassel*, Beschl. vom 04.02. 2021, Az.: 8 B 215/21.N, NVwZ-RR 2021, 284; *OVG Weimar*, Beschl. vom 05.02.2021, Az.: 3 EN 59/21, BeckRS 2021, 7113; *OVG Bautzen*, Beschl. vom 09.02.2021, Az.: 3 B 440/ 20, BeckRS 2021, 1802; *OVG Saarlouis*, Beschl. vom 10.02.2021, Az.: 2 B 33/21, BeckRS 2021, 1583; *VGH Mannheim*, Beschl. vom 11.02.2021, Az.: 1 S 380/21, BeckRS 2021, 2185; *VerfGH Sachs*, Beschl. vom 11.02.2021, Az.: Vf. 14-II-21, BeckRS 2021, 1739 (Folgenabwägung); *OVG Schleswig*, Beschl. vom 12.02.2021, Az.: 3 MR 6/21, BeckRS 2021, 1976; *OVG Münster*, Beschl. vom 12.02.2021, Az.: 13 B 1701/20.NE, BeckRS 2021, 1778; *OVG Lüneburg*, Beschl. vom 15.02.2021, Az.: 13 MN 44/21, BeckRS 2021, 1863; *OVG Magdeburg*, Beschl. vom 18.02.2021, Az.: 3 R 13/21, BeckRS 2021, 6593; *VGH München*, Beschl. vom 18.02.2021, Az.: 20 NE 21.241, BeckRS 2021, 2699; *VGH Mannheim*, Beschl. vom

fangreiche Zweifel, ob die Orientierung an einer Zielinzidenz von 50 ein legitimes Ziel darstellte und ob die Schließung von Friseurbetrieben erforderlich und angemessen war, ohne jedoch die Erfolgsaussichten im Hauptsacheverfahren deshalb als offensichtlich gegeben zu halten.[708] Nach Rücknahme der Betriebsbeschränkung für Friseurbetriebe und einigen erfolglosen Anträgen[709] gab das VG Schwerin dem Antrag eines Tattoostudios wegen bejahten Verstößen gegen Bestimmtheits- und Gleichbehandlungsgrundsatz statt,[710] während der VGH München einen identisch gelagerten Antrag ablehnte.[711] Dafür setzte der VGH München im Juni 2021 vorläufig die Schließung von Prostitutionsstätten außer Vollzug, ebenso das OVG Lüneburg und der VGH Mannheim.[712] Letzter hielt die Betriebsuntersagung für unangemessen,[713] während der VGH München schon die Voraussetzungen des § 28a Abs. 3 IfSG in der damaligen Fassung nicht mehr als gewahrt ansah.[714]

c) Spätere Entscheidungen

Spätere Entscheidungen im vorläufigen Rechtsschutz fokussieren sich – wie auch in anderen Bereichen – auf die im Laufe des Jahres 2021 etablierten „G-Regeln".[715] Heraus sticht dabei eine Entscheidung des OVG Lüneburg aus dem

---

19.02.2021, Az.: 1 S 460/21, BeckRS 2021, 2261; *OVG Bremen*, Beschl. vom 19.02.2021, Az.: OVG 1 B 53/21, BeckRS 2021, 2296.

[708] *OVG Lüneburg*, Beschl. vom 15.02.2021, Az.: 13 MN 44/21, BeckRS 2021, 1863 Rn. 5, 11, 19–32. In Rn. 18 zweifelte der Senat zusätzlich noch die Eignung an, da in Niedersachsen zum damaligen Zeitpunkt nur die Öffnung von Friseurbetrieben untersagt war, nicht die aufsuchende Friseurtätigkeit in den Räumlichkeiten von Kunden.

[709] *VG Schleswig*, Beschl. vom 01.03.2021, Az.: 1 B 21/21, BeckRS 2021, 3231 zu einer Abweichung von der Rücknahme der Betriebsschließung durch Allgemeinverfügung; *OVG Weimar*, Beschl. vom 10.03.2021, Az.: 3 EN 111/21, BeckRS 2021, 5291; *OVG Bremen*, Beschl. vom 10.03.2021, Az.: 1 B 104/21, BeckRS 2021, 3993; zweifelnd *VGH München*, Beschl. vom 16.03.2021, Az.: 20 NE 21.624, BeckRS 2021, 4745; *VGH München*, Beschl. vom 16.03.2021, Az.: 20 NE 21.714, BeckRS 2021, 5355; *VGH München*, Beschl. vom 16.03.2021, Az.: 20 NE 21.712, BeckRS 2021, 4748; *BayVerfGH*, Entsch. vom 22.03.2021, Az.: Vf. 23-VII-21, BeckRS 2021, 5200.

[710] *VG Schwerin*, Beschl. vom 08.04.2021, Az.: 7 B 635/21 SN, BeckRS 2021, 26507.

[711] *VGH München*, Beschl. vom 13.04.2021, Az.: 20 NE 21.770, BeckRS 2021, 7566.

[712] *VGH Mannheim*, Beschl. vom 16.06.2021, Az.: 1 S 1868/21, BeckRS 2021, 14701; *OVG Lüneburg*, Beschl. vom 08.06.2021, Az.: 13 MN 298/21, BeckRS 2021, 13106; *VGH München*, Beschl. vom 22.06.2021, Az.: 25 NE 21.1608, BeckRS 2021, 18527.

[713] *VGH Mannheim*, Beschl. vom 16.06.2021, Az.: 1 S 1868/21, BeckRS 2021, 14701 Rn. 47–54.

[714] *VGH München*, Beschl. vom 22.06.2021, Az.: 25 NE 21.1608, BeckRS 2021, 18527 Rn. 16–27.

[715] *VGH München*, Beschl. vom 14.09.2021, Az.: 25 NE 21.2193, BeckRS 2021, 28469; *VGH München*, Beschl. vom 14.09.2021, Az.: 25 NE 21.2226, NJW 2021, 3269; *VGH München*, Beschl. vom 14.09.2021, Az.: 25 NE 21.2307, BeckRS 2021, 28472; *VGH München*, Beschl. vom 14.09.2021, Az.: 25 NE 21.2309, BeckRS 2021, 28475; *VGH München*,

Dezember 2021, welches das vollständige Zugangsverbot für nicht immunisierte Personen („2G+") für wohl nicht erforderlich, jedenfalls aber als unangemessen betrachtete.[716] Ähnlich entschied auch das VG Schwerin.[717] Dagegen lehnte das OVG Saarlouis im Februar 2022 einen Antrag wegen offener Erfolgsaussichten und einer nur noch kurzen Restlaufzeit der Verordnung ab.[718]

Zwei Normenkontrollanträge waren nach Ansicht des Gerichts wegen des zwischenzeitlichen Außerkrafttretens der Verordnung nicht mehr statthaft,[719] in einem anderen Fall wies das Gericht einen Antrag als unbegründet zurück.[720] Auch das OVG Lüneburg, das OVG Schleswig und das OVG Greifswald hielten Normenkontrollanträge für unbegründet.[721] Vor dem VGH Mannheim hatte ein Normenkontrollantrag wegen formellen Mängeln der Verordnung Erfolg.[722]

6. Freizeiteinrichtungen

Für die abschließend ausgewerteten Entscheidungen zu Beschränkungen von Freizeiteinrichtungen werden im Folgenden exemplarisch Entscheidungen zu Fitnessstudios (a)), Kinos (b)) und Clubs und Diskotheken (c)) betrachtet.

Beschl. vom 14.09.2021, Az.: 25 NE 21.2375, BeckRS 2021, 28478; *OVG Bautzen*, Beschl. vom 04.11.2021, Az.: 3 B 374/21, BeckRS 2021, 33293; *VerfGH Sachs*, Beschl. vom 10.11. 2021, Az.: Vf. 91-IV-21, BeckRS 2021, 34996; *OVG Münster*, Beschl. vom 12.11.2021, Az.: 13 B 1425/21, KommJur 2021, 471; *VerfG Bbg*, Beschl. vom 12.11.2021, Az.: VfGBbg 24/21 EA, BeckRS 2021, 42605; *VGH Mannheim*, Beschl. vom 15.11.2021, Az.: 1 S 3295/ 21, BeckRS 2021, 34651; *OVG Bautzen*, Beschl. vom 19.11.2021, Az.: 3 B 411/21, BeckRS 2021, 36404; *BayVerfGH*, Entsch. vom 28.01.2022, Az.: Vf. 65-VII-21, BeckRS 2022, 866; *ThürVerfGH*, Beschl. vom 04.02.2022, Az.: VerfGH 5/22, BeckRS 2022, 2012.

[716] *OVG Lüneburg*, Beschl. vom 10.12.2021, Az.: 13 MN 462/21, BeckRS 2021, 38303 Rn. 37–42.

[717] *VG Schwerin*, Beschl. vom 16.12.2021, Az.: 7 B 1958/21 SN, BeckRS 2021, 42901.

[718] *OVG Saarlouis*, Beschl. vom 21.02.2022, Az.: 2 B 25/22, BeckRS 2022, 2420.

[719] *OVG Saarlouis*, Beschl. vom 13.04.2022, Az.: 2 C 289/21, BeckRS 2022, 7778; *OVG Saarlouis*, Urt. vom 31.01.2023, Az.: 2 C 31/22, BeckRS 2023, 1064.

[720] *OVG Saarlouis*, Urt. vom 10.07.2024, Az.: 2 C 14/24, BeckRS 2024, 21740.

[721] *OVG Lüneburg*, Urt. vom 01.06.2023, Az.: 14 KN 37/22 (juris); *OVG Schleswig*, Urt. vom 13.12.2023, Az.: 3 KN 42/20, BeckRS 2023, 44026; *OVG Greifswald*, Urt. vom 16.04. 2024, Az.: 1 K 779/20 OVG, BeckRS 2024, 11306. – Der VGH Mannheim hielt das Betriebsverbots für Kosmetik- und Nagelstudios ebenfalls für materiell rechtmäßig, stellte aber – anders als im vorläufigen Rechtsschutz – einen Ausfertigungsmangel fest, siehe *VGH Mannheim*, Urt. vom 26.02.2025, Az.: 1 S 767/23, BeckRS 2025, 10893.

[722] *VGH Mannheim*, Urt. vom 21.05.2025, Az.: 1 S 3622/21, BeckRS 2025, 18964.

a) *Fitnessstudios*

aa) Erste Welle

Von den hier ausgewerteten Entscheidungen zu Freizeiteinrichtungen entfallen die meisten auf solche zu Fitnessstudios.[723] Die in der ersten Welle zahlreich gestellten Anträge gegen die damaligen Schließungen hatten in Anbetracht des Infektionsrisikos zunächst keinen Erfolg.[724] Der VGH Mannheim hatte immerhin Zweifel daran, ob der Vorbehalt des Gesetzes beachtet wurde, und hielt die spätere Entscheidung für offen.[725] Der VGH München entschied zu Beginn auf Basis einer reinen Folgenabwägung.[726] Im Mai 2020 hatten dann zunächst zwei Anträge von EMS-Studios[727] vor dem VG München Erfolg. Ebenjenes Gericht legte die damalige bayerische Verordnung so aus, dass EMS-Studios schon gar nicht den betriebsschließenden Tatbeständen unterlagen. Das begründete das Gericht damit, dass die pauschale Schließungsanordnung, die selbst dann gilt, wenn Hygienekonzepte eingehalten werden, gleichheitswidrig wäre.[728] Das OVG Weimar sowie das VG Hamburg hielten eine solche pauschale Schließungsanordnung für gleichheitswidrig;[729] das OVG Hamburg hob die Entscheidung des VG Hamburg aber wieder auf. Die Ungleichbehandlung gegenüber Gastronomie und Friseuren werde, wie vom Antragsgegner vorgebracht, durch die erhöhte Atem- und Schweißproduktion

---

[723] Die einbezogenen Entscheidungen wurden ermittelt durch die Suche nach Treffern, welche den Begriff „Fitnessstudio" enthalten. Bei der weiteren Auswahl wurde die Begrifflichkeit weit ausgelegt und auch Entscheidungen zu EMS-Studios und Einzeltrainings mit aufgenommen.

[724] *OVG Weimar*, Beschl. vom 08.04.2020, Az.: 3 EN 245/20, BeckRS 2020, 8272; *VGH Kassel*, Beschl. vom 08.04.2020, Az.: 8 B 913/20.N, BeckRS 2020, 5639; *VGH Mannheim*, Beschl. vom 09.04.2020, Az.: 1 S 925/20, BeckRS 2020, 6351; *VGH München*, Beschl. vom 14.04.2020, Az.: 20 NE 20.735, BeckRS 2020, 6749; *OVG Münster*, Beschl. vom 15.04.2020, Az.: 13 B 440/20.NE, BeckRS 2020, 5957; *OVG Lüneburg*, Beschl. vom 16.04.2020, Az.: 13 MN 77/20, BeckRS 2020, 6187; *OVG Münster*, Beschl. vom 24.04.2020, Az.: 13 B 520/20.NE, BeckRS 2020, 8782; *OVG Saarlouis*, Beschl. vom 27.04.2020, Az.: 2 B 134/20, BeckRS 2020, 7093; *OVG Saarlouis*, Beschl. vom 28.04.2020, Az.: 2 B 151/20, BeckRS 2020, 7318; *BVerfG*, Beschl. vom 28.04.2020, Az.: 1 BvR 899/20, BeckRS 2020, 6938 (reine Folgenabwägung).

[725] *VGH Mannheim*, Beschl. vom 09.04.2020, Az.: 1 S 925/20, BeckRS 2020, 6351 Rn. 16.

[726] *VGH München*, Beschl. vom 14.04.2020, Az.: 20 NE 20.735, BeckRS 2020, 6749.

[727] Eine besondere Art des Personal Trainings, bei dem Ganzkörpertraining mit elektrischer Muskelstimulation kombiniert wird.

[728] *VG München*, Beschl. vom 11.05.2020, Az.: M 26 E 20.1851, BeckRS 2020, 8635 Rn. 32–37; *VG München*, Beschl. vom 11.05.2020, Az.: M 26 E 20.1850, BeckRS 2020, 8634 Rn. 33–38.

[729] *VG Hamburg*, Beschl. vom 13.05.2020, Az.: 20 E 2029/20, BeckRS 2020, 9945 Rn. 18–26; *OVG Weimar*, Beschl. vom 22.05.2020, Az.: 3 EN 341/20, BeckRS 2020, 10615.

in Fitnessstudios sowie häufigem Platzwechsel gerechtfertigt.[730] Das VG Augsburg kam in Bezug auf EMS-Studios zum gleichen Ergebnis wie das VG München,[731] das VG München selbst positionierte sich hinsichtlich Yoga- , Pilates- und Personal Training-Studios ebenso.[732] Dabei gab das Münchner Gericht den Antragsteller im Tenor detaillierte Hygieneauflagen mit auf den Weg. Sportkurse in Kleingruppen waren nach Ansicht des VG München dagegen durch die geltende Verordnung untersagt, was das VG München auch für rechtmäßig hielt.[733] Auch die verbleibenden Entscheidungen aus dieser Zeit gingen zu Ungunsten der Antragsteller aus.[734]

In Hauptsacheverfahren hatten die Betreiber von Fitnessstudios meist keinen Erfolg.[735] Das VG Osnabrück hielt die Schließung von Fitnessstudios per Allgemeinverfügung, wie es im März 2020 geschah, allerdings für materiell rechtswidrig. Es läge ein Verstoß gegen den Gleichheitssatz vor, weil keine sachlichen Gründe dafür gesprochen hätten, Fitnessstudios zu schließen, Betriebe wie Friseure und Gartenbaumärkte dagegen nicht.[736] Der OVG Lüneburg änderte später das Urteil und wies die Klage ab. Insbesondere lägen dem Berufungsgericht zufolge schon

---

[730] *OVG Hamburg*, Beschl. vom 20.05.2020, Az.: 5 Bs 77/20, BeckRS 2020, 9944 Rn. 10, 41.

[731] *VG Augsburg*, Beschl. vom 18.05.2020, Az.: Au 9 E 20.806, BeckRS 2020, 13051 Rn. 50.

[732] *VG München*, Beschl. vom 28.05.2020, Az.: M 26 E 20.2135, BeckRS 2020, 14006; *VG München*, Beschl. vom 28.05.2020, Az.: M 26 E 20.2170, BeckRS 2020, 11262; *VG München*, Beschl. vom 03.06.2020, Az.: M 26 E 20.2203, BeckRS 2020, 12094.

[733] *VG München*, Beschl. vom 27.05.2020, Az.: M 26 E 20.2101, BeckRS 2020, 11259; *VG München*, Beschl. vom 27.05.2020, Az.: M 26 E 20.2100, BeckRS 2020, 22621.

[734] *OVG Bremen*, Urt. vom 12.05.2020, Az.: 1 B 144/20, BeckRS 2020, 11202; *OVG Lüneburg*, Beschl. vom 14.05.2020, Az.: 13 MN 156/20, BeckRS 2020, 8507; *OVG Lüneburg*, Beschl. vom 14.05.2020, Az.: 13 MN 162/20, BeckRS 2020, 8482; *OVG Magdeburg*, Beschl. vom 20.05.2020, Az.: 3 R 86/20, BeckRS 2020, 12761; *OVG Berlin-Brandenburg*, Beschl. vom 22.05.2020, Az.: OVG 11 S 51/20, BeckRS 2020, 9913; *VG Cottbus*, Beschl. vom 22.05.2020, Az.: VG 3 L 217/20, BeckRS 2020, 10042; *OVG Berlin-Brandenburg*, Beschl. vom 22.05.2020, Az.: OVG 11 S 41/20, BeckRS 2020, 9912; *VG Regensburg*, Beschl. vom 26.05.2020, Az.: RO 14 E 20.889, BeckRS 2020, 10631; *VGH München*, Beschl. vom 29.05.2020, Az.: 20 NE 20.1165, BeckRS 2020, 10750 (erneut im Schwerpunkt Folgenabwägung); *BayVerfGH*, Entsch. vom 08.06.2020, Az.: Vf. 34-VII-20, BeckRS 2020, 11735.

[735] *VG Hamburg*, Urt. vom 08.09.2020, Az.: 19 K 1731/20, BeckRS 2020, 22588; *VG Hamburg*, Urt. vom 08.09.2020, Az.: 19 K 1761/20, BeckRS 2020, 22922; *OVG Bautzen*, Urt. vom 15.10.2021, Az.: 3C 15/20, BeckRS 2021, 33251 (keine nähere Befassung mit Fitnessstudios); *OVG Saarlouis*, Urt. vom 31.03.2022, Az.: 2 C 182/20, BeckRS 2022, 7316; *VGH Mannheim*, Urt. vom 02.06.2022, Az.: 1 S 926/20, BeckRS 2022, 15410; *VG Gera*, Urt. vom 10.06.2021, Az.: 3 K 1012/20 Ge (juris); *OVG Münster*, Urt. vom 25.08.2022, Az.: 13 D 29/20.NE, BeckRS 2022, 21447; *OVG Münster*, Urt. vom 25.08.2022, Az.: 13 D 29/20.NE, BeckRS 2022, 21447. Siehe aber etwa *VGH München*, Urt. vom 06.10.2022, Az.: 20 N 20.783, BeckRS 2022, 34040.

[736] *VG Osnabrück*, Urt. vom 10.11.2020, Az.: 3 A 69/20, BeckRS 2020, 62487 Rn. 38.

unterschiedlich zu würdigende Sachverhalte vor, weshalb keine Ungleichbehandlung bestanden hätte.[737]

bb) Zweite und dritte Welle

In der zweiten Welle mussten Fitnessstudios erneut schließen. Das zog eine Vielzahl von Eilanträgen nach sich. Um die 40 Entscheidungen finden sich alleine aus dem November 2020. In aller Regel waren die Anträge nicht erfolgreich.[738] Das VG Hamburg gab einem Antrag statt, weil nach über sieben Monaten eine solche Maßnahme nicht mehr auf die Generalklausel des § 28 IfSG hätte gestützt werden können,[739] der VGH Mannheim hielt aus ähnlichen Erwägungen die Erfolgsaus-

---

[737] *OVG Lüneburg*, Urt. vom 30.03.2023, Az.: 14 LC 32/22, BeckRS 2023, 9231 Rn. 86.

[738] *OVG Berlin-Brandenburg*, Beschl. vom 06.11.2020, Az.: OVG 11 S 113/20, BeckRS 2020, 29815; *OVG Berlin-Brandenburg*, Beschl. vom 06.11.2020, Az.: OVG 11 S 97/20, BeckRS 2020, 29747; *OVG Berlin-Brandenburg*, Beschl. vom 06.11.2020, Az.: OVG 11 S 102/20, BeckRS 2020, 29749; zweifelnd *OVG Lüneburg*, Beschl. vom 06.11.2020, Az.: 13 MN 433/20, BeckRS 2020, 29459; *OVG Münster*, Beschl. vom 06.11.2020, Az.: 13 B 1657/20.NE, BeckRS 2020, 29787; *OVG Berlin-Brandenburg*, Beschl. vom 09.11.2020, Az.: OVG 11 S 106/20, BeckRS 2020, 29894; *OVG Bremen*, Urt. vom 09.11.2020, Az.: 1 B 342/20, BeckRS 2020, 30300; *OVG Greifswald*, Beschl. vom 10.11.2020, Az.: 2 KM 768/20 OVG, BeckRS 2020, 30370; *OVG Saarlouis*, Beschl. vom 10.11.2020, Az.: 2 B 308/20, BeckRS 2020, 30341; *VGH Mannheim*, Beschl. vom 10.11.2020, Az.: 1 S 3432/20, BeckRS 2020, 32359; *OVG Berlin-Brandenburg*, Beschl. vom 11.11.2020, Az.: OVG 11 S 110/20, BeckRS 2020, 30192; *OVG Magdeburg*, Beschl. vom 13.11.2020, Az.: 3 R 216/20, BeckRS 2020, 32479; *OVG Schleswig*, Beschl. vom 13.11.2020, Az.: 3 MR 59/20, BeckRS 2020, 30803; *VG Berlin*, Beschl. vom 13.11.2020, Az.: VG 6 L 246/20, BeckRS 2020, 31941; *VG Berlin*, Beschl. vom 13.11.2020, Az.: VG 6 L 257/20, BeckRS 2020, 38032; *VG Düsseldorf*, Beschl. vom 13.11.2020, Az.: 29 L 2221/20, BeckRS 2020, 34079; *VG Gießen*, Beschl. vom 16.11.2020, Az.: 4 L 3823/20.GI, BeckRS 2020, 38022; *OVG Bautzen*, Beschl. vom 17.11.2020, Az.: 3 B 350/20, BeckRS 2020, 31669; *OVG Bautzen*, Beschl. vom 17.11.2020, Az.: 3 B 362/20, BeckRS 2020, 31796; *OVG Bautzen*, Beschl. vom 17.11.2020, Az.: 3 B 363/20, BeckRS 2020, 31894; *OVG Bautzen*, Beschl. vom 17.11.2020, Az.: 3 B 369/20, BeckRS 2020, 31475; *VGH Kassel*, Beschl. vom 19.11.2020, Az.: 8 B 2684/20.N, BeckRS 2020, 32404; *OVG Bautzen*, Beschl. vom 20.11.2020, Az.: 3 B 356/20, BeckRS 2020, 31816; *VerfGH NRW*, Beschl. vom 23.11.2020, Az.: VerfGH 179/20.VB-1, SpuRt 2021, 27 (Folgenabwägung); *VG München*, Beschl. vom 24.11.2020, Az.: M 26a E 20.5958, BeckRS 2020, 33774; *OVG Bautzen*, Beschl. vom 24.11.2020, Az.: 3 B 361/20, BeckRS 2020, 32308; *OVG Magdeburg*, Beschl. vom 24.11.2020, Az.: 3 R 220/20, BeckRS 2020, 32485; *OVG Münster*, Beschl. vom 25.11.2020, Az.: 13 B 1780/20.NE, BeckRS 2020, 32667; *VG Köln*, Beschl. vom 26.11.2020, Az.: 7 L 2073/20, BeckRS 2020, 42553; *VGH Kassel*, Beschl. vom 30.11.2020, Az.: 8 B 2681/20.N, BeckRS 2020, 34225; *OVG Weimar*, Beschl. vom 30.11.2020, Az.: 3 EN 729/20, BeckRS 2020, 42130. Nicht erfolgreich war auch ein dezidierter Antrag gegen die Maskenpflicht in Fitnessstudios vor dem *OVG Lüneburg*, Beschl. vom 28.10.2020, Az.: 13 MN 390/20, BeckRS 2020, 29117; in der Hauptsache bestätigt, siehe *OVG Lüneburg*, Urt. vom 25.11.2021, Az.: 13 KN 389/20, BeckRS 2021, 37093.

[739] *VG Hamburg*, Beschl. vom 10.11.2020, Az.: 13 E 4550/20, BeckRS 2020, 30379. Begrüßend *Eibenstein*, COVuR 2020, 892, 892 ff.

sichten für offen.[740] Das OVG Hamburg gab einer Beschwerde der Hansestadt gegen die Entscheidung aber einige Tage später statt.[741] Ebenso erging es einer Antragstellerin in Bayern. Diese bekam zwar vom VGH München Recht, dass die vollständige Schließung von Fitnessstudios gleichheitswidrig ist, wenn andere Sportstätten unter Beachtung von Kontaktbeschränkungen weiterhin geöffnet sein dürfen.[742] Noch am gleichen Tag wurde die bayerische Verordnung jedoch so geändert, dass sämtliche Sportstätten schließen mussten.[743]

Bis in das Frühjahr 2021 hinein blieben Anträge zumeist erfolglos.[744] Selbst in Fällen von EMS-Trainings und ähnlichen Settings wurden die Schließungen zumeist bestätigt,[745] wobei das OVG Lüneburg aber erhebliche Zweifel an der

---

[740] *VGH Mannheim*, Beschl. vom 10.11.2020, Az.: 1 S 3432/20, BeckRS 2020, 32359 Rn. 22–30.

[741] *OVG Hamburg*, Beschl. vom 18.11.2020, Az.: 5 Bs 209/20, BeckRS 2020, 34449.

[742] *VGH München*, Beschl. vom 12.11.2020, Az.: 20 NE 20.2463, BeckRS 2020, 30337; mit ähnlichen Zweifeln auch *OVG Lüneburg*, Beschl. vom 06.11.2020, Az.: 13 MN 433/20, BeckRS 2020, 29459 Rn. 61; *OVG Weimar*, Beschl. vom 30.11.2020, Az.: 3 EN 729/20, BeckRS 2020, 42130 Rn. 94.

[743] BayMBl. 2020 Nr. 639.

[744] *OVG Lüneburg*, Beschl. vom 09.12.2020, Az.: 13 MN 547/20, BeckRS 2020, 34598 mit Zweifeln hinsichtlich Art. 3 Abs. 1 GG; *OVG Magdeburg*, Beschl. vom 10.12.2020, Az.: 3 R 254/20, BeckRS 2020, 37571; *VGH München*, Beschl. vom 10.12.2020, Az.: 20 NE 20.2482, BeckRS 2020, 35629; *VerfG Bbg*, Beschl. vom 11.12.2020, Az.: VfGBbg 22/20 EA, BeckRS 2020, 36246 (reine Folgenabwägung); *VGH München*, Beschl. vom 14.12.2020, Az.: 20 NE 20.2557, BeckRS 2020, 35633; *OVG Münster*, Beschl. vom 15.12.2020, Az.: 13 B 1731/20.NE, BeckRS 2020, 36237; *VGH München*, Beschl. vom 18.12.2020, Az.: 20 NE 20.2698, BeckRS 2020, 36150; *OVG Münster*, Beschl. vom 30.12.2020, Az.: 13 B 1847/20.NE, BeckRS 2020, 37232; *OVG Münster*, Beschl. vom 30.12.2020, Az.: 13 B 1855/20.NE, BeckRS 2020, 37231; zweifelnd *OVG Lüneburg*, Beschl. vom 19.02. 2021, Az.: 13 MN 54/21, BeckRS 2021, 2482; *VGH Mannheim*, Beschl. vom 19.02.2021, Az.: 1 S 502/21, BeckRS 2021, 2258; zweifelnd *OVG Lüneburg*, Beschl. vom 22.02.2021, Az.: 13 MN 58/21, BeckRS 2021, 2483; *VGH Mannheim*, Beschl. vom 26.02.2021, Az.: 1 S 550/21, BeckRS 2021, 3310 (Berufung auf die Religionsfreiheit mittels einer „Kirche des Bizeps"); *OVG Berlin-Brandenburg*, Beschl. vom 05.03.2021, Az.: OVG 11 S 26/21, BeckRS 2021, 3789; *VG Bremen*, Beschl. vom 09.03.2021, Az.: 5 V 400/21, BeckRS 2021, 3649; *OVG Weimar*, Beschl. vom 09.03.2021, Az.: 3 EN 105/21, BeckRS 2021, 5292; *OVG Weimar*, Beschl. vom 07.04.2021, Az.: 3 EN 209/21, BeckRS 2021, 30643; *VGH München*, Beschl. vom 08.04.2021, Az.: 20 NE 21.478, BeckRS 2021, 7565.

[745] *OVG Bautzen*, Beschl. vom 09.12.2020, Az.: 3 B 381/20, BeckRS 2020, 35030; *OVG Bautzen*, Beschl. vom 15.12.2020, Az.: 3 B 409/20, BeckRS 2020, 35226 (Abänderung einer erfolgreichen, nicht publizierten Entscheidung des VG Dresden); *OVG Münster*, Beschl. vom 15.12.2020, Az.: 13 B 1731/20.NE, BeckRS 2020, 36237; *VGH München*, Beschl. vom 18.12.2020, Az.: 20 NE 20.2698, BeckRS 2020, 36150; *VG Köln*, Beschl. vom 02.02.2021, Az.: 7 L 2285/20, BeckRS 2021, 1226; *OVG Lüneburg*, Beschl. vom 18.02.2021, Az.: 13 MN 52/21, BeckRS 2021, 2207; *OVG Münster*, Beschl. vom 01.03.2021, Az.: 13 B 1930/20, BeckRS 2021, 3146; *OVG Münster*, Beschl. vom 01.03.2021, Az.: 13 B 1973/20, BeckRS 2021, 3148 (jeweils Bestätigung der nicht publizierten Entscheidungen des VG Düsseldorf beziehungsweise VG Köln). Ergänzend hingewiesen sei auf drei erfolgreiche Anträge zu der Frage, ob medizinisch notwendige EMS-Trainings ebenfalls verboten waren: *VG Würzburg*,

Rechtmäßigkeit hatte.[746] Das VG Hannover befand, dass die stundenweise Vermietung an eine Person oder einen Haushalt nicht dem damaligen Öffnungsverbot der damaligen niedersächsischen Verordnung unterfalle, da ein solches Verbot ansonsten gegen den Gleichheitssatz verstoßen würde.[747] Dem schloss sich im Ergebnis das VG Göttingen an,[748] das VG Saarlouis verweigerte sich dagegen dieser Linie.[749]

Unterschiedlich wurde das Verbot von „Outdoor-Fitnessstudios" bewertet: Das VG Schwerin und das VG Bremen lehnten Anträge zunächst ab, ohne überhaupt auf das geringere Infektionsrisiko im Freien einzugehen.[750] Einige Tage später gab das VG Hamburg dann Anträgen aus Gleichheitsaspekten statt,[751] das VG Saarlouis legte die Verordnung entsprechend aus.[752] Das OVG Hamburg änderte die Beschlüsse des VG Hamburg jedoch kurz darauf wieder ab.[753] Das VG Karlsruhe lehnte einen Antrag ab.[754]

Ein Vorgehen in der Hauptsache war kaum erfolgreich.[755] Keinen Erfolg hatte unter anderem eine Klage vor dem OVG Bautzen gegen die Schließung von Fitnessstudios und ähnlichen Einrichtungen.[756] Dieses Urteil hielt insoweit einer Überprüfung durch das BVerwG nicht stand.[757] Denn die streitgegenständliche Regelung hätte den Gleichheitssatz verletzt, weil Anlagen und Einrichtungen des Freizeit- und Amateursportbetriebs für den Individualsport öffnen durfte, während

---

Beschl. vom 24.11.2020, Az.: W 8 E 20.1791, BeckRS 2020, 32636; *VG Bayreuth*, Beschl. vom 11.12.2020, Az.: B 7 E 20.1398, BeckRS 2020, 40903; *VG Ansbach*, Beschl. vom 23.12. 2020, Az.: AN 18 S 20.2849, BeckRS 2020, 38180.

[746] *OVG Lüneburg*, Beschl. vom 18.02.2021, Az.: 13 MN 52/21, BeckRS 2021, 2207.

[747] *VG Hannover*, Beschl. vom 01.02.2021, Az.: 15 B 343/21, BeckRS 2021, 979.

[748] *VG Göttingen*, Beschl. vom 05.02.2021, Az.: 4 B 22/21, BeckRS 2021, 1216, das im Gegensatz zum VG Hannover jedoch keine Zweifel daran hatte, dass auch die Untervermietung von der Verordnung umfasst ist (Rn. 7).

[749] *VG Saarlouis*, Beschl. vom 16.02.2021, Az.: 6 L 102/21, BeckRS 2021, 2097.

[750] *VG Schwerin*, Beschl. vom 05.03.2021, Az.: 7 B 365/21 SN, BeckRS 2021, 4480; *VG Bremen*, Beschl. vom 09.03.2021, Az.: 5 V 400/21, BeckRS 2021, 3649 (Folgenabwägung).

[751] *VG Hamburg*, Beschl. vom 12.03.2021, Az.: 14 E 955/21, BeckRS 2021, 8197; *VG Hamburg*, Beschl. vom 12.03.2021, Az.: 14 E 965/21, BeckRS 2021, 8198.

[752] *VG Saarlouis*, Beschl. vom 12.03.2021, Az.: 6 L 210/21, BeckRS 2021, 4273.

[753] *OVG Hamburg*, Beschl. vom 25.03.2021, Az.: 5 Bs 60/21, BeckRS 2021, 6411; *OVG Hamburg*, Beschl. vom 25.03.2021, Az.: 5 Bs 57/21, BeckRS 2021, 7271.

[754] *VG Karlsruhe*, Beschl. vom 31.03.2021, Az.: 1 K 736/21, BeckRS 2021, 8204.

[755] *OVG Magdeburg*, Beschl. vom 17.03.2022, Az.: 3 K 221/20, BeckRS 2022, 7443 („Rundumschlag", als unzulässig abgewiesen); ebenso *OVG Saarlouis*, Urt. vom 24.03.2022, Az.: 2 C 108/20, BeckRS 2022, 6172; ebenso als unzulässig abgewiesen *OVG Saarlouis*, Urt. vom 31.03.2022, Az.: 2 C 317/20, BeckRS 2022, 8954; *OVG Bremen*, Urt. vom 19.04.2022, Az.: 1 D 126/21, BeckRS 2022, 9596; *VerfG Bbg*, Beschl. vom 16.09.2022, Az.: VfGBbg 92/ 20, BeckRS 2022, 28103 (unzulässig).

[756] *OVG Bautzen*, Urt. vom 30.06.2022, Az.: 3 C 54/20, BeckRS 2022, 18163.

[757] BVerwGE 178, 322.

eine solche Ausnahme für Fitnessstudios nicht vorgesehen war. Tragfähige Gründe, welche diese Ungleichbehandlung rechtfertigen könnten, seien nicht vorgebracht worden.[758] Ebenso entschieden daraufhin das OVG Lüneburg und der ThürVerfGH zu einer ähnlichen Regelung.[759]

cc) Spätere Entscheidungen

Spätere Anträge, die meist „G-Regelungen" in Fitnessstudios betrafen, hatten meist keinen Erfolg.[760] Erfolgreich waren lediglich ein Antrag vor dem OVG Lüneburg gegen die „2G"-Regelung, sofern auch Outdoor-Fitnessstudios unter die Regelung fielen,[761] sowie ein Antrag vor dem OVG Münster, welches das Gebot der Klarheit und Widerspruchsfreiheit gesetzlicher Regelungen verletzt sah.[762]

---

[758] BVerwGE 178, 322, Rn. 76–81.

[759] *OVG Lüneburg*, Beschl. vom 04.12.2023, Az.: 14 KN 29/22, BeckRS 2023, 34596; *ThürVerfGH*, Urt. vom 28.02.2024, Az.: VerfGH 110/20, BeckRS 2024, 3520.

[760] *VGH Mannheim*, Beschl. vom 11.06.2021, Az.: 1 S 1533/21, BeckRS 2021, 14932; *VGH München*, Beschl. vom 14.09.2021, Az.: 25 NE 21.2193, BeckRS 2021, 28469; *VGH München*, Beschl. vom 14.09.2021, Az.: 25 NE 21.2226, NJW 2021, 3269; *VGH München*, Beschl. vom 14.09.2021, Az.: 25 NE 21.2307, BeckRS 2021, 28472; *VGH München*, Beschl. vom 14.09.2021, Az.: 25 NE 21.2309, BeckRS 2021, 28475; *VGH München*, Beschl. vom 14.09.2021, Az.: 25 NE 21.2375, BeckRS 2021, 28478; *OVG Lüneburg*, Beschl. vom 08.10.2021, Az.: 13 MN 400/21, BeckRS 2021, 29880; *OVG Lüneburg*, Beschl. vom 13.10.2021, Az.: 13 MN 422/21, BeckRS 2021, 30129; *OVG Bautzen*, Beschl. vom 04.11.2021, Az.: 3 B 374/21, BeckRS 2021, 33293; *VGH München*, Beschl. vom 04.11.2021, Az.: 25 NE 21.2561, BeckRS 2021, 36735; *VGH München*, Beschl. vom 04.11.2021, Az.: 25 NE 21.2562, BeckRS 2021, 36738; *VGH München*, Beschl. vom 04.11.2021, Az.: 25 NE 21.2686, BeckRS 2021, 33582; *OVG Bautzen*, Beschl. vom 19.11.2021, Az.: 3 B 411/21, BeckRS 2021, 36404; *BayVerfGH*, Entsch. vom 07.12.2021, Az.: Vf. 60-VII-21, BeckRS 2021, 38287; *OVG Lüneburg*, Beschl. vom 08.12.2021, Az.: 13 MN 463/21, BeckRS 2021, 37818; *OVG Lüneburg*, Beschl. vom 10.12.2021, Az.: 13 MN 462/21, BeckRS 2021, 38303; *OVG Saarlouis*, Beschl. vom 20.12.2021, Az.: 2 B 278/21, BeckRS 2021, 40145; *OVG Saarlouis*, Beschl. vom 20.12.2021, Az.: 2 B 280/21, BeckRS 2021, 40242; *OVG Weimar*, Beschl. vom 13.01.2022, Az.: 3 EN 764/21, BeckRS 2022, 271; *BayVerfGH*, Entsch. vom 28.01.2022, Az.: Vf. 65-VII-21, BeckRS 2022, 866; *ThürVerfGH*, Beschl. vom 04.02.2022, Az.: VerfGH 5/22, BeckRS 2022, 2012; *OVG Weimar*, Beschl. vom 11.02.2022, Az.: 3 EN 2/22, BeckRS 2022, 5354; *OVG Lüneburg*, Beschl. vom 17.02.2022, Az.: 14 MN 147/22, BeckRS 2022, 2160; *OVG Münster*, Beschl. vom 02.03.2022, Az.: 13 B 195/22.NE, BeckRS 2022, 4049; *OVG Weimar*, Beschl. vom 30.03.2022, Az.: 3 EN 115/22, BeckRS 2022, 9741. – Ebenso wenig erfolgreich waren Anträge gegen erneute Schließungen in Sachsen, siehe *VerfGH Sachs*, Beschl. vom 02.12.2021, Az.: Vf. 114-IV-21 (HS), Vf. 115-IV-21 (e.A.), NJOZ 2022, 122 (Folgenabwägung); *OVG Bautzen*, Beschl. vom 07.12.2021, Az.: 3 B 423/21, BeckRS 2021, 37946.

[761] *OVG Lüneburg*, Beschl. vom 25.01.2022, Az.: 14 MN 121/22, BeckRS 2022, 447.

[762] *OVG Münster*, Beschl. vom 08.02.2022, Az.: 13 B 1986/21.NE, BeckRS 2022, 1419.

b) Kinos

Ausweislich der publizierten Entscheidungen[763] hielten sich Kinobetriebe im Vergleich zu anderen Branchen stark zurück: Der Großteil der auffindbaren Beschlüsse und Urteile erging zu Anträgen und Klagen von Bürgerinnen und Bürgern, die sich gegen eine Vielzahl von Beschränkungen auf Einmal wendeten.[764] Da sich diese allenfalls nur nebenbei mit Kinos beschäftigen, wird auf deren Darstellung verzichtet.

Von den wenigen Entscheidungen zu Anträgen, die von Kinobetrieben selbst gestellt wurden, war im Juni 2020 ein Antrag vor dem VG Osnabrück erfolgreich. Die vollständige Schließung sei angesichts Öffnungen in anderen Lebensbereich unter Beachtung von Hygieneregeln gleichheitswidrig.[765] Andere Gerichte hielten

---

[763] Die einbezogenen Entscheidungen wurden ermittelt durch die Suche nach Treffern, welche den Begriff „Kino" enthalten.

[764] *VGH Kassel*, Beschl. vom 08.04.2020, Az.: 8 B 913/20.N, BeckRS 2020, 5639; *VGH Kassel*, Beschl. vom 08.04.2020, Az.: 8 B 910/20.N, BeckRS 2020, 5627; *BayVerfGH*, Entsch. vom 08.05.2020, Az.: Vf. 34-VII-20, BeckRS 2020, 8029; *VG Hamburg*, Beschl. vom 11.05.2020, Az.: 9 E 1919/20, BeckRS 2020, 8673; *OVG Münster*, Beschl. vom 18.08. 2020, Az.: 13 B 847/20.NE, BeckRS 2020, 21590; *BayVerfGH*, Entsch. vom 21.10.2020, Az.: Vf. 26-VII-20, BeckRS 2020, 27679; *VGH Kassel*, Beschl. vom 28.10.2020, Az.: 8 B 1831/20.N, BeckRS 2020, 41383; *VG München*, Beschl. vom 29.10.2020, Az.: M 26a S 20.5372, BeckRS 2020, 29644; *BayVerfGH*, Entsch. vom 16.11.2020, Az.: Vf. 90-VII-20, BeckRS 2020, 31088; *OVG Bautzen*, Beschl. vom 17.11.2020, Az.: 3 B 350/20, BeckRS 2020, 31669; *OVG Münster*, Beschl. vom 02.02.2021, Az.: 13 B 1661/20.NE, BeckRS 2021, 1074; *VGH München*, Beschl. vom 16.03.2021, Az.: 20 NE 21.634, BeckRS 2021, 4747; *BayVerfGH*, Entsch. vom 22.03.2021, Az.: Vf. 23-VII-21, BeckRS 2021, 5200; *VGH München*, Beschl. vom 15.07.2021, Az.: 25 NE 21.1811, BeckRS 2021, 20944; *VGH München*, Beschl. vom 10.08.2021, Az.: 25 NE 21.2066, BeckRS 2021, 24985; *VGH München*, Beschl. vom 14.09.2021, Az.: 25 NE 21.2193, BeckRS 2021, 28469; *VGH München*, Beschl. vom 14.09.2021, Az.: 25 NE 21.2226, NJW 2021, 3269; *VGH München*, Beschl. vom 14.09.2021, Az.: 25 NE 21.2307, BeckRS 2021, 28472; *VGH München*, Beschl. vom 14.09.2021, Az.: 25 NE 21.2309, BeckRS 2021, 28475; *OVG Lüneburg*, Beschl. vom 08.10.2021, Az.: 13 MN 400/21, BeckRS 2021, 29880; *VGH München*, Beschl. vom 04.11.2021, Az.: 25 NE 21.2561, BeckRS 2021, 36735; *VGH München*, Beschl. vom 04.11.2021, Az.: 25 NE 21.2562, BeckRS 2021, 36738; *VGH München*, Beschl. vom 04.11.2021, Az.: 25 NE 21.2686, BeckRS 2021, 33582; *VerfGH Sachs*, Beschl. vom 02.12.2021, Az.: Vf. 114-IV-21 (HS), Vf. 115-IV-21 (e. A.), NJOZ 2022, 122; *BayVerfGH*, Entsch. vom 07.12.2021, Az.: Vf. 60-VII-21, BeckRS 2021, 38287; *OVG Lüneburg*, Beschl. vom 10.12.2021, Az.: 13 MN 462/21, BeckRS 2021, 38303; *OVG Saarlouis*, Beschl. vom 20.12.2021, Az.: 2 B 278/21, BeckRS 2021, 40145; *OVG Saarlouis*, Beschl. vom 20.12.2021, Az.: 2 B 280/21, BeckRS 2021, 40242; *OVG Greifswald*, Beschl. vom 07.01.2022, Az.: 1 KM 661/21 OVG, BeckRS 2022, 14; *OVG Weimar*, Beschl. vom 13.01.2022, Az.: 3 EN 764/21, BeckRS 2022, 271; *VG Berlin*, Beschl. vom 14.01.2022, Az.: VG 14 L 619/21, BeckRS 2022, 791; *OVG Münster*, Beschl. vom 21.01.2022, Az.: 13 B 1927/21.NE, BeckRS 2022, 2180; *BayVerfGH*, Entsch. vom 28.01. 2022, Az.: Vf. 65-VII-21, BeckRS 2022, 866; *VGH München*, Beschl. vom 03.02.2022, Az.: 20 NE 22.240, BeckRS 2022, 2395; *OVG Magdeburg*, Beschl. vom 17.03.2022, Az.: 3 K 221/20, BeckRS 2022, 7443.

[765] *VG Osnabrück*, Beschl. vom 12.06.2020, Az.: 3 B 43/20, BeckRS 2020, 12239.

die Schließung damals dagegen für rechtmäßig.[766] Ein Antrag gegen die im Sommerplateau 2020 geltenden Hygieneregeln blieb erfolglos.[767] Die erneuten Schließungen Anfang 2021 wurden ebenso bestätigt[768] wie „G-Regelungen" und Kapazitätsbeschränkungen.[769]

c) Clubs und Diskotheken

Unter den beschränkten Branchen erfuhren Clubs und Diskotheken die wohl längsten Einschränkungen: Bis zum Sommer 2021 blieben sie durchgehend geschlossen, während sogar Bordelle zum Ende des Sommerplateaus 2020 unter Einschränkungen vorübergehend wieder öffnen duften.[770] Bis dahin waren auch Anträge auf vorläufigen Rechtsschutz nicht erfolgreich.[771] Tragende Argumentation in den Entscheidungen war die besonders hohe Infektionsgefahr bei größeren Veranstaltungen in Innenräumen ohne Hygienemaßnahmen.[772] Die Schutzmaßnahmen wurden angesichts des jeweils vorherrschenden Infektionsgeschehens auch noch als notwendig betrachtet.[773] Anfang August 2021 hob das OVG Lüneburg dann als erstes Gericht die Schließung von Diskotheken und Clubs auf. Entscheidend war dabei die Regelung des Verordnungsgebers, dass die Schließungen bereits bei einer 7-Tage-Inzidenz über 10 erfolgen müssen, was das Gericht nicht mit dem damaligen § 28a Abs. 3 IfSG und den dort vorgesehenen Schwellen von 35 und 50 vereinbar hielt. Es hätte sich demnach schon um keine notwendige Maßnahme ge-

---

[766] *VGH München*, Beschl. vom 10.06.2020, Az.: 20 NE 20.1320, BeckRS 2020, 12010 (weitestgehend Folgenabwägung); *OVG Lüneburg*, Beschl. vom 17.06.2020, Az.: 13 MN 218/20, BeckRS 2020, 12870; *VG Braunschweig*, Beschl. vom 21.07.2020, Az.: 4 B 209/20, BeckRS 2020, 23729.

[767] *OVG Lüneburg*, Beschl. vom 24.08.2020, Az.: 13 MN 297/20, BeckRS 2020, 20300.

[768] *VGH München*, Beschl. vom 15.04.2021, Az.: 20 NE 21.919, BeckRS 2021, 7403.

[769] Speziell zu Kinos *VGH München*, Beschl. vom 21.12.2021, Az.: 20 NE 21.2946, BeckRS 2021, 40118.

[770] Siehe oben S. 152 f.

[771] *OVG Lüneburg*, Beschl. vom 29.06.2020, Az.: 13 MN 244/20, BeckRS 2020, 13884; *OVG Münster*, Beschl. vom 08.07.2020, Az.: 13 B 870/20.NE, BeckRS 2020, 15727; *VGH München*, Beschl. vom 20.07.2020, Az.: 20 NE 20.1606, BeckRS 2020, 16672; *OVG Münster*, Beschl. vom 30.10.2020, Az.: 13 B 1488/20.NE, BeckRS 2020, 29552; *VGH München*, Beschl. vom 05.07.2021, Az.: 25 NE 21.1719, BeckRS 2021, 18545. – Die Entscheidungen wurden mittels der Suchbegriffe „Tanzlustbarkeit", „Diskothek" und „Club" ermittelt.

[772] So etwa *OVG Lüneburg*, Beschl. vom 29.06.2020, Az.: 13 MN 244/20, BeckRS 2020, 13884 Rn. 29 f.; *OVG Münster*, Beschl. vom 08.07.2020, Az.: 13 B 870/20.NE, BeckRS 2020, 15727 Rn. 28–30; *VGH München*, Beschl. vom 20.07.2020, Az.: 20 NE 20.1606, BeckRS 2020, 16672 Rn. 27; *OVG Münster*, Beschl. vom 30.10.2020, Az.: 13 B 1488/20.NE, BeckRS 2020, 29552 Rn. 25 f.

[773] So etwa noch im Juli 2021 mit dem Verweis auf neue Varianten *VGH München*, Beschl. vom 05.07.2021, Az.: 25 NE 21.1719, BeckRS 2021, 18545 Rn. 21–23.

handelt.[774] Das VG Berlin entschied kurz darauf ähnlich, argumentierte jedoch mit der Unverhältnismäßigkeit: Da nach Einschätzung des RKI „Geimpfte bei der Epidemiologie der Erkrankung keine wesentliche Rolle mehr spielen" würden, sei die Einschränkung unangemessen, sofern auch eine Öffnung nur für Geimpfte und Genesene verboten ist.[775] Für erforderlich hielt das VG Berlin die Schließung jedoch noch.[776] Das VG Hamburg dagegen hielt ein ähnliches Verbot mit knappem Verweis auf eine zu hohe Inzidenz und eine zu niedrige Impfquote für angemessen.[777] Ebenso entschied der VGH München; der Eingriff in die Berufsfreiheit sei zwar schwerwiegend, stünde aber nach summarischer Prüfung nicht außer Verhältnis zu den verfolgten Zwecken.[778] Anträge gegen „G-Regeln" waren ebenso wenig erfolgreich wie ein Vorgehen gegen Kapazitätsbeschränkungen.[779] Auch erneute Schließungsverfügungen in der vierten Welle wurden angesichts einer sich wieder ungünstigen epidemiologischen Entwicklung im Winter erneut bestätigt.[780] Im März 2022 hob das OVG Lüneburg die Vollziehung einer Maskenpflicht in Clubs und ähnlichen Einrichtungen noch auf,[781] gab sich jedoch kurz darauf mit einer modifizierten Regelung zufrieden, welche eine Ausnahme beim Einnehmen von Sitzplätzen vorsah.[782] Der VGH München erklärte in einem späteren Hauptsacheverfahren die Regelung aus dem Mai 2020, welche die Schließung unter anderem von Clubs anordnete, aus Bestimmtheitsgründen für rechtswidrig.[783]

---

[774] *OVG Lüneburg*, Beschl. vom 03.08.2021, Az.: 13 MN 352/21, BeckRS 2021, 20780 Rn. 23–25.

[775] *VG Berlin*, Beschl. vom 20.08.2021, Az.: VG 14 L 467/21, BeckRS 2021, 22875 Rn. 21–28.

[776] *VG Berlin*, Beschl. vom 20.08.2021, Az.: VG 14 L 467/21, BeckRS 2021, 22875 Rn. 19 f.

[777] *VG Hamburg*, Beschl. vom 20.08.2021, Az.: 2 E 3591/21, BeckRS 2021, 23212 Rn. 31.

[778] *VGH München*, Beschl. vom 30.08.2021, Az.: 25 NE 21.2227, BeckRS 2021, 26088 Rn. 28.

[779] Siehe insbesondere *OVG Lüneburg*, Beschl. vom 07.09.2021, Az.: 13 MN 378/21, BeckRS 2021, 25134; *OVG Münster*, Beschl. vom 10.09.2021, Az.: 13 B 1412/21.NE, BeckRS 2021, 25756; *OVG Lüneburg*, Beschl. vom 16.09.2021, Az.: 13 MN 390/21, BeckRS 2021, 26772; *VGH Mannheim*, Beschl. vom 12.10.2021, Az.: 1 S 3038/21, BeckRS 2021, 30074; *OVG Lüneburg*, Beschl. vom 22.10.2021, Az.: 13 MN 425/21, BeckRS 2021, 31684; *OVG Lüneburg*, Beschl. vom 08.12.2021, Az.: 13 MN 464/21, KommJur 2022, 156.

[780] *OVG Bautzen*, Beschl. vom 09.12.2021, Az.: 3 B 428/21, BeckRS 2021, 38324; *OVG Münster*, Beschl. vom 22.12.2021, Az.: 13 B 1867/21.NE, BeckRS 2021, 39969; *OVG Münster*, Beschl. vom 22.12.2021, Az.: 13 B 1907/21.NE, BeckRS 2021, 39973; *VGH München*, Beschl. vom 27.12.2021, Az.: 20 NE 21.2907, BeckRS 2021, 40580; *VG Köln*, Beschl. vom 27.12.2021, Az.: 7 L 2258/21, BeckRS 2021, 43008.

[781] *OVG Lüneburg*, Beschl. vom 11.03.2022, Az.: 14 MN 171/22, BeckRS 2022, 3986.

[782] *OVG Lüneburg*, Beschl. vom 25.03.2022, Az.: 14 MN 197/22, BeckRS 2022, 5493.

[783] *VGH München*, Urt. vom 06.10.2022, Az.: 20 N 20.1023, BeckRS 2022, 34042.

IV. Bildung

Auch der Bildungsbereich – worunter hier das Schulwesen sowie Hochschulen und Universitäten verstanden werden – blieb nicht vor Maßnahmen verschont. Zu Maßnahmen in Schulen findet sich eine Vielzahl von Einzelfallentscheidungen. Aus Gründen des Umfangs wird daher zum Schulwesen nur auf die grundrechtsintensivste Maßnahme – die Anordnung von Distanz- und Wechselunterricht – eingegangen (1.). Aufgrund der sehr geringen Zahl an auffindbaren Entscheidungen zu Universitäten und Hochschulen werden zu diesem Bereich dagegen alle auffindbaren Entscheidungen vorgestellt (2.).

1. Schulwesen

Bereits in der ersten Welle wurde mit Distanz- und Wechselunterricht gearbeitet.[784] Doch gerichtliche Entscheidungen finden sich erst ab Beginn der zweiten Welle. So billigte das VG München im Herbst 2020 sowohl ein Schulbetretungsverbot für Kinder eines bestimmten Landkreises als auch die Anordnung von Wechselunterricht.[785] Tangiert sei davon zwar das Recht auf Beteiligung am Schulleben aus Art. 56 Abs. 2 Nr. 1 BayEUG, dass Art. 7 Abs. 1 GG betroffen sein könnte, wurde damals aber noch abgelehnt.[786] Das VG Augsburg entschied im Ergebnis ebenso, ohne eine geschützte Rechtsposition der Schülerinnen und Schüler zu thematisieren.[787] Das OVG Münster bestätigte Schulschließungen ebenfalls und konnte dabei weder dem nordrhein-westfälischem Schulgesetz noch der Landesverfassung oder dem Grundgesetz einen grundsätzlichen Anspruch auf Präsenzunterricht entnehmen,[788] der VerfGH NRW kam im Wege der Folgenabwägung zum selben Ergebnis.[789] Auch der VGH München lehnte im Januar und März 2021 Anträge ab.[790]

---

784 Siehe oben S. 25.

785 *VG München*, Beschl. vom 23. 10. 2020, Az.: M 26b S 20.5275, BeckRS 2020, 29645; *VG München*, Beschl. vom 10. 11. 2020, Az.: M 26b E 20.5654, BeckRS 2020, 31866; bestätigt durch *VGH München*, Beschl. vom 26. 11. 2020, Az.: 20 CE 20.2735, BeckRS 2020, 32719. – Die einbezogenen Entscheidungen wurden ermittelt durch die Suche nach Treffern, welche den Begriff „Distanzunterricht" enthalten.

786 *VG München*, Beschl. vom 23. 10. 2020, Az.: M 26b S 20.5275, BeckRS 2020, 29645 Rn. 42 f.

787 *VG Augsburg*, Beschl. vom 12. 11. 2020, Az.: Au 3 E 20.2200, BeckRS 2020, 34900; *VG Augsburg*, Beschl. vom 12. 11. 2020, Az.: Au 9 S 20.2234, BeckRS 2020, 32595.

788 *OVG Münster*, Beschl. vom 22.01.2021, Az.: 13 B 56/21.NE, BeckRS 2021, 2753 Rn. 18; identisch *OVG Münster*, Beschl. vom 22.01.2021, Az.: 13 B 47/21.NE, BeckRS 2021, 470; *OVG Münster*, Beschl. vom 22.01.2021, Az.: 13 B 53/21.NE, BeckRS 2021, 1780; *OVG Münster*, Beschl. vom 22.01.2021, Az.: 13 B 55/21.NE, BeckRS 2021, 2159.

789 *VerfGH NRW*, Beschl. vom 29.01.2021, Az.: VerfGH 16/21.VB-1, BeckRS 2021, 1385; *VerfGH NRW*, Beschl. vom 29.01.2021, Az.: VerfGH 19/21.VB-1, BeckRS 2021, 1072; *VerfGH NRW*, Beschl. vom 29.01.2021, Az.: VerfGH 20/21.VB-2, BeckRS 2021,

Im März 2021 hatten dann Anträge vor dem VG Berlin Erfolg.[791] Das Gericht leitete einen Anspruch auf Präsenzbeschulung aus Art. 20 Abs. 1 in Verbindung mit Art. 10 VvB ab. Das ergebe sich daraus, dass Präsenzunterricht zwar nicht normiert sei, als Leitbild aber an zahlreichen Stellen im Gesetz vorausgesetzt sei.[792] Diesem Anspruch werde der Antragsgegner aus Gleichheitsgesichtspunkten nicht gerecht, wenn in der Mittelstufe – im Gegensatz zu den anderen Stufen – keinerlei Präsenzunterricht stattfinde.[793] Durch eine Beschulung im Rahmen eines Wechselmodels kam der Antragsgegner dem Anspruch jedoch nach, wie das Gericht am gleichen Tag entschied. Entsprechende Anträge wurden abgewiesen.[794] Ähnlich wie das VG Berlin in den beiden erstgenannten Fällen entschied auch das VG Wiesbaden.[795] In der Literatur wurde die Differenzierung mit pädagogischen Erkenntnissen verteidigt, nach denen gerade untere Klassen und Abschlussklassen einen besonderen Förderbedarf hätten.[796] Das OVG Münster billigte am nächsten Tag die entsprechende Privilegierung von Primarstufe und Abschlussklassen,[797] ähnlich entschied auch das OVG Schleswig.[798] In zahlreichen anderen Fällen wurden Distanz- und Wechselunterricht bis ins Frühjahr 2021 bestätigt.[799] Im Januar 2022 stellte der

1386; *VerfGH NRW*, Beschl. vom 29.01.2021, Az.: VerfGH 21/21.VB-3, BeckRS 2021, 1387.

790 *VGH München*, Beschl. vom 29.01.2021, Az.: 20 NE 21.201, BeckRS 2021, 791; *VGH München*, Beschl. vom 07.03.2021, Az.: 20 NE 21.469, BeckRS 2021, 3794.

791 *VG Berlin*, Beschl. vom 10.03.2021, Az.: VG 3 L 62/21, BeckRS 2021, 4018; *VG Berlin*, Beschl. vom 10.03.2021, Az.: VG 3 L 57/21, BeckRS 2021, 3986.

792 *VG Berlin*, Beschl. vom 10.03.2021, Az.: VG 3 L 57/21, BeckRS 2021, 3986 Rn. 17 f.

793 *VG Berlin*, Beschl. vom 10.03.2021, Az.: VG 3 L 57/21, BeckRS 2021, 3986 Rn. 19–29.

794 *VG Berlin*, Beschl. vom 10.03.2021, Az.: VG 3 L 51/21, BeckRS 2021, 3968; bestätigt durch *OVG Berlin-Brandenburg*, Beschl. vom 19.04.2021, Az.: OVG 3 S 26/21, BeckRS 2021, 8539; *VG Berlin*, Beschl. vom 10.03.2021, Az.: VG 3 L 59/21, BeckRS 2021, 4015; *VG Berlin*, Beschl. vom 10.03.2021, Az.: VG 3 L 60/21, BeckRS 2021, 4016; *VG Berlin*, Beschl. vom 10.03.2021, Az.: VG 3 L 61/21, BeckRS 2021, 4017.

795 *VG Wiesbaden*, Beschl. vom 26.03.2021, Az.: 6 L 368/21.WI, BeckRS 2021, 6384; abgeändert von *VGH Kassel*, Beschl. vom 16.04.2021, Az.: 7 B 753/21, BeckRS 2021, 8264 (Antrag nicht statthaft); kritisch zu diesem Aspekt *Rommelfanger*, COVuR 2021, 363; *VG Wiesbaden*, Beschl. vom 15.04.2021, Az.: 6 L 481/21.WI, BeckRS 2021, 9738; *VGH Kassel*, Beschl. vom 06.05.2021, Az.: 7 B 870/21, BeckRS 2021, 11649.

796 *Bott*, COVuR 2021, 318, 318 ff.

797 *OVG Münster*, Beschl. vom 11.03.2021, Az.: 13 B 250/21.NE, BeckRS 2021, 4008.

798 *OVG Schleswig*, Beschl. vom 11.03.2021, Az.: 3 MR 14/21, BeckRS 2021, 5631.

799 *VGH München*, Beschl. vom 16.03.2021, Az.: 20 NE 21.627, BeckRS 2021, 4746; *VG Hamburg*, Beschl. vom 19.03.2021, Az.: 5 E 643/21, BeckRS 2021, 17191; *VGH Kassel*, Beschl. vom 19.03.2021, Az.: 8 B 309/21.N, BeckRS 2021, 6205; *VG Hamburg*, Beschl. vom 19.03.2021, Az.: 5 E 643/21, BeckRS 2021, 17191; bestätigt durch *OVG Hamburg*, Beschl. vom 07.05.2021, Az.: 1 Bs 73/21, BeckRS 2021, 17190; *BayVerfGH*, Entsch. vom 22.03. 2021, Az.: Vf. 23-VII-21, BeckRS 2021, 5200; *VGH München*, Beschl. vom 22.03.2021, Az.: 20 NE 21.497, BeckRS 2021, 5691; *VGH München*, Beschl. vom 22.03.2021, Az.: 20 NE 21.754, BeckRS 2021, 5361; *VGH Kassel*, Beschl. vom 24.03.2021, Az.: 8 B

ThürVerfGH in einer Eilentscheidung klar, dass die Anordnung von Distanzunterricht der Schließung von Schulen gleichkommt und damit nur noch im Falle einer erneuten Feststellung einer epidemische Lage von nationaler Tragweite im Sinne des § 5 Abs. 1 IfSG[800] von einer gesetzlichen Grundlage gedeckt gewesen wäre.[801]

In der Hauptsache befand das BVerfG die vollständigen Schulschließungen im Rahmen der „Bundesnotbremse“ für rechtmäßig.[802] Erstmals leitete das Gericht dabei aus Art. 2 Abs. 1 i.V.m. Art. 7 Abs. 1 GG ein Recht auf schulische Bildung her.[803] Allerdings wurde dieses nach Ansicht des BVerfG nicht verletzt.[804]

2. Universitäten und Hochschulen

Im Gegensatz zum Schulwesen lassen sich trotz monatelanger Beschränkungen kaum Entscheidungen zu Universitäten und Hochschulen finden.[805] Einen Eilantrag im Popularklageverfahren, der sich unter anderem gegen das Verbot von Lehrveranstaltungen in Präsenz richtete, lehnte der BayVerfGH im Wege der Folgenabwägung ab.[806] Versuche von Studierenden, ihre Universitäten gerichtlich zur Öffnung von Bibliotheken zu verpflichten, hatten weder vor dem VG Gießen (August 2020) noch vor dem VG Berlin (März 2021) Erfolg.[807] Im September 2021 konnte dafür ein Antragsteller erreichen, Lehrveranstaltungen ohne Obergrenze abhalten zu dürfen. Die entsprechende Vorgabe des Rektorates verletzte den Antragsteller nach Ansicht des VG Gelsenkirchen in seiner Wissenschaftsfreiheit aus Art. 5 Abs. 3 S. 1 GG.[808] „G-Regeln“ wurden bestätigt.[809] Eine Ausnahme hiervon war eine Ent-

---

470/21.N, BeckRS 2021, 6216; *VGH Kassel*, Beschl. vom 24.03.2021, Az.: 8 B 520/21.N, BeckRS 2021, 6217; *VGH München*, Beschl. vom 08.04.2021, Az.: 20 NE 21.774, BeckRS 2021, 7567; *VG Potsdam*, Beschl. vom 09.04.2021, Az.: VG 11 L 295/21, BeckRS 2021, 9169; bestätigt durch *OVG Berlin-Brandenburg*, Beschl. vom 28.04.2021, Az.: OVG 11 S 62/21, BeckRS 2021, 9168.

[800] Siehe oben S. 30 f.

[801] *ThürVerfGH*, Beschl. vom 14.01.2022, Az.: VerfGH 3/22 (juris) Rn. 63 f., 68.

[802] BVerfGE 159, 355 – Bundesnotbremse II; siehe auch *BVerfG*, Beschl. vom 20.05.2021, Az.: 1 BvQ 64/21, BeckRS 2021, 11506 (als unzulässig abgelehnt). Siehe dazu *Dirnaichner*, KommunalPraxis BY 2022, 106, 106 ff.; *Haurand*, DVP 2022, 139, 139 ff.; *Kersten/Rixen*, Der Verfassungsstaat in der Corona-Krise, 3. Auflage 2022, S. 142–147; *Michael*, ZJS 2022, 247, 247 ff.; *Muckel*, JA 2022, 174, 174 ff.; *Sachs*, JuS 2022, 186, 186 ff.

[803] BVerfGE 159, 355, Rn. 43–71.

[804] BVerfGE 159, 355, Rn. 72–199.

[805] Die einbezogenen Entscheidungen wurden ermittelt durch die Suche nach Treffern, welche den Begriff „Universität“ oder „Hochschule“ enthalten.

[806] *BayVerfGH*, Entsch. vom 08.05.2020, Az.: Vf. 34-VII-20, BeckRS 2020, 8029.

[807] *VG Gießen*, Beschl. vom 11.08.2020, Az.: 3 L 2412/20.GI, BeckRS 2020, 19857; *VG Berlin*, Beschl. vom 17.03.2021, Az.: VG 14 L 90/21, BeckRS 2021, 5201.

[808] *VG Gelsenkirchen*, Beschl. vom 30.09.2021, Az.: 4 L 1244/21, BeckRS 2021, 30063.

scheidung des VGH Mannheim.[810] Zu der damaligen Zeit sah der Baden-Württembergische Verordnungsgeber in seinem Pandemiebekämpfungskonzept in Abhängigkeit von 7-Tage-Hospitalisierungsinzidenz und der Auslastung der Intensivstationen verschiedene Alarmstufen vor. In Alarmstufe II sollten Präsenzveranstaltungen nur bei Vorlage eines Impf- oder Genesenennachweises besucht werden dürfen. Streitgegenständlich in der Entscheidung des VGH Mannheim war eine Regelung, welche für einige Wochen die Alarmstufe II unabhängig von der 7-Tage-Hospitalisierungsinzidenz und der Auslastung der Intensivstationen festsetzte. Das war nach Ansicht des Gerichts nicht mit § 28a Abs. 3 IfSG in Einklang zu bringen.[811] Bereits zuvor hatte ein Eilantrag gegen die 2G-Regelung vor dem VGH Mannheim Erfolg. Hier hielt das Gericht eine Regelung zu unbestimmt, nach der Hochschulen verpflichtet waren, die Studierbarkeit für nichtimmunisierte Studierende sicherzustellen.[812] Ebenso erfolgreich zur Wehr setzen konnten sich Studierende vor dem VG Gießen, als im Mai 2022 trotz Ende der gesetzlichen Grundlage im IfSG eine Maskenpflicht aufrechterhalten wurde, nunmehr gestützt auf den § 15 Abs. 1 S. 1 Nr. 1 SGB VII.[813] Zwei Wochen später billigte das VG Gießen jedoch die Praxis, das Hausrecht als Rechtsgrundlage für eine Maskenpflicht heranzuziehen.[814]

V. Gesundheits- und Pflegewesen

Abschließend soll noch kurz auf Entscheidungen zum Gesundheits- und Pflegewesen eingegangen werden. Zum einen werden Entscheidungen zu den Besuchsverboten von Gesundheits- und Pflegeeinrichtungen betrachtet (1.), zum anderen solche zur einrichtungs- und unternehmensbezogenen Impfpflicht (2.).

1. Besuchsverbote

Phasenweise wurden Besuche von Angehörigen in Gesundheits- und Pflegeeinrichtungen streng reglementiert oder gar vollständig untersagt. Gegen solche Maß-

[809] *VG Mainz*, Beschl. vom 22.10.2021, Az.: 1 L 787/21.MZ, BeckRS 2021, 32012; *VGH Mannheim*, Beschl. vom 09.11.2021, Az.: 1 S 3254/21, BeckRS 2021, 34514; *VGH München*, Beschl. vom 27.12.2021, Az.: 20 NE 21.2977, BeckRS 2021, 40586.

[810] *VGH Mannheim*, Beschl. vom 20.01.2022, Az.: 1 S 3846/21, BeckRS 2022, 365.

[811] *VGH Mannheim*, Beschl. vom 20.01.2022, Az.: 1 S 3846/21, BeckRS 2022, 365 Rn. 35–46.

[812] *VGH Mannheim*, Beschl. vom 17.12.2021, Az.: 1 S 3670/21, BeckRS 2021, 39371, 140–146; ebenso in der Hauptsache, siehe *VGH Mannheim*, Urt. vom 01.07.2025, Az.: 1 S 3669/21, BeckRS 2025, 21457.

[813] *VG Gießen*, Beschl. vom 02.05.2022, Az.: 3 L 793/22.GI, BeckRS 2022, 9519.

[814] *VG Gießen*, Beschl. vom 16.05.2022, Az.: 3 L 998/22.GI, BeckRS 2022, 12828.

nahmen bestehen und bestanden erhebliche Bedenken.[815] Dennoch wurden die vollständigen Besuchsverbote in der ersten Welle teils gerichtlich gebilligt.[816] Das OVG Berlin-Brandenburg erörterte, ob die Maßnahme in die Menschenwürde eingreift, lehnte einen Eingriff aber ab.[817] Das OVG Lüneburg hielt – entgegen dem VG Hannover[818] – das Besuchsverbot für ambulant betreute Wohngemeinschaften für unverhältnismäßig, soweit auch gerichtlich bestellte Betreuer umfasst waren.[819] Das VG Gelsenkirchen gab dem Ersuchen auf eine Ausnahmegenehmigung statt.[820]

Auch nach der ersten Welle hatten Anträge meist keinen Erfolg. Die Beschränkung auf Besuche nur in Besucherzonen hielt im August 2020 vor dem OVG Saarlouis stand.[821] Ebenso lehnten das VG Ansbach und das VG Regensburg Eilanträge gegen erneute Besuchsverbote und -einschränkungen im November 2021 ab.[822] Das VG Karlsruhe hielt das vollständige Besuchsverbot von Müttern und Neugeborenen nach der Entbindung im März 2021 dagegen für unangemessen,[823] das VG Bayreuth bewertete ein vollständiges Besuchsverbot in einem Pflegeheim im Februar 2022 als ermessensfehlerhaft.[824] Sachentscheidungen in Hauptsacheverfahren sind nicht auffindbar.[825]

---

[815] Siehe dazu *Glaab/Schwedler*, NJW 2020, 1702, 1702 ff.

[816] *OVG Berlin-Brandenburg*, Beschl. vom 03.04.2020, Az.: OVG 11 S 14/20, NJW 2020, 1752; *VG Leipzig*, Beschl. vom 09.04.2020, Az.: 7 L 192/20, BeckRS 2020, 5632; *BayVerfGH*, Entsch. vom 08.05.2020, Az.: Vf. 34-VII-20, BeckRS 2020, 8029; *VGH München*, Beschl. vom 26.05.2020, Az.: 20 NE 20.1069, BeckRS 2020, 10401; *VGH München*, Beschl. vom 29.05.2020, Az.: 20 NE 20.1065, BeckRS 2020, 10399; *VGH München*, Beschl. vom 29.05.2020, Az.: 20 NE 20.1067, BeckRS 2020, 10400. – Die einbezogenen Entscheidungen wurden ermittelt durch die Suche nach Treffern, welche den Begriff „Besuchsverbot“ enthalten.

[817] *OVG Berlin-Brandenburg*, Beschl. vom 03.04.2020, Az.: OVG 11 S 14/20, NJW 2020, 1752 Rn. 9.

[818] *VG Hannover*, Beschl. vom 16.04.2020, Az.: 15 B 2147/20, BeckRS 2020, 6036.

[819] *OVG Lüneburg*, Beschl. vom 17.04.2020, Az.: 13 ME 85/20, BeckRS 2020, 6388; *OVG Lüneburg*, Beschl. vom 06.05.2020, Az.: 13 MN 114/20, BeckRS 2020, 7520.

[820] *VG Gelsenkirchen*, Beschl. vom 29.04.2020, Az.: 20 L 516/20, BeckRS 2020, 9151.

[821] *OVG Saarlouis*, Beschl. vom 06.08.2020, Az.: 2 B 255/20, BeckRS 2020, 19074.

[822] *VG Ansbach*, Beschl. vom 04.11.2020, Az.: AN 18 E 20.02303, BeckRS 2020, 34333 (gestützt auf Hausrecht); *VG Regensburg*, Beschl. vom 24.11.2020, Az.: RO 14 S 20.2760, BeckRS 2020, 32495.

[823] *VG Karlsruhe*, Beschl. vom 01.03.2021, Az.: 7 K 593/21, BeckRS 2021, 5698.

[824] *VG Bayreuth*, Beschl. vom 21.02.2022, Az.: B 7 S 22.127, BeckRS 2022, 6682.

[825] *VG Augsburg*, Urt. vom 16.11.2020, Az.: Au 9 K 20.575, BeckRS 2021, 10756; *BayVerfGH*, Entsch. vom 09.02.2021, Az.: Vf. 6-VII-20, BeckRS 2021, 1765; *OVG Saarlouis*, Urt. vom 24.03.2022, Az.: 2 C 108/20, BeckRS 2022, 6172.

2. Einrichtungs- und unternehmensbezogene Impfpflicht

Die einrichtungs- und unternehmensbezogene Impfpflicht sah zeitweise vor, dass das Personal in Gesundheits- und Pflegeeinrichtungen nachweisen musste, dass es geimpft oder genesen war oder aus medizinischen Gründen nicht geimpft werden konnte.[826] Nachdem das BVerfG mit einer ersten Eilentscheidung für Orientierung gesorgt hatte,[827] entschied das Gericht bereits drei Monate später – und damit außergewöhnlich schnell – in der Hauptsache über die Rechtmäßigkeit.[828] Sowohl Eilanträge als auch die Verfassungsbeschwerden wies das BVerfG in der Sache ab. Zwischen Erlass des Gesetzes und der Hauptsacheentscheidung etablierte sich die sog. Omikron-Variante als das Infektionsgeschehen dominierende Variante.[829] Bereits damals gab es Anzeichen dafür, dass die damaligen Impfstoffe einen geringeren Fremdschutz gegen diese neue Variante vermittelten.[830] Dennoch hielt das BVerfG die Regelung für geeignet. Das erklärt sich einerseits dadurch, dass das BVerfG im Wesentlichen auf den Erkenntnisstand abstellte, der zum Zeitpunkt der Gesetzesverabschiedung bestand.[831] Zum anderen bewertete das Gericht den Erkenntnisstand zum Entscheidungszeitpunkt dergestalt, dass sich die Erwägungen des Gesetzgebers noch innerhalb dessen Einschätzungsspielraum bewegten, wobei das BVerfG hier hauptsächlich auf die Einschätzungen des RKI sowie des Paul-Ehrlich-Instituts abstellte.[832]

In der Folge hatte dann auch verwaltungsgerichtlicher Rechtsschutz gegen die Regelung selbst[833] sowie die ausgesprochenen Betretungs- und Tätigkeitsverbote keinen Erfolg, wobei sich die Gerichte die Einschätzung des BVerfG umfangreich zu Eigen machten.[834] Allerdings ordnete das VG Saarlouis die aufschiebende Wir-

---

[826] Siehe dazu oben S. 32 f.

[827] BVerfGE 160, 336 (Folgenabwägung). Zustimmend *Muckel*, JA 2022, 435, 437.

[828] BVerfGE 161, 299. Begrüßend *Fuhlrott*, GWR 2022, 227, 227 ff.; siehe auch *Wagner*, öAT 2022, 143, 143 ff.; *Wagner*, öAT 2022, 158, 158 ff.

[829] Siehe oben S. 32 f.

[830] Siehe etwa *Robert Koch-Institut*, Wöchentlicher Lagebericht des RKI vom 31.03.2022, S. 32 f., abrufbar unter https://www.rki.de/DE/Themen/Infektionskrankheiten/Infektionskrankheiten-A-Z/C/COVID-19-Pandemie/Situationsberichte/Wochenbericht/Wochenbericht_2022-03-31.pdf (letzter Abruf: 18. November 2025).

[831] BVerfGE 161, 299, Rn. 173.

[832] BVerfGE 161, 299, Rn. 184 f.

[833] *VG Saarlouis*, Beschl. vom 14.03.2022, Az.: 6 L 172/22, BeckRS 2022, 4265 (Antrag auf Feststellung, dass Regelung keine Geltung beansprucht); bestätigt durch *OVG Saarlouis*, Beschl. vom 17.05.2022, Az.: 2 B 62/22, BeckRS 2022, 10917.

[834] *VG Gelsenkirchen*, Beschl. vom 05.07.2022, Az.: 2 L 820/22, BeckRS 2022, 20376; bestätigt durch *OVG Münster*, Beschl. vom 16.09.2022, Az.: 13 B 859/22, BeckRS 2022, 24160; *VG Osnabrück*, Beschl. vom 25.07.2022, Az.: 3 B 104/22, BeckRS 2022, 18023; *VG Düsseldorf*, Beschl. vom 30.08.2022, Az.: 29 L 1703/22, BeckRS 2022, 21761; *VG Köln*, Beschl. vom 12.10.2022, Az.: 7 L 1371/22, BeckRS 2022, 30652; *VG Hannover*, Beschl. vom 01.11.2022, Az.: 15 B 4268/22, BeckRS 2022, 34831; bestätigt durch *OVG Lüneburg*, Beschl. vom 07.12.2022, Az.: 14 ME 346/22, BeckRS 2022, 34830; *VG Gelsenkirchen*,

kung gegen ein Ende November 2022 ausgesprochenes Betretungs- und Tätigkeitsverbot an, nachdem bekannt wurde, dass die einrichtungsbezogene Impfpflicht wegen des gegen neue Varianten nicht mehr gegebenen Übertragungsschutzes zum Ende des Jahres auslaufen wird.[835] Zudem erwies sich der Versuch, die Vorlage von Immunitätsnachweisen zu erzwingen, als nicht gerichtsfest, da eine solche Rechtsfolge in § 20a IfSG gerade nicht vorgesehen gewesen sei.[836]

Im Herbst 2024 legte das VG Osnabrück in einem bemerkenswerten Beschluss dem BVerfG erneut die Frage vor, ob § 20a IfSG mit dem Grundgesetz zu vereinbaren gewesen ist.[837] Nach Ansicht der entscheidenden 3. Kammer sei § 20a IfSG „in die Verfassungswidrigkeit hineingewachsen".[838] Das BVerfG hätte sich bei seiner Hauptsacheentscheidung maßgeblich auf Angaben des RKI verlassen. Zwischenzeitlich an die Öffentlichkeit getretene Protokolle des COVID-19-Krisenstabs sprächen aber dafür, dass das RKI in seinen fachlichen Urteilen unter politischem Einfluss gestanden hätte, weshalb diesen nicht zu trauen sei.[839] Spätestens im Oktober 2022 sei die Annahme, die Impfung schütze zuverlässig vor einer Ansteckung vulnerabler Personen, nicht mehr zu halten gewesen.[840] Das BVerfG wies die Vorlage aber als nicht ausreichend begründet und damit unzulässig ab.[841] Das VG Osnabrück habe sich mit der Entscheidung des BVerfG und deren Tatsachengrundlage schon nicht ausreichend befasst.[842] Darüber hinaus sei die Feststellung, § 20a IfSG sei spätestens im Oktober 2022 nicht mehr geeignet gewesen, widersprüchlich,

---

Beschl. vom 18.11.2022, Az.: 2 L 1456/22, BeckRS 2022, 37135; bestätigt durch *OVG Münster*, Beschl. vom 15.12.2022, Az.: 13 B 1245/22, BeckRS 2022, 37134; *VG Minden*, Beschl. vom 22.11.2022, Az.: 7 L 830/22, BeckRS 2022, 34221; bestätigt durch *OVG Münster*, Urt. vom 23.12.2022, Az.: 13 B 1285/22, BeckRS 2022, 38009; *VG Köln*, Beschl. vom 12.12.2022, Az.: 7 L 1614/22, BeckRS 2022, 38565; *OVG Münster*, Beschl. vom 23.12. 2022, Az.: 13 B 1256/22, BeckRS 2022, 37964; *VG Köln*, Gerichtsbesch. vom 31.08.2023, Az.: 7 K 4726/22, BeckRS 2023, 29684; *VG Köln*, Gerichtsbesch. vom 04.09.2023, Az.: 7 K 4844/22, BeckRS 2023, 29638.

[835] *VG Saarlouis*, Beschl. vom 12.12.2022, Az.: 6 L 1548/22, BeckRS 2022, 35695.

[836] *VG Hannover*, Beschl. vom 11.05.2022, Az.: 15 B 1609/22, BeckRS 2022, 10160; *VG Schleswig*, Beschl. vom 13.06.2022, Az.: 1 B 28/22, BeckRS 2022, 13608; *OVG Lüneburg*, Beschl. vom 22.06.2022, Az.: 14 ME 258/22, BeckRS 2022, 14159.

[837] *VG Osnabrück*, Beschl. vom 03.09.2024, Az.: 3 A 224/22, BeckRS 2024, 22552. *Warg*, DÖV 2025, 160, 160 ff., begrüßte den Vorlagebeschluss und bewertete ihn als Chance für eine Neubewertung der Rechtsprechung durch das Bundesverfassungsgericht.

[838] *VG Osnabrück*, Beschl. vom 03.09.2024, Az.: 3 A 224/22, BeckRS 2024, 22552 Rn. 20.

[839] *VG Osnabrück*, Beschl. vom 03.09.2024, Az.: 3 A 224/22, BeckRS 2024, 22552, insb. Rn. 39–54.

[840] *VG Osnabrück*, Beschl. vom 03.09.2024, Az.: 3 A 224/22, BeckRS 2024, 22552 Rn. 69.

[841] *BVerfG*, Beschl. vom 29.01.2025, Az.: 1 BvL 9/24, BeckRS 2025, 2087.

[842] *BVerfG*, Beschl. vom 29.01.2025, Az.: 1 BvL 9/24, BeckRS 2025, 2087 Rn. 25.

wenn das Gericht gleichzeitig von einem – wenngleich reduziertem – Fremdschutz durch die Impfung ausgehe.[843]

C. Entscheidungen im Kontext: Inzidenzabhängigkeit der Rechtsprechung?

In der Literatur wurden Versuche unternommen, einen Zusammenhang zwischen der epidemiologischen Lage und der Erfolgsquote herzustellen.[844] So ist nach einer Auswertung von Klafki der prozentuale Anteil von erfolgreichen Gerichtsverfahren mit den sinkenden Fallzahlen ab Mai 2020 gestiegen. Gleichzeitig sank demnach der Anteil von Entscheidungen, deren Begründungsschwerpunkt in der Folgenabwägung lag.[845] Nach einer Auswertung von Kruse/Langner hätte keine Korrelation bestanden.[846] Der qualitative Ansatz dieser Arbeit ist schon nur begrenzt geeignet, um Korrelationen nachzuweisen.[847] Ausgehend von der obigen Auswertung ist auffällig, dass mit dem Abflauen der ersten Welle[848] und zunehmender Kritik an manchen Maßnahmen[849] bis zum Einsetzen der zweiten Welle vermehrt Beschränkungen als unverhältnismäßig eingestuft wurden.[850] Aus Zeiten der zweiten und dritten Welle finden sich zwar weiterhin erfolgreiche Eilanträge, maßgeblich waren hier nun aber Aspekte wie die Verletzung von Art. 3 Abs. 1 GG oder des Bestimmtheitsgebots, Verstöße also, welcher der Verordnungsgeber selbst beheben konnte, ohne sein Pandemiebekämpfungskonzept zu gefährden.[851]

Teile der Literatur folgerten weiter, Gerichte hätten zu Zeiten hoher Infektionszahlen zurückhaltender agiert und ihre Kontrolldichte reduziert.[852] Doch von einer Korrelation kann nicht auf die Kausalität geschlossen werden[853] – selbst wenn ein Zusammenhang zwischen epidemiologischer Lage und Erfolgsquote nachweisbar

---

[843] *BVerfG*, Beschl. vom 29.01.2025, Az.: 1 BvL 9/24, BeckRS 2025, 2087 Rn. 23 f.

[844] Siehe zur Literatur näher S. 37 ff.

[845] *Klafki*, JöR 2021 (69), 583, 593–595.

[846] *Kruse/Langner*, NJW 2021, 3707, 3711.

[847] Siehe S. 41 ff.

[848] Siehe S. 23 ff.

[849] So wurden etwa die 800-Quadratmeter-Regel und das Hotspot-Beherbergungsverbot in der öffentlichen Diskussion stark kritisiert; beide Maßnahmen wurden von den Gerichten im vorläufigen Rechtsschutz häufig aufgehoben. Siehe hierzu *Pokraka*, Corona-Maßnahmen – 800-qm-Regel sorgt für Kopfschütteln, tagesschau.de vom 16. April 2020; Beherbergungsverbot bereits auf der Kippe, n-tv.de vom 13. Oktober 2020; zu den Entscheidungen siehe S. 117 ff., 131 f., 148 ff.

[850] Siehe etwa S. 57, 73 f., 98, 140 f., 153, 57.

[851] Siehe etwa S. 58 f., 126, 155 f., 162 f.

[852] So etwa *Blankenagel*, JZ 2021, 702, 705.

[853] *Kruse/Langner*, NJW 2021, 3707, 3711.

wäre, so folgt daraus noch nicht, dass dies an einer variierenden gerichtlichen Kontrolldichte lag. Es wäre auch überraschend, wenn *kein* Zusammenhang bestünde. Denn die Verhältnismäßigkeit einer Maßnahme – der zentrale Maßstab, an dem die Gerichte die Maßnahmen maßen – ist maßgeblich vom jeweiligen Infektionsgeschehen abhängig. Auch andere Tatbestandsmerkmale der §§ 28 ff. IfSG stellten auf das Infektionsgeschehen ab. Es könnte also selbst aus einem klaren Zusammenhang zwischen Infektionsgeschehen und Erfolgsquote nicht geschlossen werden, ob Gerichte „richtig" beziehungsweise „falsch" oder „Pro Freiheit" entschieden haben. Es wäre ein Fehler, eine etwaige höhere Erfolgsquote mit einer höheren Kontrolldichte gleichzusetzen und umgekehrt.

Allenfalls ließe sich ein Zusammenhang nachweisen, indem in Zeiten hoher Infektionszahlen vermehrt Eilanträge abgelehnt wurden, obwohl die Rechtssuchenden im späteren Hauptsacheverfahren Recht bekamen. Da das Infektionsgeschehen nicht nur bei der Rechtmäßigkeitskontrolle im vorläufigen Rechtsschutz eine Rolle spielt, sondern auch in der Hauptsache, wird der Einfluss des Infektionsgeschehens als rechtlicher Faktor verringert. Denn ein identisches Infektionsgeschehen müsste grundsätzlich sowohl im vorläufigen Rechtsschutz als auch in der Hauptsache zur selben rechtlichen Bewertung führen. Zwar kann sich die Bewertung in einer Eilentscheidung trotzdem von der späteren Hauptsacheentscheidung unterscheiden, etwa weil das Gericht aufgrund des Zeitdrucks keine tiefere Prüfung durchführen konnte, im Hauptsacheverfahren neue Erkenntnisse vorliegen oder das Gericht sich schlicht umentschieden hat. Wenn allerdings in Zeiten eines hohen Infektionsgeschehens gehäuft Eilanträge abgelehnt wurden, obwohl dieselben Gerichte den Klägern später in der Hauptsache Recht gaben, dann wäre das ein Indiz dafür, dass das Infektionsgeschehen nicht nur als rechtlicher Faktor eine Rolle spielte, sondern darüber hinaus auch einen Einfluss auf die gerichtliche Entscheidungspraxis selbst hatte.

Im Folgenden werden oben betrachtete Eilentscheidungen, zu denen sich passende Hauptsacheentscheidungen finden,[854] in drei Gruppen eingeteilt (Gruppe 1:

[854] Ausgangsbasis waren zusammengehörige Eil- und Hauptsacheentscheidungen, bei denen also insbesondere die Antragsteller identisch waren; eine Auflistung dieser Entscheidungen findet sich auf S. 233 f., Fn. 302 und 303. Sofern dieselben Gerichte über dieselbe Maßnahme mehrfach in einem engen zeitlichen Zusammenhang entschieden, wurden Doppelungen ausgeschieden. Namentlich betraf dies die Entscheidung *OVG Saarlouis*, Beschl. vom 12.11.2020, Az.: 2 B 327/20, BeckRS 2020, 30645, welche nicht betrachtet wurde. Um die Datenbasis zu vergrößern, wurden Hauptsacheentscheidungen miteinbezogen, zu denen sich passende Entscheidungen aus dem vorläufigen Rechtsschutz finden ließen. Namentlich waren dies: *OVG Lüneburg*, Beschl. vom 15.02.2021, Az.: 13 MN 44/21, BeckRS 2021, 1863 (Vorläufiger Rechtsschutz, nicht erfolgreich); *OVG Lüneburg*, Urt. vom 01.06.2023, Az.: 14 KN 37/22 (juris) (Hauptsache, nicht erfolgreich); *OVG Weimar*, Beschl. vom 03.07.2020, Az.: 3 EN 391/20, BeckRS 2020, 15286 (Vorläufiger Rechtsschutz, nicht erfolgreich); *OVG Weimar*, Beschl. vom 21.08.2023, Az.: 3 N 447/20, BeckRS 2023, 43502 (Hauptsache, nicht erfolgreich); *VGH München*, Beschl. vom 09.04.2020, Az.: 20 NE 20.663, BeckRS 2020, 5446 (Vorläufiger Rechtsschutz, nicht erfolgreich); *VGH München*, Beschl. vom 04.10.2021, Az.: 20 N 20.767, BeckRS 2021, 29086 (Hauptsache, erfolgreich). Berücksichtigt

Sowohl die Klage in der Hauptsache als auch der Eilantrag waren nicht erfolgreich; Gruppe 2: Sowohl die Klage in der Hauptsache als auch der Eilantrag waren erfolgreich; Gruppe 3: Die Klage in der Hauptsache war erfolgreich, der Eilantrag wurde zuvor aber abgelehnt). Die jeweilige Häufigkeit im Zeitverlauf wird im unteren Teil des Diagramms dargestellt, wobei ein Balken für jeweils zwei Wochen steht. Im oberen Teil des Diagramms finden sich die Verläufe der 7-Tage-Inzidenz, R-Wert und die Zahl der Intensivpatienten.[855] Es ergibt sich folgendes Bild:

---

wurden zudem Hauptsacheentscheidungen, deren zugehörige Eilentscheidung zwar nicht publiziert wurde, deren Ausgang aber in den Entscheidungsgründen erwähnt wurde, sofern daraus nicht hervorging, dass die Eilentscheidung schon als unzulässig abgewiesen wurde. Dies betraf die folgenden Hauptsacheentscheidungen: Immer abgelehnt: *OVG Bautzen*, Urt. vom 15.10.2021, Az.: 3 C 15/20, BeckRS 2021, 33251–3 B 133/20, 29.04.2020; *OVG Bautzen*, Urt. vom 10.08.2022, Az.: 3 C 62/20, BeckRS 2022, 24660–3 B 374/20, 25.11. 2020; *OVG Berlin-Brandenburg*, Urt. vom 27.06.2024, Az.: OVG 5 A 35/22, BeckRS 2024, 18383 – OVG 11 S 61/21, 26.04.2021; *OVG Greifswald*, Urt. vom 16.04.2024, Az.: 1 K 779/ 20 OVG, BeckRS 2024, 11306–2 KM 778/20 OVG, 17.11.2020; *OVG Lüneburg*, Urt. vom 01.06.2023, Az.: 14 KN 36/22, BeckRS 2023, 13678–13 MN 81/21, 04.03.2021; *OVG Lüneburg*, Urt. vom 16.02.2023, Az.: 14 KN 41/22, BeckRS 2023, 2643–13 MN 208/21, 19.04. 2021; *OVG Schleswig*, Urt. vom 13.12.2023, Az.: 3 KN 42/20, BeckRS 2023, 44026–3 MR 71/20, 26.11.2020; *VGH Mannheim*, Urt. vom 11.04.2024, Az.: 1 S 930/23, BeckRS 2024, 12594–1 S 1393/20, 18.05.2020; *VGH Mannheim*, Urt. vom 11.04.2024, Az.: 1 S 932/23, BeckRS 2024, 12608–1 S 1570/20, 22.05.2020; *VG Arnsberg*, Urt. vom 16.03.2023, Az.: 6 K 812/21, BeckRS 2023, 8082–6 L 255/21, 01.04.2021; *VG Koblenz*, Urt. vom 30.08. 2021, Az.: 3 K 297/21.KO, BeckRS 2021, 33440–3 L 298/21, 08.04.2021; *VG Hamburg*, Urt. vom 21.12.2022, Az.: 2 K 1670/20, BeckRS 2022, 44497–2 E 1763/20, 30.04.2020. Immer stattgegeben: *VG Gelsenkirchen*, Urt. vom 19.07.2022, Az.: 14 K 1768/21, BeckRS 2022, 22137–14 L 618/21, 30.04.21. Erst in der Hauptsache stattgegeben: *OVG Lüneburg*, Beschl. vom 04.12.2023, Az.: 14 KN 29/22, BeckRS 2023, 34596–13 MN 562/20, 14.12. 2020; *VG Minden*, Urt. vom 18.11.2022, Az.: 7 K 1188/21, BeckRS 2022, 47949–7 L 251/ 21, 01.04.2021.

[855] Siehe zu diesen Indikatoren S. 21 f.; zur Quelle der Daten siehe S. 23, Fn. 43.

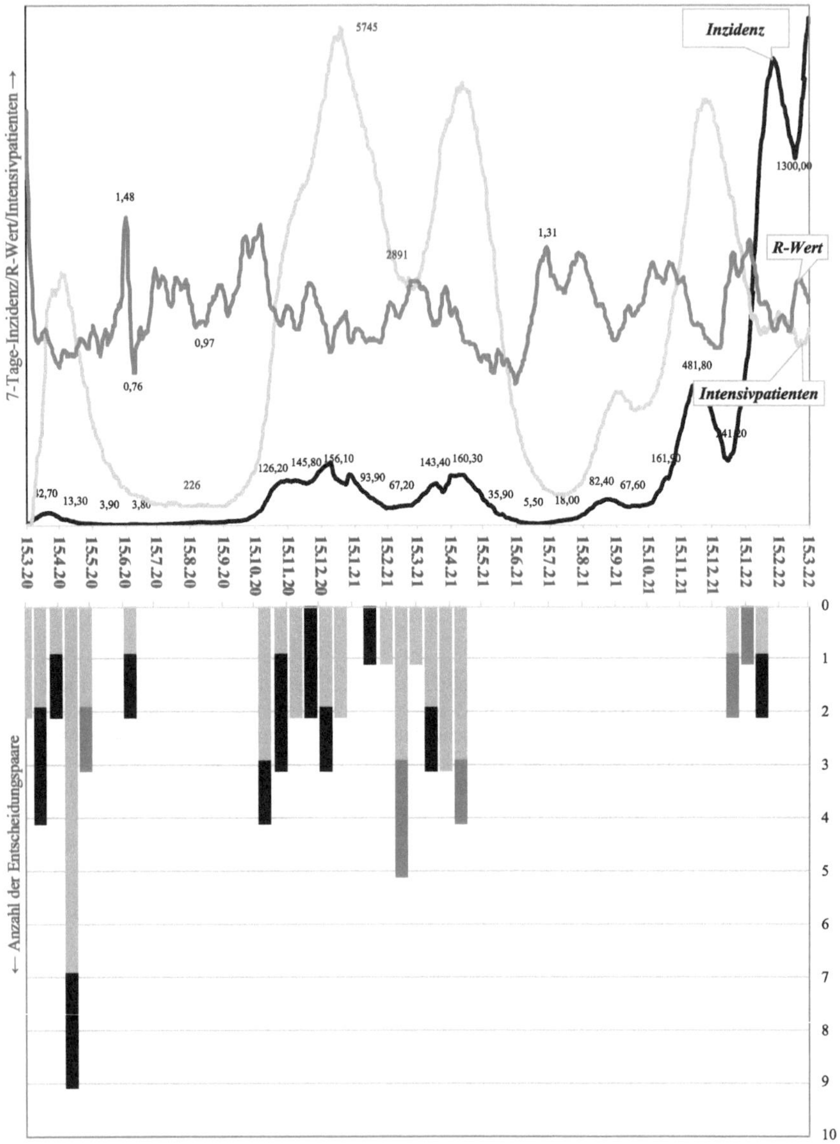

■ Eilantrag nicht erfolgreich, spätere Klage in der Hauptsache erfolgreich
■ Klage in der Hauptsache und Eilantrag erfolgreich
■ Klage in der Hauptsache und Eilantrag nicht erfolgreich

Es zeigt sich, dass sich abgelehnte Eilanträge, denen eine stattgebende Hauptsacheentscheidung gegenübersteht, auf zwei Phasen konzentrieren. Zum einen ist dies die Phase von Pandemiebeginn bis Ende April 2020, zum anderen die Phase von Anfang November 2020 bis in den Januar 2021. Gemein ist beiden Phasen, dass die Inzidenz und die Zahl der Intensivpatienten für die damaligen Maßstäbe als bedrohlich empfunden wurden.[856] Allerdings konzentrieren sich auch die sonstigen auswertbaren Eilentscheidungen, zu denen sich Hauptsacheentscheidungen finden, auf diese Phasen. Die Aussagekraft hält sich damit in Grenzen. Um belastbarere Aussagen zu treffen, wäre eine größere Auswahl an Hauptsacheentscheidungen und den dazu gehörigen Eilentscheidungen erforderlich. Dies wird aber nicht nur durch den qualitativen Ansatz dieser Arbeit erschwert, sondern auch dadurch, dass sich im Vergleich zu Eilentscheidungen nur wenige (publizierte) Hauptsacheentscheidungen finden lassen.

Daneben liegt diesem Ansatz die Prämisse zugrunde, dass die frühere Eilentscheidung die spätere Hauptsacheentscheidung nicht vorprägen würde. Zwar lässt sich den Gerichten nicht unterstellen, sie würden pauschal an ihren früheren Entscheidungen festhalten. Das zeigen die diversen gegenüber den Eilentscheidung divergierenden Hauptsacheentscheidungen. Gleichwohl deuten Erkenntnisse aus der Rechtssoziologie darauf hin, dass Gerichte induktiv arbeiten, das Ergebnis also am Anfang der Entscheidungsfindung steht.[857] Angesichts dessen ist zweifelhaft, ob die Entscheidungsfindung in den Hauptsacheverfahren tatsächlich völlig ergebnisoffen erfolgt und nicht durch das Ergebnis der früheren Hauptsacheentscheidung vorgeprägt wird. Zur These, Gerichte hätten ihre Kontrolldichte von der epidemiologischen Lage abhängig gemacht, lässt sich damit resümieren, dass diese zwar plausibel ist, sich aber weder durch den Abgleich von Infektionszahlen und Erfolgsquote noch durch den Abgleich von Eil- und Hauptsacheentscheidungen belastbar nachweisen lässt.

D. Gang der weiteren Untersuchung

Versucht man, die heterogene Masse der betrachteten Entscheidungen auf gemeinsame Nenner zu reduzieren, dann fällt zunächst auf, dass es deutlich mehr Entscheidungen von Verwaltungsgerichten gibt als Beschlüsse und Urteile von Verfassungsgerichten. Weiterhin fällt auf, dass Entscheidungen in aller Regel im Rahmen des vorläufigen Rechtsschutzes ergingen. Das ist eine Konsequenz der besonderen Situation einer Pandemie: Denn da Maßnahmen zumeist nicht so lange

---

[856] Ob die Zahlen aus epidemiologischer Sicht tatsächlich bedrohlich waren, kann an dieser Stelle weder beurteilt werden, noch wäre dies hier relevant. Denn mangels epidemiologischer Expertise würden Gerichte, träfe die These des Einflusses der Infektionslage auf die Rechtsprechung zu, ebenfalls nur auf ein empfundenes Bedrohungsniveau reagieren.

[857] Siehe S. 37 ff.

andauern, bis eine Entscheidung in der Hauptsache ergeht, wird die Funktion des Rechtsschutzes im Wesentlichen durch Eilverfahren erfüllt. Auffällig ist, dass die Gerichte die Prüfung der materiellen Rechtslage häufig nicht vollständig durchführen. So erklären sie die Erfolgsaussichten in der Hauptsache regelmäßig als offen. Folgenabwägungen gehen fast immer zu Ungunsten der Antragsteller aus. Gerade in den Entscheidungen von Verfassungsgerichten wird teils ausschließlich auf Folgenabwägungen abgestellt. All diese Aspekte des vorläufigen Rechtsschutzes sollen in Teil 2 näher untersucht werden.[858]

Immer wieder hat die Auswertung Hauptsacheentscheidungen zu Tage befördert, in denen die Gerichte anders entschieden haben als zuvor im vorläufigen Rechtsschutz. Auch dieser Aspekt soll weiter beleuchtet werden.[859] Auffällig ist, dass Klagen in der Hauptsache des Öfteren als nicht mehr zulässig abgewiesen wurden. Auch darauf wird zurückzukommen sein.[860]

In materiell-rechtlicher Hinsicht spielte der Parlamentsvorbehalt in unzähligen Entscheidungen eine Rolle.[861] Im Mittelpunkt fast aller Prüfungen stand das Verhältnismäßigkeitsprinzip. Immer wieder in den betrachteten Entscheidungen erwähnt wurden die Einschätzungsspielräume von Gesetz- und Verordnungsgeber. Diese beiden zusammengehörigen Komplexe sollen gemeinsam näher beleuchtet werden.[862] Daneben verdeutlicht die obige Darstellung auch, welche Relevanz Art. 3 Abs. 1 GG in der Rechtsprechung hatte. Die Auswertung hat einzelne Entscheidungen zum Vorschein gebracht, in denen fraglich war, welche Differenzierungsfreiheit dem Verordnungsgeber zukommt oder in denen trotz Gleichheitsverstoß die Vollziehung der Norm nicht ausgesetzt wurde. All dies soll näher untersucht werden.[863] Daneben zeigt die Auswertung, dass auch andere materiell-rechtliche Aspekte eine Rolle spielten. Zu nennen ist hier besonders der Bestimmtheitsgrundsatz. Auf eine nähere Betrachtung soll aber verzichtet werden. Denn es handelt sich etwa bei zu unbestimmt formulierten Allgemeinverfügungen und Verordnungen nicht unbedingt um ein pandemiespezifisches Problem. Außerdem würden sich hier kaum Maßstäbe bilden lassen, mittels derer die pandemische Rechtsprechung mit der übrigen Rechtsprechung verglichen werden könnte.

[858] Siehe S. 181 ff.

[859] Siehe S. 232 ff.

[860] Siehe S. 238 ff.

[861] Siehe S. 246 ff.

[862] Siehe S. 269 ff.

[863] Siehe S. 328 ff.

2. Teil

Prozessuale Aspekte

Wie bereits zu Beginn dieser Arbeit vorgezeichnet, soll die betrachtete Rechtsprechung nun mit Blick auf die zentralen rechtlichen Aspekte näher analysiert werden. Zunächst wird hier auf prozessuale Aspekte eingegangen. Die Corona-Rechtsprechung wurde von Eilentscheidungen dominiert. Deshalb soll zunächst der vorläufige Rechtsschutz im pandemischen Kontext thematisiert werden (A.). Im Anschluss werden mit dem Feststellungsinteresse und dem Rechtsschutzbedürfnis zwei Zulässigkeitshürden thematisiert, welche mit dafür verantwortlich sind, dass eine Aufarbeitung der Maßnahmen durch Hauptsacheverfahren seltener erfolgte, als das wünschenswert wäre (B.).

A. Der vorläufige Rechtsschutz

Hauptsacheverfahren erstrecken sich häufig über einen längeren Zeitraum; bis eine Entscheidung ergeht, vergehen mitunter Monate oder gar Jahre. Art. 19 Abs. 4 GG fordert aber einen wirksamen und damit auch rechtzeitigen Rechtsschutz.[1] Der vorläufige oder auch einstweilige Rechtsschutz soll deshalb sicherstellen, dass ein Hauptsacheverfahren noch sinnvoll durchgeführt werden kann und nicht zwischenzeitlich eingetretene Umstände einen wirksamen Rechtsschutz durch die Hauptsacheentscheidung vereiteln.[2] Das bedeutet im Umkehrschluss auch, dass die eigentliche Durchsetzung des Rechts Aufgabe des Hauptsacheverfahrens ist.[3] Allerdings gibt es Situationen, in denen der vorläufige Rechtsschutz die Funktion des Hauptsacheverfahrens faktisch übernimmt. Ein Beispiel ist das Versammlungsrecht, denn regelmäßig wird eine Entscheidung in der Hauptsache erst weit nach dem geplanten Zeitpunkt einer Versammlung ergehen und kommt damit zu spät, um ein rechtswidriges Verbot oder eine Auflage noch zu verhindern.[4] Ähnlich verhielt es sich im Kontext der Coronapandemie, die von einer dynamischen Lage und

[1] Siehe nur BVerfGE 35, 263, 274.

[2] *Windoffer*, Die Klärungsbedürftigkeit und -fähigkeit von Rechtsfragen in verwaltungsgerichtlichen Verfahren des einstweiligen Rechtsschutzes, 2005, S. 35.

[3] *Windoffer*, Die Klärungsbedürftigkeit und -fähigkeit von Rechtsfragen in verwaltungsgerichtlichen Verfahren des einstweiligen Rechtsschutzes, 2005, S. 37.

[4] *Schoch*, in: Ehlers/Schoch, Rechtsschutz im Öffentlichen Recht, 2021, § 34 Rn. 6.

befristeten Verordnungen und Allgemeinverfügungen geprägt war. Eine Hauptsacheentscheidung, die erst nach Ende der streitgegenständlichen Maßnahme ergeht, kann die vorherige Beschränkung des Freiheitsgebrauchs weder rückgängig machen noch kompensieren.

Gerichte stehen dabei vor einem Dilemma. Einerseits muss vorläufiger Rechtsschutz möglichst rasch gewährt werden.[5] Andererseits führt dieser Zeitdruck regelmäßig zu einer weniger umfangreichen Prüfung, und dies erhöht die Gefahr, dass die eigentliche materielle Rechtslage in der Entscheidung im vorläufigen Rechtsschutz verkannt wird. Dieses Abweichen einer gerichtlichen Entscheidung von der materiellen Rechtslage lässt sich als Fehlentscheidungsrisiko bezeichnen.[6] Art. 20 Abs. 3 GG gebietet es, dass dieses Fehlentscheidungsrisiko so gering wie möglich gehalten wird, materielles Recht und die faktische Lage also möglichst bereits durch die Eilentscheidung im Einklang stehen sollten.[7]

Die Rechts- und Tatsachenlage möglichst eingehend zu prüfen, reduziert zwar das Fehlentscheidungsrisiko, verlängert aber die Dauer von Eilverfahren und vereitelt schlimmstenfalls den effektiven, rechtzeitigen Rechtsschutz. Um dieses Dilemma aufzulösen, bieten Literatur und Rechtsprechung je nach konkreter Verfahrensart unterschiedliche Ansätze an, welche sich zwischen zwei Polen bewegen.[8] Einerseits gibt es Ansätze, welche eine Prüfung durchführen, die möglichst akzessorisch zum materiellen Recht erfolgt. Maßgeblich kommt es demnach auf die Erfolgsaussichten in der Hauptsache an. Erst wenn diese nicht ausreichend prognostiziert werden können, wird auf eine Abwägung zurückgegriffen.[9] Andererseits wird auch vertreten, dass Entscheidungen im vorläufigen Rechtsschutz generell ausgehend von einer Abwägung getroffen werden sollten und allenfalls offensichtliche Erfolgsaussichten in den Abwägungsprozess einzustellen seien.[10] Abwägungen sind in zwei unterschiedlichen Ausprägungen denkbar, in Gestalt der Folgenabwägung und in Form der Interessenabwägung. Bei der Interessenabwägung wird die Bedeutung von privaten und öffentlichen Interessen gegeneinander abgewogen, wäh-

---

[5] *Windthorst*, Der verwaltungsgerichtliche einstweilige Rechtsschutz, 2009, S. 568.

[6] Grundlegend dazu *Schoch*, Vorläufiger Rechtsschutz und Risikoverteilung im Verwaltungsrecht, 1990, S. 1406–1410; *Schoch*, in: Schoch/Schneider, VwGO, 47. Ergänzungslieferung, 2025, Vorb. § 80 Rn. 37; *Walker*, Der einstweilige Rechtsschutz im Zivilprozeß und im arbeitsgerichtlichen Verfahren, 1993, Rn. 15.

[7] *Guckelberger*, VerwArch 2017 (108), 1, 31; *Kloepfer*, JZ 1979, 209, 210; *Windoffer*, Die Klärungsbedürftigkeit und -fähigkeit von Rechtsfragen in verwaltungsgerichtlichen Verfahren des einstweiligen Rechtsschutzes, 2005, S. 40; *Windthorst*, Der verwaltungsgerichtliche einstweilige Rechtsschutz, 2009, S. 315.

[8] Siehe dazu *Windoffer*, Die Klärungsbedürftigkeit und -fähigkeit von Rechtsfragen in verwaltungsgerichtlichen Verfahren des einstweiligen Rechtsschutzes, 2005, S. 42 f.

[9] Dafür etwa *Schoch*, Vorläufiger Rechtsschutz und Risikoverteilung im Verwaltungsrecht, 1990, S. 1586.

[10] So etwa *Leipold*, Grundlagen des einstweiligen Rechtsschutzes im zivil-, verfassungs- und verwaltungsgerichtlichen Verfahren, 1971, S. 53 f.

rend bei der Folgenabwägung die Konsequenzen für öffentliche und private Interessen durch stattgebende und ablehnende Eilentscheidungen betrachtet werden.[11] Das BVerfG hält sowohl zum materiellen Recht akzessorischen Ansätze als auch abwägungsorientierte Ansätze mit Art. 19 Abs. 4 GG vereinbar und räumt den Gerichten in den meisten Konstellationen ein Wahlrecht zwischen einer summarischen Prüfung und einer Abwägung ein, soweit nicht irreparable Grundrechtsbeeinträchtigungen zu befürchten sind.[12]

Im Folgenden soll zunächst der verfassungsgerichtliche vorläufige Rechtsschutz betrachtet werden (I.). § 32 Abs. 1 BVerfGG ist dabei nicht nur das Vorbild für den einstweiligen Rechtsschutz der Landesverfassungsgerichtsbarkeit. Auch der in der Pandemie höchst praxisrelevante § 47 Abs. 6 ist der Bestimmung aus dem BVerfGG nachgebildet (II.1.). Im Anschluss wird noch auf die §§ 80 Abs. 5, 123 Abs. 1 VwGO eingegangen, die in der Pandemie ebenfalls eine Rolle spielten (II.2., II.3.). Wie die Gerichte die Erfolgsaussichten in der Hauptsache prüften („summarische Prüfung"), wird unter III. näher thematisiert, ehe untersucht werden soll, ob in der pandemischen Rechtsprechung das Ziel erreicht wurde, dass Eilentscheidungen möglichst bereits der materiellen Rechtslage entsprechen (IV.).

I. Verfassungsgerichtlicher vorläufiger Rechtsschutz

1. Bundesverfassungsgerichtlicher vorläufiger Rechtsschutz, § 32 Abs. 1 BVerfGG

Nach § 32 Abs. 1 BVerfGG kann das Bundesverfassungsgericht „im Streitfall einen Zustand durch einstweilige Anordnung vorläufig regeln, wenn dies zur Abwehr schwerer Nachteile, zur Verhinderung drohender Gewalt oder aus einem anderen wichtigen Grund zum gemeinen Wohl dringend geboten ist". Ein solcher Antrag kann nur dann gestellt werden, wenn ein Vorgehen in der Hauptsache zulässig wäre, insbesondere der Rechtsweg zum Bundesverfassungsgericht eröffnet wäre,[13] wobei jede Verfahrensart in Betracht kommt. Im Kontext der Coronapandemie wurden allerdings nur Eilanträge zu (hypothetischen) Verfassungsbeschwerden gestellt. Ein Antrag nach § 32 Abs. 1 BVerfGG hatte also nur dann Erfolg, wenn eine Verfassungsbeschwerde zulässig gewesen war. Damit stellten sich die Hürden der Rechtswegerschöpfung und Subsidiarität (a)). Kein Hindernis dagegen war das Verbot der Vorwegnahme der Hauptsache (b)). Die Begründetheit solcher Anträge erwies sich als komplex (c)).

---

[11] *Windthorst*, Der verwaltungsgerichtliche einstweilige Rechtsschutz, 2009, S. 679.

[12] Siehe nur BVerfGE 126, 1, 28; *BVerfG*, Beschl. vom 26.06.2018, Az.: 1 BvR 733/18, NVwZ 2018, 1467 Rn. 3. Ausführlich dazu auch *Heinemann*, NVwZ 2019, 517, 517; *Wüstenberg*, DVBl. 2020, 1115, 1116–1118.

[13] *Walter*, in: Walter/Grünewald, BeckOK BVerfGG, 19. Edition, Stand 01.06.2025, § 32 Rn. 18.

a) Rechtswegerschöpfung und Subsidiarität des verfassungsgerichtlichen Eilrechtsschutzes

Eine der Zulässigkeitsvoraussetzungen einer Verfassungsbeschwerde stellt § 90 Abs. 2 S. 1 BVerfGG dar. Demnach muss, soweit im Einzelfall eröffnet, zunächst der Rechtsweg beschritten werden. Erst nach dessen Erschöpfung ist die Verfassungsbeschwerde zulässig. Nach § 90 Abs. 2 S. 2 BVerfGG kann das BVerfG davon aber absehen, wenn die Verfassungsbeschwerde von allgemeiner Bedeutung ist, d. h. wenn sie die Klärung grundsätzlicher verfassungsrechtlicher Fragen erwarten lässt oder gleichgelagerte Fälle faktisch mitentschieden werden.[14] Selbiges gilt für den verfassungsgerichtlichen einstweiligen Rechtsschutz, welcher gegenüber dem fachgerichtlichen Eilrechtsschutz subsidiär ist.[15] Entsprechend müssen Antragsteller grundsätzlich zunächst verwaltungsgerichtlichen Eilrechtsschutz ersuchen.

Eine Reihe von Anträgen scheiterte daran, dass die Antragsteller diesem Erfordernis nicht nachkamen.[16] Auf die Argumentation, dass es sich um verfassungsrechtliche Fragen mit allgemeiner Bedeutung handelt, über die in Anlehnung an § 90 Abs. 2 S. 2 Alt. 1 BVerfGG schon vor Erschöpfung des Rechtsweges entschieden werden sollte, ließ sich das BVerfG nicht ein. Denn die Klärung grundsätzlicher verfassungsrechtlicher Fragen im Eilverfahren sei ohnehin nicht möglich,[17] und die ausnahmsweise Zulässigkeit trotz nicht in Anspruch genommenen fachgerichtlichen Rechtsschutzes, wenn allein verfassungsrechtliche Fragen streitentscheidend sind, komme nur bei förmlichen Gesetzen in Frage. Das ergebe sich daraus, dass solche Fragen ohnehin nach Art. 100 Abs. 1 GG dem BVerfG vorgelegt werden müssten, während untergesetzliche Normen wie Verordnungen durch die Fachgerichtsbarkeit selbst verworfen werden können.[18] Auch sei das BVerfG regelmäßig darauf angewiesen, dass die aktuelle Entwicklung des Pandemiegeschehens fachgerichtlich aufgearbeitet wird. Deshalb müsse fachgerichtlicher Schutz grundsätzlich auch dann ersucht werden, wenn das jeweilige Verwaltungs-

---

[14] So etwa BVerfGE 108, 370, 386; *BVerfG*, Beschl. vom 06.12.2021, Az.: 2 BvR 2164/21, NJW 2022, 50 Rn. 16.

[15] Siehe etwa *BVerfG*, Beschl. vom 05.03.2019, Az.: 2 BvQ 11/19, BeckRS 2019, 2936 Rn. 5.

[16] *BVerfG*, Beschl. vom 20.03.2020, Az.: 1 BvR 661/20, BeckRS 2020, 4022; *BVerfG*, Beschl. vom 31.03.2020, Az.: 1 BvR 712/20, NVwZ 2020, 622; *BVerfG*, Beschl. vom 09.04.2020, Az.: 1 BvQ 27/20, BeckRS 2020, 5618; *BVerfG*, Beschl. vom 18.04.2020, Az.: 1 BvR 829/20, NVwZ 2020, 707; *BVerfG*, Beschl. vom 11.06.2020, Az.: 1 BvQ 66/20, BeckRS 2020, 12066; *BVerfG*, Beschl. vom 29.08.2020, Az.: 1 BvR 2038/20, BeckRS 2020, 20994; *BVerfG*, Beschl. vom 30.08.2020, Az.: 1 BvQ 94/20, NVwZ 2020, 1508; *BVerfG*, Beschl. vom 26.05.2021, Az.: 1 BvR 1185/21, BeckRS 2021, 14409.

[17] So *BVerfG*, Beschl. vom 20.03.2020, Az.: 1 BvR 661/20, BeckRS 2020, 4022 Rn. 6.

[18] *BVerfG*, Beschl. vom 31.03.2020, Az.: 1 BvR 712/20, NVwZ 2020, 622 Rn. 16; *BVerfG*, Beschl. vom 18.04.2020, Az.: 1 BvR 829/20, NVwZ 2020, 707 Rn. 11.

gerichte Anträge in der Vergangenheit bereits abgelehnt hat.[19] Allerdings gilt das nicht uneingeschränkt. So hat das BVerfG im Falle der bayerischen Ausgangsbeschränkung das Erfordernis, fachgerichtlichen Rechtsschutz vor dem VGH München zu ersuchen, für unzumutbar gehalten, weil dieses Vorgehen angesichts der früheren Entscheidungen des VGH München aussichtslos gewesen wäre.[20]

Die Bedeutung der Rechtswegerschöpfung sollte damit nicht überbewertet werden. Bei vielen der ausgewerteten Entscheidungen spielte der Aspekt keine Rolle. Gelegentlich führte das BVerfG sogar eine ergänzende Begründetheitsprüfung durch, obwohl es den Antrag wegen der fehlenden Rechtswegerschöpfung schon für unzulässig hielt.[21] Auch ist der Rechtsweg jedenfalls im Fall von Verordnungen ohnehin schnell erschöpft, denn gegen die erstinstanzliche Entscheidung in Normenkontrolleilverfahren ist eine Beschwerde nicht statthaft (§ 152 Abs. 1 VwGO). Überraschend ist insofern, dass der verfassungsgerichtliche Eilrechtsschutz gegen ablehnende Entscheidungen von Oberverwaltungsgerichten so selten in Anspruch genommen wurde. Zulässigkeitshürden erklären diese geringe Nachfrage jedenfalls nicht.

b) Vorwegnahme der Hauptsache

Ebenfalls keine Herausforderung stellte das Verbot der Vorwegnahme der Hauptsache dar. Zwar sind grundsätzlich Anträge unzulässig, wenn sie auf eine endgültige Sachentscheidung abzielen, welche im Regelfall nur im Hauptsacheverfahren getroffen werden darf.[22] Eilanträge gegen Pandemiemaßnahmen zielen aber gerade auf eine endgültige Entscheidung schon im Rahmen des vorläufigen Rechtsschutzes ab, denn etwaige Hauptsacheentscheidungen ergehen meist erst nach Erledigung der jeweiligen Maßnahme. Durch eine vorläufige Aussetzung des Vollzugs einer Maßnahme kommt es zu einer endgültigen Entscheidung, weil eine untersagte Maßnahme nicht später nachgeholt, eine als vorläufig rechtmäßig beurteilte Freiheitsbeschränkung nicht nachträglich rückgängig gemacht werden kann. Allerdings ist in der Rechtsprechung des BVerfG anerkannt, dass vom Verbot der Vorwegnahme der Hauptsache eine Ausnahme gemacht werden muss, wenn „eine Entscheidung in der Hauptsache möglicherweise zu spät käme und dem Antragsteller in anderer Weise ausreichender Rechtsschutz nicht gewährt werden könn-

---

[19] *BVerfG*, Beschl. vom 31.03.2020, Az.: 1 BvR 712/20, NVwZ 2020, 622 Rn. 17; *BVerfG*, Beschl. vom 18.04.2020, Az.: 1 BvR 829/20, NVwZ 2020, 707 Rn. 12.

[20] *BVerfG*, Beschl. vom 07.04.2020, Az.: 1 BvR 755/20, NJW 2020, 1429 Rn. 4; *BVerfG*, Beschl. vom 09.04.2020, Az.: 1 BvR 802/20, BeckRS 2020, 5596 Rn. 8; *BVerfG*, Beschl. vom 10.04.2020, Az.: 1 BvR 762/20, BeckRS 2020, 7273 Rn. 3. Anders dagegen nach Änderung der streitgegenständlichen Regelung, siehe *BVerfG*, Beschl. vom 18.04.2020, Az.: 1 BvR 829/20, NVwZ 2020, 707 Rn. 10.

[21] So *BVerfG*, Beschl. vom 16.05.2020, Az.: 1 BvQ 55/20, BeckRS 2020, 8616.

[22] Siehe etwa BVerfGE 15, 77, 78; E 12, 276, 279.

te".[23] So ist es im Pandemiekontext, denn die nachträgliche Feststellung einer rechtswidrigen Maßnahme weit nach deren Ende dürfte für die Betroffenen regelmäßig wertlos sein. Entsprechend sah es wohl auch das BVerfG, welches das Verbot der Vorwegnahme der Hauptsache in den ausgewerteten Entscheidungen überhaupt nicht ansprach. Eine Hürde stellte das Vorwegnahmeverbot damit nicht dar.

c) Doppelhypothese und Erfolgsaussichten in der Hauptsache

aa) Grundsätzliche Unerheblichkeit der Erfolgsaussichten in der Hauptsache

Sind die Zulässigkeitshürden überwunden, so stellt sich die Frage, welche Maßstäbe das BVerfG in der eigentlichen Begründetheitsprüfung anwendet. Aus dem Wortlaut von § 32 Abs. 1 BVerfGG folgert das BVerfG, dass es auf die Erfolgsaussichten in der Hauptsache – und damit die materiell-rechtliche Lage – grundsätzlich nicht ankomme. In ständiger Rechtsprechung formuliert das BVerfG: „Dabei haben die Gründe, die für die Verfassungswidrigkeit der angegriffenen Maßnahme vorgetragen werden, grundsätzlich außer Betracht zu bleiben."[24] Eine Prüfung der materiellen Rechtslage findet also nicht statt. Die Begründetheit eines Antrags nach § 32 Abs. 1 BVerfGG richtet sich demnach ausschließlich nach dem Ausgang einer Folgenabwägung in Gestalt der sog. Doppelhypothese.[25]

Dass die Erfolgsaussichten in der Hauptsache ausgeblendet werden, wird von Teilen der Literatur zu Recht kritisch gesehen.[26] Denn eine rechtliche Prüfung durchzuführen, ist jedenfalls bei „Verfassungseilbeschwerden" im Regelfall nicht nur im Interesse des Rechtsschutzes geboten, sondern auch möglich; schließlich wird damit nur gefordert, was für die Verwaltungsgerichtsbarkeit selbstverständlich ist.[27] Allerdings vermutet ein Teil der Literatur, dass das BVerfG entgegen seiner Ausführungen eine verdeckte Prüfung der Erfolgsaussichten in der Hauptsache durchführt.[28] Als Beleg dafür wird angeführt, dass es nahezu nie vorkomme, dass sich das Ergebnis im vorläufigen Rechtsschutz von dem in der Hauptsache unter-

---

[23] Siehe nur BVerfGE 151, 152, Rn. 21; E 147, 39, Rn. 11.

[24] So etwa in BVerfGE 98, 139, 144; E 94, 334, 347; E 91, 320, 326; E 88, 173, 179.

[25] Siehe dazu unten S. 190 ff.

[26] So etwa *Schoch*, in: Ehlers/Schoch, Rechtsschutz im Öffentlichen Recht, 2021, § 21 Rn. 69.

[27] *Schoch*, in: Ehlers/Schoch, Rechtsschutz im Öffentlichen Recht, 2021, § 21 Rn. 69.

[28] *Barczak*, in: Barczak, BVerfGG, 2018, § 32 Rn. 39; *Berkemann*, in: Umbach/Clemens/Dollinger, BVerfGG, 2. Auflage 2005, § 32 Rn. 238; *Hillgruber/Goos*, Verfassungsprozessrecht, 6. Auflage 2025, Rn. 1076. A.A. dagegen *Schneider*, in: Burkiczak/Dollinger/Schorkopf, BVerfGG, 2. Auflage 2022, § 32 Rn. 342; *Schoch*, in: Badura/Dreier, FS BVerfG I, 2001, S. 695, 712 f.

scheide.[29] Das Ausblenden der Erfolgsaussichten sei wider „jeder Lebenserfahrung“.[30]

bb) Offensichtliche Unzulässigkeit oder Unbegründetheit in der Hauptsache

Seit jeher findet sich in der Rechtsprechung des BVerfG aber die Einschränkung, dass die Erfolgsaussichten doch eine Rolle spielen, wenn das Vorgehen in der Hauptsache „offensichtlich“ unzulässig oder unbegründet ist. Denn in diesem Fall wäre es nicht gerechtfertigt, eine Anordnung nach § 32 Abs. 1 BVerfGG auszusprechen, selbst wenn die Folgenabwägung zu Gunsten des Antragstellers ausginge.[31] Entsprechend prüft das BVerfG vor der Folgenabwägung die offensichtliche Unzulässigkeit oder Unbegründetheit in der Hauptsache.[32] Offensichtlich unbegründet ist der Antrag in der Hauptsache, wenn das Gericht zum Zeitpunkt seiner Entscheidung der Auffassung ist, dass kein Gesichtspunkt erkennbar ist, welcher dem Antrag in der Hauptsache zum Erfolg verhelfen könnte.[33]

cc) Ausnahmsweise: Begründetheit in der Hauptsache

In manchen Fällen bezieht das BVerfG auch absehbare Erfolgschancen in der Hauptsache in die Prüfung ein. Dann kommt es zu einer materiell-rechtlichen Prüfung. Die Handhabung ist uneinheitlich,[34] jedoch werden in der Literatur Fallgruppen beschrieben.[35] Zu einer Prüfung der Begründetheit kommt es demnach insbesondere dann, wenn ausnahmsweise die Hauptsache vorweggenommen wird[36] oder wenn der Eilrechtsschutz zur Verhinderung vollendeter Tatsachen erforderlich ist.[37]

---

[29] *Hillgruber/Goos*, Verfassungsprozessrecht, 6. Auflage 2025, Rn. 1076. Besonders drastisch formulieren es *Klein/Benda/Klein*, Verfassungsprozessrecht, 4. Auflage 2020, Rn. 1414: Die Annahme, das *BVerfG* entscheide ohne Blick auf die Erfolgsaussichten in der Hauptsache, widerspreche „jeder Lebenserfahrung“.

[30] *Klein/Benda/Klein*, Verfassungsprozessrecht, 4. Auflage 2020, Rn. 1414.

[31] *Walter*, in: Walter/Grünewald, BeckOK BVerfGG, 19. Edition, Stand 01.06.2025, § 32 Rn. 45.

[32] St.Rspr., siehe etwa BVerfGE 103, 41, 42; E 12, 36, 39 f.

[33] BVerfGE 122, 374, 384 f.; E 89, 344, 345.

[34] *Walter*, in: Walter/Grünewald, BeckOK BVerfGG, 19. Edition, Stand 01.06.2025, § 32 Rn. 58.

[35] Siehe etwa *Schoch*, in: Ehlers/Schoch, Rechtsschutz im Öffentlichen Recht, 2021, § 21 Rn. 49–51; *Walter*, in: Walter/Grünewald, BeckOK BVerfGG, 19. Edition, Stand 01.06.2025, § 32 Rn. 58–65.

[36] So etwa BVerfGE 46, 160, 164.

[37] Siehe etwa *BVerfG (K)*, Beschl. vom 04.12.2006, Az.: 1 BvQ 36/06, NJW 2007, 672, 673.

Darüber hinaus kommt es bei Zustimmungsgesetzen zu völkerrechtlichen Verträgen zu summarischen Prüfungen der Begründetheit in der Hauptsache.[38]

Eine Prüfung der Begründetheit in der Hauptsache wurde in der pandemischen Rechtsprechung in vielen Fällen nicht vorgenommen. So führte das BVerfG im April 2020 aus, dass eine solche eingehendere Prüfung der Ausgangsbeschränkung „im Rahmen eines Eilverfahrens nicht möglich" sei[39] oder sich die Erfolgsaussichten eines Vorgehens gegen Beschränkungen der Versammlungsfreiheit „in der Kürze der dem Bundesverfassungsgericht für seine Entscheidung zur Verfügung stehenden Zeit vielmehr als offen" darstellen würden.[40] Ähnliche Ausführungen finden sich auch noch in Entscheidungen zum Verbot von religiösen Zusammenkünfte zu Ostern 2020.[41]

Einige Tage später gab das BVerfG dann aber zwei Anträgen statt, weil es Verfassungsbeschwerden in der Hauptsache für offensichtlich begründet betrachtete.[42] Begründet wird dieses Vorgehen damit, dass das Abwarten des Hauptsacheverfahrens den Versammlungszweck mit hoher Wahrscheinlichkeit vereiteln würde.[43] Denn wenn die Verfassungsbeschwerde in der Hauptsache begründet wäre, dann läge in der Nichtgewährung von Eilrechtsschutz ein schwerer Nachteil für das allgemeine Wohl im Sinne des § 32 Abs. 1 BVerfGG. Das liegt auf einer Linie mit einer früheren, ebenfalls versammlungsrechtlichen Entscheidung des BVerfG aus dem Jahr 2004.[44] In beiden Entscheidungen zu den Corona-Versammlungen war Kern der Kritik, dass die Versammlungsbehörden von ihrem Ermessen, Versammlungen mit Hygienemaßnahmen zuzulassen, keinen Gebrauch gemacht hätten und so die Bedeutung von Art. 8 GG verkannt hätten. Kurz darauf gab das BVerfG dann einem Antrag gegen das vollständige Verbot von religiösen Zusammenkünften statt. Auch hier kam es zu einer knappen materiell-rechtlichen Prüfung. Als Grund führt das Gericht an, dass ansonsten das gemeinsame Gebet auf lange Dauer – bis zur Entscheidung in der Hauptsache – nicht mehr möglich wäre. Das würde einen schweren Nachteil für das gemeine Wohl darstellen.[45]

Eine generelle Trendwende kann in diesen Entscheidungen aber nicht gesehen werden. Denn in anderen Fällen entschied das BVerfG dagegen wieder ohne ma-

---

[38] Bspw. BVerfGE 132, 195, Rn. 88.

[39] *BVerfG*, Beschl. vom 07.04.2020, Az.: 1 BvR 755/20, NJW 2020, 1429 Rn. 7; *BVerfG*, Beschl. vom 09.04.2020, Az.: 1 BvR 802/20, BeckRS 2020, 5596 Rn. 11; *BVerfG*, Beschl. vom 10.04.2020, Az.: 1 BvR 762/20, BeckRS 2020, 7273 Rn. 6.

[40] *BVerfG*, Beschl. vom 09.04.2020, Az.: 1 BvQ 29/20, BeckRS 2020, 5620 Rn. 5.

[41] *BVerfG*, Beschl. vom 10.04.2020, Az.: 1 BvQ 28/20, NVwZ 2020, 878 Rn. 9; *BVerfG*, Beschl. vom 10.04.2020, Az.: 1 BvQ 31/20, BeckRS 2020, 5584 Rn. 8.

[42] *BVerfG*, Beschl. vom 15.04.2020, Az.: 1 BvR 828/20, NVwZ 2020, 709 Rn. 11–14; *BVerfG*, Beschl. vom 17.04.2020, Az.: 1 BvQ 37/20, NVwZ 2020, 711 Rn. 20–28.

[43] *BVerfG*, Beschl. vom 15.04.2020, Az.: 1 BvR 828/20, NVwZ 2020, 709 Rn. 10.

[44] BVerfGE 111, 147, 152 f.

[45] *BVerfG*, Beschl. vom 29.04.2020, Az.: 1 BvQ 44/20, BeckRS 2020, 7089 Rn. 9–15.

teriell-rechtliche Prüfung.[46] So lehnte das BVerfG zahlreiche spätere Anträge zur Versammlungsfreiheit ohne materiell-rechtliche Prüfung ab.[47] Warum in diesen Fällen eine Prüfung der Erfolgsaussichten in der Hauptsache unterbleibt, begründet die 1. Kammer des 1. Senates nicht, obwohl auch hier ein Abwarten des Hauptsacheverfahrens den Versammlungszweck vereitelt hätte. Nur in einer Entscheidung zu Art. 8 GG führte dieselbe Kammer noch eine materiell-rechtliche Prüfung durch. Gegenstand war das Verbot eines maßnahmenkritischen Aufzugs mit 2.000 angemeldeten Teilnehmern im November 2020. Die Begründetheit in der Hauptsache hielt das BVerfG aber nicht für derart offensichtlich, dass es dem Antrag deshalb stattgegeben hätte. Eine einstweilige Anordnung wurde nicht erlassen.[48] Auch hier begründet das Gericht sein Vorgehen nicht. In der ersten Eilentscheidung zu der Ausgangsbeschränkung der „Bundesnotbremse" ließ das BVerfG offen, ob die Erfolgsaussichten mit einbezogen werden müssen, um im Anschluss eine materiell-rechtliche Prüfung durchzuführen und die offensichtliche Begründetheit abzulehnen.[49]

Man könnte dem BVerfG angesichts dieser widersprüchlich wirkenden Handhabung nun Willkür vorwerfen. Außerdem wäre es – wie weiter oben gezeigt – in Anbetracht vorpandemischer Rechtsprechung zu erwarten gewesen, dass das BVerfG in allen Beschlüssen die offensichtliche Begründetheit in der Hauptsache prüft, weil die Hauptsache vorweggenommen wird. Daraus ließe sich die These formulieren, dass es hier zu einer Maßstabsverschiebung gekommen wäre. Auffällig ist jedoch ein Zusammenhang: In fast allen Fällen, in denen es zu einer summarischen Prüfung kam, hatten die Anträge auf Erlass einer einstweiligen Verfügung Erfolg. Stattgegeben wurde den Anträgen nicht aufgrund einer Folgenabwägung, sondern wegen der offensichtlichen Begründetheit in der Hauptsache. Das stützt die These, welche in der Literatur zu § 32 Abs. 1 BVerfGG schon in der Vergangenheit geäußert wurde: Das BVerfG berücksichtigt die Erfolgsaussichten in der Hauptsache – über die offensichtliche Unzulässigkeit und Unbegründetheit hinaus – augenscheinlich auch dann, wenn es in den Entscheidungsgründen das Gegenteil behauptet. Eine ausgeschriebene materiell-rechtliche Prüfung findet sich in der Be-

---

[46] So hinsichtlich Betriebsschließungen *BVerfG*, Beschl. vom 28.04.2020, Az.: 1 BvR 899/20, BeckRS 2020, 6938 Rn. 9; *BVerfG*, Beschl. vom 29.04.2020, Az.: 1 BvQ 47/20, BeckRS 2020, 7210 Rn. 13; hinsichtlich Kontaktbeschränkungen *BVerfG*, Beschl. vom 01.05.2020, Az.: 1 BvQ 42/20, BeckRS 2020, 8421 Rn. 9.

[47] Siehe insbesondere *BVerfG*, Beschl. vom 01.05.2020, Az.: 1 BvR 1003/20, BeckRS 2020, 7211 Rn. 2–5; *BVerfG*, Beschl. vom 01.05.2020, Az.: 1 BvR 1004/20, BeckRS 2020, 7215 Rn. 2 f.; *BVerfG*, Beschl. vom 31.05.2020, Az.: 1 BvQ 63/20, NVwZ-RR 2020, 761 Rn. 4; *BVerfG*, Beschl. vom 05.12.2020, Az.: 1 BvQ 145/20, BeckRS 2020, 33781 Rn. 4.

[48] *BVerfG*, Beschl. vom 21.11.2020, Az.: 1 BvQ 135/20, NVwZ 2021, 141 Rn. 4–12.

[49] BVerfGE 157, 394, Rn. 30–41. In diese Richtung auch *BVerfG*, Beschl. vom 30.08.2020, Az.: 1 BvQ 94/20, NVwZ 2020, 1508. Streitgegenständlich war eine geplante Dauermahnwache zum Protest gegen staatliche Maßnahmen zur Bekämpfung der Covid-19-Pandemie. Der Antrag wurde schon als unzulässig abgewiesen. Dennoch führte das Gericht noch eine ergänzende Prüfung der Begründetheit durch.

gründung tendenziell aber wohl nur dann, wenn das Gericht auf Basis der gedanklichen Vorprüfung von Erfolgsaussichten ausgeht. Womöglich lässt sich dieses Vorgehen dadurch erklären, dass es sich von der eng am Wortlaut des § 32 Abs. 1 BVerfGG entwickelten Dogmatik nicht zu weit entfernen möchte.

Zwei Entscheidungen fallen hier aber aus der Reihe.[50] Das BVerfG führt in den Entscheidungsgründen eine materiell-rechtliche Prüfung durch, lehnt eine offensichtliche Begründetheit dann aber ab. In der ersten Entscheidung zur Ausgangsbeschränkung der „Bundesnotbremse“ hatte es das Gericht mit einer Maßnahme zu tun, welche in der politischen und juristischen Diskussion erheblich umstritten war. Die ergänzende Durchführung einer materiell-rechtlichen Prüfung sichert das Gericht hier vor Kritik ab, Rechtsschutz zu verweigern. Selbiges gilt für die bereits erwähnte Entscheidung zum Verbot einer „Querdenken“-Versammlung im November 2020.[51] Zu dieser Zeit wurden Versammlungen wieder stärker beschränkt, nachdem zuvor weit moderatere Einschränkungen galten. Dieser moderatere Umgang ging auch auf verfassungs- und verwaltungsgerichtliche Rechtsprechung zurück.[52] Mit seiner Entscheidung aus dem November 2020 billigte das BVerfG eine Rückkehr zu restriktiveren Versammlungsbeschränkungen. Womöglich wollte das Gericht seiner Entscheidung vor diesem Hintergrund durch die materiell-rechtliche Prüfung mehr Überzeugungskraft verleihen.

dd) Doppelhypothese

(1) Dogmatik in der allgemeinen Rechtsprechung

Sofern das BVerfG keine offensichtliche Unzulässigkeit, Unbegründetheit oder Begründetheit in der Hauptsache feststellt, den Ausgang also für offen betrachtet, führt es in ständiger Rechtsprechung eine Folgenabwägung durch. Diese erfolgt in Gestalt einer Doppelhypothese. Dazu stellt das Gericht einerseits Erwägungen zum Szenario an, in welchem die einstweilige Verfügung nicht ergeht, der Rechtsbehelf in der Hauptsache aber erfolgreich wäre. Zum anderen erwägt das Gericht die Folgen des umgekehrten Szenarios, dass die einstweilige Verfügung Erfolg hat, der Hauptsacherechtsbehelf aber nicht. Dabei werden nicht nur die Nachteile für die Verfahrensbeteiligten berücksichtigt, sondern die Nachteile für alle Betroffenen. Die Folgen werden im Anschluss gegeneinander abgewogen.[53] Damit ein Antrag nach § 32 Abs. 1 BVerfGG Erfolg hat, müssen die Folgen des fälschlichen Nichterlasses die Folgen des fälschlichen Erlasses der einstweiligen Verfügung überwiegen.[54] Soweit die Aussetzung des Vollzugs eines Gesetzes begehrt wird, kommt

[50] BVerfGE 157, 394 (Ausgangsbeschränkung); *BVerfG*, Beschl. vom 21.11.2020, Az.: 1 BvQ 135/20, NVwZ 2021, 141 (Versammlung).

[51] Siehe dazu auch schon S. 106.

[52] Siehe dazu S. 95 ff.

[53] St.Rspr., siehe zum Ganzen nur BVerfGE 132, 195, Rn. 87; E 105, 365, 371.

[54] Siehe nur BVerfGE 91, 70, 81.

es zu einer Maßstabsverschärfung; die Folgen des Nichterlasses des Eilantrags müssen die Folgen des Erlasses dann deutlich überwiegen.[55]

(2) Handhabung in der Corona-Rechtsprechung

Von dieser üblichen Handhabung des § 32 Abs. 1 BVerfGG ist das BVerfG in seiner pandemischen Rechtsprechung nicht abgewichen.[56] So stellte das Gericht in der Abwägung zumeist nicht nur auf die Nachteile für die Verfahrensbeteiligten ab, sondern auf sämtliche Betroffene der jeweiligen Maßnahme.[57] Konsequent wurde das aber nicht immer durchgehalten. So bemerkte das Gericht in einer Entscheidung zur Schließung der Gastronomie selbst, dass viele Betriebe dieser Branche durch die Maßnahmen in ihrer Existenz bedroht wären, stellt dann aber darauf ab, dass speziell der Antragsteller dies nicht befürchten müsse.[58] In den Entscheidungen, die Art. 8 GG zum Gegenstand hatte, betonte das Gericht die Bedeutung der Versammlungsfreiheit für die freiheitliche Staatsordnung,[59] prüfte dann im Weiteren aber nah am jeweiligen Einzelfall. Gegenüber stellte das Gericht den Interessen der Versammlungsteilnehmern dann die „grundrechtlich geschützten Interessen einer großen Anzahl Dritter",[60] die Bedeutung von Versammlungen für das demokratische Gemeinwesen spielte in den Abwägungen keine Rolle. In vielen Entscheidungen stellt das Gericht keine näheren Erwägungen zu den tatsächlich erwartbaren Folgen im Falle eines vorläufigen Wegfalls der Maßnahme an. Zu den bayerischen Ausgangsbeschränkungen am Beginn der Pandemie führte das Gericht gar aus, dass insbesondere Einrichtungen, die damals geschlossen hatten, im Falle eines Stattgebens des Antrags wieder hätten öffnen dürfen und so das Infektionsgeschehen

---

[55] BVerfGE 106, 351, 355.

[56] Siehe dazu auch *Zuck/Zuck*, NJW 2020, 2302, 2302 ff.

[57] Siehe etwa *BVerfG*, Beschl. vom 07.04.2020, Az.: 1 BvR 755/20, NJW 2020, 1429 Rn. 8 f.; *BVerfG*, Beschl. vom 10.04.2020, Az.: 1 BvQ 28/20, NVwZ 2020, 878 Rn. 10; *BVerfG*, Beschl. vom 07.07.2020, Az.: 1 BvR 1187/20, BeckRS 2020, 17557 Rn. 6.

[58] *BVerfG*, Beschl. vom 11.11.2020, Az.: 1 BvR 2530/20, BeckRS 2020, 30293 Rn. 13 f.

[59] *BVerfG*, Beschl. vom 09.04.2020, Az.: 1 BvQ 29/20, BeckRS 2020, 5620 Rn. 7 f.; *BVerfG*, Beschl. vom 01.05.2020, Az.: 1 BvR 1003/20, BeckRS 2020, 7211 Rn. 6 f.; *BVerfG*, Beschl. vom 01.05.2020, Az.: 1 BvR 1004/20, BeckRS 2020, 7215 Rn. 4 f.; *BVerfG*, Beschl. vom 31.05.2020, Az.: 1 BvQ 63/20, NVwZ-RR 2020, 761 Rn. 6 f.; *BVerfG*, Beschl. vom 21.11.2020, Az.: 1 BvQ 135/20, NVwZ 2021, 141 Rn. 14 f.; *BVerfG*, Beschl. vom 05.12.2020, Az.: 1 BvQ 145/20, BeckRS 2020, 33781 Rn. 5 f.; *BVerfG*, Beschl. vom 31.01.2022, Az.: 1 BvR 208/22, NVwZ 2022, 324 Rn. 10.

[60] *BVerfG*, Beschl. vom 09.04.2020, Az.: 1 BvQ 29/20, BeckRS 2020, 5620 Rn. 7 f.; *BVerfG*, Beschl. vom 01.05.2020, Az.: 1 BvR 1003/20, BeckRS 2020, 7211 Rn. 6 f.; *BVerfG*, Beschl. vom 01.05.2020, Az.: 1 BvR 1004/20, BeckRS 2020, 7215 Rn. 4 f.; *BVerfG*, Beschl. vom 31.05.2020, Az.: 1 BvQ 63/20, NVwZ-RR 2020, 761 Rn. 6 f.; *BVerfG*, Beschl. vom 21.11.2020, Az.: 1 BvQ 135/20, NVwZ 2021, 141 Rn. 14 f.; *BVerfG*, Beschl. vom 05.12.2020, Az.: 1 BvQ 145/20, BeckRS 2020, 33781 Rn. 5 f.; *BVerfG*, Beschl. vom 31.01.2022, Az.: 1 BvR 208/22, NVwZ 2022, 324 Rn. 10.

negativ beeinflussen würden, obwohl deren Schließung gar nicht streitgegenständlich waren.[61]

Bei der anschließenden Abwägung lassen sich Ähnlichkeiten mit der Angemessenheitsprüfung feststellen.[62] So wurde die zeitliche Befristung von Verordnungen und Maßnahmen als mildernder Faktor mildernd betrachtet.[63] Zweifelhaft sind die Erwägungen, dass durch die Nichtaussetzung der einrichtungsbezogenen Impfpflicht keine irreversiblen Nachteile zu befürchten seien, weil Betroffene notfalls auch temporär ihren Beruf aufgeben könnten.[64] Immerhin ist dem BVerfG hier zuzugeben, dass die Entscheidung in der Hauptsache schon zwei Monate später folgte. Zu dem Vorbringen eines Antragstellers, dass kontaktbeschränkende Maßnahme für psychisch Kranke besonders herausfordernd seien, führte das Gericht aus, dass immerhin Therapieangebote weiter bestanden,[65] was zutreffend sein mag, am Vorbringen des Antragstellers aber nichts ändert.

Um dem Antrag stattzugeben, postulierte das BVerfG „wegen der weittragenden Folgen einer einstweiligen Anordnung" einen „[strengen] Maßstab", nach welchem die Nachteile im Falle eines Nichterlasses derart schwerwiegend sein müssen, „dass es unzumutbar erschiene, sie einstweilen zurückzustellen"[66] oder der Erlass „unabweisbar" sein müsse.[67] Im Ergebnis überwiegen in allen Entscheidungen die Nachteile der Aussetzung, wobei als Hauptargument der Verweis auf die staatliche Schutzpflicht für Leben und körperliche Unversehrtheit aufgeführt wird.[68]

(3) Insbesondere: Abwägungsdeterminismus

Der Ausgang der Folgenabwägung zu Ungunsten der Antragsteller scheint damit also vorprogrammiert. Es zeigt sich hier eine Problematik, die in der Literatur mit Blick auf eine andere Thematik – der Angemessenheitsprüfung als vierte Stufe des Verhältnismäßigkeitsprinzips – beschrieben wurde.[69] Dort wurde im Kontext von

---

[61] *BVerfG*, Beschl. vom 07.04.2020, Az.: 1 BvR 755/20, NJW 2020, 1429 Rn. 10.

[62] Siehe dazu unten S. 269 ff.

[63] Siehe etwa *BVerfG*, Beschl. vom 07.04.2020, Az.: 1 BvR 755/20, NJW 2020, 1429 Rn. 11; *BVerfG*, Beschl. vom 10.04.2020, Az.: 1 BvQ 31/20, BeckRS 2020, 5584 Rn. 16; *BVerfG*, Beschl. vom 28.04.2020, Az.: 1 BvR 899/20, BeckRS 2020, 6938 Rn. 13.

[64] BVerfGE 160, 336, Rn. 17.

[65] *BVerfG*, Beschl. vom 01.05.2020, Az.: 1 BvQ 42/20, BeckRS 2020, 8421 Rn. 10.

[66] Beispielsweise *BVerfG*, Beschl. vom 07.04.2020, Az.: 1 BvR 755/20, NJW 2020, 1429 Rn. 8, 11.

[67] Siehe etwa *BVerfG*, Beschl. vom 10.04.2020, Az.: 1 BvQ 28/20, NVwZ 2020, 878 Rn. 10; *BVerfG*, Beschl. vom 29.04.2020, Az.: 1 BvQ 47/20, BeckRS 2020, 7210 Rn. 14.

[68] Exemplarisch *BVerfG*, Beschl. vom 07.04.2020, Az.: 1 BvR 755/20, NJW 2020, 1429 Rn. 11; *BVerfG*, Beschl. vom 10.04.2020, Az.: 1 BvQ 28/20, NVwZ 2020, 878 Rn. 14; *BVerfG*, Beschl. vom 11.11.2020, Az.: 1 BvR 2530/20, BeckRS 2020, 30293 Rn. 16.

[69] *Hoffmann-Riem*, ZRP 2002, 497; *Kaiser*, Ausnahmeverfassungsrecht, 2020, S. 234–238; *Lepsius*, in: Merkel/Nolte/Schuppert/Zürn, Der Rechtsstaat unter Bewährungsdruck, 2010, S. 23, 34; *Möllers*, ThürVBl. 2000, 41; *Neumann*, Vorsorge und Verhältnismäßigkeit,

Gefahrenvorsorge wie Terrorismusbekämpfung und anderen Fällen des Ausnahmezustands[70] beobachtet,[71] dass der Abwägungsprozess hier an seine Grenzen kommt, weil individuelle Freiheitsinteressen kollektiven Sicherheitsinteressen gegenüberstehen. In dieser Konstellation wird zumeist kein Mittel mehr außer Verhältnis zum Zweck stehen,[72] es kommt zu einer „Abwägungsfalle“[73], die Verhältnismäßigkeit erfüllt dann nur noch eine „Alibifunktion“[74]. Dazu kommt es besonders dann, wenn auf Sicherheit als ein eigenes Rechtsgut abgestellt wird.[75]

Die beschriebene Problematik lässt sich auch in den oben besprochenen Folgenabwägungen des BVerfG beobachten. Denn die Abwägungsprozesse bei Angemessenheit und Folgenabwägung ähneln sich strukturell stark. Gegenüber stehen sich individuelle Freiheitsinteressen der betroffenen Grundrechtsträger und Kollektivinteressen aller Grundrechtsträger. Schließlich wäre spätestens bei einem Zusammenbruch des Gesundheitssystems jeder in seinem Leben und der Gesundheit betroffen, da in einer solchen Situation auch Fälle nicht mehr behandelt werden könnten, welche überhaupt nicht durch Corona verursacht wurden. An diesem Ungleichgewicht ändert es auch nichts, wenn das BVerfG – entsprechend seiner vorpandemischen Rechtsprechung – nicht nur auf den jeweiligen Antragsteller abstellt, sondern die Auswirkungen auf alle durch die streitgegenständliche Maßnahme betroffenen Grundrechtsträger in die Abwägung einstellt. Denn die Gruppe der Betroffenen wird bei keiner Maßnahme so groß sein wie die Summe *aller* Grundrechtsträger. Offensichtlich ist das bei Maßnahmen wie der Schließung von gastronomischen Betrieben, bei denen das Gericht nur die Betroffenheit von Betreibern solcher Einrichtungen in die Waagschale legt.[76] Doch auch bei Maßnahmen, welche

---

1994, S. 103; *Poscher*, in: Vesting/Korioth, Der Eigenwert des Verfassungsrechts, 2011, S. 245, 253 f.; *Schulze-Fielitz*, in: Horn, FS Schmitt Glaeser, 2003, S. 407, 423 f.; speziell zur Coronapandemie *Kaiser*, RuP 2021, 7, 12 f.

[70] Um einen solchen Ausnahmezustand dürfte es sich auch bei der Coronapandemie gehandelt haben. So unterscheidet etwa *Kaiser*, Ausnahmeverfassungsrecht, 2020, S. 65 f. neben der „reinen Normallage“ und dem – außerhalb des Rechts liegenden – „absoluten Ausnahmefall“ zwischen zeitlich und örtlich begrenzten und überschaubaren Krisen einerseits und dem Ausnahmezustand, in welchem der Bereich der Normalität verlassen wird und in dem das Recht an seine Grenzen gerät, diese aber noch nicht verlassen werden andererseits. Aufgrund der langen Dauer der Coronapandemie und der weltweiten Auswirkungen lässt sich nach dieser Definition nur noch schwer von einem Krisenfall sprechen. Jedenfalls macht es für den Abwägungsdeterminismus keinen Unterschied, ob man die Coronapandemie als Ausnahmezustand einstuft oder nicht. Für das Vorliegen eines Ausnahmezustands auch etwa *Ipsen*, RuP 2020, 118, 118.

[71] *Kaiser*, Ausnahmeverfassungsrecht, 2020, S. 234–238.

[72] *Kaiser*, Ausnahmeverfassungsrecht, 2020, S. 237.

[73] *Lepsius*, in: Merkel/Nolte/Schuppert/Zürn, Der Rechtsstaat unter Bewährungsdruck, 2010, S. 23, 34.

[74] *Neumann*, Vorsorge und Verhältnismäßigkeit, 1994, S. 103.

[75] *Lepsius*, in: Merkel/Nolte/Schuppert/Zürn, Der Rechtsstaat unter Bewährungsdruck, 2010, S. 23, 34.

[76] *BVerfG*, Beschl. vom 28.04.2020, Az.: 1 BvR 899/20, BeckRS 2020, 6938 Rn. 11.

grundsätzlich alle Grundrechtsträger betrifft, stellt sich die Problematik. Deutlich wird das bei der Entscheidung zur nächtlichen Ausgangsbeschränkung. Auch wenn diese alle Grundrechtsträger in den jeweiligen Landkreisen adressierte, relativiert das Gericht – durchaus berechtigt – die Zahl der Betroffenen damit, dass die meisten Menschen nachts ohnehin nicht aus dem Haus gehen würden.[77] Selbst bei dieser Maßnahme überwiegt die Zahl derjenigen, die durch eine Aussetzung potenziell negativ betroffen wären, die Zahl derjenigen, die durch eine Nichtaussetzung Nachteile erleiden könnten, deutlich. Hinzu tritt der Umstand, dass es sich bei dem Kollektivgut um das Grundrecht auf Leben und körperliche Unversehrtheit handelt. Auch wenn es keine abstrakte Gewichtung gibt[78] und Art. 2 Abs. 2 S. 1 GG kein abwägungsfestes „Supergrundrecht" ist,[79] so ist das Leben doch das höchste Gut des Menschen und überhaupt erst die Voraussetzung zum Freiheitsgebrauch. Auch hier zeigt sich eine Parallele zu der Problematik bei der Angemessenheitsprüfung von Terrorismusbekämpfungsmaßnahmen.

Auffällig ist auch der Verweis auf die staatliche Schutzpflicht für Leben und Gesundheit, welche sich in jeder Folgenabwägung findet. Schon seitdem das BVerfG mit der Entscheidung Schwangerschaftsabbruch I[80] der Schutzdimension der Grundrechte Bedeutung verschaffte, gibt es in Teilen der Literatur die Besorgnis, dass die abwehrrechtliche Dimension in ihr Gegenteil verkehrt werden und Schutzpflichten so zu einer Gefährdung des Freiheitsschutzes führen könnten.[81] Andererseits sehen andere Stimmen in der Literatur in Schutzpflichten einen Baustein für ein Ausnahmeverfassungsrecht[82] oder wollen in der Gesamtheit aller grundrechtlichen Schutzpflichten ein „Grundrecht auf Sicherheit" erkennen.[83] Einige Stimmen in der Literatur wollen auf diese Weise notfalls sogar vom Vorbehalt des Gesetzes absehen.[84] Das BVerfG hat sich all dem bisher jedoch nicht angeschlossen. Weder hat es durch Schutzpflichten ein Ausnahmeverfassungsrecht begründet, noch wäre es zu einer Verkehrung der abwehrrechtlichen Dimension gekommen.[85] Auch in der pandemischen Rechtsprechung finden sich keine derartigen Tendenzen. Gleichwohl erhöht die staatliche Schutzpflicht zusätzlich das Gewicht der Nachteile im Falle der Aussetzung der jeweiligen Maßnahme.

---

[77] BVerfGE 157, 394, Rn. 48.

[78] BVerfGE 35, 202, 225; *Bethge*, in: Schmidt-Bleibtreu/Klein/Bethge, BVerfGG, 64. Ersatzlieferung 2024, § 90 Rn. 311.

[79] Dies mit Recht betonend *Heinig/Kingreen/Lepsius/Möllers/Volkmann/Wißmann*, JZ 2020, 861, 864; *Lepsius*, JöR 69 (2021), 706, 731.

[80] BVerfGE 39, 1.

[81] So schon das Sondervotum von *Rupp-von Brünneck* und *Simon*, BVerfGE 39, 1, 68 ff.

[82] Siehe dazu *Kaiser*, Ausnahmeverfassungsrecht, 2020, S. 298, 319 ff.

[83] So *Isensee*, Das Grundrecht auf Sicherheit, 1983, S. 33.

[84] So etwa *Isensee*, in: Isensee/Kirchhof, Handbuch des Staatsrechts IX, 3. Auflage 2011, Rn. 315; kritisch dazu *Kaiser*, Ausnahmeverfassungsrecht, 2020, S. 299–305.

[85] *Kaiser*, Ausnahmeverfassungsrecht, 2020, S. 319.

Wie das BVerfG die Abwägung vorgenommen hat, kann damit kaum kritisiert werden. Der Ausgang der Folgenabwägung zu Ungunsten der Antragsteller ist weitestgehend vorprogrammiert. Die Folgenabwägung wurde nicht „falsch" vorgenommen, sie gerät hier – wie die Verhältnismäßigkeit in derartigen Konstellationen – an ihre Funktionsgrenzen. Freilich wird dieser Umstand relativiert, wenn man unterstellt, dass das BVerfG verdeckt doch eine summarische Prüfung durchführt. Vollständig vermieden werden könnte diese Problematik aber allenfalls dadurch, indem auf die Folgenabwägung ganz verzichtet wird und stattdessen eine materiell-rechtliche Prüfung erfolgt. Selbst dann wird es aber regelmäßig auf die Prüfung der Verhältnismäßigkeitsprüfung ankommen, bei der im Rahmen der Angemessenheit dieselben Probleme auftreten würden. Sofern aber materiell-rechtliche Aspekte wie etwa der Parlamentsvorbehalt relevant werden, ließe sich der Abwägungsdeterminismus so vermeiden.

Es kann aber gerade in einem Ausnahmezustand auch gute Gründe geben, nur eine Folgenabwägung durchzuführen. So hatte der BGH anlässlich der *„Schleyer-Entführung"* durch die *RAF* über eine Kontaktsperre zu entscheiden, für die damals noch keine Rechtsgrundlage existierte.[86] Der *BGH* konnte die Maßnahme nur deshalb noch als rechtmäßig betrachten, weil er dafür die strafrechtlichen Rechtfertigungsgründe über die hergebrachte Dogmatik hinaus eigens für den Einzelfall erweiterte.[87] Das daraufhin angerufene BVerfG beschränkte sich auf die Durchführung einer Folgenabwägung und konnte so das Ergebnis begründen, ohne in dogmatischer Hinsicht einen Präzedenzfall zu schaffen, wodurch es den Schaden für den Rechtsstaat begrenzte.[88] Gerade im Ausnahmezustand hat die Beschränkung auf die Folgenabwägung also auch Vorzüge. Auch in einer Pandemie könnte das BVerfG dem Gesetzgeber auf diese Weise Handlungsfreiheit gewähren, in einer späteren Hauptsacheentscheidung dann aber eine penible Prüfung nach hergebrachten materiell-rechtlichen Maßstäben durchführen. Relevant wurde dies in der Rechtsprechung des BVerfG aber nicht, die späteren Hauptsacheentscheidungen deckten sich im Ergebnis immer mit den früheren Eilentscheidungen.

2. Landesverfassungsgerichtlicher Rechtsschutz

Auch vor den Landesverfassungsgerichten wurde Eilrechtsschutz ersucht. Das Recht der meisten Bundesländer kennt die Möglichkeit einer einstweiligen Anordnung.[89] Die meisten Eilentscheidungen ergingen in Fällen, in denen in der Haupt-

---

[86] Siehe zum Hintergrund *Kaiser*, Ausnahmeverfassungsrecht, 2020, S. 268 f.

[87] BGHSt 27, 260; siehe zur Kritik *Kaiser*, Ausnahmeverfassungsrecht, 2020, S. 269 f., 272 f.

[88] *Kaiser*, Ausnahmeverfassungsrecht, 2020, S. 271, 274.

[89] § 25 VerfGHG BW; Art. 26 VfGHG BY; § 31 VerfGHG BE; § 30 VerfGGBbg; § 26 StGHG HE; § 30 LVerfGG MV; § 27 VerfGHG NRW; § 19a VerfGHG RP; § 23 VerfGHG SL; §§ 10 SächsVerfGHG, 32 BVerfGG; § 31 LVerfGG LSA; § 26 ThürVerfGHG.

sache eine Verfassungsbeschwerde statthaft gewesen wäre. Einen solchen Rechtsbehelf kennen die Landesverfassungsgerichtsgesetze von Baden-Württemberg, Bayern, Berlin, Brandenburg, Hessen, Mecklenburg-Vorpommern, Nordrhein-Westfalen, Rheinland-Pfalz, Saarland, Sachsen, Sachsen-Anhalt und Thüringen.[90] Auch hier besteht das Erfordernis der Rechtswegerschöpfung,[91] wobei in den meisten Ländern eine dem § 90 Abs. 2 S. 2 BVerfGG vergleichbare Regelung besteht.[92] In Bayern existiert zudem neben der Verfassungsbeschwerde die Möglichkeit, die Rechtswidrigkeit einer Rechtsnorm im Rahmen der Popularklage ohne eigene Betroffenheit geltend zu machen.[93] Einige Eilentscheidungen hatten auch eine abstrakte Normenkontrolle zum Gegenstand.

Wegen des Subsidiaritätserfordernisses scheiterten regelmäßig auch Anträge vor den Landesverfassungsgerichten. Sofern das jeweilige Landesrecht eine zu § 90 Abs. 2 S. 2 BVerfGG vergleichbare Regelung enthält, wurde vielfach eine allgemeine Bedeutung – und damit eine Ausnahme vom Subsidiaritätserfordernisses – abgelehnt.[94] Gelegentlich nahmen Gerichte aber auch eine solche allgemeine Bedeutung an, so etwa der VerfGH Berlin wegen der Vielzahl der Adressaten der Maßnahmen.[95] In anderen Fällen hielten Landesverfassungsgerichte in Einzelfällen eine Erschöpfung des Rechtsweges für unzumutbar, weil die Befassung der Verwaltungsgerichtsbarkeit angesichts früherer, von Dritten bewirkten Entscheidungen

[90] §§ 55 ff. VerfGHG BW; Art. 51 ff. VfGHG BY; §§ 49 ff. VerfGHG BE; §§ 45 ff. VerfGGBbg; §§ 43 ff. StGHG HE; §§ 52 ff. LVerfGG MV; §§ 53 ff. VerfGHG NRW; §§ 44 ff. VerfGHG RP; §§ 55 ff. VerfGHG SL; §§ 27 ff. SächsVerfGHG; §§ 47 ff. LVerfGG LSA; §§ 31 ff. ThürVerfGHG.

[91] § 55 Abs. 2 S. 1 VerfGHG BW; Art. 51 Abs. 2 VfGHG BY; § 49 Abs. 2 S. 1 VerfGHG BE; § 45 Abs. 2 S. 1 VerfGGBbg; § 44 Abs. 1 StGHG HE; § 58 Abs. 2 S. 1 LVerfGG MV; § 54 S. 1 VerfGHG NRW; §§ 44 Abs. 3 S. 1 VerfGHG RP; § 55 Abs. 3 S. 1 VerfGHG SL; § 27 Abs. 2 S. 1 SächsVerfGHG; § 47 Abs. 2 LVerfGG LSA; § 31 Abs. 3 S. 1 ThürVerfGHG.

[92] § 55 Abs. 2 S. 2 VerfGHG BW; § 49 Abs. 2 S. 2 VerfGHG BE; § 45 Abs. 2 S. 2 VerfGGBbg; § 44 Abs. 1 StGHG HE; § 58 Abs. 2 S. 2 LVerfGG MV; § 54 S. 2 VerfGHG NRW; § 44 Abs. 3 S. 2 VerfGHG RP; § 55 Abs. 3 S. 2 VerfGHG SL; § 27 Abs. 2 S. 2 SächsVerfGHG; § 31 Abs. 3 S. 2 ThürVerfGHG.

[93] Art. 55 VfGHG BY.

[94] So etwa *VerfG Bbg*, Beschl. vom 05.05.2020, Az.: VfGBbg 5/20 EA, BeckRS 2020, 7890; *VerfG Bbg*, Beschl. vom 18.12.2020, Az.: VfGBbg 23/20 EA, BeckRS 2020, 35974 Rn. 5; *VerfGH NRW*, Beschl. vom 06.04.2020, Az.: VerfGH 33/20.VB-2, BeckRS 2020, 5479 Rn. 6 f.; *VerfGH NRW*, Beschl. vom 07.04.2020, Az.: VerfGH 40/20.VB-3, BeckRS 2020, 6813 Rn. 4 f.; *VerfGH Sachs*, Beschl. vom 19.11.2020, Az.: Vf. 203-IV-20 (e. A.), BeckRS 2020, 32380 Rn. 11–15.

[95] *VerfGH Bln*, Beschl. vom 14.04.2020, Az.: VerfGH 50 A/20 (juris) Rn. 7; *VerfGH Bln*, Beschl. vom 07.05.2020, Az.: VerfGH 64 A/20, BeckRS 2020, 8314 Rn. 8. Anders dagegen bei der Anordnung, gastronomische Einrichtungen beziehungsweise Fitnessstudios geschlossen zu halten, siehe *VerfGH Bln*, Beschl. vom 27.11.2020, Az.: VerfGH 182 A/20, BeckRS 2020, 33650 Rn. 10; *VerfGH Bln*, Beschl. vom 27.11.2020, Az.: VerfGH 180 A/20, BeckRS 2020, 33649 Rn. 10.

ohnehin aussichtslos schien[96] oder durch die Verwaltungsgerichtsbarkeit keine bessere Klärung der Tatsachengrundlage zu erwarten gewesen wäre.[97]

Die Begründetheitsprüfung nahmen die Landesgerichte ähnlich vor wie das BVerfG, soweit in der Hauptsache eine Verfassungsbeschwerde statthaft war. Der Fokus lag insofern auf der Folgenabwägung. Materiell-rechtliche Rechtsprüfungen fielen im Vergleich zu den Prüfungen der Verwaltungsgerichte zumeist knapp aus.[98] Heraus stechen hier Entscheidungen des LVerfG Sachsen-Anhalt, das eine ausführliche materiell-rechtliche Prüfung durchführte.[99] Der SaarlVerfGH und der VerfGH Berlin gaben in zwei Fällen Anträgen statt, weil die Folgenabwägung zugunsten der Antragsteller ausfiel.[100] Im Falle des SaarlVerfGH war die damalige Ausgangsbeschränkung streitgegenständlich. Durch die Aussetzung der Ausgangsbeschränkung bestehe zwar das Risiko, dass sich dies nachteilig auf das Infektionsgeschehen auswirken kann. Allerdings sei dieses Risiko überschaubar. Demgegenüber stehe eine anhaltende Freiheiteinschränkung, deren Regelung der SaarlVerfGH als inkonsistent bewertete. Das verschaffte den zu erwartenden Nachteilen im Falle einer Nichtaussetzungen der Ausgangsbeschränkungen das notwendige Gewicht, um sich in der Folgenabwägung durchzusetzen.[101] Ähnlich hielt der

---

[96] Etwa *VerfGH NRW*, Beschl. vom 29.05.2020, Az.: VerfGH 67/20.VB-1, NVwZ 2020, 1042 Rn. 17–19; *StGH Hess*, Beschl. vom 06.01.2021, Az.: P.St. 2768, P.St. 2769, BeckRS 2021, 11 Rn. 35.

[97] So der *VerfGH Saarl*, Beschl. vom 28.04.2020, Az.: Lv 7/20, NVwZ-RR 2020, 514 Rn. 17.

[98] Siehe etwa *VerfGH Bln*, Beschl. vom 14.04.2020, Az.: VerfGH 50 A/20 (juris) Rn. 8–12; *VerfG Bbg*, Beschl. vom 11.12.2020, Az.: VfGBbg 22/20 EA, BeckRS 2020, 36246 Rn. 16–26; *VerfG Bbg*, Beschl. vom 11.12.2020, Az.: VfGBbg 21/20 EA, BeckRS 2020, 35512 Rn. 15–24; *VerfGH NRW*, Beschl. vom 23.11.2020, Az.: VerfGH 179/20.VB-1, SpuRt 2021, 27, 29 f.; *VerfGH NRW*, Beschl. vom 29.01.2021, Az.: VerfGH 16/21.VB-1, BeckRS 2021, 1385 Rn. 12–20; *VerfGH NRW*, Beschl. vom 29.01.2021, Az.: VerfGH 19/21. VB-1, BeckRS 2021, 1072 Rn. 11–20; *VerfGH NRW*, Beschl. vom 29.01.2021, Az.: VerfGH 20/21.VB-2, BeckRS 2021, 1386 Rn. 11–20; *VerfGH NRW*, Beschl. vom 10.02.2021, Az.: VerfGH 27/21.VB-3, BeckRS 2021, 2337 Rn. 12–21; *VerfGH RhPf*, Beschl. vom 23.04. 2021, Az.: VGH A 33/21, BeckRS 2021, 8561 Rn. 2 f.; *VerfGH Sachs*, Beschl. vom 17.04. 2020, Az.: Vf. 51-IV-20, BeckRS 2020, 6054 Rn. 11–14; *VerfGH Sachs*, Beschl. vom 30.04. 2020, Az.: Vf. 60-IV-20 (e.A.), BeckRS 2020, 7524 Rn. 11–15; *VerfGH Sachs*, Beschl. vom 25.02.2021, Az.: Vf. 19-IV-21 (e.A.), BeckRS 2021, 3286 Rn. 12–22; *VerfGH Sachs*, Beschl. vom 02.12.2021, Az.: Vf. 114-IV-21 (HS), Vf. 115-IV-21 (e.A.), NJOZ 2022, 122 Rn. 23–29; *StGH Hess*, Beschl. vom 06.01.2021, Az.: P.St. 2768, P.St. 2769, BeckRS 2021, 11 Rn. 37–41; anders dagegen etwa *VerfGH NRW*, Beschl. vom 18.02.2022, Az.: VerfGH 20/ 22.VB-2, NVwZ-RR 2022, 364, 366–368.

[99] *LVerfG LSA*, Beschl. vom 08.12.2020, Az.: LVG 25/20, BeckRS 2020, 39494 Rn. 36–61; *LVerfG LSA*, Beschl. vom 02.02.2021, Az.: LVG 4/21, BeckRS 2021, 1360 Rn. 63–80.

[100] *VerfGH Saarl*, Beschl. vom 28.04.2020, Az.: Lv 7/20, NVwZ-RR 2020, 514; *VerfGH Bln*, Beschl. vom 20.05.2020, Az.: VerfGH 81 A/20, BeckRS 2020, 9726.

[101] *VerfGH Saarl*, Beschl. vom 28.04.2020, Az.: Lv 7/20, NVwZ-RR 2020, 514 Rn. 38–50.

VerfGH Berlin einen Antrag für begründet, soweit er sich gegen einen uneindeutigen Bußgeldkatalog richtete. Es bestehe das Risiko, dass sich die Bevölkerung stärker in ihrer Freiheitsausübung einschränke, als es notwendig sei, um keine Ordnungswidrigkeit zu begehen.[102] Die Prüfung beider Gerichte entspricht hier einer Prüfung der offensichtlichen Begründetheit, welche inzident im Rahmen der Folgenabwägung vorgenommen wird. Das materielle Recht auf Ebene der Folgenabwägung zu berücksichtigen, stellt eine Abweichung von der klassischen Doppelhypothese des BVerfG dar, bei der die Erfolgsaussichten in der Hauptsache gezielt ausgeblendet werden.

Die meisten Entscheidungen des BayVerfGH beschäftigen sich mit Eilanträgen im Zusammenhang mit Popularklagen. Während der Schwerpunkt hier zu Beginn der Pandemie auf der Folgenabwägung lag, verschob sich der Schwerpunkt mit der Zeit von der Folgenabwägung auf die Prüfung der Erfolgsaussichten in der Hauptsache, welche in späteren Entscheidungen schon einer Vollprüfung ähnelte.[103] Wenn abstrakte Normenkontrollen mit Eilanträgen verbunden wurden, prüften die Gerichte grundsätzlich im Wege der Folgenabwägung.[104] Das VerfG Brandenburg führte aber – im Gegensatz zu seinen Entscheidungen zu „Verfassungsbeschwerdeeilanträgen" –[105] zumeist eine knappe materiell-rechtliche Prüfung durch, welche – wie auch die Folgenabwägung – zur Ablehnung der Anträge führte.[106] Erfolg hatte dagegen ein Antrag gegen Versammlungsbeschränkungen.[107] Der Versammlungsfreiheit maß das Gericht in der Folgenabwägung für die freiheitliche und demokratische Staatsordnung eine derart große Bedeutung zu, dass die mögliche irreversible Verletzung dieses Grundrechts die Gefahr für den Lebens- und Gesund-

[102] *VerfGH Bln*, Beschl. vom 20.05.2020, Az.: VerfGH 81 A/20, BeckRS 2020, 9726 Rn. 16–18.

[103] So etwa noch angerissene summarische Prüfungen: *BayVerfGH*, Entsch. vom 03.07. 2020, Az.: Vf. 34-VII-20, BeckRS 2020, 15590 Rn. 17–20; *BayVerfGH*, Entsch. vom 12.08. 2020, Az.: Vf. 34-VII-20, BeckRS 2020, 19281 Rn. 15–22; *BayVerfGH*, Entsch. vom 21.10. 2020, Az.: Vf. 26-VII-20, BeckRS 2020, 27679 Rn. 14–24; nahezu Vollprüfungen etwa bei *BayVerfGH*, Entsch. vom 16.11.2020, Az.: Vf. 90-VII-20, BeckRS 2020, 31088 Rn. 9–40; *BayVerfGH*, Entsch. vom 17.12.2020, Az.: Vf. 110-VII-20, BeckRS 2020, 35808 Rn. 11–25; *BayVerfGH*, Entsch. vom 22.03.2021, Az.: Vf. 23-VII-21, BeckRS 2021, 5200 Rn. 14–46.

[104] *ThürVerfGH*, Beschl. vom 24.06.2020, Az.: VerfGH 17/20, BeckRS 2020, 16410 Rn. 37–51; *ThürVerfGH*, Beschl. vom 28.12.2020, Az.: VerfGH 118/20 (juris) Rn. 59–72; *ThürVerfGH*, Beschl. vom 04.02.2022, Az.: VerfGH 5/22, BeckRS 2022, 2012 Rn. 101–119.

[105] Siehe dazu *VerfG Bbg*, Beschl. vom 11.12.2020, Az.: VfGBbg 22/20 EA, BeckRS 2020, 36246 Rn. 16–26; *VerfG Bbg*, Beschl. vom 11.12.2020, Az.: VfGBbg 21/20 EA, BeckRS 2020, 35512 Rn. 15–24.

[106] *VerfG Bbg*, Beschl. vom 26.03.2021, Az.: VfGBbg 5/21 EA, BeckRS 2021, 5648 Rn. 24–42; *VerfG Bbg*, Beschl. vom 12.11.2021, Az.: VfGBbg 24/21 EA, BeckRS 2021, 42605 Rn. 33–55; in diese Richtung auch *VerfGH Sachs*, Beschl. vom 11.02.2021, Az.: Vf. 14-II-21, BeckRS 2021, 1739 Rn. 20–25.

[107] *VerfG Bbg*, Beschl. vom 03.06.2020, Az.: VfGBbg 9/20 EA, BeckRS 2020, 11248.

heitsschutz „deutlich“[108] überwöge.[109] Entsprechend gab es den Versammlungsbehörden auf, die streitgegenständliche Verordnung nur unter gewissen Maßgaben anzuwenden. Mit Blick auf die von den Antragstellern ebenfalls monierten Beschränkungen von anderen Zusammenkünften als Versammlungen und die Pflicht zum Tragen einer Mund-Nasen-Bedeckung an öffentlichen Orten fiel die Folgenabwägung dagegen zugunsten des Normvollzugs aus, denn hier kommt den jeweiligen Grundrechtseingriffen in der Abwägung nicht noch eine kollektive Dimension zu.[110]

Die Möglichkeit, Regelungen auch ohne eigene Betroffenheit anzugreifen, kann dazu führen, dass eine große Zahl von Maßnahmen zum Streitgegenstand eines Verfahrens wird. Das birgt die Gefahr, dass sich das Gericht im Eilverfahren nicht mit den Maßnahmen im Einzelnen befassen kann und so eine vage Prüfung des gesamten Maßnahmenbündels vornimmt.[111] In einem Fall hielt der BayVerfGH einen Teil eines entsprechenden Antrags aber für offensichtlich begründet.[112]

Insgesamt ähnelte die landesverfassungsgerichtliche Eilrechtsprechung damit der des BVerfG. Gleichwohl ergaben sich Unterschiede. Die Zulässigkeitshürden der Subsidiarität und Rechtswegerschöpfung wurde von einigen Landesverfassungsgerichten nicht derart strikt gehandhabt, wie das BVerfG es tat. Die materiellrechtliche Prüfung nahm eine größere Bedeutung ein als in den stark auf die Folgenabwägung fokussierten Prüfungen des BVerfG. Gleichwohl finden sich ebenso Entscheidungen, welche sich stark auf die Folgenabwägung stützen.

II. Verwaltungsgerichtlicher vorläufiger Rechtsschutz

Verwaltungsgerichtlichem Eilrechtsschutz kam in der Pandemie eine nicht zu unterschätzende Bedeutung zu. Schließlich wurden die Maßnahmen zumeist exekutiv verhängt. Entsprechend viele verwaltungsgerichtliche Eilentscheidungen finden sich aus der Zeit der Corona-Pandemie. § 47 Abs. 6 VwGO kam dabei eine besonders große Relevanz zu, denn zumeist wurden Maßnahmen mittels Verordnungen geregelt. Entsprechend wird die Normenkontrolleilantrag zunächst behandelt (1.). Doch auch die einstweilige Anordnung nach § 123 Abs. 1 VwGO (2.) und

[108] *VerfG Bbg*, Beschl. vom 03.06.2020, Az.: VfGBbg 9/20 EA, BeckRS 2020, 11248 Rn. 50.

[109] *VerfG Bbg*, Beschl. vom 03.06.2020, Az.: VfGBbg 9/20 EA, BeckRS 2020, 11248 Rn. 39–51.

[110] *VerfG Bbg*, Beschl. vom 03.06.2020, Az.: VfGBbg 9/20 EA, BeckRS 2020, 11248 Rn. 52–60.

[111] So etwa *BayVerfGH*, Entsch. vom 08.05.2020, Az.: Vf. 34-VII-20, BeckRS 2020, 8029; *ThürVerfGH*, Beschl. vom 24.06.2020, Az.: VerfGH 17/20, BeckRS 2020, 16410; *VerfGH Sachs*, Beschl. vom 11.02.2021, Az.: Vf. 14-II-21, BeckRS 2021, 1739.

[112] *BayVerfGH*, Entsch. vom 08.06.2020, Az.: Vf. 34-VII-20, BeckRS 2020, 11735 Rn. 13–16.

der vorläufige Rechtsschutz gegen Verwaltungsakte nach § 80 Abs. 5 VwGO (3.) spielten in der Pandemie eine wichtige Rolle.

1. § 47 Abs. 6 VwGO

Das Verwaltungsprozessrecht ist geprägt von der Idee des Individualrechtsschutzes.[113] § 47 VwGO erweitert das Prozessrecht aber um die Möglichkeit einer abstrakten Normenkontrolle von untergesetzlichen Normen. Statthaft ist diese Verfahrensart gegen Satzungen, die nach den Vorschriften des BauGB erlassen worden sind, sowie gegen Rechtsverordnungen nach § 246 Abs. 2 BauGB (§ 47 Abs. 1 Nr. 1 VwGO). Darüber hinaus kann der Landesgesetzgeber die Möglichkeit dieser Normenkontrolle auch auf Rechtsvorschriften erweitern, welche unter dem Rang von Landesgesetzen stehen (§ 47 Abs. 1 Nr. 2 VwGO), insbesondere also auch Rechtsverordnungen. Davon haben bis auf Hamburg alle Länder Gebrauch gemacht.[114] In Berlin wurde diese Möglichkeit aber erst mit Wirkung zum 1. Juli 2022 geschaffen,[115] weshalb § 47 Abs. 6 VwGO in der Pandemie keine Rolle spielte. Rheinland-Pfalz hat Rechtsverordnungen ausgenommen, welche von Verfassungsorganen i. S. d. Art. 130 Rh-PfVerf erlassen wurden (§ 4 AGVwGO RhPf). Darunter fallen auch Verordnungen des Ministeriums für Soziales, Arbeit, Gesundheit und Demografie beziehungsweise des Ministeriums für Wissenschaft und Gesundheit, welche die entsprechenden Corona-Verordnung in Rheinland-Pfalz erließen.

Die verwaltungsgerichtliche Normenkontrolle erfüllt eine Doppelfunktion.[116] Einerseits handelt es sich um ein objektives Prüfungsverfahren; im Mittelpunkt steht die Wahrung objektiven Rechts.[117] Andererseits dient die Normenkontrolle nach überwiegender Auffassung auch dem Individualrechtsschutz.[118] Das wird dadurch deutlich, dass zur Antragstellung eine Verletzung in eigenen Rechten geltend gemacht werden muss (§ 47 Abs. 2 S. 2 VwGO). Wird jedoch diese Zulässigkeitshürde überwunden, so überprüft das Gericht die Vereinbarkeit der Rechtsvorschrift umfassend und unabhängig von der Verletzung subjektiver Rechte des Antragstellers.[119] Hält das entscheidende Gericht die streitgegenständliche Vorschrift für un-

---

[113] *Schoch*, in: Ehlers/Schoch, Rechtsschutz im Öffentlichen Recht, 2021, § 22 Rn. 21 f.

[114] Überblick bei *Giesberts*, in: Posser/Wolff/Decker, BeckOK VwGO, 75. Edition, Stand 01.10.2025, § 47 Rn. 24.

[115] GVBl. 2021 S. 1076.

[116] BVerwGE 82, 225, 230.

[117] *Ehlers*, in: Ehlers/Schoch, Rechtsschutz im Öffentlichen Recht, 2021, § 32 Rn. 1.

[118] So BVerwGE 82, 225, 230; *Ehlers*, in: Ehlers/Schoch, Rechtsschutz im Öffentlichen Recht, 2021, § 32 Rn. 1; *Hoppe*, in: Eyermann/Fröhler, VwGO, 16. Auflage 2022, § 47 Rn. 5; anders dagegen etwa *Ziekow*, in: Sodan/Ziekow, VwGO, 6. Auflage 2025, § 47 Rn. 36, demzufolge § 47 VwGO ein rein objektives Beanstandungsverfahren sei.

[119] *Ehlers*, in: Ehlers/Schoch, Rechtsschutz im Öffentlichen Recht, 2021, § 32 Rn. 38.

gültig, so erklärt es diese allgemein verbindlich für unwirksam (§ 47 Abs. 5 S. 2 VwGO).

Auf Antrag kann das zuständige Gericht nach § 47 Abs. 6 VwGO eine einstweilige Anordnung erlassen, sofern das „zur Abwehr schwerer Nachteile oder aus anderen wichtigen Gründen dringend geboten ist". Diese Möglichkeit eines Normenkontrolleilantrags entfaltete lange Zeit keine große praktische Relevanz, erfuhr aber in der Zeit der Coronapandemie einen erheblichen Bedeutungszuwachs.[120] Die Regelung ist ihrem Wortlaut nach § 32 Abs. 1 BVerfGG nachgebildet.[121] Das wirft die Frage auf, welchen Prüfungsmaßstab die Rechtsprechung in der Begründetheit anlegt. Diese Frage soll zunächst mit Blick auf die vorpandemische Rechtsprechung geklärt werden (a)), bevor die pandemische Rechtsprechung analysiert wird (b)).

a) Prüfungsmaßstab der vorpandemischen Rechtsprechung

aa) Doppelhypothese

Traditionell orientierten sich Oberverwaltungsgerichte bei ihrem Prüfprogramm an der Doppelhypothese, welche das BVerfG zu § 32 BVerfGG entwickelt hat.[122] Die Begründetheitsprüfung war so von einer Folgenabwägung dominiert, welche die Erfolgsaussichten in der Hauptsache bewusst ausblendet. In Übereinstimmung mit der Rechtsprechung des BVerfG sprachen die Gerichte von einem „strengen Maßstab", ein Antrag musste demnach unabweisbar sein, um begründet zu sein.[123]

bb) Erfolgsaussichten in der Hauptsache

2015 legte das BVerwG allerdings den Grundstein für eine Neuausrichtung des Prüfprogramms.[124] Jedenfalls bei der Überprüfung von Bebauungsplänen sollten nunmehr die Erfolgsaussichten in der Hauptsache im Mittelpunkt stehen. Zeichnet sich ab, dass der Normenkontrollantrag voraussichtlich unzulässig oder unbegründet sein wird, so ist der Antrag abzulehnen.[125] Erweist sich das Vorgehen in der Hauptsache als voraussichtlich begründet, so stellt das ein „wesentliches Indiz" für die vorläufige Aussetzung des Normvollzugs dar. Eine Anordnung kann in diesem Fall ergehen, wenn der weitere Vollzug Nachteile befürchten lässt, „die unter Berücksichtigung der Belange des Antragstellers, betroffener Dritter und/oder der

---

[120] *Schoch*, in: Ehlers/Schoch, Rechtsschutz im Öffentlichen Recht, 2021, § 35 Rn. 79.

[121] Ausdrücklich auch BT-Drs. 7/4324 S. 12.

[122] *Schoch*, in: Ehlers/Schoch, Rechtsschutz im Öffentlichen Recht, 2021, § 35 Rn. 94 mit umfangreichen Nachweisen. Zur Doppelhypothese siehe oben S. 186 ff.

[123] Siehe dazu *Schoch*, in: Ehlers/Schoch, Rechtsschutz im Öffentlichen Recht, 2021, § 35 mit umfangreichen Nachweisen in Fn. 369–373.

[124] *BVerwG*, Beschl. vom 25.02.2015, Az.: 4 VR 5.14 (4 CN 4.14), BeckRS 2015, 42594.

[125] *BVerwG*, Beschl. vom 25.02.2015, Az.: 4 VR 5.14 (4 CN 4.14), BeckRS 2015, 42594 Rn. 12.

Allgemeinheit so gewichtig sind, dass eine vorläufige Regelung mit Blick auf die Wirksamkeit und Umsetzbarkeit einer für den Antragsteller günstigen Hauptsacheentscheidung unaufschiebbar sind."[126] Es kommt also trotz voraussichtlicher Begründetheit in der Hauptsache noch zu einer Folgenabwägung, in die allerdings die Erfolgsaussichten als wesentlicher Faktor einzustellen sind. Letzteres stellt damit eine Abkehr von der Folgenabwägung in Form der Doppelhypothese dar. In der weiteren Entscheidungsbegründung führt das BVerwG allerdings entgegen seinen einleitenden Ausführungen keine Folgenabwägung durch, sondern begründet nur, warum im streitgegenständlichen Fall eine besondere Dringlichkeit bestand.[127]

Erst wenn sich die Erfolgsaussichten des Normenkontrollantrags als offen erweisen, soll es zu einer Folgenabwägung in Gestalt der Doppelhypothese kommen.[128] Teile der oberverwaltungsgerichtlichen Rechtsprechung haben diese Neuausrichtung des Prüfungsprogramms nicht nachvollzogen,[129] während das BVerwG an ihr festhält.[130]

b) Handhabung in der pandemischen Rechtsprechung

aa) Prüfprogramm: Doppelhypothese oder Erfolgsaussichten in der Hauptsache?

Während das Prüfprogramm der Gerichte in der Literatur noch als uneinheitlich charakterisiert wird,[131] haben die Oberverwaltungsgerichte ihr Programm in den pandemischen Entscheidungen konsolidiert.[132] Einheitlich verwenden die Gerichte das Prüfprogramm der jüngeren BVerwG-Rechtsprechung, womit der Prüfungsschwerpunkt – anders als bei der verfassungsgerichtlichen Rechtsprechung[133] – auf einer Prüfung der Erfolgsaussichten in der Hauptsache liegt, insbesondere also auf einer materiell-rechtlichen Prüfung. Manche Gerichte orientierten sich im Aus-

[126] *BVerwG*, Beschl. vom 25.02.2015, Az.: 4 VR 5.14 (4 CN 4.14), BeckRS 2015, 42594 Rn. 12.

[127] *BVerwG*, Beschl. vom 25.02.2015, Az.: 4 VR 5.14 (4 CN 4.14), BeckRS 2015, 42594 Rn. 22.

[128] *BVerwG*, Beschl. vom 25.02.2015, Az.: 4 VR 5.14 (4 CN 4.14), BeckRS 2015, 42594 Rn. 12.

[129] *Schoch*, in: Ehlers/Schoch, Rechtsschutz im Öffentlichen Recht, 2021, § 35 Rn. 97 (insb. Nachweise in Fn. 382, 389).

[130] *BVerwG*, Beschl. vom 16.09.2015, Az.: 4 VR 2.15 (4 BN 36.15), BeckRS 2015, 52873 Rn. 4; *BVerwG*, Beschl. vom 30.04.2019, Az.: 4 VR 3.19, BeckRS 2019, 10658 Rn. 4.

[131] So etwa *Schoch*, in: Ehlers/Schoch, Rechtsschutz im Öffentlichen Recht, 2021, § 35 Rn. 98.

[132] *Lüke*, JöR 2022 (70), 609, 618 weist aber zu Recht darauf hin, dass sich manche Gerichte doch stärker an der Doppelhypothese orientieren, wenn sie den Schwerpunkt auf die Folgenabwägung und nicht auf die Prüfung der Erfolgsaussichten in der Hauptsache legen. Siehe zu dieser Flucht in die Folgenabwägung unten S. 228 ff.

[133] Siehe dazu oben S. 186 ff.

gangspunkt noch an den Ursprüngen des § 32 BVerfGG,[134] während zumeist die Ausführungen des BVerwG wiedergegeben wurden.[135] Teils finden sich auch noch

[134] So noch frühere Entscheidungen des *OVG Bautzen*, siehe etwa *OVG Bautzen*, Beschl. vom 15.04.2020, Az.: 3 B 114/20, BeckRS 2020, 9180 Rn. 11; *OVG Bautzen*, Beschl. vom 03.06.2020, Az.: 3 B 203/20, BeckRS 2020, 11819 Rn. 9; ebenso in ständiger Rechtsprechung das *OVG Weimar*, siehe nur *OVG Weimar*, Beschl. vom 09.04.2020, Az.: 3 EN 238/20, BeckRS 2020, 7743 Rn. 17; *OVG Weimar*, Beschl. vom 22.05.2020, Az.: 3 EN 341/20, BeckRS 2020, 10615 Rn. 39; *OVG Weimar*, Beschl. vom 13.06.2020, Az.: 3 EN 374/20, BeckRS 2020, 12442 Rn. 15; *OVG Weimar*, Beschl. vom 30.11.2020, Az.: 3 EN 729/20, BeckRS 2020, 42130 Rn. 47; *OVG Weimar*, Beschl. vom 26.03.2021, Az.: 3 EN 180/21, BeckRS 2021, 8672 Rn. 17; *OVG Weimar*, Beschl. vom 30.12.2021, Az.: 3 EN 775/21, BeckRS 2021, 41461 Rn. 17.

[135] *OVG Bautzen*, Beschl. vom 11.11.2020, Az.: 3 B 349/20, BeckRS 2020, 30182 Rn. 19; *OVG Bautzen*, Beschl. vom 07.01.2021, Az.: 3 B 446/20, BeckRS 2021, 39 Rn. 15; *OVG Bautzen*, Beschl. vom 04.11.2021, Az.: 3 B 374/21, BeckRS 2021, 33293 Rn. 28; *OVG Berlin-Brandenburg*, Beschl. vom 21.07.2020, Az.: OVG 11 S 65/20, BeckRS 2020, 16701 Rn. 6 f.; *OVG Berlin-Brandenburg*, Beschl. vom 04.11.2020, Az.: OVG 11 S 94/20, BeckRS 2020, 29285 Rn. 11–13; *OVG Berlin-Brandenburg*, Beschl. vom 11.12.2020, Az.: OVG 11 S 124/20, BeckRS 2020, 35389 Rn. 13–15; *OVG Berlin-Brandenburg*, Beschl. vom 03.03.2021, Az.: OVG 11 S 23/21, BeckRS 2021, 3361 Rn. 13–15; *OVG Berlin-Brandenburg*, Beschl. vom 30.12.2021, Az.: OVG 11 S 109/21, BeckRS 2021, 40885 Rn. 14–16; *OVG Bremen*, Beschl. vom 09.04.2020, Az.: 1 B 97/20, BeckRS 2020, 5629 Rn. 13 f.; *OVG Bremen*, Beschl. vom 10.03.2021, Az.: 1 B 104/21, BeckRS 2021, 3993 Rn. 4 f.; *OVG Bremen*, Beschl. vom 15.04.2021, Az.: 1 B 127/21, BeckRS 2021, 7988 Rn. 19 f.; verknappt dagegen *OVG Bremen*, Beschl. vom 23.04.2020, Az.: 1 B 107/20, BeckRS 2020, 6622 Rn. 14: keine Erwähnung einer Folgenabwägung bei voraussichtlicher Begründetheit in der Hauptsache; ebenso *OVG Bremen*, Urt. vom 12.05.2020, Az.: 1 B 144/20, BeckRS 2020, 11202 Rn. 10; *OVG Bremen*, Urt. vom 12.11.2020, Az.: 1 B 344/20, BeckRS 2020, 31135 Rn. 14; *OVG Greifswald*, Beschl. vom 08.04.2020, Az.: 2 KM 236/20 OVG, BeckRS 2020, 5637 Rn. 15; *OVG Greifswald*, Beschl. vom 11.05.2020, Az.: 2 KM 389/20 OVG, BeckRS 2020, 15490 Rn. 20; *OVG Greifswald*, Beschl. vom 20.10.2020, Az.: 2 KM 702/20 OVG, BeckRS 2020, 37219 Rn. 31; *OVG Greifswald*, Beschl. vom 24.03.2021, Az.: 2 KM 120/21 OVG, BeckRS 2021, 12153 Rn. 26; *OVG Greifswald*, Beschl. vom 07.01.2022, Az.: 1 KM 661/21 OVG, BeckRS 2022, 14 Rn. 28; *OVG Lüneburg*, Beschl. vom 16.04.2020, Az.: 13 MN 77/20, BeckRS 2020, 6187 Rn. 2; *OVG Lüneburg*, Beschl. vom 17.06.2020, Az.: 13 MN 218/20, BeckRS 2020, 12870 Rn. 8; *OVG Lüneburg*, Beschl. vom 06.11.2020, Az.: 13 MN 433/20, BeckRS 2020, 29459 Rn. 8; *OVG Lüneburg*, Beschl. vom 24.03.2021, Az.: 13 MN 130/21, BeckRS 2021, 5447 Rn. 4; *OVG Lüneburg*, Beschl. vom 10.12.2021, Az.: 13 MN 462/21, BeckRS 2021, 38303 Rn. 25; *OVG Magdeburg*, Beschl. vom 29.04.2020, Az.: 3 R 71/20, BeckRS 2020, 12629 Rn. 6; *OVG Magdeburg*, Beschl. vom 16.07.2020, Az.: 3 R 126/20, BeckRS 2020, 18550 Rn. 7; *OVG Magdeburg*, Beschl. vom 10.11.2020, Az.: 3 R 223/20, BeckRS 2020, 33648 Rn. 12; *OVG Magdeburg*, Beschl. vom 22.03.2021, Az.: 3 R 22/21, BeckRS 2021, 8299 Rn. 13; *OVG Magdeburg*, Beschl. vom 11.01.2022, Az.: 3 R 216/21, BeckRS 2022, 57 Rn. 16; *OVG Münster*, Beschl. vom 06.04.2020, Az.: 13 B 398/20.NE, BeckRS 2020, 5158 Rn. 24; *OVG Münster*, Beschl. vom 05.06.2020, Az.: 13 B 776/20.NE, BeckRS 2020, 11272 Rn. 9; *OVG Münster*, Beschl. vom 20.11.2020, Az.: 13 B 1770/20.NE, BeckRS 2020, 31758 Rn. 8; *OVG Schleswig*, Beschl. vom 09.04.2020, Az.: 3 MR 4/20, BeckRS 2020, 5658 Rn. 3–5; *OVG Schleswig*, Beschl. vom 25.05.2020, Az.: 3 MR 32/20, BeckRS 2020, 10989 Rn. 3–5; *OVG Schleswig*, Beschl. vom 13.11.2020, Az.: 3 MR 59/20, BeckRS 2020, 30803 Rn. 8–10; *OVG Schleswig*, Beschl. vom 25.03.2021, Az.: 3 MR 17/21, BeckRS 2021, 6551 Rn. 7–9; *OVG Schleswig*, Beschl. vom 30.12.2021, Az.: 3 MR 35/21,

Rekurse auf den besonders hohen Maßstab, der anzulegen sei,[136] ohne dass dies erkennbare Auswirkungen auf die weitere Prüfung hätte. Liest man die Entscheidungen weiter, dann prüfen aber alle Gerichte das materielle Recht. Das ist nicht nur vor dem Hintergrund der BVerwG-Rechtsprechung konsequent, sondern auch im Interesse eines effektiven Rechtsschutzes gegen erhebliche Grundrechtseingriffe zu begrüßen. Den denkbaren Ansatz, sich mit Verweis auf alte Rechtsprechung auf die reine Anwendung der Doppelhypothese zu beschränken und so in die Folgenabwägung zu flüchten,[137] nutzen die Oberverwaltungsgerichte also nicht.

bb) Folgenabwägung bei voraussichtlicher Begründetheit in der Hauptsache

Sofern sich ein Antrag in der Hauptsache als voraussichtlich begründet erwies, prüften die Gerichte zumeist[138] noch ergänzend, ob der Erlass einer einstweiligen Anordnung im Sinne des § 47 Abs. 6 VwGO dringend geboten ist. Das

BeckRS 2021, 43572 Rn. 7–9; *VGH Kassel*, Beschl. vom 08.04.2020, Az.: 8 B 913/20.N, BeckRS 2020, 5639 Rn. 18; *VGH Kassel*, Beschl. vom 19.11.2020, Az.: 8 B 2684/20.N, BeckRS 2020, 32404 Rn. 15; *VGH Mannheim*, Beschl. vom 09.04.2020, Az.: 1 S 925/20, BeckRS 2020, 6351 Rn. 14; *VGH Mannheim*, Beschl. vom 02.06.2020, Az.: 1 S 1528/20, BeckRS 2020, 10755 Rn. 18; *VGH Mannheim*, Beschl. vom 06.11.2020, Az.: 1 S 3448/20, BeckRS 2020, 30988 Rn. 15; *VGH Mannheim*, Beschl. vom 23.03.2021, Az.: 1 S 732/21, BeckRS 2021, 6878 Rn. 23; *VGH Mannheim*, Beschl. vom 17.12.2021, Az.: 1 S 3670/21, BeckRS 2021, 39371 Rn. 34; *VGH München*, Beschl. vom 09.04.2020, Az.: 20 NE 20.688, BeckRS 2020, 5449 Rn. 22 f.; *VGH München*, Beschl. vom 07.05.2020, Az.: 20 NE 20.955, BeckRS 2020, 7701 Rn. 24 f.; *VGH München*, Beschl. vom 10.11.2020, Az.: 20 NE 20.2477, BeckRS 2020, 30786 Rn. 18 f.; *VGH München*, Beschl. vom 05.03.2021, Az.: 20 NE 20.3097, BeckRS 2021, 3800 Rn. 8–10; *VGH München*, Beschl. vom 04.11.2021, Az.: 25 NE 21.2561, BeckRS 2021, 36735 Rn. 36–38; auch in diese Richtung *OVG Saarlouis*, Beschl. vom 22.04.2020, Az.: 2 B 130/20, BeckRS 2020, 6458 Rn. 9; *OVG Saarlouis*, Beschl. vom 06.08.2020, Az.: 2 B 258/20, BeckRS 2020, 18704 Rn. 8; *OVG Saarlouis*, Beschl. vom 16.11.2020, Az.: 2 B 337/20, BeckRS 2020, 31183 Rn. 10; *OVG Saarlouis*, Beschl. vom 16.04.2021, Az.: 2 B 95/21, BeckRS 2021, 7750 Rn. 8; *OVG Saarlouis*, Beschl. vom 20.12.2021, Az.: 2 B 278/21, BeckRS 2021, 40145 Rn. 8.

[136] So etwa das *OVG Bautzen*, Beschl. vom 11.11.2020, Az.: 3 B 349/20, BeckRS 2020, 30182 Rn. 19: „erheblich strengere Anforderungen als [bei] § 123 VwGO"; identisch *OVG Bautzen*, Beschl. vom 14.04.2021, Az.: 3 B 21/21, BeckRS 2021, 9021 Rn. 13; mit Verweis auf § 32 BVerfGG in ständiger Rechtsprechung *OVG Weimar*, Beschl. vom 09.04.2020, Az.: 3 EN 238/20, BeckRS 2020, 7743 Rn. 17; *OVG Weimar*, Beschl. vom 30.12.2021, Az.: 3 EN 775/21, BeckRS 2021, 41461 Rn. 17.

[137] Siehe dazu S. 228 ff.

[138] Gelegentlich wurde aber auch darauf verzichtet, so etwa *OVG Greifswald*, Beschl. vom 09.04.2020, Az.: 2 KM 268/20 OVG, BeckRS 2020, 5633; *OVG Bautzen*, Beschl. vom 12.05.2020, Az.: 3 B 177/20, BeckRS 2020, 8235; siehe etwa *VGH München*, Beschl. vom 28.07.2020, Az.: 20 NE 20.1609, BeckRS 2020, 17622; *VGH München*, Beschl. vom 01.09.2020, Az.: 20 CS 20.1962, BeckRS 2020, 21233; *OVG Greifswald*, Beschl. vom 20.10.2020, Az.: 2 KM 702/20 OVG, BeckRS 2020, 37219; *OVG Saarlouis*, Beschl. vom 27.12.2021, Az.: 2 B 282/21, BeckRS 2021, 40331; *OVG Greifswald*, Beschl. vom 22.04.2022, Az.: 1 KM 221/22 OVG, BeckRS 2022, 8112.

OVG Saarlouis bezeichnet diese Voraussetzung als Anordnungsgrund,[139] in manchen Entscheidungen anderer Gerichte ist von einer Folgenabwägung die Rede.[140] Vielfach wird gefordert, dass das Aussetzungsinteresse des Antragsstellers gegenüber dem Vollzugsinteresse überwiegen muss.[141] Es handelt sich der Natur nach um eine Folgenabwägung, die allerdings meist sehr knappgehalten wurde. Die voraussichtliche Begründetheit in der Hauptsache indizierte in der Praxis das Überwiegen des Aussetzungsinteresses.[142] Dass sich die streitgegenständliche Regelung voraussichtlich als rechtswidrig erweisen wird, verleiht dem Aussetzungsinteresse in der Abwägung ein derart starkes Gewicht, dass es sogar gegenüber dem Schutz von Leben und Gesundheit überwiegt.[143] Außerdem wurde in diesen Fällen regelmäßig das Interesse am Normvollzug relativiert, etwa mit Verweis auf die ohnehin nur noch kurze Geltungsdauer der streitgegenständlichen Verordnung.[144]

In seltenen Fällen sahen Gerichte dagegen davon ab, die Vollziehung der streitgegenständlichen Norm auszusetzen. Der VGH München etwa stellte zu Beginn der Pandemie lediglich fest, dass die streitgegenständliche 800-Quadratmeter-Regel gleichheitswidrig ist.[145] Dass ausnahmsweise von einer Aussetzung des Normvoll-

---

[139] *OVG Saarlouis*, Beschl. vom 27.04.2020, Az.: 2 B 143/20, BeckRS 2020, 6903 Rn. 23; *OVG Saarlouis*, Beschl. vom 16.11.2020, Az.: 2 B 337/20, BeckRS 2020, 31183 Rn. 21. Offenlassend, ob diese Voraussetzung als Anordnungsgrund zu verstehen ist *OVG Greifswald*, Beschl. vom 24.03.2021, Az.: 2 KM 120/21 OVG, BeckRS 2021, 12153 Rn. 51.

[140] *OVG Schleswig*, Beschl. vom 24.04.2020, Az.: 3 MR 9/20, BeckRS 2020, 6917 Rn. 36; *OVG Schleswig*, Beschl. vom 23.10.2020, Az.: 3 MR 47/20, BeckRS 2020, 27894 Rn. 26; *OVG Weimar*, Beschl. vom 22.05.2020, Az.: 3 EN 341/20, BeckRS 2020, 10615 Rn. 69.

[141] So etwa *OVG Bautzen*, Beschl. vom 04.03.2021, Az.: 3 B 26/21, KommJur 2021, 183, 190; *OVG Bautzen*, Beschl. vom 23.03.2021, Az.: 3 B 67/21, BeckRS 2021, 5235 Rn. 58; *OVG Lüneburg*, Beschl. vom 06.05.2020, Az.: 13 MN 114/20, BeckRS 2020, 7520 Rn. 36; *OVG Lüneburg*, Beschl. vom 29.10.2020, Az.: 13 MN 393/20, BeckRS 2020, 28385 Rn. 64; *OVG Magdeburg*, Beschl. vom 03.09.2020, Az.: 3 R 156/20, BeckRS 2020, 22061 Rn. 34; *OVG Münster*, Beschl. vom 05.06.2020, Az.: 13 B 776/20.NE, BeckRS 2020, 11272 Rn. 38; *OVG Münster*, Beschl. vom 08.09.2020, Az.: 13 B 902/20.NE, BeckRS 2020, 22109 Rn. 33; *VGH Mannheim*, Beschl. vom 30.04.2020, Az.: 1 S 1101/20, BeckRS 2020, 7262 Rn. 53; *VGH Mannheim*, Beschl. vom 02.06.2020, Az.: 1 S 1528/20, BeckRS 2020, 10755 Rn. 49.

[142] So explizit etwa *VGH München*, Beschl. vom 19.01.2021, Az.: 20 NE 21.76, BeckRS 2021, 273 Rn. 32; *OVG Berlin-Brandenburg*, Beschl. vom 05.02.2021, Az.: OVG 11 S 10/21, BeckRS 2021, 1217 Rn. 18; in diese Richtung auch etwa *OVG Schleswig*, Beschl. vom 24.04. 2020, Az.: 3 MR 9/20, BeckRS 2020, 6917 Rn. 36: kein öffentliches Interesse am Vollzug einer offensichtlich rechtswidrigen Norm.

[143] So selbst bei einer Maßnahme wie dem Konsumverbot von Alkohol in der Öffentlichkeit, siehe dazu *OVG Berlin-Brandenburg*, Beschl. vom 05.02.2021, Az.: OVG 11 S 10/21, BeckRS 2021, 1217 Rn. 18; siehe darüber hinaus etwa *OVG Bautzen*, Beschl. vom 04.03. 2021, Az.: 3 B 26/21, KommJur 2021, 183, 190.

[144] So etwa *OVG Bautzen*, Beschl. vom 04.03.2021, Az.: 3 B 26/21, KommJur 2021, 183, 190; *OVG Lüneburg*, Beschl. vom 06.05.2020, Az.: 13 MN 114/20, BeckRS 2020, 7520 Rn. 38; *OVG Magdeburg*, Beschl. vom 03.09.2020, Az.: 3 R 156/20, BeckRS 2020, 22061 Rn. 35.

[145] *VGH München*, Beschl. vom 27.04.2020, Az.: 20 NE 20.793, BeckRS 2020, 6630.

zugs abgesehen wurde, rechtfertigte das Gericht mit der Begründung, dass ansonsten ein „Notstand“ gedroht hätte und – diesen „Notstand“ wieder relativierend – die Verordnung ohnehin einige Tage später außer Kraft treten sollte.[146] Im Ergebnis identisch entschied später das OVG Greifswald, nachdem es einen Gleichheitsverstoß feststellte.[147] Bei einem weiteren Vollzug komme es zwar zu einem erheblichen Eingriff in die Rechte der Antragstellerin, doch überwiege angesichts der epidemiologischen Situation dennoch der Lebens- und Gesundheitsschutz.[148] Gleichwohl handelt es sich bei diesen Entscheidungen um Ausnahmen. Es entsprach der üblichen Vorgehensweise der Gerichte, die einstweilige Anordnung im Fall der voraussichtlichen Begründetheit in der Hauptsache zu erlassen. Auch hier kam es nicht zu einer „Flucht in die Folgenabwägung“. Anders ist die Frage zu bewerten, wann die Gerichte überhaupt von einer voraussichtlichen Begründetheit ausgingen.[149]

cc) Folgenabwägung bei offenen Erfolgsaussichten in der Hauptsache

Wenn sich dagegen der Ausgang in der Hauptsache nicht ausreichend prognostizieren lässt, kommt es ebenfalls zu einer Folgenabwägung. Selbiges gilt im Übrigen auch häufig für den Fall, dass sich ein Vorgehen in der Hauptsache nach Ansicht des Gerichts nicht als erfolgreich erweisen wird; vielfach nahmen Oberverwaltungsgerichte hier noch ergänzend eine Folgenabwägung vor, um ihr Ergebnis zu untermauern.[150]

---

[146] *VGH München*, Beschl. vom 27.04.2020, Az.: 20 NE 20.793, BeckRS 2020, 6630 Rn. 26–29.

[147] *OVG Greifswald*, Beschl. vom 24.03.2021, Az.: 2 KM 120/21 OVG, BeckRS 2021, 12153.

[148] *OVG Greifswald*, Beschl. vom 24.03.2021, Az.: 2 KM 120/21 OVG, BeckRS 2021, 12153 Rn. 52–55.

[149] Siehe dazu S. 218 ff.

[150] Exemplarische Auswahl: *OVG Bautzen*, Beschl. vom 11.11.2020, Az.: 3 B 349/20, BeckRS 2020, 30182 Rn. 72; *OVG Bautzen*, Beschl. vom 04.11.2021, Az.: 3 B 374/21, BeckRS 2021, 33293 Rn. 77; *OVG Berlin-Brandenburg*, Beschl. vom 04.11.2020, Az.: OVG 11 S 94/20, BeckRS 2020, 29285 Rn. 47; *OVG Berlin-Brandenburg*, Beschl. vom 11.12. 2020, Az.: OVG 11 S 124/20, BeckRS 2020, 35389 Rn. 62; *OVG Bremen*, Beschl. vom 09.04. 2020, Az.: 1 B 97/20, BeckRS 2020, 5629 Rn. 46; *OVG Bremen*, Urt. vom 12.05.2020, Az.: 1 B 144/20, BeckRS 2020, 11202 Rn. 30; *OVG Magdeburg*, Beschl. vom 10.11.2020, Az.: 3 R 223/20, BeckRS 2020, 33648 Rn. 55; *OVG Magdeburg*, Beschl. vom 11.01.2022, Az.: 3 R 216/21, BeckRS 2022, 57 Rn. 60; *OVG Münster*, Beschl. vom 06.04.2020, Az.: 13 B 398/20.NE, BeckRS 2020, 5158 Rn. 64; *OVG Münster*, Beschl. vom 26.03.2021, Az.: 13 B 363/21.NE, BeckRS 2021, 5706 Rn. 67; *OVG Saarlouis*, Beschl. vom 22.04.2020, Az.: 2 B 130/20, BeckRS 2020, 6458 Rn. 29; *OVG Saarlouis*, Beschl. vom 16.04.2021, Az.: 2 B 95/ 21, BeckRS 2021, 7750 Rn. 14; *OVG Schleswig*, Beschl. vom 09.04.2020, Az.: 3 MR 4/20, BeckRS 2020, 5658 Rn. 20; *OVG Schleswig*, Beschl. vom 30.12.2021, Az.: 3 MR 35/21, BeckRS 2021, 43572 Rn. 49; *VGH Kassel*, Beschl. vom 08.04.2020, Az.: 8 B 913/20.N, BeckRS 2020, 5639 Rn. 44; *VGH Kassel*, Beschl. vom 19.11.2020, Az.: 8 B 2684/20.N, BeckRS 2020, 32404 Rn. 40; *VGH München*, Beschl. vom 09.04.2020, Az.: 20 NE 20.688,

Uneinheitlich verhielten sich Gerichte bei der Wahl des genauen Prüfprogramms. Teils wurde im Stil der Doppelhypothese abgewogen. Die Gerichte verglichen also die Folgen des Szenarios, dass der Antrag auf vorläufigen Rechtsschutz abgelehnt wird, das Verfahren in der Hauptsache aber Erfolg hat, mit den Folgen des gegenteiligen Szenarios, dass dem Eilantrag stattgegebenen wird, ein Vorgehen in der Hauptsache aber keinen Erfolg hätte.[151] In anderen Entscheidungen wogen die Gerichte dagegen einfach die Interessen der Allgemeinheit am Normvollzug mit den Interessen der Betroffenen beziehungsweise der Antragsteller ab.[152]

Argumentativ ähneln die Folgenabwägungen stark den jeweiligen Erwägungen zur Angemessenheit. So findet sich etwa auch hier die Erwägung, eine nur befristete Geltungsdauer der Verordnung mildere das Eingriffsgewicht;[153] ebenso wurden staatliche Entschädigungsleistungen in die Abwägung eingestellt.[154] Vielfach wur-

---

BeckRS 2020, 5449 Rn. 51; *VGH München*, Beschl. vom 04.11.2021, Az.: 25 NE 21.2561, BeckRS 2021, 36735 Rn. 77.

[151] Exemplarische Auswahl: *OVG Berlin-Brandenburg*, Beschl. vom 11.05.2021, Az.: OVG 11 S 41/21, BeckRS 2021, 11897 Rn. 73 f.; *OVG Bremen*, Beschl. vom 03.03. 2021, Az.: 1 B 102/21, BeckRS 2021, 3207 Rn. 38 f.; *OVG Bremen*, Beschl. vom 29.03.2021, Az.: 1 B 100/21, BeckRS 2021, 6450 Rn. 37 f.; *OVG Greifswald*, Beschl. vom 10.11.2020, Az.: 2 KM 768/20 OVG, BeckRS 2020, 30370 Rn. 33; *OVG Greifswald*, Beschl. vom 10.02. 2021, Az.: 2 KM 38/21 OVG, BeckRS 2021, 6960 Rn. 43; *OVG Lüneburg*, Beschl. vom 06.11.2020, Az.: 13 MN 433/20, BeckRS 2020, 29459 Rn. 64 f.; *OVG Lüneburg*, Beschl. vom 24.03.2021, Az.: 13 MN 130/21, BeckRS 2021, 5447 Rn. 41 f.; *OVG Magdeburg*, Beschl. vom 22.03.2021, Az.: 3 R 22/21, BeckRS 2021, 8299 Rn. 75 f.; *OVG Münster*, Beschl. vom 29.04.2020, Az.: 13 B 496/20.NE, BeckRS 2020, 9226 Rn. 47 f.; *OVG Saarlouis*, Beschl. vom 10.12.2020, Az.: 2 B 361/20, BeckRS 2020, 35029 Rn. 17 f.; *OVG Saarlouis*, Beschl. vom 21.02.2022, Az.: 2 B 25/22, BeckRS 2022, 2420 Rn. 12; *OVG Weimar*, Beschl. vom 09.04.2020, Az.: 3 EN 238/20, BeckRS 2020, 7743 Rn. 50 f.; *OVG Weimar*, Beschl. vom 30.12.2021, Az.: 3 EN 775/21, BeckRS 2021, 41461 Rn. 81 f.

[152] Exemplarische Auswahl: *OVG Berlin-Brandenburg*, Beschl. vom 03.03.2021, Az.: OVG 11 S 23/21, BeckRS 2021, 3361 Rn. 32; *OVG Berlin-Brandenburg*, Beschl. vom 30.12.2021, Az.: OVG 11 S 109/21, BeckRS 2021, 40885 Rn. 47; *OVG Bremen*, Urt. vom 11.12.2020, Az.: 1 B 386/20, BeckRS 2020, 35294 Rn. 71; *OVG Magdeburg*, Beschl. vom 29.04.2020, Az.: 3 R 71/20, BeckRS 2020, 12629 Rn. 52; *OVG Münster*, Beschl. vom 22.12. 2021, Az.: 13 B 1867/21.NE, BeckRS 2021, 39969 Rn. 55; *OVG Schleswig*, Beschl. vom 30.10.2020, Az.: 3 MR 51/20, BeckRS 2020, 29090 Rn. 15–19; *VGH Kassel*, Beschl. vom 28.10.2020, Az.: 8 B 1831/20.N, BeckRS 2020, 41383 Rn. 23; *VGH Kassel*, Beschl. vom 12.11.2020, Az.: 8 B 2765/20.N, BeckRS 2020, 32408 Rn. 37; *VGH Mannheim*, Beschl. vom 09.04.2020, Az.: 1 S 925/20, BeckRS 2020, 6351 Rn. 41 f.; *VGH Mannheim*, Beschl. vom 23.03.2021, Az.: 1 S 732/21, BeckRS 2021, 6878 Rn. 65 f.; *VGH München*, Beschl. vom 07.05.2020, Az.: 20 NE 20.955, BeckRS 2020, 7701 Rn. 38 f.; *VGH München*, Beschl. vom 10.11.2020, Az.: 20 NE 20.2477, BeckRS 2020, 30786 Rn. 28–30.

[153] Statt aller *OVG Magdeburg*, Beschl. vom 22.03.2021, Az.: 3 R 22/21, BeckRS 2021, 8299 Rn. 76; *OVG Weimar*, Beschl. vom 09.04.2020, Az.: 3 EN 238/20, BeckRS 2020, 7743 Rn. 50; *VGH München*, Beschl. vom 07.05.2020, Az.: 20 NE 20.955, BeckRS 2020, 7701 Rn. 39. Siehe zur Kritik S. 322.

[154] Siehe nur *OVG Berlin-Brandenburg*, Beschl. vom 03.03.2021, Az.: OVG 11 S 23/21, BeckRS 2021, 3361 Rn. 32; *OVG Greifswald*, Beschl. vom 10.11.2020, Az.: 2 KM 768/20 OVG, BeckRS 2020, 30370 Rn. 35; *OVG Münster*, Beschl. vom 29.04.2020, Az.: 13 B 496/

den – wie schon bei der verfassungsgerichtlichen Rechtsprechung beobachtet –[155] Kollektivinteressen und die individuellen Interessen des Antragstellers gegenübergestellt.[156] Doch auch in Fällen, in denen Freiheitsinteressen aller durch die Maßnahme Betroffenen in die Abwägung mit einbezogen wurde,[157] war die Abweisung des Antrags absehbar. Denn auch in dieser Konstellation wird sich der Schutz des Lebens und der körperlichen Unversehrtheit immer in der Abwägung durchsetzen.[158] Einzig das Interesse daran, keine rechtswidrigen Normen zu vollziehen, könnte ein entsprechendes Gewicht aufbringen, um gegenüber dem Lebens- und Gesundheitsschutz konkurrenzfähig zu sein. Doch Zweifel an der Rechtmäßigkeit der streitgegenständlichen Norm, welche zuvor im Rahmen der materiell-rechtlichen Prüfung noch geäußert wurden, schlugen sich häufig nicht in der Folgenabwägung nieder. Deutlich wird das etwa an einer Entscheidung des OVG Lüneburg zur Schließung von Gastronomiebetrieben.[159] Das Gericht äußerte erhebliche Zweifel an der Erforderlichkeit sowie, darauf aufbauend, an der Angemessenheit dieser Maßnahme.[160] Eigentlich wäre zu erwarten gewesen, dass das OVG Lüneburg die Maßnahme als voraussichtlich rechtswidrig einstufen würde. Doch das Gericht betrachtete die Erfolgsaussichten lediglich als offen. Mehr noch: In der Folgenabwägung spiegelten sich die Zweifel nicht wider.[161] Das Gericht spricht im

---

20.NE, BeckRS 2020, 9226 Rn. 48; *OVG Lüneburg*, Beschl. vom 06.11.2020, Az.: 13 MN 433/20, BeckRS 2020, 29459 Rn. 65; *OVG Weimar*, Beschl. vom 30.11.2020, Az.: 3 EN 729/20, BeckRS 2020, 42130 Rn. 97.

[155] Siehe S. 192 ff.

[156] So etwa *OVG Berlin-Brandenburg*, Beschl. vom 03.03.2021, Az.: OVG 11 S 19/21, BeckRS 2021, 3774 Rn. 34; *OVG Bremen*, Beschl. vom 29.03.2021, Az.: 1 B 100/21, BeckRS 2021, 6450 Rn. 37; *OVG Magdeburg*, Beschl. vom 22.03.2021, Az.: 3 R 22/21, BeckRS 2021, 8299 Rn. 76; *OVG Greifswald*, Beschl. vom 10.11.2020, Az.: 2 KM 768/20 OVG, BeckRS 2020, 30370 Rn. 35; *OVG Lüneburg*, Beschl. vom 06.11.2020, Az.: 13 MN 433/20, BeckRS 2020, 29459 Rn. 65; *OVG Schleswig*, Beschl. vom 30.10.2020, Az.: 3 MR 51/20, BeckRS 2020, 29090 Rn. 15–19; *OVG Weimar*, Beschl. vom 09.04.2020, Az.: 3 EN 238/20, BeckRS 2020, 7743 Rn. 50; *OVG Weimar*, Beschl. vom 13.06.2020, Az.: 3 EN 374/20, BeckRS 2020, 12442 Rn. 55 f.; *VGH Kassel*, Beschl. vom 28.10.2020, Az.: 8 B 1831/20.N, BeckRS 2020, 41383 Rn. 23–25; *VGH Mannheim*, Beschl. vom 09.04.2020, Az.: 1 S 925/20, BeckRS 2020, 6351 Rn. 42; *VGH München*, Beschl. vom 10.11.2020, Az.: 20 NE 20.2477, BeckRS 2020, 30786 Rn. 28, 30.

[157] Beispielsweise *OVG Berlin-Brandenburg*, Beschl. vom 11.05.2021, Az.: OVG 11 S 41/21, BeckRS 2021, 11897 Rn. 73 f.; *OVG Münster*, Beschl. vom 29.04.2020, Az.: 13 B 496/20.NE, BeckRS 2020, 9226 Rn. 47 f.; *OVG Weimar*, Beschl. vom 30.11.2020, Az.: 3 EN 729/20, BeckRS 2020, 42130 Rn. 96 f.; *OVG Weimar*, Beschl. vom 30.12.2021, Az.: 3 EN 775/21, BeckRS 2021, 41461 Rn. 80 f.; *VGH München*, Beschl. vom 07.05.2020, Az.: 20 NE 20.955, BeckRS 2020, 7701 Rn. 38 f.

[158] Siehe zu diesem Abwägungsdeterminismus S. 192 ff.

[159] *OVG Lüneburg*, Beschl. vom 24.03.2021, Az.: 13 MN 130/21, BeckRS 2021, 5447.

[160] *OVG Lüneburg*, Beschl. vom 24.03.2021, Az.: 13 MN 130/21, BeckRS 2021, 5447 Rn. 19–31.

[161] *OVG Lüneburg*, Beschl. vom 24.03.2021, Az.: 13 MN 130/21, BeckRS 2021, 5447 Rn. 40–43.

Gegenteil sogar davon, dass im Falle der Außervollzugsetzung der Verordnung dem Verordnungsgeber ein „nicht unerheblicher Baustein der komplexen derzeitigen Pandemiebekämpfungsstrategie“ abhanden käme.[162] Wäre die Gastronomieschließung kaum oder gar nicht erforderlich, dann würde diese Maßnahme aber gerade keinen erheblichen Teil der Pandemiebekämpfung darstellen. Das OVG Lüneburg prüft hier also in der Folgenabwägung völlig losgelöst von der vorherigen materiell-rechtlichen Prüfung. Wenn man § 47 Abs. 6 VwGO als Nachbildung von § 32 BVerfGG begreift und die Doppelhypothese des BVerfG als Ursprung der Folgenabwägung bei offenen Erfolgsaussichten betrachtet, dann ist es zwar konsequent, Zweifel an der Rechtmäßigkeit zu ignorieren. Denn nach der klassischen Doppelhypothese sind Aspekte der Begründetheit in der Hauptsache strikt auszublenden, Annahmen des Gesetzgebers sind als zutreffend zu unterstellen.[163] Gleichwohl wird die Folgenabwägung dann zur bloßen Formalie, denn ohne Betrachtung von rechtlichen Zweifeln wird die Folgenabwägung nie zugunsten der Normbetroffenen ausgehen, zumal dann, wenn Annahmen des Verordnungsgebers in tatsächlicher Hinsicht – etwa der Bedeutsamkeit für das verordnungsgeberische Gesamtkonzept – als zutreffend unterstellt werden.

dd) Anordnungsinhalt: Außervollzugsetzung inter partes?

Wird einem Antrag nach § 47 Abs. 6 VwGO stattgegeben, dann erfolgt grundsätzlich eine Außervollzugsetzung inter omnes, also mit Wirkung für alle Normadressaten,[164] sofern sich die einstweilige Anordnung auf die Geltung einer Norm als solche bezieht.[165] Nicht anders handhabte es die Rechtsprechung in den ausgewerteten Entscheidungen. Eine Ausnahme bilden einige Entscheidungen des OVG Saarlouis. Besonders auffällig ist eine Entscheidung aus dem Dezember 2021.[166] Dass einige Teile des Einzelhandels von der damaligen „2G“-Regelung ausgenommen wurden, hielt das Gericht darin für gleichheitswidrig. Die entsprechende Regelung wurde aber nur „bezogen auf die Antragstellerin des vorliegenden Verfahrens vorläufig außer Vollzug gesetzt“.[167] Begründet wird dies damit, dass ausweislich des § 47 Abs. 6 VwGO eine einstweilige Anordnung dann erlassen werden kann, soweit das „zur Abwehr schwerer Nachteile“ erforderlich ist. Daraus folge, dass das einstweilige Anordnungsverfahren insbesondere der Effektivität des Individualrechtsschutzes diene. Deshalb könne neben einer generellen auch eine individuelle Außervollzugsetzung erfolgen. Letzteres hielt das OVG Saarlouis im

---

[162] *OVG Lüneburg*, Beschl. vom 24.03.2021, Az.: 13 MN 130/21, BeckRS 2021, 5447 Rn. 41.

[163] Siehe oben S. 186 f.

[164] *Schoch*, in: Ehlers/Schoch, Rechtsschutz im Öffentlichen Recht, 2021, § 35 Rn. 103.

[165] *Hufen*, Verwaltungsprozessrecht, 13. Auflage 2024, § 34 Rn. 14.

[166] *OVG Saarlouis*, Beschl. vom 27.12.2021, Az.: 2 B 282/21, BeckRS 2021, 40331.

[167] *OVG Saarlouis*, Beschl. vom 27.12.2021, Az.: 2 B 282/21, BeckRS 2021, 40331 (Tenor).

streitgegenständlichen Fall für sachgemäß, da es ansonsten unnötig in den Gestaltungsspielraum des Gesetzgebers eingegriffen hätte.[168] Ähnlich tenorierte das Gericht in einer früheren Entscheidung: „Der Antragsgegner wird verpflichtet, die Antragstellerinnen vorläufig [...] als privilegierte Einzelhandelsgeschäfte im Sinne des § 5 Abs. 5 Satz 1 CPV zu behandeln."[169] In anderen Fällen – streitgegenständlich war hier die Ungleichbehandlung von körpernahen Dienstleistungen – machte das Gericht den Erlass einer einstweiligen Anordnung davon abhängig, ob die jeweiligen Antragsteller dargelegt hatten, ein Hygienekonzepte umsetzen zu können und zu wollen.[170]

Die Ansicht des OVG Saarlouis, auch eine Außervollzugsetzung inter partes könne Gegenstand einer Anordnung nach § 47 Abs. 6 VwGO sein, kann sich auf eine vereinzelt in der Literatur vertretene Auffassung stützen.[171] Allerdings wird dabei übersehen, dass eine einstweilige Anordnung nach § 47 Abs. 6 VwGO akzessorisch zum Normenkontrollverfahren nach § 47 Abs. 1 VwGO ist, und bei einem solchen kann auch nur die Unwirksamkeit einer Norm allgemeinverbindlich festgestellt werden.[172] Außerdem würden ansonsten gleiche Fälle im Normvollzug unterschiedlich behandelt, obwohl es sich bei § 47 Abs. 6 VwGO – anders als bei § 123 Abs. 1 VwGO – um ein objektives Beanstandungsverfahren handelt.[173] Eine Entscheidung nach § 47 Abs. 6 VwGO muss daher zwingend allgemeinverbindlich erfolgen.[174] Davon abgesehen ist es auch fraglich, warum eine nur individuelle Aussetzung überhaupt sachgemäß gewesen sein soll.[175] Allerdings sollen diese kritikwürdigen Entscheidungen nicht darüber hinwegtäuschen, dass es sich um Einzelfälle handelte. Darüber hinaus war die generelle Aussetzung des Vollzugs die standardmäßige Tenorierung in Verfahren nach § 47 Abs. 6 VwGO.

2. § 123 Abs. 1 VwGO

Neben der einstweiligen Anordnung nach § 47 Abs. 6 VwGO kennt das Verwaltungsprozessrecht mit § 123 Abs. 1 VwGO eine ähnliche, vom Normenkon-

---

[168] *OVG Saarlouis*, Beschl. vom 27.12.2021, Az.: 2 B 282/21, BeckRS 2021, 40331 Rn. 7.

[169] *OVG Saarlouis*, Beschl. vom 27.04.2020, Az.: 2 B 143/20, BeckRS 2020, 6903 (Tenor).

[170] So *OVG Saarlouis*, Beschl. vom 06.08.2020, Az.: 2 B 258/20, BeckRS 2020, 18704 (Tenor, Rn. 7); *OVG Saarlouis*, Beschl. vom 09.11.2020, Az.: 2 B 325/20, BeckRS 2020, 30743 (Rn. 15, 17; Antrag zurückgewiesen).

[171] Siehe etwa *Erichsen/Scherberg*, DVBl. 1987, 168, 177; *Karpen*, NJW 1986, 881, 888; *Schenke/Schenke*, in: Kopp, VwGO, 31. Auflage 2025, § 47 Rn. 154.

[172] *Eibenstein*, NJW 2022, 980, 981.

[173] *Eibenstein*, NJW 2022, 980, 982.

[174] *Eibenstein*, NJW 2022, 980, 982; in der Rechtsprechung etwa *OVG Lüneburg*, Beschl. vom 16.12.2021, Az.: 13 MN 477/21, NVwZ 2022, 173 Rn. 53; *BayVerfGH*, Entsch. vom 28.01.2022, Az.: Vf. 65-VII-21, BeckRS 2022, 866 Rn. 15.

[175] *Eibenstein*, NJW 2022, 980, 980.

trolleilverfahren aber abzugrenzende Möglichkeit der einstweiligen Anordnung. Eine solche Anordnung kann in zwei unterschiedlichen Konstellationen ergehen. Im Falle einer Sicherungsanordnung (§ 123 Abs. 1 S. 1 VwGO) soll ein bestehender Zustand vorläufig gesichert werden.[176] Dagegen ist eine Regelungsanordnung (§ 123 Abs. 1 S. 2 VwGO) darauf gerichtet, eine einstweilige Veränderung des bestehenden Zustandes zu erwirken.[177]

a) Statthaftigkeit und praktische Relevanz in der Coronapandemie

Anträge nach § 123 Abs. 1 VwGO wurden in der Pandemie mit unterschiedlichen Zielen gestellt. Teils wurde begehrt, den jeweiligen Antragsgegner zu einer Handlung zu verpflichten, etwa zur Duldung eines Verhaltens,[178] zur Erteilung einer Ausnahmegenehmigung, zur Gestattung eines bestimmten Verhaltens oder etwa die Verpflichtung, einen Genesenennachweis auszustellen.[179] Neben diesen Verpflichtungskonstellationen wurde auch regelmäßig die vorläufige Feststellung begehrt, dass ein Verhalten des Antragstellers keinem Verbot unterlag.[180] Einerseits konnten so Auslegungsfragen geklärt werden – etwa, ob das Befahren des Starnberger Sees

---

[176] *Happ*, in: Eyermann/Fröhler, VwGO, 16. Auflage 2022, § 123 Rn. 21.

[177] *Happ*, in: Eyermann/Fröhler, VwGO, 16. Auflage 2022, § 123 Rn. 23.

[178] *VG Frankfurt a. M.*, Beschl. vom 20.04.2021, Az.: 5 L 1071/21.F, BeckRS 2021, 8558; *VG Hamburg*, Beschl. vom 02.04.2021, Az.: 14 E 1579/21, BeckRS 2021, 6386.

[179] *VG Ansbach*, Beschl. vom 19.05.2020, Az.: AN 18 E 20.921, BeckRS 2020, 10881; *VG Bremen*, Beschl. vom 09.10.2020, Az.: 5 V 2166/20, BeckRS 2020, 27543; *VG Cottbus*, Beschl. vom 22.05.2020, Az.: VG 3 L 217/20, BeckRS 2020, 10042; *VG Düsseldorf*, Beschl. vom 29.04.2020, Az.: 7 L 745/20, BeckRS 2020, 10144; *VG Greifswald*, Beschl. vom 05.02. 2021, Az.: 4 B 122/21 HGW, BeckRS 2021, 3776; *VG Halle*, Beschl. vom 17.04.2020, Az.: 5 B 190/20 HAL, BeckRS 2020, 8017; *VG Karlsruhe*, Beschl. vom 14.04.2020, Az.: 19 K 1816/20, BeckRS 2020, 5775; *VG Karlsruhe*, Beschl. vom 08.03.2022, Az.: 12 K 716/22, BeckRS 2022, 7132; *VG Köln*, Beschl. vom 09.04.2020, Az.: 7 L 687/20, BeckRS 2020, 6473; *VG München*, Beschl. vom 17.04.2020, Az.: M 26 E 20.1619, BeckRS 2020, 50656; *VG Würzburg*, Beschl. vom 11.06.2021, Az.: W 8 E 21.788, BeckRS 2021, 14181.

[180] *VG Aachen*, Beschl. vom 08.06.2020, Az.: 7 L 366/20, BeckRS 2020, 12271; *VG Ansbach*, Beschl. vom 19.05.2020, Az.: AN 18 E 20.921, BeckRS 2020, 10881; *VG Augsburg*, Beschl. vom 18.05.2020, Az.: Au 9 E 20.806, BeckRS 2020, 13051; *VG Bayreuth*, Beschl. vom 08.05.2020, Az.: B 7 E 20.419, BeckRS 2020, 10927; *VG Berlin*, Beschl. vom 30.04.2020, Az.: VG 14 L 55/20, BeckRS 2020, 8516; *VG Braunschweig*, Beschl. vom 21.07.2020, Az.: 4 B 209/20, BeckRS 2020, 23729; *VG Chemnitz*, Beschl. vom 26.11.2020, Az.: 4 L 592/20, BeckRS 2020, 41466; *VG Freiburg*, Beschl. vom 14.05.2020, Az.: 4 K 1621/20, BeckRS 2020, 10049; *VG Gießen*, Beschl. vom 04.05.2020, Az.: 4 L 1608/20.GI, BeckRS 2020, 7485; *VG Hamburg*, Beschl. vom 21.04.2020, Az.: 3 E 1675/20, BeckRS 2020, 6396; *VG Hannover*, Beschl. vom 01.02.2021, Az.: 15 B 343/21, BeckRS 2021, 979; *VG Köln*, Beschl. vom 29.05.2020, Az.: 7 L 957/20, BeckRS 2020, 10824; *VG Mainz*, Beschl. vom 29.04.2020, Az.: 1 L 273/20.MZ, BeckRS 2020, 9197; *VG Minden*, Beschl. vom 25.03. 2021, Az.: 7 L 159/21, BeckRS 2021, 6389; *VG München*, Beschl. vom 30.04.2020, Az.: M 26 E 20.1701, BeckRS 2020, 7968; *VG Saarlouis*, Beschl. vom 29.04.2020, Az.: 6 L 456/20, BeckRS 2020, 7506; *VG Schleswig*, Beschl. vom 01.04.2020, Az.: 1 B 34/20, BeckRS 2020, 4876.

mit dem eigenen Motorboot einen triftigen Grund darstellt, trotz Ausgangsbeschränkung das Haus zu verlassen.[181] Andererseits konnte auf diese Weise auch inzident die Rechtmäßigkeit einer Verordnung geprüft werden. Relevant war das insbesondere in den Ländern Berlin, Hamburg und Rheinland-Pfalz, da dort eine Überprüfung von Corona-Verordnungen im Wege eines Normenkontroll(eil)antrags nach § 47 VwGO nicht statthaft war.[182]

Außerhalb dieser drei Bundesländer stellt sich die Frage, ob die Statthaftigkeit eines Vorgehens nach § 47 Abs. 6 VwGO den Weg über § 123 Abs. 1 VwGO versperrt.[183] Kein Konkurrenzverhältnis besteht jedenfalls dann, wenn die Auslegung der Verordnung Gegenstand des Verfahrens ist, denn die Feststellung, dass ein bestimmtes Verhalten nicht unter ein Verbot der Verordnung fällt, kann mittels § 47 Abs. 1, 6 VwGO überhaupt nicht begehrt werden. Unterschiedlich wurde von den Verwaltungsgerichten aber bewertet, ob auch lediglich eine inzidente Prüfung einer Verordnung begehrt werden kann.[184]

b) Anordnungsanspruch, Anordnungsgrund, Vorwegnahme der Hauptsache

Das Prüfprogramm für die Begründetheit gibt § 123 Abs. 1, 3 VwGO in Verbindung mit § 920 Abs. 2 ZPO vor. Demnach muss ein Anordnungsanspruch und ein Anordnungsgrund glaubhaft gemacht werden. Der Anordnungsanspruch bezieht sich auf den materiell-rechtlichen Anspruch, der gesichert – beziehungsweise vorläufig durchgesetzt – werden soll.[185] Entsprechend erfolgt hier eine Beurteilung der voraussichtlichen Erfolgsaussichten in der Hauptsache.[186] Daneben muss auch ein Anordnungsgrund glaubhaft gemacht werden, also die besondere Dringlichkeit einer gerichtlichen Entscheidung.[187] Im Falle einer Sicherungsanordnung muss dafür nach § 123 Abs. 1 S. 1 VwGO die Gefahr bestehen, dass ansonsten die Verwirklichung eines Rechts gefährdet wird, was insbesondere beim Eintritt irreversibler Zustände der Fall ist.[188] Bei der Regelungsanordnung (§ 123 Abs. 1 S. 2 VwGO) ist das besondere Dringlichkeitsinteresse insbesondere dann anzunehmen, wenn dem Antragsteller nach Würdigung des Einzelfalls das Abwarten der

---

[181] *VG München*, Beschl. vom 30.04.2020, Az.: M 26 E 20.1701, BeckRS 2020, 7968.

[182] Siehe dazu oben S. 200.

[183] Siehe dazu etwa *VGH Kassel*, Beschl. vom 16.04.2021, Az.: 7 B 753/21, BeckRS 2021, 8264; *Rommelfanger*, COVuR 2021, 363.

[184] Für die Zulässigkeit etwa *VG Frankfurt a. M.*, Beschl. vom 20.04.2021, Az.: 5 L 1071/21.F, BeckRS 2021, 8558 Rn. 11; gegen die Zulässigkeit etwa *VG Regensburg*, Beschl. vom 26.05.2020, Az.: RO 14 E 20.889, BeckRS 2020, 10631 Rn. 36.

[185] *Schoch*, in: Ehlers/Schoch, Rechtsschutz im Öffentlichen Recht, 2021, § 35 Rn. 47.

[186] *Schoch*, in: Ehlers/Schoch, Rechtsschutz im Öffentlichen Recht, 2021, § 35 Rn. 47.

[187] *Schoch*, in: Ehlers/Schoch, Rechtsschutz im Öffentlichen Recht, 2021, § 35 Rn. 54.

[188] *Schoch*, in: Ehlers/Schoch, Rechtsschutz im Öffentlichen Recht, 2021, § 35 Rn. 55.

Hauptsacheentscheidung nicht zumutbar ist.[189] Hinsichtlich des Entscheidungsinhalts besteht grundsätzlich ein Verbot der Vorwegnahme der Hauptsache.[190] Ausnahmsweise soll die Vorwegnahme aber zulässig sein, wenn die Entscheidung in der Hauptsache zu spät käme, dem Antragsteller in anderer Weise ausreichender Rechtsschutz nicht gewährt werden könnte und diesem so unzumutbare Nachteile entstünden.[191] In diesem Fall werden dem Antragsteller aber teils höhere Anforderungen an die Glaubhaftmachung eines Anordnungsgrunds auferlegt.[192]

An dieses Prüfprogramm hielten sich die Verwaltungsgerichte in der betrachteten pandemischen Rechtsprechung nahezu immer. Dass eine Ausnahme vom Verbot der Vorwegnahme der Hauptsache geboten ist, wurde zumeist als selbstverständlich betrachtet. Häufig wurde aber betont, dass besonders hohe Maßstäbe anzulegen seien, insbesondere ein Vorgehen in einem Hauptsacheverfahren mit hoher Wahrscheinlichkeit Erfolg haben müsse.[193] Welche konkreten Auswirkungen das auf die Prüfung des Anordnungsanspruchs haben soll, blieb aber unklar. Wenn der Anordnungsanspruch im Rahmen einer materiell-rechtlichen Prüfung als gegeben betrachtet wurde, dann stellte die Glaubhaftmachung eines Anordnungsgrunds kaum noch eine Hürde dar. Begründet wurde dieser zumeist mit der Grundrechtsbetroffenheit,[194] wirtschaftlichen Nachteilen und Umsatzeinbußen,[195] der Gefahr eines Ordnungswidrigkeitenverfahrens[196] oder insbesondere im versammlungsrechtlichen Bereich mit der Eilbedürftigkeit.[197] Nur selten wurde das Vorliegen eines Anordnungsgrunds abgelehnt, obwohl der Anordnungsanspruch zuvor bejaht wurde. So hielt das VG Mainz ein Alkoholverbot im öffentlichen Raum zwar für voraussichtlich rechtswidrig, da keine ausreichende Verordnungsermächtigung er-

---

[189] *Schoch*, in: Ehlers/Schoch, Rechtsschutz im Öffentlichen Recht, 2021, § 35 Rn. 56.

[190] St.Rspr., siehe nur BVerwGE 109, 258, 261 f.; *BVerwG*, Urt. vom 18.04.2013, Az.: BVerwG 10 C 9.12, ZAR 2013, 390, 391.

[191] *Schoch*, in: Ehlers/Schoch, Rechtsschutz im Öffentlichen Recht, 2021, § 35 Rn. 62.

[192] *Schoch*, in: Ehlers/Schoch, Rechtsschutz im Öffentlichen Recht, 2021, § 35 Rn. 57.

[193] So etwa *VG Ansbach*, Beschl. vom 19.05.2020, Az.: AN 18 E 20.921, BeckRS 2020, 10881 Rn. 12–14; *VG Berlin*, Beschl. vom 30.04.2020, Az.: VG 14 L 55/20, BeckRS 2020, 8516 Rn. 11; *VG Bremen*, Beschl. vom 09.10.2020, Az.: 5 V 2166/20, BeckRS 2020, 27543 Rn. 6.

[194] *VG Ansbach*, Beschl. vom 30.04.2021, Az.: AN 4 S 21.00806, BeckRS 2021, 11939 Rn. 38; *VG Augsburg*, Beschl. vom 18.05.2020, Az.: Au 9 E 20.806, BeckRS 2020, 13051 Rn. 32; *VG München*, Beschl. vom 28.05.2020, Az.: M 26 E 20.2135, BeckRS 2020, 14006 Rn. 37.

[195] *VG Berlin*, Beschl. vom 30.04.2020, Az.: VG 14 L 55/20, BeckRS 2020, 8516 Rn. 31; *VG Gießen*, Beschl. vom 04.05.2020, Az.: 4 L 1608/20.GI, BeckRS 2020, 7485 Rn. 14; *VG Hamburg*, Beschl. vom 21.04.2020, Az.: 3 E 1675/20, BeckRS 2020, 6396 Rn. 30; *VG Saarlouis*, Beschl. vom 11.11.2020, Az.: 6 L 1372/20, BeckRS 2020, 30380 Rn. 16.

[196] *VG Frankfurt a. M.*, Beschl. vom 20.04.2021, Az.: 5 L 1071/21.F, BeckRS 2021, 8558 Rn. 24.

[197] *VG Cottbus*, Beschl. vom 12.03.2021, Az.: VG 3 L 106/21, BeckRS 2021, 4988 Rn. 6; *VG Halle*, Beschl. vom 17.04.2020, Az.: 5 B 190/20 HAL, BeckRS 2020, 8017 Rn. 34; *VG Hamburg*, Beschl. vom 16.04.2020, Az.: 17 E 1648/20, BeckRS 2020, 9930 Rn. 36.

sichtlich war, bejahte also den Anordnungsanspruch. Allerdings habe der Antragsteller keinen Anordnungsgrund glaubhaft gemacht.[198] Ähnlich hatte das VG Cottbus Zweifel daran, ob die ablehnende Entscheidung bezüglich der Ausnahmegenehmigung zur Öffnung eines Fitnessstudios ermessenfehlerfrei erging. Doch die Antragstellerin hätte nicht glaubhaft gemacht, dass ihr ohne Ausnahmegenehmigung eine wirtschaftliche Existenzgefährdung drohte.[199]

c) Folgenabwägung?

Die zweistufige Dogmatik aus Anordnungsanspruch und Anordnungsgrund orientiert sich am Wortlaut des § 123 VwGO. Dennoch wird in der Rechtsprechung gelegentlich auch eine „Folgenabwägung" oder „Interessenabwägung" durchgeführt.[200] Teils wird das ganz abgelehnt, denn es gibt keinen gesetzlichen Anknüpfungspunkt.[201] Andererseits ist das Vorgehen im Interesse des effektiven Rechtsschutzes durchaus zu begrüßen, wenn die Erfolgsaussichten im Hauptsacheverfahren offen sind, insbesondere wenn Tatsachen nicht aufklärbar sind. Denn dann wäre nach der zweistufigen Dogmatik der Antrag wegen der fehlenden Glaubhaftmachung eines Anordnungsanspruchs eigentlich abzulehnen.

Auch in den ausgewerteten pandemischen Entscheidungen zu Anträgen nach § 123 VwGO finden sich gelegentlich Folgen- beziehungsweise Interessenabwägungen. Soweit der Anordnungsanspruch ohnehin abgelehnt wurde und die Abwägung nur ergänzend erfolgt,[202] mag es dafür zwar keinen Anhaltspunkt im Gesetz geben. Schädlich in dem Sinne, dass dieses Vorgehen die Erfolgsaussichten eines Antrags schmälern würde, ist dieser Ansatz aber grundsätzlich nicht. Allerdings gab es vereinzelt auch Fälle, in denen Gerichte auf die Prüfung der Vereinbarkeit mit höherem Recht verzichteten, den Ausgang in der Hauptsache als offen betrachteten

---

[198] *VG Mainz*, Beschl. vom 23.02.2021, Az.: 1 L 75/21.MZ, BeckRS 2021, 3681 Rn. 12 f.

[199] *VG Cottbus*, Beschl. vom 22.05.2020, Az.: VG 3 L 217/20, BeckRS 2020, 10042 Rn. 9–12; ähnlich auch etwa *VG Bayreuth*, Beschl. vom 08.05.2020, Az.: B 7 E 20.419, BeckRS 2020, 10927 Rn. 14.

[200] Siehe etwa *OVG Schleswig*, Beschl. vom 22.08.2005, Az.: 2 MB 30/05, NVwZ 2006, 363, 364; *OVG Münster*, Beschl. vom 07.03.2008, Az.: 6 B 5/08, BeckRS 2008, 34084 Rn. 3; *VGH München*, Beschl. vom 23.09.2014, Az.: 12 CE 14.1833 u. 12 C 14.1865, NVwZ-RR 2014, 959 Rn. 25; *VGH München*, Beschl. vom 27.10.2014, Az.: 7 CE 14.10234 u.a., NVwZ-RR 2015, 137 Rn. 10; *OVG Saarlouis*, Beschl. vom 08.12.2017, Az.: 1 B 778/17, NVwZ-RR 2018, 381 Rn. 5; *VGH Mannheim*, Beschl. vom 21.05.2019, Az.: 9 S 584/19, GewA 2019, 390, 390.

[201] *VGH Mannheim*, Beschl. vom 16.08.1999, Az.: NC 9 S. 31–99 u.a., NVwZ 1999, 1357, 1357; *Schoch*, in: Ehlers/Schoch, Rechtsschutz im Öffentlichen Recht, 2021, § 35 Rn. 46; ablehnend nur bei der Sicherungsanordnung *Dombert*, in: Dombert/Külpmann, Vorläufiger Rechtsschutz im Verwaltungsstreitverfahren, 8. Auflage 2025, § 16 Rn. 22.

[202] So etwa *VG Hamburg*, Beschl. vom 17.04.2020, Az.: 14 E 1635/20, BeckRS 2020, 12201 (Rn. 59); *VG Würzburg*, Beschl. vom 11.06.2021, Az.: W 8 E 21.788, BeckRS 2021, 14181 (Rn. 30).

und sich so in die Folgenabwägung flüchteten.[203] Dabei handelte es sich aber um Einzelfälle.

d) Anordnungsinhalt und Einzelfallbezug

Im Gegensatz zu den anderen Verfahrensarten kommt dem Gericht nach § 123 Abs. 3 VwGO in Verbindung mit § 938 Abs. 1 ZPO beim Anordnungsinhalt innerhalb gewisser Grenzen ein Ermessen zu.[204] Das ermöglichte den Gerichten etwa, dem Antrag auf Öffnung eines Einzelhandelsbetriebs zwar stattzugeben, dies aber an Hygieneregeln zu knüpfen,[205] oder die Erlaubnis einer Theatervorstellung von einem Alkoholverbot abhängig zu machen.[206] Es hätte für Antragsteller in solchen Situationen daher vorteilhaft sein können, im eigenen Antrag selbst die Beschränkung auf Hygienekonzepte vorzuschlagen und deren Einhaltung glaubhaft zu machen, da die Hürde zur Stattgabe des Eilantrags dann niedriger gewesen sein könnte. Anträge nach § 123 VwGO hätten deshalb für die einzelnen Antragstellenden attraktiver sein können als solche nach § 47 Abs. 6 VwGO, denn bei einer Anordnung im einstweiligen Normenkontrollverfahren kommt Gerichten – grundsätzlich –[207] kein derartiges Ermessen zu. Außerdem wirken Entscheidungen nach § 47 Abs. 6 VwGO – anders als solche nach § 123 Abs. 1 VwGO – allgemein verbindlich. Die einzelne Entscheidung hat hier also weitgehendere Konsequenzen als eine Entscheidung nach § 123 Abs. 1 VwGO. All das könnte dafürsprechen, dass ein Antrag nach § 123 Abs. 1 VwGO erfolgsversprechender war als ein Antrag nach § 47 Abs. 6 VwGO. Ob sich diese These in der pandemischen Rechtsprechung bewahrheitet hat, lässt sich allerdings aufgrund der Beschränkungen des hier verfolgten Untersuchungsansatzes nicht überprüfen.[208]

3. § 80 Abs. 5 VwGO

Durch einstweilige Anordnungen (§§ 47 Abs. 6, 123 VwGO) kann im Ausnahmefall durch das Gericht eine vorläufige Regelung getroffen werden, wenn besondere Umstände eine Dringlichkeit nahelegen. Wird dagegen Rechtsschutz gegen einen Verwaltungsakt begehrt, dann kommt nach § 80 Abs. 1 S. 1 VwGO schon der Erhebung des Widerspruchs beziehungsweise der Anfechtungsklage grundsätzlich

---

[203] So etwa *VG Stuttgart*, Beschl. vom 14.04.2020, Az.: 16 K 1869/20, BeckRS 2020, 5625 Rn. 9–11; *VG Gießen*, Beschl. vom 16.11.2020, Az.: 4 L 3823/20.GI, BeckRS 2020, 38022 Rn. 17–19.

[204] *Schoch*, in: Ehlers/Schoch, Rechtsschutz im Öffentlichen Recht, 2021, § 35 Rn. 59.

[205] *VG Berlin*, Beschl. vom 30.04.2020, Az.: VG 14 L 55/20, BeckRS 2020, 8516 (Tenor).

[206] *VG Chemnitz*, Beschl. vom 26.11.2020, Az.: 4 L 592/20, BeckRS 2020, 41466 (Tenor, Rn. 10).

[207] Manche Gerichte arbeiteten aber dennoch mit entsprechenden Tenorierungen, siehe dazu S. 209 f.

[208] Siehe dazu oben S. 41 ff.

eine aufschiebende Wirkung zu. Der Verwaltungsakt kann dann vorerst nicht mehr vollzogen werden. Die aufschiebende Wirkung kann allerdings im Ausnahmefall entfallen, etwa in Fällen, in denen die Wirkung durch Bundes- oder Landesrecht ausgeschlossenen ist (§ 80 Abs. 2 S. 1 Nr. 3 VwGO) oder dann, wenn die sofortige Vollziehbarkeit im öffentlichen Interesse oder im überwiegenden Interesse eines Beteiligten behördlich angeordnet wird (§ 80 Abs. 2 S. 1 Nr. 4 VwGO). In diesen Fällen kann das Hauptsachegericht allerdings die aufschiebende Wirkung anordnen oder, wenn die sofortige Vollziehbarkeit behördlich angeordnet wurde, wiederherstellen (§ 80 Abs. 5 S. 1 VwGO).

Die Begründetheit eines solchen Antrags bestimmt sich nach einer Interessenabwägung zwischen Vollzugsinteresse und Suspensivinteresse.[209] Rechtsprechung und große Teile der Literatur arbeiten mit einem Zwei-Stufen-Modell.[210] Primär kommt es demnach auf die Erfolgsaussichten des Hauptsacherechtsbehelfs an (erste Stufe). Erweist sich dieser als voraussichtlich erfolgreich, besteht kein Interesse am Vollzug, die aufschiebende Wirkung ist demnach anzuordnen beziehungsweise wiederherzustellen. Zeichnet sich dagegen ab, dass der Hauptsacherechtsbehelf keine Erfolgsaussichten hat, so ist der Antrag grundsätzlich abzulehnen. Bei einem Antrag auf *Wiederherstellung* der aufschiebenden Wirkung stellt sich allerdings bei einem voraussichtlich rechtmäßigen Verwaltungsakt die umstrittene und im Corona-Kontext nicht relevante Frage, ob der Eilantrag deshalb als unbegründet abzuweisen ist, oder ob zusätzlich ein besonderes Vollzugsinteresse bestehen muss.[211] Erweisen sich die Erfolgsaussichten als offen, so kommt es auf der zweiten Stufe zu einer Abwägung. Einzelheiten sind hier umstritten. So nimmt ein Teil der Rechtsprechung eine an die Doppelhypothese angelehnte Folgenabwägung vor.[212] Bloße *Zweifel* an der Rechtmäßigkeit des streitgegenständlichen Verwaltungsakts bleiben dann in der Abwägung außen vor.[213] Teils wird aber auch gefordert, dass Zweifel insofern graduell in die Abwägung einzustellen sind, als dass an das öffentliche Vollzugsinteresse höhere Anforderungen zu stellen sind, je größer die Erfolgsaussichten in der Hauptsache sind.[214]

---

[209] *Buchheister*, in: Wysk, VwGO, 4. Auflage 2025, § 80 Rn. 45.

[210] Siehe zum Folgenden *Schoch*, in: Ehlers/Schoch, Rechtsschutz im Öffentlichen Recht, 2021, § 34 Rn. 129 m.w.N.

[211] *Buchheister*, in: Wysk, VwGO, 4. Auflage 2025, § 80 Rn. 50a.

[212] So etwa auch das *BVerwG*, Beschl. vom 14.08.2013, Az.: 9 VR 6/13, NVwZ 2013, 1417 Rn. 4 f.; *BVerwG*, Beschl. vom 05.07.2018, Az.: 9 VR 1/18 (9 A 2/18), NVwZ 2018, 1653 Rn. 14.

[213] So ausdrücklich *BVerwG*, Beschl. vom 22.03.2010, Az.: 7 VR 1/10, BeckRS 2010, 48479 Rn. 13.

[214] *Buchheister*, in: Wysk, VwGO, 4. Auflage 2025, § 80 Rn. 51; *Hoppe*, in: Eyermann/Fröhler, VwGO, 16. Auflage 2022, § 80 Rn. 92.

Die ausgewerteten Corona-Entscheidungen wurden dominiert von Beschlüssen zu Anträgen auf Anordnung der aufschiebenden Wirkung,[215] denn Widerspruch und Anfechtungsklage gegen Maßnahmen nach den §§ 28 ff. IfSG haben keine aufschiebende Wirkung (§ 28 Abs. 3 i.V.m. § 16 Abs. 8 IfSG). Lediglich im Bereich des Versammlungsrechts waren auch Anträge auf Wiederherstellung der aufschiebenden Wirkung relevant.[216] Die Entscheidungsbegründungen wurden von der Prüfung der Erfolgsaussichten in der Hauptsache dominiert. Den denkbaren Weg, sich hier gleich auf ein überragendes Vollzugsinteresse zurückzuziehen und das materielle Recht außen vor zu lassen, nutzten die Verwaltungsgerichte also nicht. Gelegentlich flüchteten sich Gerichte allerdings mit dem vorschnellen Verweis auf nicht beantwortbare Rechtsfragen in die Folgenabwägung.[217] Unterschiedlich wurde bewertet, welchen Grad an Sicherheit die Erfolgsaussichten annehmen mussten und

[215] Exemplarische Auswahl: *VG Aachen*, Beschl. vom 21.03.2020, Az.: 7 L 235/20, BeckRS 2020, 4691; *VG Ansbach*, Beschl. vom 27.03.2020, Az.: AN 18 S 20.538, BeckRS 2020, 6129; *VG Augsburg*, Beschl. vom 22.12.2020, Az.: Au 9 S 20.2731, BeckRS 2020, 36580; *VG Bayreuth*, Beschl. vom 22.05.2020, Az.: B 7 E 20.456, BeckRS 2020, 10929; *VG Bremen*, Beschl. vom 26.03.2020, Az.: 5 V 553/20, BeckRS 2020, 5927; *VG Dresden*, Beschl. vom 30.03.2020, Az.: 6 L 220/20, BeckRS 2020, 4784; *VG Düsseldorf*, Beschl. vom 25.05.2020, Az.: 7 L 903/20, BeckRS 2020, 10295; *VG Düsseldorf*, Beschl. vom 15.01.2021, Az.: 24 L 14/21, BeckRS 2021, 835; *VG Frankfurt a.M.*, Beschl. vom 22.10.2020, Az.: 5 L 2765/20.F, BeckRS 2020, 27747; *VG Gelsenkirchen*, Beschl. vom 05.07.2022, Az.: 2 L 820/22, BeckRS 2022, 20376; *VG Göttingen*, Beschl. vom 20.03.2020, Az.: 4 B 56/20, BeckRS 2020, 4816; *VG Hannover*, Beschl. vom 27.03.2020, Az.: 15 B 1968/20, BeckRS 2020, 4665; *VG Karlsruhe*, Beschl. vom 23.10.2020, Az.: 1 K 4274/20, BeckRS 2020, 27906; *VG Koblenz*, Beschl. vom 02.11.2020, Az.: 3 L 976/20.KO, BeckRS 2020, 29925; *VG Köln*, Beschl. vom 30.04.2020, Az.: 7 L 779/20, BeckRS 2020, 9157; *VG Leipzig*, Beschl. vom 30.03.2020, Az.: 3 L 177/20, BeckRS 2020, 4979; *VG Mainz*, Beschl. vom 24.04.2020, Az.: 1 L 253/20.MZ, BeckRS 2020, 6892; *VG Minden*, Beschl. vom 12.03.2020, Az.: 7 L 212/20, BeckRS 2020, 3592; *VG München*, Beschl. vom 20.03.2020, Az.: M 26 E 20.1209, BeckRS 2020, 6266; *VG Oldenburg*, Beschl. vom 2020, Az.: 7 B 709/20, BeckRS 2020, 4679; *VG Osnabrück*, Beschl. vom 23.10.2020, Az.: 3 B 75/20, BeckRS 2020, 27910; *VG Potsdam*, Beschl. vom 31.03.2020, Az.: VG 6 L 302/20, BeckRS 2020, 4872; *VG Regensburg*, Beschl. vom 02.12.2020, Az.: RN 14 S 20.2948, BeckRS 2020, 33571; *VG Saarlouis*, Beschl. vom 30.03.2020, Az.: 6 L 340/20, BeckRS 2020, 4980; *VG Schleswig*, Beschl. vom 21.03.2020, Az.: 1 B 10/20, BeckRS 2020, 4511; *VG Stuttgart*, Beschl. vom 22.04.2020, Az.: 16 K 1975/20, BeckRS 2020, 12199; *VG Wiesbaden*, Beschl. vom 15.01.2021, Az.: 7 L 31/21.WI, BeckRS 2021, 537; *VG Weimar*, Beschl. vom 10.04.2020, Az.: 7 E 535/20 We, BeckRS 2020, 10893; *VG Würzburg*, Beschl. vom 18.09.2020, Az.: W 8 S 20.1337, BeckRS 2020, 23244.

[216] Exemplarische Auswahl: *VG Berlin*, Beschl. vom 28.08.2020, Az.: VG 1 L 296/20, BeckRS 2020, 21355; *VG Bremen*, Beschl. vom 22.10.2020, Az.: 5 V 2328/20, BeckRS 2020, 29071; *VG Dresden*, Beschl. vom 12.05.2021, Az.: 6 L 351/21, BeckRS 2021, 10812; *VG Freiburg*, Beschl. vom 10.12.2021, Az.: 4 K 3545/21, BeckRS 2021, 40373; *VG Gießen*, Beschl. vom 31.03.2020, Az.: 4 L 1332/20.GI, BeckRS 2020, 4894; *VG Greifswald*, Beschl. vom 18.02.2021, Az.: 4 B 283/21 HGW, BeckRS 2021, 2180; *VG Hannover*, Beschl. vom 16.04.2020, Az.: 10 B 2232/20, BeckRS 2020, 5950; *VG Kassel*, Beschl. vom 13.11.2020, Az.: 6 L 2098/20.KS, BeckRS 2020, 32989.

[217] Beispielsweise *VG Schleswig*, Beschl. vom 21.03.2020, Az.: 1 B 10/20, BeckRS 2020, 4511 Rn. 7; *VG Hannover*, Beschl. vom 27.03.2020, Az.: 15 B 1968/20, BeckRS 2020, 4665 Rn. 12. Siehe zu diesem Aspekt unten S. 228 ff.

ob bereits Zweifel in die Abwägung einzustellen sind. In manchen Entscheidungen wurde für eine Anordnung beziehungsweise Wiederherstellung der aufschiebenden Wirkung eine offensichtliche Rechtswidrigkeit als erforderlich erachtet; ansonsten müsse eine Interessenabwägung vorgenommen werden, in der *allein* die gegenüberstehenden Interessen zu gewichten seien.[218] Gelegentlich wurde aber auch ausgeführt, dass bereits Zweifel an der Rechtmäßigkeit die Anforderungen an das Vollzugsinteresse steigern würden.[219] In manchen versammlungsrechtlichen Entscheidungen führte die Bedeutung von Art. 8 Abs. 1 GG dazu, dass das Vollziehungsinteresse erhöhte Anforderungen gestellt wurden.[220]

III. Beurteilung der Erfolgsaussichten in der Hauptsache in der verfassungs- und verwaltungsgerichtlichen Rechtsprechung

Insgesamt zeigt sich, dass den voraussichtlichen Erfolgsaussichten in der Hauptsache eine überragende Bedeutung zukam. Das wirft die Frage auf, wie diese Prüfung genau erfolgt und was sie von der späteren Prüfung in der Hauptsache unterscheidet. Dazu soll im Folgenden zunächst der Begriff der „summarischen Prüfung“ näher beleuchtet werden (1.), ehe die pandemische Rechtsprechung unter diesem Gesichtspunkt analysiert wird (2.).

1. Die summarische Prüfung

Die materiell-rechtliche Prüfung in Eilverfahren ist in Rechtsprechung und Literatur untrennbar mit dem Begriff „summarisch“ verbunden. So haben sich in der Rechtsprechung Formulierungen etabliert, denen zufolge die Erfolgsaussichten in der Hauptsache nur summarisch zu prüfen seien oder lediglich eine summarische Prüfung der Sach- und Rechtslage geboten sei. Diese Formulierungen wurden auch von einem Teil der Literatur übernommen, ohne dabei näher zu thematisieren, was

---

[218] So etwa *VG Minden*, Beschl. vom 12.03.2020, Az.: 7 L 212/20, BeckRS 2020, 3592 Rn. 4; *VG Bremen*, Beschl. vom 26.03.2020, Az.: 5 V 553/20, BeckRS 2020, 5927 Rn. 17; *VG Saarlouis*, Beschl. vom 30.03.2020, Az.: 6 L 340/20, BeckRS 2020, 4980 Rn. 2; *VG Weimar*, Beschl. vom 10.04.2020, Az.: 7 E 535/20 We, BeckRS 2020, 10893 Rn. 6; *VG Stuttgart*, Beschl. vom 22.04.2020, Az.: 16 K 1975/20, BeckRS 2020, 12199 Rn. 4; *VG Osnabrück*, Beschl. vom 23.10.2020, Az.: 3 B 75/20, BeckRS 2020, 27910 Rn. 4; *VG Aachen*, Beschl. vom 23.12.2020, Az.: 7 L 951/20, BeckRS 2020, 37236 Rn. 3.

[219] Siehe etwa *VG Hannover*, Beschl. vom 16.04.2020, Az.: 10 B 2232/20, BeckRS 2020, 5950 Rn. 10; *VG Aachen*, Beschl. vom 23.12.2020, Az.: 7 L 951/20, BeckRS 2020, 37236 Rn. 3.

[220] So etwa *VG München*, Beschl. vom 06.02.2021, Az.: M 13 S 21.649, BeckRS 2021, 2213 Rn. 22.

„summarische Prüfung“ überhaupt bedeuten soll.[221] Auch in Kommentaren, die sich die „summarische“ Prüfung zu Eigen machen, wird die konkrete Bedeutung von „summarisch“ nicht näher entfaltet.[222] Selbst einschlägige Rechtswörterbücher helfen nicht weiter.[223] Der *Duden* versteht unter „summarisch“ „mehreres gerafft zusammenfassend (und dabei wichtige Einzelheiten außer Acht lassend)“.[224] Entsprechend wird in der Literatur auch die Auffassung vertreten, der Begriff sollte nur in Bezug auf die Entscheidungsgründe verwendet werden, welche im vorläufigen Rechtsschutz meist knapper gehalten werden als in Hauptsacheentscheidungen.[225] Das entspräche jedenfalls nicht der Verwendung des Begriffs in der Rechtsprechung. Das BVerfG betrachtet eine summarische Prüfung als eine Gegenkonzeption zu einer „Vollprüfung“ der Erfolgsaussichten in der Hauptsache,[226] also als eine Art „Teilprüfung“.[227] Das beantwortet aber nicht, welche genauen Unterschiede zwischen einer Vollprüfung und einer Teilprüfung bestehen und wodurch es gerechtfertigt sein soll, materielles Recht nur teilweise zu prüfen.[228] Andererseits wurde in der Literatur auch die These aufgestellt, es handle sich bei der „alleine gebotenen summarischen Prüfung“ nur um eine Floskel, trotz derer die Gerichte dann allzu häufig doch eine reguläre Prüfung durchführen würden.[229] So könnten sich Gerichte eine gegenteilige Entscheidung in der Hauptsache offenhalten, ohne in argumentative Schwierigkeiten zu geraten.[230]

Bei Verfahren nach § 123 VwGO wird häufig nicht von einer summarischen Prüfung gesprochen. Stattdessen wird die Prüfungsdichte aus dem Erfordernis der

---

[221] *Heinemann*, NVwZ 2019, 517, 517 f.; *Windoffer*, Die Klärungsbedürftigkeit und -fähigkeit von Rechtsfragen in verwaltungsgerichtlichen Verfahren des einstweiligen Rechtsschutzes, 2005, S. 88–90.

[222] So etwa *Gersdorf*, in: Posser/Wolff/Decker, BeckOK VwGO, 75. Edition, Stand 01.10. 2025, § 80 Rn. 176; *Puttler*, in: Sodan/Ziekow, VwGO, 6. Auflage 2025, § 80 Rn. 136; *Schenke*, in: Kopp, VwGO, 31. Auflage 2025, § 80 Rn. 125 und § 123 Rn. 23 f.

[223] So kennt *Weber*, Rechtswörterbuch, 34. Edition, 2025 nur das summarische Verfahren aus dem Strafprozessrecht; *Köbler*, Juristisches Wörterbuch, 19. Auflage 2024 definiert den Begriff nur als „zusammenfassend, beschleunigt“.

[224] *Duden-Redaktion*, Duden – Die deutsche Rechtschreibung, 29. Auflage 2024, Stichwort „summarisch“.

[225] *Wüstenberg*, DVBl. 2020, 1115, 1118.

[226] Siehe bspw. *BVerfG*, Beschl. vom 26.06.2018, Az.: 1 BvR 733/18, NVwZ 2018, 1467 Rn. 4.

[227] *Heinemann*, NVwZ 2019, 517, 518.

[228] *Heinemann*, NVwZ 2019, 517, 518.

[229] *Külpmann*, in: Dombert/Külpmann, Vorläufiger Rechtsschutz im Verwaltungsstreitverfahren, 8. Auflage 2025, § 45 Rn. 25; *Niesler*, in: Gärditz/Keller/Niesler, Der Kontrollauftrag der Verwaltungsgerichtsbarkeit: Liber Amicorum für Max-Jürgen Seibert, 2020, S. 307, 318 f.; *Schoch*, in: Ehlers/Schoch, Rechtsschutz im Öffentlichen Recht, 2021, § 34 Rn. 129.

[230] *Külpmann*, in: Dombert/Külpmann, Vorläufiger Rechtsschutz im Verwaltungsstreitverfahren, 8. Auflage 2025, § 45 Rn. 25.

Glaubhaftmachung (§ 123 Abs. 3 VwGO i. V. m. § 920 Abs. 2 ZPO) abgeleitet.[231] Glaubhaftmachung bedeutet allerdings nur, dass hinsichtlich des Sachverhalts keine volle richterliche Überzeugung erforderlich ist, sondern es ausreichend ist, wenn das Gericht von einer überwiegenden Wahrscheinlichkeit ausgeht.[232] Über die weitere Prüfungsdichte – insbesondere, wie Rechtsprüfungen erfolgen müssen – ist damit noch nichts ausgesagt. Die Glaubhaftmachung ist insofern das Pendant zur summarischen Prüfung.[233]

Der vorläufige Rechtsschutz ist besonders auf richterlichen Pragmatismus angewiesen.[234] Das erfordert auch eine gewisse Flexibilität für den Einzelfall und steht einer Dogmatisierung tendenziell entgegen. Andererseits droht durch eine uneinheitliche Prüfungsdichte die Gefahr von Beliebigkeit. Ein Gericht könnte unter Verweis auf die „gebotene summarische Prüfung" eine reguläre Prüfung ebenso durchführen wie an beliebigen Stellen in der Prüfung auf die Hauptsache zu verweisen, ohne dieses Vorgehen näher dogmatisch begründen zu müssen. Das bedroht insbesondere die Rechtssicherheit, denn je weiter sich Verfahren des vorläufigen Rechtsschutzes vom materiellen Recht entfernen, desto schwerer lassen sich die gerichtlichen Entscheidungen prognostizieren.[235] Die Dogmatisierung desjenigen, was vor dem Hintergrund des effektiven Rechtsschutzes geboten ist, ist – wie sich gleich zeigen wird – nicht nur erforderlich, sondern auch möglich, ohne dabei richterlichen Pragmatismus zu behindern und die Schnelligkeit des Rechtsschutzes durch zu hohe Anforderungen zu gefährden. Unterschieden werden muss dabei zwischen Tatsachenfragen und Rechtsfragen.

a) Tatsachenfragen

Eilrechtsschutz ist ein Kompromiss zwischen Gründlichkeit und Schnelligkeit.[236] Der zentrale Hebel für die Beschleunigung ist es, die Anforderungen an Beweismaß und Beweismittel herabzusetzen. Denn eine volle richterliche Überzeugung vom Sachverhalt wird sich ohne aufwändige Beweisaufnahme häufig nicht ergeben. § 123 Abs. 3 VwGO i. V. m. §§ 920, 294 ZPO ordnen deshalb an, dass Tatsachen glaubhaft zu machen sind und eine nicht sofort mögliche Beweisaufnahme unstatthaft ist; ähnliches gilt auch für § 80 Abs. 5 VwGO.[237] Wenn hinsichtlich der Tatsachengrundlage Zweifel bestehen, diese aber nach Auffassung des Gerichts in der Kürze der Zeit nicht ausgeräumt werden können, dann gebietet es die Effekti-

---

[231] *Windthorst*, Der verwaltungsgerichtliche einstweilige Rechtsschutz, 2009, S. 685.

[232] *Schoch*, in: Schoch/Schneider, VwGO, 47. Ergänzungslieferung, 2025, § 123 Rn. 94.

[233] *Schoch*, in: Schoch/Schneider, VwGO, 47. Ergänzungslieferung, 2025, § 123 Rn. 64; *Windthorst*, Der verwaltungsgerichtliche einstweilige Rechtsschutz, 2009, S. 686.

[234] *Berkemann*, JZ 1993, 161, 161.

[235] *Heinemann*, NVwZ 2019, 517, 520.

[236] Siehe oben S. 181 f.

[237] *Heinemann*, NVwZ 2019, 517, 517 f.

vität des Rechtsschutzes, nur auf Basis dieser Tatsachengrundlage zu entscheiden.[238]

Allerdings ergibt sich die Rechtfertigung für eine Herabsetzung gerade daraus, dass eine bessere Tatsachenermittlung häufig nicht möglich ist, ohne die Verfahrensdauer zu verlängern. Im Umkehrschluss gilt dann aber auch: Lässt die Tatsachengrundlage noch Fragen offen, und ist eine weitere Aufklärung möglich, ohne die Schnelligkeit des Eilrechtsschutzes zu gefährden, dann müssen weitere Amtsermittlungen erfolgen, um dem Anspruch nach Gründlichkeit Rechnung zu tragen.[239] Der verwaltungsgerichtliche Amtsermittlungsansatz gilt auch im einstweiligen Rechtsschutz, Beweiserhebungen und selbst mündliche Verhandlungen sind möglich.[240] Die summarische Tatsachenprüfung markiert also eine Untergrenze des im vorläufigen Rechtsschutz erforderlichen Grads an richterlicher Überzeugung, nicht aber eine Obergrenze des zulässigen Maßes an Sachverhaltsermittlung und -würdigung.[241] Letzteres impliziert die Rechtsprechung aber regelmäßig mit Postulaten wie der *gebotenen* oder *allein möglichen summarischen Prüfung*[242] oder der Erwägung, die Sachlage müsse umso eingehender geprüft werden, je gewichtiger die geltend gemachten Grundrechtsverletzungen sind.[243] Vor dem Hintergrund des effektiven Rechtsschutzes gibt es für derartige Begrenzungen der gerichtlichen Prüfungsdichte in dieser Pauschalität keine Rechtfertigung.

b) Rechtsfragen

Die summarische Prüfung der Rechtsprechung macht bei Tatsachenfragen keinen Halt. Auch bei Rechtsfragen, so liest man regelmäßig in Entscheidungen, sei lediglich eine summarische Prüfung geboten.[244] Auch hier postuliert ein Teil der Rechtsprechung eine Obergrenze der im vorläufigen Rechtsschutz zulässigen Prüfungsdichte, welche vor dem Hintergrund des effektiven Rechtsschutzes nicht gerechtfertigt werden kann. Können Rechtsfragen beantwortet werden, dann müssen

---

[238] *Heinemann*, NVwZ 2019, 517, 519.

[239] *Heinemann*, NVwZ 2019, 517, 519; *Windthorst*, Der verwaltungsgerichtliche einstweilige Rechtsschutz, 2009, S. 689.

[240] *Schoch*, in: Schoch/Schneider, VwGO, 47. Ergänzungslieferung, 2025, § 80 Rn. 405.

[241] *Windthorst*, Der verwaltungsgerichtliche einstweilige Rechtsschutz, 2009, S. 689.

[242] Siehe nur die umfangreichen Nachweise der Rechtsprechung bei *Windoffer*, Die Klärungsbedürftigkeit und -fähigkeit von Rechtsfragen in verwaltungsgerichtlichen Verfahren des einstweiligen Rechtsschutzes, 2005, S. 89 Fn. 2–5.

[243] So das *BVerfG*, Beschl. vom 06.02.2013, Az.: 1 BvR 2366/12, BeckRS 2013, 47807; *BVerfG*, Beschl. vom 26.06.2018, Az.: 1 BvR 733/18, NVwZ 2018, 1467 Rn. 4.

[244] Siehe nur *BVerfG*, Beschl. vom 24.06.2002, Az.: 1 BvR 575/02, NVwZ 2002, 1230, 1231; *BVerwG*, Beschl. vom 19.05.2005, Az.: 4 VR 2000/05, NVwZ 2005, 940, 940; *BVerfG*, Beschl. vom 06.02.2013, Az.: 1 BvR 2366/12, BeckRS 2013, 47807; *BVerfG*, Beschl. vom 26.06.2018, Az.: 1 BvR 733/18, NVwZ 2018, 1467 Rn. 4.

diese auch beantwortet werden.[245] Teile der Literatur vertreten dagegen den Ansatz, dass grundsätzlich nur eine summarische Prüfung geboten sei.[246] Begründet wird das damit, dass ansonsten die Schnelligkeit und damit die Effektivität des Rechtsschutzes in Gefahr sei.[247] Wenn allerdings schwere und irreparable Folgen drohen, dann müsse eine eingehendere Prüfung erfolgen, sofern diese im Einzelfall möglich ist.[248] Ähnlich dazu leitet das BVerfG aus Art. 19 Abs. 4 GG ab, dass lediglich dann eine Vollprüfung erfolgen müsse, wenn gewichtige drohende Grundrechtsverletzungen geltend gemacht werden.[249] Doch das ist widersprüchlich: Wenn je nach drohenden Folgen oder Grundrechtsverletzungen doch eine Vollprüfung geschuldet sein soll, dann geht das von der Annahme aus, dass eine Vollprüfung im vorläufigen Rechtsschutz durchaus möglich ist. Das widerspricht der Annahme, eine Vollprüfung im vorläufigen Rechtsschutz sei nicht möglich, ohne dessen Schnelligkeit zu gefährden.[250] Insbesondere wird es gerade in Situationen, in denen irreparable Folgen drohen, besonders auf die Schnelligkeit ankommen.[251] So bleibt offen, warum die Intensität des verfassungsrechtlich geschuldeten Rechtsschutzes davon abhängen soll, wie gewichtig die Folgen oder die geltend gemachten Grundrechtsverletzungen sind. Letzteres Kriterium erweist sich bei näherer Betrachtung darüber hinaus als untauglich, denn zur Feststellung der Eingriffsintensität ist eine umfassende rechtliche Würdigung erforderlich, und das reine Vorbringen der Parteien kann keinen Einfluss auf die Prüfungsdichte haben.[252]

---

[245] So auch Teile der Rechtsprechung, siehe etwa *OVG Lüneburg*, Beschl. vom 02.02.1998, Az.: 12 L 194/98, BeckRS 1998, 20491; *OVG Magdeburg*, Beschl. vom 12.03.2002, Az.: 1 M 6/02, NVwZ-RR 2002, 907, 908; in der Literatur *Buchheister*, in: Wysk, VwGO, 4. Auflage 2025, § 80 Rn. 54; *Dombert*, in: Dombert/Külpmann, Vorläufiger Rechtsschutz im Verwaltungsstreitverfahren, 8. Auflage 2025, § 22 Rn. 1–3; *Happ*, in: Eyermann/Fröhler, VwGO, 16. Auflage 2022, § 123 Rn. 48; *Lüke*, JöR 2022 (70), 609, 620 f.; *Mückl*, JA 2000, 329, 332; *Schoch*, in: Ehlers/Schoch, Rechtsschutz im Öffentlichen Recht, 2021, § 35 Rn. 47; *Windoffer*, Die Klärungsbedürftigkeit und -fähigkeit von Rechtsfragen in verwaltungsgerichtlichen Verfahren des einstweiligen Rechtsschutzes, 2005, S. 95–99; *Windthorst*, Der verwaltungsgerichtliche einstweilige Rechtsschutz, 2009, S. 690 f.; *Wüstenberg*, DVBl. 2020, 1115, 1118.

[246] *Puttler*, in: Sodan/Ziekow, VwGO, 6. Auflage 2025, § 80 Rn. 136 und § 123 Rn. 89; *Schenke*, in: Kopp, VwGO, 31. Auflage 2025, § 80 Rn. 125 und § 123 Rn. 24; ebenso noch *Schmidt*, in: Eyermann/Fröhler, VwGO, 14. Auflage 2014, § 80 Rn. 81.

[247] *Schenke*, in: Kopp, VwGO, 31. Auflage 2025, § 123 Rn. 24.

[248] *Schenke*, in: Kopp, VwGO, 31. Auflage 2025, § 123 Rn. 24.

[249] *BVerfG*, Beschl. vom 06.02.2013, Az.: 1 BvR 2366/12, BeckRS 2013, 47807; *BVerfG*, Beschl. vom 26.06.2018, Az.: 1 BvR 733/18, NVwZ 2018, 1467 Rn. 4.

[250] *Windoffer*, Die Klärungsbedürftigkeit und -fähigkeit von Rechtsfragen in verwaltungsgerichtlichen Verfahren des einstweiligen Rechtsschutzes, 2005, S. 98 f., 185–189.

[251] *Windoffer*, Die Klärungsbedürftigkeit und -fähigkeit von Rechtsfragen in verwaltungsgerichtlichen Verfahren des einstweiligen Rechtsschutzes, 2005, S. 98 f., 185–189.

[252] *Heinemann*, NVwZ 2019, 517, 520. Ablehnend im Übrigen auch *Windthorst*, Der verwaltungsgerichtliche einstweilige Rechtsschutz, 2009, S. 691.

Gleichwohl lässt sich nur schwer bestreiten,[253] dass die Beantwortung von Rechtsfragen unter Zeitdruck Gerichte in manchen Fällen doch vor Herausforderungen stellen kann. Allerdings würde es zu kurz greifen, an die Beantwortung von Rechts- und Tatsachenfragen dieselben Anforderungen zu stellen. Den Sachverhalt muss ein Gericht ermitteln. Zur Bewertung muss es häufig auf externe Sachkunde zurückgreifen. Die rechtliche Bewertung hingegen ist gerade die Kernkompetenz eines Gerichts. Das Gericht kennt das Recht („iura novit curia"). Das wiederum gilt aber nur theoretisch. Praktisch wird ein Gericht je nach Komplexität einer Rechtsfrage Recherchen betreiben und sich bei Unstimmigkeiten innerhalb einer Kammer oder eines Senates auf eine gemeinsame Linie einigen müssen. Ersteres wird aber die Ausnahme sein. Dass die Lösung einer Rechtsfrage je nach Einzelfall Zeit braucht und damit die Schnelligkeit des Eilrechtsschutzes gefährden kann, kann aber nicht bestritten werden. Eine erzwungene Entscheidung unter Zeitdruck birgt außerdem die Gefahr, dass die Rechtsfrage vorschnell falsch beantwortet wird und in der Hauptsacheentscheidung korrigiert werden muss. Eine Rechtsprüfung vor diesem Hintergrund abzubrechen und stattdessen eine Folgenabwägung vorzunehmen, ist deshalb scheinbar naheliegend. Allerdings wird das Fehlentscheidungsrisiko bei näherer Betrachtung dadurch nicht minimiert, sondern sogar maximiert, denn eine Folgenabwägung ist noch weiter vom materiellen Recht entfernt als eine Rechtsprüfung unter Zeitdruck. Die notwendige Zeit für eine gewissenhafte Entscheidung kann sich ein Gericht darüber hinaus über eine Zwischenverfügung („Hängebeschluss") verschaffen.[254] Erst wenn ein Gericht sich selbst auf diese Weise nicht zu helfen vermag, kann es vor dem Hintergrund des effektiven Rechtsschutzes gerechtfertigt sein, die Klärung einer Rechtsfrage auf die Hauptsache zu verschieben.[255]

---

[253] In diese Richtung aber *Windoffer*, Die Klärungsbedürftigkeit und -fähigkeit von Rechtsfragen in verwaltungsgerichtlichen Verfahren des einstweiligen Rechtsschutzes, 2005, S. 98 f., 185–189; kritisch auch *Dombert*, in: Dombert/Külpmann, Vorläufiger Rechtsschutz im Verwaltungsstreitverfahren, 8. Auflage 2025, § 22 Rn. 2.

[254] *Buchheister*, in: Wysk, VwGO, 4. Auflage 2025, § 80 Rn. 54; *Dombert*, in: Dombert/Külpmann, Vorläufiger Rechtsschutz im Verwaltungsstreitverfahren, 8. Auflage 2025, § 22 Rn. 2; siehe dazu auch *BVerfG*, Beschl. vom 11. 10. 2013, Az.: 1 BvR 2616/13, NVwZ 2014, 363. Siehe dazu auch *Frammersberger*, NVwZ 2022, 1866.

[255] So auch *Buchheister*, in: Wysk, VwGO, 4. Auflage 2025, § 80 Rn. 54; *Windthorst*, Der verwaltungsgerichtliche einstweilige Rechtsschutz, 2009, S. 690 f.; *Schoch*, in: Schoch/Schneider, VwGO, 47. Ergänzungslieferung, 2025, § 80 Rn. 402. Äußerst kritisch allerdings *Windoffer*, Die Klärungsbedürftigkeit und -fähigkeit von Rechtsfragen in verwaltungsgerichtlichen Verfahren des einstweiligen Rechtsschutzes, 2005, S. 185–189, der den Einwand des Zeitmangels grundsätzlich ablehnt.

2. Prüfung der Erfolgsaussichten in der pandemischen Rechtsprechung

a) Durchführung der summarischen Prüfung

Auch in der pandemischen Rechtsprechung findet sich kaum eine Eilentscheidung, in der zu Beginn nicht auf den „summarischen" Charakter der folgenden Prüfung verwiesen wurde. Die Formulierungen sind vielfältig: So war etwa die Rede von einer vorzunehmenden „summarischen Prüfung",[256] einer „alleine möglichen" oder „hier nur möglichen summarischen Prüfung",[257] einer „alleine" oder „nur gebotenen summarischen Prüfung",[258] der „derzeit nur gebotenen summarischen Prüfung"[259], der „gebotenen aber auch ausreichenden summarischen Prüfung"[260] oder der „alleine möglich und gebotenen summarischen Prüfung".[261] Warum lediglich eine summarische Prüfung geboten oder generell nur möglich sein

[256] *OVG Berlin-Brandenburg*, Beschl. vom 17.04.2020, Az.: OVG 11 S 23/20, BeckRS 2020, 6073 Rn. 7; *OVG Berlin-Brandenburg*, Beschl. vom 16.10.2020, Az.: OVG 11 S 88/20, BeckRS 2020, 27820 Rn. 27; *OVG Bremen*, Urt. vom 07.05.2020, Az.: 1 B 129/20, BeckRS 2020, 8065 Rn. 11; *OVG Bremen*, Urt. vom 12.11.2020, Az.: 1 B 347/20, BeckRS 2020, 31139 Rn. 16; *OVG Greifswald*, Beschl. vom 20.10.2020, Az.: 2 KM 702/20 OVG, BeckRS 2020, 37219 Rn. 31; *VG Hamburg*, Beschl. vom 20.03.2020, Az.: 10 E 1380/20, BeckRS 2020, 5436 Rn. 4; *VGH München*, Beschl. vom 09.04.2020, Az.: 20 NE 20.664, BeckRS 2020, 6515 Rn. 12.

[257] *OVG Bautzen*, Beschl. vom 29.04.2020, Az.: 3 B 146/20, BeckRS 2020, 16028 Rn. 16; *OVG Berlin-Brandenburg*, Beschl. vom 29.03.2021, Az.: OVG 11 S 42/21, BeckRS 2021, 6068 Rn. 12; *OVG Greifswald*, Beschl. vom 09.04.2020, Az.: 2 KM 281/20 OVG, BeckRS 2020, 5634 Rn. 12; *OVG Koblenz*, Beschl. vom 05.11.2020, Az.: 6 B 11353/20.OVG, BeckRS 2020, 30986 Rn. 6; *OVG Münster*, Beschl. vom 20.11.2020, Az.: 13 B 1770/20.NE, BeckRS 2020, 31758 Rn. 9; *OVG Münster*, Beschl. vom 19.03.2021, Az.: 13 B 252/21.NE, BeckRS 2021, 4912 Rn. 9; *OVG Saarlouis*, Beschl. vom 27.04.2020, Az.: 2 B 143/20, BeckRS 2020, 6903 Rn. 14; *OVG Saarlouis*, Beschl. vom 16.04.2021, Az.: 2 B 95/21, BeckRS 2021, 7750 Rn. 10; *OVG Weimar*, Beschl. vom 08.04.2020, Az.: 3 EN 245/20, BeckRS 2020, 8272 Rn. 20; *VGH München*, Beschl. vom 29.10.2020, Az.: 20 NE 20.2360, BeckRS 2020, 28521 Rn. 24.

[258] *OVG Bautzen*, Beschl. vom 17.11.2020, Az.: 3 B 350/20, BeckRS 2020, 31669 Rn. 21; *OVG Hamburg*, Beschl. vom 12.03.2021, Az.: 5 Bs 33/21, BeckRS 2021, 5898 Rn. 14; *OVG Magdeburg*, Beschl. vom 27.10.2020, Az.: 3 R 205/20, BeckRS 2020, 28262 Rn. 7; *OVG Schleswig*, Beschl. vom 30.10.2020, Az.: 3 MR 51/20, BeckRS 2020, 29090 Rn. 6; *VGH Kassel*, Beschl. vom 08.04.2020, Az.: 8 B 913/20.N, BeckRS 2020, 5639, Rn. 16.

[259] *OVG Lüneburg*, Beschl. vom 16.04.2020, Az.: 13 MN 77/20, BeckRS 2020, 6187 Rn. 4; *OVG Lüneburg*, Beschl. vom 15.10.2020 – 13 MN 371/20 Rn. 23.

[260] *OVG Hamburg*, Beschl. vom 30.04.2020, Az.: 5 Bs 64/20, BeckRS 2020, 7265 Rn. 15; *OVG Hamburg*, Beschl. vom 18.11.2020, Az.: 5 Bs 209/20, BeckRS 2020, 34449 Rn. 9.

[261] *OVG Magdeburg*, Beschl. vom 27.10.2020, Az.: 3 R 205/20, BeckRS 2020, 28262 Rn. 10; *OVG Magdeburg*, Beschl. vom 22.03.2021, Az.: 3 R 22/21, BeckRS 2021, 8299 Rn. 14; *VG Berlin*, Beschl. vom 30.04.2020, Az.: VG 14 L 55/20, BeckRS 2020, 8516 Rn. 12; *VG Berlin*, Beschl. vom 15.10.2020, Az.: VG 14 L 422/20, BeckRS 2020, 26757 Rn. 9; *VG Hamburg*, Beschl. vom 23.10.2020, Az.: 7 E 4337/20, BeckRS 2020, 29150 Rn. 7; *VG Hamburg*, Beschl. vom 02.04.2021, Az.: 14 E 1579/21, BeckRS 2021, 6386 Rn. 8.

sollte, wurde dabei nicht erwähnt. Auffällig ist, dass die in der außerpandemischen Rechtsprechung anerkannte höhere Prüfungsdichte, wenn der vorläufige Rechtsschutz die Bedeutung des Hauptsacheverfahrens übernimmt, kaum erwähnt wurde.[262] Ohnehin lässt sich aber bei Auswertung der pandemischen Rechtsprechung das Urteil bestätigen, welches in der Literatur schon zur vorpandemischen Rechtsprechung gefällt wurde: Beim „summarischen" Charakter handelt es sich allzu häufig um eine reine Floskel. Ein Blick in die ausgewerteten Entscheidungen zeigt manche Entscheidungsgründe, die denen aus der späteren Hauptsacheentscheidung in nichts nachstehen. Gleichwohl zeigt ein genauerer Blick, dass die Prüfungsdichte teils auch geringer war, als dies wünschenswert gewesen wäre.

aa) Tatsachenfragen

Ein Unterschied in der Prüfungsdichte zwischen Eil- und Hauptsacheentscheidungen ergibt sich regelmäßig bei Tatsachenfragen. Denn es liegt in der Natur einer dynamischen, pandemischen Situation, dass der wissenschaftliche Erkenntnisstand begrenzt ist, zumal er durch die Gerichte alleine mangels Fachkompetenz kaum beurteilt werden kann. Die Gerichte sind also zwangsläufig auf das Vorbringen der Parteien sowie Informationen etwa des RKI angewiesen. Gerichte waren aber durchaus bemüht, sich mit der Studienlage auseinanderzusetzen, sei es aufgrund des Vorbringens der Parteien oder aufgrund eigener Recherche.[263]

bb) Rechtsfragen

Die Frage, ob lediglich Tatsachenfragen oder auch Rechtsfragen einer nur summarischen Prüfung unterliegen, wurde in den ausgewerteten Entscheidungen meist nicht abstrakt erörtert.[264] Zumeist lässt sich nicht erkennen, dass Gerichte zwischen Tatsachenfragen und Rechtsfragen differenziert hätten. Allerdings wurde manchmal postuliert, dass *schwierige Rechtsfragen* oder *grundsätzliche verfassungsrechtliche*

---

[262] Siehe dazu etwa die Entscheidung des *VGH München*, Beschl. vom 10.11.2020, Az.: 20 NE 20.2477, BeckRS 2020, 30786 Rn. 22, der die vollständige Funktionsübernahme kurioserweise ablehnt.

[263] *VerfGH Saarl*, Beschl. vom 28.04.2020, Az.: Lv 7/20, NVwZ-RR 2020, 514 Rn. 34; *OVG Hamburg*, Beschl. vom 21.04.2021, Az.: 5 Bs 85/21, BeckRS 2021, 8271 Rn. 9–12, 17; *OVG Münster*, Beschl. vom 22.04.2021, Az.: 13 B 610/21, BeckRS 2021, 9252 Rn. 9–11; *VGH Mannheim*, Beschl. vom 18.03.2021, Az.: 1 S 872/21, BeckRS 2021, 5527 Rn. 87; *VG Arnsberg*, Beschl. vom 13.04.2021, Az.: 6 L 286/21, BeckRS 2021, 7130 Rn. 19; *VG Frankfurt a. M.*, Beschl. vom 20.04.2021, Az.: 5 L 1071/21.F, BeckRS 2021, 8558 Rn. 19 f.; *VG Hannover*, Beschl. vom 02.04.2021, Az.: 15 B 2883/21, BeckRS 2021, 6293 Rn. 25.

[264] Siehe aber etwa *OVG Greifswald*, Beschl. vom 09.04.2020, Az.: 2 KM 281/20 OVG, BeckRS 2020, 5634 Rn. 16: nur mögliche summarische rechtliche Würdigung; *OVG Koblenz*, Beschl. vom 05.11.2020, Az.: 6 B 11353/20.OVG, BeckRS 2020, 30986 Rn. 4: summarische Prüfung der Sach- und Rechtslage; ebenso *OVG Schleswig*, Beschl. vom 24.04.2020, Az.: 3 MR 9/20, BeckRS 2020, 6917 Rn. 13.

Fragen im Rahmen des vorläufigen Rechtsschutzes nicht geklärt werden könnten.[265] Dabei ist eine nur summarische Prüfung von Rechtsfragen nicht nur nach hier vertretener Ansicht nicht *geboten*. In der Pandemie wäre es darüber hinaus regelmäßig auch *möglich* gewesen, komplexe Rechtsfragen zu beantworten. Denn manche Fragen stellten sich Gerichte während den teils monatelang geltenden Maßnahmen immer wieder. Dass eine einmal aufgeworfene Rechtsfrage erneut relevant werden könnte, war für die Gerichtsbarkeit auch absehbar. Eine präventive Befassung in Vorbereitung auf zukünftige Eilanträge wäre hier im Interesse der Effektivität des Rechtsschutzes jedenfalls wünschenswert gewesen.

Gleichwohl unterlag die Beantwortbarkeit von Rechtsfragen auch Beschränkungen. Denn regelmäßig entpuppten sich vermeintlich reine rechtliche Aspekte als solche, welche wiederum durch tatsächliche Unsicherheiten beeinflusst werden. Ein Beispiel für eine „reine" Rechtsfrage ist die Frage, ob eine Regelung das Bestimmtheitsgebot wahrt. Weder wäre dafür eine Tatsachenermittlung erforderlich, noch handelt es sich um eine besonders komplexe Rechtsfrage. Entsprechend wurde die Thematik – losgelöst von aller Rhetorik um eine „summarische Prüfung" betrachtet – in der betrachteten Rechtsprechung häufig nicht summarisch, sondern vollständig geprüft.[266] Ebenso um eine reine Rechtsfrage handelte es sich bei der Problematik, ob Verordnungen mit den Vorgaben des § 28a IfSG vereinbar waren. Auch hier erfolgten Prüfungen vollständig.[267] Auch bei der Frage, ob Maßnahmen noch in Form einer Allgemeinverfügung erlassen werden durften oder ob es einer Rechtsverordnung bedurft hätte, handelte es sich um eine solche reine Rechtsfrage. Während sich allerdings manche Gerichte in der Lage sahen, diese Frage bereits im vorläufigen Rechtsschutz zu beantworten,[268] stuften manche Gerichte die Problematik als „schwierige Rechtsfrage" ein, „deren Beantwortung nicht der summarischen Prüfung in einem Eilverfahren entspricht und deshalb in einem Hauptsache-

---

[265] *OVG Saarlouis*, Beschl. vom 13.05.2020, Az.: 2 B 175/20, BeckRS 2020, 8498 Rn. 16; *VG Ansbach*, Beschl. vom 27.03.2020, Az.: AN 18 S 20.538, BeckRS 2020, 6129 Rn. 12; *VG Düsseldorf*, Beschl. vom 15.01.2021, Az.: 24 L 14/21, BeckRS 2021, 835 Rn. 4.

[266] So etwa *OVG Bautzen*, Beschl. vom 07.04.2020, Az.: 3 B 111/20, COVuR 2020, 41 Rn. 16–21; *OVG Saarlouis*, Beschl. vom 20.01.2021, Az.: 2 B 7/21, BeckRS 2021, 397 Rn. 11; *OVG Saarlouis*, Beschl. vom 21.01.2022, Az.: 2 B 295/21, BeckRS 2022, 456 Rn. 15–18; *VG Greifswald*, Beschl. vom 29.01.2021, Az.: 4 B 134/21 HGW (juris) Rn. 26–30; *VG Wiesbaden*, Beschl. vom 15.01.2021, Az.: 7 L 31/21.WI, BeckRS 2021, 537; *VGH München*, Beschl. vom 28.04.2020, Az.: 20 NE 20.849, BeckRS 2020, 7227 Rn. 36–46; *VGH München*, Beschl. vom 26.01.2021, Az.: 20 NE 21.162, NJW 2021, 872 Rn. 13–18.

[267] *OVG Greifswald*, Beschl. vom 07.01.2022, Az.: 1 KM 661/21 OVG, BeckRS 2022, Rn. 14; *VGH Mannheim*, Beschl. vom 25.01.2022, Az.: 1 S 89/22, BeckRS 2022, Rn. 534.

[268] *VG Aachen*, Beschl. vom 23.12.2020, Az.: 7 L 951/20, BeckRS 2020, 37236 Rn. 6–16; *VG Dresden*, Beschl. vom 30.03.2020, Az.: 6 L 212/20, BeckRS 2020, 4780 Rn. 20; *VG Greifswald*, Beschl. vom 29.01.2021, Az.: 4 B 134/21 HGW (juris) Rn. 20–25; *VG Greifswald*, Beschl. vom 29.01.2021, Az.: 4 B 154/21 HGW (juris) Rn. 17–19; *VG Karlsruhe*, Beschl. vom 10.12.2020, Az.: 2 K 5102/20, BeckRS 2020, 34648 Rn. 38–49.

verfahren zu erfolgen hat".[269] Eine nähere Begründung dafür lieferten die Verwaltungsgerichte nicht. Bei der Frage, ob im Einzelfall die Vorgaben des Parlamentsvorbehalts eingehalten wurden, handelt es sich im Kern um eine Rechtsfrage. Allerdings machte die Rechtsprechung die Antwort auf diese Frage davon abhängig, ob es in der Praxis überhaupt möglich gewesen wäre, eine gesetzliche Grundlage zu schaffen,[270] und das wirft Fragen im Tatsächlichen auf.

Nicht mehr zwischen der Rechts- und Tatsachenfrage getrennt werden kann beim Aspekt der Verhältnismäßigkeit einer Maßnahme. So handelt es sich bei der Frage, ob ein legitimer Zweck verfolgt wird, im Kern noch um eine rechtliche Bewertung. Selbiges gilt bezüglich der Angemessenheit einer Maßnahme. Allerdings sind diese Bewertungen im Pandemiekontext maßgeblich von epidemiologischen Aspekten abhängig. Die Prüfungsstufen der Geeignetheit und Erforderlichkeit weisen einen noch stärkeren Tatsachenbezug auf, während die rechtliche Bewertung hier in den Hintergrund tritt.[271] Entsprechend kam es hier in der Rechtsprechung gelegentlich zu einer Reduktion der Prüfungsdichte. Ein Beispiel ist die Frage, ob die Zielsetzung, eine Inzidenz von 50 nicht zu überschreiten, um die Kontaktverfolgung sicherzustellen, einen legitimen Zweck darstellt, oder ob die Kontaktverfolgung auch bei höheren Inzidenzen noch funktioniert hätte.[272] Die Beantwortung hängt auch von der Leistungsfähigkeit der Gesundheitsämter ab, wozu nähere Untersuchungen erforderlich wären, welche damals nicht vorlagen. Diesen Aspekt als offen zu betrachten, ist daher durchaus konsequent. Wenn allerdings fraglich ist, ob ein Eingriff in Art. 6 Abs. 1 GG durch Kontaktbeschränkungen noch gerechtfertigt werden kann, oder ob der Eingriff in das familiäre Leben derart stark ist, dass die Maßnahme unangemessen ist,[273] dann handelt es sich im Kern um eine normative Frage, welche schon im vorläufigen Rechtsschutz hätte näher thematisiert werden können.

---

[269] So *VG Mainz*, Beschl. vom 15.04.2021, Az.: 1 L 291/21.MZ, BeckRS 2021, 38351 Rn. 19; ähnlich *VG Hannover*, Beschl. vom 27.03.2020, Az.: 15 B 1968/20, BeckRS 2020, 4665 Rn. 12; *VG Koblenz*, Beschl. vom 03.02.2021, Az.: 3 L 84/21.KO, BeckRS 2021, 2144 Rn. 4 („bedarf wegen der Schwierigkeit dieser Rechtsfrage einer vertieften Prüfung, die den Rahmen des hier anhängigen Eilverfahrens sprengen würde"); *VG Minden*, Beschl. vom 08.01.2021, Az.: 7 L 12/21, BeckRS 2021, 213 Rn. 5.

[270] Siehe dazu S. 246 ff.

[271] Siehe S. 269 ff.

[272] So etwa *OVG Lüneburg*, Beschl. vom 18.01.2021, Az.: 13 MN 11/21, BeckRS 2021, 209 Rn. 21–24; *OVG Lüneburg*, Beschl. vom 22.03.2021, Az.: 13 MN 121/21, BeckRS 2021, 5286 Rn. 22.

[273] So thematisiert vom *OVG Saarlouis*, Beschl. vom 29.01.2021, Az.: 2 B 25/21, BeckRS 2021, 942 Rn. 10 f.; ähnlich *OVG Schleswig*, Beschl. vom 22.01.2021, Az.: 3 MR 4/21, BeckRS 2021, 538 Rn. 39.

b) Flucht in die Folgenabwägung

Erweisen sich die Erfolgsaussichten in der Hauptsache als offen, dann kommt es – abgesehen von Verfahren nach § 123 Abs. 1 VwGO –[274] zur Folgen- beziehungsweise Interessenabwägung. Wenn Gerichte vorschnell ihre summarische Prüfung abbrechen und auf die Entscheidung in der Hauptsache verweisen, dann lässt sich das treffend als „Flucht in die Folgenabwägung" beschreiben.[275] Sehr auffällig ist das etwa in der Eilentscheidung des BVerfG zur nächtlichen Ausgangsbeschränkung.[276] Die Entscheidung wurde von Teilen der Literatur stark kritisiert. Denn der Senat nahm zwar eine Prüfung der Erfolgsaussichten in der Hauptsache vor, lagerte allerdings die Klärung mancher – durchaus beantwortbarer – Rechtsfragen in das Hauptsacheverfahren aus.[277] Die Frage, ob die nächtliche Ausgangsbeschränkung gegen Art. 104 Abs. 1 GG verstieß, ließ das BVerfG sogar unerwähnt,[278] obwohl diese Frage von Teilen der Literatur überaus kritisch gesehen wurde.[279] Dass streitentscheidende Aspekte einfach ausgeblendet wurden, blieb aber die Ausnahme. Häufiger kam es dagegen vor, dass Gerichte die kritischen Aspekte zwar ansprachen, dann aber auf das Hauptsacheverfahren verwiesen. Alternativ legten die Gerichte in den Entscheidungsgründen dar, dass die streitgegenständliche Maßnahme wohl rechtswidrig ist, flüchteten sich dann aber vor dem Ergebnis in die Folgenabwägung. Exemplarisch sei dies an einer Entscheidung des OVG Lüneburg aufgezeigt. Das Gericht äußerte darin hinsichtlich der Kontaktbeschränkungen im Januar 2021 nicht nur schon Zweifel an der Effektivität der damaligen Regelung.[280] Darüber hinaus legte es auch dar, dass die konkrete Gestaltung nicht mehr angemessen war:[281]

> „Die Regelungen berücksichtigen […] nicht mehr angemessen andere […] Fallgestaltungen, in denen den Betroffenen die Teilhabe am sozialen Leben in der Gemeinschaft vollständig unmöglich [ge]macht oder unzumutbar erschwert wird. […] Diese Unangemessenheit hat im Ansatz auch der Antragsgegner erkannt, aber noch nicht durch eine Änderung der Verordnung korrigiert. […] Eine Möglichkeit, diese Unangemessenheit durch verfassungskonforme Auslegung der geltenden Regelungen der Niedersächsischen Corona-Verordnung zu beseitigen, sieht der Senat nicht."

---

[274] Siehe aber oben S. 210 ff.

[275] *Klafki*, JuS 2020, 511, 513; *Stache*, Vorläufiger Rechtsschutz in der (Corona-)Krise, JuWissBlog Nr. 69/2020, 1. Mai 2020.

[276] BVerfGE 157, 394.

[277] *Schoch*, NVwZ 2022, 1, 5.

[278] *Schoch*, NVwZ 2022, 1, 5; *Wagner*, COVuR 2021, 647, 714.

[279] Siehe insbesondere *Kingreen*, NJW 2021, 2766, 2771; *Wagner*, COVuR 2021, 647, 650 f.

[280] *OVG Lüneburg*, Beschl. vom 18.01.2021, Az.: 13 MN 11/21, BeckRS 2021, 209 Rn. 28.

[281] *OVG Lüneburg*, Beschl. vom 18.01.2021, Az.: 13 MN 11/21, BeckRS 2021, 209 Rn. 41.

Dennoch kommt das OVG Lüneburg im nächsten Absatz zum Ergebnis:

„Die wegen der danach offenen Erfolgsaussichten gebotene Folgenabwägung [...].“[282]

Die Formulierungen des Gerichts wirken, als wäre das Gericht sich bei seiner vorläufigen Einschätzung sicher. Dass es die Erfolgsaussichten dann ablehnt, überrascht. Ähnlich entschied das OVG Saarlouis.[283] Weniger sicher war sich das OVG Lüneburg – jedenfalls ausweislich seiner Rhetorik –, als es mehrfach über die Schließung des Einzelhandels im Frühjahr 2021 zu befinden hatte. Nachdem das Gericht in den entsprechenden Entscheidungen betonte, dass eine nähere Sachaufklärung nicht erfolgen könne, jedoch viel dafürspreche, dass es mildere, gleich effektive Mittel gab,[284] führte es weiter aus:

Die danach bestehenden Zweifel an der Erforderlichkeit setzen sich bei der Beurteilung der Angemessenheit [...] fort. Die Betriebsverbote und -beschränkungen greifen tief [...] in die Berufsausübungsfreiheit der Betriebsinhaber ein und machen ihnen die Berufsausübung nahezu unmöglich, erschweren sie aber jedenfalls ganz erheblich [...] Die Wirkung dieser [staatlichen] Kompensationen ist [...] aber begrenzt [...] Hinzu kommt mit zunehmender Dauer der streitgegenständlichen Betriebsverbote und -beschränkungen eine Verfestigung des zwangsläufig geänderten Konsumverhaltens der Kunden [...] Angesichts dieser immer gewichtiger werdenden Nachteile für die betroffenen Betriebsinhaber, aber auch für die in den geschlossenen Betrieben Beschäftigten und die gesamte Volkswirtschaft ist für den Senat derzeit offen und bei summarischer Prüfung auch nicht abschließend zu klären, ob die streitgegenständlichen Betriebsverbote und -beschränkungen in Gänze noch angemessen *und allein* mit Blick auf die gravierenden, teils irreversiblen Folgen eines weiteren Anstiegs der Zahl von Ansteckungen und Erkrankungen für die zwar hochwertigen, aber verfassungsrechtlich nicht absolut geschützten Rechtsgüter Leib und Leben einer Vielzahl Betroffener sowie einer Überlastung des Gesundheitswesens weiterhin unverändert hinzunehmen sind.[285]

Hier läge der Gedanke nahe, das OVG Lüneburg sehe sich nicht zu einer näheren Prüfung in der Lage, weil in tatsächlicher Hinsicht unklar ist, welche Konsequenz eine Öffnung des Einzelhandels unter Hygieneauflagen auf das Infektionsgeschehen hätte und das Gericht, ohne diesen Aspekt zu kennen, keine Abwägung durchführen kann. Allerdings bezweifelt das Gericht, dass die nach seiner Fest-

---

[282] *OVG Lüneburg*, Beschl. vom 18.01.2021, Az.: 13 MN 11/21, BeckRS 2021, 209 Rn. 42.

[283] *OVG Saarlouis*, Beschl. vom 29.01.2021, Az.: 2 B 25/21, BeckRS 2021, 942 Rn. 11.

[284] Exemplarisch *OVG Lüneburg*, Beschl. vom 21.01.2021, Az.: 13 MN 10/21, BeckRS 2021, 444 Rn. 15–26.

[285] *OVG Lüneburg*, Beschl. vom 21.01.2021, Az.: 13 MN 10/21, BeckRS 2021, 444 Rn. 27 f. (Hervorhebung hinzugefügt); ebenso *OVG Lüneburg*, Beschl. vom 26.02.2021, Az.: 13 MN 63/21, BeckRS 2021, 3018 Rn. 22 f.; *OVG Lüneburg*, Beschl. vom 03.03.2021, Az.: 13 MN 91/21, BeckRS 2021, 3287, 24 f.; *OVG Lüneburg*, Beschl. vom 03.03.2021, Az.: 13 MN 84/21, BeckRS 2021, 3328 Rn. 24–26; *OVG Lüneburg*, Beschl. vom 04.03.2021, Az.: 13 MN 89/21, BeckRS 2021, 3397 Rn. 29 f.; *OVG Lüneburg*, Beschl. vom 11.03.2021, Az.: 13 MN 70/21, BeckRS 2021, 4254 Rn. 37 f.; *OVG Lüneburg*, Beschl. vom 15.03.2021, Az.: 13 MN 103/21, BeckRS 2021, 4511 Rn. 32 f.

stellung erheblichen Beeinträchtigungen für den Einzelhandel überhaupt noch durch einen drohenden Anstieg der Fall- und Erkrankungszahlen gerechtfertigt werden kann, selbst wenn dieser gravierend wäre. Eine Antwort auf diese Frage lieferte das OVG Lüneburg nicht, obwohl dafür weder eine Tatsachenermittlung erforderlich gewesen wäre noch – angesichts der monatelangen Dauer der Einzelhandelsschließung – die Zeit für eine Befassung mit der Frage gefehlt hätte.

Die Einzelhandelsschließungen warfen auch zahlreiche Gleichbehandlungsfragen auf.[286] Das OVG Lüneburg beschränkte sich aber darauf, das Willkürverbot zu prüfen. Eine nähere Prüfung sei „schon angesichts der Vielzahl und Vielgestaltigkeit von Fallkonstellationen in einem Verfahren vorläufigen Rechtsschutzes nicht zu leisten. Sie muss vielmehr an dieser Stelle offenbleiben."[287] Dabei führten Gerichte eine solche nähere Prüfung durch,[288] darunter in anderen Fällen auch das OVG Lüneburg.[289] Das zeigt, dass eine solche Prüfung eben doch zu leisten gewesen wäre. Der VGH München hatte in manchen Fällen Zweifel daran, ob der Gleichheitssatz noch gewahrt wurde. Allerdings vertrat das Gericht die Auffassung, dass ein Anspruch auf Normaufhebung nur dann in Betracht kommen könne, wenn „das Verhältnis von repressiven Verboten und Befreiungen derart in Schieflage [gerät], dass das repressive Verbot an sich in Frage gestellt wird". Ob dieser Punkt erreicht ist, könne allerdings erst im Hauptsacheverfahren entschieden werden.[290]

---

[286] Siehe dazu oben S. 127 ff.

[287] *OVG Lüneburg*, Beschl. vom 03.03.2021, Az.: 13 MN 91/21, BeckRS 2021, 3287 Rn. 26–33; *OVG Lüneburg*, Beschl. vom 03.03.2021, Az.: 13 MN 84/21, BeckRS 2021, 3328 Rn. 27–34; *OVG Lüneburg*, Beschl. vom 04.03.2021, Az.: 13 MN 89/21, BeckRS 2021, 3397 Rn. 31–37; *OVG Lüneburg*, Beschl. vom 11.03.2021, Az.: 13 MN 70/21, BeckRS 2021, 4254 Rn. 39–44; *OVG Lüneburg*, Beschl. vom 15.03.2021, Az.: 13 MN 103/21, BeckRS 2021, 4511 Rn. 34–40; *OVG Lüneburg*, Beschl. vom 22.03.2021, Az.: 13 MN 121/21, BeckRS 2021, 5286 Rn. 36–41; ähnlich auch zur Betriebsschließung eines Theaters *VGH München*, Beschl. vom 16.11.2020, Az.: 20 NE 20.2561, BeckRS 2020, 32249 Rn. 27.

[288] So etwa *OVG Bautzen*, Beschl. vom 29.04.2020, Az.: 3 B 144/20, BeckRS 2020, 7081; *OVG Berlin-Brandenburg*, Beschl. vom 17.04.2020, Az.: OVG 11 S 23/20, BeckRS 2020, 6073 Rn. 13–15; *OVG Berlin-Brandenburg*, Beschl. vom 28.04.2020, Az.: OVG 11 S 28/20, BeckRS 2020, 7276 Rn. 30 f.; *VGH Kassel*, Beschl. vom 28.04.2020, Az.: 8 B 1039/20.N, BeckRS 2020, 7280 Rn. 27–32; *VGH Mannheim*, Beschl. vom 30.04.2020, Az.: 1 S 1101/20, BeckRS 2020, 7262 Rn. 38–52; *VGH München*, Beschl. vom 27.04.2020, Az.: 20 NE 20.793, BeckRS 2020, 6630 Rn. 34–42.

[289] So etwa ebenfalls knapp, aber abschließend *OVG Lüneburg*, Beschl. vom 29.04.2020, Az.: 13 MN 120/20, BeckRS 2020, 7098 Rn. 41–47.

[290] *VGH München*, Beschl. vom 17.03.2021, Az.: 20 NE 21.609, BeckRS 2021, 5351 Rn. 30; *VGH München*, Beschl. vom 18.03.2021, Az.: 20 NE 21.579, BeckRS 2021, 5348 Rn. 33; *VGH München*, Beschl. vom 07.04.2021, Az.: 20 NE 21.868, BeckRS 2021, 7569 Rn. 45; ebenso wohl *OVG Weimar*, Beschl. vom 23.03.2021, Az.: 3 EN 119/21, BeckRS 2021, 8667 Rn. 101 f.; *OVG Weimar*, Beschl. vom 25.03.2021, Az.: 3 EN 175/21, BeckRS 2021, 8669 Rn. 69 f.; *OVG Weimar*, Beschl. vom 26.03.2021, Az.: 3 EN 180/21, BeckRS 2021, 8672 Rn. 71 f.

Auch bei der Frage, ob der Parlamentsvorbehalt vor Inkrafttreten des § 28a IfSG noch gewahrt wurde,[291] flüchteten sich manche Gerichte in die Folgenabwägung. Besonders heraus sticht hier eine Entscheidung des VGH München. Für den 20. Senat hätten „erhebliche Zweifel" bestanden, ob die Maßnahmen im Oktober 2020 noch mit dem Parlamentsvorbehalt in Einklang standen:

> „Mittlerweile erfolgen – jedenfalls im antragsgegenständlichen Bereich der Gastronomie – erhebliche Grundrechtseingriffe über einen längeren Zeitraum allein durch die Exekutive, wobei mit der Dauer der Maßnahmen und der Intensität der mit ihnen verbundenen Grundrechtseingriffe die Frage an Gewicht gewinnt, ob die Verordnungsermächtigung zugunsten der Ländern in den §§ 28, 32 IfSG noch den verfassungsrechtlichen Anforderungen aus Art. 80 Abs. 1 Satz 1 und Satz 2 GG genügt [...] Vorliegend geht es um Grundrechtseingriffe, die nach ihrer Reichweite, ihrer Intensität und ihrer zeitlichen Dauer mittlerweile ohne Beispiel sein dürften. [...] Eine gesetzgeberische Abwägung der zur Bekämpfung einer Pandemie von bundesweiter Bedeutung erforderlichen Maßnahmen und den betroffenen Schutzgütern liegt der Verordnungsermächtigung nicht zugrunde. [...] Der Senat hat erhebliche Zweifel, ob einer solchen Konstruktion, die landesweit und auf unbestimmte Zeit geltende Rechtsnormen von teilweise erheblicher Grundrechtsrelevanz enthält, eine nach Inhalt, Zweck und Ausmaß hinreichend bestimmte Grundentscheidung des Bundesgesetzgebers i. S. v. Art. 80 Abs. 1 Satz 2 GG zugrunde liegt. [...] Vor diesem Hintergrund hält es der Senat – sowohl im Hinblick auf die hier angegriffenen Bestimmungen als auch (und erst recht) im Hinblick auf künftige Verordnungen – für fraglich, ob die bestehende bundesweit gegebene infektionsrechtliche Gefährdungslage weiterhin allein auf der Grundlage landesrechtlicher Verordnungen ohne vorheriges Tätigwerden des hierzu nach Art. 80 Abs. 1 Satz 1 und Satz 2 GG berufenen Bundesgesetzgebers behandelt werden kann, zumal sich die verfassungsrechtlichen Implikationen – jedenfalls mittlerweile – geradezu aufdrängen [...] Dabei ist indes zu berücksichtigen, dass der Bayerische Landtag [...] die Staatsregierung mittlerweile ausdrücklich aufgefordert hat, sich auf Bundesebene für die Schaffung konkreter Befugnisnormen im Bundesinfektionsschutzgesetz (IfSG) für besonders grundrechtsrelevante Eingriffe und breit angelegte Infektionsschutzmaßnahmen einzusetzen. [...]"[292]

Der VGH München legt umfangreich dar, was gegen die Annahme spricht, dass der Parlamentsvorbehalt noch gewahrt wurde. Als einziges Argument für die gegenteilige Annahme nennt der 20. Senat die sich damals abzeichnenden politischen Bemühungen, eine ausreichende gesetzliche Grundlage für die Maßnahmen zu schaffen. Dabei handelt es sich aber gar nicht um ein juristisches, sondern um ein politisches Argument, das allenfalls in der Folgenabwägung eine Berechtigung haben könnte. Dennoch kommt der VGH München danach zum Ergebnis:

> „Im Hinblick auf die genannten Bestrebungen und auf die sich angesichts der derzeitigen Infektionslage (wohl) bevorstehende zusätzliche Verschärfung der bestehenden Maßnahmen geht der Senat vorläufig davon aus, dass die Voraussetzungen einer ausreichenden

---

[291] Siehe dazu unten S. 246 ff.

[292] *VGH München*, Beschl. vom 29. 10. 2020, Az.: 20 NE 20.2360, BeckRS 2020, 28521 Rn. 28–36.

gesetzlichen Verordnungsermächtigung demnächst geschaffen werden. Bei der Annahme offener Erfolgsaussichten der Hauptsache ergibt die gebotene Folgenabwägung […].“[293]

Bis zum Inkrafttreten des § 28a IfSG verwies der 20. Senat auf diese Entscheidung.[294] Der VGH Mannheim äußerte ebenfalls wiederholt Zweifel. Womöglich lasse sich § 32 S. 1 i. V. m. § 28 Abs. 1 S. 1, 2 IfSG noch so auslegen, dass die streitgegenständlichen Maßnahmen darauf gestützt werden können. Dagegen spreche aber die erhebliche Eingriffsintensität. Die Frage sei aber erst im Hauptsacheverfahren zu klären.[295] Andere Gerichte erwähnten die Kontroverse nur, hielten die Frage aber – ohne Begründung – nur in einem Hauptsacheverfahren beantwortbar[296] oder kamen zum Ergebnis, dass der Parlamentsvorbehalt gewahrt[297] oder verletzt[298] wurde.

IV. Realisierung des Fehlentscheidungsrisikos?

Bereits weiter oben kam das erhöhte Fehlentscheidungsrisiko im vorläufigen Rechtsschutz zur Sprache, also die erhöhte Gefahr, dass die eigentliche materielle Rechtslage in der Entscheidung im vorläufigen Rechtsschutz verkannt wird.[299] In der bisherigen Betrachtung der pandemischen Rechtsprechung wurden zwei wesentliche kritikwürdige Aspekte identifiziert, die dieses Risiko erhöhen. Zum einen ist die Prüfungsdichte der Erfolgsaussichten in der Hauptsache in manchen Entscheidungen zu gering, was einen vorschnellen Wechsel zur Folgenabwägung und damit weg von der materiellen Rechtslage hin bewirkt. In der verfassungsgerichtlichen Rechtsprechung wurde in großen Teilen ganz auf die Prüfung materiellen

---

[293] *VGH München*, Beschl. vom 29. 10. 2020, Az.: 20 NE 20.2360, BeckRS 2020, 28521 Rn. 37 f.

[294] Siehe etwa *VGH München*, Beschl. vom 06. 11. 2020, Az.: 20 NE 20.2466, BeckRS 2020, 30425 Rn. 20 f.; *VGH München*, Beschl. vom 10. 11. 2020, Az.: 20 NE 20.2477, BeckRS 2020, 30786 Rn. 22; *VGH München*, Beschl. vom 16. 11. 2020, Az.: 20 NE 20.2461, BeckRS 2020, 36148 Rn. 21; *VGH München*, Beschl. vom 16. 11. 2020, Az.: 20 NE 20.2469, BeckRS 2020, 32234 Rn. 12 f.

[295] Siehe insbesondere *VGH Mannheim*, Beschl. vom 28. 04. 2020, Az.: 1 S 1068/20, BeckRS 2020, 7285 Rn. 34–37; *VGH Mannheim*, Beschl. vom 10. 11. 2020, Az.: 1 S 3432/20, BeckRS 2020, 32359 Rn. 30 f.

[296] So etwa *OVG Magdeburg*, Beschl. vom 24. 11. 2020, Az.: 3 R 220/20, BeckRS 2020, 32485 Rn. 24.

[297] Siehe etwa *OVG Bautzen*, Beschl. vom 17. 11. 2020, Az.: 3 B 350/20, BeckRS 2020, 31669 Rn. 21; *OVG Bremen*, Beschl. vom 22. 04. 2020, Az.: 1 B 111/20, BeckRS 2020, 7041 Rn. 19–28; *OVG Weimar*, Beschl. vom 08. 11. 2020, Az.: 3 EN 725/20, BeckRS 2020, 34845 Rn. 24–26 (siehe aber Rn. 27); in diese Richtung auch *OVG Saarlouis*, Beschl. vom 22. 04. 2020, Az.: 2 B 130/20, BeckRS 2020, 6458 Rn. 12–19; *OVG Saarlouis*, Beschl. vom 22. 04. 2020, Az.: 2 B 128/20, BeckRS 2020, 6415 Rn. 12–19.

[298] *VG Hamburg*, Beschl. vom 10. 11. 2020, Az.: 13 E 4550/20, BeckRS 2020, 30379 Rn. 5–16.

[299] Siehe oben S. 181 f.

Rechts verzichtet, stattdessen dominierte hier die Folgenabwägung. Zweitens wurde die Folgenabwägungen häufig falsch vorgenommen, indem die Individualrechtsgüter des Antragstellers den Interessen der Allgemeinheit gegenübergestellt wurden. Doch auch korrekt vorgenommene Folgenabwägungen gehen in einer derartigen Situation nahezu immer zugunsten des Schutzes von Leben und körperlicher Unversehrtheit aus. Auch das erhöht das Risiko, dass die Entscheidung im vorläufigen Rechtsschutz von einer eigentlichen materiellen Rechtslage abweicht.

Inwiefern all dies das Fehlentscheidungsrisiko tatsächlich erhöht hat, lässt sich nur schwer beurteilen. Ein Indiz für ein solches erhöhtes Fehlentscheidungsrisiko wäre es, wenn spätere Hauptsacheentscheidung im Ergebnis häufig von der früheren Eilentscheidung abweichen.[300] Freilich geht dies von den Prämissen aus, dass Gerichte ihre Hauptsacheentscheidungen unabhängig von den Eilentscheidungen treffen, die frühere Entscheidung also nicht die spätere prägt,[301] und die spätere Hauptsacheentscheidung tatsächlich der materiellen Rechtslage entspricht.

In einer beträchtlichen Zahl der in Teil 1 betrachteten Hauptsacheentscheidungen haben die Gerichte im Ergebnis so entschieden, wie sie es bereits im vorläufigen Rechtsschutz taten.[302] Durchaus, wenngleich seltener, finden sich aber auch

---

[300] Grundlage der folgenden Betrachtung sind die ausgewerteten Hauptsacheentscheidungen, zu denen jeweils passende Entscheidung im vorläufigen Rechtsschutz gesucht wurden. Außer Betracht blieben Entscheidungen zu Anträgen und Klagen, die als unzulässig abgewiesen wurden. Als erfolgreich wurden Entscheidungen dann gewertet, wenn sie zumindest teilweise erfolgreich waren. Außer Betracht blieb, wenn eine Entscheidung im Rahmen der Berufung beziehungsweise der Revision abgeändert wurde. Denn in diesen Fällen hat sich nicht das Fehlentscheidungsrisiko realisiert, sondern das Risiko, dass die nächsthöhere Instanz andere rechtliche oder tatsächliche Wertungen anlegt als die Vorinstanz.

[301] Siehe zu dieser Prämisse oben S. 179.

[302] So insbesondere BVerfGE 157, 394 (Vorläufiger Rechtsschutz); E 159, 223 (Hauptsache); E 160, 336 (Vorläufiger Rechtsschutz); E 161, 299 (Hauptsache); *BayVerfGH*, Entsch. vom 26.03.2020, Az.: Vf. 6-VII-20, NVwZ 2020, 624 (Vorläufiger Rechtsschutz); *BayVerfGH*, Entsch. vom 09.02.2021, Az.: Vf. 6-VII-20, BeckRS 2021, 1765 (Hauptsache); *OVG Bautzen*, Beschl. vom 29.04.2020, Az.: 3 B 146/20, BeckRS 2020, 16028 (Vorläufiger Rechtsschutz); *OVG Bautzen*, Urt. vom 17.05.2022, Az.: 3 C 16/20, BeckRS 2022, 13520 (Hauptsache); *OVG Bautzen*, Beschl. vom 12.05.2020, Az.: 3 B 177/20, BeckRS 2020, 8235 (Vorläufiger Rechtsschutz); *OVG Bautzen*, Urt. vom 05.09.2022, Az.: 3 C 29/20, BeckRS 2022, 24687 (Hauptsache); *OVG Bautzen*, Beschl. vom 04.03.2021, Az.: 3 B 26/21, KommJur 2021, 183 (Vorläufiger Rechtsschutz); *OVG Bautzen*, Urt. vom 27.04.2023, Az.: 3 C 8/21, BeckRS 2023, 18376 (Hauptsache); *OVG Berlin-Brandenburg*, Beschl. vom 14.01.2021, Az.: OVG 11 S 3/21, BeckRS 2021, 192 (Vorläufiger Rechtsschutz); *OVG Berlin-Brandenburg*, Beschl. vom 21.03.2024, Az.: OVG 5 A 23/22, BeckRS 2024, 10628 (Hauptsache); *OVG Bremen*, Urt. vom 07.05.2020, Az.: 1 B 129/20, BeckRS 2020, 8065 (Vorläufiger Rechtsschutz); *OVG Bremen*, Urt. vom 19.04.2022, Az.: 1 D 104/20, BeckRS 2022, 9393 (Hauptsache); *OVG Bremen*, Beschl. vom 15.04.2021, Az.: 1 B 127/21, BeckRS 2021, 7988 (Vorläufiger Rechtsschutz); *OVG Bremen*, Urt. vom 19.04.2022, Az.: 1 D 126/21, BeckRS 2022, 9596 (Hauptsache); *OVG Lüneburg*, Beschl. vom 28.10.2020, Az.: 13 MN 390/20, BeckRS 2020, 29117 (Vorläufiger Rechtsschutz); *OVG Lüneburg*, Urt. vom 25.11.2021, Az.: 13 KN 389/20, BeckRS 2021, 37093 (Hauptsache); *OVG Lüneburg*, Beschl. vom 23.12.2020, Az.: 13 MN 506/20, BeckRS 2020, 36298 (Vorläufiger Rechtsschutz); *OVG Lüneburg*,

Entscheidungen, in denen Maßnahmen in der Hauptsache als rechtswidrig eingestuft wurden, während frühere Eilanträge dagegen noch abgelehnt wurden.[303] Dass

---

Urt. vom 17. 08. 2023, Az.: 14 KN 22/22, BeckRS 2023, 25471 (Hauptsache); *OVG Lüneburg*, Beschl. vom 11. 03. 2021, Az.: 13 MN 70/21, BeckRS 2021, 4254 (Vorläufiger Rechtsschutz); *OVG Lüneburg*, Urt. vom 11. 07. 2023, Az.: 14 KN 35/22, BeckRS 2023, 18349 (Hauptsache); *OVG Magdeburg*, Beschl. vom 30. 04. 2020, Az.: 3 R 69/20, BeckRS 2020, 12755 (Vorläufiger Rechtsschutz); *OVG Magdeburg*, Urt. vom 30. 06. 2022, Az.: 3 K 72/20, BeckRS 2022, 18375 (Hauptsache); *OVG Münster*, Beschl. vom 15. 04. 2020, Az.: 13 B 440/20.NE, BeckRS 2020, 5957 (Vorläufiger Rechtsschutz); *OVG Münster*, Urt. vom 25. 08. 2022, Az.: 13 D 29/20.NE, BeckRS 2022, 21447 (Hauptsache); *OVG Münster*, Beschl. vom 30. 04. 2020, Az.: 13 B 558/20.NE, BeckRS 2020, 12196 (Vorläufiger Rechtsschutz); *OVG Münster*, Urt. vom 22. 09. 2022, Az.: 13 D 38/20.NE, BeckRS 2022, 56327 (Hauptsache); *OVG Münster*, Beschl. vom 23. 12. 2020, Az.: 13 B 1707/20.NE, BeckRS 2020, 36417 (Vorläufiger Rechtsschutz); *OVG Münster*, Urt. vom 29. 05. 2024, Az.: 13 D 238/20, BeckRS 2024, 14060 (Hauptsache); *OVG Münster*, Beschl. vom 14. 01. 2022, Az.: 13 B 33/22.NE, BeckRS 2022, 285 (Vorläufiger Rechtsschutz); *OVG Münster*, Urt. vom 26. 11. 2024, Az.: 13 D 5/22.NE, BeckRS 2024, 46455 (Hauptsache); *OVG Saarlouis*, Beschl. vom 10. 03. 2021, Az.: 2 B 65/21, BeckRS 2021, 45371 (Vorläufiger Rechtsschutz); *OVG Saarlouis*, Urt. vom 21. 07. 2022, Az.: 2 C 64/21, BeckRS 2022, 18512 (Hauptsache); *OVG Saarlouis*, Beschl. vom 21. 01. 2022, Az.: 2 B 295/21, BeckRS 2022, 456 (Vorläufiger Rechtsschutz); *OVG Saarlouis*, Urt. vom 21. 07. 2022, Az.: 2 C 294/21, BeckRS 2022, 18515 (Hauptsache); *OVG Schleswig*, Beschl. vom 09. 04. 2020, Az.: 3 MR 4/20, BeckRS 2020, 5658 (Vorläufiger Rechtsschutz); *OVG Schleswig*, Urt. vom 13. 11. 2023, Az.: 3 KN 5/20, BeckRS 2023, 39617 (Hauptsache); *OVG Weimar*, Beschl. vom 05. 05. 2021, Az.: 3 EN 251/21, BeckRS 2021, 30645 (Vorläufiger Rechtsschutz); *OVG Weimar*, Beschl. vom 20. 12. 2023, Az.: 3 N 250/21, BeckRS 2023, 45605 (Hauptsache); *OVG Weimar*, Beschl. vom 26. 03. 2021, Az.: 3 EN 180/21, BeckRS 2021, 8672 (Vorläufiger Rechtsschutz); *OVG Weimar*, Beschl. vom 30. 10. 2024, Az.: 3 N 471/22, BeckRS 2024, 45794 (Hauptsache); *VGH Mannheim*, Beschl. vom 09. 04. 2020, Az.: 1 S 925/20, BeckRS 2020, 6351 (Vorläufiger Rechtsschutz); *VGH Mannheim*, Urt. vom 02. 06. 2022, Az.: 1 S 926/20, BeckRS 2022, 15410 (Hauptsache); *VGH Mannheim*, Beschl. vom 28. 04. 2020, Az.: 1 S 1068/20, BeckRS 2020, 7285 (Vorläufiger Rechtsschutz); *VGH Mannheim*, Urt. vom 02. 06. 2022, Az.: 1 S 1067/20, BeckRS 2022, 15501 (Hauptsache); *VGH Mannheim*, Beschl. vom 06. 11. 2020, Az.: 1 S 3448/20, BeckRS 2020, 30988 (Vorläufiger Rechtsschutz); *VGH Mannheim*, Urt. vom 05. 02. 2025, Az.: 1 S 1592/23, BeckRS 2025, 2568 (Hauptsache); *VGH München*, Beschl. vom 05. 11. 2020, Az.: 20 NE 20.2468, BeckRS 2020, 29302 (Vorläufiger Rechtsschutz); *VGH München*, Beschl. vom 18. 10. 2024, Az.: 20 N 20.2817, BeckRS 2024, 30433 (Hauptsache); *VGH München*, Beschl. vom 05. 03. 2021, Az.: 20 NE 20.3097, BeckRS 2021, 3800 (Vorläufiger Rechtsschutz); *VGH München*, Beschl. vom 27. 01. 2025, Az.: 20 N 20.3096, BeckRS 2025, 805 (Hauptsache); *VG Ansbach*, Beschl. vom 15. 01. 2021, Az.: AN 4 S 21.102, BeckRS 2021, 788 (Vorläufiger Rechtsschutz); *VG Ansbach*, Urt. vom 22. 09. 2022, Az.: AN 4 K 21.126, BeckRS 2022, 29911 (Hauptsache); *VG Köln*, Beschl. vom 22. 04. 2021, Az.: 7 L 722/21, BeckRS 2021, 32454 (Vorläufiger Rechtsschutz); *VG Köln*, Urt. vom 18. 06. 2024, Az.: 7 K 2169/21, BeckRS 2024, 25382 (Hauptsache); *VG München*, Beschl. vom 20. 03. 2020, Az.: M 26 S 20.1222, BeckRS 2020, 4617 (Vorläufiger Rechtsschutz); *VG München*, Urt. vom 16. 11. 2022, Az.: M 26b K 20.1221, BeckRS 2022, 39509 (Hauptsache). Bei allen Entscheidungen waren die Antragsteller im vorläufigen Rechtsschutz identisch mit denen im Hauptsacheverfahren.

[303] Siehe insbesondere *LVerfG LSA*, Beschl. vom 08. 12. 2020, Az.: LVG 25/20, BeckRS 2020, 39494 (Vorläufiger Rechtsschutz); *LVerfG LSA*, Urt. vom 26. 03. 2021, Az.: LVG 25/20, BeckRS 2021, 9552 (Hauptsache); *LVerfG LSA*, Beschl. vom 02. 02. 2021, Az.: LVG 4/21, BeckRS 2021, 1360 (Vorläufiger Rechtsschutz); *LVerfG LSA*, Urt. vom 26. 03. 2021,

Eilanträgen stattgegeben wurde, die Maßnahmen sich in der Hauptsache aber als rechtmäßig erwiesen haben, war dagegen eine seltene Ausnahme.[304]

Doch nicht jeder Fall einer von der Eilentscheidung divergierende Hauptsacheentscheidung bedeutet, dass sich hier tatsächlich das Fehlentscheidungsrisiko infolge einer zu niedrigere Prüfungsdichte im vorläufigen Rechtsschutz realisiert hat. So änderten Gerichte teils auch schlicht ihre Meinung. So hielt der VGH München im Frühjahr 2020 die Ausgangsbeschränkung noch für verhältnismäßig, während er die Regel später als unangemessen einstufte.[305] Grund für die widersprüchlichen Entscheidungen waren weder eine weniger intensive Rechtsprüfung noch eine ungenügende Tatsachengrundlage im vorläufigen Rechtsschutz, sondern schlicht eine andere Bewertung des Kosten-Nutzen-Verhältnisses. Ähnlich hielt das OVG Bautzen im Eilverfahren eine Ausnahmeregel von der Ausgangsbeschränkung für die Bewegung im Wohnumfeld noch für bestimmt genug, da die Verordnung auf einer Website des Verordnungsgebers ausreichend erläutert worden sei. In der Hauptsacheentscheidung distanzierte sich das Gericht ausdrücklich von dieser Einschät-

Az.: LVG 4/21, BeckRS 2021, 9553 (Hauptsache); *ThürVerfGH*, Beschl. vom 24.06.2020, Az.: VerfGH 17/20, BeckRS 2020, 16410 (Vorläufiger Rechtsschutz); *ThürVerfGH*, Urt. vom 01.03.2021, Az.: VerfGH 18/20, BeckRS 2021, 3015 (Hauptsache); *ThürVerfGH*, Beschl. vom 28.12.2020, Az.: VerfGH 118/20 (juris) (Vorläufiger Rechtsschutz); *ThürVerfGH*, Beschl. vom 14.12.2021, Az.: VerfGH 117/20 (juris) (Hauptsache); *ThürVerfGH*, Beschl. vom 04.02.2022, Az.: VerfGH 5/22, BeckRS 2022, 2012 (Vorläufiger Rechtsschutz); *ThürVerfGH*, Urt. vom 26.06.2024, Az.: VerfGH 4/22, BeckRS 2024, 14761 (Hauptsache); *OVG Bautzen*, Beschl. vom 07.04.2020, Az.: 3 B 111/20, COVuR 2020, 41 (Vorläufiger Rechtsschutz); *OVG Bautzen*, Urt. vom 21.04.2021, Az.: 3 C 8/20, BeckRS 2021, 8023 (Hauptsache); *OVG Magdeburg*, Beschl. vom 29.04.2020, Az.: 3 R 71/20, BeckRS 2020, 12629 (Vorläufiger Rechtsschutz); *OVG Magdeburg*, Urt. vom 30.06.2022, Az.: 3 K 55/20, BeckRS 2022, 18374 (Hauptsache); *OVG Saarlouis*, Beschl. vom 09.11.2020, Az.: 2 B 325/20, BeckRS 2020, 30743 (Vorläufiger Rechtsschutz); *OVG Saarlouis*, Urt. vom 31.05.2022, Az.: 2 C 324/20, BeckRS 2022, 12367 (Hauptsache); *OVG Saarlouis*, Beschl. vom 12.11.2020, Az.: 2 B 320/20, BeckRS 2020, 30643 (Vorläufiger Rechtsschutz); *OVG Saarlouis*, Urt. vom 31.05.2022, Az.: 2 C 319/20, BeckRS 2022, 13614 (Hauptsache); *OVG Saarlouis*, Beschl. vom 12.11.2020, Az.: 2 B 327/20, BeckRS 2020, 30645 (Vorläufiger Rechtsschutz); *OVG Saarlouis*, Urt. vom 07.07.2022, Az.: 2 C 326/20, BeckRS 2022, 51575 (Hauptsache); *VGH München*, Beschl. vom 27.04.2020, Az.: 20 NE 20.793, BeckRS 2020, 6630 (Vorläufiger Rechtsschutz; die Vollziehung der als voraussichtlich rechtswidrig eingestuften, streitgegenständlichen Regelung wurde nicht ausgesetzt, weshalb die Entscheidung nicht erfolgreich gewertet wird); *VGH München*, Urt. vom 06.10.2022, Az.: 20 N 20.794, BeckRS 2022, 31586 (Hauptsache); *VGH München*, Beschl. vom 19.04.2020, Az.: 20 NE 20.782, NVwZ-RR 2020, 492 (Vorläufiger Rechtsschutz); *VGH München*, Urt. vom 06.10.2022, Az.: 20 N 20.783, BeckRS 2022, 34040 (Hauptsache). Bei allen Entscheidungen waren die Antragsteller im vorläufigen Rechtsschutz identisch mit denen im Hauptsacheverfahren.

[304] So das *VG Berlin*, Beschl. vom 04.05.2020, Az.: VG 14 L 74/20, BeckRS 2020, 8651 (Vorläufiger Rechtsschutz); *VG Berlin*, Urt. vom 13.01.2023, Az.: VG 14 K 58/20, BeckRS 2023, 3570 (Hauptsache).

[305] *VGH München*, Beschl. vom 09.04.2020, Az.: 20 NE 20.663, BeckRS 2020, 5446 Rn. 47–51 (Vorläufiger Rechtsschutz); *VGH München*, Beschl. vom 04.10.2021, Az.: 20 N 20.767, BeckRS 2021, 29086 Rn. 77–85 (Hauptsache).

zung, in der Folge wurde die gesamte Ausgangsbeschränkung als unangemessen bewertet.[306] Umgekehrt gab das VG Berlin einem Eilantrag gegen die 800-Quadratmeter-Regel im Einzelhandel noch wegen eines Verstoßes gegen Art. 3 Abs. 1 GG statt, während das Gericht in der Hauptsacheentscheidung die Auffassung vertrat, es hätte schon keine Ungleichbehandlung vorgelegen.[307]

Teils erklären sich divergierende Eil- und Hauptsacheentscheidungen auch durch die Tatsachenlage. So äußerte der VGH München im Eilverfahren zwar Zweifel an der Quarantäneverordnung. Allerdings sehe sich das Gericht mit einer „Vielzahl komplexer fachlicher und rechtlicher Fragen konfrontiert, die einer abschließenden Klärung in einem Eilverfahren nicht zugänglich sind"; es müssten zunächst epidemiologische Erkenntnisse gewonnen werden.[308] Im Hauptsacheverfahren lieferte das Gericht eine genauere Befassung nach und stellte nachträglich die Unwirksamkeit der Verordnung fest.[309]

In anderen Fällen realisierte sich gerade das Fehlentscheidungsrisiko, welches die Gerichte durch eine niedrige Prüfungsdichte schufen. So tendierte der ThürVerfGH dazu, im vorläufigen Rechtsschutz einzig eine Folgenabwägung vorzunehmen. Das führte dann dazu, dass das Gericht mit Blick auf die Bußgeldbestimmungen erst im Hauptsacheverfahren einen Verstoß gegen Art. 44 Abs. 1 S. 2 GG i.V.m. Art. 103 Abs. 2 GG feststellte, obwohl es sich dabei um eine reine Rechtsfrage handelte.[310] Ähnlich hielt die Fixierung auf die Folgenabwägung das Gericht davon ab, schon im Eilverfahren festzustellen, dass ein räumlich unbeschränktes Verbot der Abgabe und des Konsums von Alkohol ersichtlich nicht von einer Ermächtigungsgrundlage gedeckt war.[311] Ebenso hätte der ThürVerfGH bereits Ende 2020 im Rahmen seiner Eilentscheidung zum Ergebnis kommen können, dass die nächtliche Ausgangsbeschränkung unangemessen war, weil – so die tragende Argumentation in der Hauptsache – von Bewegung im Freien alleine keine Gefahr ausging.[312] Das LVerfG Sachsen-Anhalt subsumierte in einer Eilentscheidung eine Verordnung nicht unter die Voraussetzungen des Bestimmtheitsgebotes, während es

[306] *OVG Bautzen*, Beschl. vom 07.04.2020, Az.: 3 B 111/20, COVuR 2020, 41 Rn. 16–21 (Vorläufiger Rechtsschutz); *OVG Bautzen*, Urt. vom 21.04.2021, Az.: 3 C 8/20, BeckRS 2021, 8023 Rn. 31–37 (Hauptsache).

[307] *VG Berlin*, Urt. vom 13.01.2023, Az.: VG 14 K 58/20, BeckRS 2023, 3570 Rn. 75–77.

[308] *VGH München*, Beschl. vom 03.12.2020, Az.: 20 NE 20.2749, BeckRS 2020, 33531 Rn. 30, 44–51.

[309] *VGH München*, Urt. vom 02.08.2023, Az.: 20 N 20.2861, BeckRS 2023, 19255 Rn. 55–88.

[310] *ThürVerfGH*, Beschl. vom 24.06.2020, Az.: VerfGH 17/20, BeckRS 2020, 16410 (Vorläufiger Rechtsschutz); *ThürVerfGH*, Urt. vom 01.03.2021, Az.: VerfGH 18/20, BeckRS 2021, 3015 Rn. 312–329 (Hauptsache).

[311] *Thüringer Verfassungsgerichtshof*, Beschl. vom 28.12.2020, Az.: 118/20 (juris) (Vorläufiger Rechtsschutz); *ThürVerfGH*, Beschl. vom 14.12.2021, Az.: VerfGH 117/20 (juris) Rn. 244 (Hauptsache).

[312] *ThürVerfGH*, Beschl. vom 14.12.2021, Az.: VerfGH 117/20 (juris) Rn. 301.

die ordnungsgemäße Verkündung und die Einhaltung des Zitiergebotes abschließend prüfte.[313] In der Hauptsache sollte sich die streitgegenständliche Verordnung als zu unbestimmt erweisen.[314] Ähnliches findet sich auch etwa in der Rechtsprechung des VGH München, welcher die Bestimmtheit einer später als zu unbestimmt eingestuften Verordnung[315] im Eilverfahren gar nicht erst ansprach[316] und der des OVG Magdeburg, welches die Bestimmtheit als offen betrachtete.[317] Die Tendenz des OVG Lüneburg, im vorläufigen Rechtsschutz nur eine Willkürprüfung vorzunehmen,[318] führte dazu, dass die nicht gerechtfertigte Ungleichbehandlung von Angebote des Freizeit- und Amateursportbetriebs auf und in öffentlichen und privaten Sportanlagen einerseits und Fitnessstudios andererseits erst im Hauptsacheverfahren festgestellt wurde.[319] Das OVG Saarlouis hielt es im November 2020 für „sehr zweifelhaft", dass dem Parlamentsvorbehalt noch Genüge getan wurde, ließ die Frage aber „ausdrücklich dahingestellt mit Blick auf die derzeit sowohl auf Bundes wie [sic!] auch auf Landesebene eingeleiteten Versuche", dem Verfassungsgebot nachzukommen.[320] In der Hauptsache sollte das Gericht später einen Verstoß feststellen.[321]

In einigen Fällen ist also die Annahme naheliegend, dass eine zu niedrige Prüfungsdichte im vorläufigen Rechtsschutz dazu geführt hat, dass Eilanträge – angesichts der späteren Entscheidung in der Hauptsache – fälschlicherweise abgelehnt wurden. Es zeigt sich aber auch, dass diese Fälle vergleichsweise selten waren. Einzuschränkend hinzufügen ist neben der bereits erwähnten Prämisse, Eilentscheidungen würden nicht auch Hauptsacheentscheidung vorprägen, dass die Zahl der ausgewerteten Hauptsacheentscheidungen zwar für sich genommen nicht un-

---

[313] *LVerfG LSA*, Beschl. vom 08.12.2020, Az.: LVG 25/20, BeckRS 2020, 39494 Rn. 37–53.

[314] *LVerfG LSA*, Urt. vom 26.03.2021, Az.: LVG 25/20, BeckRS 2021, 9552 Rn. 56–90.

[315] *VGH München*, Urt. vom 06.10.2022, Az.: 20 N 20.783, BeckRS 2022, 34040 Rn. 44–59.

[316] *VGH München*, Beschl. vom 19.04.2020, Az.: 20 NE 20.782, NVwZ-RR 2020, 492 Rn. 12 f.

[317] *OVG Magdeburg*, Beschl. vom 29.04.2020, Az.: 3 R 71/20, BeckRS 2020, 12629 Rn. 51 (Vorläufiger Rechtsschutz); *OVG Magdeburg*, Urt. vom 30.06.2022, Az.: 3 K 55/20, BeckRS 2022, 18374 Rn. 62–65 (Hauptsache).

[318] *OVG Lüneburg*, Beschl. vom 09.12.2020, Az.: 13 MN 547/20, BeckRS 2020, 34598 Rn. 11–16; *OVG Lüneburg*, Beschl. vom 19.02.2021, Az.: 13 MN 54/21, BeckRS 2021, 2482 Rn. 30–35.

[319] *OVG Lüneburg*, Beschl. vom 04.12.2023, Az.: 14 KN 29/22, BeckRS 2023, 34596.

[320] *OVG Saarlouis*, Beschl. vom 12.11.2020, Az.: 2 B 320/20, BeckRS 2020, 30643 Rn. 11; *OVG Saarlouis*, Beschl. vom 12.11.2020, Az.: 2 B 327/20, BeckRS 2020, 30645 Rn. 11.

[321] *OVG Saarlouis*, Urt. vom 31.05.2022, Az.: 2 C 319/20, BeckRS 2022, 13614 Rn. 19–27; *OVG Saarlouis*, Urt. vom 07.07.2022, Az.: 2 C 326/20, BeckRS 2022, 51575 Rn. 17–25. Die Entscheidung wurde später vom BVerwG aufgehoben, siehe *BVerwG*, Urt. vom 16.05.2023, Az.: 3 CN 5.22, BeckRS 2023, 10364.

beträchtlich ist, dennoch aber nur für einen Bruchteil der Eilentscheidungen eine jeweilige Hauptsacheentscheidung ergangen ist und publiziert wurde.

B. Rechtsschutz in der Hauptsache: Feststellungsinteresse und Rechtsschutzbedürfnis

Dem vorläufigen Rechtsschutz kam in der Pandemie eine überragende Bedeutung zu, um einen effektiven Rechtsschutz *während* der Geltung der Maßnahmen sicherzustellen. Denn eine Hauptsacheentscheidung war zumeist erst deutlich später zu erlangen. Doch dem Eilrechtsschutz ist der vorläufige Charakter immanent. Zur endgültigen Klärung von Rechts- und Tatsachenfragen ist er nur bedingt geeignet.

Allerdings ist der nachträglichen verwaltungsgerichtlichen[322] Überprüfung von staatlichen Maßnahmen durch das Prozessrecht Grenzen gesetzt. Zu Anfechtungsklagen bestimmt § 113 Abs. 1 S. 4 VwGO ausdrücklich, dass das Gericht auf Antrag ausspricht, dass der streitige Verwaltungsakt rechtswidrig war, dies aber nur dann, „wenn der Kläger ein berechtigtes Interesse an dieser Feststellung hat". Ähnliches gilt bei Feststellungsklagen, denn hier fordert § 43 Abs. 1 VwGO „ein berechtigtes Interesse an der baldigen Feststellung" des streitigen Rechtsverhältnisses, und dieses liegt nur dann vor, wenn das bestehende Rechtsverhältnis noch über seine Beendigung hinaus anhaltende Wirkungen entfaltet.[323] Anträge nach § 47 Abs. 1 VwGO sind zwar weiter statthaft, wenn die streitgegenständliche Norm außer Kraft tritt, allerdings entfällt das Rechtsschutzbedürfnis, wenn die Norm keine Rechtswirkung mehr entfaltet.[324]

In allen Fällen kann ein entsprechendes Interesse aus den besonderen Umständen des Einzelfalls hergeleitet werden, wenn die Entscheidung des Gerichts geeignet ist, die klägerische Position in rechtlicher, wirtschaftlicher oder ideeller Hinsicht zu verbessern,[325] wobei sich in der Rechtsprechung insbesondere zu § 113 Abs. 1 S. 4 VwGO vier Fallgruppen herausgebildet haben. Erstens kommt ein Feststellungsinteresse demnach bei einer konkreten Wiederholungsgefahr in Betracht. Dabei dürfen sich die für die Beurteilung relevanten rechtlichen und tatsächlichen

---

[322] Bei Verfassungsbeschwerden gilt im Fall von Erledigungen zwar auch, dass das Rechtsschutzinteresse nur fortdauert, wenn sonst eine bedeutende verfassungsrechtliche Frage nicht geklärt werden könnte, obwohl es sich um einen besonders schwerwiegenden Grundrechtsverstoß handelte, oder die Beeinträchtigung noch andauert, siehe dazu *Zuck*, BVerfGG, 8. Auflage 2019, § 90 Rn. 117. Allerdings wurde diese Einschränkung in der ausgewerteten Rechtsprechung nicht relevant.

[323] BVerwGE 100, 83, 90; *Wysk*, in: Wysk, VwGO, 4. Auflage 2025, § 43 Rn. 54.

[324] *BVerwG*, Urt. vom 22.06.2020, Az.: 8 CN 3.19, BeckRS 2020, 20762 Rn. 8 f.; *Ehlers*, in: Ehlers/Schoch, Rechtsschutz im Öffentlichen Recht, 2021, § 32 Rn. 68.

[325] BVerwGE 158, 301, Rn 29.

Umstände nicht wesentlich geändert haben.[326] Zweitens kann ein Feststellungsinteresse dann bestehen, wenn eine Präjudizwirkung für einen späteren Staatshaftungsprozess erreicht werden kann und soll.[327] Drittens kann ein Feststellungsinteresse bestehen, wenn der Verwaltungsakt oder das sonstige staatliche Handeln eine diskriminierende, ehrenrührige oder stigmatisierende Wirkung hatte (Rehabilitationsinteresse).[328] Viertens geht die Rechtsprechung im Hinblick auf Art. 19 Abs. 4 S. 1 GG davon aus, dass ein Feststellungsinteresse dann besteht, wenn sich eine Maßnahme so kurzfristig erledigt, dass eine vorherige Hauptsacheentscheidung ausgeschlossen ist.[329] Das soll jedenfalls bei tiefgreifenden Grundrechtseingriffen gelten,[330] also etwa bei Eingriffen in Grundrechte, welche das Grundgesetz unter Richtervorbehalt stellt, oder bei Beschränkungen der Versammlungsfreiheit.[331] Darüber hinaus lassen sich einige Entscheidungen des BVerwG[332] so interpretieren, dass das Gericht bei sich kurzfristig erledigenden Eingriffsakten keine Anforderungen an die Intensität des Grundrechtseingriffs mehr stellt.[333] Zwischenzeitlich hat das BVerwG aber klargestellt, dass ein Fortsetzungsfeststellungsinteresse nur bei tiefgreifenden Grundrechtseingriffen in Betracht kommen könne.[334]

Diese prozessualen Beschränkungen spiegeln sich auch in den pandemischen Hauptsacheentscheidungen wider. Ein Feststellungsinteresse wegen einer Präjudizwirkung für einen späteren Staatshaftungsprozess war in aller Regel nicht einschlägig, da ein solcher meist schon gar nicht angestrebt wurde, jedenfalls aber nicht erfolgreich gewesen wäre.[335] Selbiges gilt für die Wiederholungsgefahr. Denn

---

[326] BVerwGE 146, 303, Rn. 21.

[327] BVerwGE 146, 303, Rn. 44.

[328] BVerwGE 146, 303, Rn. 24.

[329] BVerwGE 146, 303, Rn. 29.

[330] *BVerwG*, Urt. vom 24.04.2024, Az.: 6 C 2.22, BeckRS 2024, 11907 Rn. 22–39.

[331] *BVerfG*, Beschl. vom 03.03.2004, Az.: 1 BvR 461/03, NJW 2004, 2510, 2511.

[332] So insbesondere BVerwGE 130, 180, Rn. 26; E 171, 242, Rn. 11; *BVerwG*, Urt. vom 16.05.2013, Az.: 8 C 20.12, BeckRS 2013, 54743 Rn. 22 f.; *BVerwG*, Urt. vom 16.05.2013, Az.: 8 C 38.12, BeckRS 2013, 54139 Rn. 20 f.; *BVerwG*, Beschl. vom 16.01.2017, Az.: 7 B 1.16, BeckRS 2017, 102576 Rn. 25.

[333] So etwa *OVG Lüneburg*, Urt. vom 02.12.2021, Az.: 11 LB 231/20, BeckRS 2021, 44999 Rn. 24; *OVG Münster*, Urt. vom 07.12.2021, Az.: 5 A 2000/20, BeckRS 2021, 40252 Rn. 38 f.; *Schübel-Pfister*, in: Eyermann/Fröhler, VwGO, 16. Auflage 2022, § 113 Rn. 122.

[334] *BVerwG (6. Senat)*, Beschl. vom 29.11.2023, Az.: 6 C 2.22, BeckRS 2023, 40430 (Antwort auf eine Anfrage des 8. Senats nach § 11 Abs. 3 VwGO); *BVerwG (8. Senat)*, Urt. vom 24.04.2024, Az.: 6 C 2.22, BeckRS 2024, 11907.

[335] So etwa *OVG Bremen*, Urt. vom 23.03.2022, Az.: 1 D 349/20, BeckRS 2022, 7839 Rn. 29; *OVG Greifswald*, Urt. vom 06.12.2022, Az.: 1 K 266/20 OVG, BeckRS 2022, 46828 Rn. 58; *OVG Magdeburg*, Beschl. vom 17.03.2022, Az.: 3 K 221/20, BeckRS 2022, 7443 Rn. 33; *OVG Saarlouis*, Urt. vom 31.05.2022, Az.: 2 C 57/21, BeckRS 2022, 13137 Rn. 15 f.; *VGH München*, Beschl. vom 28.08.2023, Az.: 20 N 20.2560, BeckRS 2023, 24482 Rn. 5. Siehe aber etwa *OVG Saarlouis*, Urt. vom 21.07.2022, Az.: 2 C 64/21, BeckRS 2022, 18512 Rn. 16; *OVG Saarlouis*, Urt. vom 21.07.2022, Az.: 2 C 294/21, BeckRS 2022, 18515 Rn. 20; *OVG Saarlouis*, Urt. vom 15.09.2022, Az.: 2 C 62/21, BeckRS 2022, 25643 Rn. 13.

eine solche war zum Zeitpunkt der jeweiligen Hauptsacheentscheidung allenfalls noch abstrakter Natur, um eine konkrete Wiederholungsgefahr handelte es sich angesichts stark geänderter Umstände aber nicht mehr.[336]

Von überragender Relevanz war damit die Fallgruppe der kurzfristigen Erledigung von Eingriffsakten. Einigkeit bestand in den ausgewerteten Entscheidungen dahingehend, dass es sich um einen tiefgreifenden Eingriff handeln muss,[337] also etwa Eingriffe in Grundrechte mit Richtervorbehalt oder auch spezielle Freiheitsgrundrechte.[338] In der Folge wurden manche Klagen wegen eines fehlenden Feststellungsinteresse abgewiesen, obwohl eine Hauptsacheentscheidung vor dem Außerkrafttreten der streitgegenständlichen Maßnahme wegen deren kurzfristigen Erledigung nicht zu erlangen war. So hielt das OVG Magdeburg Einschränkungen im Freizeit- und Hobbybereich nicht für ausreichend, um einen schwerwiegenden Grundrechtseingriff zu bejahen.[339] Ähnlich entschied das VGH Mannheim zu einem Abbrennverbot von Feuerwerk[340] und das OVG Greifswald zur Maskenpflicht im Einzelhandel.[341] Das BVerwG stellte klar, dass staatliche Entschädigungsleistungen nicht dazu führen würden, dass das Feststellungsinteresse gemindert oder beseitigt würde.[342] Unterschiedlich wurde bewertet, ob es sich bei einer Absonderungsanordnung um einen Eingriff in Art. 2 Abs. 2 S. 2 GG handelte und somit ein tiefgreifender Grundrechtseingriff vorlag. Gelegentlich wurde dies mangels einer

---

[336] Siehe nur *OVG Bautzen*, Urt. vom 21.04.2021, Az.: 3 C 8/20, BeckRS 2021, 8023 Rn. 17; *OVG Greifswald*, Urt. vom 06.12.2022, Az.: 1 K 266/20 OVG, BeckRS 2022, 46828 Rn. 59–65; *OVG Magdeburg*, Beschl. vom 17.03.2022, Az.: 3 K 221/20, BeckRS 2022, 7443 Rn. 29–32; *OVG Saarlouis*, Urt. vom 31.05.2022, Az.: 2 C 57/21, BeckRS 2022, 13137 Rn. 17–19; *VGH Mannheim*, Beschl. vom 20.12.2023, Az.: 1 S 4108/20, BeckRS 2023, 38956 Rn. 53–55; *VGH München*, Beschl. vom 28.08.2023, Az.: 20 N 20.2560, BeckRS 2023, 24482 Rn. 5.

[337] So etwa *OVG Greifswald*, Urt. vom 06.12.2022, Az.: 1 K 266/20 OVG, BeckRS 2022, 46828 Rn. 79; *OVG Saarlouis*, Urt. vom 31.03.2022, Az.: 2 C 317/20, BeckRS 2022, 8954 Rn. 18; *VG Ansbach*, Urt. vom 09.12.2021, Az.: AN 15 K 20.2922, BeckRS 2021, 60340 Rn. 26; *VG Cottbus*, Urt. vom 12.03.2024, Az.: VG 8 K 1753/20, BeckRS 2024, 4594 Rn. 18; *VG Göttingen*, Beschl. vom 30.11.2023, Az.: 4 A 212/20, BeckRS 2023, 36336 Rn. 29; *VG Greifswald*, Urt. vom 25.10.2021, Az.: 4 A 1136/20, BeckRS 2021, 34357 Rn. 30; *VG München*, Urt. vom 11.07.2022, Az.: M 26a K 20.1251, BeckRS 2022, 17889 Rn. 57; offenlassend *OVG Münster*, Urt. vom 25.08.2022, Az.: 13 D 29/20.NE, BeckRS 2022, 21447 Rn. 25 f.

[338] In diese Richtung etwa *OVG Bremen*, Urt. vom 23.03.2022, Az.: 1 D 349/20, BeckRS 2022, 7839 Rn. 31; *OVG Magdeburg*, Beschl. vom 17.03.2022, Az.: 3 K 221/20, BeckRS 2022, 7443 Rn. 34.

[339] *OVG Magdeburg*, Beschl. vom 17.03.2022, Az.: 3 K 221/20, BeckRS 2022, 7443 Rn. 38 f.

[340] *VGH Mannheim*, Beschl. vom 20.12.2023, Az.: 1 S 4108/20, BeckRS 2023, 38956 Rn. 43–48. Ähnlich auch etwa *VG Ansbach*, Urt. vom 09.12.2021, Az.: AN 15 K 20.2922, BeckRS 2021, 60340 Rn. 26; bestätigt durch *VGH München*, Beschl. vom 03.01.2023, Az.: 10 ZB 22.285, BeckRS 2023, 976.

[341] *OVG Greifswald*, Urt. vom 15.05.2024, Az.: 1 K 386/20 OVG, BeckRS 2024, 12492.

[342] *BVerwG*, Beschl. vom 24.09.2024, Az.: 6 B 10.24, GewArch 2024, 506 Rn. 17 f.

physischen Zwangswirkung verneint.[343] Zumeist wurde aber davon ausgegangen, dass die Bußgeldbewehrung und die Möglichkeit einer zwangsweisen Durchsetzung eine vergleichbare psychische Zwangswirkung vermittelten.[344] Kein Feststellungsinteresse soll nach einer Entscheidung des OVG Saarlouis mehr bestehen, wenn einem früheren Eilantrag stattgegeben wurde.[345] Ebendieses Gericht wies auch zwischen März und September 2022 Anträge gegen die Betriebsschließung von Fitnessstudios, einem großflächigen Warenhaus sowie eines Einzelhandelsunternehmens für IT-Technik mangels Feststellungsinteresses ab. Der Eingriff müsse schwerwiegend sein. Ein schwerwiegender Grundrechtseingriff hätte aufgrund des Betriebsverbotes zwar vorgelegen.[346] Allerdings äußerte der 2. Senat dann grundlegende Bedenken daran, ob diese Fallgruppe des Fortsetzungsfeststellungsinteresses überhaupt auf das Normenkontrollverfahren übertragen werden können.

> „Die Ausgangssituation ist insoweit eine völlig andere, da es bei der Normenkontrolle nicht um die Entscheidung über einen sich kurzfristig erledigenden, einen Einzelfall betreffenden Verwaltungsakt geht, sondern es aufgrund der Allgemeingültigkeit von Rechtsnormen eine unübersehbare Vielzahl von Betroffenen gibt. Wenn alle Rechtsbetroffenen, die Nachteile durch die „erledigten Normen" erlitten haben, unabhängig davon, ob damit ein konkreter Nutzen verbunden ist, im Nachhinein die Unwirksamkeit der in der Vergangenheit geltenden Normen geltend machen könnten, würde dies zu einer uferlosen Inanspruchnahme nachträglichen gerichtlichen Rechtsschutzes führen."[347]

Zu einer solchen Uferlosigkeit käme es jedenfalls dann nicht, wenn man die Antragstellung vor Außerkrafttreten der Verordnung als Voraussetzung für das Rechtsschutzbedürfnis fordert. Außerdem ist überraschend, dass der 2. Senat in anderen Entscheidungen keine Bedenken dagegen hat, die Fallgruppe auf das Normenkontrollverfahren zu übertragen.[348] Weiter heißt es:

---

[343] So insbesondere *VG Düsseldorf*, Gerichtsbesch. vom 17.01.2022, Az.: 29 K 7114/20, BeckRS 2022, 370 Rn. 39–39; *VG Minden*, Urt. vom 01.04.2022, Az.: 7 K 2792/20, BeckRS 2022, 7142 Rn. 21.

[344] Siehe etwa *VG Aachen*, Urt. vom 14.03.2022, Az.: 7 K 2555/21, BeckRS 2022, 5333 Rn. 37; *VGH München*, Urt. vom 26.07.2022, Az.: 20 B 22.29, 20 B 22.30, BeckRS 2022, 19876 Rn. 42 f.; *VG Cottbus*, Urt. vom 12.03.2024, Az.: VG 8 K 1753/20, BeckRS 2024, 4594 Rn. 20 f.; *VG Koblenz*, Urt. vom 10.01.2022, Az.: 3 K 385/21.KO, BeckRS 2022, 2814 Rn. 37.

[345] *OVG Saarlouis*, Urt. vom 24.03.2022, Az.: 2 C 40/21, BeckRS 2022, 6185 Rn. 14.

[346] *OVG Saarlouis*, Urt. vom 31.03.2022, Az.: 2 C 317/20, BeckRS 2022, 8954 Rn. 19; *OVG Saarlouis*, Urt. vom 31.03.2022, Az.: 2 C 182/20, BeckRS 2022, 7316 Rn. 17; *OVG Saarlouis*, Urt. vom 31.05.2022, Az.: 2 C 57/21, BeckRS 2022, 13137 Rn. 21; *OVG Saarlouis*, Urt. vom 15.09.2022, Az.: 2 C 140/20, BeckRS 2022, 31032 Rn. 20.

[347] *OVG Saarlouis*, Urt. vom 31.03.2022, Az.: 2 C 317/20, BeckRS 2022, 8954 Rn. 19; ebenso *OVG Saarlouis*, Urt. vom 31.03.2022, Az.: 2 C 182/20, BeckRS 2022, 7316 Rn. 17; *OVG Saarlouis*, Urt. vom 31.05.2022, Az.: 2 C 57/21, BeckRS 2022, 13137 Rn. 21; *OVG Saarlouis*, Urt. vom 15.09.2022, Az.: 2 C 140/20, BeckRS 2022, 31032 Rn. 20.

[348] Siehe etwa *OVG Saarlouis*, Urt. vom 31.05.2022, Az.: 2 C 319/20, BeckRS 2022, 13614 Rn. 17; *OVG Saarlouis*, Urt. vom 31.05.2022, Az.: 2 C 324/20, BeckRS 2022, 12367 Rn. 14; *OVG Saarlouis*, Urt. vom 07.07.2022, Az.: 2 C 326/20, BeckRS 2022, 51575 Rn. 15.

„[…] Ob ein solches Feststellungsinteresse in dem vorliegenden Normenkontrollverfahren mit Blick auf den die Antragstellerin durch das vorübergehende Betriebsverbot treffenden Grundrechtseingriff gegeben ist, erscheint indes bereits wegen ihrer Rechtsform als GmbH & Co KG, bei der die persönlich haftende Gesellschaft der KG keine natürliche Person, sondern eine GmbH ist, fraglich. […] Allerdings hat dieses Grundrecht [Art. 12 Abs. 1 GG] neben der erwerbswirtschaftlichen Seite auch einen Persönlichkeitsbezug […] Diesem persönlichkeitsrechtlichen Aspekt kommt bei inländischen juristischen Personen des Privatrechts wie der Antragstellerin indes keine Bedeutung zu. Bei dieser beschränkt sich die Grundrechtsverwirklichung auf wirtschaftliche Erwerbszwecke. […] Einen darüber hinausreichenden Nutzen der begehrten Feststellungsentscheidung für die Antragstellerin vermag der Senat nicht zu erkennen. Anders als natürliche Personen können juristische Personen insbesondere auch keine Genugtuung darüber empfinden, dass im Nachhinein durch ein Gericht festgestellt wird, dass ihnen Unrecht widerfahren ist."[349]

In allen Fällen war die Antragstellerin eine GmbH oder eine GmbH & Co. KG. Im selben Zeitraum entschied das OVG Saarlouis über Anträge von als KG organisierten Möbelmärkten, von Gesellschaften mit beschränkter Haftung, welche jeweils einen Elektrofachmarkt betrieben, eines als GbR organisierten Restaurant sowie Anträgen eines Kosmetikstudios sowie eines weiteren Restaurants, deren Rechtsform jeweils nicht aus der Entscheidung hervorgeht.[350] Das Gericht zieht in den Entscheidungen weder in Zweifel, dass die Fallgruppe auch auf Normenkontrollanträge übertragbar ist, noch dass eine beschränkte wesensgleiche Anwendung von Art. 12 Abs. 1 GG in Betracht käme, und bejaht darauf aufbauend das Feststellungsinteresse.[351] Alle Anträge erwiesen sich auch als begründet. Darüber, warum das OVG Saarlouis hier unterschiedlich entschieden hat, kann nur gemutmaßt werden. Der zitierte Passus lässt den Eindruck aufkommen, das Gericht differenziere bei der wesensgleichen Anwendbarkeit zwischen reinen Personengesellschaften einerseits und Kapitalgesellschaften sowie Personengesellschaften ohne natürliche haftende Personen andererseits. Allerdings wäre es schon erklärungsbedürftig, wenn den Betreibern eines als GbR organisierten Restaurants die Fähigkeit zugesprochen würde, durch eine nachträgliche Gerichtsentscheidung Genugtuung zu empfinden, nicht aber den Betreibern eines als GmbH organisierten Restaurants.[352] Außerdem hat das OVG Saarlouis in manchen Fällen auch die An-

---

[349] *OVG Saarlouis*, Urt. vom 31.03.2022, Az.: 2 C 317/20, BeckRS 2022, 8954 Rn. 20; ebenso *OVG Saarlouis*, Urt. vom 31.03.2022, Az.: 2 C 182/20, BeckRS 2022, 7316 Rn. 18; *OVG Saarlouis*, Urt. vom 31.05.2022, Az.: 2 C 57/21, BeckRS 2022, 13137 Rn. 23 f.; *OVG Saarlouis*, Urt. vom 15.09.2022, Az.: 2 C 140/20, BeckRS 2022, 31032 Rn. 20.

[350] *OVG Saarlouis*, Urt. vom 31.05.2022, Az.: 2 C 319/20, BeckRS 2022, 13614; *OVG Saarlouis*, Urt. vom 31.05.2022, Az.: 2 C 324/20, BeckRS 2022, 12367; *OVG Saarlouis*, Urt. vom 07.07.2022, Az.: 2 C 326/20, BeckRS 2022, 51575; *OVG Saarlouis*, Urt. vom 21.07.2022, Az.: 2 C 294/21, BeckRS 2022, 18515; *OVG Saarlouis*, Urt. vom 21.07.2022, Az.: 2 C 64/21, BeckRS 2022, 18512; *OVG Saarlouis*, Urt. vom 15.09.2022, Az.: 2 C 62/21, BeckRS 2022, 25643.

[351] So etwa *OVG Saarlouis*, Urt. vom 31.05.2022, Az.: 2 C 319/20, BeckRS 2022, 13614 Rn. 17.

[352] Sehr kritisch auch *Korte/Kleffmann*, DÖV 2024, 41, 41 ff.

träge von als GmbH organisierten Antragstellerinnen als zulässig erachtet. Womöglich differenzierte das Gericht danach, wie nah die Gesellschafter dem eigentlichen Betrieb stehen (Restaurantkette gegenüber inhabergeführtem Restaurant). Eine solche Differenzierung ließe sich aber kaum operationalisieren. Das BVerwG konnte die Entscheidungspraxis des OVG Saarlouis ebenfalls nicht nachvollziehen und hob entsprechende Entscheidungen wieder auf.[353]

Auch in einem anderen Kontext hob das BVerwG eine Entscheidung des OVG Saarlouis auf. Gegenstand des Verfahrens war die „2G+"-Regelung[354] bei Friseuren. Ein tiefgreifender Grundrechtseingriff habe hier nach Ansicht des OVG Saarlouis nicht vorgelegen. Denn die Regelung war befristet, und der Antragsteller hätte selbst dafür sorgen können, die „2G+"-Voraussetzungen zu erfüllen, sich also im Zweifel impfen lassen können.[355] Zutreffend stellte das BVerwG fest, dass dieser Umstand den Eingriff nicht mildert, sondern sogar dessen Gewicht steigert.[356] Überraschend ist auch eine Entscheidung des OVG Greifswald.[357] Der Antragsteller war Eigentümer eines Hauses in Mecklenburg-Vorpommern und hatte dort seinen Zweitwohnsitz gemeldet, während sich sein Erstwohnsitz außerhalb dieses Bundeslandes befand. Im März 2020 trat während eines Aufenthalts an seinem Zweitwohnsitz eine Verordnung in Kraft, nach der er – mangels Erstwohnsitz in Mecklenburg-Vorpommern – das Bundesland unverzüglich hätte verlassen müssen.[358] Der Ausreisepflicht kam der Antragsteller nicht nach, ohne dass dies Konsequenzen nach sich zog; ähnlich verhielt es sich im April 2021. Das OVG Greifswald ging zwar davon aus, dass die Regelungen geeignet waren, in die Grundrechte aus Art. 14 Abs. 1 und Art. 11 Abs. 1 GG einzugreifen.[359] Allerdings hätte es sich nicht um einen schwerwiegenden Grundrechtseingriff gehandelt. Denn

---

[353] *BVerwG*, Urt. vom 04.07.2024, Az.: 3 CN 15.22, BeckRS 2024, 16513; siehe auch BVerwGE 179, 298; *BVerwG*, Urt. vom 18.04.2024, Az.: 3 CN 11.22, BeckRS 2024, 16482; *BVerwG*, Urt. vom 18.04.2024, Az.: 3 CN 12.22, BeckRS 2024, 16488; *BVerwG*, Urt. vom 18.04.2024, Az.: 3 CN 7.22, BeckRS 2024, 8910; *BVerwG*, Urt. vom 18.04.2024, Az.: 3 CN 8.22, BeckRS 2024, 16510; *BVerwG*, Urt. vom 16.05.2023, Az.: 3 CN 5.22, BeckRS 2023, 10364. Siehe danach *OVG Saarlouis*, Urt. vom 09.09.2025, Az.: 2 C 142/24, BeckRS 2025, 28667; *OVG Saarlouis*, Urt. vom 09.09.2025, Az.: 2 C 141/24, BeckRS 2025, 28496. Siehe aber dagegen *BVerwG*, Beschl. vom 19.12.2022, Az.: 3 BN 8.22, BeckRS 2022, 41541. Gegen das Erfordernis eines Persönlichkeitsbezugs im Übrigen auch *OVG Lüneburg*, Urt. vom 16.02.2023, Az.: 14 KN 30/22, BeckRS 2023, 4888 Rn. 32.

[354] Siehe dazu S. 30 ff.

[355] *OVG Saarlouis*, Urt. vom 31.01.2023, Az.: 2 C 31/22, BeckRS 2023, 1064 Rn. 21.

[356] *BVerwG*, Beschl. vom 05.01.2024, Az.: 3 BN 2.23, BeckRS 2024, 1724 Rn. 15. Das Gericht wies den Antrag daraufhin als unbegründet zurück, siehe *OVG Saarlouis*, Urt. vom 10.07.2024, Az.: 2 C 14/24, BeckRS 2024, 21740. Siehe zu einem ähnlichen Fall auch *BVerwG*, Beschl. vom 19.01.2024, Az.: 3 BN 4.23, BeckRS 2024, 3360.

[357] *OVG Greifswald*, Urt. vom 06.12.2022, Az.: 1 K 266/20 OVG, BeckRS 2022, 46828.

[358] Siehe zu dieser Maßnahme S. 74.

[359] *OVG Greifswald*, Urt. vom 06.12.2022, Az.: 1 K 266/20 OVG, BeckRS 2022, 46828 Rn. 81–86.

da der Antragsteller der Ausreisepflicht nicht nachkam, sei ihm auch kein Nachteil entstanden:

> „Der Antragsteller hat gewissermaßen selbst dafür gesorgt, dass er keines gerichtlichen Rechtsschutzes bedurfte. [...] Soweit der Antragsteller während seines gegen § 4 SARS-CoV-2-BekämpfV verstoßenden Aufenthalts am Zweitwohnsitz eine seelische Belastung verspürt haben mag, weil er sich des Rechtsverstoßes bewusst gewesen wäre und ggf. befürchtet hätte, sein Normverstoß könnte aufgedeckt werden, ist dies [...] nicht der Norm zurechenbar, da eine derartige Belastung bei normkonformem Verhalten nicht eingetreten wäre und auf einer autonomen Entscheidung des Antragstellers beruhte."[360]

Dies ist in zweierlei Hinsicht bemerkenswert. Einerseits läuft die Argumentation des OVG Greifswald darauf hinaus, dass Selbstjustiz und gerichtlicher Rechtsschutz auf einer Stufe stünden. Zweitens ist es inkonsequent, eine etwaige seelische Belastung nicht der Norm zuzurechnen, denn die Belastung wäre zwar eine unmittelbare Folge der Entscheidung des Antragstellers, die Norm nicht zu befolgen, mittelbar aber eben doch eine Folge des Aufenthaltsverbots. Ebenso als unzulässig abgelehnt wurde eine Klage vor dem VG Greifswald zur Rechtmäßigkeit einer Ausreiseaufforderung, die gegenüber einem Zweitwohnungseigentümer ausgesprochen wurde. Nach Ansicht des Gerichts lag kein gewichtiger Grundrechtseingriff vor. Denn das VG Greifswald hätte im vorläufigen Rechtsschutz schon entschieden, dass ein Eingriff in Art. 11 Abs. 1 GG vermutlich schon nicht vorliege, dieser aber jedenfalls gerechtfertigt wäre. Damit liege schon kein gewichtiger Grundrechtseingriff vor.[361]

Dass es sich bei den Maßnahmen um sich kurzfristig erledigende Eingriffsakte handelte, wurde zumeist nicht bezweifelt. Gelegentlich sahen das die Gerichte aber auch anders. So räumte das VG München zwar ein, dass man eine Allgemeinverfügung, welche eine Ausgangsbeschränkung regelte, „angesichts der Befristung bis zum Ablauf des 3. April 2020 formal dem Wortlaut nach als ein sich typischer Weise schnell erledigenden Eingriff ansehen" konnte. Allerdings diene die Fallgruppe ausschließlich der Effektivität des Rechtsschutzes, und dem effektiven Rechtsschutz sei schon im Rahmen des Eilrechtsschutzes nachgekommen worden.[362] Diese Ansicht wurde in anderen Entscheidungen zu Recht abgelehnt, denn Art. 19 Abs. 4 S. 1 GG gewährt gerade auch einen Anspruch auf eine Überprüfung in einem Hauptsacheverfahren.[363] Dem VG München ist aber zuzugeben, dass dem Antrag im vorläufigen Rechtsschutz stattgegeben wurde. Das VG Augsburg lehnte dagegen Eilanträge gegen dieselbe Verordnung ab, wies eine spätere Klage aber

[360] *OVG Greifswald*, Urt. vom 06.12.2022, Az.: 1 K 266/20 OVG, BeckRS 2022, 46828 Rn. 90–92.

[361] *VG Greifswald*, Urt. vom 25.10.2021, Az.: 4 A 1136/20, BeckRS 2021, 34357 Rn. 31.

[362] *VG München*, Urt. vom 11.07.2022, Az.: M 26a K 20.1251, BeckRS 2022, 17889 Rn. 59–62.

[363] So etwa ausdrücklich *VG Minden*, Urt. vom 01.04.2022, Az.: 7 K 2792/20, BeckRS 2022, 7142 Rn. 21.

ebenfalls als unzulässig ab. Anders als etwa bei polizeilichen Maßnahmen wäre es möglich gewesen, vorläufigen Rechtsschutz in Anspruch zu nehmen, weshalb die Fallgruppe eines sich kurzfristig erledigenden Eingriffsaktes nicht einschlägig sei.[364] Ähnlich führten das VG Augsburg und VG Hamburg ins Feld, dass im Pandemiekontext die Aufgabe des Hauptsacheverfahrens durch den vorläufigen Rechtsschutz erfüllt wurde. Daraus hätte eine höhere Prüfungsdichte in Eilentscheidungen gefolgt, weshalb mit der Möglichkeit des Eilrechtsschutzes der Effektivität des Rechtsschutzes Genüge getan worden sei.[365]

Insgesamt ergibt sich ein zwiespältiges Bild. Zum Großteil hat die Verwaltungsgerichtsbarkeit ihre frühere Rechtsprechung konsequent weitergeführt. In manchen Fällen war es aber überraschend, mit welchen Begründungen Gerichte die hohe Intensität von Grundrechtseingriffen ablehnten. Zu einer Maßstabsverschiebung kam es demnach nicht, doch stellt sich die Frage, ob die in der Rechtsprechung etablierten Maßstäbe bei pandemischen Maßnahmen ausreichend sind. Zwar mag es sich bei dem Verbot, an Silvester und Neujahr Feuerwerk abzubrennen, nur um einen vergleichsweisen milden Eingriff in die Allgemeine Handlungsfreiheit handeln. Doch das Recht auf effektiven Rechtsschutz besteht gegen sämtliches staatliches Handeln und nicht nur gegen solches, welches intensiv in Grundrechte eingreift. Rechtsschutz ist aber nicht effektiv, wenn im Eilverfahren auf das Hauptsacheverfahren verwiesen und die Klage im Hauptsacheverfahren als unzulässig abgewiesen wird. Darüber hinaus ist diese Situation nicht nur aus Sicht des Individualrechtsschutzes unbefriedigend, sondern auch aus Perspektive der Allgemeinheit. Denn auch, wenn eine konkrete Wiederholungsgefahr nicht bestand und besteht – abstrakt besteht die Gefahr, dass es früher oder später zu einer neuen Pandemie und damit einer Rückkehr mancher Maßnahmen kommt.[366] Und auch, wenn es sich dann tendenziell um einen neuen Erreger handelt, sich die Umstände nicht vollständig ähneln werden, so könnte eine möglichst ausführliche Judikatur doch Orientierung dazu geben, was rechtlich zulässig ist.[367] Nicht nur mit Blick auf den effektiven Rechtsschutz wäre es also begrüßenswert, eine Fallgruppe „grundlegendes Klärungsinteresse wegen abstrakter Wiederholungsgefahr“ anzuerkennen.

---

[364] *VG Augsburg*, Urt. vom 16.11.2020, Az.: Au 9 K 20.575, BeckRS 2021, 10756 Rn. 35–37.

[365] *VG Augsburg*, Urt. vom 26.04.2021, Az.: Au 9 K 21.70, Au 9 K 21.71, BeckRS 2021, 15261 Rn. 31; *VG Hamburg*, Urt. vom 27.07.2021, Az.: 3 K 2485/21, BeckRS 2021, 36272 Rn. 24.

[366] *Klafki*, NJW 2023, 1340, 1344; *Klafki*, Risiko und Recht, 2017, S. 161 f.

[367] *Klafki*, NJW 2023, 1340, 1344.

3. Teil

Materiell-rechtliche Aspekte

Während die Besonderheiten des vorläufigen Rechtsschutzes in den Entscheidungen eine wichtige Rolle spielten und über viele Eilanträge im Wege der Folgenabwägung entschieden wurde,[1] standen zumeist doch materiell-rechtliche Aspekte im Mittelpunkt. Wie bei der Auswertung der Rechtsprechung festgestellt,[2] waren dabei drei Aspekte zentral: der Parlamentsvorbehalt, die Bestimmtheit der Verordnungsermächtigung und Art. 103 Abs. 2 GG (A.), das Verhältnismäßigkeitsprinzip (B.) und der Gleichheitsgrundsatz (C.).

A. Parlamentsvorbehalt, Bestimmtheit der Verordnungsermächtigung und Art. 103 Abs. 2 GG

Liest man die ausgewerteten Entscheidungen, so stößt man immer wieder auf eine zentrale Frage: War die Maßnahme auf eine ausreichende Ermächtigungsgrundlage gestützt – insbesondere: Genügte diese den Anforderungen des Parlamentsvorbehalts und des Art. 80 Abs. 1 S. 2 GG? Die Problematik bedarf einer näheren Betrachtung. Dazu sollen zunächst die grundlegenden Begrifflichkeiten geklärt werden (I.), um sodann die Ermächtigungsgrundlagen und die dazugehörigen Entscheidungen im Laufe der Zeit zu analysieren (II.–IV.), ehe der Sonderfall des Art. 103 Abs. 2 GG im Ordnungswidrigkeitenbereich näher betrachtet (V.) und ein Fazit gezogen wird (VI.).

I. Grundlagen

1. Der Parlamentsvorbehalt

Der Parlamentsvorbehalt verpflichtet den Gesetzgeber nach ständiger Rechtsprechung des BVerfG, in wesentlichen normativen Bereichen alle wesentlichen

[1] Siehe dazu oben S. 181 ff.

[2] Siehe dazu oben S. 47 ff.

Entscheidungen selbst zu treffen und nicht der Exekutive zu überlassen.[3] Es handelt sich also um ein an den parlamentarischen Gesetzgeber gerichtetes Delegationsverbot.[4] Der Ausgleich entgegenlaufender Interessen soll so transparent und öffentlich im Parlament debattiert werden.[5]

2. Wesentlichkeitstheorie

Die Definition des Parlamentsvorbehalts lässt die Frage offen, welche Entscheidungen *wesentlich* sind. Durch die sog. Wesentlichkeitstheorie wird der Parlamentsvorbehalt an dieser Stelle „substantiiert“[6]. Nach diesem Ansatz ergibt sich die Wesentlichkeit einer Entscheidung aus verschiedenen Kriterien, insbesondere der Relevanz für die Verwirklichung von Grundrechten[7] sowie der Bedeutung für Staat und Gesellschaft[8] und der Größe des Adressatenkreises.[9] Auch kann eine Rolle spielen, ob eine parlamentarische Befassung einen Mehrwert bietet oder die Normsetzung im Rahmen eines bürokratisch geprägten Verfahrens sachangemessener wäre,[10] und inwieweit ein Sachbereich abstrakt-generellen Regelungen zugänglich ist.[11]

3. Bestimmtheit der Verordnungsermächtigung, Art. 80 Abs. 1 S. 2 GG

Eine mit dem Parlamentsvorbehalt jedenfalls verwandte Thematik ist die Bestimmtheit der Verordnungsermächtigung. Nach Art. 80 Abs. 1 S. 2 GG muss bei Erteilung einer solchen Ermächtigung „Inhalt, Zweck und Ausmaß“ im Gesetz bestimmt werden. Aus dieser Bestimmung leitet das BVerfG ein einheitliches Gebot hinreichender Bestimmtheit ab.[12] Um diesem nachzukommen, muss der Gesetzge-

---

[3] Siehe nur BVerfGE 49, 89, 126 f.; *Sommermann*, in: Huber/Voßkuhle, GG, 8. Auflage 2024, Art. 20 Rn. 273.

[4] *Kloepfer*, JZ 1984, 685, 690; *Staupe*, Parlamentsvorbehalt und Delegationsbefugnis, 1986, S. 133–137.

[5] So etwa BVerfGE 139, 19, Rn. 53; E 150, 1, Rn. 192; *Sommermann*, in: Huber/Voßkuhle, GG, 8. Auflage 2024, Art. 20 Rn. 186.

[6] *Ossenbühl*, in: Isensee/Kirchhof, Handbuch des Staatsrechts V, 3. Auflage 2007, § 101 Rn. 53.

[7] So schon BVerfGE 49, 89, 126 f.; jüngst etwa E 150, 1, Rn. 196.

[8] Siehe etwa BVerfGE 150, 1, Rn. 194; *Schulze-Fielitz*, in: Dreier, GG, 3. Auflage 2018, Art. 20 (Rechtsstaat) Rn. 114.

[9] *Grzeszick*, in: Dürig, GG, 107. Ergänzungslieferung 2025, Art. 20 VI Rn. 107.

[10] Siehe zuletzt etwa BVerfGE 150, 1, Rn. 197.

[11] *Gärditz*, in: Höfling/Augsberg/Rixen, Berliner Kommentar GG, Stand: Ergänzungslieferung 2/25, August 2025, Art. 20 (6. Teil) Rn. 150–155.

[12] So schon BVerfGE 38, 348, 357 f.; in der jüngeren Rechtsprechung etwa E 150, 1, Rn. 201.

ber Ziel und Grenzen der Regelung im Gesetz angeben und dem Verordnungsgeber ein „Programm“ vorgeben, welches durch spätere Verordnungen verwirklicht werden soll. Zudem muss die Ermächtigungsgrundlage so ausgestaltet sein, dass noch vorhersehbar ist, in welchen Fällen später von ihr Gebrauch gemacht werden wird.[13] Das stellt Anforderungen an das „Wie“ der Übertragung von Rechtssetzungsgewalt von Gesetz- auf Verordnungsgeber. Es tangiert aber auch die Frage des „Ob“ der Übertragung, also die Frage, ob der Gesetzgeber seine Rechtssetzungsgewalt im Einzelfall überhaupt delegieren darf. Denn bei einer zu weitreichenden Ermächtigung des Verordnungsgebers wäre nicht mehr vorhersehbar, wie von der Ermächtigung Gebrauch gemacht wird. Das wirft die Frage auf, in welchem Verhältnis Art. 80 Abs. 1 S. 2 GG und der Parlamentsvorbehalt zueinanderstehen. Die Frage ist in der Rechtsprechung des BVerfG aber bisher ungeklärt; die Entscheidungen sind dogmatisch unstimmig.[14]

II. Die ersten Wochen der Pandemie: § 28 Abs. 1 IfSG

1. Pandemie und Wesentlichkeit

Mit den Pandemiebekämpfungsmaßnahmen, welche ab März 2020 verhängt wurden, kam es zu erheblichen Grundrechtseingriffen gegenüber dem wohl größtmöglich denkbaren Adressatenkreis.[15] Beides spricht für hohe Anforderungen an die Wesentlichkeit der gesetzlichen Ermächtigungsgrundlagen.[16] Zwar bestand ein Bedürfnis nach schnellem und flexiblem Eingreifen, was womöglich für niedrigere Anforderungen an den Parlamentsvorbehalt sprechen könnte. Andererseits hätte die Pandemiepolitik sehr von einer öffentlichen, im Parlament ausgetragenen Debatte profitiert.[17] Die Anforderungen durch den Parlamentsvorbehalt sind also nach den herkömmlichen Kriterien hoch. Ob diese gewahrt wurden, ist durchaus fraglich, wie ein Blick in die zentrale Norm des § 28 Abs. 1 IfSG zeigt. In der Fassung, welche die Regelung vor der Pandemie und zu Beginn der Maßnahmen hatte, lautete die Norm wie folgt:

§ 28 Schutzmaßnahmen[18]

(1) [1]Werden Kranke, Krankheitsverdächtige, Ansteckungsverdächtige oder Ausscheider festgestellt oder ergibt sich, dass ein Verstorbener krank, krankheitsverdächtig oder Ausscheider war, so trifft die zuständige Behörde die *notwendigen Schutzmaßnahmen*, *insbe-*

[13] Siehe nur BVerfGE 150, 1, Rn. 202 m. w. N.

[14] *Cremer*, AöR 122 (1997), 248, 260–267; *Remmert*, in: Dürig, GG, 107. Ergänzungslieferung 2025, Art. 80 Rn. 62 jeweils m. w. N.

[15] *Dederer/Preiß*, AöR 148 (2023), 289, 301–304.

[16] *Wolff/Zimmermann*, JURA 2021, 18, 26.

[17] In diese Richtung auch *Lichdi*, SächsVBl. 2020, 273, 277; *Volkmann*, NJW 2020, 3153, 3159; *Wolff/Zimmermann*, JURA 2021, 18, 26.

[18] BGBl. 2020 I S. 148 (Hervorhebung hinzugefügt).

sondere die in den §§ 29 bis 31 genannten, *soweit und solange es* zur Verhinderung der Verbreitung übertragbarer Krankheiten *erforderlich* ist. [2]Unter den Voraussetzungen von Satz 1 kann die zuständige Behörde *Veranstaltungen oder sonstige Ansammlungen einer größeren Anzahl* von Menschen beschränken oder verbieten und Badeanstalten oder in § 33 genannte Gemeinschaftseinrichtungen oder Teile davon schließen; sie kann auch Personen verpflichten, den *Ort, an dem sie sich befinden, nicht zu verlassen oder von ihr bestimmte Orte nicht zu betreten, bis die notwendigen Schutzmaßnahmen durchgeführt worden sind.* […]

Auf Tatbestandsseite verbirgt sich hinter den „notwendigen Schutzmaßnahmen" und der Beschränkung auf die Erforderlichkeit lediglich das Verhältnismäßigkeitsprinzip.[19] Das Verhältnismäßigkeitsprinzip ist aber schon aus verfassungsrechtlichen Gründen zwingend zu beachten, selbst wenn nicht vom einfachen Gesetz darauf verwiesen würde. Entsprechend kann aus dieser zusätzlichen Betonung alleine nicht folgen, dass es auf Tatbestandsseite eine Begrenzung gäbe, welche dem Parlamentsvorbehalt genügen würde. Die Wiederholung einer verfassungsrechtlichen Selbstverständlichkeit kann nicht zu einer (teilweisen) Erfüllung einer anderen verfassungsrechtlichen Anforderung führen. Dagegen könnte man zwar einwenden, dass Generalklauseln diese Unbestimmtheit immanent ist und es bei deren Anwendung regelmäßig auf das Verhältnismäßigkeitsprinzip zurückgegriffen wird, die Rechtmäßigkeit von Generalklauseln im übrigen Sicherheits- und Ordnungsrecht aber anerkannt ist.[20] Allerdings hat die Rechtsprechung die Reichweite polizeirechtlicher Generalklauseln umfassend geklärt.[21] Im Hinblick auf § 28 Abs. 1 IfSG war das nicht der Fall.[22] Außerdem führt das Verhältnismäßigkeitsprinzip, wie sich noch zeigen wird, in der pandemischen Praxis ohnehin kaum zu einer eingrenzenden Wirkung.[23]

Auf der Rechtsfolgenseite ergibt sich das Problem, dass sich manche Maßnahmen – etwa die Ausgangsbeschränkungen – nicht auf die in den §§ 29 ff. IfSG normierten Standardmaßnahmen oder § 28 Abs. 1 S. 2 IfSG stützen lassen.[24] Bei der Generalklausel des § 28 Abs. 1 S. 1 IfSG ist fraglich, ob der Gesetzgeber bei deren Erlass vor Augen hatte, dass einmal derartige Maßnahmen darauf gestützt werden

---

[19] *Kießling*, in: Kießling, IfSG, 3. Auflage 2022, § 28 Rn. 24; *Wolff/Zimmermann*, JURA 2021, 18, 25.

[20] *Graulich*, in: Bäcker/Denninger/Graulich, Handbuch des Polizeirechts, 7. Auflage 2021, Kapitel E, Rn. 87.

[21] BVerfGE 54, 143, 144 f.; BVerwGE 115, 189, 195 f.; *Graulich*, in: Bäcker/Denninger/Graulich, Handbuch des Polizeirechts, 7. Auflage 2021, Kapitel E, Rn. 87.

[22] *Engels*, DÖV 2014, 464, 472 f.; *Lichdi*, SächsVBl. 2020, 273, 277.

[23] Siehe dazu unten B.; ebenso *Wolff/Zimmermann*, JURA 2021, 18, 25.

[24] So zur Ausgangsbeschränkung *Klafki*, Ausgangssperre bald auch in Deutschland?, JuWissBlog Nr. 27/2020, 18. März 2020; *Edenharter*, Freiheitsrechte ade?, Verfassungsblog vom 19. März 2020.

würden.[25] Die äußerst kurze Gesetzesbegründung zu § 28 Abs. 1 IfSG lässt darauf schließen, dass das nicht der Fall war.[26] Zudem handelte es sich etwa bei Ausgangsbeschränkungen um eingriffsintensive Maßnahmen, welche einer spezialgesetzlichen Grundlage bedürfen.[27]

Mit Wirkung zum 28. März 2020 wurde § 28 Abs. 1 IfSG leicht geändert. Nunmehr lautete die Bestimmung:

> *§ 28 Schutzmaßnahmen*[28]
>
> (1) [1]Werden Kranke, Krankheitsverdächtige, Ansteckungsverdächtige oder Ausscheider festgestellt oder ergibt sich, dass ein Verstorbener krank, krankheitsverdächtig oder Ausscheider war, so trifft die zuständige Behörde die notwendigen Schutzmaßnahmen, insbesondere die in den §§ 28a, 28b und 29 bis 31 genannten, soweit und solange es zur Verhinderung der Verbreitung übertragbarer Krankheiten erforderlich ist; sie kann insbesondere Personen verpflichten, den Ort, an dem sie sich befinden, nicht *oder nur unter bestimmten Bedingungen* zu verlassen oder von ihr bestimmte Orte *oder öffentliche Orte* nicht *oder nur unter bestimmten Bedingungen* zu betreten. [2]Unter den Voraussetzungen von Satz 1 kann die zuständige Behörde Veranstaltungen oder sonstige *Ansammlungen von Menschen beschränken oder verbieten* und Badeanstalten oder in § 33 genannte Gemeinschaftseinrichtungen oder Teile davon schließen.

Die Änderung in § 28 Abs. 1 S. 1 Hs. 2 IfSG diente dazu, dass Ausgangsbeschränkungen und Kontaktbeschränkungen im öffentlichen Raum als Rechtsfolge umfasst sind,[29] wenngleich die Gesetzesbegründung nur davon spricht, dass der Wortlaut „aus Gründen der Normenklarheit" angepasst wurde.[30] Auf der Tatbestandsseite erfolgten keine Änderungen; die Problempunkte blieben bestehen.[31] Auch Verordnungsvertretende Landesgesetze nach Art. 80 Abs. 4 GG, welche in

---

[25] *Heinig/Kingreen/Lepsius/Möllers/Volkmann/Wißmann*, JZ 2020, 861, 869; in diese Richtung auch *Lepsius*, RuP, Beiheft 7: Corona und Grundgesetz 2021, 40, 50; anders dagegen wohl *Rixen*, RuP 2020, 109, 111; *Ruschemeier*, JöR 2021 (69), 449, 455, denenzufolge sich der Gesetzgeber mit § 28 IfSG auf alle denkbaren Fälle vorbereiten wollte.

[26] BT-Drs. 14/2530, S. 74 f. Siehe dazu auch *Klafki*, JöR 2021 (69), 583, 597 f.

[27] Speziell zur Ausgangsbeschränkung *Klafki*, Ausgangssperre bald auch in Deutschland?, JuWissBlog Nr. 27/2020, 18. März 2020; *Edenharter*, Freiheitsrechte ade?, Verfassungsblog vom 19. März 2020; weniger kritisch aber *Bethge*, Ausgangssperre, Verfassungsblog vom 24. März 2020. Kritisch gegenüber der Verwendung der Generalklausel für andere Maßnahmen auch *Trute*, jM 2020, 291, 295.

[28] BGBl. 2020 I S. 587 (Hervorhebung hinzugefügt).

[29] *Kießling*, Zur geplanten minimalinvasiven Änderung des § 28 I IfSG, JuWissBlog Nr. 33/2020, 24. März 2020.

[30] BT-Drs. 19/18111, S. 24.

[31] *Kießling*, Zur geplanten minimalinvasiven Änderung des § 28 I IfSG, JuWissBlog Nr. 33/2020, 24. März 2020; *Klafki*, Neue Rechtsgrundlagen im Kampf gegen Covid-19, Verfassungsblog vom 25. März 2020; *Möllers*, Parlamentarische Selbstentmächtigung im Zeichen des Virus, Verfassungsblog vom 26. März 2020.

vielen Ländern geschaffen wurden und die Landesparlamente auf unterschiedliche Weise einbanden, konnten die beschriebenen Mängel nicht kompensieren.[32]

Wurden Maßnahmen per Rechtsverordnung erlassen, dann wurden diese auf § 32 IfSG in Verbindung mit der jeweiligen Standardmaßnahme der §§ 28 ff. IfSG beziehungsweise der Generalklausel des § 28 Abs. 1 S. 1 IfSG gestützt. Zu Beginn der Pandemie lautete § 32 IfSG wie folgt:

> *§ 32 Erlass von Rechtsverordnungen*[33]
>
> [1]Die Landesregierungen werden ermächtigt, unter den Voraussetzungen, die für Maßnahmen nach den §§ 28 bis 31 maßgebend sind, auch durch Rechtsverordnungen entsprechende Gebote und Verbote zur Bekämpfung übertragbarer Krankheiten zu erlassen. [2]Die Landesregierungen können die Ermächtigung durch Rechtsverordnung auf andere Stellen übertragen. […]

§ 32 IfSG enthält mithin keine eigenen tatbestandlichen Begrenzungen. Die Anforderungen des Art. 80 Abs. 1 S. 2 GG kann die Ermächtigungsgrundlage damit nur im Zusammenspiel mit §§ 28 ff. IfSG erfüllen, denn weder gibt der Gesetzgeber dem Verordnungsgeber in § 32 IfSG ein Programm vor, noch wäre aus der Ermächtigungsgrundlage ersichtlich, in welchen Fällen von dieser Gebrauch gemacht werden würde.[34] Darüber hinaus kann bezweifelt werden, ob der Gesetzgeber tatsächlich das Szenario vor Augen hatte, dass eine derartig umfassende, vom IfSG weitgehend losgelöste „Parallelrechtsordnung auf dem Verordnungswege“[35] geschaffen werden könnte.

2. Handhabung in der Rechtsprechung

Die Thematik erreichte schnell die Gerichte. Gerade in den zu Beginn noch dominierenden Beschlüssen nach § 80 Abs. 5 VwGO wurde die Problematik rund um den Parlamentsvorbehalt dabei aber überhaupt nicht thematisiert. Teils wurde die Beantwortung der Frage auf zukünftige Hauptsacheentscheidungen verschoben.[36] Mit den ersten Entscheidungen zu Anträgen nach § 47 Abs. 6 VwGO wurde der Problematik zunehmend mehr Aufmerksamkeit gewidmet. Im Ergebnis haben

---

[32] *Brüning/Thomsen*, NVwZ 2021, 1183, 1187; *Gölzer/Fischer-Uebler/Schaub*, NVwZ 2021, 928, 933 f.; *Klafki*, NVwZ 2020, 1718, 1722. Einen Überblick über die damaligen Landesregelungen findet sich bei *Amhaouach/Huster/Kießling/Schaefer*, NVwZ 2021, 825, 825 ff. Siehe auch zur Verfassungswidrigkeit einer solchen Regel *OVG Weimar*, Beschl. vom 08.11.2020, Az.: 3 EN 725/20, BeckRS 2020, 34845 Rn. 27.

[33] BGBl. 2000 I S. 1045.

[34] *Pautsch/Haug*, NJ 2020, 281, 283.

[35] *Heinig/Kingreen/Lepsius/Möllers/Volkmann/Wißmann*, JZ 2020, 861, 866; *Lepsius*, RuP, Beiheft 7: Corona und Grundgesetz 2021, 40, 49.

[36] Etwa *VG München*, Beschl. vom 24.03.2020, Az.: M 26 S 20.1255, NVwZ 2020, 651 Rn. 26; *VG München*, Beschl. vom 24.03.2020, Az.: M 26 S 20.1252, BeckRS 2020, 6126 Rn. 26; *VG Oldenburg*, Beschl. vom 27.03.2020, Az.: 7 B 721/20, BeckRS 2020, 4610 Rn. 14; *VG Oldenburg*, Beschl. vom 2020, Az.: 7 B 709/20, BeckRS 2020, 4679 Rn. 13.

die Gerichte damals in den Eilentscheidungen Anträgen nicht wegen Verletzungen des Parlamentsvorbehalts oder der Bestimmtheit der Verordnungsermächtigung stattgegeben.

Die Auffassung, § 28 Abs. 1 IfSG wäre in seinen beiden Fassungen auf Tatbestandsseite zu unkonkret ausgestaltet, wurde dabei von den Gerichten nicht vertreten. So sei die Beschränkung auf „notwendige Schutzmaßnahmen" und solche Maßnahmen, die „zur Verhinderung der (Weiter-)Verbreitung einer übertragbaren Krankheit geboten" sind, ausreichend,[37] auch wenn sich dahinter nur das – ohnehin zu beachtende – Verhältnismäßigkeitsprinzip verbirgt. Dass gerade im Gefahrenabwehrrecht anerkannt ist, dass Generalklauseln zulässig sind, weil hier durch Rechtsprechung und Literatur konkretisierte Leitlinien des Opportunitäts- und Verhältnismäßigkeitsprinzips existieren, wie vom VG Bremen betont,[38] mag zwar zutreffen. Allerdings existierten – und existieren – solche Leitlinien für den Fall einer Pandemie gerade nicht. Manche Gerichte sahen die im Lichte des Parlamentsvorbehalts notwendige Bestimmtheit schlicht deshalb gewahrt, da § 28 Abs. 1 IfSG nach herkömmlichen Auslegungsmethoden noch auslegbar gewesen sei, ohne das näher zu begründen.[39] Lediglich der VGH Mannheim hatte an der Bestimmtheit der Tatbestandsseite immerhin solch starke Zweifel, dass er die Entscheidung an dieser Stelle als offen betrachtete.[40]

Zu der ebenfalls sehr unkonkreten Rechtsfolgenseite äußerten sich Gerichte dahingehend, dass die Aufzählung in § 28 Abs. 1 IfSG lediglich beispielhafter Natur sei.[41] Durch die Änderung von § 28 Abs. 1 IfSG hätte der Gesetzgeber zudem gebilligt, dass die bis dahin verhängten Maßnahmen (weiterhin) auf die Rechtsgrundlage gestützt wurden.[42] Zutreffend wies aber auch hier der VGH Mannheim

---

[37] So etwa *OVG Münster*, Beschl. vom 06.04.2020, Az.: 13 B 398/20.NE, BeckRS 2020, 5158 Rn. 37; *VG Hamburg*, Beschl. vom 16.04.2020, Az.: 2 E 1671/20, BeckRS 2020, 12202 Rn. 17.

[38] *VG Bremen*, Beschl. vom 26.03.2020, Az.: 5 V 553/20, BeckRS 2020, 5927 Rn. 22–24.

[39] So etwa das *OVG Greifswald*, Beschl. vom 08.04.2020, Az.: 2 KM 236/20 OVG, BeckRS 2020, 5637 Rn. 20.

[40] *VGH Mannheim*, Beschl. vom 09.04.2020, Az.: 1 S 925/20, BeckRS 2020, 6351 Rn. 29–36; *VGH Mannheim*, Beschl. vom 28.04.2020, Az.: 1 S 1068/20, BeckRS 2020, 7285 Rn. 30–36. Kritisch aber auch schon *VGH München*, Beschl. vom 27.04.2020, Az.: 20 NE 20.793, BeckRS 2020, 6630 Rn. 45.

[41] So etwa *OVG Berlin-Brandenburg*, Beschl. vom 17.04.2020, Az.: OVG 11 S 23/20, BeckRS 2020, 6073 Rn. 10; *OVG Magdeburg*, Beschl. vom 29.04.2020, Az.: 3 R 71/20, BeckRS 2020, 12629 Rn. 15.

[42] Siehe beispielsweise *VGH München*, Beschl. vom 30.03.2020, Az.: 20 CS 20.611, NJW 2020, 1240 Rn. 17; *OVG Münster*, Beschl. vom 06.04.2020, Az.: 13 B 398/20.NE, BeckRS 2020, 5158 Rn. 35; *VGH Kassel*, Beschl. vom 07.04.2020, Az.: 8 B 892/20.N, BeckRS 2020, 5242 Rn. 26; *OVG Weimar*, Beschl. vom 08.04.2020, Az.: 3 EN 245/20, BeckRS 2020, 8272 Rn. 28; *VGH München*, Beschl. vom 09.04.2020, Az.: 20 NE 20.663, BeckRS 2020, 5446 Rn. 37; *OVG Bremen*, Beschl. vom 09.04.2020, Az.: 1 B 97/20, BeckRS 2020, 5629 Rn. 26; *OVG Bautzen*, Beschl. vom 15.04.2020, Az.: 3 B 113/20, BeckRS 2020, 9181 Rn. 14; *OVG Münster*, Beschl. vom 15.04.2020, Az.: 13 B 440/20.NE, BeckRS 2020, 5957 Rn. 34; *VG*

darauf hin, dass daraus keine Einhaltung des Parlamentsvorbehalts folgt. Denn aus den kleinen Änderungen kann nicht geschlossen werden, dass der Gesetzgeber damit weiter nicht genannte Maßnahmen billigen wollte, welche weiterhin nicht in der Ermächtigungsgrundlage genannt wurden.[43] Außerdem kann eine Billigung durch den Gesetzgeber einen Verstoß gegen den Parlamentsvorbehalt nicht „heilen“ oder verhindern. Die Annahme beruht auf einem Missverständnis des Parlamentsvorbehalts. Denn dieser soll nicht verhindern, dass die Exekutive in den Machtbereich der Legislative eingreift, sondern das Parlament dazu verpflichten, gewisse Dinge *selbst* zu *regeln* und nicht an die Exekutive zu delegieren.[44] Durch eine Billigung der bisherigen Praxis hatte der Gesetzgeber aber gerade nichts selbst geregelt, sondern nur weiterdelegiert.

All diese Begründungen überzeugen damit nur begrenzt. Plausibler ist die folgende Erwägung: Das Fehlen einer den verfassungsrechtlichen Vorgaben entsprechenden Ermächtigungsgrundlage ist für eine Übergangszeit bis zum Inkrafttreten eines ausreichenden Parlamentsgesetzes hinzunehmen, wenn ansonsten ein Zustand entstehen würde, der von der verfassungsrechtlichen Ordnung noch weiter entfernt wäre.[45] Dieser Ansatz kann sich auf vorpandemische Rechtsprechung stützen.[46] Zwar war dieser Ansatz bisher gerade dann relevant, wenn die Rechtsprechung in früheren Entscheidungen von der Rechtmäßigkeit ausging und Gesetzgeber und Exekutive von der Rechtsprechungsänderung überrascht wurden,[47] was hinsichtlich § 28 Abs. 1 IfSG und darauf gestützter Maßnahmen nicht der Fall war. Allerdings griff der dahinter liegende Gedanke in den ersten Wochen der Pandemie ebenfalls: Eine nach üblichen Maßstäben verfassungskonforme Ermächtigungsgrundlage existierte nicht, der Gesetzgeber hat diesen Umstand nur begrenzt zu vertreten, und ohne Maßnahmen zu ergreifen, würde angesichts der staatlichen Schutzpflicht für Gesundheit und Leben ein verfassungsrechtlich unerträglicher Zustand eintreten. Gegen den Ansatz lässt sich einwenden, dass er weder in der Dogmatik noch im Grundgesetz selbst einen Anknüpfungspunkt findet. Allerdings begegnet er der besonderen Situation zu Beginn der Pandemie. Ansonsten müsste man so weit gehen, den zuständigen Behörden und Verordnungsgebern jegliche Handlungsfähig-

---

Hamburg, Beschl. vom 16.04.2020, Az.: 2 E 1671/20, BeckRS 2020, 12202 Rn. 16; *OVG Magdeburg*, Beschl. vom 29.04.2020, Az.: 3 R 71/20, BeckRS 2020, 12629 Rn. 16.

[43] *VGH Mannheim*, Beschl. vom 28.04.2020, Az.: 1 S 1068/20, BeckRS 2020, 7285 Rn. 36.

[44] *Wolff/Zimmermann*, JURA 2021, 18, 30.

[45] *OVG Münster*, Beschl. vom 06.04.2020, Az.: 13 B 398/20.NE, BeckRS 2020, 5158 Rn. 40 f.; *VG Schleswig*, Beschl. vom 25.03.2020, Az.: 1 B 30/20, BeckRS 2020, 4434 Rn. 7–9; *VG Hamburg*, Beschl. vom 16.04.2020, Az.: 2 E 1671/20, BeckRS 2020, 12202 Rn. 20 f.

[46] Siehe insbesondere BVerwGE 164, 304, Rn. 35; *BVerfG*, Beschl. vom 08.11.2012, Az.: 1 BvR 22/12, ZD 2013, 126 Rn. 25.

[47] BVerwGE 164, 304, Rn. 35.

keit abzusprechen, bis der Gesetzgeber aktiv wurde.[48] Außerdem erfordert der Parlamentsvorbehalt ohnehin nur, dass ein Regelungsbereich durch den Gesetzgeber gestaltet wird, „soweit dieser einer staatlichen Regelung zugänglich ist".[49] Zumindest für einen Übergangszeitraum wird man wohl davon ausgehen müssen, dass sich der staatliche Zugang zum Regelungsbericht darauf beschränkte, eine Generalklausel zu schaffen. Denn zu Beginn der Pandemie war die weitere Entwicklung nur schwer vorhersehbar und eine neue Ermächtigungsgrundlage damit noch nicht kodifikationsreif.[50]

In Hauptsacheverfahren entschieden Gerichte nicht anders als im vorläufigen Rechtsschutz und sahen Parlamentsvorbehalt und die Anforderungen aus Art. 80 Abs. 1 S. 2 GG jedenfalls für eine Übergangszeit als gewahrt an.[51] Das BVerwG bestätigte im Ergebnis diese Ansicht.[52] Maßnahmen auf eine Generalklausel zu stützen, sei im Infektionsschutzrecht sachgerecht, Inhalt, Zweck und Ausmaß hätten sich durch Auslegung des § 32 S. 1 i.V.m. § 28 Abs. 1 IfSG ermitteln lassen. Sobald sich allerdings die Erkenntnislage verbessert hat, könne der Gesetzgeber gehalten sein, die Voraussetzungen für die einzelnen Maßnahmen zu konkretisieren. Eine solche „Kodifizierungsreife" hätte Anfang Mai 2020 allerdings noch nicht vorgelegen. Die Argumentation ist insofern etwas widersprüchlich, als dass das Gericht zunächst die Auffassung vertritt, dass die Anforderungen aus Parlamentsvorbehalt und Art. 80 Abs. 1 S. 2 GG nach einer Auslegung der Generalklausel ohnehin gewahrt wären, um im Anschluss zu argumentieren, dass die Anforderungen nur für eine Übergangszeit bis zur Kodifikationsreife gewahrt seien. Im Ergebnis ist dem BVerwG aber noch zuzustimmen.

---

[48] So aber wohl *Barczak*, Der nervöse Staat, 2. Auflage 2021, S. 389 f. hinsichtlich Maßnahmen wie Ausgangsbeschränkungen.

[49] BVerfGE 49, 89, 126.

[50] Anders dagegen *Klafki*, NJW 2023, 1340, 1342.

[51] *BayVerfGH*, Entsch. vom 09.02.2021, Az.: Vf. 6-VII-20, BeckRS 2021, 1765 Rn. 48–52; *VGH München*, Beschl. vom 04.10.2021, Az.: 20 N 20.767, BeckRS 2021, 29086 Rn. 40–48; *OVG Bautzen*, Urt. vom 15.10.2021, Az.: 3 C 15/20, BeckRS 2021, 33251 Rn. 39 f.; *VGH Mannheim*, Urt. vom 02.06.2022, Az.: 1 S 1079/20, BeckRS 2022, 15543 Rn. 100–121; *OVG Bremen*, Urt. vom 19.04.2022, Az.: 1 D 104/20, BeckRS 2022, 9393 Rn. 35–53; *OVG Magdeburg*, Urt. vom 30.06.2022, Az.: 3 K 55/20, BeckRS 2022, 18374 Rn. 40–55; *OVG Münster*, Urt. vom 25.08.2022, Az.: 13 D 29/20.NE, BeckRS 2022, 21447 Rn. 44–53; *VGH München*, Urt. vom 06.10.2022, Az.: 20 N 20.794, BeckRS 2022, 31586 Rn. 47–54; *VG Hamburg*, Urt. vom 21.12.2022, Az.: 2 K 1670/20, BeckRS 2022, 44497 Rn. 68–78; *VG Berlin*, Urt. vom 13.01.2023, Az.: VG 14 K 58/20, BeckRS 2023, 3570 Rn. 41–44; *OVG Lüneburg*, Urt. vom 30.03.2023, Az.: 14 LC 32/22, BeckRS 2023, 9231 Rn. 43.

[52] BVerwGE 177, 60, Rn. 34–46.

III. Sommer und Herbst 2020: Gesetzgeberischer Stillstand

Wenn die Anforderungen an den Parlamentsvorbehalt und an die Bestimmtheit der Verordnungsermächtigung eine begrenzte Zeit gesenkt werden, dann liegt es in der Natur der Sache, dass dieser Zeitraum früher oder später an sein Ende kommt und die Anforderungen wieder steigen müssen.[53] Teile der Literatur schlugen dabei wenige Wochen vor.[54] Dem ist zuzustimmen, denn innerhalb dieser Zeit hatte sich die anfängliche Unsicherheit auf ein Grundmaß reduziert,[55] und der Gesetzgeber wurde bereits aktiv und schuf unter anderem zwei Gesetze zum Schutz der Bevölkerung, womit er seine Handlungsfähigkeit unter Beweis stellte.[56] Jedenfalls unmittelbar nach Ende der parlamentarischen Sommerpause wäre es dem Gesetzgeber möglich gewesen, rudimentäre, konkreterer Ermächtigungsgrundlagen zu schaffen.[57] Dennoch hielt die Rechtsprechung zunächst an ihrer Linie fest. Selten äußerten Gerichte Zweifel. So hielt der VGH Mannheim weiterhin die Entscheidung in der Hauptsache durchgehend ausdrücklich für offen.[58] Auch Teile des VG Hamburg hinterfragten, warum weiterhin ein gesetzgeberischer Notstand vorherrschen sollte.[59] Im August 2020 hielt der SaarlVerfGH die Pflicht zur Gewährleistung der Kontaktnachverfolgung für nicht mit dem Recht auf informationelle Selbstbestimmung aus der saarländischen Verfassung vereinbar. Denn dazu wäre ein formelles Gesetz erforderlich; die §§ 28, 32 IfSG seien dafür aber zu unbestimmt.[60] Allerdings bezog sich die Argumentation des Gerichts speziell auf die Maßnahme der Kontaktnachverfolgung. Grundlegende Zweifel an der Beachtung des Parlamentvorbehalts äußerte der SaarlVerfGH nicht; andere Maßnahmen wurden in derselben Entscheidung für rechtmäßig erachtet. Außerdem beschränkte sich

---

[53] *Brocker*, NVwZ 2020, 1485, 1486 f.; *Guckelberger*, NVwZ-Extra 2020 9a, 1, 9; *Papier*, DRiZ 2020, 180, 183; *Siegel*, NVwZ 2020, 577, 581 f.; *Volkmann*, NJW 2020, 3153, 3157–3160; *von Weschpfennig*, Die Verwaltung 2020, 469, 480; *Wolff/Zimmermann*, JURA 2021, 18, 26; weniger kritisch dagegen *Rixen*, NJW 2020, 1097, 1098 f.

[54] *Trute*, jM 2020, 291, 295; *Lichdi*, SächsVBl. 2020, 273, 278.

[55] *Wolff/Zimmermann*, JURA 2021, 18, 27.

[56] So schon *Kießling*, in: Kießling, IfSG, 1. Auflage 2020, § 28 Rn. 64.

[57] Für den Sommer 2020 als relevanten Zeitpunkt auch *Gölzer/Fischer-Uebler/Schaub*, NVwZ 2021, 928, 929; *Klafki*, JöR 2021 (69), 583, 598; *Leisner-Egensperger*, NJW 2021, 2415, 2417 f.

[58] So etwa *VGH Mannheim*, Beschl. vom 02.06.2020, Az.: 1 S 1528/20, BeckRS 2020, 10755 Rn. 26; *VGH Mannheim*, Beschl. vom 10.11.2020, Az.: 1 S 3432/20, BeckRS 2020, 32359 Rn. 30.

[59] So die 7. Kammer des *VG Hamburg*, Beschl. vom 05.05.2020, Az.: 7 E 1804/20, BeckRS 2020, 7808 Rn. 24–29. Anders aber etwa die 9. Kammer, siehe etwa *VG Hamburg*, Beschl. vom 11.06.2020, Az.: 9 E 2258/20, BeckRS 2020, 21384 Rn. 8.

[60] *VerfGH Saarl*, Beschl. vom 28.08.2020, Az.: Lv 15/20, NVwZ 2020, 1513 Rn. 87. Anders dagegen *BayVerfGH*, Entsch. vom 21.10.2020, Az.: Vf. 26-VII-20, BeckRS 2020, 27679 Rn. 16–19.

der SaarlVerfGH darauf, lediglich die Unvereinbarkeit der Regelung auszusprechen, nicht aber deren Vollzug auszusetzen.

Sehr deutliche, grundsätzliche Kritik äußerte dann Ende Oktober 2020 der VGH München. Angesichts der intensiven Grundrechtseingriffe und deren zunehmenden Dauer hätten „erhebliche Zweifel" bestanden, ob die §§ 28, 32 IfSG noch den Anforderungen des Art. 80 Abs. 1 S. 2 GG genügten.[61] Wenige Tage später bejahte das VG Mainz aus ähnlichen Gründen in einem Verfahren nach § 123 Abs. 1 VwGO den Anordnungsanspruch, verneinte aber die Glaubhaftmachung eines Anordnungsgrundes.[62] Andere Gerichte nahmen diese Entscheidungen zwar zur Kenntnis, schlossen sich ihnen aber jedenfalls in dieser Deutlichkeit nicht an.[63]

Kurz darauf – und gut eine Woche vor Inkrafttreten des § 28a IfSG – gab die 13. Kammer des VG Hamburg dann einem Antrag nach § 123 Abs. 1 VwGO statt. Die Betriebsschließung auf die Generalklausel des § 28 Abs. 1 S. 1 IfSG zu stützen, hätte vor dem Hintergrund des Wesentlichkeitsgrundsatzes nicht mehr ausgereicht.[64] Das begründete die 13. Kammer damit, dass es keine konkreten Vorgaben für den Ausgleich zwischen Freiheitsbeschränkungen und dem Schutz von Leben und körperlicher Unversehrtheit gegeben hätte. Dabei sei es dem Gesetzgeber – wie in anderen Bereichen des Gefahrenabwehrrechts – möglich gewesen, Standardmaßnahmen gesetzlich zu regeln. Die Übergangszeit sei überschritten gewesen, denn die gesetzgebenden Organe hätten in den vergangenen Monaten bewiesen, dass sie weiter handlungsfähig waren. Aus dem Umstand, dass der Gesetzgeber untätig geblieben ist, sei nicht zu schließen, dass der Gesetzgeber das Handeln der Verordnungsgeber billige und so der Parlamentsvorbehalt gewahrt wäre. Einige Tage später wurde der Beschluss des VG Hamburg jedoch durch das OVG Hamburg abgeändert und der Antrag abgelehnt. Weder sei der Parlamentsvorbehalt verletzt, noch wäre den Anforderungen aus Art. 80 Abs. 1 S. 2 GG nicht nachge-

---

[61] *VGH München*, Beschl. vom 29.10.2020, Az.: 20 NE 20.2360, BeckRS 2020, 28521 Rn. 28–37; ebenso etwa in *VGH München*, Beschl. vom 05.11.2020, Az.: 20 NE 20.2468, BeckRS 2020, 29302 Rn. 11–13; *VGH München*, Beschl. vom 11.11.2020, Az.: 20 NE 20.2503, BeckRS 2020, 32236 Rn. 22.

[62] *VG Mainz*, Beschl. vom 01.11.2020, Az.: 1 L 843/20.MZ, BeckRS 2020, 28713.

[63] Siehe etwa *OVG Münster*, Beschl. vom 30.10.2020, Az.: 13 B 1488/20.NE, BeckRS 2020, 29552 Rn. 12; *VG Berlin*, Beschl. vom 03.11.2020, Az.: VG 14 L 508/20, BeckRS 2020, 29924 Rn. 12 f.; *OVG Magdeburg*, Beschl. vom 04.11.2020, Az.: 3 R 218/20, BeckRS 2020, 29264 Rn. 21–24; *OVG Berlin-Brandenburg*, Beschl. vom 04.11.2020, Az.: OVG 11 S 101/20, BeckRS 2020, 29273 Rn. 18–23; *OVG Schleswig*, Beschl. vom 05.11.2020, Az.: 3 MR 56/20, BeckRS 2020, 29770 Rn. 16–19; *OVG Lüneburg*, Beschl. vom 06.11.2020, Az.: 13 MN 433/20, BeckRS 2020, 29459 Rn. 11–16; *OVG Münster*, Beschl. vom 06.11.2020, Az.: 13 B 1657/20.NE, BeckRS 2020, 29787 Rn. 10–13; *OVG Weimar*, Beschl. vom 08.11.2020, Az.: 3 EN 725/20, BeckRS 2020, 34845 Rn. 24–26; *OVG Bremen*, Urt. vom 09.11.2020, Az.: 1 B 339/20, BeckRS 2020, 30294 Rn. 17–32; *BayVerfGH*, Entsch. vom 16.11.2020, Az.: Vf. 90-VII-20, BeckRS 2020, 31088 Rn. 12 f.

[64] *VG Hamburg*, Beschl. vom 10.11.2020, Az.: 13 E 4550/20, BeckRS 2020, 30379 Rn. 5–16.

kommen worden. Denn der Gesetzgeber hätte klargestellt, dass er den Verordnungsgebern in den Ländern möglichst umfassende Handlungsmöglichkeiten eröffnen wollte, wovon auch die streitgegenständlichen Betriebsschließungen umfasst gewesen wären. Damit hätte er in zulässiger Weise von seiner konkurrierenden Gesetzgebungskompetenz nach Art. 74 Abs. 1 Nr. 19 GG Gebrauch gemacht. Durch die Beschränkung auf die „notwendigen Schutzmaßnahmen" in § 28 Abs. 1 S. 1 IfSG, also durch das Verhältnismäßigkeitsprinzip, sei das Ausmaß des verordnungsgeberischen Gestaltungsspielraums ausreichend begrenzt.[65]

Die Begründung des OVG Hamburg ist jedoch nicht überzeugend. Denn zum einen ist schon fraglich, ob der Bundesgesetzgeber wirklich beabsichtigte, den Landesverordnungsgebern eine derartige Gestaltungsmacht zuzugestehen. Wie die 13. Kammer des VG Hamburg zutreffend betont hat, handelt es sich um eine reine Fiktion. Selbst wenn der Gesetzgeber aber tatsächlich das beabsichtigt hätte, was das OVG Hamburg ihm unterstellte, so folgt daraus noch nicht, dass dem Parlamentsvorbehalt und den Anforderungen des Art. 80 Abs. 1 S. 2 GG damit genüge getan wäre. Denn diese beiden Anforderungen sollen gerade bezwecken, dass der parlamentarische Gesetzgeber eben nicht weitgehende Ermächtigungen an die Exekutive erteilen darf. Die Entscheidung des Gesetzgebers, den Landesverordnungsgebern weitgehend freie Hand zu lassen, wäre also am Parlamentsvorbehalt und Art. 80 Abs. 1 S. 2 GG zu messen. Doch zu diesem Aspekt äußert sich das hanseatische Oberverwaltungsgericht nur rudimentär. Es verweist lediglich auf die Beschränkung auf die „notwendigen Maßnahmen", wohinter sich, wie der entscheidende 5. Senat selbst bemerkt, lediglich das Verhältnismäßigkeitsprinzip verbirgt. Dabei handelt es sich aber eben nur um eine verfassungsrechtlich ohnehin zwingende Begrenzung exekutiver Gestaltungsmacht. Aus einer zusätzlichen einfachgesetzlichen Klarstellung, dass Maßnahmen verhältnismäßig sein müssen, kann also nicht folgen, dass der Parlamentsvorbehalt eingehalten wurde. Auf den vom VG Hamburg hervorgehobenen Umstand, dass es an konkreten Vorgaben für den Ausgleich zwischen Freiheitsbeschränkungen und dem Schutz von Leben und körperlicher Unversehrtheit fehlte – obwohl der Gesetzgeber zwischenzeitlich die Möglichkeit gehabt hätte, solche Regelungen zu erlassen –, ging das OVG Hamburg nicht ein. Dass das Gericht einen Tag vor Inkrafttreten des neuen § 28a IfSG noch auf diese Weise entschied, könnte auf den ersten Blick überraschen, lässt sich aber womöglich dadurch erklären, dass auch die neue Ermächtigungsgrundlage an denselben Mängeln litt.[66]

Auch in späteren Hauptsacheentscheidungen stellten die Gerichte meist keine Verstöße gegen den Parlamentsvorbehalt und Art. 80 Abs. 1 S. 2 GG fest, denn

---

[65] *OVG Hamburg*, Beschl. vom 18.11.2020, Az.: 5 Bs 209/20, BeckRS 2020, 34449 Rn. 10–21.

[66] Siehe dazu sogleich IV.; ebenso *Eibenstein*, COVuR 2020, 892, 893.

jedenfalls sei ein Übergangszeitraum noch nicht überschritten gewesen.[67] Anfang 2021 entschied das *LVerfG Sachsen-Anhalt* dann aber, dass die Generalklausel im September 2020 nicht mehr ausreichte, um die Beschränkung privater Feiern, ein Beherbergungsverbot und die Schließung von Gaststätten darauf zu stützen.[68] Denn § 28 Abs. 1 S. 1, 2 IfSG ermächtige nicht zu beliebigen Maßnahmen gegenüber der Allgemeinheit. Zudem seien die Tatbestandsmerkmale des § 28 IfSG noch von einem vorpandemischen Begriffsverständnis geprägt gewesen, weshalb eine private Feier nicht unter die Begriffe „Veranstaltung“ oder „sonstige Ansammlung von Menschen“ subsumiert werden könne. Ob es innerhalb einer Übergangsfrist vertretbar sei, die Anforderungen an die Regelungsdichte der Ermächtigung zu senken, könne offenbleiben; ein solcher Zeitraum wäre im Herbst 2020 jedenfalls überschritten gewesen. Schließlich hätte der Bundesgesetzgeber über die Sommerpause Ermächtigungsgrundlagen schaffen können, um die bis dahin genutzten Maßnahmen weiterhin verhängen zu können.[69] Der ThürVerfGH wollte von dieser überzeugenden Ansicht abweichen. In einer Divergenzvorlage an das BVerfG begründet das thüringische Gericht, warum der Übergangszeitraum noch nicht vorbei gewesen sei. Die Lage hätte sich weiter sehr dynamisch entwickelt, und es hätten „eindeutige“ Erkenntnisse zu den Eigenschaften des Virus und dessen Verbreitung gefehlt. Zudem hätte sich noch keine Regelhaftigkeit herausgebildet, wann welche Maßnahme verhängt wird.[70] Allerdings ist es Wesen einer Pandemie, dass diese – in Abgrenzung zu einem endemischen Zustand[71] – dynamisch verläuft. Weitergedacht würde das bedeuten, dass der Übergangszeitraum bis zum Ende der Pandemie dauert. Dem Problem, dass die Erkenntnislage noch im Fluss und die Entwicklung unvorhersehbar ist, kann auch durch konstante Nachbesserung an der Ermächtigungsgrundlage und durch die Beibehaltung einer Generalklausel als „Backup“ begegnet werden. Weiterhin führt das Gericht als Argument an, dass die Schaffung einer neuen Ermächtigungsgrundlage bereits absehbar war.[72] Das mag zwar zutreffend sein, spricht aber gegen die vorher vom Gericht aufgestellte These, dass es angesichts der Erkenntnislage und Dynamik noch gar nicht möglich gewesen wäre,

---

[67] Siehe nur *ThürVerfGH*, Urt. vom 01.03.2021, Az.: VerfGH 18/20, BeckRS 2021, 3015 Rn. 97–105; *OVG Lüneburg*, Urt. vom 25.11.2021, Az.: 13 KN 389/20, BeckRS 2021, 37093 Rn. 26–33; *VGH Mannheim*, Urt. vom 02.06.2022, Az.: 1 S 926/20, BeckRS 2022, 15410 Rn. 119–126; *OVG Bautzen*, Urt. vom 30.06.2022, Az.: 3 C 54/20, BeckRS 2022, 18163 Rn. 27 f.; *OVG Schleswig*, Urt. vom 13.12.2023, Az.: 3 KN 42/20, BeckRS 2023, 44026 Rn. 42 f.; *VGH Mannheim*, Urt. vom 11.04.2024, Az.: 1 S 278/23, BeckRS 2024, 12539 Rn. 86–88; *VGH Mannheim*, Urt. vom 11.04.2024, Az.: 1 S 930/23, BeckRS 2024, 12594 Rn. 101–104.

[68] *LVerfG LSA*, Urt. vom 26.03.2021, Az.: LVG 25/20, BeckRS 2021, 9552.

[69] *LVerfG LSA*, Urt. vom 26.03.2021, Az.: LVG 25/20, BeckRS 2021, 9552 Rn. 60–67.

[70] *ThürVerfGH*, Beschl. vom 19.05.2021, Az.: VerfGH 110/20, BeckRS 2021, 11498 Rn. 35–39.

[71] Siehe dazu oben S. 19 f.

[72] *ThürVerfGH*, Beschl. vom 19.05.2021, Az.: VerfGH 110/20, BeckRS 2021, 11498 Rn. 40–46.

eine Ermächtigungsgrundlage zu schaffen. Die Divergenzvorlage wurde vom BVerfG als unzulässig verworfen, da hinsichtlich der relevanten Vorlagefragen schon kein Vorlagegrund bestanden hätte.[73] In seiner darauffolgenden Entscheidung sah der ThürVerfGH den Parlamentsvorbehalt als nicht verletzt an.[74]

2022 stellte das OVG Saarlouis in zwei Fällen unter explizitem Anschluss an das LVerfG Sachsen-Anhalt[75] nachträglich die Rechtswidrigkeit einer Ende Oktober 2020 erlassenen Verordnung fest.[76] Nach Ansicht des Gerichts hätte für die Schließung von Restaurants keine Ermächtigungsgrundlage existiert, welche den Anforderungen des Vorbehalts des Gesetzes und des Wesentlichkeitsgrundsatzes genügte. Da es sich schon um den zweiten Lockdown handelte, sei den Maßnahmen eine erhebliche Intensität zugekommen.[77] Zwar könnten die Anforderungen für einen Übergangszeitraum gesenkt werden, jedoch sei dieser im Herbst 2020 vorbei gewesen. Die Bedrohung sei bereits bekannt gewesen und der Bundesgesetzgeber hätte durch Änderungen am IfSG seine Handlungsfähigkeit bewiesen. Deshalb wäre spätestens unmittelbar nach Ende der parlamentarischen Sommerpause der Zeitpunkt gekommen, zu dem der Gesetzgeber ausreichende Ermächtigungsgrundlagen hätte schaffen müssen.[78]

Beide Entscheidungen wurden später vom BVerwG aufgehoben.[79] Ob und unter welchen Bedingungen Betriebsschließungen verhängt werden dürfen, sei eine wesentliche Frage, welche der Gesetzgeber selbst regeln müsse.[80] Das hätte der Gesetzgeber mit der Generalklausel des § 32 S. 1 i.V.m. § 28 Abs. 1 S. 1 IfSG aber in einer Weise getan, welche den Anforderungen aus Art. 80 Abs. 1 S. 2 GG sowie denen des Parlamentsvorbehalts genügte.[81] Denn um eine eigene gesetzliche Regelung zu schaffen, sei eine hinreichende Tatsachengrundlage erforderlich. Dem Gesetzgeber komme ein Spielraum bei der Bewertung zu, wann die Tatsachengrundlage hinreichend sei.[82] Von einem Verstoß gegen die Vorgaben des Parlamentsvorbehalts und Art. 80 Abs. 1 S. 2 GG könne erst dann ausgegangen werden,

---

[73] BVerfGE 163, 239, Rn. 22–25.

[74] *ThürVerfGH*, Urt. vom 28.02.2024, Az.: VerfGH 110/20, BeckRS 2024, 3520 Rn. 72–103.

[75] *OVG Saarlouis*, Urt. vom 31.05.2022, Az.: 2 C 319/20, BeckRS 2022, 13614 Rn. 25.

[76] *OVG Saarlouis*, Urt. vom 31.05.2022, Az.: 2 C 319/20, BeckRS 2022, 13614; *OVG Saarlouis*, Urt. vom 07.07.2022, Az.: 2 C 326/20, BeckRS 2022, 51575.

[77] *OVG Saarlouis*, Urt. vom 31.05.2022, Az.: 2 C 319/20, BeckRS 2022, 13614 Rn. 23.

[78] *OVG Saarlouis*, Urt. vom 31.05.2022, Az.: 2 C 319/20, BeckRS 2022, 13614 Rn. 24, 26.

[79] BVerwGE 178, 298; *BVerwG*, Urt. vom 16.05.2023, Az.: 3 CN 5.22, BeckRS 2023, 10364. Siehe dazu auch die beiden im Nachgang ergangenen Entscheidungen *OVG Saarlouis*, Urt. vom 10.07.2024, Az.: 2 C 157/23, BeckRS 2024, 22423; *OVG Saarlouis*, Urt. vom 10.07.2024, Az.: 2 C 158/23, BeckRS 2024, 23503.

[80] BVerwGE 178, 298, Rn. 33.

[81] BVerwGE 178, 298, Rn. 34.

[82] BVerwGE 178, 298, Rn. 36.

wenn eine *Pflicht* zur Kodifikation bestand; alleine der Umstand, dass eine Kodifikation *möglich* gewesen wäre, würde nicht ausreichen, um einen Verstoß zu begründen.[83] Eine solche Kodifikationspflicht hätte im Herbst 2020 noch nicht bestanden. Denn aus einer ex-ante-Betrachtung hätte sich die Erkenntnislage damals noch nicht gebessert. Der Gesetzgeber hätte zwar davon ausgehen müssen, dass es zu einer „zweiten Welle" kommen würde, jedoch wären die Parameter dieser Welle – etwa die Belastung des Gesundheitssystems, die Impfquote und andere Faktoren, die für die Bewertung der Verhältnismäßigkeit wichtig sind – nicht absehbar gewesen.[84] Die Auffassung des OVG Saarlouis lasse hier den Einschätzungsspielraum des Gesetzgebers außer Betracht, der diesem auch hinsichtlich des Zeitpunkts für eine gesetzliche Normierung zustehe.[85] Außerdem habe das Gericht verkannt, dass „etliche der mit Blick auf das Bestimmtheitsgebot des Art. 80 Abs. 1 S. 2 GG und den Parlamentsvorbehalt bedeutsamen Fragen" bereits geklärt seien.[86] So hätte der Gesetzgeber auf Basis der Erkenntnisse aus der „ersten Welle" die Verordnungsermächtigung zwar durchaus konkretisieren können; dass er das nicht getan habe, hätte sich aber innerhalb seines „Beurteilungsspielraums" gehalten.[87] Dass auf Grundlage der Generalklausel die Schließung von gastronomischen Betrieben möglich sei, zeige sich bereits durch deren Entstehungsgeschichte.[88] Daraus folgert das BVerwG: „Damit hätte sich aus einer darüber hinausgehenden Regelung dieser Frage durch den parlamentarischen Gesetzgeber kein mit Blick auf den Bestimmtheitsgrundsatz und den Parlamentsvorbehalt bedeutsamer ‚Zugewinn' [...] ergeben."[89] Nach Ansicht des Gerichts wäre es zwar grundsätzlich möglich gewesen, konkrete Eingriffsschwellen für die streitgegenständliche Schließung von Gastronomiebetrieben festzulegen. Die Annahme, dass die Erkenntnislage hierfür noch nicht ausreiche, bewege sich jedoch – wie das BVerwG erneut betont – im Rahmen des gesetzgeberischen Gestaltungsspielraums.[90]

Die für die Argumentation des BVerwG zentrale Annahme, dem Gesetzgeber stünde auch bei den Vorgaben des Parlamentsvorbehalts und Art. 80 Abs. 1 S. 2 GG ein Spielraum zu, ist problematisch. Denn Spielräume sollen die Gestaltungsfreiheit des Gesetzgebers vor der Judikative schützen. Nicht jedoch sollen diese die Untätigkeit des Gesetzgebers protegieren. Vielmehr soll der Parlamentsvorbehalt diese Untätigkeit gerade verhindern. Das BVerwG zitiert hier weder Rechtsprechung noch Literatur, abgesehen von der Entscheidung Bundesnotbremse I des BVerfG. Die zitierte Stelle befasst sich aber mit den Spielräumen des Gesetzgebers bei der

---

[83] BVerwGE 178, 298, Rn. 38.

[84] BVerwGE 178, 298, Rn. 42–44.

[85] BVerwGE 178, 298, Rn. 45.

[86] BVerwGE 178, 298, Rn. 46.

[87] BVerwGE 178, 298, Rn. 47.

[88] BVerwGE 178, 298, Rn. 48–50.

[89] BVerwGE 178, 298, Rn. 48.

[90] BVerwGE 178, 298, Rn. 54–58.

Verhältnismäßigkeitsprüfung, welche das BVerfG aufgrund der unklaren Erkenntnislage sehr weit gezogen hat. Zwar hängt die Frage des Zeitpunkts, wann der Gesetzgeber aktiv werden muss, durchaus von der Erkenntnislage ab, und diese war in der Pandemie von starken Unsicherheiten geprägt. Allerdings kann die Gerichtsbarkeit bei dieser Frage die Erkenntnislage selbst bewerten, ohne dabei in den Zuständigkeitsbereich des Gesetzgebers einzugreifen. Schließlich würde ein Gericht, wenn es einen Verstoß gegen den Parlamentsvorbehalt feststellt, lediglich seine Einschätzung zur Frage, *ob* der Gesetzgeber handeln muss, an die Stelle derer des Gesetzgebers stellen, nicht aber die Einschätzung zu der Frage, *wie* der Gesetzgeber *inhaltlich* handeln sollte. Um einen Kompetenzkonflikt zwischen Judikative und Exekutive handelt es sich hier also nicht. Gerade dieser Kompetenzkonflikt ist aber der Grund, warum dem Gesetzgeber insbesondere bei der Verhältnismäßigkeit Spielräume eingeräumt werden.[91] Mangels Kompetenzkonflikts unterliegt die Einhaltung der Vorgaben des Parlamentsvorbehalts und des Art. 80 Abs. 1 S. 2 GG der vollen gerichtlichen Nachprüfung. Es erscheint zwar grundsätzlich denkbar, aus der Entstehungsgeschichte der §§ 28, 32 IfSG abzuleiten, dass diese auch als Grundlage für die Schließung gastronomischer Betriebe herangezogen werden können. Allerdings ist schon fraglich, ob das auch für flächendeckende, bundesweite Schließungen über Wochen und Monate gilt, oder ob der Gesetzgeber hier nicht lokal und zeitlich begrenzte Schließungen vor Augen hatte.[92] Selbst wenn dem so wäre, so würde das aber nichts daran ändern, dass jedenfalls auf Tatbestandsebene nahezu keine Eingrenzung für solch intensive Maßnahmen existierte. Ebenso mag zutreffen, dass die Erkenntnislage auch im Herbst 2020 noch nicht gesichert war. Jedoch war sie auch wesentlich besser als zu Beginn der Pandemie.[93] Dass die genauen Ausmaße der „zweiten Welle" unklar waren, liegt auf der Hand, doch hätte der Gesetzgeber dennoch ein nach Eingriffsschwellen abgestuftes Konzept normieren können, welches für unvorhergesehene Entwicklungen durch eine Generalklausel ergänzt wird,[94] wie er es später auch im Grundsatz mit § 28a IfSG tat. Eine aus ex-ante-Sicht sichere Erkenntnislage zu fordern, führt dazu, dass in einer Pandemie – die während ihrer Dauer von dynamischen Entwicklungen und damit auch Unsicherheiten geprägt ist – Parlamentsvorbehalt und Art. 80 Abs. 1 S. 2 GG wirkungslos werden. Allerdings scheint das BVerwG der Thematik ohnehin keine große Bedeutung zuzumessen, wie es durch seine Formulierung deutlich macht, ein „bedeutsamer ‚Zugewinn' für den Verordnungsgeber und für die durch die Schließung in ihren Grundrechten betroffenen Betreiber von Gastronomiebetrieben" sei durch eine Kodifizierung nicht zu erwarten. Die Entscheidungen überraschten insofern, als dass diese 2023, nach dem Ende der letzten Maßnahmen,

---

[91] Siehe unten S. 279 ff.

[92] *Klafki*, JöR 2021 (69), 583, 597.

[93] *Leisner-Egensperger*, NJW 2021, 2415, 2417 f.; *Wolff/Zimmermann*, JURA 2021, 18, 27.

[94] *Wolff/Zimmermann*, JURA 2021, 18, 28; in diese Richtung auch *Gölzer/Fischer-Uebler/Schaub*, NVwZ 2021, 928, 929.

fielen. Durch eine Bestätigung der Entscheidungen des OVG Saarlouis hätte das BVerwG zwar wohl diversen Klagen zum Erfolg verholfen, die Pandemiebekämpfung aber in keiner Weise mehr beeinflusst.

IV. Abhilfe durch § 28a IfSG?

Mit dem Dritten Gesetz zum Schutz der Bevölkerung bei einer epidemischen Lage von nationaler Tragweite vom 18. 11. 2020 führte der Bundesgesetzgeber mit Wirkung zum 19. 11. 2020 eine neue Ermächtigungsgrundlage ein, welche an die bisherige Rechtsgrundlage des § 28 Abs. 1 S. 1, 2 IfSG anknüpft und diese ergänzt. In ihren wesentlichen Teilen lautete der neue § 28a IfSG in seiner damaligen Fassung wie folgt:

§ 28a Besondere Schutzmaßnahmen zur Verhinderung der Verbreitung der Coronavirus-Krankheit-2019 (COVID-19)[95]

(1) Notwendige Schutzmaßnahmen im Sinne des § 28 Absatz 1 Satz 1 und 2 zur Verhinderung der Verbreitung der Coronavirus-Krankheit-2019 (COVID-19) *können* für die Dauer der Feststellung einer epidemischen Lage von nationaler Tragweite nach § 5 Absatz 1 Satz 1 durch den Deutschen Bundestag *insbesondere* sein

1. Anordnung eines Abstandsgebots im öffentlichen Raum,
2. Verpflichtung zum Tragen einer Mund-Nasen-Bedeckung (Maskenpflicht), [...]

(2) [1]Die Anordnung der folgenden Schutzmaßnahmen nach Absatz 1 in Verbindung mit § 28 Absatz 1 *ist nur zulässig*, soweit auch bei Berücksichtigung aller bisher getroffenen anderen Schutzmaßnahmen eine wirksame Eindämmung der Verbreitung der Coronavirus-Krankheit-2019 (COVID-19) *erheblich gefährdet wäre*:

1. Untersagung von Versammlungen oder Aufzügen im Sinne von Artikel 8 des Grundgesetzes und von religiösen oder weltanschaulichen Zusammenkünften nach Absatz 1 Nummer 10,
2. Anordnung einer Ausgangsbeschränkung nach Absatz 1 Nummer 3, nach der das Verlassen des privaten Wohnbereichs nur zu bestimmten Zeiten oder zu bestimmten Zwecken zulässig ist, [...]

(3) [1]Entscheidungen über Schutzmaßnahmen zur Verhinderung der Verbreitung der Coronavirus-Krankheit-2019 (COVID-19) nach Absatz 1 in Verbindung mit § 28 Absatz 1, nach § 28 Absatz 1 Satz 1 und 2 und den §§ 29 bis 32 sind insbesondere an dem Schutz von Leben und Gesundheit und der Funktionsfähigkeit des Gesundheitssystems auszurichten. [...] [4]Maßstab für die zu ergreifenden Schutzmaßnahmen ist *insbesondere die Anzahl der Neuinfektionen mit dem Coronavirus SARS-CoV-2 je 100.000 Einwohnern innerhalb von sieben Tagen.* [5]Bei Überschreitung eines Schwellenwertes von über 50 Neuinfektionen je 100.000 Einwohner innerhalb von sieben Tagen sind *umfassende Schutzmaßnahmen* zu ergreifen, die eine *effektive Eindämmung des Infektionsgeschehens erwarten lassen.* [...]

[95] BGBl. 2020 I S. 2397 (Hervorhebungen hinzugefügt).

(6) [1]Schutzmaßnahmen nach Absatz 1 in Verbindung mit § 28 Absatz 1, nach § 28 Absatz 1 Satz 1 und 2 und nach den §§ 29 bis 31 können auch kumulativ angeordnet werden, soweit und solange es für eine wirksame Verhinderung der Verbreitung der Coronavirus-Krankheit-2019 (COVID-19) *erforderlich* ist. [2]Bei Entscheidungen über Schutzmaßnahmen zur Verhinderung der Verbreitung der Coronavirus-Krankheit-2019 (COVID-19) sind *soziale, gesellschaftliche und wirtschaftliche Auswirkungen auf den Einzelnen und die Allgemeinheit einzubeziehen* und zu berücksichtigen, soweit dies mit dem Ziel einer wirksamen Verhinderung der Verbreitung der Coronavirus-Krankheit-2019 (COVID-19) vereinbar ist. [3]Einzelne soziale, gesellschaftliche oder wirtschaftliche Bereiche, die für die Allgemeinheit von besonderer Bedeutung sind, können von den Schutzmaßnahmen ausgenommen werden, soweit ihre Einbeziehung zur Verhinderung der Verbreitung der Coronavirus-Krankheit-2019 (COVID-19) *nicht zwingend erforderlich* ist. […]

Mit § 28a IfSG verfolgte der Gesetzgeber ausdrücklich das Ziel, „den verfassungsrechtlichen Anforderungen des Parlamentsvorbehalts aus Artikel 80 Abs. 1 S. 1 und 2 des Grundgesetzes" nachzukommen.[96] Nach eigener Ansicht hatte der Gesetzgeber damit „die wesentlichen Entscheidungen" selbst getroffen. Ob das wirklich der Fall ist, kann aber bezweifelt werden.[97] Auf Ebene der Rechtsfolge werden zwar die meisten Maßnahmen genannt. Viele Begriffe sind hier aber undefiniert,[98] und es handelt sich um Regelbeispiele und nicht um Standardmaßnahmen.[99] Auf Tatbestandsebene mangelt es immer noch an gerichtlich überprüfbaren Vorgaben.[100] Außerdem wurde eingewendet, dass der parlamentarische Gesetzgeber Entschädigungsregeln positivrechtlich hätte normieren müssen, denn staatlichen Entschädigungsleistungen hätten ein wichtiges Argument für die Angemessenheit einiger Maßnahmen dargestellt.[101]

---

[96] BT-Drs. 19/23944, S. 2.

[97] Andere Stimmen in der Literatur sahen die Anforderungen des Parlamentvorbehalts aber als erfüllt an, siehe *Dederer/Preiß*, AöR 148 (2023), 289, 321; *Hering*, Der Staat 2022, 205, 226; *Seiler*, JZ 2021, 924, 927; ebenso wohl *Greve*, NVwZ 2020, 1786, 1788 f.; zurückhaltender *Amhaouach/Huster/Kießling/Schaefer*, NVwZ 2021, 825, 826; *Poscher*, in: Huster/Kingreen, HdB InfektionsschutzR, 2. Auflage 2022, Kapitel 4, Rn. 75 f.

[98] *Kießling*, Stellungnahme für die öffentliche Anhörung im Gesundheitsausschuss, 10. November 2020, S. 5 f.; *Klafki*, Stellungnahme zum Entwurf eines Dritten Gesetzes zum Schutz der Bevölkerung bei einer epidemischen Lage von nationaler Tragweite, 10. November 2020, S. 2 f.

[99] *Möllers*, Stellungnahme zum Entwurf eines Dritten Gesetzes zum Schutz der Bevölkerung bei einer epidemischen Lage von nationaler Tragweite, 11. November 2020, S. 4. In diese Richtung auch *Gölzer/Fischer-Uebler/Schaub*, NVwZ 2021, 928, 930.

[100] *Boehme-Neßler*, DÖV 2022, 243, 249 f.; *Edenharter*, JöR 2021 (69), 555, 561; *Gölzer/Fischer-Uebler/Schaub*, NVwZ 2021, 928, 930; *Kingreen*, NJW 2021, 2766, 2768 f.; *Kluckert*, DVBl. 2021, 96, 101 f.; *Sangs*, NVwZ 2020, 1780, 1785; zum ursprünglichen Gesetzentwurf schon *Möllers*, Stellungnahme zum Entwurf eines Dritten Gesetzes zum Schutz der Bevölkerung bei einer epidemischen Lage von nationaler Tragweite, 11. November 2020, S. 4.

[101] *Eibenstein*, COVuR 2020, 856, 863.

Die Bedenken wurden von der Verwaltungs- und Verwaltungsgerichtsbarkeit im Rahmen des vorläufigen Rechtsschutzes aber nicht geteilt. So hielt der VGH München kurz nach Inkrafttreten des § 28a IfSG daran fest, dass die bisherigen Zweifel „weitgehend ausgeräumt" seien und die Neuregelung jedenfalls im vorläufigen Rechtsschutz nicht zu beanstanden wäre.[102] Bis zum Ende der Pandemiemaßnahmen herrschte in der Rechtsprechung die Auffassung vor, dass jedenfalls durch § 28a IfSG nunmehr die Anforderungen an Parlamentsvorbehalt und Art. 80 Abs. 1 S. 2 GG erfüllt seien.[103] Zweifelnde Stimmen waren selten und erschöpften sich darin, auf eine intensivere Prüfung im Rahmen eines Hauptsacheverfahrens zu verweisen.[104] Auch in diesen entschieden die Gerichte aber im Ergebnis nicht anders. Die Thematik wurde in den Entscheidungen äußerst knapp abgehandelt.[105]

---

[102] *VGH München*, Beschl. vom 08.12.2020, Az.: 20 NE 20.2461, BeckRS 2020, 34549 Rn. 26–30.

[103] *OVG Magdeburg*, Beschl. vom 10.12.2020, Az.: 3 R 254/20, BeckRS 2020, 37571 Rn. 15; *OVG Münster*, Beschl. vom 15.12.2020, Az.: 13 B 1731/20.NE, BeckRS 2020, 36237 Rn. 13–27; *OVG Lüneburg*, Beschl. vom 16.12.2020, Az.: 13 MN 552/20, BeckRS 2020, 35567 Rn. 15–20; *OVG Bremen*, Urt. vom 30.12.2020, Az.: 1 B 474/20, BeckRS 2020, 37721 Rn. 16; *OVG Bautzen*, Beschl. vom 07.01.2021, Az.: 3 B 446/20, BeckRS 2021, 39 Rn. 17; *OVG Berlin-Brandenburg*, Beschl. vom 08.01.2021, Az.: OVG 1 S 156/20, BeckRS 2021, 29 Rn. 8; *OVG Koblenz*, Beschl. vom 18.01.2021, Az.: 6 B 11642/20.OVG, BeckRS 2021, 252 Rn. 7; *VG Hamburg*, Beschl. vom 27.01.2021, Az.: 2 E 195/21, BeckRS 2021, 5899 Rn. 6; *LVerfG LSA*, Beschl. vom 02.02.2021, Az.: LVG 4/21, BeckRS 2021, 1360 Rn. 69; *OVG Weimar*, Beschl. vom 11.02.2021, Az.: 3 EN 58/21, BeckRS 2021, 5304 Rn. 35; *OVG Lüneburg*, Beschl. vom 06.04.2021, Az.: 13 ME 166/21, BeckRS 2021, 6292 Rn. 7; *OVG Weimar*, Beschl. vom 14.04.2021, Az.: 3 EN 195/21, BeckRS 2021, 30675 Rn. 39; *OVG Berlin-Brandenburg*, Beschl. vom 11.05.2021, Az.: OVG 11 S 41/21, BeckRS 2021, 11897 Rn. 30; *VGH München*, Beschl. vom 05.07.2021, Az.: 25 NE 21.1719, BeckRS 2021, 18545 Rn. 15; *OVG Bautzen*, Beschl. vom 04.11.2021, Az.: 3 B 374/21, BeckRS 2021, 33293 Rn. 30; *OVG Weimar*, Beschl. vom 10.01.2022, Az.: 3 EN 801/21, BeckRS 2022, 105 Rn. 22.

[104] So insbesondere regelmäßig der *VGH Mannheim*, Beschl. vom 18.12.2020, Az.: 1 S 4080/20, BeckRS 2020, 36332 Rn. 23; ebenso etwa *VGH Mannheim*, Beschl. vom 11.02.2021, Az.: 1 S 380/21, BeckRS 2021, 2185 Rn. 37–39; *VGH Mannheim*, Beschl. vom 11.05.2021, Az.: 1 S 1048/21, BeckRS 2021, 11469 Rn. 40; *VGH München*, Beschl. vom 16.03.2021, Az.: 20 NE 21.624, BeckRS 2021, 4745 Rn. 29.

[105] Siehe nur *LVerfG LSA*, Urt. vom 26.03.2021, Az.: LVG 4/21, BeckRS 2021, 9553 Rn. 88; *OVG Saarlouis*, Urt. vom 21.07.2022, Az.: 2 C 64/21, BeckRS 2022, 18512 Rn. 18; *ThürVerfGH*, Beschl. vom 14.12.2021, Az.: VerfGH 117/20 (juris) Rn. 212–216; *OVG Weimar*, Urt. vom 20.12.2022, Az.: 3 N 233/21, BeckRS 2022, 46523 Rn. 29; *OVG Lüneburg*, Urt. vom 01.06.2023, Az.: 14 KN 36/22, BeckRS 2023, 13678 Rn. 40–48; *VerfGH Sachs*, Urt. vom 12.06.2025, Az.: Vf. 13-II-21 (HS), BeckRS 2025, 13086 Rn. 145–152. Siehe dagegen aber *OVG Münster*, Urt. vom 03.07.2025, Az.: 13 D 70/21.NE, BeckRS 2025, 18378, Rn. 49–93, der sich ausführlich damit beschäftigt, ob der Gesetzgeber Entschädigungsregelungen hätte vorsehen müssen.

V. Sonderfall: Strafrechtlicher Parlamentsvorbehalt, Art. 103 Abs. 2 GG

Häufig beließen es die Verordnungsgeber nicht dabei, nur bloße Verhaltensregeln aufzustellen. In aller Regel war der Verstoß gegen diese Regelungen auch bußgeldbewehrt. Hier war nicht nur der Parlamentsvorbehalt und Art. 80 Abs. 1 S. 2 GG zu beachten, sondern darüber hinaus auch Art. 103 Abs. 2 GG. Zwar spricht die Norm von „Strafbarkeit". Allerdings versteht das BVerfG darunter sämtliche staatliche Maßnahmen, „die eine missbilligende hoheitliche Reaktion auf ein rechtswidriges, schuldhaftes Verhalten darstellen und wegen dieses Verhaltens ein Übel verhängen, das dem Schuldausgleich dient".[106] Entsprechend ist Art. 103 Abs. 2 GG nach ständiger Rechtsprechung auch auf Bußgeldtatbestände des Ordnungswidrigkeitenrechts anwendbar.[107]

Ausweislich des Wortlautes von Art. 103 Abs. 2 GG kann eine Tat nur bestraft werden, wenn die Strafbarkeit gesetzlich bestimmt war, bevor die Tat begangen wurde. Aus Art. 103 Abs. 2 GG wird unter anderem[108] ein besonderer strafrechtlicher Parlamentsvorbehalt hergeleitet.[109] Dieser Parlamentsvorbehalt erfüllt zwei Funktionen. Einerseits kommt er einer freiheitsgewährleistenden Funktion nach, indem jeder Normadressat erkennen kann, welches Verhalten verboten ist. Zum anderen wahrt die Norm die Kompetenzordnung, indem grundsätzlich nur der Gesetzgeber über die Strafbarkeit entscheiden darf.[110] Zweifelhaft ist dabei aber, ob die daraus erwachsenden Anforderung strenger sind als diejenigen, welche schon der allgemeine Parlamentsvorbehalt stellt.[111] Jedenfalls ist es nach ständiger Rechtsprechung des BVerfG nicht erforderlich, dass Tatbestand und Rechtsfolge vollständig durch ein formelles Gesetz geregelt werden. Der Gesetzgeber kann sich auch etwa eines sog. Blankettstrafgesetzes bedienen, bei dem der Tatbestand durch den Verweis auf ein anderes Gesetz oder eine Rechtsverordnung ersetzt wird.[112] Dabei muss das Blankettstrafgesetz aber hinreichend klar erkennen lassen, worauf sich die Verweisung bezieht. Insbesondere müssen die möglichen Inhalte und Gegenstände der ausfüllenden Norm begrenzt werden.[113] Lediglich die Konkretisierung des sanktionierten Verhaltens darf vom Gesetzgeber delegiert werden, nicht

---

[106] BVerfGE 109, 133, 167 f.

[107] BVerfGE 38, 348, 371 f.; 81, 132, 135; E 159, 223, Rn. 154; *Kment*, in: Jarass/Pieroth, GG, 18. Auflage 2024, Art. 103 Rn. 64.

[108] Daneben folgen aus Art. 103 Abs. 2 GG auch die strafrechtlichen Rückwirkungs- und Analogieverbote sowie ein besonderes strafrechtliche Bestimmtheitsgebot, siehe dazu *Kment*, in: Jarass/Pieroth, GG, 18. Auflage 2024, Art. 103 Rn. 70–77.

[109] Siehe nur BVerfGE 75, 329, 341; E 126, 170, 194.

[110] Siehe etwa BVerfGE 143, 38, 53.

[111] So etwa BVerfGE 126, 170, 194: „[strenger] Gesetzesvorbehalt"; zweifelnd dagegen *Schulze-Fielitz*, in: Dreier, GG, 3. Auflage 2018, Art. 103 Abs. 2 Rn. 29.

[112] BVerfGE 143, 38, 56; E 153, 310, Rn. 43.

[113] BVerfGE 23, 265, 269; E 143, 38, Rn. 44.

aber die Entscheidung, welches Verhalten überhaupt strafbar sein soll, wie das BVerfG betont.[114] Gleichwohl finden sich gerade im Nebenstrafrecht eine Vielzahl von Blanketttatbeständen, deren Tatbestand nicht mehr durch den Verordnungsgeber konkretisiert wird, sondern der Exekutive die Entscheidung über das „Ob" der Strafbarkeit beziehungsweise der Ordnungswidrigkeit übertragen,[115] weshalb die Verfassungsmäßigkeit von Teilen der Literatur angezweifelt wird.[116] Die Rechtsprechung hingegen zieht diese Praxis nicht grundsätzlich in Zweifel. So hielt es der BGH mit Art. 103 Abs. 2 GG vereinbar, dass der Verordnungsgeber über die Strafbarkeit des Verkaufs von E-Zigaretten entscheiden kann, indem er die Strafbarkeit mittels einer Verordnung „scharf schaltet".[117] Ebenso grundsätzlich vereinbar mit Art. 103 Abs. 2 GG soll es nach Ansicht des BVerfG sein, wenn der Verordnungsgeber Verstöße gegen bestimmte, unmittelbar geltende Rechtsakte der EU strafrechtlich sanktionieren kann.[118] In seiner Entscheidung zum Rindfleischetikettierungsgesetz hielt das Gericht den Blanketttatbestand und die Verordnungsermächtigung dagegen für verfassungswidrig, da hier die in Betracht kommenden EU-Rechtsakte nur abstrakt benannt wurden.[119]

Solche Blanketttatbestände finden sich auch in den §§ 73 ff. IfSG. Insbesondere regelt § 73 Abs. 1a Nr. 24, dass ordnungswidrig handelt, wer vorsätzlich oder fahrlässig einer Rechtsverordnung nach § 32 S. 1 oder einer vollziehbaren Anordnung auf Grund einer solchen Rechtsverordnung zuwiderhandelt, soweit die Rechtsverordnung für einen bestimmten Tatbestand auf diese Bußgeldvorschrift verweist.[120] Das überlässt dem Verordnungsgeber nicht nur die Gestaltungsmacht darüber, welche Maßnahmen er wann verhängt, sondern auch die Entscheidung darüber, wann Verstöße gegen diese Maßnahmen als Ordnungswidrigkeiten sanktioniert werden sollen. Nähere Vorgaben dazu enthält § 73 Abs. 1a Nr. 24 – ebenso wie § 32 S. 1 IfSG – nicht. Sie können sich also allenfalls aus den §§ 28 ff. IfSG ergeben. Auch wenn man die Auffassung vertritt, § 28 Abs. 1 IfSG sei für die ersten Monate und § 28a IfSG für die Folgezeit eine dem Parlamentsvorbehalt genügende Rechtsgrundlage gewesen, so verblieb dem Verordnungsgeber doch die freie Entscheidung darüber, welche Maßnahmen er sanktionieren wollte. Denn während vollziehbare Anordnungen nach § 28 Abs. 1 S. 1 oder 2 – also etwa auch Allgemeinverfügungen – schon kraft Gesetzes ordnungswidrigkeitenbewehrt sind (§ 73

[114] BVerfGE 143, 38, Rn. 47; E 153, 310, Rn. 83.

[115] Näher *Hoven*, NStZ 2016, 377, 380.

[116] *Hoven*, NStZ 2016, 377, 381 f. m. w. N.

[117] BGHSt 61, 110, Rn. 57–66.

[118] BVerfGE 153, 310.

[119] BVerfGE 143, 38, Rn. 50 f.

[120] Eingefügt wurde der Bezug auf § 32 S. 1 IfSG mit dem Gesetz zum Schutz der Bevölkerung bei einer epidemischen Lage von nationaler Tragweite vom 27.03.2020, BGBl. I S. 587. Die §§ 73 ff. wurden im Laufe der Pandemie unzählige Male geändert, weshalb auf eine nähere Darstellung der Normen verzichtet werden soll; siehe dazu etwa *Lorenz/Oğlakcıoğlu*, in: Kießling, IfSG, 3. Auflage 2022, vor §§ 73 ff. Rn. 2 f.

Abs. 1a Nr. 6 IfSG), so entscheidet der Verordnungsgeber frei darüber, ob er durch eine Rückverweisung auf § 73 Abs. 1a Nr. 24 IfSG die Sanktionierung von Verstößen gegen seine Verordnung „scharf schaltet". Diese Entscheidungsmacht darüber, welches Verhalten überhaupt strafbar sein soll, widerspricht zwar der vom BVerfG aufgestellte vorgetragenen Anforderung, dass der Verordnungsgeber gerade nicht über das „Ob" der Strafbewehrung entscheiden darf. Allerdings hat das Gericht seine eigenen Anforderungen insbesondere in der Entscheidung zum Lebensmittelgesetz, aber auch in der zum Rindfleischetikettierungsgesetz dadurch relativiert, dass es gegen diese Entscheidungsmacht – welche dem Verordnungsgeber auch in diesen Fällen zukam – nichts einzuwenden hatte.

Obwohl von der Bußgeldbewehrung häufig Gebrauch gemacht wurde, spielte die Vereinbarkeit mit Art. 103 Abs. 2 GG in der verwaltungs- und verfassungsgerichtlichen Rechtsprechung – insbesondere in Eilentscheidungen – aber nur eine Nebenrolle. Zumeist wurde die Norm dann auch nur bei der Frage relevant, ob Regelungen in Verordnungen den hohen Anforderungen des strafrechtlichen Bestimmtheitsgebots entsprachen.[121] In einer Hauptsacheentscheidung aus dem März 2021 beschäftigte sich der ThürVerfGH aber mit der Frage, ob die Konstruktion des § 73 Abs. 1a Nr. 24 IfSG in Verbindung mit § 32 S. 1 IfSG der Vorgabe des Art. 103 Abs. 2 GG entsprach.[122] Dies bejahte das Gericht, sofern etwa Verstöße gegen Isolierungs- und Quarantänepflichten im Sinne des § 30 Abs. 1 S. 2 IfSG oder Tätigkeitsverbote im Sinne von § 31 IfSG auf diese Weise bußgeldbewehrt wurden, denn diese Maßnahmen und deren Voraussetzungen hätten sich dem IfSG hinreichend selbst entnehmen lassen.[123] Allerdings stelle Art. 44 Abs. 1 S. 2 ThürVerf i. V. m. Art. 103 Abs. 2 GG höhere Anforderungen als der Parlamentsvorbehalt, da es hier nicht mehr um Gefahrenabwehr, sondern um die Sanktionierung von Fehlverhalten ging.[124] Deshalb hätten das Abstandsgebot, eine Maskenpflicht in bestimmten Bereichen, die Schließung von Betrieben und Einrichtungen und die Erhebungs- und Speicherpflicht von Kontaktdaten zwar dem Parlamentsvorbehalt entsprochen, obwohl sie nur auf § 28 Abs. 1 S. 1 i. V. m. § 32 IfSG gestützt wurden. Die Normadressat hätten jedoch bezüglich dieser Maßnahmen dem formellen Gesetz die Voraussetzungen einer Bußgeldbewehrung nicht hinreichend deutlich entnehmen können. Die Bußgeldbewehrung habe daher gegen Art. 44 Abs. 1 S. 2 ThürVerf i. V. m. Art. 103 Abs. 2 GG verstoßen.[125]

---

[121] Siehe etwa *VGH München*, Beschl. vom 28.04.2020, Az.: 20 NE 20.849, BeckRS 2020, 7227 Rn. 35–48; *BayVerfGH*, Entsch. vom 08.06.2020, Az.: Vf. 34-VII-20, BeckRS 2020, 11735 Rn. 13–16; *VGH München*, Beschl. vom 28.07.2020, Az.: 20 NE 20.1609, BeckRS 2020, 17622 Rn. 54 f.; in der Hauptsache *OVG Bautzen*, Urt. vom 27.04.2023, Az.: 3 C 8/21, BeckRS 2023, 18376 Rn. 57–62.

[122] *ThürVerfGH*, Urt. vom 01.03.2021, Az.: VerfGH 18/20, BeckRS 2021, 3015.

[123] *ThürVerfGH*, Urt. vom 01.03.2021, Az.: VerfGH 18/20, BeckRS 2021, 3015 Rn. 317.

[124] *ThürVerfGH*, Urt. vom 01.03.2021, Az.: VerfGH 18/20, BeckRS 2021, 3015 Rn. 319.

[125] *ThürVerfGH*, Urt. vom 01.03.2021, Az.: VerfGH 18/20, BeckRS 2021, 3015 Rn. 323–329.

Zum gegenteiligen Ergebnis kam in einer kurz darauf ergangenen Hauptsacheentscheidung das LVerfG Sachsen-Anhalt.[126] Der Art. 103 Abs. 2 GG entsprechende Art. 22 Abs. 1 LVerf LSA gelte zwar grundsätzlich auch für Ordnungswidrigkeiten, denn auch hier gehe es darum, das Interesse des Normadressaten daran zu wahren, das sanktionierte Verhalten absehen zu können. Allerdings würde Art. 22 Abs. 1 LVerfG LSA bei Ordnungswidrigkeiten keine kompetenzwahrende Funktion zukommen. Denn das Ordnungswidrigkeitenrecht sei ohnehin keine originäre Domäne der Legislative, sondern stehe als Nachfolger des früheren Verwaltungsstrafrechts in engem Zusammenhang mit Verwaltungshandeln. Als Konsequenz seien die Anforderung durch Art. 22 Abs. 1 LVerfG LSA an die Delegation von Rechtssetzungsbefugnissen nicht höher als die Anforderungen, welche der Parlamentsvorbehalt stellt.[127] Der ThürVerfGH beabsichtige, trotz der Entscheidung des LVerfG Sachsen-Anhalt an seiner Ansicht festzuhalten und stellte daraufhin eine Divergenzvorlage an das BVerfG, welche aber als unzulässig zurückgewiesen wurde.[128] In seiner späteren Entscheidung blieb der ThürVerfGH seiner früheren Ansicht treu.[129]

VI. Fazit

Insgesamt ergibt sich ein ernüchterndes Bild. Zwar wird man Gesetzgeber und Exekutive zu Beginn der Pandemie eine Übergangszeit einräumen müssen, in welchen man die Anforderungen durch Parlamentsvorbehalt und Art. 80 Abs. 1 S. 2 GG nicht überbetonen konnte. Doch spätestens im Spätsommer 2020 lag nach herkömmlichen Maßstäben ein Verstoß gegen diese Verfassungsprinzipien vor. Die Gerichte schreckten davor zurück, daraus die entsprechenden Konsequenzen zu ziehen, äußerten jedoch zunehmend Bedenken und trieben so einen Bundesgesetzgeber vor sich her, der sich zwar weiterhin als sehr handlungsfähig erwies, in der Maßnahmenpolitik aber sehr zurückhaltend agierte. Als Folge schuf der Gesetzgeber immerhin § 28a IfSG, wenngleich zweifelhaft ist, ob die verfassungsrechtlichen Bedenken dadurch beseitigt wurden. Doch statt diese Frage – und sei es nur in Hauptsacheentscheidungen – zu thematisieren, zogen sich die Gerichte aus der Debatte zurück. Die Wirkung der Rechtsprechung auf die gesetzgeberische Akti-

---

[126] *LVerfG LSA*, Urt. vom 26.03.2021, Az.: LVG 4/21, BeckRS 2021, 9553; erneut *VerfGH Sachs*, Urt. vom 12.06.2025, Az.: Vf. 13-II-21 (HS), BeckRS 2025, 13086 Rn. 198.

[127] *LVerfG LSA*, Urt. vom 26.03.2021, Az.: LVG 4/21, BeckRS 2021, 9553 Rn. 128. In diese Richtung später auch *OVG Schleswig*, Urt. vom 13.11.2023, Az.: 3 KN 1/20, BeckRS 2023, 37795 Rn. 60; *OVG Schleswig*, Urt. vom 13.11.2023, Az.: 3 KN 5/20, BeckRS 2023, 39617 Rn. 57.

[128] BVerfGE 163, 239, Rn. 29–35.

[129] *ThürVerfGH*, Urt. vom 28.02.2024, Az.: VerfGH 110/20, BeckRS 2024, 3520 Rn. 190–206.

vität lässt sich nicht leugnen, und dennoch erwies sich der Parlamentsvorbehalt weitgehend als „stumpfes Schwert“[130].

Selbst wenn man all diese Bedenken nicht teilt, so lässt sich kaum abstreiten, dass die §§ 28 Abs. 1, 32 IfSG angesichts der Tragweite der darauf gestützten Maßnahmen unkonkret gehalten waren. Aus ihnen folgen nur sehr schwache Direktiven an die Exekutive, mittels derer die Judikative die Maßnahmen hätte überprüfen können. Mit § 28a IfSG wurden zwar Vorgaben zu Befristung und der Ausrichtung der Maßnahmen etabliert. Jedoch hielten sich die programmatischen Vorgaben des Gesetzgebers weiterhin am unteren Rande dessen, was rechtlich erforderlich war, in der Umsetzung möglich gewesen wäre und in der Diskussion vorgeschlagen wurde.[131] Mangels anderer Maßstäbe kam der Prüfung des Verhältnismäßigkeitsprinzips und des Gleichheitsgrundsatzes so über die gesamte Pandemie hinweg eine überragende Bedeutung zu.

B. Zentrale Begrenzung legislativer und exekutiver Gestaltungsfreiheit: Das Verhältnismäßigkeitsprinzip

Die Auswertung der Rechtsprechung zeigt, was schon in der Literatur beschrieben wurde:[132] Das Verhältnismäßigkeitsprinzip dominierte die Entscheidungsbegründungen und stellte die maßgebliche Begrenzung der Gestaltungsfreiheit der Legislative, aber auch der exekutiven Normsetzung dar. Betrachtet werden muss dabei auch, mit welcher Kontrolldichte Gerichte die Erwägungen von Gesetz- beziehungsweise Verordnungsgeber nachprüfen und welche Spielräume sie ihnen einräumen. Da dem Gesetzgeber hier umfangreichere Spielräume – resultierend in einer geringeren Kontrolldichte – zuzusprechen sind als der Verwaltung,[133] ist bei der Betrachtung zwischen den beiden Gewalten zu differenzieren. Entsprechend soll nach einer Einführung (I.) zunächst auf die Gestaltungsfreiheit der Legislative vor dem Hintergrund des Verhältnismäßigkeitsprinzips eingegangen werden (II.). Im Anschluss wird die Gestaltungsfreiheit der Exekutive thematisiert, wobei der Fokus auf den Verordnungsgeber gelegt wird (III.). Abschließend wird betrachtet, inwiefern sich das Verhältnismäßigkeitsprinzip in der Krise bewährt hat (IV.).

---

[130] *Möllers*, Parlamentarische Selbstentmächtigung im Zeichen des Virus, Verfassungsblog vom 26. März 2020; *Wolff/Zimmermann*, JURA 2022, 148, 158.

[131] Siehe etwa den Vorschlag von *Kießling*, Stellungnahme für die öffentliche Anhörung im Gesundheitsausschuss, 10. November 2020; siehe dazu auch unten S. 355 ff.

[132] *Brenner*, SächsVBl. 2021, 345, 346: „Dreh- und Angelpunkt“.

[133] Siehe dazu unten S. 296 ff. sowie etwa *Grzeszick*, in: Dürig, GG, 107. Ergänzungslieferung 2025, Art. 20 VII Rn. 123 f.; *Groß*, DÖV 2006, 856, 860 f.; *Lepsius*, in: Jestaedt/Lepsius, Verhältnismäßigkeit, 2015, S. 1, 10, 13; *Merten*, in: Merten/Papier, Handbuch der Grundrechte III, 2009, § 68 Rn. 47.

I. Das Verhältnismäßigkeitsprinzip: Vom Polizeirecht zum Verfassungsrecht

Dem Verhältnismäßigkeitsprinzip kommt in der Rechtspraxis des Verfassungs- und Verwaltungsrechts eine zentrale Rolle zu. Aus der heutigen Grundrechtsdogmatik mit ihren weiten Schutzbereichen ist das Verhältnismäßigkeitsprinzip nicht mehr hinwegzudenken.[134] Ursprung des Verhältnismäßigkeitsprinzips ist das Polizei- und Ordnungsrecht.[135] So beschränkte § 10 II 17 des allgemeinen preußischen Landrechts die Befugnisse der Polizei auf die „nöthigen Anstalten".[136] Daraus entwickelte maßgeblich das Preußische Oberverwaltungsgericht eine frühe Form des Verhältnismäßigkeitsprinzips zur Kontrolle von polizeirechtlichen Verfügungen.[137] Dieses umfasste jedoch nur die heutigen Prüfungsstufen der Geeignetheit und Erforderlichkeit, nicht aber die der Angemessenheit.[138] Nach Inkrafttreten des Grundgesetzes erhob das Bundesverfassungsgericht den Grundsatz schon in seiner frühen Rechtsprechung zu einem verfassungsrechtlichen Prinzip,[139] unter Mitwirkung der Literatur bildete sich so die heutige Dogmatik heraus.[140] Nachdem es das BVerfG in den ersten Jahren meist noch vermied, auf Abwägungen zurückzugreifen, entwickelte sich die Abwägung später im Rahmen der neuen Prüfungsstufe der Angemessenheit zum Schwerpunkt der verfassungsgerichtlichen Prüfung.[141]

Zunächst begegnete das Bundesverfassungsgericht damit vor allem der Notwendigkeit, behördliche Entscheidungen – und die entsprechenden fachgerichtlichen Entscheidungen – zu überprüfen, die von nationalsozialistisch vorbelasteten

---

[134] *Lepsius*, in: Jestaedt/Lepsius, Verhältnismäßigkeit, 2015, S. 1, 4 f.

[135] Siehe zu dieser Entwicklung *Groß*, DÖV 2006, 856, 857 f.

[136] *Merten*, in: Merten/Papier, Handbuch der Grundrechte III, 2009, § 68 Rn. 8; *Stern*, in: Badura/Scholz, FS Lerche, 1993, S. 165, 168.

[137] Umfassend *Remmert*, Verfassungs- und verwaltungsrechtsgeschichtliche Grundlagen des Übermaßverbotes, 1995, S. 140–150; siehe dazu auch *Groß*, DÖV 2006, 856, 857 f.; *Merten*, in: Merten/Papier, Handbuch der Grundrechte III, 2009, § 68 Rn. 11 m. w. N.; *Stern*, in: Badura/Scholz, FS Lerche, 1993, S. 165, 168 f.

[138] Gleichwohl waren in einzelnen Entscheidungen schon Ansatzpunkte zu erkennen. Siehe dazu ausführlich *Remmert*, Verfassungs- und verwaltungsrechtsgeschichtliche Grundlagen des Übermaßverbotes, 1995, S. 150–157; vgl. auch *Groß*, DÖV 2006, 856, 858.

[139] Ansätze etwa schon in BVerfGE 1, 167, 178; E 2, 1, 79; als Ausprägung des Rechtsstaatsprinzip betrachtet seit BVerfGE 17, 306, 313 f.; prägnant E 19, 342, 348 f.: „In der Bundesrepublik Deutschland hat der Grundsatz der Verhältnismäßigkeit verfassungsrechtlichen Rang. Er ergibt sich aus dem Rechtsstaatsprinzip, im Grunde bereits aus dem Wesen der Grundrechte selbst […]." Siehe dazu auch *Lepsius*, in: Jestaedt/Lepsius, Verhältnismäßigkeit, 2015, S. 1, 5; *Stern*, in: Badura/Scholz, FS Lerche, 1993, S. 165, 171 f.

[140] Zentral die Werke von *Lerche*, Übermaß und Verfassungsrecht, 1961; *Hirschberg*, Der Grundsatz der Verhältnismäßigkeit, 1981; zum heute üblichen Prüfungsaufbau siehe insbesondere *Pieroth/Schlink*, Staatsrecht II, 1985, S. 72–76; siehe dazu auch *Lepsius*, in: Jestaedt/Lepsius, Verhältnismäßigkeit, 2015, S. 1, 16 f.; *Stern*, in: Badura/Scholz, FS Lerche, 1993, S. 165, 171.

[141] *Petersen*, Verhältnismäßigkeit als Rationalitätskontrolle, 2015, S. 138–147.

Beamten auf Basis von vorkonstitutionellem Recht getroffen wurden.[142] Weiterhin wurde also die Anwendung von Gesetzen überprüft. Bald wurden jedoch nicht nur exekutive Gestaltungsakte am Verhältnismäßigkeitsprinzip gemessen, sondern auch Gestaltungsakte der Legislative.[143] Erstmals wurde damit der ursprünglich für die Überprüfung von Einzelfallentscheidungen entwickelte Grundsatz auf die Kontrolle von abstrakt-generellen Regelungen erstreckt, was eine Verlagerung des Schwerpunkts von Geeignetheit und Erforderlichkeit auf die noch neue Prüfungsstufe der Angemessenheit mit sich brachte.[144] Denn die Eignung und Erforderlichkeit kann in einem konkreten Einzelfall mit feststehendem Sachverhalt einfacher beurteilt werden als bei der Regelung einer Vielzahl noch unbekannter Fälle.[145] Auch dieser Unterschied bedingt die bereits erwähnte Notwendigkeit, das Verhältnismäßigkeitsprinzip in Bezug auf die Gestaltungsfreiheiten von Exekutive und Legislative getrennt zu betrachten.[146]

In der Literatur ist das genaue Prüfungsprogramm teils umstritten. So unterscheiden manche zwischen der Angemessenheit und der Zumutbarkeit;[147] auch die Legitimität des Mittels zu prüfen, wird von manchen Stimmen gefordert.[148] Das BVerfG hat diese Vorschläge nicht nachvollzogen und fordert in ständiger Rechtsprechung, „dass ein Grundrechtseingriff einem legitimen Zweck dient und als Mittel zu diesem Zweck geeignet, erforderlich und angemessen ist".[149] Daran sollen sich die folgenden Ausführungen orientieren.

II. Legislative Gestaltungsfreiheit und Verhältnismäßigkeitsprinzip

Mit Blick auf die legislative Gestaltungsfreiheit wurde das Verhältnismäßigkeitsprinzip in der Rechtsprechung dann relevant, wenn der Bundesgesetzgeber selbst tätig wurde und unmittelbar Maßnahmen einführte. In der Coronapandemie

---

[142] *Lepsius*, in: Jestaedt/Lepsius, Verhältnismäßigkeit, 2015, S. 1, 3, 13 f.

[143] Erstmals in BVerfGE 3, 383, 398 f.

[144] *Lepsius*, in: Jestaedt/Lepsius, Verhältnismäßigkeit, 2015, S. 1, 14.

[145] *Lepsius*, in: Jestaedt/Lepsius, Verhältnismäßigkeit, 2015, S. 1, 14.

[146] Kritisch zur Praxis des Bundesverfassungsgerichts, welches die Schaffung einer ausreichenden Differenzierung zwischen diesen Dimensionen versäumt hätte, *Lepsius*, in: Jestaedt/Lepsius, Verhältnismäßigkeit, 2015, S. 1, 10–13.

[147] So etwa *Ossenbühl*, in: Rüthers/Stern, FG 10 Jahre Gesellschaft für Rechtspolitik, 1984, S. 315, 315–327; ebenso wohl *Merten*, in: Merten/Papier, Handbuch der Grundrechte III, 2009, § 68 Rn. 76. Laut *Merten*, in: Merten/Papier, Handbuch der Grundrechte III, 2009, § 68 Rn. 75, sei die Rechtsprechung des BVerfG hierzu uneinheitlich; wie jedoch *Schlink*, in: Badura/Dreier, FS BVerfG II, 2001, S. 445, 452 zeigt, handelt es sich nur um eine einheitliche Bezeichnung von Aspekten der Verhältnismäßigkeit im engeren Sinne. Siehe dazu etwa auch BVerfGE 90, 145, 173, in welcher das BVerfG die Begriffe „Zumutbarkeit", „Übermaßverbot" und „Verhältnismäßigkeit im engeren Sinne" gleichsetzt.

[148] So etwa *Merten*, in: Merten/Papier, Handbuch der Grundrechte III, 2009, § 68 Rn. 52 f.

[149] Statt aller BVerfGE 118, 168, 193 m. w. N.

war das bei den Kontakt- und nächtlichen Ausgangsbeschränkungen sowie den Schulschließungen im Rahmen der „Bundesnotbremse“ und der einrichtungsbezogenen Impfpflicht der Fall.[150]

1. Der legitime Zweck

a) Legitimer Zweck als eigene Prüfungsstufe?

Am Anfang einer Verhältnismäßigkeitsprüfung steht die Frage nach dem Zweck, welchen die fragliche gesetzliche Regelung verfolgen soll. Obwohl diese Teilanforderung an der Spitze der Verhältnismäßigkeitsprüfung steht, kommt ihr in der Literatur teils wenig Aufmerksamkeit zu.[151] Dabei stellt sich die Teilanforderung – wie sich im Folgenden zeigen wird – nicht als so banal heraus, wie sie auf den ersten Blick zu sein scheint.

Nach ständiger Rechtsprechung des BVerfG kann nur die Verfolgung eines verfassungsrechtlich legitimen Zweckes einen Grundrechtseingriff rechtfertigen.[152] Der Zweck unterliegt der Nachprüfung des Gerichts,[153] jedoch nur in engen Grenzen, denn grundsätzlich ist der Gesetzgeber frei darin zu entscheiden, zur Regelung welcher Gemeinwohlbelange er aktiv werde möchte.[154] Legitim soll grundsätzlich jedes öffentliche Interesse sein, das verfassungsrechtlich nicht ausgeschlossen ist,[155] sofern es nicht um einen Eingriff in ein vorbehaltlos gewährleistetes Grundrecht geht oder um ein Grundrecht, das unter einem qualifizierten Grundrechtsvorbehalt steht. Eine Hürde stellt dieses Erfordernis meist nicht dar. Denn wenn eine gesetzliche Regelung ein Ziel verfolgt, welches gegen das Grundgesetz verstößt, dann ist sie schon wegen dieses Verstoßes verfassungswidrig.[156] Der Teilanforderung des legitimen Zwecks nun die Sinnhaftigkeit abzusprechen,[157] ginge aber zu weit. Denn

---

[150] Andere vom Bund selbst geregelte Maßnahmen wie etwa die Maskenpflicht im Personenfernverkehr erreichten den ausgewerteten Entscheidungen zufolge dagegen nicht die Gerichte. Siehe darüber hinaus die Verfassungsbeschwerden in den Verfahren *BVerfG*, Beschl. vom 20.05.2021, Az.: 1 BvR 928/21, BeckRS 2021, 11560; *BVerfG*, Beschl. vom 23.03. 2022, Az.: 1 BvR 1295/21, BeckRS 2022, 9849, die nicht zur Entscheidung angenommen wurden.

[151] So auch *Engel*, in: Jestaedt/Lepsius, Verhältnismäßigkeit, 2015, S. 97, 98; *Leisner-Egensperger*, JZ 2021, 913, 913.

[152] St.Rspr., siehe nur BVerfGE 124, 300, 331.

[153] BVerfGE 153, 182, 268.

[154] So etwa BVerfGE 143, 246, 247. Anders verhält sich der Themenkomplex im Übrigen bei der Überprüfung von exekutivem Handeln; hier muss ein Zweck verfolgt werden, welcher von der gesetzlichen Ermächtigung gedeckt ist. Siehe dazu unten S. 299.

[155] BVerfGE 124, 300, 331.

[156] *Reimer*, in: Jestaedt/Lepsius, Verhältnismäßigkeit, 2015, S. 60, 64 f.; *Robbers*, in: Kahl/Waldhoff/Walter, Bonner Kommentar GG, Stand: 230. Ergänzungslieferung, Juni 2025, Art. 20 Rn. 1648.

[157] So aber *Reimer*, in: Jestaedt/Lepsius, Verhältnismäßigkeit, 2015, S. 60, 64 f.

zum einen kommt der Teilanforderung eine zentrale Rolle zu, indem sie die Verhältnismäßigkeitsprüfung auf einen Bezugspunkt fixiert.[158] Zum anderen sind in der Rechtsprechung des BVerfG Gesetze durchaus vereinzelt in dieser Stufe gescheitert.[159]

b) Legitime Zwecke im Pandemiekontext

Die Bedeutung der Prüfung des legitimen Zwecks in der Pandemie[160] zeigt sich exemplarisch in den Entscheidungen des BVerfG zum Vierten Bevölkerungsschutzgesetz („Bundesnotbremse"). Das Vierte Bevölkerungsschutzgesetz wurde vor dem Hintergrund stark steigender Inzidenzen und der Verbreitung einer neuen Virusvariante beschlossen.[161] Als Zweckbestimmung wurde in der Gesetzesbegründung die „staatliche Schutzpflicht für Leben und Gesundheit" sowie die Sicherstellung der „Funktionsfähigkeit des Gesundheitssystems als überragend wichtigem Gemeingut und damit die bestmögliche Krankenversorgung" genannt.[162] Zur Begründung der Kontaktbeschränkungen heißt es, dass diese Infektionsketten unterbrechen sollen.[163] Ähnlich wird das Verbot von Präsenzunterricht begründet.[164] Die Ausgangsbeschränkung soll die Kontrolle und Förderung der Einhaltung der Kontaktbeschränkung ermöglichen;[165] die Vermeidung von Zufallskontakten wird als Nebenaspekt ebenfalls genannt,[166] ohne dass man diese als eigenständige Zweckbestimmung bezeichnen könnte.

Die Gesetzesbegründung ließe damit die Interpretation zu, dass der Gesetzgeber von zwei eigenständigen Regelungszwecken ausging – einerseits der Funktionsfähigkeit des Gesundheitssystems, andererseits der staatlichen Schutzpflicht für die Funktionsfähigkeit des Gesundheitssystem. Naheliegender ist die Annahme, dass der Gesetzgeber den Schutz des Gesundheitssystems als besonders dringliches Zwischenziel für den Schutz des Lebens und der körperlichen Unversehrtheit besonders hervorheben wollte. Die Kontaktreduktion wird vom Gesetzgeber nicht als Selbstzweck betrachtet, sondern als Mittel zum Zweck.[167] Dasselbe galt für die Ausgangsbeschränkung, die die Kontaktreduktion effektivieren sollte und so dem

---

[158] *Leisner-Egensperger*, JZ 2021, 913, 913; *Leisner-Egensperger*, NVwZ 2024, 1455, 1457; *Grzeszick*, in: Dürig, GG, 107. Ergänzungslieferung 2025, Art. 20 VII Rn. 113.

[159] Siehe dazu *Petersen*, Verhältnismäßigkeit als Rationalitätskontrolle, 2015, S. 167–169 mit umfangreichen Nachweisen der Rechtsprechung in Fn. 6–17.

[160] Anders dagegen *Heller*, Die Unstrittigkeit des Zwecks, Verfassungsblog vom 28. März 2020; *Sachs*, JuS 2022, 182, 185: der verfolgte legitime Zweck „lag auf der Hand".

[161] BT-Drs. 19/28444, S. 8.

[162] BT-Drs. 19/28444, S. 1.

[163] BT-Drs. 19/28444, S. 11.

[164] BT-Drs. 19/28444, S. 14.

[165] BT-Drs. 19/28444, S. 12.

[166] BT-Drs. 19/28444, S. 12.

[167] *Leisner-Egensperger*, JZ 2021, 913, 920.

Vollzug diente. Einer solchen Zielsetzung wurde in der Literatur die berechtigte Kritik entgegengebracht, es handele sich angesichts des dem Einzelnen entgegengebrachten Misstrauens und der totalitären Tendenzen schon um keinen verfassungslegitimen Zweck.[168] Dem ist im Grunde zuzustimmen; allerdings handelt es sich um eine Fragestellung, welche auf Ebene der Angemessenheit zu verorten ist.[169] Beim Schutz des Gesundheitssystem stellt sich die Frage, wann die Gesundheitsversorgung eigentlich nicht mehr funktionsfähig ist: bereits dann, wenn Operationen verschoben werden müssen, oder erst bei einer harten Triage?[170] Gegen den Schutz von Leben und Gesundheit wurde von einigen Stimmen in der Literatur eingewandt, dass dieser Zweck als übergreifende Staatszielbestimmung zu abstrakt und unbestimmt sei.[171] Denn es sei unklar, welches konkrete Schutzniveau bezweckt werde; so könne aber keine Erforderlichkeitsprüfung mehr durchgeführt werden, weil das Ziel niemals vollständig erfüllt würde. Denn es wäre immer noch ein Mehr an Gesundheitsschutz möglich, solange das Virus – was unrealistisch ist – nicht völlig ausgelöscht ist.[172] Der Gesetzgeber stehe in der Pflicht, diese Zweckbestimmung in Zwischenzwecken zu konkretisieren.[173]

Dass eine Regelung mehrere Regelungszwecke verfolgt, ist nicht ungewöhnlich. Allerdings besteht bei mehreren Zwecken die Gefahr, dass in der weiteren Verhältnismäßigkeitsprüfung der Bezugspunkt fehlt. Dadurch drohen Geeignetheit und Erforderlichkeit leerzulaufen, da das Mittel nicht sauber am verfolgten Zweck gemessen wird.[174] In der Literatur wird daher teils gefordert, getrennte Verhältnismäßigkeitsprüfungen durchzuführen,[175] was sich dann anbietet, wenn mehrere unabhängige Regelungszwecke verfolgt werden. Besteht ein Konnex zwischen den verschiedenen Zwecken – etwa: Gesundheits- und Lebensschutz und Schutz der Funktionsfähigkeit des Gesundheitssystems –, dann sollte dieses Rangverhältnis klar herausgearbeitet werden.[176]

---

[168] *Boehme-Neßler*, NVwZ 2021, 670, 672; *Lepsius*, JZ 2021, 955, 956; *Lepsius*, Der Staat 60 (2021), 609, 636.

[169] So wohl auch *Leisner-Egensperger*, JZ 2021, 913, 914.

[170] *Leisner-Egensperger*, JZ 2021, 913, 920.

[171] *Dapprich*, COVuR 2021, 717, 720; *Kießling*, Die Konstruktionsfehler des § 28a IfSG, Verfassungsblog vom 4. August 2021; *Lepsius*, Vom Niedergang grundrechtlicher Denkkategorien in der Corona-Pandemie, Verfassungsblog vom 6. April 2020; anders dagegen wohl *Mangold*, VVDStRL 80 (2021), 7, 23.

[172] *Dapprich*, COVuR 2021, 717, 720; *Heinig/Kingreen/Lepsius/Möllers/Volkmann/Wißmann*, JZ 2020, 861, 863; *Murswiek*, NVwZ-Extra 5/2021, 1, 3 f. Kritisch auch *Edenharter*, JöR 2021 (69), 555, 565.

[173] *Dapprich*, COVuR 2021, 717, 720.

[174] *Leisner-Egensperger*, JZ 2021, 913, 922 f.

[175] *Dapprich*, COVuR 2021, 717, 720; *Murswiek*, NVwZ-Extra 5/2021, 1, 3; *Lepsius*, Der Staat 60 (2021), 609, 633.

[176] *Leisner-Egensperger*, JZ 2021, 913, 922; *Leisner-Egensperger*, NVwZ 2024, 1455, 1457.

Die Eilentscheidung des BVerfG zur nächtlichen Ausgangsbeschränkung wurde vor diesem Hintergrund von vereinzelten Stimmen in der Literatur kritisiert. Die Zweckstaffelung sei nicht herausgearbeitet worden.[177] So sei die Reduzierung physischer Kontakte in der Prüfung sowohl als Mittel zur Zweckerreichung als auch als eigener gesetzgeberischer Zweck betrachtet worden. Die Sicherung der Funktionsfähigkeit des Gesundheitssystems sei so aus dem Blick geraten.[178] Mangels klarem Bezugspunkt hätte die Prüfung „in der Luft"[179] gehangen. In der Tat ergibt sich der Zweck aus der Eilentscheidung nicht eindeutig. Das BVerfG benennt zunächst mit Verweis auf die Gesetzesbegründung den Lebens- und Gesundheitsschutz sowie die Funktionsfähigkeit des Gesundheitssystems als Zweck.[180] Dazu bedürfe es Maßnahmen, um eine exponentielle Verbreitung des Virus zu unterbinden; dieses „Ziel" solle durch kontaktreduzierende Maßnahmen erreicht werden.[181] Offen bleibt, ob es sich bei der Kontroll- und Einhaltungsförderungsmotivation um einen Zweck oder ein Mittel handelt.[182] Ähnlich wechselt das Gericht in der späteren Hauptsacheentscheidung zwischen dem Lebens- und Gesundheitsschutz, dem Schutz des Gesundheitssystems und der Durchsetzung der Kontaktbeschränkungen als Zweck.[183] Dagegen richtete das BVerfG die Verhältnismäßigkeitsprüfung bezüglich der Kontaktbeschränkungen in derselben Hauptsacheentscheidung recht eindeutig auf den Zweck aus, die Weiterverbreitung des Virus zu reduzieren.[184] Ähnlich ging das Gericht bei der Prüfung des Präsenzunterrichtsverbots vor.[185] Die einrichtungsbezogene Impfpflicht maß das BVerfG stringent am Zweck, vulnerable Gruppen vor Infektionen zu schützen.[186]

Das Stufenverhältnis hat das BVerfG damit im Fall der Ausgangsbeschränkungen nicht explizit herausgearbeitet. Dabei wäre es wichtig gewesen klarzustellen, dass die Ausgangsbeschränkung dazu diente, die Kontaktbeschränkungen durchzusetzen und kontrollieren zu können. Die Kontaktbeschränkungen bezwecken, physische Kontakte und damit die Übertragung des Coronavirus zu reduzieren. Durch eine Eindämmung des Infektionsgeschehens soll so die Belastung auf das

---

[177] *Leisner-Egensperger*, JZ 2021, 913, 917.

[178] *Leisner-Egensperger*, JZ 2021, 913, 917.

[179] *Lepsius*, JZ 2021, 955, 957.

[180] BVerfGE 157, 394, Rn. 34.

[181] BVerfGE 157, 394, Rn. 34.

[182] So auch schon *Leisner-Egensperger*, JZ 2021, 913, 917: „Doppelnatur".

[183] Siehe insbesondere BVerfGE 159, 223, Rn. 275 f., 282, 286, 299. Kritisch gegenüber der fehlenden Konkretisierung des Zwecks in der Entscheidung Bundesnotbremse I *Amhaouach*, RuP 2022, 74, 75.

[184] BVerfGE 159, 223, Rn. 168–235. Teils prüfte das Gericht daneben aber auch noch die Verhältnismäßigkeit in Bezug auf den Zweck, die Funktionsfähigkeit des Gesundheitssystems zu sichern, siehe etwa Rn. 192, 197.

[185] Siehe insb. BVerfGE 159, 355, Rn. 117–119 sowie Rn. 124–132. Teils sprach es aber auch vom Gesundheits-, Lebens- und Gesundheitssystemschutz, siehe etwa Rn. 113, 116, 119.

[186] BVerfGE 161, 299, Rn. 154–201.

Gesundheitssystems reduziert und dessen Funktionsfähigkeit gesichert werden. Dies wiederum dient dem Schutz von Leben und Gesundheit. Andererseits hat das BVerfG die Verhältnismäßigkeitsprüfung nicht klar an einem dieser Teilzwecke ausgerichtet. Hier stellt sich die Frage, ob sich das negativ auf die weitere Prüfung ausgewirkt hat. Womöglich erklärt der wechselnde Bezugspunkt, warum manche Aspekte in der Prüfung zu kurz gekommen sind; darauf wird zurückzukommen sein.[187]

2. Die Geeignetheit und Erforderlichkeit

Auf die Teilanforderung des legitimen Zwecks folgen nach dem gebräuchlichen und vom Bundesverfassungsgericht mittlerweile in ständiger Rechtsprechung[188] angewendeten Prüfungsprogramm die Teilanforderungen der Geeignetheit und der Erforderlichkeit. Der Mehrwert der Geeignetheitsprüfung ist gering: Ein Eingriff, welcher nicht geeignet ist, ist schon nicht erforderlich, da der Verzicht darauf das mildere, gleich geeignete Mittel ist.[189] Lepsius misst der Aufteilung das Potenzial zu, eine Rationalisierung und Strukturierung der gerichtlichen Prüfung zu bewirken, da die Geeignetheit eher einen Bezug zu politisch unstrittigen Tatsachenfragen empirischer Natur aufweist, bei der Erforderlichkeit dagegen zumeist prognostische und damit nur begrenzt überprüfbare Fragestellungen im Mittelpunkt stehen.[190] Allerdings ist die Trennung zwischen Empirie und Prognosen unklar, und regelmäßig werden sich auch bei der Geeignetheit prognostische Fragestellungen ergeben. Ob etwa eine Ausgangsbeschränkung zur Verhinderung einer Überlastung des Gesundheitssystems geeignet ist, ist eine in die Zukunft gerichtete Fragestellung, welche sich besonders dann kaum sicher beantworten lässt, wenn noch keine empirischen Erfahrungswerte vorliegen. Dann muss man sich auf Prognosen verlassen, und die verbleibenden Unsicherheiten werfen wieder die Frage auf, wer im Gewaltengefüge letztverbindlich über den Umgang mit diesen entscheiden darf.[191] Auch in diesem Punkt unterscheiden sich Geeignetheit und Erforderlichkeit bei näherer Betrachtung also nicht; vielmehr ähneln sie sich sehr stark. Schließlich lässt sich auch noch festhalten, dass sich identische Aspekte je nach Blickwinkel sowohl bei der Geeignetheit als auch auf Ebene der Erforderlichkeit fruchtbar machen lassen.[192] Dennoch hat sich in der Rechtsprechung die Strukturierung in Geeignetheit

---

[187] Siehe unten S. 281 f.

[188] Statt aller BVerfGE 118, 168, 193 m.w.N.

[189] So schon *Hirschberg*, Der Grundsatz der Verhältnismäßigkeit, 1981, S. 59; ebenso etwa *Reimer*, in: Jestaedt/Lepsius, Verhältnismäßigkeit, 2015, S. 60, 66; *Pieroth/Schlink*, Staatsrecht II, 1985, S. 327.

[190] *Lepsius*, in: Jestaedt/Lepsius, Verhältnismäßigkeit, 2015, S. 1, 19 f.

[191] Siehe zu dieser Frage auch *Münkler*, Expertokratie, 2020, insbesondere S. 468 ff. und S. 624 ff.

[192] *Petersen*, Verhältnismäßigkeit als Rationalitätskontrolle, 2015, S. 126.

und Erforderlichkeit etabliert,[193] weshalb sich auch die weitere Analyse daran orientiert. Entsprechend werden im Folgenden die Grundzüge der Rechtsprechung zu den beiden Teilanforderungen kurz vorgestellt (a)), anschließend das Phänomen der Entscheidungsspielräume näher ausgeleuchtet (b)) und abschließend die Rechtsprechung des Bundesverfassungsgerichts zu pandemiebedingten Gesetzgebungsakten betrachtet (c)).

a) Die beiden Teilanforderungen in der bisherigen Rechtsprechung

aa) Geeignetheit

Die Teilanforderung der Geeignetheit erfordert, dass ein Mittel die Erreichung des Zwecks fördern kann.[194] Schon darin ist eine beschränkte gerichtliche Nachkontrolle angelegt: Es wird gerade nicht überprüft, ob das *geeignetste* Mittel gewählt wurde. Die Geeignetheit wird schon dann angenommen, wenn der legitime Zweck nur gefördert werden kann („Schritt in die richtige Richtung“[195]), wobei die Möglichkeit der Zweckerreichung genügt.[196] Auch hier wird die gerichtliche Nachkontrolle eingeschränkt, wenn lediglich geprüft wird, ob das Mittel „objektiv untauglich“ oder „schlechthin ungeeignet“ ist.[197]

bb) Erforderlichkeit

Ein Mittel ist nach ständiger Rechtsprechung des BVerfG dann erforderlich, wenn es kein milderes – die Betroffenen also weniger belastendes –, gleich effektives Mittel gibt.[198] Die Rechtsprechung stellt dabei keine hohen Anforderungen an die Geeignetheit. Schon leichte Zweifel an der Effektivität eines Alternativmittels reichen aus, damit dieses nicht als gleich effektiv bewertet wird.[199] So wird zumeist die Prognose des Gesetzgebers zugrunde gelegt. Das schränkt die Auswahl an alternativen Mitteln ein und senkt die Hürde, welche die Teilanforderung für den Gesetzgeber bildet. Wie von Petersen beschrieben, schätzt das BVerfG in Einzelfällen den Unterschied aber als derart gering ein, dass es eine an der Stelle eigentlich unübliche und implizite Abwägung vornimmt und so sogar einem etwas weniger

---

[193] *Petersen*, Verhältnismäßigkeit als Rationalitätskontrolle, 2015, beobachtete jedoch, dass in der Rechtsprechung nicht immer deutlich zwischen den beiden Teilanforderungen getrennt wird.

[194] Statt aller BVerfGE 134, 204, Rn. 79.

[195] *Leisner-Egensperger*, DÖV 1999, 807, 814.

[196] St.Rspr.; siehe nur BVerfGE 103, 293, 307; E 155, 238, Rn. 102.

[197] BVerfGE 16, 147, 181; E 17, 306, 317; E 19, 119, 126f.; E 30, 250, 263.

[198] BVerfGE 116, 202, 225.

[199] BVerfGE 81, 70, 90f.

effektiven Mittel den Vorzug gibt.[200] So betrachtete das Gericht eine Kennzeichnungspflicht für verwechslungsgefährdete Schokoladenimitationen als milderes, aber gleich effektives Mittel gegenüber einem Verkaufsverbot.[201] Dabei lassen sich durch eine Kennzeichnungspflicht manche Fälle von irrtümlichen Käufen nicht verhindern, welche ohne Verkaufsverbot nicht hätten erfolgen können.[202] Nach der üblichen Definition wäre die Kennzeichnungspflicht also nicht gleich effektiv, das Verkaufsverbot damit erforderlich. Dass die Erforderlichkeit dennoch entfällt, begründet das Gericht mit der Eingriffsintensität eines Verkaufsverbots auf der einen Seite und einer nicht näher begründeten Annahme zum Schutzbedürfnis eines nur bedingt aufmerksamen Verbrauchers auf der anderen Seite.[203] Mit anderen Worten: Das Gericht wiegt den Schutz von unterdurchschnittlich aufmerksamen Verbrauchern einerseits mit dem zusätzlichen Eingriffsgewicht eines Verkaufsverbot andererseits ab, auch wenn es diese Verbindung nicht explizit ausspricht. Es vergleicht also Grenznutzen und Grenzkosten.[204] Eine solche Handhabung der Erforderlichkeit birgt zwar die Gefahr abwägungsbedingter Beliebigkeit,[205] erhöht aber die rechtsschützende Funktion der Teilanforderung.

Zur gegenläufigen Tendenz trägt dagegen bei, dass empirisch-prognostische Fragestellungen nach der Effektivität nur begrenzt gerichtlich überprüft werden und eine fehlende Erforderlichkeit erst dann angenommen wird, wenn sich die Erwägungen des Gesetzgebers als derart fehlsam erweisen, dass sie „vernünftigerweise keine Grundlage für derartige Maßnahmen abgeben können".[206] Dennoch wurde die Erforderlichkeit schon diversen Gesetzen zum Verhängnis.[207] Empirisch-prognostischen Fragestellung begegnet das Bundesverfassungsgericht dabei durchaus pragmatisch: So zog es zur Begründung der fehlenden Erforderlichkeit etwa Vergleiche zum Ausland und griff auf Kohärenzargumente zurück.[208]

---

[200] Siehe – auch zum Begriff – *Petersen*, Verhältnismäßigkeit als Rationalitätskontrolle, 2015, S. 272 f. mit Fallbeispielen.

[201] BVerfGE 53, 135, 145–147.

[202] *Petersen*, Verhältnismäßigkeit als Rationalitätskontrolle, 2015, S. 179.

[203] BVerfGE 53, 135, 145–147.

[204] *Poscher*, in: Herdegen/Masing/Poscher/Gärditz, Handbuch Verfassungsrecht, 2021, § 3 Rn. 64, 67.

[205] Kritisch gegenüber Abwägungen innerhalb der Erforderlichkeit *Schlink*, in: Badura/Dreier, FS BVerfG II, 2001, S. 445, 456–458.

[206] BVerfGE 119, 59, 86.

[207] *Petersen*, Verhältnismäßigkeit als Rationalitätskontrolle, 2015, S. 169 mit Nachweisen in Fn. 18.

[208] *Petersen*, Verhältnismäßigkeit als Rationalitätskontrolle, 2015, S. 170 f. mit Fallbeispielen.

b) Grenzen gerichtlicher Überprüfbarkeit: Einschätzungsspielräume

Wenn gerichtlich nicht überprüft wird, ob ein Mittel das geeignetste ist, sondern erst ein gänzlich untaugliches Mittel im Rechtssinne nicht geeignet ist, dann verbleibt dem Gesetzgeber ein Raum, welcher gerichtlicher Kontrolle nicht zugänglich ist. Die Gerichte reduzieren so ihre Kontrolldichte.[209] Das ist konsequent vor dem Hintergrund, dass der Gesetzgeber die unmittelbar demokratisch legitimierte Gewalt ist, nicht die Gerichte. Das macht die Begrenzung der Kontrolldichte auf ein rechtstaatlich gebotenes Maß notwendig.[210] Zum anderen lassen sich die Spielräume durch eine unterschiedliche Verteilung von Sachkompetenz erklären. Ein Gericht ist dazu befähigt, Rechtsfragen zu beantworten; daher liegt deren Beurteilung bei der Judikative.[211] Die Bewertung von wissenschaftlichen Fragestellungen fällt Gerichten bereits schwerer.[212] Gesetze zu überprüfen, stellt Gerichte vor noch größere Herausforderungen, denn hier sind regelmäßig nicht konkrete Einzelfragen maßgeblich, sondern „legislative facts", also abstrakt-generelle Fragestellungen, welche häufig in die Zukunft gerichtet und empirischen Aufklärungsversuchen nur begrenzt zugänglich sind.[213] Aufgrund dieser sachlichen Überforderung der Gerichte treten gesetzgeberische Spielräume daher maßgeblich bei empirischen Fragestellungen auf.[214] Neben solchen Einschätzungsspielräumen können bei der Bewertung von tendenziell normativen Punkten Wertungsspielräume auftreten.

Historisch lässt sich feststellen, dass das Phänomen der Einschätzungsspielräume zunächst gehäuft bei Entscheidungen zur Berufsfreiheit in Erscheinung trat. Das lässt sich dadurch erklären, dass die Sachverhalte hier häufig zukunftsgerichtet sind und damit maßgeblich auf Prognosen aufbauen.[215] Zentral in der Rechtsprechung des Bundesverfassungsgerichts war das Mitbestimmungsurteil[216] und das Apothekenurteil.[217] Im Apothekenurteil baute das Gericht seine Kontrolle denkbar weit aus. Das streitgegenständliche Gesetz sollte eine Gefahr für die öffentliche Gesundheit begegnen. Diese Gefahr schätzte das BVerfG anders ein als der Gesetzgeber. Schon alleine deshalb stufte das Gericht das streitgegenständliche Gesetz als verfas-

---

[209] *Lepsius*, in: Herdegen/Masing/Poscher/Gärditz, Handbuch Verfassungsrecht, 2021, § 12 Rn. 86.

[210] *Michael*, in: Jestaedt/Lepsius, Verhältnismäßigkeit, 2015, S. 42, 51.

[211] *Poscher*, in: Herdegen/Masing/Poscher/Gärditz, Handbuch Verfassungsrecht, 2021, § 3 Rn. 102.

[212] *Petersen*, Verhältnismäßigkeit als Rationalitätskontrolle, 2015, S. 83–87.

[213] *Goldhammer*, Die Prognoseentscheidung im öffentlichen Recht, 2021, S. 316.

[214] *Poscher*, in: Herdegen/Masing/Poscher/Gärditz, Handbuch Verfassungsrecht, 2021, § 3 Rn. 105.

[215] *Bickenbach*, Die Einschätzungsprärogative des Gesetzgebers, 2014, S. 31.

[216] BVerfGE 50, 290.

[217] BVerfGE 7, 377.

sungswidrig ein.[218] Spätestens mit dem Mitbestimmungsurteil vollzog das Bundesverfassungsgericht die Kehrtwende und räumte dem Gesetzgeber Spielräume ein.[219] Dieser Linie blieb das Gericht im Grundsatz treu und wandte die Figur auch in anderen Bereichen an, so etwa im Gefahrenabwehrrecht.[220]

Die Bedeutung des Mitbestimmungsurteils ergibt sich nicht nur aus der erwähnten Kehrtwende. In der Entscheidung entwickelte das Bundesverfassungsgericht auch eine – nicht mit der zur Berufsfreiheit gehörenden Drei-Stufen-Theorie zu verwechselnden – Drei-Stufen-Lehre.[221] So führt es aus:

> „Demgemäß hat die Rechtsprechung des BVerfG, wenn auch im Zusammenhang anderer Fragestellungen, bei der Beurteilung von Prognosen des Gesetzgebers differenzierte Maßstäbe zugrunde gelegt, die von einer Evidenzkontrolle […] über eine Vertretbarkeitskontrolle […] bis hin zu einer intensivierten inhaltlichen Kontrolle reichen […].“[222]

Die Drei-Stufen-Lehre entwickelte das BVerfG aus seiner früheren Rechtsprechung. Dabei zeigte jedoch schon die bis heute umstrittene[223] Einordnung des Gerichts unter die verschiedenen Stufen die Schwäche des Ansatzes, denn er ist wegen der fließenden Übergange nur schwer handhabbar.[224] Was Evidenzkontrolle und Inhaltskontrolle genau bedeuten, hat das Gericht in seiner Rechtsprechung nicht einmal näher definiert.[225] Die Typisierung anhand dreier verschiedener Maßstäbe hat ihre Relevanz in der Rechtsprechung weitestgehend verloren, Bezüge darauf finden sich nur noch selten.[226] Einschätzungsspielräume tauchen sowohl auf Ebene der Geeignetheit als auch auf Ebene der Erforderlichkeit auf, wobei sich der Umfang des Spielraums und damit die Kontrolldichte von Entscheidung zu Entscheidung stark unterscheiden, ohne dass sich dabei eine gefestigte Systematik erkennen ließe.[227] Der Einschätzungsspielraum führt zu den bereits bekannten Formulierungen, ein Gesetz wäre etwa dann geeignet, „wenn mit seiner Hilfe der erstrebte

---

[218] BVerfGE 7, 377, 415 ff. sowie 431 ff.; siehe dazu *Bickenbach*, Die Einschätzungsprärogative des Gesetzgebers, 2014, S. 20–23.

[219] BVerfGE 50, 290, 332 f.; siehe dazu *Bickenbach*, Die Einschätzungsprärogative des Gesetzgebers, 2014, S. 36–39.

[220] *Bickenbach*, Die Einschätzungsprärogative des Gesetzgebers, 2014, S. 55–58, 82.

[221] Bezeichnung nach *Schlaich/Korioth*, Das Bundesverfassungsgericht, 13. Auflage 2025, Rn. 1242.

[222] BVerfGE 50, 290, 333.

[223] *Bickenbach*, Die Einschätzungsprärogative des Gesetzgebers, 2014, S. 135 f.

[224] *Korinek*, VVDStRL 39 (1981), 7, 26 f.; *Petersen*, Verhältnismäßigkeit als Rationalitätskontrolle, 2015, S. 91 f.

[225] *Meßerschmidt*, Gesetzgebungsermessen, 2000, S. 743, 1046.

[226] *Bickenbach*, Die Einschätzungsprärogative des Gesetzgebers, 2014, S. 135–137. Siehe aber zuletzt *Tollrian*, DÖV 2024, 729, 730: „Wiedereinführung der Drei-Stufen-Lehre“ in der jüngeren Rechtsprechung.

[227] Siehe etwa die Auswertung bei *Bickenbach*, Die Einschätzungsprärogative des Gesetzgebers, 2014, S. 148–150.

Erfolg gefördert werden kann".[228] Daneben findet er sich teils auch schon auf Ebene des legitimen Zwecks, wenn Zielsetzung des Gesetzes ist, einer Gefahr zu begegnen.[229] Häufig werden auch Beobachtungs- und Nachbesserungspflichten des Gesetzgebers betont.[230] Eine Rolle spielt auch das Verfahren, mit dem der Gesetzgeber die Tatsachengrundlage geschaffen hat, auf Basis derer er dann seine Entscheidungen getroffen hat,[231] was auf Kritik in der Literatur gestoßen ist.[232] So forderte das BVerfG etwa im Mitbestimmungsurteil die „sachgerechte und vertretbare Beurteilung des erreichbaren Materials" und Auswertung der „zugänglichen Erkenntnisquellen".[233] Je intensiver der Eingriff in Grundrechte, desto kleiner sind die Spielräume und desto intensiver ist die Kontrolle.[234]

c) Geeignetheit und Erforderlichkeit im Pandemiekontext

Das BVerfG setzte sich in den Entscheidungen zur „Bundesnotbremse" sowie zur einrichtungsbezogenen Impfpflicht mit Geeignetheit und Erforderlichkeit in den Hauptsacheentscheidungen ausführlich auseinander. Wie sich im Folgenden zeigen wird, ergibt sich dabei ein gemischtes Bild.

aa) Bezugslose Prüfung?

Weiter oben wurde festgestellt, dass das BVerfG bei Prüfung der Ausgangsbeschränkung im Rahmen der „Bundesnotbremse" keinen eindeutigen legitimen Zweck ermittelte. Stattdessen verwendete das Gericht den Schutz von Leben und Gesundheit, den Schutz der Funktionsfähigkeit des Gesundheitssystems und die Durchsetzung von Kontaktbeschränkungen synonym.[235] Das ist grundsätzlich konsequent, denn es besteht eine Wirkungskette zwischen diesen Teilzwecken. Allerdings liegt der Verdacht nahe, dass der wechselhafte Bezugspunkt der Prüfung den Blick auf die kritischen Punkte verstellt hat. So erörtert das Gericht in der Entscheidung Bundesnotbremse I zunächst kurz die Eignung der Ausgangsbeschränkung zur Durchsetzung der Kontaktbeschränkungen,[236] um sodann Eignungs- und Erforderlichkeitsaspekte der Kontaktbeschränkungen zu thematisieren.[237] Danach

---

[228] BVerfGE 109, 279, 336.

[229] *Bickenbach*, Die Einschätzungsprärogative des Gesetzgebers, 2014, S. 145–148.

[230] *Bickenbach*, Die Einschätzungsprärogative des Gesetzgebers, 2014, S. 158 f.

[231] *Petersen*, Verhältnismäßigkeit als Rationalitätskontrolle, 2015, S. 101–103.

[232] Siehe schon *Ossenbühl*, in: Starck, FG 25 Jahre BVerfG, 1976, S. 458, 483.

[233] BVerfGE 50, 290, 334.

[234] *Manssen*, in: Huber/Voßkuhle, GG, 8. Auflage 2024, Art. 12 Rn. 156; *Michael*, in: Jestaedt/Lepsius, Verhältnismäßigkeit, 2015, S. 42, 52.

[235] Siehe oben S. 273 ff.

[236] BVerfGE 159, 223, Rn. 277.

[237] BVerfGE 159, 223, Rn. 278.

unterstellt das Gericht der Ausgangsbeschränkung, den R-Wert senken zu können – also zur Reduzierung von Infektionen beizutragen,[238] um dann noch kurz der Eignung zur Erschwerung privater Zusammenkünfte zu thematisieren – und damit einen Aspekt der Durchsetzung der Kontaktbeschränkungen.[239] Bezogen auf die unmittelbare Wirkungskette zwischen Ausgangsbeschränkung und Infektionsgeschehen gab es wissenschaftliche Anhaltspunkte, denen zufolge der Einfluss der Maßnahme auf das Infektionsgeschehen deutlich niedriger als angenommen gewesen sein könnte.[240] Dieser Punkt wird aber gar nicht thematisiert, weil der Fokus der Prüfung auf den Kontaktbeschränkungen lag, welche mit der Ausgangsbeschränkung durchgesetzt werden sollten. Hier hätte sich die Frage gestellt, ob die Ausgangsbeschränkung für die Durchsetzung der Kontaktbeschränkungen überhaupt geeignet war,[241] oder ob sie sogar kontraproduktive Folgen nach sich zog.[242] Letzteres wurde nur in einem Satz thematisiert,[243] ersteres überhaupt nicht.[244] Denn das BVerfG betrachtete weitestgehend die Eignung und Erforderlichkeit der Kontaktbeschränkungen selbst. Nur nebenbei erörterte das Gericht, ob die Ausgangsbeschränkung überhaupt geeignet und erforderlich waren, um die Kontaktbeschränkungen durchzusetzen. Die eigentliche, vollständige Wirkungskette von der Ausgangsbeschränkung bis hin zum Lebens- und Gesundheitsschutz war damit nicht Gegenstand der Prüfung.

bb) Einschätzungsspielräume als Argument

Schon bei der Eilentscheidung zur nächtlichen Ausgangsbeschränkung der „Bundesnotbremse" meinten manche Stimmen in der Literatur beobachtet zu haben, dass das BVerfG dem Gesetzgeber außergewöhnlich weitreichende Spielräume eingeräumt hätte. Selbiges wiederholte sich in manchen Besprechungen der späteren Hauptsacheentscheidung.[245] Das Gericht hätte seine Kontrolldichte stark zu-

---

[238] BVerfGE 159, 223, Rn. 279 f.

[239] BVerfGE 159, 223, Rn. 280.

[240] Siehe dazu sogleich S. 283.

[241] *Mangold*, Kurzgutachten: „Grundrechtliche Bewertung einer Ausgangssperre zur Pandemiebekämpfung", 2021, S. 21.

[242] *Ferrau*, Ausgebremste Grundrechte – Die geplante Ausgangssperre im Infektionsschutzgesetz, JuWissBlog Nr. 31/2021, 14. April 2021; *Kingreen*, Verfassungsbeschwerde und Antrag auf Erlass einer einstweiligen Anordnung der Mitglieder der FDP-Fraktion, S. 64; *Lepsius*, Der Staat 60 (2021), 609, 635; *Mangold*, Kurzgutachten: „Grundrechtliche Bewertung einer Ausgangssperre zur Pandemiebekämpfung", 2021, S. 19.

[243] BVerfGE 193, 223, Rn. 280.

[244] Geprüft wurde lediglich die Korrelation zwischen Ausgangsbeschränkung und Kontaktbeschränkung, so schon zur Eilentscheidung *Leisner-Egensperger*, JZ 2021, 913, 917.

[245] *Boehme-Neßler*, NVwZ-Beilage 2022, 34, 34 f.; *Degenhart*, NJW 2022, 123, 125 f.; *Lepsius*, Der Staat 60 (2021), 609, 637 f.; *Lucenti*, NVwZ Online-Aufsatz 2/2023, 1, 10; *Ritgen*, ZG 2022, 102, 117 f.; *Schwarz*, NVwZ-Beilage 2022, 3, 6; in diese Richtung wohl auch *Möllers/Van Ooyen*, RuP 2022, 58, 62.

rückgenommen und auch in der Hauptsacheentscheidung lediglich eine „grobe Vertretbarkeitskontrolle“[246] oder „bloße Willkürkontrolle“[247] durchgeführt. Das BVerfG selbst beschreibt in der Hauptsacheentscheidung Bundesnotbremse I das Prüfprogramm als „Vertretbarkeitskontrolle“, was mit der herrschenden Ungewissheit in der Pandemie begründet wird.[248] Für eine strengere Prüfung bestehe „kein Anlass“,[249] auch wenn das BVerfG die hohe Eingriffsintensität als Kriterium nennt. Die folgende Eignungsprüfung der Kontaktbeschränkung besteht zu großen Teilen aus Erörterungen zum Einschätzungsspielraum. Dabei kommt es auf den Spielraum an dieser Stelle gar nicht an. Denn daran, dass Kontaktbeschränkungen geeignet sind, Infektionen zu vermeiden, bestanden keine Zweifel. Nur hinsichtlich der Inzidenz 100 als Zielgröße sowie Ausnahmen für immunisierte Personen herrschte eine Unsicherheit.[250] Auch in der nachfolgenden Prüfung der Ausgangsbeschränkung wird häufig auf die Spielräume des Gesetzgebers rekurriert. So hätte dieser sich mit der Annahme, durch die Ausgangsbeschränkung könnten Infektionen vermieden werden, innerhalb des ihm zustehenden Einschätzungsspielraums bewegt. Dass die Erreichung der Gesetzeszwecke nicht gefördert oder gar negativ beeinflusst werden könnte, sei „nicht ersichtlich“. Für die Annahme einer unterstützenden Funktion hätten „nachvollziehbare Gründe“ gesprochen, was auch für die Annahme galt, private Zusammenkünfte zu reduzieren. Dies hätte sich „vertretbar [prognostizieren] lassen.[251] In der darauf folgenden Darstellung der fachwissenschaftlichen Kenntnislage bezieht sich das Gericht lediglich auf zwei Stellungnahmen und eine Aussage im Rahmen einer Ausschussanhörung, welche, soweit durch das Gericht wiedergegeben, allesamt übereinstimmen.[252]

Studien, denen zufolge Ausgangsbeschränkungen keine nennenswerte Wirkung haben, werden weder erwähnt noch beachtet;[253] an den von Gesetzgeber und Senat herangezogenen Studien sowie der Folgerung einer erheblichen Reduktion des Infektionsgeschehens bestanden und bestehen berechtigte Bedenken.[254] Dass eine

---

[246] *Boehme-Neßler*, NVwZ-Beilage 2022, 34, 34 f.

[247] *Schwarz*, NVwZ-Beilage 2022, 3, 6.

[248] BVerfGE 159, 223, Rn. 187.

[249] BVerfGE 159, 223, Rn. 187. Auch *Kingreen*, Verfassungsbeschwerde und Antrag auf Erlass einer einstweiligen Anordnung der Mitglieder der FDP-Fraktion, S. 53 positionierte sich so.

[250] BVerfGE 159, 223, Rn. 198–200.

[251] BVerfGE 159, 223, Rn. 277.

[252] BVerfGE 159, 223, Rn. 279 f.

[253] *Boehme-Neßler*, NVwZ 2021, 670, 672; *Boehme-Neßler*, NVwZ-Beilage 2022, 34, 35; *Kingreen*, Verfassungsbeschwerde und Antrag auf Erlass einer einstweiligen Anordnung der Mitglieder der FDP-Fraktion, S. 58 f.

[254] *Kingreen*, Verfassungsbeschwerde und Antrag auf Erlass einer einstweiligen Anordnung der Mitglieder der FDP-Fraktion, S. 7 f.; *Mangold*, Kurzgutachten: „Grundrechtliche Bewertung einer Ausgangssperre zur Pandemiebekämpfung“, 2021, S. 17 f. sowie Fn. 100; *Möllers*, Stellungnahme zum Entwurf eines Vierten Gesetzes zum Schutz der Bevölkerung bei einer epidemischen Lage von nationaler Tragweite, 15. April 2021, S. 6, insb. Fn. 2.

kontraproduktive Wirkung nicht zu erwarten sei, dafür aber eine Reduktion von privaten Zusammenkünften, wird mit Ausführungen des *MODUS-Covid-Teams* begründet,[255] die sich aber auf eine ganztägige Ausgangsbeschränkung bezogen.[256] Dabei bemerkte das *MODUS-Covid-Team*, dass bei einer nächtlichen Ausgangsbeschränkung mit Verhaltensänderungen zu rechnen ist, wobei sich auch die Forschungsgruppe auf Plausibilitätsannahmen beschränken musste.[257] Beides spiegelt sich in der Begründung nicht wider. Die Annahmen, die Kontaktbeschränkungen ließen sich nicht anders durchsetzen und für die unterstützende Funktion sprächen nachvollziehbare Gründe, werden überhaupt nicht auf die Kenntnislage zurückgeführt.[258] In der Erforderlichkeit erörterte das BVerfG die fachwissenschaftlichen Erkenntnisse, auf welche der Gesetzgeber nach Ansicht seine Prognose aufbauen konnte, eine Kontaktreduktion ließe sich nicht auf andere Weise gleich wirksam erreichen.[259] Dies gestaltet sich folgendermaßen: Nach Ausführungen sachkundiger Dritter komme den Kontaktbeschränkungen eine Eignung zu, das Virus einzudämmen, wobei das Zusammenwirken verschiedener Einschränkungen wichtig wäre; insbesondere die Einschränkung privater Zusammenkünfte sei effektiv.[260] Zu den Ausgangbeschränkungen selbst wiederholt das Gericht kurz die schon aus der Geeignetheit bekannten Verweis auf Studien, die eine Eindämmung des Infektionsgeschehens aufgezeigt hätten.[261] Die Annahme, die Kontaktbeschränkungen nicht anders durchsetzen zu können, war nach Ansicht des Gerichts ebenfalls von der fachwissenschaftlichen Erkenntnislage gedeckt und vertretbar. Denn die Mehrzahl der Ansteckungen erfolge in Innenräumen, und Schutzmaßnahmen würden dort nicht eingehalten.[262] Diese Ausführungen betreffen aber die Erforderlichkeit der Kontaktbeschränkungen in Innenräumen. Nicht begründet wird dadurch die Annahme, Kontaktbeschränkungen seien nur mittels Ausgangsbeschränkungen effektiv durchsetzbar.

An zahlreichen Stellen wird auf Einschätzungsspielräume verwiesen und mit ihnen argumentiert. Doch hat das nur noch wenig zu tun mit den differenzierenden Ansätzen zur Erklärung von Einschätzungsspielräumen, wie sie weiter oben anhand Literatur und früherer Rechtsprechung beschrieben wurden. Der Einschätzungs-

---

[255] BVerfGE 159, 223, Rn. 280.

[256] *Nagel/Müller*, Stellungnahme zu den Verfassungsbeschwerdeverfahren 1 BvR 781/21, 1 BvR 798/21, 1 BvR 805/21, 1 BvR 820/21, 1 BvR 854/21, 1 BvR 860/21 und 1 BvR 889/21, 14. Juli 2021, S. 5 f.

[257] *Nagel/Müller*, Stellungnahme zu den Verfassungsbeschwerdeverfahren 1 BvR 781/21, 1 BvR 798/21, 1 BvR 805/21, 1 BvR 820/21, 1 BvR 854/21, 1 BvR 860/21 und 1 BvR 889/21, 14. Juli 2021, S. 7.

[258] Nur scheinbar die Rückführung auf die Erkenntnislage in Rn. 278, die sich aber auf Erkenntnisse bezieht, nach denen die meisten Infektionen in Innenräumen erfolgen.

[259] BVerfGE 159, 223, Rn. 286–288.

[260] BVerfGE 159, 223, Rn. 287.

[261] BVerfGE 159, 223, Rn. 287.

[262] BVerfGE 159, 223, Rn. 288.

spielraum eröffnet sich bei einer konkreten Tatsachenfrage, bei der eine (wissenschaftliche) Unsicherheit besteht. Ein Spielraum hat Grenzen, welche im Rahmen des für ein Gericht Möglichen nachgezeichnet werden sollte; danach kann beantwortet werden, ob die vom Gesetzgeber getroffene Annahme sich noch innerhalb dieser Grenzen bewegt. Dem kommt das BVerfG in der Entscheidung Bundesnotgrenze I aber nicht nach. Eine Eingrenzung findet kaum statt; ob der Gesetzgeber die Erkenntnislage ausreichend aufgearbeitet hat, wird ebenso wenig hinterfragt. Stattdessen wird lediglich auf die passende Stellungnahme eines sachkundigen Dritten oder eine Studie verwiesen, mit der sich die Entscheidung des Gesetzgebers begründen lässt. Die Existenz widersprechender Aussagen oder wissenschaftlicher Erkenntnisse – obwohl von den Beschwerdeführern vorgebracht – wird nicht erwähnt. Zwar mag sich die Entscheidung des Gesetzgebers dann noch im Rahmen des Einschätzungsspielraums bewegen – doch wenn man bereits die Existenz eines einzigen Belegs, einer einzigen Expertenaussage, für die Korrektheit einer Annahme des Gesetzgebers genügen lässt, dann benötigt es des Verweises auf einen Einschätzungsspielraum schon überhaupt nicht. Diese Handhabung unterscheidet sich vom ursprünglichen Phänomen des Einschätzungsspielraums. Deutlich wird das, wenn das BVerfG das Einhalten des Einschätzungsspielraums losgelöst von den eigentlichen Sachfragen prüft – etwa, wenn es bei der Erforderlichkeit der Ausgangsbeschränkung bejaht, dass die Erkenntnislage den Schluss zulässt, dass Kontaktbeschränkungen Infektionen reduzieren –, während die eigentlichen kritischen Punkte – etwa die Tragfähigkeit der Annahme, private Treffen ließen sich durch eine nächtliche Ausgangsbeschränkung wirksam reduzieren – übergangen werden, oder wenn an Stellen umfangreich auf den Einschätzungsspielraum verwiesen wird, obwohl an diesen keine Unsicherheit im Tatsächlichen besteht.[263]

Auf diese Weise wird das Bestehen eines Einschätzungsspielraums selbst zum Argument. Der Eingriff ist nicht geeignet und erforderlich, weil sich die Annahmen des Gesetzgebers im Rahmen des Einschätzungsspielraums bewegen. Der Eingriff ist geeignet und erforderlich, *weil* ein Einschätzungsspielraum *besteht.* Die Kontrolldichte wird so noch weiter zurückgenommen: Die gesamte Geeignetheits- und Erforderlichkeitskontrolle wird zu einer Möglichkeitskontrolle, für die eine reine Korrelation ausreicht.[264] Dieses Phänomen ist nicht neu. Zu lebensmittelrechtlichen Entscheidungen des BVerfG beschrieb Hufen eine Wandlung der Einschätzungsprärogative des Gesetzgebers zur „Eingriffsprärogative", welche als „Begründungsersatz" fungiere.[265] Das sei Folge eines „Präventionsstaats", der einen als unmündig verstandenen Verbraucher vor sich selbst schützen will.[266] Ähnlich ver-

[263] So etwa bei der Geeignetheit der Kontaktbeschränkungen.

[264] So bereits zur Entscheidung im vorläufigen Rechtsschutz *Lepsius*, Der Staat 60 (2021), 609, 633; *Boehme-Neßler*, NVwZ-Beilage 2022, 34, 35: „grobe Vertretbarkeitskontrolle"; *Schwarz*, NVwZ-Beilage 2022, 3, 6: „bloße Willkürkontrolle".

[265] *Hufen*, in: Hagenmeyer/Welsch/Loosen/Bergmann, FS Welsch, 2010, S. 93, 102.

[266] *Hufen*, in: Hagenmeyer/Welsch/Loosen/Bergmann, FS Welsch, 2010, S. 93, 101.

hält es sich im Pandemiekontext, in dem der Schutz der Bevölkerung vor gesundheitlichen Gefahren ein überragend hoher Wert eingeräumt wird.

Das Phänomen beschränkt sich aber auf die Entscheidung Bundesnotbremse I. So fand der Einschätzungsspielraum im parallel erschienenen Beschluss Bundesnotbremse II lediglich anlässlich zweier Tatsachenfragen Erwähnung – einerseits zur Frage, wie stark Kinder und Jugendliche zum Infektionsgeschehen beitragen, andererseits dazu, ob eine Testpflicht eine gleich wirksame Alternative darstellt. In beiden Fällen stellt das Gericht die divergierenden wissenschaftlichen Ansichten dar, grenzt den Spielraum also ein.[267] Ähnlich verfuhr das Gericht in seiner Entscheidung zur einrichtungsbezogenen Impfpflicht.[268] Nur knapp ging das BVerfG aber auf Zweifel ein, ob die Impfpflicht geeignet und erforderlich ist, um Übertragungen zu verhindern.[269] Dabei befand sich die Erkenntnislage hierzu schon zwischen Erlass des Gesetzes und Entscheidung im Wandel.[270] Auf die Beobachtungspflicht des Gesetzgebers wies das BVerfG nicht ausdrücklich hin.[271]

3. Die Angemessenheit

Die Angemessenheit bildet die letzte Teilanforderung des Prüfprogramms des Bundesverfassungsgerichts. Angemessen ist ein Eingriff, wenn „bei einer Gesamtabwägung zwischen der Schwere des Eingriffs, dem Gewicht und der Dringlichkeit der ihn rechtfertigenden Gründe die Grenze der Zumutbarkeit noch gewahrt wird“;[272] „das Maß der Belastung des Einzelnen“ muss „noch in einem vernünftigen Verhältnis zu den der Allgemeinheit erwachsenden Vorteilen“ stehen.[273] Mittel und Zweck werden gegeneinander abgewogen.[274] Seit jeher wird die Dominanz von Abwägungen auf dieser Prüfungsstufe von Teilen der Literatur kritisch gesehen.[275] Nachdem das Bundesverfassungsgericht in seiner Anfangszeit die Abwägung zunächst gemieden und sich weitestgehend auf die Teilanforderungen der Geeignetheit und Erforderlichkeit zurückgezogen hat, stellt die Angemessenheit heute je-

---

[267] BVerfGE 159, 355, Rn. 117–119, 127–130.

[268] BVerfGE 161, 299, Rn. 173 f., 177–180.

[269] BVerfGE 161, 299, Rn. 184 f.; so auch *Amhaouach/Kießling*, NJW 2022, 2798, 2800 f.

[270] Siehe etwa *Amhaouach/Kießling*, NJW 2022, 2798, 2800 f.; *Lucenti*, NVwZ Online-Aufsatz 3/2023, 1, 6 sowie oben S. 25 ff.

[271] BVerfGE 161, 299, Rn. 184; so auch *Amhaouach/Kießling*, NJW 2022, 2798, 2800 f.

[272] BVerfGE 141, 82, Rn. 53.

[273] BVerfGE 153, 182, Rn. 265.

[274] *Lerche*, Übermaß und Verfassungsrecht, 1961, S. 21.

[275] Siehe schon *Schlink*, Abwägung im Verfassungsrecht, 1976, S. 192 ff.; zur Problematik der Inkommensurabilität siehe etwa *Poscher*, in: Herdegen/Masing/Poscher/Gärditz, Handbuch Verfassungsrecht, 2021, § 3 Rn. 69–76; zu alternativen Ansätzen siehe *Reimer*, in: Jestaedt/Lepsius, Verhältnismäßigkeit, 2015, S. 60, 69 m.w.N.

doch trotz aller Kritik einen Schwerpunkt in den Argumentationsmustern des Bundesverfassungsgerichts dar.[276]

Gegenübergestellt wird dabei zum einen die abstrakte Wertigkeit des zu schützenden Rechtsguts der abstrakten Wertigkeit des Rechtsguts, in welches eingegriffen wird. Zum anderen wird die konkrete Betroffenheit und die zu erwartende Zweckerreichung in die Abwägung eingestellt.[277] Nach einer Auswertung der Rechtsprechung des BVerfG durch Petersen lassen sich die wesentlichen Argumentationsmuster des Gerichts im Rahmen der Angemessenheit in vier Gruppen einteilen. So prüft das Gericht die Passgenauigkeit von Maßnahme und Ziel – führt also eine erweiterte Geeignetheits- und Erforderlichkeitsprüfung durch –, betrachtet Inkonsistenzen, nutzt die Angemessenheit für die Korrektur von Härtefällen und legt einen besonderen Fokus auf die Zuordnung finanzieller Lasten.[278] So setzt das Gericht in der Regel nicht die eigene Wertung an die Stelle derer des Gesetzgebers, sondern führe eine Rationalitätskontrolle durch.[279]

a) Einschätzungs- und Wertungsspielräume

Ein Aspekt der bereits genannten Hauptsacheentscheidungen des BVerfG, der in der Literatur kritisiert wurde, betrifft die dem Gesetzgeber eingeräumten Spielräume auch im Hinblick auf die Angemessenheit. So schreibt das Gericht zu Beginn der Prüfung der Angemessenheitsprüfung in den „Bundesnotbremse"-Entscheidungen:

> „Auch bei der Prüfung der Angemessenheit besteht grundsätzlich ein Einschätzungsspielraum des Gesetzgebers (vgl. BVerfGE 68, 193 [219 f.]; 121, 317 [356 f.]; 152, 68 [137 Rn. 183]; strenger etwa BVerfGE 153, 182 [283 f. Rn. 266]; hierzu auch BVerfGE 159, 355 [413 f. Rn. 135]). Die verfassungsrechtliche Prüfung bezieht sich dann darauf, ob der Gesetzgeber seinen Einschätzungsspielraum in vertretbarer Weise gehandhabt hat (zu entsprechenden Spielräumen Conseil Constitutionnel, Entscheidung Nr. 2020–808 DC vom 13. November 2020, Rn. 28 f.; Österreichischer Verfassungsgerichtshof, Entscheidung vom 10. März 2021 – V 583/2020 u. a. –, Rn. 28 f. m. w. N.; Verfassungsgericht der Tschechischen Republik, Entscheidung vom 9. Februar 2021 – Pl. ÚS 106/20 –, Rn. 76). Bei der Kontrolle prognostischer Entscheidungen setzt dies wiederum voraus, dass die Prognose des Gesetzgebers auf einer hinreichend gesicherten Grundlage beruht (vgl. BVerfGE 68, 193 [220]; siehe auch BVerfGE 153, 182 [272 Rn. 237])."[280]

Laut Kersten/Rixen hätte das Gericht damit einen „Paradigmenwechsel" eingeleitet, da es die Angemessenheit „nicht (mehr) als eine abschließende Schlüssig-

---

[276] *Petersen*, Verhältnismäßigkeit als Rationalitätskontrolle, 2015, S. 136–142.

[277] *Michael/Morlok*, Grundrechte, 9. Auflage 2025, Rn. 174–176.

[278] *Petersen*, Verhältnismäßigkeit als Rationalitätskontrolle, 2015, S. 147–157 mit umfangreichen Nachweisen der Rechtsprechung.

[279] *Petersen*, Verhältnismäßigkeit als Rationalitätskontrolle, 2015, S. 161–164.

[280] BVerfGE 159, 223, Rn. 217; E 159, 355, Rn. 135; etwas knapper E 161, 299, Rn. 204.

keitsprüfung der konfligierenden Interessen“ verstünde.[281] Ein Spielraum des Gesetzgebers könne sich aber nur auf Tatsachen beziehen,[282] die Angemessenheitsprüfung habe – so jedenfalls Lepsius – ausschließlich einen normativen Charakter.[283] Das Gericht habe dabei nach Kersten/Rixen eine sich vor dem Hintergrund der Gewaltenteilung in richterlicher Zurückhaltung übende, aber abschließende Schlüssigkeitsprüfung durchzuführen, wozu ein Spielraum des Gesetzgebers nicht passe.[284] Die eigentliche Bedeutung dieses Spielraums bleibe unklar.[285] Lindner hielt diese Rechtsprechung des 1. Senats inkonsistent mit Blick auf andere Entscheidungen desselben Senats im Sicherheitsrecht.[286]

Zutreffend ist, dass dieser Passus zu Beginn der Angemessenheitsprüfung in der Tat ungewöhnlich ist. Die Verweise auf eigene Rechtsprechung sind nicht ergiebig, denn verwiesen wird einerseits auf einen Einschätzungsspielraum zu Prognosen bei wirtschaftsordnenden und sozialpolitischen gesetzlichen Regelungen,[287] andererseits werden auch die Entscheidungen zum Nichtraucherschutz sowie dem Verbot der Suizidhilfe zitiert, bei denen die eigentliche Abwägung im Mittelpunkt stand.[288] Zutreffend ist auch der Kritikpunkt, dass die Bedeutung dieses Spielraums für die weitere Prüfung im Unklaren bleibt. Worauf bezieht sich dieser Spielraum des Gesetzgebers – auf die gesamte Angemessenheit, also auch auf die Abwägung, oder die dieser Abwägung zugrunde gelegten Tatsachen, wie es die Ausführungen zu Prognosen am Ende des Absatzes nahelegen? Doch hier von einer Neuausrichtung der Rechtsprechung zu sprechen und gesetzgeberische Spielräume auf Ebene der Angemessenheit als neues Phänomen zu begreifen, greift bei näherer Betrachtung zu kurz.

Unzutreffend ist zunächst die These von Lepsius, die Angemessenheitsprüfung sei ausschließlich normativer Natur. Die *Abwägung* ist normativer Natur; doch um eine Abwägung durchzuführen, wird man regelmäßig auf Tatsachen angewiesen sein. Teils werden diese Tatsachen erst auf Ebene der Angemessenheit relevant werden – etwa zur Frage, welche negativen Auswirkungen durch einen Eingriff zu erwarten sind –, teils werden sie auch schon bei Geeignetheit und Erforderlichkeit

---

[281] *Kersten/Rixen*, Der Verfassungsstaat in der Corona-Krise, 3. Auflage 2022, S. 139.

[282] *Kersten/Rixen*, Der Verfassungsstaat in der Corona-Krise, 3. Auflage 2022, S. 140; *Lepsius*, Hat das BVerfG den Rechtsstaat pandemisch umgebaut?, LTO vom 3. Dezember 2021.

[283] *Lepsius*, Hat das BVerfG den Rechtsstaat pandemisch umgebaut?, LTO vom 3. Dezember 2021.

[284] *Kersten/Rixen*, Der Verfassungsstaat in der Corona-Krise, 3. Auflage 2022, S. 140; *Rixen*, Abschied von der Verhältnismäßigkeit?, Verfassungblog vom 25. Mai 2022: „Stimmigkeitsprüfung“.

[285] *Kersten/Rixen*, Der Verfassungsstaat in der Corona-Krise, 3. Auflage 2022, S. 140.

[286] *Lindner*, NJW 2024, 564, 567.

[287] BVerfGE 68, 193, 219 f.; E 152, 68, Rn. 183.

[288] BVerfGE 121, 317, 356 f.; E 153, 182, Rn. 265 f.

eine Rolle gespielt haben.[289] Wenn man nun dem Gesetzgeber bei diesen Teilanforderungen einen Einschätzungsspielraum im Tatsächlichen einräumt, dann muss man das auf Ebene der Angemessenheit auch.[290] Das tat auch das Bundesverfassungsgericht in früheren Entscheidungen, wie sich schon exemplarisch in zwei der zitierten früheren Entscheidungen des Gerichts zeigt.[291]

Noch nicht beantwortet ist damit die Frage, ob dem Gesetzgeber auch bei der eigentlichen Abwägung ein Wertungsspielraum in Normativen zukommt. Nach üblicher Diktion des BVerfG erfordert die Angemessenheit, dass die Zweckerreichung nicht außer Verhältnis zu der Schwere des Eingriffs steht.[292] Nicht erforderlich ist, dass die Zweckerreichung und Schwere in einem idealen Verhältnis zueinanderstehen. Schon daraus folgt eine reduzierte Kontrolldichte. Das ist vor dem Hintergrund des Spannungsverhältnisses zwischen Legislative und Judikative auch geboten, denn da sich jede politische Debatte in Angemessenheitsargumente kleiden lässt,[293] könnte das BVerfG ansonsten generell seine Wertung über die des Gesetzgebers stellen.[294] Entsprechend hat das Gericht sich auch in seiner früheren Rechtsprechung in Zurückhaltung geübt, wie ein Blick in die Judikatur zeigt, auf welche sich das Bundesverfassungsgericht in den Entscheidungen zur „Bundesnotbremse“ bezieht. So hielt es in seiner dort zitierten Nichtraucher-Entscheidung fest:

> „Es ist Sache des Gesetzgebers, in Bezug auf den jeweiligen Lebensbereich darüber zu entscheiden, ob, mit welchem Schutzniveau und auf welche Weise Situationen entgegengewirkt werden soll, die nach seiner Einschätzung zu Schäden führen können (vgl. BVerfGE 110, 141 [159]; vgl. auch BVerfGE 111, 10 [38 f., 43]). Hierbei kommt ihm grundsätzlich ein Einschätzungs-, Wertungs- und Gestaltungsspielraum zu (vgl. BVerfGE 96, 56 [64]).“[295]

Hier geht es nicht um eine unsichere Tatsachenlage, sondern um die Frage, welchem Rechtsgut – in diesem Fall Schutz von Leben und körperlicher Unversehrtheit und Berufsfreiheit – der Vorzug zu geben ist, also um die Abwägung an sich. Dem Gesetzgeber wird vom BVerfG etwas eingeräumt, das sich in Abgrenzung zu den eher tatsächlich geprägten Entscheidungsspielräumen als normativer Wertungsspielraum bezeichnen lässt. Überprüft wird nur die Einhaltung der Gren-

---

[289] So etwa in BVerfGE 119, 59, 88 ff.; siehe dazu *Bickenbach*, Die Einschätzungsprärogative des Gesetzgebers, 2014, S. 151.

[290] Dem scheint wohl so auch *Kersten/Rixen*, Der Verfassungsstaat in der Corona-Krise, 3. Auflage 2022, S. 140 nicht zu widersprechen.

[291] BVerfGE 68, 193, 219 f.; E 152, 68, Rn. 183; siehe darüber hinaus auch *Bickenbach*, Die Einschätzungsprärogative des Gesetzgebers, 2014, S. 151 mit Nachweisen der Rechtsprechung.

[292] St.Rspr., vgl. nur BVerfGE 155, 119, Rn. 128.

[293] Vgl. *Schlink*, in: Badura/Dreier, FS BVerfG II, 2001, S. 445, 464.

[294] *Leisner-Egensperger*, NVwZ 2024, 1455, 1459 f.

[295] BVerfGE 121, 317, 356 f.

zen dieser Wertungsspielräume, nicht ob die politische Abwägung mit der des Gerichts übereinstimmt.[296] Von den bei tatsächlichen Fragen entstehenden Einschätzungsspielräumen unterscheiden sie sich dadurch, dass die Kontrolldichte bei normativen Fragen tendenziell niedriger ist. Denn bei diesen besteht nur eine geringe Gefahr, dass der Bereich richterlicher Kontrollmöglichkeit überschritten wird. Vielmehr sind Gerichte für die Beantwortung solcher Fragen besonders kompetent.[297] Das Gericht betreibt also genau das, was Kersten/Rixen als Schlüssigkeitsprüfung und judicial self-restraint bezeichnen. Von einer Änderung der Rechtsprechung kann also keine Rede sein.

In der weiteren Angemessenheitsprüfung billigte das Gericht dem Gesetzgeber zumeist bei tatsächlichen Fragestellungen Entscheidungsspielräume zu, so etwa zur Frage der Sicherheit der Impfung,[298] Annahmen zum Infektionsgeschehen,[299] dem nächtlichen Verhalten der Bevölkerung[300] sowie der Bedeutung von Kontaktbeschränkungen und Ausgangsbeschränkungen im Rahmen des gesetzgeberischen Gesamtkonzepts.[301] Das Gericht handhabte die Spielräume hier nicht anders als bei der Geeignetheit und der Erforderlichkeit.[302] Abgestellt wurde auf den Erkenntnisstand beim Erlass des jeweiligen Gesetzes, zum Ende der Prüfungen stellte das Gericht jedoch jeweils noch fest, dass die Regelungen auch nicht durch spätere Erkenntnisse verfassungswidrig wurden.[303]

Gleich in doppelter Hinsicht erwähnenswert ist in diesem Kontext die Entscheidung Bundesnotbremse II. Zum einen betonte das Gericht als Gegenstück zum Einschätzungsspielraum das Bestehen einer Beobachtungs- und Gewährleistungspflicht[304] des Gesetzgebers; schafft dieser keine bessere Erkenntnislage, obwohl er dazu in der Lage wäre, dann soll es zu einer Verengung des Einschätzungsspielraums kommen.[305] Unklar ist aber, ob dieser Pflicht tatsächlich eine Bedeutung zukommt. Denn das Gericht stellt zwar fest, dass die schlechte Erkenntnislage Folge einer von Experten bereits länger beklagten fehlenden Datenerfassung ist.[306] Statt daraus die Verengung des Entscheidungsspielraums abzuleiten, relativiert das Gericht diesen Umstand dann aber mit Verweis auf das „Gewicht der gegenläufigen

---

[296] *Hillgruber*, in: Isensee/Kirchhof, Handbuch des Staatsrechts IX, 3. Auflage 2011, § 201 Rn. 89: Überprüfung auf Nachvollziehbarkeit.

[297] So schon *Lerche*, Übermaß und Verfassungsrecht, 1961, S. 348.

[298] BVerfGE 161, 299, Rn. 222–227.

[299] BVerfGE 159, 223, Rn. 229 f.

[300] BVerfGE 159, 223, Rn. 301.

[301] BVerfGE 159, 223, Rn. 228, 303.

[302] Siehe dazu schon oben S. 279 ff.

[303] BVerfGE 159, 223, Rn. 236; E 161, 299, Rn. 234–239.

[304] *Kersten/Rixen*, Der Verfassungsstaat in der Corona-Krise, 3. Auflage 2022, S. 145.

[305] BVerfGE 159, 355, Rn. 177.

[306] BVerfGE 159, 355, Rn. 180.

Belange“, namentlich des Gesundheits- und Lebensschutzes.[307] Zudem habe der Gesetzgeber mit § 5 Abs. 11 S. 1 IfSG eine zukünftige Evaluation in Auftrag gegeben.[308] Das ist allerdings nur bedingt überzeugend, denn die Evaluation sollte erst wesentlich später abgeschlossen werden.[309] Darüber hinaus ist aber auch unklar, was die Konsequenz eines festgestellten Versäumnisses der Beobachtungs- und Gewährleistungspflicht wäre. Denn dass das Bundesverfassungsgericht als Folge eines gesetzgeberischen Versäumnisses als Ultima Ratio tatsächlich die Maßnahme aufheben würde, darf bezweifelt werden.[310] Der explizite Verweis auf das Gewicht des Lebensschutzes kann wohl als Hinweis darauf verstanden werden, dass diese Ultima Ratio eher nicht eintreten wird. Immerhin bringt das Gericht so augenscheinlich zum Ausdruck, dass es an der Rechtmäßigkeit der Maßnahme durchaus Zweifel hatte. Auffällig sind zum anderen die Ausführungen zu den negativen Auswirkungen der Schulschließungen. Da die Stellungnahmen sachkundiger Dritter zu den durch vergangene Schließungen bereits entstandenen Bildungseinbußen und Folgen für die Persönlichkeitsentwicklung derart eindeutig waren,[311] konnte das Gericht dem Gesetzgeber hier keinen großen Einschätzungsspielraum mehr einräumen, da die Prognose zu weiteren Schäden durch erneute Schulschließungen klar war. Das unterscheidet diese Fragestellungen von den zahlreichen anderen, bereits oben näher besprochenen, bei denen die Unsicherheit wesentlich höher und die Entscheidungsspielräume daher weiter gezogen wurden.

Bezüge auf normative Wertungsspielräume finden sich seltener. So heißt es zu den Kontaktbeschränkungen, es sei „nicht erkennbar, dass der Gesetzgeber einseitig den genannten Gemeinwohlbelangen Vorrang eingeräumt oder Grundrechte außer Acht gelassen hätte“.[312] Eine ähnliche Formulierung findet sich in der Entscheidung zur einrichtungsbezogenen Impfpflicht.[313] Fragwürdig ist ein Passus zu den nächtlichen Ausgangsbeschränkungen:

> „Seine Einschätzung, dass die mit ihnen einhergehende erhebliche Belastung durch ihren Beitrag zur Zweckförderung *aufgewogen* werde, hält sich im Rahmen des gesetzgeberischen Einschätzungsspielraums. Dieser war *aufgrund der Unsicherheiten* im Zeitpunkt der Verabschiedung des Gesetzes über die Wirksamkeit nächtlicher Ausgangsbeschränkungen und angesichts der Gefahren der Pandemie *weit* (vgl. oben Rn. 216 f.). Er *erstreckte sich*

[307] BVerfGE 159, 355, Rn. 178.

[308] BVerfGE 159, 355, Rn. 181.

[309] Erschienen ist der Evaluationsbericht erst am 30. Juni 2022, siehe *Sachverständigenausschuss nach § 5 Abs. 9 IfSG*, Evaluation der Rechtsgrundlagen und Maßnahmen der Pandemiepolitik, abrufbar unter https://www.bundesgesundheitsministerium.de/fileadmin/Dateien/3_Downloads/S/Sachverstaendigenausschuss/220630_Evaluationsbericht_IFSG_NEU.pdf (letzter Abruf: 18. November 2025).

[310] *Kersten/Rixen*, Der Verfassungsstaat in der Corona-Krise, 3. Auflage 2022, S. 146.

[311] BVerfGE 159, 355, Rn. 138–152.

[312] BVerfGE 159, 223, Rn. 232.

[313] BVerfGE 161, 299, Rn. 232.

auf die Einschätzung der pandemischen Gefahren, die von einzelnen Arten und Orten von Zusammenkünften ausgeht."[314]

Die Ausführungen erwecken auf den ersten Blick den Eindruck, das Gericht wolle dem Gesetzgeber wegen einer Unsicherheit im Tatsächlichen einen großen Wertungsspielraum im Normativen zusprechen, seine Kontrolldichte bei der Abwägung also reduzieren. Dafür gibt es aber – anders als bei Entscheidungsspielräumen – keinen Grund. Allerdings zeigt sich bei näherer Betrachtung, dass das Gericht zunächst von normativen Wertungsspielräumen („aufgewogen"), dann von tatsächlichen Einschätzungsspielräumen („Einschätzung der pandemischen Gefahren") spricht. Dann stellt sich aber die Frage, was der 1. Senat mit dem Passus an dieser Stelle überhaupt ausdrücken möchte. Auch bei den anderen angesprochenen Stellen ist offen, wieso das Gericht auf die Wertungsspielräume anspielt. Denn das Gericht nimmt jeweils dennoch eine eigene Abwägung vor. Der Bezug auf gesetzgeberische Spielräume ist hier eigentlich überflüssig, um das Ergebnis zu begründen. Ein solches Vorgehen wurde schon bei Geeignetheit und Erforderlichkeit festgestellt.[315] Auch hier erfüllt der Verweis auf die Spielräume des Gesetzgebers die Funktion eines eigenständigen Arguments.

Zusammengefasst lässt sich die These, das Bundesverfassungsgericht hätte hier einen Paradigmenwechsel eingeleitet, nicht bestätigen. Auch wenn die Wertungsspielräume teils großzügig wirken, hat das Bundesverfassungsgericht sie nicht in auffälliger Weise ausgeweitet. Das würde sich in einer niedrigeren Kontrolldichte niederschlagen, und diese lässt sich in den vorgenommenen Abwägungen nicht feststellen. Die Kritik hat jedoch einen wahren Kern, wenn auch nur mittelbar. Denn das Gericht hat zwar nicht mit einer zu niedrigen Dichte geprüft. Wie sich zeigen wird,[316] hat das Gericht aber nicht vollständig geprüft, indem es gewisse Aspekte nicht in die Abwägung eingestellt hat. Einschätzungs- und Wertungsspielräume sind dafür nicht ursächlich, dienen aber gleichsam als eine Art Rechtfertigung dieses Umstandes.

b) Abwägungsdeterminismus

Statt den Fokus auf die Wertungsspielräume zu legen, ist es lohnender, den genauen Abwägungsprozess zu analysieren. Sowohl in den Entscheidungen Bundesnotbremse I (Kontaktbeschränkung, nächtliche Ausgangsbeschränkung) und Bundesnotbremse II (Schulschließungen) als auch die Entscheidung zur einrichtungsbezogenen Impfpflicht betont das BVerfG zu Beginn, dass es sich um intensive Grundrechtseingriffe handelte,[317] wobei das Gericht auch vorausgehende und

[314] BVerfGE 159, 223, Rn. 299 (Hervorhebungen hinzugefügt).

[315] Siehe oben S. 282 ff.

[316] Siehe sogleich S. 294 f.

[317] BVerfGE 159, 223, Rn. 220–224, 290–295; E 159, 355, Rn. 136–152; E 161, 299, Rn. 206–211.

parallel geltende Maßnahmen im Sinne eines kumulativen Grundrechtseingriffs miteinbezieht.[318] Im Anschluss führt das BVerfG aus, dass die Eingriffe aber durch den Gesetzgeber abgemildert worden seien: im Fall der Kontakt- und Ausgangsbeschränkungen durch die vorgesehenen Ausnahmetatbestände,[319] bei Schulschließungen durch Notbetreuung, Distanzunterricht und Ausnahmen für Abschlussklassen,[320] im Falle der einrichtungsbezogenen Impfpflicht durch die fehlende zwangsweise Durchsetzung.[321] Das ist eine zweifelhafte Argumentation: Eine Beschränkung der Freiheit wird nicht dadurch milder, dass sie noch weitgehender hätte eingeschränkt werden können. Dem Eingriff in die Grundrechte der Antragsteller stellte das Gericht dann in den Entscheidungen zur „Bundesnotbremse" „Gemeinwohlbelange von überragender Bedeutung" gegenüber, die es zu schützen gelte.[322] Im Fall der einrichtungsbezogenen Impfpflicht wog das BVerfG gegen den Schutz des Lebens und der körperlichen Unversehrtheit der vulnerablen Gruppen ab.[323] Bei diesen Abwägungen treffen Individual- und Allgemeinrechtsgüter zusammen, welche das Gericht abstrakt gegeneinander abwägt. Das Allgemeinrechtsgut setzt sich dabei jeweils durch.

Das Abwägungsergebnis zugunsten des Schutzes von Leben und körperlicher Unversehrtheit des Kollektivs scheint vorprogrammiert zu sein. Dieser Abwägungsdeterminismus wurde schon bei Folgeabwägungen im Rahmen von Eilverfahren beobachtet.[324] In der Literatur wurde beschrieben, dass es bei der Bewertung der Angemessenheit von staatlichen Maßnahmen zur Bekämpfung von kollektiven Bedrohungen wie Terrorismus und ganz allgemein bei außergewöhnlichen Bedrohungen zu einer „Abwägungsfalle"[325] kommen kann.[326] Da der Schutz existenzieller kollektiver Güter in der Abwägung immer gegenüber der Freiheit des Einzelnen überwiegen wird, gerät das Verhältnismäßigkeitsprinzip in solchen Fällen an seine Grenzen. Die Angemessenheit führt hier nicht mehr zu einem Ausgleich von individueller Freiheit und widerstreitenden kollektiven Interessen; schlimmstenfalls werden so selbst evident rechtsstaatswidrige Mittel wie Folter nicht mehr ausgesondert.[327] Gleichwohl hat die Rechtsprechung – in Gestalt des BVerfG – dem Prinzip bei der Überprüfung von Sicherheitsgesetzen mehr und mehr weitergehende Vorgaben entnommen, um den Bedeutungsverlust des Verhältnismäßigkeitsprin-

---

[318] BVerfGE 159, 223, Rn. 290.

[319] BVerfGE 159, 223, Rn. 225 f., 296.

[320] BVerfGE 159, 355, Rn. 161–163.

[321] BVerfGE 161, 299, Rn. 209, 212–216.

[322] BVerfGE 159, 223, Rn. 227, 298; E 159, 355, Rn. 153.

[323] BVerfGE 161, 299, Rn. 217 f.

[324] Siehe dazu oben S. 192 ff.

[325] Siehe dazu oben S. 192 ff. mit Nachweisen der Literatur.

[326] *Lepsius*, in: Merkel/Nolte/Schuppert/Zürn, Der Rechtsstaat unter Bewährungsdruck, 2010, S. 23, 34.

[327] *Kaiser*, Ausnahmeverfassungsrecht, 2020, S. 237.

zips in diesem Bereich zu kompensieren.[328] So müssen sich Ermittlungsbefugnisse, die zu weitreichenden Eingriffen in die Privatsphäre ermächtigen, auf konkrete Gefährdung gewichtiger Rechtsgüter beschränken und besondere Verfahrensregelungen enthalten.[329] Auch in der Pandemie lässt sich folgern, dass das Verhältnismäßigkeitsprinzip in einer Pandemie an Begrenzungskraft verliert.[330] Problematisch ist hier insbesondere auch, dass der Kreis der durch eine Maßnahme betroffenen Personen immer größer sein wird als der Kreis der Personen, die bei einem Zusammenbruch der Gesundheitsversorgung betroffen sein könnte.[331] Kompensationsmaßnahmen, um die geringe Begrenzungsfunktion des Verhältnismäßigkeitsprinzip aufzufangen, hat das BVerfG mit Bezug auf die legislative Gestaltungsfreiheit nicht entwickelt.

c) Unvollständige Abwägungen

Ein weiterer Umstand verstärkt die Tendenz, dass der Ausgang der Abwägung absehbar ist. Zu Beginn der Prüfungen führt das BVerfG zwar immer aus, dass die Schwere des Eingriffs nicht außer Verhältnis zum verfolgten Zweck und der zu erwartenden Zweckerreichung stehen dürfe.[332] Letztere betrachtete das Gericht in der weiteren Prüfung aber überhaupt nicht. So fehlen Ausführungen zur erwartenden Zweckerreichung in der Entscheidung Bundesnotbremse I zur Kontaktbeschränkung ganz.[333] Selbiges gilt für die Entscheidung Bundesnotbremse II zu Schulschließungen. In dieser Entscheidung wies das BVerfG lediglich darauf hin, dass es unschädlich sei, dass nach damaliger Erkenntnislage die Wirkung der Schulschließungen nicht von der Wirkung anderer Maßnahmen getrennt werden konnte.[334] Lediglich im Fall der einrichtungsbezogenen Impfpflicht betrachtet das BVerfG kurz auch den wissenschaftlichen Stand zum Fremdschutz durch die Impfung, stellt die erwartete Wirkung aber nicht in die Abwägung ein.[335] Man könnte nun einwenden, dass die großen Unsicherheiten im Tatsächlichen dazu führten, dass der Grad der zu erwartenden Zweckerreichung nicht absehbar war und das BVerfG diesen Faktor überhaupt nicht in die Abwägung einstellen konnte. Dass das zu kurz gegriffen ist, zeigt die Prüfung der nächtlichen Ausgangsbeschränkung in der Entscheidung Bundesnotbremse I. Auch hier betrachtet das Gericht die zu erwartende Zweckerreichung nicht. An anderer Stelle bemerkt das BVerfG aber selbst, dass die Einschränkung während der Schlafenszeit ohnehin für die meisten Menschen keine

---

[328] *Kaiser*, Ausnahmeverfassungsrecht, 2020, S. 277–279.

[329] BVerfGE 141, 220, Leitsatz 1b.

[330] So auch schon *Hensel*, DÖV 2020, 1120, 1122; *Murswiek*, NVwZ-Extra 5/2021, 1, 6; *Schoch*, NVwZ 2022, 1, 6 f.

[331] Siehe dazu oben S. 192 ff. und S. 323 ff.

[332] BVerfGE 159, 223, Rn. 216; E 159, 355, Rn. 134; E 161, 299, Rn. 203.

[333] BVerfGE 159, 223, Rn. 215–236.

[334] BVerfGE 159, 355, Rn. 154.

[335] BVerfGE 161, 299, Rn. 184, 238 f.

Bedeutung hätten.[336] Wenn man die Richtigkeit dieser Annahme unterstellt, dann wirkt sich das auch auf die Wirksamkeit der Maßnahme und damit den Grad der zu erwartenden Zweckerreichung aus.[337] Diesen Umstand hätte das BVerfG in die Abwägung einstellen können, ohne in der Lage zu sein zu müssen, den genauen Grad der zu erwartenden Zweckerreichung beziffern zu können. Andere Verfassungs- und Verwaltungsgerichte zeigten, dass das durchaus möglich gewesen wäre.[338]

III. Exekutive Gestaltungsfreiheit und Verhältnismäßigkeitsprinzip

Die bisherigen Ausführungen bezogen sich auf die Gestaltungsfreiheit des Gesetzgebers und deren Beschränkung durch das Verhältnismäßigkeitsprinzip. Dabei wurde der (Bundes-)Gesetzgeber nur selten selbst in der Weise aktiv, dass er selbst Maßnahmen verfügt hätte. Diese Aufgabe kam meist der Exekutive zu, wobei außerhalb einiger Sonderfälle – zu nennen ist hier insbesondere der Bereich des Versammlungsrechts – der Verordnungsgebung eine überragende Bedeutung zukam. Das spiegelte sich auch in den ausgewerteten Gerichtsentscheidungen wider. Im Folgenden soll daher das Augenmerk auf die Gestaltungsfreiheit des Verordnungsgebers, deren Begrenzung durch das Verhältnismäßigkeitsprinzip und den dazu ergangenen Entscheidungen gelegt werden (2.). Hilfreich ist es dabei jedoch zunächst, sich die generellen Grenzen exekutiver Gestaltungsfreiheit vor Augen zu führen (1.).

1. Gestaltungsfreiheit der Exekutive: Verwaltungsermessen und Beurteilungsspielräume

Im Gegensatz zur Legislative ist die Exekutive nicht nur an das Grundgesetz und Europarecht gebunden, sondern auch an einfache Gesetze. Der Exekutive kommt grundsätzlich kein Gestaltungsspielraum zu; sie handelt auf Grundlage von Gesetzen, die einen Tatbestand mit einer Rechtsfolge verknüpfen. Zu diesem Grundsatz existieren einige Durchbrechungen,[339] wobei die wichtigste das in § 40 VwVfG geregelte Verwaltungsermessen darstellt. Der Gesetzgeber kann der Exekutive so die Möglichkeit geben, im Falle des Vorliegens der Tatbestandsvoraussetzungen selbst zu entscheiden, ob er tätig wird, oder die Auswahl zwischen mehreren möglichen Rechtsfolgen zu wählen.[340] Mit dieser Gestaltungsfreiheit korrespondiert

---

[336] BVerfGE 159, 223, Rn. 301.

[337] *Kießling*, NJW 2021, 182, 183.

[338] Siehe dazu S. 317 ff.

[339] So etwa neben dem (Verwaltungs-)Ermessen auch das Planungsermessen sowie das Satzungsermessen, worauf hier jedoch nicht eingegangen wird.

[340] *Geis*, in: Schoch/Schneider, VwVfG, 7. Ergänzungslieferung, 2025, § 40 Rn. 18.

eine – ebenfalls gesetzlich geregelte (§ 114 VwGO) – Reduktion der Kontrolldichte. Überprüft wird lediglich, ob ein Ermessensfehler vorliegt,[341] insbesondere, ob das Verhältnismäßigkeitsprinzips verletzt wurde. Beachtet werden muss dabei, dass die Verhältnismäßigkeit auf diese Weise nicht zu einer Zweckmäßigkeitskontrolle ausarten darf;[342] denn dies würde dem Willen des Gesetzgebers widersprechen, welcher mit den §§ 40 VwVfG, 114 VwGO den Gerichten eine solche gerade nicht eröffnen wollte. Sofern bei wissenschaftlichen Fragestellungen die Grenzen der Erkenntnislage erreicht werden, fordert das BVerfG eine Entscheidung des Gesetzgebers. In solchen Fällen kann dieser seinen Einschätzungsspielraum in grundrechtsrelevanten Bereichen nicht dauerhaft an die Verwaltung durchreichen.[343]

Dem Verwaltungsermessen ähnlich sind Beurteilungsspielräume. Im Gegensatz zum Verwaltungsermessen treten diese nicht auf Seiten der Rechtsfolge auf, sondern auf Seiten des Tatbestands, wenn dieser unbestimmte Rechtsbegriffe enthält.[344] Grundsätzlich unterliegt die Auslegung unbestimmter Rechtsbegriffe der vollen gerichtlichen Kontrolle. Allerdings kann die Kontrolldichte auf Beurteilungsfehler reduziert sein,[345] wenn der Gesetzgeber die Exekutive zu eigenen tatbestandlichen Beurteilungen ermächtigt hat.

2. Besonderheiten in Bezug auf den Verordnungsgeber

Besonderheiten gegenüber diesen Grundsätzen ergeben sich dann, wenn die Exekutive selbst normativ tätig wird. Ein Blick in die ausgewertete Rechtsprechung zeigt: Gerade die Verordnungsgebung war in der Coronapandemie von besonderer Relevanz. Die Besonderheiten sollen daher im Folgenden näher betrachtet werden. Die Verordnungsgebung nimmt eine Zwitterstellung zwischen Gesetzgebung und klassischem Verwaltungshandeln ein, weshalb die Spielräume des Verordnungsgebers und deren gerichtliche Kontrolldichte eigenen Maßstäben unterliegen (a)). Wie sich zeigen wird, hat die Rechtsprechung diesen Besonderheiten nur begrenzt Rechnung getragen (b)).

---

[341] *Riese*, in: Schoch/Schneider, VwGO, 47. Ergänzungslieferung, 2025, § 114 Rn. 51.

[342] *Aschke*, in: Bader/Ronellenfitsch, BeckOK VwVfG, 69. Edition, Stand 01.10.2025, § 40 Rn. 56.

[343] BVerfGE 149, 407, Rn. 24.

[344] Siehe nur *Geis*, in: Schoch/Schneider, VwVfG, 7. Ergänzungslieferung, 2025, § 40 Rn. 20. Die Unterscheidung zwischen Tatbestand und Rechtsfolge ist aber umstritten, siehe etwa *Weitzel*, Justitiabilität des Rechtsetzungsermessens, 1998, S. 40–51, der angesichts einer schweren Abgrenzbarkeit Ermessen und Beurteilungsspielräume als identisch betrachtet.

[345] *Riese*, in: Schoch/Schneider, VwGO, 47. Ergänzungslieferung, 2025, § 114 Rn. 98.

a) Der Verordnungsgeber: Zwischen Normanwendung und Normsetzung

Auf den ersten Blick könnte man annehmen, es würde keinen Unterschied machen, ob die Exekutive mittels Verwaltungsakten operiert oder als Verordnungsgeber agiert. Dem Verordnungsgeber käme dann also insbesondere Verwaltungsermessen nach den oben beschriebenen Maßstäben zu.[346] Schließlich ist Verordnungsgebung auch Normanwendung.[347] Allerdings ist Verordnungsgebung daneben auch eigenständige Normsetzung.[348] Der Gesetzgeber ermächtigt den Verordnungsgeber, selbst gestaltend tätig zu werden[349] und nicht nur dazu, auf Ebene der Rechtsfolge einen Ermessensspielraum zu nutzen. Außerdem ist Verordnungsgebung regelmäßig abstrakt-generelle Normsetzung, Verwaltungsermessen aber auf die Regelung von Einzelfällen zugeschnitten.[350]

Wenn es sich bei Verordnungsgebung (auch) um Normsetzung handelt, dann wäre es ebenso denkbar, dem Verordnungsgeber die gleichen Spielräume zuzugestehen wie dem parlamentarischen Gesetzgeber. In der Literatur wurde daher die Auffassung vertreten, der Gesetzgeber würde seine Gestaltungsfreiheit an den Verordnungsgeber weiterreichen, weshalb deren Spielräume identisch wären.[351] Doch auch zwischen Verordnungsgebung und formeller Gesetzgebung bestehen relevante Unterschiede. Im Gegensatz zum Gesetzgeber unterliegt der Verordnungsgeber zahlreichen Bindungen an das einfache Recht.[352] Anders als das Parlament verfügt der Verordnungsgeber zudem nicht über die gleiche unmittelbare demokratische Legitimation.[353] Die unterschiedlichen Rechtsetzungsverfahren verstärken die Legitimation des formellen Gesetzes gegenüber der einer Rechtsverordnung zusätzlich,[354] denn in einem Verwaltungsverfahren wird ein Sachverhalt nicht in dem Maße aus unterschiedlichen Blickwinkeln betrachtet, wie dies im Rahmen eines Gesetzgebungsverfahren erfolgt.[355] Gerade die demokratische Legi-

---

[346] *Zuleeg*, DVBl. 1970, 157, 157–160.

[347] *von Danwitz*, Die Gestaltungsfreiheit des Verordnungsgebers, 1989, S. 54 f.

[348] *von Danwitz*, Die Gestaltungsfreiheit des Verordnungsgebers, 1989, S. 54.

[349] *Weitzel*, Justitiabilität des Rechtsetzungsermessens, 1998, S. 110; *Ossenbühl*, in: Isensee/Kirchhof, Handbuch des Staatsrechts V, 3. Auflage 2007, § 103 Rn. 43.

[350] *von Danwitz*, Die Gestaltungsfreiheit des Verordnungsgebers, 1989, S. 169.

[351] *Schulze-Eickenbusch*, Der Umfang des Entscheidungsermessens bei Gesetzgebungsakten, 1972, S. 139; ähnlich *Herdegen*, AöR 114 (1989), 607, 636 f.; *Robbers*, in: Kahl/Waldhoff/Walter, Bonner Kommentar GG, Stand: 230. Ergänzungslieferung, Juni 2025, Art. 20 Rn. 1660.

[352] *Weitzel*, Justitiabilität des Rechtsetzungsermessens, 1998, S. 110.

[353] *von Danwitz*, Die Gestaltungsfreiheit des Verordnungsgebers, 1989, S. 66 f.

[354] *von Danwitz*, Die Gestaltungsfreiheit des Verordnungsgebers, 1989, S. 67.

[355] *Poscher*, in: Herdegen/Masing/Poscher/Gärditz, Handbuch Verfassungsrecht, 2021, § 3 Rn. 108; speziell zu Corona *Heinig/Kingreen/Lepsius/Möllers/Volkmann/Wißmann*, JZ 2020, 861, 866; *Lepsius*, RuP, Beiheft 7: Corona und Grundgesetz 2021, 40, 51–53; *Lüke*, JöR 2022 (70), 609, 627.

timation ist aber Grund für die von der Verfassungsgerichtsbarkeit zu achtende weiterreichende Gestaltungsfreiheit der Legislative.[356]

Die Spielräume des Verordnungsgebers können also weder dem vergleichsweise engen Verwaltungsermessen entsprechen, noch können diese mit den weiten Spielräumen des Gesetzgebers gleichgesetzt werden. Ob man die Spielräume des Verordnungsgebers nun als eine Institution sui generis betrachtet,[357] unter eine großzügiger gefasste Definition des Ermessens fasst, dabei aber Besonderheiten in Bezug auf die Unterform eines Verwaltungsermessens anerkennt,[358] oder – wie es die Rechtsprechung macht – teils aus den Spielräumen der Exekutive, stärker aber aus denen der Legislative herleitet, die Spielräume allerdings enger fassen möchte,[359] ist dabei eine für die weitere Untersuchung nicht ergiebige Fragestellung. Relevanter ist die Frage: Welchen Grenzen unterliegen die Spielräume des Verordnungsgebers? Es liegt nahe, hier nach den Eigenheiten der jeweiligen Verordnung zu differenzieren. Konsequent ist es etwa, eine Verordnung so intensiv wie einen Verwaltungsakt zu prüfen, wenn es sich um Maßnahmenverordnungen mit einem individuell-konkreten Einschlag[360] handelt, die Regelung also einem Verwaltungsakt nahekommt.[361] Bei der Regelung abstrakt-genereller Natur eröffnen Elemente des „Wertens, Bewertens und auch Abwägens"[362] einen normativen Spielraum.[363] Weil für manche Verordnungsentwürfe nicht der Beschluss durch einen einzelnen Minister ausreichend ist, sondern die Beschlussfassung durch das Kabinett als Kollegialorgan erforderlich ist, lässt sich daraus schließen, dass dem Kabinett eine weiterreichende Legitimationswirkung zukommt. Entsprechend ist es konsequent, dem Kabinett als Verordnungsgeber einen größeren Spielraum einzuräumen als dem einzelnen Minister.[364] Mit Blick auf das Verhältnismäßigkeitsprinzip hat die Rechtsprechung dem Verordnungsgeber bei prognostischen Fragestellungen einen Spielraum zugesprochen. Selbiges gilt, wenn die Erforderlichkeit in Frage steht,[365] wobei die Handhabung der Rechtsprechung hier uneinheitlich

---

[356] BVerfGE 56, 54, 81.

[357] *von Danwitz*, Die Gestaltungsfreiheit des Verordnungsgebers, 1989, S. 177–179.

[358] *Weitzel*, Justitiabilität des Rechtsetzungsermessens, 1998, S. 71, 109–118, 215–220.

[359] So die Auswertung von *von Danwitz*, Die Gestaltungsfreiheit des Verordnungsgebers, 1989, S. 161–165 mit umfangreichen Nachweisen der Rechtsprechung.

[360] Siehe dazu *Weitzel*, Justitiabilität des Rechtsetzungsermessens, 1998, S. 218 f. mit Beispielen.

[361] So etwa *von Danwitz*, Die Gestaltungsfreiheit des Verordnungsgebers, 1989, S. 193 f.; *Weitzel*, Justitiabilität des Rechtsetzungsermessens, 1998, S. 218; *Ossenbühl*, in: Starck, FG 25 Jahre BVerfG, 1976, S. 458 Rn. 42.

[362] So etwa BVerwGE 60, 25, 45.

[363] *von Danwitz*, Die Gestaltungsfreiheit des Verordnungsgebers, 1989, S. 189 f. mit Nachweisen der Rechtsprechung.

[364] *von Danwitz*, Die Gestaltungsfreiheit des Verordnungsgebers, 1989, S. 192.

[365] *von Danwitz*, Die Gestaltungsfreiheit des Verordnungsgebers, 1989, S. 154, 162 mit Nachweisen der Rechtsprechung.

ist.[366] Die Eignung ist dagegen weitestgehend justiziabel.[367] Ein intensiver Eingriff in ein Grundrecht spricht für eine weite gerichtliche Kontrolle und damit enge verordnungsgeberische Spielräume.[368]

Abhängig vom jeweiligen Umfang des Spielraums im Einzelfall wendet die Rechtsprechung Kontrollmaßstäbe an, die von einer Evidenzkontrolle über eine Vertretbarkeitskontrolle bis zu einer Inhaltskontrolle reichen.[369] Von Danwitz kritisierte in seiner Auswertung der bis dahin ergangenen Rechtsprechung des BVerwG, dass eine Operationalisierung der Maßstäbe nicht erkennbar war und das Maßstabsrepertoire weitestgehend ohne Modifikationen von der Überprüfung gesetzgeberischer Entscheidungen übernommen wurde, ohne die Unterschiede zwischen Gesetz- und Verordnungsgebung ausreichend zu würdigen.[370] Teils bliebe der angewandte Prüfungsmaßstab auch unklar.[371]

b) Verhältnismäßigkeit und Spielräume des Verordnungsgebers in der Pandemie

aa) Der legitime Zweck

Mit Blick auf den Gesetzgeber wurde oben festgestellt, dass die Legitimität des verfolgten Zwecks in aller Regel keine Hürde darstellt.[372] Der Gesetzgeber ist grundsätzlich frei in der Bestimmung der Zwecke, welchen er mit legislativer Aktivität begegnen möchte und welchen nicht. Anders verhält sich dies mit Blick auf die gesetzesvollziehende Gewalt. Da sich ihr Ermessen aus einer gesetzlichen Ermächtigung ergibt, müssen sich auch die Zwecke des behördlichen Handelns aus der Ermächtigung ergeben.[373] Ein behördliches Handeln – ob in Form der Verordnungsgebung oder nicht –, das einen anderen Zweck verfolgt als die Ermächtigungsgrundlage, ist ermessensfehlerhaft und damit rechtswidrig.[374] Ob ein legitimer

---

366 *Weitzel*, Justitiabilität des Rechtsetzungsermessens, 1998, S. 166 f. mit Nachweisen der Rechtsprechung.

367 *Weitzel*, Justitiabilität des Rechtsetzungsermessens, 1998, S. 163 f. mit Nachweisen der Rechtsprechung in Fn. 92.

368 BVerfGE 83, 130, 145 ff.; E 88, 40, 59 f.; kritisch dazu *Weitzel*, Justitiabilität des Rechtsetzungsermessens, 1998, S. 193–195.

369 *von Danwitz*, Die Gestaltungsfreiheit des Verordnungsgebers, 1989, S. 203–205 mit Nachweisen der Rechtsprechung.

370 *von Danwitz*, Die Gestaltungsfreiheit des Verordnungsgebers, 1989, S. 206 f.

371 *von Danwitz*, Die Gestaltungsfreiheit des Verordnungsgebers, 1989, S. 203.

372 Siehe oben S. 272 f.

373 *Aschke*, in: Bader/Ronellenfitsch, BeckOK VwVfG, 69. Edition, Stand 01.10.2025, § 40 Rn. 47.

374 *Aschke*, in: Bader/Ronellenfitsch, BeckOK VwVfG, 69. Edition, Stand 01.10.2025, § 40 Rn. 88.

Zweck verfolgt wird, ist bei der gerichtlichen Kontrolle behördlicher Akte daher anders zu beurteilen als bei gesetzgeberischen Maßnahmen.[375]

Der Zweck der Ermächtigungsgrundlage ist teils in dieser ausdrücklich bestimmt, zumeist wird er aber durch Auslegung zu ermitteln sein.[376] Die Ermächtigungsgrundlagen, auf welche Pandemiebekämpfungsmaßnahmen im Laufe der Coronapandemie gestützt wurden, erfuhren im Laufe der Pandemie mehrere Änderungen mit rechtspolitisch unterschiedlichen Motivationen, welche sich auch in der jeweiligen Gesetzesbegründung niederschlugen.[377] Zu erwarten wäre daher, dass sich dies auch auf die Ermittlung des jeweiligen Zwecks durch die Rechtsprechung auswirkte. Ein Blick in die Entscheidungen zeigt jedoch, dass dies nur begrenzt der Fall war.

(1) „Prä-Corona" § 28 IfSG

In den ersten Wochen der Pandemie waren die Maßnahmen noch auf eine Fassung des IfSG gestützt, welche vor Corona entstanden ist. Der damalige § 28 IfSG stammt aus dem Jahr 2000[378] und entspricht weitestgehend § 34 des BSeuchG aus dem Jahr 1961, dessen Wurzeln auf das Reichsseuchengesetz von 1900 zurückgehen.[379] Die Bekämpfung einer weltweiten Pandemie, verursacht durch ein neuartiges Virus, dürfte der Normgeber dabei kaum vor Augen gehabt haben. Vielmehr lassen sich die Ursprünge des Infektionsschutzrechts auf das Bedürfnis zurückführen, Ausbrüche von wiederkehrenden Erregern wie Cholera zu verhindern und zu bekämpfen.[380] Ein Gesundheitssystem im heutigen Sinne existierte damals noch gar nicht, weshalb auch dessen Schutz damals noch keine Rolle spielte. Weder mit dem Erlass des BSeuchG noch des IfSG wollte der Normgeber an der grundsätzlichen Ausrichtung des Infektionsschutzrechts etwas ändern; vielmehr ging es um eine Neuordnung der gesetzlichen Systematik[381] und der Verbesserung des Schutzes der Bevölkerung vor Infektionskrankheiten.[382] Die Zielsetzung des Schutzes des Gesundheitssystems lässt sich insofern dem § 28 IfSG in der damaligen Fassung nicht entnehmen.

Da die Handlungsform der Rechtsverordnung im März 2020 zur Pandemiebekämpfung noch selten eingesetzt wurden, kam es auch zu keiner nennenswerten Befassung der Rechtsprechung mit Verordnungen, welche noch auf die Ur-

[375] *Schlink*, in: Badura/Dreier, FS BVerfG II, 2001, S. 445, 450.

[376] *Aschke*, in: Bader/Ronellenfitsch, BeckOK VwVfG, 69. Edition, Stand 01.10.2025, § 40 Rn. 47.

[377] *Leisner-Egensperger*, JZ 2021, 913, 920 f.

[378] BGBl. 2000 I S. 1045.

[379] *Kießling*, in: Kießling, IfSG, 3. Auflage 2022, Einführung Rn. 10–16.

[380] BT-Drs. 3/1988, S. 18.

[381] BT-Drs. 3/1988, S. 18 f.

[382] BT-Drs. 14/2530, S. 1.

sprungsfassung des § 28 Abs. 1 i.V.m. § 32 IfSG gestützt wurden.[383] In den Entscheidungsbegründungen zu den damals gebräuchlichen Allgemeinverfügungen wurde dem legitimen Zweck keine große Bedeutung beigemessen. Sofern der Zweck überhaupt thematisiert wurde, wurde auf die Verhinderung beziehungsweise Verlangsamung der Verbreitung des Virus abgestellt.[384]

(2) Erstes Bevölkerungsschutzgesetz

Die erste Modifizierung des § 28 IfSG im Rahmen des Ersten Bevölkerungsschutzgesetz geschah vor dem Hintergrund der Besorgnis einer „Destabilisierung des gesamten Gesundheitssystems".[385] Die Anpassung des § 28 IfSG erfolgte allerdings nur aus Gründen der Normenklarheit;[386] ob damit der Schutz des Gesundheitssystems einen eigenständigen legitimen Zweck darstellt und nicht nur ein Zwischenziel des Lebens- und Gesundheitsschutzes, kann also durchaus bezweifelt werden. Dennoch wurde die Leistungs- und Funktionsfähigkeit des Gesundheitssystems von der verwaltungsgerichtlichen Rechtsprechung häufig als eigene Zweckbestimmung betrachtet.[387] Darüber hinaus waren die ermittelten Zwecke vielfältig; so wurde auch abgestellt auf den Schutz vor dem Virus selbst,[388] die Weiterverbreitung,[389] Vorbeugung übertragbarer Krankheiten beim Menschen, frühzeitige Erkennung von Infektionen und Verhinderung ihrer Weiterverbreitung (mit Verweis auf § 1 Abs. 1 IfSG),[390] die Minimierung von Infektionsgefahren,[391]

---

[383] Siehe aber *OVG Berlin-Brandenburg*, Beschl. vom 23.03.2020, Az.: OVG 11 S 12/20, BeckRS 2020, 4408 Rn. 8: keine Befassung mit der Prüfungsstufe des legitimen Zwecks, sondern direkter Einstieg in die Verhältnismäßigkeitsprüfung mit der Geeignetheit.

[384] So etwa *VG München*, Beschl. vom 20.03.2020, Az.: M 26 E 20.1209, BeckRS 2020, 6266 Rn. 35, 41; *VG Bremen*, Beschl. vom 26.03.2020, Az.: 5 V 553/20, BeckRS 2020, 5927 Rn. 26; *VG Dresden*, Beschl. vom 30.03.2020, Az.: 6 L 220/20, BeckRS 2020, 4784 Rn. 16; *VGH München*, Beschl. vom 30.03.2020, Az.: 20 CS 20.611, NJW 2020, 1240 Rn. 22.

[385] BT-Drs. 19/18111, S. 14.

[386] BT-Drs. 19/18111, S. 24.

[387] *OVG Münster*, Beschl. vom 06.04.2020, Az.: 13 B 398/20.NE, BeckRS 2020, 5158 Rn. 53; *OVG Weimar*, Beschl. vom 08.04.2020, Az.: 3 EN 245/20, BeckRS 2020, 8272 Rn. 37; *OVG Münster*, Beschl. vom 15.04.2020, Az.: 13 B 440/20.NE, BeckRS 2020, 5957 Rn. 53; *OVG Münster*, Beschl. vom 26.10.2020, Az.: 13 B 1581/20.NE, BeckRS 2020, 28127 Rn. 21.

[388] *VGH Kassel*, Beschl. vom 07.04.2020, Az.: 8 B 892/20.N, BeckRS 2020, 5242 Rn. 38; *OVG Hamburg*, Beschl. vom 20.08.2020, Az.: 5 Bs 114/20, BeckRS 2020, 21383 Rn. 13; in der Hauptsache *VGH Mannheim*, Urt. vom 02.06.2022, Az.: 1 S 1079/20, BeckRS 2022, 15543 Rn. 150.

[389] *OVG Bremen*, Beschl. vom 09.04.2020, Az.: 1 B 97/20, BeckRS 2020, 5629 Rn. 42; *OVG Bautzen*, Beschl. vom 15.04.2020, Az.: 3 B 113/20, BeckRS 2020, 9181 Rn. 13; *OVG Saarlouis*, Beschl. vom 22.04.2020, Az.: 2 B 130/20, BeckRS 2020, 6458 Rn. 23; *OVG Greifswald*, Beschl. vom 20.10.2020, Az.: 2 KM 702/20 OVG, BeckRS 2020, 37219 Rn. 36; ebenso wohl (ohne explizite Nennung) *VGH Mannheim*, Beschl. vom 09.04.2020, Az.: 1 S 925/20, BeckRS 2020, 6351 Rn. 39.

[390] *VGH München*, Beschl. vom 30.03.2020, Az.: 20 NE 20.632, NJW 2020, 1236 Rn. 59.

dem Schutz vulnerabler Personengruppen,[392] der Ermöglichung effektiver Gefahrenabwehr,[393] der Unterbindung menschlicher Kontakte[394] sowie der bereits von der „Bundesnotbremse“ bekannten Kombination aus Gesundheits- und Lebensschutz und dem Schutz des Gesundheitssystems.[395] Dabei erfolgt die Feststellung des legitimen Zwecks in aller Regel nur äußerst knapp – teils nur als Nebensatz bei der Geeignetheit – und nur generell, nicht anhand der konkreten Maßnahme.[396]

(3) Drittes Bevölkerungsschutzgesetz und Folgeänderungen

Auch mit dem Dritten Bevölkerungsschutzgesetz im November 2020 war keine Änderung der Pandemiebekämpfung bezweckt. § 28a IfSG sollte dem Parlamentsvorbehalt Genüge tun.[397] Allerdings wurde zu den Kontaktbeschränkungen explizit bemerkt, dass diese geeignet wären, die konkrete Gefahr einer Überlastung des Gesundheitssystems abzuwenden.[398] In § 28a Abs. 3 S. 1 IfSG wurde festgehalten, dass Entscheidungen über Schutzmaßnahmen „insbesondere an dem Schutz von Leben und Gesundheit und der Funktionsfähigkeit des Gesundheitssystems auszurichten“ sind.[399] Außerdem mussten Verordnungen nun begründet werden (§ 28a Abs. 5 S. 1 IfSG). Bis Herbst 2021 wurde der § 28a IfSG zwei Male weitergehend

---

[391] *OVG Lüneburg*, Beschl. vom 28.08.2020, Az.: 13 MN 307/20, BeckRS 2020, 21034 Rn. 22.

[392] *OVG Greifswald*, Beschl. vom 08.04.2020, Az.: 2 KM 236/20 OVG, BeckRS 2020, 5637 Rn. 22.

[393] *OVG Lüneburg*, Beschl. vom 16.04.2020, Az.: 13 MN 79/20, BeckRS 2020, 6303 Rn. 20.

[394] *OVG Berlin-Brandenburg*, Beschl. vom 17.04.2020, Az.: OVG 11 S 23/20, BeckRS 2020, 6073 Rn. 19; *OVG Berlin-Brandenburg*, Beschl. vom 17.04.2020, Az.: OVG 11 S 22/20, BeckRS 2020, 6142 Rn. 22.

[395] *VG Berlin*, Beschl. vom 04.05.2020, Az.: VG 14 L 74/20, BeckRS 2020, 8651 Rn. 16; *VG Hamburg*, Beschl. vom 08.05.2020, Az.: 2 E 1837/20, BeckRS 2020, 18368 Rn. 23; *OVG Lüneburg*, Beschl. vom 24.08.2020, Az.: 13 MN 297/20, BeckRS 2020, 20300 Rn. 29; ebenso wohl *OVG Saarlouis*, Beschl. vom 06.08.2020, Az.: 2 B 258/20, BeckRS 2020, 18704 Rn. 19; *OVG Münster*, Beschl. vom 18.08.2020, Az.: 13 B 847/20.NE, BeckRS 2020, 21590 Rn. 27 f.; ähnlich *VGH Mannheim*, Beschl. vom 06.10.2020, Az.: 1 S 2871/20, BeckRS 2020, 26103 Rn. 45; in der Hauptsache siehe etwa *ThürVerfGH*, Urt. vom 01.03.2021, Az.: VerfGH 18/20, BeckRS 2021, 3015 Rn. 145; *OVG Lüneburg*, Urt. vom 25.11.2021, Az.: 13 KN 389/20, BeckRS 2021, 37093 Rn. 63; *OVG Bremen*, Urt. vom 19.04.2022, Az.: 1 D 104/20, BeckRS 2022, 9393 Rn. 69.

[396] Anders aber etwa in der Hauptsache *VG Hamburg*, Urt. vom 08.09.2020, Az.: 19 K 1761/20, BeckRS 2020, 22922 Rn. 51: eigenständige Zweckbestimmung, besondere Infektionsgefahr in Fitnessstudios durch Betriebsschließung zu begegnen.

[397] BT-Drs. 19/23944, S. 2.

[398] BT-Drs. 19/23944, S. 31.

[399] Kritisch *Schmitt*, JöR 2021 (69), 465, 470, demzufolge in der Gesetzesbegründung sprunghaft zwischen verschiedenen Schutzzwecken gewechselt worden wäre.

dahin konkretisiert, dass bei der Verhängung von Maßnahmen die Versorgungslage im Gesundheitssystem mit zu beachten ist.[400]

Die gesetzliche Neuregelung wirkt sich auch auf die Ermittlung des legitimen Zwecks aus. Zumeist wurde nun auf den Dualismus aus Schutz von Leben und Gesundheit einerseits und Sicherung des Gesundheitssystems andererseits abgestellt,[401] teils auch mit explizitem Bezug auf § 28 Abs. 3 S. 1 IfSG.[402] Aber auch die Eindämmung des Virus stand in manchen Entscheidungen im Mittelpunkt.[403] Das OVG Berlin-Brandenburg und das OVG Bremen ordneten den Schutz des Gesundheitssystems dagegen nur als Mittel zur Erreichung des Schutzes von Leben und körperlicher Unversehrtheit ein.[404] Insgesamt kam der Teilanforderung des legitimen Zwecks eine größere Beachtung zu. Teils wurde dabei die derzeitige epidemiologische Lage, Empfehlungen des RKI und Beschlüsse der Bund-Länder-Konferenz erörtert.[405] Da Verordnungen nun begründet werden mussten, stellten auch die dortigen Erwägungen einen Anknüpfungspunkt für die Ermittlung des

---

400 BGBl. 2021 I S. 370 sowie S. 4147.

401 *OVG Berlin-Brandenburg*, Beschl. vom 11.12.2020, Az.: OVG 11 S 124/20, BeckRS 2020, 35389 Rn. 23; *VGH Kassel*, Beschl. vom 16.12.2020, Az.: 8 B 3000/20.N, BeckRS 2020, 37107 Rn. 29; *OVG Lüneburg*, Beschl. vom 16.12.2020, Az.: 13 MN 552/20, BeckRS 2020, 35567 Rn. 45; *OVG Bremen*, Beschl. vom 17.12.2020, Az.: 1 B 406/20, BeckRS 2020, 37740 Rn. 41; *OVG Greifswald*, Beschl. vom 10.02.2021, Az.: 2 KM 38/21 OVG, BeckRS 2021, 6960 Rn. 25; *OVG Hamburg*, Beschl. vom 01.04.2021, Az.: 5 Bs 54/21, KommJur 2021, 190, 192; *OVG Weimar*, Beschl. vom 14.04.2021, Az.: 3 EN 195/21, BeckRS 2021, 30675 Rn. 68; *OVG Lüneburg*, Beschl. vom 14.04.2021, Az.: 13 MN 161/21, BeckRS 2021, 7221 Rn. 11; *VG Berlin*, Beschl. vom 14.04.2021, Az.: VG 14 L 163/21, BeckRS 2021, 7460 Rn. 14; *OVG Lüneburg*, Beschl. vom 08.10.2021, Az.: 13 MN 400/21, BeckRS 2021, 29880 Rn. 13; *VGH Mannheim*, Beschl. vom 12.10.2021, Az.: 1 S 3038/21, BeckRS 2021, 30074 Rn. 46–48; *VG Berlin*, Beschl. vom 14.10.2021, Az.: VG 14 L 565/21, BeckRS 2021, 30524 Rn. 15; *OVG Bautzen*, Beschl. vom 04.11.2021, Az.: 3 B 374/21, BeckRS 2021, 33293 Rn. 58 f.; *VGH München*, Beschl. vom 04.11.2021, Az.: 25 NE 21.2561, BeckRS 2021, 36735 Rn. 47; in der Hauptsache etwa *OVG Bremen*, Urt. vom 19.04.2022, Az.: 1 D 126/21, BeckRS 2022, 9596 Rn. 77.

402 *VGH München*, Beschl. vom 08.12.2020, Az.: 20 NE 20.2461, BeckRS 2020, 34549 Rn. 36; *OVG Weimar*, Beschl. vom 21.12.2020, Az.: 3 EN 812/20, BeckRS 2020, 42874 Rn. 12.

403 *OVG Schleswig*, Beschl. vom 19.01.2021, Az.: 3 MR 1/21, BeckRS 2021, 371 Rn. 34; *VG Hamburg*, Beschl. vom 11.03.2021, Az.: 9 E 920/21, BeckRS 2021, 6417 Rn. 15; *OVG Bremen*, Beschl. vom 12.04.2021, Az.: 1 B 123/21, BeckRS 2021, 7079 Rn. 27; *VGH München*, Beschl. vom 13.04.2021, Az.: 20 NE 21.770, BeckRS 2021, 7566 Rn. 24; *OVG Bautzen*, Beschl. vom 14.04.2021, Az.: 3 B 21/21, BeckRS 2021, 9021 Rn. 39.

404 Siehe etwa *OVG Berlin-Brandenburg*, Beschl. vom 14.04.2021, Az.: OVG 11 S 49/21, BeckRS 2021, 7695 Rn. 19; *OVG Bremen*, Beschl. vom 15.04.2021, Az.: 1 B 127/21, BeckRS 2021, 7988 Rn. 30.

405 Exemplarisch *VGH Mannheim*, Beschl. vom 18.12.2020, Az.: 1 S 4080/20, BeckRS 2020, 36332 Rn. 33–36; *OVG Münster*, Beschl. vom 04.01.2021, Az.: 13 B 1724/20.NE, BeckRS 2021, 23 Rn. 13–17.

Zwecks dar.[406] Teils wurden so auch die Reduzierung der Mobilität oder die Kontaktreduzierung als eigenständiger Zweck betrachtet.[407]

(4) Absicherungsphase

Nach Abschluss der Impfkampagne und in einer Phase des politischen Umbruchs auf Bundesebene kam es ab November 2021 noch zu vier weiteren Änderungen der §§ 28 ff. IfSG. Die Pandemiebekämpfung fand nun weniger vor dem Hintergrund hoher Infektionszahlen und einer Bedrohung für das Gesundheitssystem statt.[408] Vielmehr sollten „das Erreichte" gesichert und für den Fall einer erneuten Verschlechterung der Lage Handlungsmöglichkeiten gewährleistet werden,[409] einer als zu niedrig erachteten Impfquote begegnet werden[410] sowie vulnerable Gruppen geschützt werden, die nicht (ausreichend) geimpft werden konnten.[411] Ob das aber nach Willen des Gesetzgebers eigene Gesetzeszwecke sein sollte, ist zweifelhaft. Die Rechtsprechung sah dies jedenfalls nicht so. Nahezu ausschließlich[412] wurde weiterhin der Dualismus aus Lebens- und Gesundheitsschutz und die Funktionsfähigkeit des Gesundheitssystem als Zweckbestimmung betrachtet.[413] Hinsichtlich der „G-Regeln" – also dem Ausschluss von Personen, welche nicht keine Immunität und/oder einen negativen Test nachweisen konnten – wurde auch die Wiederermöglichung der Wahrnehmung grundgesetzlich gewährleisteter Freiheitsrechte als legitime Zweckbestimmung anerkannt.[414]

---

[406] Exemplarisch *OVG Weimar*, Beschl. vom 21.12.2020, Az.: 3 EN 812/20, BeckRS 2020, 42874 Rn. 37.

[407] So bei *OVG Berlin-Brandenburg*, Beschl. vom 14.01.2021, Az.: OVG 11 S 3/21, BeckRS 2021, 192 Rn. 16; unklar bei *OVG Weimar*, Beschl. vom 21.12.2020, Az.: 3 EN 812/20, BeckRS 2020, 42874 Rn. 37; ebenso wohl in der Hauptsache *LVerfG LSA*, Urt. vom 26.03.2021, Az.: LVG 4/21, BeckRS 2021, 9553 Rn. 156.

[408] So im Ansatz noch BT-Drs. 20/15, S. 2, 29.

[409] BT-Drs. 20/958, S. 1; BT-Drs. 20/2573, S. 1.

[410] BT-Drs. 20/15, S. 2; BT-Drs. 20/188, S. 1 f.

[411] BT-Drs. 20/15, S. 2, 29; BT-Drs. 20/958, S. 20; BT-Drs. 20/2573, S. 1.

[412] Anders etwa *BayVerfGH*, Entsch. vom 07.12.2021, Az.: Vf. 60-VII-21, BeckRS 2021, 38287 Rn. 22: Schutzpflicht für Leben und körperliche Unversehrtheit.

[413] *OVG Bautzen*, Beschl. vom 09.12.2021, Az.: 3 B 428/21, BeckRS 2021, 38324 Rn. 55; *OVG Lüneburg*, Beschl. vom 10.12.2021, Az.: 13 MN 462/21, BeckRS 2021, 38303 Rn. 33 f.; *OVG Saarlouis*, Beschl. vom 20.12.2021, Az.: 2 B 278/21, BeckRS 2021, 40145 Rn. 12; *VGH München*, Beschl. vom 21.12.2021, Az.: 20 NE 21.2946, BeckRS 2021, 40118 Rn. 48; *OVG Münster*, Beschl. vom 22.12.2021, Az.: 13 B 1867/21.NE, BeckRS 2021, 39969 Rn. 16; *VG Berlin*, Beschl. vom 23.12.2021, Az.: VG 14 L 632/21, BeckRS 2021, 40646 Rn. 21; *OVG Schleswig*, Beschl. vom 30.12.2021, Az.: 3 MR 35/21, BeckRS 2021, 43572 Rn. 26; *OVG Greifswald*, Beschl. vom 07.01.2022, Az.: 1 KM 661/21 OVG, BeckRS 2022, 14 Rn. 72.

[414] *VGH Mannheim*, Beschl. vom 17.12.2021, Az.: 1 S 3528/21, BeckRS 2021, 39967 Rn. 46.

bb) Geeignetheit und Erforderlichkeit

(1) Generelle Handhabung der Teilanforderungen

Bei der Analyse der legislativen Gestaltungsfreiheit wurde ausführlich die Geeignetheit und Erforderlichkeit der nächtlichen Ausgangsbeschränkung im Rahmen der „Bundesnotbremse" betrachtet.[415] In der verwaltungsgerichtlichen Rechtsprechung zu Ausgangsbeschränkungen auf Landesebene finden sich Parallelen. So wurde etwa vom VGH München und VGH Mannheim die Eignung, nächtliche Zusammenkünfte zu unterbinden, schlicht unterstellt, ähnlich wurde bei der Erforderlichkeit verfahren.[416] In seiner ersten Entscheidung zur nächtlichen Ausgangsbeschränkung verzichtete der VGH München ganz darauf, die Erforderlichkeit überhaupt anzusprechen.[417] Gelegentlich wurde die Prüfung der Maßnahme mit der Prüfung von anderen kontaktreduzierenden Maßnahmen vermischt.[418] Äußerst unkritisch gaben sich Gerichte dann, wenn sie sich bereits mit der Verhinderung unbeabsichtigter Begegnungen in Hausfluren begnügen, um Geeignetheit und Erforderlichkeit zu bejahen,[419] oder zur 15-Kilometer-Regelung[420] zwar bemerkt wird, dass das Infektionsrisiko im Freien nach Ansicht des RKI gering ist, doch auch dieses Risiko ausgeschlossen werden müsse.[421] Dabei hat der Gesetzgeber durch die Regelung in § 28a Abs. 2 IfSG, nach der Ausgangsbeschränkungen erst dann verhängt werden dürfen, wenn der Maßnahmenkatalog ausgereizt wurde, explizit hohe Anforderungen an die Erforderlichkeit für diese Maßnahme gestellt, wie Gerichte auch bemerkten.[422] Folgen hatte das aber nur selten: Das OVG Greifswald etwa befand die automatische Verhängung einer Ausgangsbeschränkung nur wegen des

[415] Siehe oben S. 281 ff.

[416] *VGH München*, Beschl. vom 30.03.2020, Az.: 20 NE 20.632, NJW 2020, 1236 Rn. 59 f.; *VGH München*, Beschl. vom 14.12.2020, Az.: 20 NE 20.2907, NJW 2021, 178 Rn. 40; *VGH Mannheim*, Beschl. vom 18.12.2020, Az.: 1 S 4028/20, BeckRS 2020, 36334 Rn. 38–44; *VGH München*, Beschl. vom 11.01.2021, Az.: 20 NE 20.3030, BeckRS 2021, 163 Rn. 31 f.; *VGH München*, Beschl. vom 23.03.2021, Az.: 20 NE 21.841, BeckRS 2021, 5693 Rn. 26 f.

[417] *VGH München*, Beschl. vom 14.12.2020, Az.: 20 NE 20.2907, NJW 2021, 178, 181.

[418] *OVG Bautzen*, Beschl. vom 15.04.2020, Az.: 3 B 113/20, BeckRS 2020, 9181; *OVG Weimar*, Beschl. vom 18.02.2021, Az.: 3 EN 67/21, BeckRS 2021, 5303.

[419] So das *VG Hamburg*, Beschl. vom 02.04.2021, Az.: 14 E 1579/21, BeckRS 2021, 6386 Rn. 25, 29.

[420] Siehe zu dieser Maßnahme S. 58 ff.

[421] So das *OVG Berlin-Brandenburg*, Beschl. vom 14.01.2021, Az.: OVG 11 S 3/21, BeckRS 2021, 192, Rn. 17–21; mit Verweis darauf *OVG Magdeburg*, Beschl. vom 25.01.2021, Az.: 3 R 2/21, BeckRS 2021, 2668 Rn. 43 f.

[422] *OVG Bautzen*, Beschl. vom 04.03.2021, Az.: 3 B 26/21, KommJur 2021, 183, 189; *OVG Lüneburg*, Beschl. vom 06.04.2021, Az.: 13 ME 166/21, BeckRS 2021, 6292 Rn. 27; *ThürVerfGH*, Beschl. vom 14.12.2021, Az.: VerfGH 117/20 (juris) Rn. 283.

Überschreitens einer Inzidenz von 100 als diesen besonderen Hürden nicht genügend; ähnlich entschied das OVG Bautzen.[423]

Wie unterschiedlich sich ein und dieselbe Maßnahme beurteilen lässt, zeigte sich bei der in Hamburg verhängten Maskenpflicht beim Joggen. Die 9. Kammer des VG Hamburg hielt eine situationsunabhängige Maskenpflicht im Freien an einigen Orten zwar für geeignet, aber nicht erforderlich, da ohnehin die Pflicht bestand, von anderen Personen Abstand zu halten. Wo dies nicht gewährleistet werden konnte, dort konnte die Polizei durch eine andere Ermächtigung in der Verordnung bei Bedarf eine Maskenpflicht verhängen, was gegenüber einer allgemeinen Maskenpflicht ein milderes Mittel darstelle.[424] Die 13. Kammer betonte dagegen, dass es sich bei einem gleich effektiven Mittel nach Rechtsprechung des BVerfG um eine „eindeutig gleichwertige Alternative" handeln müsse. Die Maßnahme hielt sie aber für unangemessen, da der Nutzen nach der Erkenntnislage zu Infektionen im Freien als gering einzuschätzen sei.[425] Das OVG Hamburg hielt die Maskenpflicht dann nicht nur im Gegensatz zur 9. Kammer für erforderlich, sondern entgegen der 13. Kammer auch für angemessen.[426] Ähnliche Aspekte werden hier von der 9. Kammer des VG Hamburg auf Ebene der Erforderlichkeit zur Geltung gebracht, von der 13. Kammer sowie dem OVG Hamburg dagegen auf der abwägenden Ebene der Angemessenheit. Das OVG Hamburg und die 13. Kammer des VG Hamburg kommen bei der Abwägung zu unterschiedlichen Ergebnissen, weil sie Ungewissheiten in der Erkenntnislage und die Intensität des Eingriffs unterschiedlich gewichten.

Auch bei Entscheidungen zu den Sperrstunden in der Gastronomie lässt sich solche implizite Abwägung bei Geeignetheit und Erforderlichkeit beobachten.[427] Nach der üblichen Definition der Teilanforderung handelt es sich bei der Sperrstunde um eine erforderliche Maßnahme zur Infektionsvermeidung. Denn dass in der Gastronomie – unabhängig von der Frage nach der Häufigkeit – trotz Hygienemaßnahmen Infektionen erfolgen, lässt sich nicht von der Hand weisen.[428] Nachdem sich durch die Verkürzung der Betriebsstunden auch der Zeitraum von

---

[423] *OVG Greifswald*, Beschl. vom 23.04.2021, Az.: 1 KM 221/21 OVG, BeckRS 2021, 8471 Rn. 24–33; *OVG Bautzen*, Beschl. vom 04.03.2021, Az.: 3 B 26/21, KommJur 2021, 183, 189 f. Ähnlich auch der *VGH Mannheim*, Beschl. vom 05.02.2021, Az.: 1 S 321/21, KommJur 2021, 106–113, der die Thematik jedoch nicht in der Erforderlichkeit verortet.

[424] *VG Hamburg*, Beschl. vom 11.03.2021, Az.: 9 E 920/21, BeckRS 2021, 6417 Rn. 14–20.

[425] *VG Hamburg*, Beschl. vom 18.03.2021, Az.: 13 E 1253/21, BeckRS 2021, 9906 Rn. 13–24.

[426] *OVG Hamburg*, Beschl. vom 14.04.2021, Az.: 5 Bs 67/21, BeckRS 2021, 9905 Rn. 24–40; *OVG Hamburg*, Beschl. vom 01.04.2021, Az.: 5 Bs 54/21, KommJur 2021, 190, 193–195.

[427] Siehe zu impliziten Abwägungen oben S. 277 f.

[428] *Erdmann*, NVwZ 2020, 1798, 1802, der diesen Teil der Entscheidung als Übergriff in die Sphäre des Verordnungsgebers kritisiert.

Begegnungen in gastronomischen Einrichtungen verringert und eine vollständige Verlagerung von Zusammenkünften zu anderen Orte oder Tageszeiten unplausibel ist, führt eine Sperrstunde jedenfalls für die Dauer ihrer Geltung zur Verhinderung einiger Infektionen. Auch wenn die Wirkung womöglich sehr gering sein mag, so stellt eine von Hygienemaßnahmen und einem Alkoholausschankverbot flankierte, zeitlich unbegrenzte Öffnung zwar ein fast gleich effektiveres, aber eben doch ein weniger effektives Mittel dar.[429] Dennoch befand das VG Berlin im Herbst 2020, dass die Sperrstundenregelung nicht erforderlich sei.[430] Maßgeblich stütze es sich dabei auf damalige Daten des RKI, denen zufolge das Infektionsumfeld Gastronomie nur eine untergeordnete Rolle spielte. Es sei daher nicht erkennbar, dass die Sperrstunde gegenüber den bisherigen Maßnahmen in der Gastronomie „für eine *nennenswerte* Bekämpfung des Infektionsgeschehens erforderlich wäre."[431] Das Gericht geht also ebenfalls davon aus, dass sich durch die Sperrstundenregelung ein Mehr an Infektionsbekämpfung erreichen lässt, hält den zu erwartenden Beitrag aber für nicht relevant genug, um die Maßnahme angesichts des zusätzliche Eingriffsgewichts noch als erforderlich zu betrachten, auch wenn es dieses nicht explizit erwähnt.[432] Andere Gerichte schlossen sich dem dann an.[433] Das OVG Münster kam in der Abwägung jedoch zum gegenteiligen Ergebnis, da die Daten des RKI nicht mehr zur dynamischeren Infektionslage gepasst hätten.[434] Alle Entscheidungen verweisen explizit auf das VG Berlin. In Entscheidungen aus dem Folgejahr wurde der Aspekt dagegen nicht mehr thematisiert.[435] Hier zeigt sich auch die Bedeutung der Einschätzungen des RKI. Besonders deutlich zeigt sich das etwa an einer Eilentscheidung des OVG Bautzen zu einer Ausgangsbeschränkung. Die Maßnahme würde zwar von Teilen der Wissenschaft als unverhältnismäßig bewertet. Doch genieße die Einschätzung des RKI „schon von Gesetzes wegen Vorrang".[436]

[429] Siehe dazu auch *Leisner-Egensperger*, NVwZ 2024, 1455, 1458, die zur Steigerung der Leistungfähigkeit der Geeignetheit fordert, dass auch „im wesentlichen gleichwertige Alternativen" ausreichen sollen.

[430] *VG Berlin*, Beschl. vom 15.10.2020, Az.: VG 14 L 422/20, BeckRS 2020, 26757 Rn. 18–25.

[431] *VG Berlin*, Beschl. vom 15.10.2020, Az.: VG 14 L 422/20, BeckRS 2020, 26757 Rn. 18 (Hervorhebung hinzugefügt).

[432] Jedenfalls nicht im Rahmen der Erforderlichkeit, siehe aber *VG Berlin*, Beschl. vom 15.10.2020, Az.: VG 14 L 422/20, BeckRS 2020, 26757 Rn. 25 zur Angemessenheit.

[433] *VG Berlin*, Beschl. vom 15.10.2020, Az.: VG 14 L 422/20, BeckRS 2020, 26757 Rn. 19–25.

[434] *OVG Münster*, Beschl. vom 26.10.2020, Az.: 13 B 1581/20.NE, BeckRS 2020, 28127 Rn. 38; *OVG Münster*, Beschl. vom 29.10.2020, Az.: 13 B 1586/20.NE, BeckRS 2020, 29553 Rn. 32.

[435] *VGH München*, Beschl. vom 06.07.2021, Az.: 25 NE 21.1647, BeckRS 2021, 18467; *VGH München*, Beschl. vom 18.08.2021, Az.: 25 NE 21.1741, BeckRS 2021, 24982; *OVG Bautzen*, Beschl. vom 09.12.2021, Az.: 3 B 420/21, BeckRS 2021, 38323.

[436] *OVG Bautzen*, Beschl. vom 15.04.2020, Az.: 3 B 114/20, BeckRS 2020, 9180 Rn. 17.

In einigen Fällen wurden Maßnahmen außer Vollzug gesetzt, weil diese in anderen Lebensbereichen nicht (mehr) galten. So hielt das OVG Magdeburg die Schließung von Prostitutionsstätten für nicht mehr erforderlich, was es maßgeblich damit begründete, dass in anderen Lebensbereichen mildere Mittel vom Verordnungsgeber für ausreichend erachtet wurden.[437] Das zeigt, wie Gleichheits- und Folgerichtigkeitsargumente die Verhältnismäßigkeitsprüfung bereichern können.[438] Darüber hinaus wurden Maßnahmen im Fall evident fehlender Erforderlichkeit aufgehoben, so im Fall des Verbots von Autokinos.[439] Das BVerwG machte in einer Entscheidung die Bedeutung des Einschätzungsspielraums des Verordnungsgebers deutlich.[440] Anlass war eine vorherige Entscheidung des OVG Saarlouis zum weitgehenden Öffnungsverbot von Möbel- und Einrichtungshäusern.[441] Das OVG Saarlouis hielt das Öffnungsverbot für nicht erforderlich, was es knapp damit begründete, dass im Fall der Antragstellerinnen auch andere, mildere und ähnlich effektive Hygienemaßnahmen möglich gewesen seien.[442] Das BVerwG hob die Entscheidung unter anderem deshalb auf, weil das OVG Saarlouis den Einschätzungsspielraum nicht beachtet hätte. So hätte es überprüfen müssen, ob die Annahmen des Verordnungsgebers von dessen Einschätzungsspielraum gedeckt waren. Stattdessen hätte das Gericht schlicht seine eigene Bewertung der Sachlage an die Stelle derer des Verordnungsgebers gestellt.[443]

(2) Insbesondere: Einschätzungsspielraum des Verordnungsgebers

Der Einschätzungsspielraum des Verordnungsgebers spielte in den ausgewerteten Entscheidungen eine zentrale argumentative Rolle. Er findet sich schon in diversen Entscheidungen aus der Anfangszeit der Pandemie.[444] Bezeichnet wird er teils als „Einschätzungsspielraum“ oder „Einschätzungs- und Prognosespielraum“, teils als „Einschätzungsprärogative“, gelegentlich auch als „Beurteilungsspielraum“. Gemeint ist damit aber immer dasselbe, teils werden die Begriffe in derselben Entscheidung synonym verwendet.[445]

---

[437] *OVG Magdeburg*, Beschl. vom 03.09.2020, Az.: 3 R 156/20, BeckRS 2020, 22061 Rn. 22–32; ähnlich auch *OVG Lüneburg*, Beschl. vom 28.08.2020, Az.: 13 MN 307/20, BeckRS 2020, 21034 Rn. 19–27.

[438] Siehe dazu noch unten S. 338 ff.

[439] *OVG Berlin-Brandenburg*, Beschl. vom 21.07.2020, Az.: OVG 11 S 65/20, BeckRS 2020, 16701 Rn. 17–27.

[440] *BVerwG*, Urt. vom 18.04.2024, Az.: 3 CN 12.22, BeckRS 2024, 16488.

[441] *OVG Saarlouis*, Urt. vom 15.09.2022, Az.: 2 C 62/21, BeckRS 2022, 25643.

[442] *OVG Saarlouis*, Urt. vom 15.09.2022, Az.: 2 C 62/21, BeckRS 2022, 25643 Rn. 18.

[443] *BVerwG*, Urt. vom 18.04.2024, Az.: 3 CN 12.22, BeckRS 2024, 16488 Rn. 17.

[444] Auffällig ist, dass etwa das OVG Lüneburg – soweit ersichtlich – einen Einschätzungsspielraum des Verordnungsgebers nicht erwähnt, dieser sich in der Rechtsprechung anderer Gerichte in jeder Entscheidung findet.

[445] So ausdrücklich *OVG Bautzen*, Beschl. vom 29.04.2020, Az.: 3 B 146/20, BeckRS 2020, 16028 Rn. 47.

Zentral sind einige Entscheidung aus den ersten Wochen der Pandemie. Das OVG Berlin-Brandenburg leitete aus einer Entscheidung des BVerwG zu § 28 IfSG aus dem Jahr 2012[446] ab, dass bei Geeignetheit und Erforderlichkeit dem „Verordnungsgeber grundsätzlich ein Einschätzungsspielraum zuzubilligen" sei.[447] Das BVerwG gab an der zitierten Stelle folgendes zu beachten:

> „Hinsichtlich Art und Umfang der Bekämpfungsmaßnahmen – ‚wie' des Eingreifens – ist der *Behörde*, wie bereits ausgeführt, *Ermessen* eingeräumt (BR-Drucks. 566/99 a. a. O.). Dem liegt die Erwägung zugrunde, dass sich die Bandbreite der Schutzmaßnahmen, die bei Auftreten einer übertragbaren Krankheit in Frage kommen können, nicht im Vorfeld bestimmen lässt. Der Gesetzgeber hat § 28 Abs. 1 IfSG daher als Generalklausel ausgestaltet. Das behördliche Ermessen wird dadurch beschränkt, dass es sich um ‚notwendige Schutzmaßnahmen' handeln muss, nämlich Maßnahmen, die zur Verhinderung der (Weiter-)Verbreitung der Krankheit geboten sind. Darüber hinaus sind dem Ermessen durch den Verhältnismäßigkeitsgrundsatz Grenzen gesetzt […]."[448]

Ein Einschätzungsspielraum des Verordnungsgebers ergibt sich daraus nur dann, wenn man den Spielraum mit dem Auswahlermessen gleichsetzt. Der VGH München entschied ähnlich wie das OVG Berlin-Brandenburg, ohne jedoch auf Vor-Corona-Rechtsprechung zu verweisen oder sich sonst mit den Eigenheiten der Verordnungsgebung zu beschäftigen.[449] Das OVG Magdeburg leitete einige Wochen später den Einschätzungsspielraum aus der Entscheidung des BVerfG zum Einfuhr- und Verbringungsverbot von gefährlichen Hunden ab,[450] in der das Gericht jedoch vom Einschätzungsspielraum des *Gesetzgebers* spricht.[451] Damit wählt das OVG Magdeburg einen anderen Weg als das OVG Berlin: Die Gestaltungsmacht des Verordnungsgebers soll demnach nicht in der Nähe des behördlichen Ermessens stehen, sondern dem gesetzgeberischen Einschätzungsspielraum ähneln. Auch wenn frühere Rechtsprechung nicht zitiert wird, ist das insofern konsequent, als dass diese selbst uneinheitlich war.[452]

Andere Gerichte zitierten dann regelmäßig diese Entscheidungen,[453] andere übernahmen auch die Argumentation, ohne deren Urheber zu nennen.[454] Eine tat-

---

[446] BVerwGE 142, 205.

[447] *OVG Berlin-Brandenburg*, Beschl. vom 23.03.2020, Az.: OVG 11 S 12/20, BeckRS 2020, 4408 Rn. 8.

[448] BVerwGE 142, 205, Rn. 24 (Hervorhebungen hinzugefügt).

[449] *VGH München*, Beschl. vom 30.03.2020, Az.: 20 NE 20.632, NJW 2020, 1236 Rn. 60.

[450] *OVG Magdeburg*, Beschl. vom 29.04.2020, Az.: 3 R 71/20, BeckRS 2020, 12629 Rn. 25.

[451] BVerfGE 110, 141, 58.

[452] Siehe oben S. 296 ff.

[453] *OVG Münster*, Beschl. vom 06.04.2020, Az.: 13 B 398/20.NE, BeckRS 2020, 5158 Rn. 59; *VGH Kassel*, Beschl. vom 07.04.2020, Az.: 8 B 892/20.N, BeckRS 2020, 5242 Rn. 39; *OVG Weimar*, Beschl. vom 08.04.2020, Az.: 3 EN 245/20, BeckRS 2020, 8272 Rn. 41; *OVG Weimar*, Beschl. vom 09.04.2020, Az.: 3 EN 238/20, BeckRS 2020, 7743 Rn. 38; *OVG Bremen*, Beschl. vom 09.04.2020, Az.: 1 B 97/20, BeckRS 2020, 5629 Rn. 43;

sächliche Herleitung der Spielräume des *Verordnungsgebers* findet sich nicht. Gerichte scheinen die Spielräume mit denen des Gesetzgebers gleichzusetzen. Konsequent ist es dann schon, wenn der VGH Mannheim bei der Beurteilung der Verhältnismäßigkeit einer Rechtsverordnung schreibt: „Bei der Beurteilung der Eignung und Erforderlichkeit steht dem *Gesetzgeber* ein Beurteilungsspielraum zu".[455] Dieser zweifelhafte Umgang wurde jedoch vom BVerfG gebilligt. So äußerte es sich im Mai 2020:

> „Wenn wie hier die Freiheits- und Schutzbedarfe der verschiedenen Grundrechtsträger in unterschiedliche Richtung weisen, haben der Gesetzgeber *und auch die von ihm zum Verordnungserlass ermächtigte Exekutive* nach ständiger Rechtsprechung des BVerfG von Verfassungs wegen einen Spielraum für den Ausgleich dieser wiederstreitenden Grundrechte. Im vorliegenden Fall besteht dabei wegen der im fachwissenschaftlichen Diskurs auftretenden Ungewissheiten und der damit unsicheren Entscheidungsgrundlage auch ein tatsächlicher Einschätzungsspielraum."[456]

Das Gericht scheint selbst davon auszugehen, dass die Spielräume des Gesetzgebers an den Verordnungsgeber durchgereicht wurden und deshalb identisch seien. Später wurden von der Verwaltungsgerichtsbarkeit auch die Entscheidungen zur „Bundesnotbremse" zitiert, ohne dass die Übertragbarkeit auf die Überprüfung von Verordnungen thematisiert wurden.[457] Nur selten zitierten Gerichte frühere Rechtsprechung, welche sich tatsächlich auf die Spielräume des Verordnungsgebers bezog; auch dann beschäftigten sie sich allerdings nicht mit den konkreten Unterschieden zwischen Gesetzes- und Verordnungsgeber.[458]

VG Hamburg, Beschl. vom 09.04.2020, Az.: 9 E 1605/20, BeckRS 2020, 12234 Rn. 32; *VG Hamburg*, Beschl. vom 17.04.2020, Az.: 14 E 1635/20, BeckRS 2020, 12201 Rn. 20; *OVG Hamburg*, Beschl. vom 30.04.2020, Az.: 5 Bs 64/20, BeckRS 2020, 7265 Rn. 22; *VG Berlin*, Beschl. vom 04.05.2020, Az.: VG 14 L 74/20, BeckRS 2020, 8651 Rn. 19.

[454] *OVG Greifswald*, Beschl. vom 08.04.2020, Az.: 2 KM 236/20 OVG, BeckRS 2020, 5637 Rn. 24; *OVG Saarlouis*, Beschl. vom 22.04.2020, Az.: 2 B 130/20, BeckRS 2020, 6458 Rn. 23.

[455] *VGH Mannheim*, Beschl. vom 09.04.2020, Az.: 1 S 925/20, BeckRS 2020, 6351 Rn. 38 (Hervorhebung hinzugefügt); ähnlich etwa auch das *OVG Bautzen*, Beschl. vom 29.04.2020, Az.: 3 B 146/20, BeckRS 2020, 16028 Rn. 47.

[456] *BVerfG*, Beschl. vom 13.05.2020, Az.: 1 BvR 1021/20, NVwZ 2020, 876 Rn. 10 (Hervorhebung hinzugefügt).

[457] Exemplarisch *OVG Münster*, Beschl. vom 10.09.2021, Az.: 13 B 1412/21.NE, BeckRS 2021, 25756 Rn. 20; *BayVerfGH*, Entsch. vom 07.12.2021, Az.: Vf. 60-VII-21, BeckRS 2021, 38287 Rn. 28; *VGH München*, Beschl. vom 27.12.2021, Az.: 20 NE 21.2907, BeckRS 2021, 40580 Rn. 39; *OVG Weimar*, Beschl. vom 30.12.2021, Az.: 3 EN 775/21, BeckRS 2021, 41461 Rn. 58; *VGH Kassel*, Beschl. vom 04.01.2022, Az.: 8 B 2448/21.N, BeckRS 2022, 3 Rn. 31.

[458] So etwa das *OVG Münster*, Beschl. vom 04.01.2021, Az.: 13 B 1724/20.NE, BeckRS 2021, 23 Rn. 18; *OVG Schleswig*, Beschl. vom 22.01.2021, Az.: 3 MR 4/21, BeckRS 2021, 538 Rn. 33; *OVG Greifswald*, Beschl. vom 28.04.2021, Az.: 1 KM 241/21 OVG, BeckRS 2021, 10209 Rn. 27.

Dieses Vorgehen ist überraschend. Denn Literatur und Rechtsprechung hatten sich mit dem Phänomen durchaus schon beschäftigt.[459] Lange Zeit änderte sich daran auch nichts. Doch im Oktober 2021 näherte sich der VGH München der Problematik. Hatte das Gericht im März 2020 die damalige vorläufige Ausgangsbeschränkung noch als vorläufig rechtmäßig eingeschätzt,[460] legte es in der Hauptsacheentscheidung eine Kehrtwende ein und erklärte die Regelung nachträglich für nicht erforderlich und nicht angemessen, während es die Teilanforderungen im März 2020 noch bejahte. In der Entscheidung setzte sich der VGH München ausführlich mit den Spielräumen des Verordnungsgebers und der gerichtlichen Kontrolldichte auseinander.[461] Sowohl der Verwaltungsgerichtshof als auch das BVerwG, welches eine spätere Revision gegen die Entscheidung zurückwies,[462] schlossen sich dabei der Ansicht an, dass es sich bei den Spielräumen des Verordnungsgebers um eine besondere Form des Verwaltungsermessens handele.[463] Der VGH München ordnet die streitgegenständliche Verordnung als Einzelfallverordnung ein, welche so intensiv wie ein Verwaltungsakt geprüft werden soll.[464] Das ist in der Begründung nicht überzeugend. Denn die §§ 28, 32 IfSG waren in der damaligen Fassung vom Gesetzgeber niemals dazu gedacht, dass eine Maßnahme wie die Ausgangsbeschränkung auf Basis dieser Rechtsgrundlage eingeführt werden könnte. Die damalige Fassung sah auch keine weiteren Voraussetzungen vor, unter denen diese Maßnahme getroffen werden konnte.[465] Indem der Verordnungsgeber eine neue Maßnahme einführte, handelte er mehr normsetzend als normanwendend-verwaltend. Das zeigt auch ein anderer Umstand: Der Bundesgesetzgeber schuf im Rahmen der „Bundesnotbremse" phasenweise selbst eine ganz ähnliche Regelung. Das damalige – nicht durch Tatbestandsvoraussetzungen im engeren Sinne begrenzte – Handeln des Verordnungsgebers unterschied sich nicht von der normsetzenden Tätigkeit des Bundesgesetzgebers. Entscheidend für die vom VGH München festgestellte hohe gerichtliche Kontrolldichte ist aber ein anderer Punkt, den das Gericht betont: Da der Gesetzgeber die Norm ursprünglich überhaupt nicht für solche Fälle geschaffen hatte, konnte er auch nicht beabsichtigen, dem Verordnungsgeber überhaupt derartige Spielräume zu übertragen.[466] Das relativiert das

---

[459] Siehe oben S. 297 ff. Ebenso kritisch gegenüber der Verkennung der Unterschiede *Lüke*, JöR 2022 (70), 609, 627.

[460] *VGH München*, Beschl. vom 30. 03. 2020, Az.: 20 NE 20.632, NJW 2020, 1236.

[461] *VGH München*, Beschl. vom 04. 10. 2021, Az.: 20 N 20.767, BeckRS 2021, 29086 Rn. 63–74.

[462] BVerwGE 177, 92.

[463] BVerwGE 177, 92, Rn. 13; *VGH München*, Beschl. vom 04. 10. 2021, Az.: 20 N 20.767, BeckRS 2021, 29086 Rn. 64.

[464] *VGH München*, Beschl. vom 04. 10. 2021, Az.: 20 N 20.767, BeckRS 2021, 29086 Rn. 69 f.; siehe dazu oben S. 296 ff.

[465] Das bemerkte der VGH auch selbst, vgl. *VGH München*, Beschl. vom 04. 10. 2021, Az.: 20 N 20.767, BeckRS 2021, 29086 Rn. 70–73.

[466] *VGH München*, Beschl. vom 04. 10. 2021, Az.: 20 N 20.767, BeckRS 2021, 29086 Rn. 70–72.

Gericht dann allerdings wieder damit, dass der Gesetzgeber die Maßnahmen durch den Erlass des IfSG in der Fassung vom 27. März 2020 legitimiert hätte.[467] Letztlich liegt das Problem darin, dass der VGH München schon einen Verstoß gegen den Parlamentsvorbehalt hätte feststellen müssen. Dadurch stößt die hergebrachte Differenzierung der Kontrolldichte bei Verordnungen an ihre Grenzen. Denn eigentlich soll die Kontrolldichte abnehmen, je stärker der rechtssetzende Charakter ist und desto größer die Gestaltungsfreiheit ist, die dem Verordnungsgeber vom Gesetzgeber eingeräumt wurde.[468] Allerdings sind damit dennoch Fälle gemeint, in welchen diese Rechtsetzung im Rahmen einer Normkonkretisierung der Ermächtigungsgrundlage erfolgt. Hier liegt der Fall aber anders. Die Rechtsfolge der §§ 28, 32 IfSG wurde nicht konkretisiert. Vielmehr wurde das Ersten Bevölkerungsschutzgesetzes gerade erlassen, um die Gestaltungsfreiheit des Gesetzgebers im Bereich der Pandemiebekämpfungsmaßnahmen vollständig an Behörden und Verordnungsgeber durchzureichen, und so deren Handlungsfähigkeit sicherzustellen.[469] Würde man dem Verordnungsgeber nun angesichts dieser besonders hohen Gestaltungsfreiheit die größtmöglichen Spielräume und damit die geringst denkbare gerichtliche Kontrolldichte einräumen, dann wären die Spielräume von Gesetzgeber und Verordnungsgeber identisch, was die Unterschiede zwischen beiden hinsichtlich der personellen demokratischen Legitimierung und des Beschlussprozederes ignorieren würde. Das gilt insbesondere dann, wenn die Verordnung nicht durch die Landesregierung als Ganzes, sondern eine einzelne Ministerin erlassen wird, wie es bei der streitgegenständlichen Verordnung in Folge von Subdelegation der Fall war.[470] Wenn man also die Ermächtigungsgrundlage in solch einem Fall nicht schon als dem Parlamentsvorbehalt widersprechend betrachtet, dann muss als Konsequenz des demokratischen Legitimitätsdefizits und prozeduralen Defizits die Kontrolldichte durch das Gericht angehoben werden. Im Ergebnis ist dem VGH München hier also zuzustimmen.

Die Entscheidung sticht unter den Hauptsacheentscheidungen heraus. Häufig verwiesen andere Gerichte etwa darauf, dass dem „Gesetzgeber und auch [der] von

[467] *VGH München*, Beschl. vom 04.10.2021, Az.: 20 N 20.767, BeckRS 2021, 29086 Rn. 73.

[468] Siehe dazu oben S. 296 ff.

[469] Anders kann es nicht verstanden werden, wenn der Gesetzgeber den dafür zentralen § 28 IfSG in Kenntnis des Umstandes der Verwendung durch die Länder lediglich „aus Gründen der Normenklarheit“ anpasst (BT-Drs. 19/18111, S. 24). Im Übrigen kann gegen ein demokratisches Legitimationsdefizit nicht eingewendet werden, dass dieses durch die Abstimmung im Rahmen der Bund-Länder-Runde gelindert würde. Denn die hier streitgegenständliche Ausgangsbeschränkung war zum damaligen Zeitpunkt überhaupt nicht im Bund-Länder-Beschluss vorgesehen, siehe den Bund-Länder-Beschluss vom 22. März 2020, abrufbar unter und zitiert nach https://web.archive.org/web/20231206163018/https://www.bundesregierung.de/breg-de/themen/coronavirus/besprechung-von-bundeskanzlerin-merkel-mit-den-regierungschefinnen-und-regierungschefs-der-laender-zum-coronavirus-1733266 (letzter Abruf: 18. November 2025).

[470] Siehe § 9 Nr. 5 DelV (GVBl. 2014 S. 22) i.d.F. vom 13. Januar 2020 (GVBl. S. 11).

ihm zum Verordnungserlass ermächtigte Exekutive nach ständiger Rechtsprechung des Bundesverfassungsgerichts von Verfassungs wegen [ein] Spielraum für den Ausgleich dieser widerstreitenden Grundrechte" zukomme, der auch in tatsächlicher Hinsicht gelte.[471] Unterschiede zwischen Gesetzgeber und Verordnungsgeber wurden ignoriert,[472] was zu Prüfungsmaßstäben zwischen Evidenz- und Vertretbarkeitskontrolle führte.[473]

Dass sich die Gerichte zumeist nicht mit der Figur des Entscheidungsspielraums des Verordnungsgebers befassten, führt dazu, dass sowohl im vorläufigen Rechtsschutz als auch in Hauptsacheentscheidungen dessen Umfang und Bedeutung regelmäßig unklar bleibt. Häufig folgerten Gerichte aus dem – zumeist nicht besonders begründeten, sondern unterstellten – Bestehen eines Spielraums, dass eine Maßnahme geeignet oder erforderlich wird, wenn das Gegenteil einer Annahme nicht „eindeutig" ist oder der Verordnungsgeber „keine feststehenden Tatsachen ignoriert" hat.[474] Gerne wurde betont, dass tatsächliche Einschätzungsspielräume mit der Zeit durch neue Erkenntnismöglichkeiten geringer werden, ohne dass dieser Umstand über seine floskelartige Wiederholung hinaus eine praktische Relevanz erfahren hätte.[475] Gelegentlich wurde der Einschätzungsspielraum als Argument genutzt, um Prüfungspunkte kurz und pragmatisch zu behandeln.[476] Die Einschätzung des RKI spielte häufig eine Rolle, um das Einhalten oder Überschreiten des Einschätzungsspielraums festzustellen. So hielt das VG Berlin den Einschätzungsspielraum im Falle der Sperrstunde für die Gastronomie für verletzt. Der Verord-

---

[471] So etwa das *OVG Bautzen*, Urt. vom 15.10.2021, Az.: 3 C 15/20, BeckRS 2021, 33251 Rn. 54.

[472] So etwa *ThürVerfGH*, Urt. vom 01.03.2021, Az.: VerfGH 18/20, BeckRS 2021, 3015 Rn. 148, 150, 153; *OVG Bautzen*, Urt. vom 15.10.2021, Az.: 3 C 15/20, BeckRS 2021, 33251 Rn. 53–59; *ThürVerfGH*, Beschl. vom 14.12.2021, Az.: VerfGH 117/20 (juris) Rn. 278 f.; *OVG Bautzen*, Urt. vom 16.12.2021, Az.: 3 C 20/20, BeckRS 2021, 41523 Rn. 44, 60, 62 f.; *OVG Bremen*, Urt. vom 19.04.2022, Az.: 1 D 104/20, BeckRS 2022, 9393 Rn. 71–73; *VGH Mannheim*, Urt. vom 02.06.2022, Az.: 1 S 1079/20, BeckRS 2022, 15543 Rn. 142, 148, 160; ohne erkennbare Differenzierung auch *OVG Magdeburg*, Urt. vom 30.06.2022, Az.: 3 K 72/20, BeckRS 2022, 18375 Rn. 54–57.

[473] Siehe nur *ThürVerfGH*, Urt. vom 01.03.2021, Az.: VerfGH 18/20, BeckRS 2021, 3015 Rn. 154, 170, 171; *OVG Bautzen*, Urt. vom 16.12.2021, Az.: 3 C 20/20, BeckRS 2021, 41523 Rn. 26 f.

[474] So exemplarisch *OVG Münster*, Beschl. vom 06.04.2020, Az.: 13 B 398/20.NE, BeckRS 2020, 5158 Rn. 59; *VGH Kassel*, Beschl. vom 07.04.2020, Az.: 8 B 892/20.N, BeckRS 2020, 5242 Rn. 39; *OVG Magdeburg*, Beschl. vom 10.12.2020, Az.: 3 R 254/20, BeckRS 2020, 37571 Rn. 32.

[475] Exemplarisch *OVG Berlin-Brandenburg*, Beschl. vom 06.11.2020, Az.: OVG 11 S 113/20, BeckRS 2020, 29815 Rn. 28; *OVG Greifswald*, Beschl. vom 22.04.2022, Az.: 1 KM 221/22 OVG, BeckRS 2022, 8112 Rn. 50; in der Hauptsache *OVG Bautzen*, Urt. vom 21.04.2021, Az.: 3 C 8/20, BeckRS 2021, 8023 Rn. 28.

[476] So etwa das *OVG Greifswald*, Beschl. vom 08.04.2020, Az.: 2 KM 236/20 OVG, BeckRS 2020, 5637 Rn. 24: „Ob sämtliche Beschränkungen kumulativ erforderlich sind, unterliegt der Einschätzungsprärogative des Verordnungsgebers."

nungsgeber sei von einer hohen Infektionsgefahr in der Gastronomie ausgegangen. Das ließe sich nicht mit Erkenntnissen des RKI vereinbaren, denen zufolge nur ein kleiner Teil der Infektionen in der Gastronomie erfolge.[477]

Allerdings finden sich auch Entscheidungen, welche aus diesem Schema ausbrechen. So betont der VerfGH Saarland zwar, dass angesichts der Gefahr für Leib und Leben „eine weite Einschätzungsprärogative der Exekutive“ bestehe.[478] Mit deren Natur und Reichweite setzte er sich zwar nicht auseinander; die Ausgangsbeschränkung sah er von dieser aber nicht mehr gedeckt, wobei er dafür sogar Studien auswertete,[479] was schon einer intensiveren Inhaltskontrolle entspricht.

In einer anderen Hauptsacheentscheidung des VGH München begründet das Gericht einen infektionsschutzrechtlichen Beurteilungsspielraum. Ein solcher käme der Behörde bei der Beurteilung zu, ob eine bedrohliche übertragbare Krankheit im Sinne des § 2 Nr. 3a IfSG vorliegt. Argumentativ stellt das Gericht auf die normative Ermächtigungslehre ab, die nach dieser Lehre notwendige Ermächtigung des Gesetzgebers sei nach Auslegung erkennbar.[480] Während der VGH München in späteren Entscheidungen regelmäßig auf diese Rechtsprechung rekurrierte,[481] blieb das Gericht mit seiner Auffassung isoliert.[482]

Eine solch klare Trennung zwischen Spielräumen auf Tatbestandsebene und der Rechtsfolge findet sich selten, was sich womöglich damit erklären lässt, dass bei einer Verordnungsermächtigung die Trennung zwischen Tatbestand und Rechtsfolge meist schwer fallen wird, und die Unterscheidung auch in der Rechtsprechung außerhalb des Pandemiekontexts keine Rolle spielte.[483] In der Literatur wurde kritisiert, dass dem Verordnungsgeber auf Tatbestandsseite ein zu großer Spielraum eingeräumt wurde, da der Rechtsprechung[484] ein Einschätzungsspielraum hinsicht-

---

[477] *VG Berlin*, Beschl. vom 15.10.2020, Az.: VG 14 L 422/20, BeckRS 2020, 26757 Rn. 20.

[478] *VerfGH Saarl*, Beschl. vom 28.04.2020, Az.: Lv 7/20, NVwZ-RR 2020, 514 Rn. 29.

[479] *VerfGH Saarl*, Beschl. vom 28.04.2020, Az.: Lv 7/20, NVwZ-RR 2020, 514 Rn. 29–37.

[480] *VGH München*, Beschl. vom 04.10.2021, Az.: 20 N 20.767, BeckRS 2021, 29086 Rn. 56–62.

[481] Siehe exemplarisch *VGH München*, Urt. vom 06.10.2022, Az.: 20 N 20.794, BeckRS 2022, 31586 Rn. 67–73.

[482] *Aschke*, in: Bader/Ronellenfitsch, BeckOK VwVfG, 69. Edition, Stand 01.10.2025, § 40 Rn. 121, schloss sich der Ansicht des VGH München an; kritisch dagegen *Sangs/Eibenstein*, in: Sangs/Eibenstein, IfSG, 2022, § 2 Abs. 25.

[483] *Weitzel*, Justitiabilität des Rechtsetzungsermessens, 1998, S. 109. Siehe auch die genaue Begründung des *VGH München*, die selbst wieder Entscheidungen bezieht, welche sich mehr auf die Tatbestandsebene beziehen.

[484] Siehe zu dieser etwa *VGH Mannheim*, Urt. vom 28.07.2009, Az.: 1 S 2200/08, NVwZ-RR 2010, 55, 66.

lich der die Gefahr begründenden Tatsachen fremd sei.[485] Allerdings wird es bei Entscheidungen unter Unsicherheit immer zu einer reduzierten Kontrolldichte kommen, weil ein Gericht seine begrenzte fachliche Kompetenz respektieren muss.[486] Nun kann man die Auffassung vertreten, es handle sich hier nicht um einen Spielraum, weil dieser der Verwaltung nicht vom Gesetzgeber eingeräumt wurde, sondern schlicht um eine Funktionsgrenze der Rechtsprechung.[487] Allerdings existieren auch die anderen Kategorien von Spielräumen nicht als Selbstzweck. Sie sind Folge von faktischen und gewaltenteilungsbedingten Funktionsgrenzen der Rechtsprechung. Selbst im Falle von exekutiven Beurteilungsspielräumen, die einer Behörde ausdrücklich eingeräumt werden, handelt es sich bei dieser Ermächtigung nur um einen rechtlich ausdrücklich geregelten Umgang mit der Funktionsgrenze der Verwaltungsgerichtsbarkeit.

cc) Angemessenheit

Die Prüfung der Angemessenheit spielte in den Entscheidungen zu Verordnungen eine große Rolle.[488] Das galt auch im vorläufigen Rechtsschutz: Schon hier führten die Gerichte grundsätzlich vollständige Abwägungen durch. Teils verwiesen sie jedoch darauf, dass eine abschließende Prüfung erst im Hauptsacheverfahren möglich sei.[489]

Verordnungsgeberische Spielräume wurden in vielen Entscheidungen erwähnt.[490] Dass dem Verordnungsgeber – wie schon dem Gesetzgeber[491] – auch in normativer Hinsicht ein gewisser Spielraum eingeräumt werden muss, brachte das OVG Münster in mehreren Entscheidungen auf den Punkt, wenn es darauf hinweist, „dass es das einzig objektiv richtige angemessene Abwägungsergebnis nicht

---

[485] *Poscher*, in: Huster/Kingreen, HdB InfektionsschutzR, 2. Auflage 2022, Kap. 4 Rn. 124; mit Verweis darauf ebenso *Eibenstein*, in: Sangs/Eibenstein, IfSG, 2022, § 28a Rn. 159. Beide zitieren zum Beleg ihrer Kritik aber Teile von Entscheidungen, welche sich auf Entscheidungsspielräume bei Geeignetheit und Erforderlichkeit, also auf der Rechtsfolgenseite, beziehen.

[486] So denn auch *Eibenstein*, in: Sangs/Eibenstein, IfSG, 2022, § 28a Rn. 160.

[487] In diese Richtung BVerfGE 149, 407, Rn. 23; sich darauf beziehend *Eibenstein*, in: Sangs/Eibenstein, IfSG, 2022, § 28a Rn. 160.

[488] Siehe insbesondere zu den grundrechtstheoretischen Fragen, welche die Angemessenheit im Pandemiekontext aufwirft, *Wagner*, COVuR 2023, 152, 152 ff.

[489] So etwa *OVG Weimar*, Beschl. vom 09.04.2020, Az.: 3 EN 238/20, BeckRS 2020, 7743 Rn. 41, 45, 47; siehe auch bspw. *OVG Lüneburg*, Beschl. vom 17.04.2020, Az.: 13 MN 84/20, BeckRS 2020, 6188 Rn. 23.

[490] Statt aller *OVG Magdeburg*, Beschl. vom 27.10.2020, Az.: 3 R 205/20, BeckRS 2020, 28262 Rn. 23; *VGH München*, Beschl. vom 25.02.2021, Az.: 20 NE 21.460, BeckRS 2021, 3819 Rn. 24.

[491] Siehe S. 287 ff.

gibt."[492] Eine dominante Rolle in der Argumentation nehmen die Spielräume des Verordnungsgebers in der Gesamtheit der ausgewerteten Rechtsprechung nicht ein. Betont wurde in manchen Entscheidungen die schon aus dem Kontext der „Bundesnotbremse" erwähnte Beobachtungs- und Überprüfungspflicht.[493] Eine praktische Relevanz hatte das jedoch nicht, da die Gerichte unterstellten, dass der Pflicht Genüge getan worden wäre.[494] Zu einer erhöhten Kontrolldichte führte die fortschreitende Zeit nicht.[495] Der VGH Mannheim folgerte im Falle des Prostitutionsverbot allerdings, dass der Verordnungsgeber gegen diese Pflichten verstößt, wenn er mit Verweis auf steigende Infektionszahlen eine Art „Änderungsstopp" verhängt.[496] Im Rahmen der Hauptsacheentscheidung zur bayerischen vorläufigen Ausgangsbeschränkung im März 2020 befand der VGH München, dass dem Verordnungsgeber nur ein kleiner normativer Spielraum zukam, die Kontrolldichte bei Prüfung der Angemessenheit also sehr hoch sein müsse. Diese Feststellung war zentral für das Ergebnis des Gerichts, dass die Ausgangsbeschränkung auch unangemessen war.[497]

Teils gerieten Prüfungen holzschnittartig, etwa wenn eine (nächtliche) Ausgangsbeschränkung schon deshalb als angemessen betrachtet wird, weil der Verordnungsgeber Ausnahmen vorgesehen und die Regelung befristet hat.[498] Bedenklich ist auch die Argumentation mit einem vom Verordnungsgeber vorgesehen „Maßnahmenbündel" und „Gesamtkonzept", in welche sich die Maßnahme nur schlüssig einfügen muss, um als angemessen zu gelten, [499] oder wenn die unklare Wirksamkeit der Maßnahme hinter einem „Gesamtpaket" an Instrumenten versteckt

---

[492] So etwa in *OVG Münster*, Beschl. vom 25.06.2020, Az.: 13 B 800/20.NE, BeckRS 2020, 13708 Rn. 35.

[493] Exemplarisch *OVG Greifswald*, Beschl. vom 08.04.2020, Az.: 2 KM 236/20 OVG, BeckRS 2020, 5637 Rn. 26; *OVG Weimar*, Beschl. vom 08.04.2020, Az.: 3 EN 245/20, BeckRS 2020, 8272 Rn. 44; *OVG Münster*, Beschl. vom 08.07.2020, Az.: 13 B 870/20.NE, BeckRS 2020, 15727 Rn. 33 f.; *VGH Mannheim*, Beschl. vom 06.11.2020, Az.: 1 S 3448/20, BeckRS 2020, 30988 Rn. 59; *OVG Berlin-Brandenburg*, Beschl. vom 11.05.2021, Az.: OVG 11 S 41/21, BeckRS 2021, 11897 Rn. 65.

[494] Exemplarisch etwa *VGH Mannheim*, Beschl. vom 18.12.2020, Az.: 1 S 4028/20, BeckRS 2020, 36334 Rn. 50: „Dass der Antragsgegner dieser Verpflichtung, die er seit Beginn der Coronapandemie ganz überwiegend erfüllt hat, in Bezug auf die in § 1c CoronaVO enthaltenen Regelungen nicht nachkommen wird, ist nicht erkennbar." In der Hauptsache etwa *VGH Mannheim*, Urt. vom 02.06.2022, Az.: 1 S 1079/20, BeckRS 2022, 15543 Rn. 168.

[495] *Lüke*, JöR 2022 (70), 609, 631.

[496] *VGH Mannheim*, Beschl. vom 06.10.2020, Az.: 1 S 2871/20, BeckRS 2020, 26103 Rn. 50.

[497] *VGH München*, Beschl. vom 04.10.2021, Az.: 20 N 20.767, BeckRS 2021, 29086 Rn. 80–85.

[498] *VGH München*, Beschl. vom 09.04.2020, Az.: 20 NE 20.688, BeckRS 2020, 5449 Rn. 48–50; *VGH München*, Beschl. vom 14.12.2020, Az.: 20 NE 20.2907, NJW 2021, 178, 181 f. Rn. 41 f.

[499] So etwa *OVG Magdeburg*, Beschl. vom 17.11.2020, Az.: 3 R 225/20, BeckRS 2020, 32486 Rn. 53, 55.

wird.[500] Denn so gerät die einzelne Maßnahme aus dem Blick; eine klare Abwägung zwischen Zweck(erreichung) und Mittel wird unmöglich.[501]

Allerdings lässt sich das nicht verallgemeinern. In vielen Entscheidungen setzten sich Gerichte mit der Angemessenheit intensiv auseinander. Gelegentlich wurden Maßnahmen auch als (vorläufig) unangemessen bewertet. So wurde in den – häufig stattgebenden – Entscheidungen zum Beherbergungsverbot gegenüber Personen aus Hotspots die Angemessenheit ausführlich geprüft.[502] Ähnliches zeigte sich in den ebenfalls stattgebenden Entscheidungen des VGH Mannheim zu vollständigen Schließungen von Betrieben im Prostitutionsgewerbe[503] oder in der Entscheidung des OVG Greifswald zur nächtlichen Ausgangsbeschränkung, welche es unter anderem wegen der Instrumentalisierung der Bürger zur Verwaltungsvereinfachung als unangemessen betrachtete.[504] Keineswegs holzschnittartig waren auch die Entscheidungen des OVG Lüneburgs zu den damaligen Kontaktbeschränkungen, welche es nach einer Phase des Zweifelns[505] wegen der gravierenden Auswirkungen auf das Privatleben im März 2021 als unangemessen betrachtete.[506]

Eine Durchsicht der hier ausgewerteten Entscheidungen zeigt, dass sich die entscheidenden Argumente über die verschiedenen Gerichte und Maßnahmen hinaus immer wieder finden. Im Folgenden werden daher die Grundlinien skizziert.

(1) Zusammenhang mit Geeignetheit und Erforderlichkeit

Ein wiederholt thematisierter Aspekt ist die mit der Eignung und Erforderlichkeit zusammenhängenden Fragestellung, welche Wirkung durch eine Maßnahme zu erwarten ist. In manchen Fällen konnte sich der Umstand, dass der zu erwartende Beitrag zur Zielerreichung als gering bewertet wurde, in der Abwägung durchsetzen. Relevant wurde dies etwa bei den Hotspot-Regelungen, deren Beitrag zu einer Infektionsvermeidung von verschiedenen Gerichten als so gering eingeschätzt

---

500 Exemplarisch *OVG Berlin-Brandenburg*, Beschl. vom 06.11.2020, Az.: OVG 11 S 113/20, BeckRS 2020, 29815 Rn. 45.

501 *Wagner*, COVuR 2023, 152, 152 f.

502 *VG Berlin*, Beschl. vom 29.08.2020, Az.: VG 1 L 305/20, BeckRS 2020, 25375 Rn. 23–35; *VGH Mannheim*, Beschl. vom 15.10.2020, Az.: 1 S 3156/20, BeckRS 2020, 26559 Rn. 31–41; *OVG Berlin-Brandenburg*, Beschl. vom 16.10.2020, Az.: OVG 11 S 87/20, LKV 2020, 468, 471–473.

503 *VGH Mannheim*, Beschl. vom 06.10.2020, Az.: 1 S 2871/20, BeckRS 2020, 26103 Rn. 44–50; *VGH Mannheim*, Beschl. vom 16.06.2021, Az.: 1 S 1868/21, BeckRS 2021, 14701 Rn. 47–54.

504 *OVG Greifswald*, Beschl. vom 23.04.2021, Az.: 1 KM 221/21 OVG, BeckRS 2021, 8471 Rn. 36.

505 *OVG Lüneburg*, Beschl. vom 18.01.2021, Az.: 13 MN 11/21, BeckRS 2021, 209; ähnlich auch *OVG Saarlouis*, Beschl. vom 29.01.2021, Az.: 2 B 25/21, BeckRS 2021, 942 Rn. 10 f.

506 *OVG Lüneburg*, Beschl. vom 19.03.2021, Az.: 13 MN 132/21, BeckRS 2021, 4839 Rn. 39–46.

wurde, dass dieser nicht mehr im Verhältnis zum Eingriff in die Berufsausübungsfreiheit der Beherbergungsbetriebe stand.[507] Das Feuerwerksverbot wurde vom OVG Lüneburg wegen „der zweifelhaften Eignung und mangelnden Erforderlichkeit" als unangemessen betrachtet.[508] Ähnlich entschied es hinsichtlich strenger Kontaktbeschränkungen.[509] Im Falle eines Nutzungsverbots von Sportanlagen im Freien für ungeimpfte Personen zur Ausübung von Individualsport betrachtete es zwar die Erforderlichkeit noch als gewahrt, bewertete aber die erwartbare Reduktion des Infektionsgeschehens dennoch als so gering, dass die Regelung als unangemessen betrachtet wurde.[510] Die 13. Kammer des VG Hamburg hielt den Nutzen einer als geeignet betrachteten Maskenpflicht für Jogger für zu gering, um die Angemessenheit noch zu bejahen. Daneben stellte das Gericht auch noch auf ein abnehmendes „Zumutbarkeitsempfinden der Bevölkerung" ab.[511]

Anlässlich der Hauptsacheentscheidung des BVerfG zur nächtlichen Ausgangsbeschränkung im Rahmen der „Bundesnotbremse" wurde oben kritisiert, dass das Gericht den zu erwartenden Grad der Zweckerreichung nicht in die Abwägung einstellte, was Tendenzen zu einem Abwägungsdeterminismus verstärkte.[512] Außerdem wurde beobachtet, dass das BVerfG die Verhältnismäßigkeitsprüfung der Ausgangsbeschränkung zu sehr auf die Verhältnismäßigkeit der Kontaktbeschränkungen ausgerichtet hatte, welche mit der Ausgangsbeschränkung durchgesetzt werden sollte. Positiv hervorzuhebende Gegenbeispiele lieferten der ThürVerfGH und das OVG Bautzen.[513] Beide Gerichte hatten über eine landesrechtlich geregelte nächtliche Ausgangsbeschränkung in der Hauptsache zu entscheiden. Die Maßnahme hielten zwar beide Gerichte für geeignet und erforderlich, nicht aber für angemessen. Es hätte sich um intensive Grundrechtseingriffe gehandelt. Diesem hohen Eingriffsgewicht sei in der Abwägung neben der Bedeutung des Eingriffszwecks auch gegenüberzustellen, in welchem Maß der Zweck durch den Eingriff gefördert wird. Im Kontext der nächtlichen Ausgangsbeschränkung bedeute das nach Rechtsprechung des BVerwG, dass über die Kontaktbeschränkungen hinaus ein erheblicher zusätzlicher Beitrag zur Zweckerreichung erwartbar gewesen sein

[507] So etwa *OVG Lüneburg*, Beschl. vom 15.10.2020, Az.: 13 MN 371/20, BeckRS 2020, 26667 Rn. 62; *OVG Berlin-Brandenburg*, Beschl. vom 16.10.2020, Az.: OVG 11 S 87/20, LKV 2020, 468, 472; *OVG Greifswald*, Beschl. vom 20.10.2020, Az.: 2 KM 702/20 OVG, BeckRS 2020, 37219 Rn. 41.

[508] *OVG Lüneburg*, Beschl. vom 18.12.2020, Az.: 13 MN 568/20, BeckRS 2020, 35812 Rn. 43.

[509] *OVG Lüneburg*, Beschl. vom 19.03.2021, Az.: 13 MN 132/21, BeckRS 2021, 4839 Rn. 30–46.

[510] *OVG Lüneburg*, Beschl. vom 25.01.2022, Az.: 14 MN 121/22, BeckRS 2022, 447 Rn. 36.

[511] *VG Hamburg*, Beschl. vom 18.03.2021, Az.: 13 E 1253/21, BeckRS 2021, 9906 Rn. 13–18.

[512] Siehe oben S. 294 f.

[513] *OVG Bautzen*, Urt. vom 27.04.2023, Az.: 3 C 8/21, BeckRS 2023, 18376; *ThürVerfGH*, Urt. vom 26.06.2024, Az.: VerfGH 4/22, BeckRS 2024, 14761.

müsste.[514] Ein solcher erheblicher zusätzlicher Beitrag sei aber nicht plausibel anzunehmen gewesen. So brachte das OVG Bautzen vor, es sei nicht klar, welchen Einfluss nächtliches „Umherziehen“ größerer Personengruppen auf das Infektionsgeschehen hatte, welches mit der Maßnahme eingedämmt werden sollte.[515] Ebenfalls nicht plausibel sei die Annahme gewesen, die Kontaktbeschränkung hätten ohne die Ausgangsbeschränkung nicht wirksam kontrolliert werden können. Denn nach Bewertung der beiden Gerichte hätte sich der überwiegende Teil der Bevölkerung ohnehin rechtstreu verhalten.[516] Der ThürVerfGH machte eine allenfalls begrenzte Wirkung der nächtlichen Ausgangsbeschränkung an ihren zahlreichen Ausnahmebestimmungen fest.[517] Vor dem Hintergrund, dass Thüringen während der Geltungsdauer der Ausgangsbeschränkungen die bundesweit niedrigste 7-Tage-Inzidenz aufwies, konnte der Eingriff so nicht gerechtfertigt werden.[518] Das zeigt zweierlei. Zum einen kann das Problem des Abwägungsdeterminismus reduziert werden, indem der zu erwartende Grad der Zweckerreichung in die Abwägung eingestellt wird. Zum anderen blieb der Blick des BVerfG auf solche Erwägungen versperrt, indem es sich in der Prüfung zu sehr auf die Verhältnismäßigkeit der Kontaktbeschränkungen fixierte.

Wird der Grad der Zweckerreichung in die Abwägung eingestellt, dann besteht ein enger Zusammenhang zwischen den Prüfungsstufen der Geeignetheit und Erforderlichkeit und den dort thematisierten Wirksamkeitsaspekten einerseits und der Angemessenheit andererseits.[519] Eine Verlagerung von Wirksamkeitsaspekten auf die Angemessenheit bietet Gerichten dabei die Möglichkeit, sich auf ein sichereres Terrain zu begeben: Das Gericht stellt die Rechtswidrigkeit der Maßnahme nicht schon auf Ebene von Geeignetheit oder Erforderlichkeit fest – auf Ebenen also, die von wissenschaftlichen Fragestellungen geprägt sind, deren Bewertung nicht zur Kernkompetenz der Justiz zählt. Stattdessen bemerkt es hier lediglich seine Zweifel, um die Maßnahme dann auf Ebene der Angemessenheit wegen dieser Zweifel als unangemessen zu bewerten. Die Angemessenheit basiert auf Abwägungen, also rechtlichen Fragen, für deren Bewertung die Justiz kompetent ist.[520] Das reduziert das Risiko des Vorwurfs, ein Gericht hätte eine Maßnahme wegen eines Aspekts aufgehoben, den es überhaupt nicht einschätzen kann. Kassiert das Gericht eine Maßnahme als ungeeignet oder nicht erforderlich, kann es sich gegen einen solchen

---

[514] *OVG Bautzen*, Urt. vom 27.04.2023, Az.: 3 C 8/21, BeckRS 2023, 18376 Rn. 125; *ThürVerfGH*, Urt. vom 26.06.2024, Az.: VerfGH 4/22, BeckRS 2024, 14761 Rn. 158.

[515] *OVG Bautzen*, Urt. vom 27.04.2023, Az.: 3 C 8/21, BeckRS 2023, 18376 Rn. 126.

[516] *OVG Bautzen*, Urt. vom 27.04.2023, Az.: 3 C 8/21, BeckRS 2023, 18376 Rn. 127.

[517] *ThürVerfGH*, Urt. vom 26.06.2024, Az.: VerfGH 4/22, BeckRS 2024, 14761 Rn. 158 f.

[518] *ThürVerfGH*, Urt. vom 26.06.2024, Az.: VerfGH 4/22, BeckRS 2024, 14761 Rn. 156.

[519] Siehe dazu etwa *OVG Lüneburg*, Beschl. vom 29.10.2020, Az.: 13 MN 393/20, BeckRS 2020, 28385 Rn. 62; *OVG Lüneburg*, Beschl. vom 18.12.2020, Az.: 13 MN 568/20, BeckRS 2020, 35812 Rn. 43; *OVG Münster*, Beschl. vom 30.12.2020, Az.: 13 B 2070/20.NE, BeckRS 2020, 37108 Rn. 11.

[520] Siehe zu diesem Aspekt schon *Lerche*, Übermaß und Verfassungsrecht, 1961, S. 348.

Vorwurf durch eine ergänzende – und eigentlich gar nicht mehr erforderliche – Einstufung als unangemessen zusätzlich argumentativ absichern.

In anderen Fällen spielte die Zweckerreichung dagegen keine Rolle in der Abwägung. So hat das OVG Bremen die erwartbare Wirkung des Feuerwerksverbots überhaupt nicht in die Abwägung eingestellt und kam konsequent zur Angemessenheit der Maßnahme.[521] Wenn Zweifel an der Wirksamkeit einer Maßnahme bestanden, wurden diese in manchen Entscheidungen mit Verweis auf das vom Verordnungsgeber vorgegebene „Gesamtpaket" an Maßnahmen umgangen.[522] Auch wenn der Beitrag zur Zielerreichung nur als gering eingeschätzt wurde, musste dieser Umstand nicht zwingend zur Einstufung als unangemessen führen, wie etwa die Entscheidung des VG Hamburg zum Feuerwerksverbot zeigt.[523] Ähnlich wurde die zweifelhafte Wirkung der 15-Kilometer-Regelung angesichts des damaligen Infektionsgeschehens von manchen Gerichten hingenommen.[524]

Auch in der bereits mehrfach angesprochenen Hauptsacheentscheidung des VGH München zur vorläufigen Ausgangsbeschränkung war ein Wirksamkeitsargument zentral. Die Maßnahme wurde als unangemessen betrachtet, weil nicht ersichtlich sei, wie die Gefahr der Bildung von Ansammlungen landesweite Ausgangsbeschränkungen rechtfertigen sollten. Außerdem hätten regionale Maßnahmen ein milderes Mittel dargestellt, zumal im damaligen Bund-Länder-Beschluss Kontaktbeschränkungen als ausreichend betrachtet wurden.[525] Zutreffend entschied das BVerwG im Rahmen der Revision, dass es sich dabei um einen weiteren Gesichtspunkt der Erforderlichkeit handelte.[526] Dennoch wies das BVerwG die Revision nach § 144 Abs. 4 VwGO zurück. Dem Antragsgegner sei zwar ein Einschätzungsspielraum zugekommen bei der Frage, wie groß der Beitrag der Maßnahme zur Zweckerreichung sei. Hierfür hätte er aber entsprechende Tatsachen vortragen müssen, was er nicht getan hätte.[527]

---

[521] *OVG Bremen*, Beschl. vom 30.12.2020, Az.: 1 B 467/20, BeckRS 2020, 37749 Rn. 36–42.

[522] *OVG Berlin-Brandenburg*, Beschl. vom 06.11.2020, Az.: OVG 11 S 113/20, BeckRS 2020, 29815 Rn. 45.

[523] *VG Hamburg*, Beschl. vom 23.12.2020, Az.: 14 E 5238/20, BeckRS 2020, 52909 Rn. 27.

[524] *OVG Berlin-Brandenburg*, Beschl. vom 14.01.2021, Az.: OVG 11 S 3/21, BeckRS 2021, 192 Rn. 23; *OVG Magdeburg*, Beschl. vom 25.01.2021, Az.: 3 R 2/21, BeckRS 2021, 2668 Rn. 47.

[525] *VGH München*, Beschl. vom 04.10.2021, Az.: 20 N 20.767, BeckRS 2021, 29086 Rn. 80, 84.

[526] BVerwGE 177, 92, Rn. 27–29.

[527] BVerwGE 177, 92, Rn. 33.

(2) Ausnahmen und staatliche Entschädigungsleistungen

Eine wichtige Rolle in den Abwägungen spielten Ausnahmeregelungen und verbleibende Freiheiten. Bei näherer Betrachtung finden sich hier äußerst verordnungsgeberfreundliche Erwägungen. So wurde die Angemessenheit des weitestgehenden Verbots von Gottesdiensten selbst zu Ostern damit begründet, dass auch der Papst auf Gottesdienste mit Publikum verzichtete und im Fernsehen und Internet Gottesdienste übertragen wurden.[528] Die Betreiberin eines Einzelhandelsbetriebs wurde darauf verwiesen, dass ihr die Möglichkeit des Verkaufs über ihren Onlineshop verbleibe.[529] Die Intensität der Maskenpflicht im ÖPNV wird nach Ansicht des VGH Mannheim dadurch gemildert, dass man zeitweise auf den ÖPNV verzichten könne.[530] Umgekehrt wurde das Beherbergungsverbot teils wegen Unangemessenheit ausgesetzt, da die vorgesehene Ausnahme für PCR-getestete Hotelgäste mangels verfügbarer Testkapazitäten damals wertlos war.[531] Ähnlich entschied das OVG Bautzen im Hauptsacheverfahren zur sächsischen Ausgangsbeschränkung Anfang 2020: Da eine zentrale Ausnahmebestimmung – anders als im Rahmen des vorläufigen Rechtsschutzes – als zu unbestimmt und damit unwirksam erachtet wurde, wurde die Ausgangsbeschränkung insgesamt nachträglich als unangemessen betrachtet.[532] Eine Versammlungsverbot mit Vorbehalt einer Ausnahmegenehmigung ist nach einer Hauptsacheentscheidung des BVerwG unangemessen, wenn die Voraussetzungen für eine Ausnahmegenehmigung vom Verordnungsgeber nicht geregelt und kein Rechtsanspruch auf die Erteilung besteht.[533]

Bei Maßnahmen im wirtschaftlichen Bereich stellten Gerichte auch staatliche Entschädigungsleistungen in die Abwägung ein.[534] Das BVerwG wies zutreffend

[528] *VG Berlin*, Beschl. vom 07.04.2020, Az.: VG 14 L 32/20, BeckRS 2020, 5241 Rn. 21; *VGH Kassel*, Beschl. vom 07.04.2020, Az.: 8 B 892/20.N, BeckRS 2020, 5242 Rn. 43 f.; *VG Hamburg*, Beschl. vom 09.04.2020, Az.: 9 E 1605/20, BeckRS 2020, 12234 Rn. 33.

[529] *OVG Berlin-Brandenburg*, Beschl. vom 17.04.2020, Az.: OVG 11 S 23/20, BeckRS 2020, 6073 Rn. 20.

[530] *VGH Mannheim*, Beschl. vom 18.05.2020, Az.: 1 S 1357/20, BeckRS 2020, 9350 Rn. 54.

[531] So etwa das *OVG Lüneburg*, Beschl. vom 15.10.2020, Az.: 13 MN 371/20, BeckRS 2020, 26667 Rn. 61; *VGH Mannheim*, Beschl. vom 15.10.2020, Az.: 1 S 3156/20, BeckRS 2020, 26559 Rn. 41.

[532] *OVG Bautzen*, Urt. vom 21.04.2021, Az.: 3 C 8/20, BeckRS 2021, 8023 Rn. 38. Zu „triftigen Gründen" als zentrales Argument für die Angemessenheit von Ausgangsbeschränkungen siehe auch *VGH München*, Beschl. vom 30.03.2020, Az.: 20 NE 20.632, NJW 2020, 1236 Rn. 61 f.; *VGH München*, Beschl. vom 14.12.2020, Az.: 20 NE 20.2907, NJW 2021, 178 Rn. 41.

[533] BVerwGE 179, 168, Rn. 52.

[534] Siehe für den vorläufigen Rechtsschutz nur *OVG Münster*, Beschl. vom 06.04.2020, Az.: 13 B 398/20.NE, BeckRS 2020, 5158 Rn. 63; *OVG Weimar*, Beschl. vom 08.04.2020, Az.: 3 EN 245/20, BeckRS 2020, 8272 Rn. 43; *OVG Berlin-Brandenburg*, Beschl. vom 06.11. 2020, Az.: OVG 11 S 113/20, BeckRS 2020, 29815 Rn. 46; in der Hauptsache etwa *OVG Bremen*, Urt. vom 19.04.2022, Az.: 1 D 104/20, BeckRS 2022, 9393 Rn. 89; *OVG Bautzen*, Urt. vom 17.05.2022, Az.: 3 C 16/20, BeckRS 2022, 13520 Rn. 69.

darauf hin, dass Art. 12 Abs. 1 GG primär die Entfaltung der Persönlichkeit schützt, Entschädigungsleistungen Eingriffe in diesen Bereich aber nicht kompensieren können.[535] Selbst bloße Ankündigungen von Entschädigungsleistungen in Bund-Länder-Beschlüssen fanden Beachtung.[536] Sofern auch andere Grundrechte betroffen waren, übertrugen Gerichte vorschnell Erwägungen zur Berufsfreiheit, ohne zu beachten, dass mit staatlichen Leistungen zwar ein Eingriff in Art. 12 Abs. 1 GG teilweise kompensiert werden kann, nicht aber einen Eingriff in die Kunstfreiheit.[537]

(3) Befristung

Eine Rolle in der Abwägung der Gerichte spielte regelmäßig auch der Faktor Zeit, also die Geltungsdauer der Maßnahmen und Verordnungen. Der Umstand, dass die Verordnungen jeweils nur für wenige Wochen galten, wurde dabei häufig als mildernder Umstand betrachtet.[538] Dass sich dieser Faktor schnell ins Gegenteil verkehrt, wenn Verordnungen mehrfach verlängert werden, merkten Gerichte zwar durchaus an.[539] Auf das Abwägungsergebnis hatte das aber tendenziell keinen Einfluss.[540] So führte selbst im Falle der über ein Jahr anhaltenden Schließung von Clubs und Diskotheken die Dauer nicht zur Unangemessenheit der Maßnahme.[541] Ohnehin handelt es sich ohnehin um eine Selbstverständlichkeit, dass Normen, die mit der Zeit unangemessen werden, aufgehoben werden müssen.[542] Als Argument für die Angemessenheit der Maskenpflicht für Jogger führte das OVG Hamburg auf, dass selbst im Falle von Verlängerungen der Verordnung „davon auszugehen [ist], dass die Regelung die sportlichen Aktivitäten des Ast. insgesamt *nur* einige

[535] BVerwGE 178, 322, Rn. 69.

[536] So etwa *OVG Lüneburg*, Beschl. vom 06.11.2020, Az.: 13 MN 433/20, BeckRS 2020, 29459 Rn. 55.

[537] *VGH Mannheim*, Beschl. vom 06.11.2020, Az.: 1 S 3448/20, BeckRS 2020, 30988 Rn. 61; *OVG Münster*, Beschl. vom 02.02.2021, Az.: 13 B 1661/20.NE, BeckRS 2021, 1074 Rn. 35.

[538] Statt aller *VGH München*, Beschl. vom 30.03.2020, Az.: 20 NE 20.632, NJW 2020, 1236 Rn. 63; *OVG Bremen*, Urt. vom 14.04.2020, Az.: 1 B 89/20, BeckRS 2020, 5963 Rn. 24; *OVG Bremen*, Urt. vom 19.04.2022, Az.: 1 D 104/20, BeckRS 2022, 9393 Rn. 88 (Hauptsache).

[539] So etwa *VGH Mannheim*, Beschl. vom 06.11.2020, Az.: 1 S 3448/20, BeckRS 2020, 30988 Rn. 59; *VGH München*, Beschl. vom 30.08.2021, Az.: 25 NE 21.2227, BeckRS 2021, 26088 Rn. 28.

[540] Siehe etwa *OVG Münster*, Beschl. vom 08.07.2020, Az.: 13 B 870/20.NE, BeckRS 2020, 15727 Rn. 33 f.; *VGH Mannheim*, Beschl. vom 06.11.2020, Az.: 1 S 3448/20, BeckRS 2020, 30988 Rn. 59.

[541] *VGH München*, Beschl. vom 05.07.2021, Az.: 25 NE 21.1719, BeckRS 2021, 18545 Rn. 31; *VGH München*, Beschl. vom 30.08.2021, Az.: 25 NE 21.2227, BeckRS 2021, 26088 Rn. 28.

[542] *Lüke*, JöR 2022 (70), 609, 631.

Monate lang einschränken wird."[543] Zum Erfolg verhalf dieser Umstand aber mehrfach Anträgen vor dem VGH Mannheim gegen die Schließung von Einrichtungen im Prostitutionsgewerbe.[544] Die These, dass Gerichte nur in einem eng begrenzten Zeitraum bereit seien, kollektive Schutzgüter gegenüber individueller Freiheitsausübung zu privilegieren,[545] lässt sich also nur teilweise bestätigen.

(4) Infektionsgeschehen und Abwägungsdeterminismus

Einen Fokus legten die Gerichte häufig auf das Infektionsgeschehen. In manchen Fällen wurde die Angemessenheit alleine mit möglichen epidemiologischen Entwicklungen begründet.[546] Auch epidemiologischen Annahmen in Bund-Länder-Beschlüssen wurde dabei Bedeutung eingeräumt.[547] Ein vom Gericht als niedrig erachtetes Infektionsgeschehen konnte dabei umgekehrt auch zur Unangemessenheit einer Maßnahme führen.[548] Später wurde das Infektionsgeschehen durch die Impfquote abgelöst, die angesichts der damaligen Zielimpfquote des RKI als zu niedrig erachtet wurde.[549] Die argumentative Dominanz epidemiologischer Aspekte wird in manchen Entscheidungen mit dem Grundsatz fundiert, dass an die Wahrscheinlichkeit des Schadenseintritts umso geringere Anforderungen zu stellen seien, je größer und folgenschwerer der möglicherweise eintretende Schaden ist, und im Falle eines besonders schweren Schadens die Anforderungen an die Verhältnismäßigkeit zurückgenommen werden müssten.[550] Sah der Verordnungsgeber in einem Lebensbereich vor dem Hintergrund des Infektionsgeschehens Spielraum für Lockerungen, dann übernahmen Gerichte in manchen Fällen diese Wertung auch bei der Prüfung andere Maßnahmen.[551] Im Kern handelt es sich dabei um Folgerichtigkeitserwägungen.[552]

---

[543] *OVG Hamburg*, Beschl. vom 01.04.2021, Az.: 5 Bs 54/21, KommJur 2021, 190, 195 (Hervorhebung hinzugefügt).

[544] *VGH Mannheim*, Beschl. vom 06.10.2020, Az.: 1 S 2871/20, BeckRS 2020, 26103 Rn. 46; *VGH Mannheim*, Beschl. vom 16.06.2021, Az.: 1 S 1868/21, BeckRS 2021, 14701 Rn. 52–54.

[545] So noch zur Rechtsprechung bis Ende Oktober 2020 *Klafki*, JöR 2021 (69), 583, 596.

[546] So etwa *OVG Schleswig*, Beschl. vom 05.11.2020, Az.: 3 MR 56/20, BeckRS 2020, 29770 Rn. 39; *VGH München*, Beschl. vom 05.11.2020, Az.: 20 NE 20.2468, BeckRS 2020, 29302 Rn. 19; *VG Hamburg*, Beschl. vom 20.08.2021, Az.: 2 E 3591/21, BeckRS 2021, 23212 Rn. 31.

[547] So etwa *OVG Magdeburg*, Beschl. vom 04.11.2020, Az.: 3 R 218/20, BeckRS 2020, 29264 Rn. 47.

[548] *VGH Mannheim*, Beschl. vom 16.06.2021, Az.: 1 S 1868/21, BeckRS 2021, 14701 Rn. 49–52.

[549] *OVG Münster*, Beschl. vom 10.09.2021, Az.: 13 B 1412/21.NE, BeckRS 2021, 25756 Rn. 34–42.

[550] So etwa *OVG Greifswald*, Beschl. vom 08.04.2020, Az.: 2 KM 236/20 OVG, BeckRS 2020, 5637 Rn. 27.

[551] Siehe insbesondere BVerwGE 179, 168, Rn. 51.

[552] Siehe unten S. 338 ff.

Verwiesen wurde auch auf negative Entwicklungen im Ausland[553] und darauf, dass auch andere Staaten eingriffsintensive Maßnahmen hatten.[554] Zwar mag ein Blick auf das Infektionsgeschehen im Ausland einen Hinweis auf bevorstehende Entwicklungen im Inland geben. Allerdings sagt dies dann nur etwas über die Prognose des Schadensrisikos aus, nichts aber zum Verhältnis von Eingriffszweck, Zweckerreichung und Eingriffsintensität. Dem Gesundheitsschutz wurde auf diesen Wegen zum Vorrang verholfen, ohne dieses Ergebnis noch näher zu begründen. All diese Argumentationsansätze führen dazu, dass dem Schutz von Leben und Gesundheit ein überragendes Gewicht in der Abwägung eingeräumt wird. Aufschlussreich ist unter diesem Gesichtspunkt auch etwa die Ausführung des OVG Münster:

> „Da die Gefahren für Leben und Gesundheit der Bevölkerung damit kein fernliegendes Risiko, sondern konkret und alltäglich sind, müssen die Rechte der Einzelhändler im Ergebnis zum gegenwärtigen Zeitpunkt hinter den Gesundheitsschutz der Bevölkerung (Art. 2 Abs. 2 Satz 1 GG) zurücktreten."[555]

Die Begründung trägt hier das Ergebnis nur auf den ersten Blick. Denn auch wenn man zum Ergebnis kommen mag, dass die Gefahren für Leben und Gesundheit nicht fernliegend sind, sondern konkret und alltäglich: Die Gefährdung der wirtschaftlichen Betätigungsfreiheit der Einzelhändler durch die streitgegenständliche Regelung war ebenso nicht fernliegend, sondern konkret und alltäglich. Vielmehr war die Gefahrprognose mit Bezug auf die wirtschaftliche Betätigungsfreiheit wesentlich sicherer als die Prognose über drohende Gefahren für Leben und Gesundheit, denn im Fall von Beschränkungen des Einzelhandels ist die wirtschaftliche Betätigungsfreiheit definitiv beeinträchtigt, während offen ist, welche Gefahren für Leben und körperliche Unversehrtheit der Bevölkerung im Einzelfall durch die Maßnahme abgewehrt werden können. Bei der vom OVG Münster vorgenommenen Abwägung handelt es sich also nur augenscheinlich um eine konkrete Rechtsgutabwägung. Tatsächlich wägt das Gericht hier nur abstrakt die betroffenen Rechtsgüter ab. Abstrakt wird Art. 2 Abs. 2 S. 1 GG aber immer gegenüber Art. 12 Abs. 1 GG überwiegen. Auch hier zeigt sich wieder das Problem des Abwägungsdeterminismus.

Ein Blick in die verwaltungsgerichtliche Rechtsprechung zeigt dabei erneut, dass der in der Literatur geäußerte Lösungsvorschlag zu kurz greift, man müsste lediglich den kollektiven Gesamtnutzen der kollektiven Belastung durch die jeweilige Maßnahme gegenüberstellen, um das beschriebene Problem zu vermeiden.[556]

---

[553] So etwa *OVG Bremen*, Urt. vom 14.04.2020, Az.: 1 B 89/20, BeckRS 2020, 5963 Rn. 24.

[554] Siehe etwa *VGH Kassel*, Beschl. vom 07.04.2020, Az.: 8 B 892/20.N, BeckRS 2020, 5242 Rn. 41.

[555] *OVG Münster*, Beschl. vom 19.03.2021, Az.: 13 B 252/21.NE, BeckRS 2021, 4912 Rn. 37 (Antrag im Ergebnis erfolgreich).

[556] *Murswiek*, NVwZ-Extra 5/2021, 1, 6; *Schoch*, NVwZ 2022, 1, 6 f.

Zweifellos ist dieser Ansatz korrekt, und in vielen Entscheidungen wurde er nicht beachtet. So formuliert etwa das OVG Münster zur Prüfung der Angemessenheit von Kontaktbeschränkungen – einer Maßnahme also, welche die gesamte Bevölkerung in ihrer Freiheit einschränkte:

> „Angemessen, d.h. verhältnismäßig im engeren Sinne, ist eine freiheitseinschränkende Regelung, wenn das Maß der Belastung des Einzelnen noch in einem vernünftigen Verhältnis zu den der Allgemeinheit erwachsenden Vorteilen steht."[557]

Ähnlich bauten Gerichte auch in anderen Fällen ihre Abwägung auf, so zum Beispiel bei Ausgangsbeschränkungen,[558] aber auch bei Maßnahmen, welche nur eine kleinere Personengruppe betrafen, etwa bei der Einreisequarantäne und beim Betriebsverbot für Clubs und Diskotheken.[559] Doch auch, wenn man zutreffend die Auswirkungen auf alle Adressaten der jeweiligen Maßnahme betrachtet, wird sich das Problem des Abwägungsdeterminismus nicht beheben lassen. Denn die Zahl derjenigen, die durch eine Maßnahme betroffen sind, wird immer geringer sein als diejenigen, die durch einen Zusammenbruch des Gesundheitssystems betroffen wären, und Leben und Gesundheit wird sich in einer Abwägung immer durchsetzen.[560] Während die Rechtsprechung im Bereich des Sicherheitsrechts dem Begrenzungsverlust des Verhältnismäßigkeitsprinzips dadurch Rechnung getragen hat, indem es dem Prinzip mehr und mehr weitergehende Vorgaben entnommen hat,[561] lässt sich eine solche Kompensation in der pandemischen Rechtsprechung nicht beobachten.

Gleichwohl lässt sich nicht behaupten, dass die Prüfungsstufe der Angemessenheit deshalb in der pandemischen Rechtsprechung vollkommen bedeutungslos gewesen wäre. Schließlich hoben Gerichte Maßnahmen durchaus wegen Unangemessenheit auf.[562] Ein wichtiger Faktor dafür, dass Gerichte eine Unangemessenheit feststellen, war dabei der fortschreitende Zeitablauf.[563] Ein Faktor konnte auch sein, ob nur reine Individualgrundrechte durch die streitgegenständliche Maßnahme betroffen sind. Deutlich wird das an einer versammlungsrechtlichen Entscheidung des BVerwG. Die Untersagung von Versammlungen unter dem Vorbehalt einer Ausnahmegenehmigung hielt das BVerwG in der Hauptsache für unangemessen, was es

---

[557] *OVG Münster*, Beschl. vom 15.01.2021, Az.: 13 B 1899/20.NE, BeckRS 2021, 384 Rn. 49.

[558] *VGH Mannheim*, Beschl. vom 18.12.2020, Az.: 1 S 4028/20, BeckRS 2020, 36334 Rn. 48.

[559] *OVG Lüneburg*, Beschl. vom 05.06.2020, Az.: 13 MN 195/20, BeckRS 2020, 11641 Rn. 20; *OVG Lüneburg*, Beschl. vom 29.06.2020, Az.: 13 MN 244/20, BeckRS 2020, 13884 Rn. 31; *OVG Münster*, Beschl. vom 07.01.2021, Az.: 13 B 2046/20.NE, BeckRS 2021, 28 Rn. 36–38.

[560] Siehe dazu schon S. 193 f.

[561] *Kaiser*, Ausnahmeverfassungsrecht, 2020, S. 277–279. Siehe dazu schon oben S. 193 f.

[562] *Klafki*, JöR 2021 (69), 583, 596.

[563] *Klafki*, JöR 2021 (69), 583, 596.

argumentativ maßgeblich auf die Bedeutung der Versammlungsfreiheit für das freiheitliche Staatswesen stützte.[564] Auch in anderen für die Antragsteller erfolgreichen Entscheidungen war die Bedeutung der Versammlungsfreiheit für die Allgemeinheit ein zentrales Argument für die Unangemessenheit der jeweils streitgegenständlichen Versammlungsbeschränkung.[565] Hier sind also auf beiden Seiten der Abwägung Kollektivgüter im Spiel, die Zahl der jeweils (womöglich) negativ Betroffenen ist jeweils gleich. Damit fällt einer der Gründe, warum das Abwägungsergebnis vermeintlich vorprogrammiert ist, weg.

IV. Verhältnismäßigkeit in der Krise?

Hat sich das Verhältnismäßigkeitsprinzip also in der Krise bewährt, oder gerät das Prinzip selbst in die Krise?[566] Eine Antwort auf diese Frage fällt nicht leicht. Festzuhalten bleibt zunächst, dass es zu keinen Maßstabsverschiebungen kam. Dass Geeignetheit und Erforderlichkeit nur eine niedrige Hürde darstellten, ist schon in den Definitionen der Teilanforderungen angelegt, wie sie auch im nichtpandemischen Kontext Anwendung finden. Außerdem griff die Verwaltungsgerichtsbarkeit gelegentlich auf Ansätze zurück, um die Teilanforderungen nachzukonturieren – besonders relevant waren hier neben Aspekten der Folgerichtigkeit[567] implizite Abwägungen. Das BVerfG verzichtete dagegen darauf. Auch bei der Angemessenheit wurden Aspekte der erwartbaren Wirkung – also der Zweckerreichung – vielfach in der Abwägung berücksichtigt. Eine Ausnahme stellen auch hier die Entscheidungen des BVerfG dar, in denen dieser Aspekt nahezu vollständig ausgeblendet wurde. Bei den Spielräumen ist auffällig, dass die Rechtsprechung sich kaum mit den Besonderheiten mit Blick auf den Verordnungsgeber beschäftigt. Allerdings war hier auch die nichtpandemische Rechtsprechung uneinheitlich. Die teils in der Literatur vertretene Auffassung, das BVerfG hätte in den Entscheidungen zur „Bundesnotbremse" eine neue Kategorie auf Ebene der Angemessenheit geschaffen, konnte nicht bestätigt werden. Dass das Gericht dabei Spielräume des Gesetzgebers als eigenes Argument zugunsten des Gesetzgebers nutzt, wurde schon in anderen, vergleichbaren Situationen beobachtet.

Der Umstand, dass die Unverhältnismäßigkeit einer Maßnahme häufig mit einer Abwägung begründet wurde, zeigt, dass der Einwand von Abwägungskritikern, effektiver Grundrechtsschutz sei auf Abwägungen nicht angewiesen,[568] so pauschal

---

[564] BVerwGE 179, 168, Rn. 45, 52.

[565] Siehe etwa *VG Hamburg*, Beschl. vom 17.04.2020, Az.: 15 E 1640/20, BeckRS 2020, 6394 Rn. 39–43; *VGH Mannheim*, Beschl. vom 23.05.2020, Az.: 1 S 1586/20, BeckRS 2020, 10590 Rn. 15; *VG Berlin*, Urt. vom 11.04.2024, Az.: VG 1 K 226/21, BeckRS 2024, 6985 Rn. 46.

[566] Inspiriert durch *Froese*, DÖV 2022, 389.

[567] Siehe dazu vertieft unten S. 338 ff.

[568] So wohl *Schlink*, in: Badura/Dreier, FS BVerfG II, 2001, S. 445, 459.

nicht zutreffend ist. Abwägungen bieten das Potenzial, die Kontrolldichte bei Geeignetheit und Erforderlichkeit bei Bedarf über das übliche Niveau hinaus zu erhöhen und in einer Situation der Ungewissheit den dominierenden Einfluss von Einschätzungsspielräumen zu begrenzen. Das bietet auch die Möglichkeit von Flexibilität. Die Flexibilität des Verhältnismäßigkeitsprinzips wurde im Pandemiekontext von Teilen der Literatur gelobt.[569] Diese Flexibilität gab es aber im Guten wie im Schlechten. Letzteres zeigt ein Blick auf die Entscheidungen des BVerfG. Ausgerechnet bei der Überprüfung der nächtlichen Ausgangsbeschränkung und damit einer Maßnahme, welche besondere Bedenken hinsichtlich Geeignetheit, Erforderlichkeit und Angemessenheit aufwarf, wich das Gericht den kritischen Punkten teils aus, indem es pauschal auf die Spielräume des Gesetzgebers verwies und die Wirkungskette dieser Maßnahme nicht vollständig aufarbeitete.

Ist die Verhältnismäßigkeit in einer Krise wie der Pandemie unbrauchbar? Ein Aspekt, den man für diese These anführen könnte, stellen Erkenntnisdefizite dar. Zwar mögen dem Gesetzgeber – und auch dem Verordnungsgeber – in einer neuen, existenziellen Bedrohungslage große Entscheidungsspielräume zustehen. Gleichwohl wird man erwarten dürfen, dass Gesetz- und Verordnungsgeber alles in ihrer Macht stehende unternehmen, um Erkenntnisdefizite so schnell wie möglich zu verkleinern. Entsprechend müsste man es in die Verhältnismäßigkeitsprüfung einstellen, wenn Möglichkeiten zur Erkenntniserlangung nicht genutzt wurden. In der Praxis sind die Gerichte dem nicht nachgekommen,[570] und das ist nicht überraschend, denn man wird vom einem Gericht vor dem Hintergrund von Art. 2 Abs. 2 S. 1 GG kaum erwarten können, dass es ab einem gewissen Zeitpunkt Infektionsschutzmaßnahmen aufhebt, nur weil Gesetz- und Verordnungsgeber hier ihren Pflichten nicht nachkommen – und die Maßnahmen damit so lange zu verhindern, bis die Erkenntnisdefizite beseitigt wurden.[571] So verständlich das dann aus Sicht der Gerichte sein mag, so führt dies doch zu einer bedenklichen Konsequenz: Gesetz- und Verordnungsgeber können sich so durch Verletzung ihrer Obliegenheit zur Erkenntnisschaffung selbst ihre Spielräume vergrößern. Wenn Gesetz- und Verordnungsgeber dagegen ihre Aufgaben erfüllen und die Erkenntnislage verbessern, dann verengen sich ihre Spielräume.

Andere Aspekte, welche in der obigen Betrachtung der Entscheidungen negativ aufgefallen sind, sind dagegen nicht zwingend, sondern müssten nur anders gehandhabt werden. Dass die einzelne Maßnahme häufig hinter einer „Gesamtschau“ oder einem „Maßnahmenbündel“ verschwindet, hat zwar zum Teil seine Berechtigung – die Betrachtung im Kontext ist regelmäßig notwendig, weil einzelne Maßnahmen isoliert meist schon ungeeignet sein werden.[572] Außerdem ließe sich die

[569] So *Brenner*, SächsVBl. 2021, 345, 349.

[570] So auch *von Frankenberg*, NVwZ 2021, 1427, 1430; *Murswiek*, NVwZ-Extra 5/2021, 1, 14 f.; anders aber *Brenner*, SächsVBl. 2021, 345, 348 f.

[571] *Kersten/Rixen*, Der Verfassungsstaat in der Corona-Krise, 3. Auflage 2022, S. 146.

[572] *Murswiek*, NVwZ-Extra 5/2021, 1, 7.

Sachgerechtigkeit von Differenzierungen nicht anders beurteilen. Zusätzlich müsste dann aber zusätzlich auch die einzelne Maßnahme betrachtet werden, um nicht etwa ihren Nutzen überzubewerten.[573]

C. Gleichheitsrechtliche Aspekte

Einen weiteren Schwerpunkt der materiell-rechtlichen Prüfung von exekutiven Regelungskonzepten[574] stellen gleichheitsrechtliche Aspekte dar. Im Folgenden werden zunächst die grundlegenden dogmatischen Aspekte zu Art. 3 Abs. 1 GG thematisiert (I.), ehe auf die Differenzierungsfreiheit des Verordnungsgebers (II.) sowie die Rechtsfolgen von Gleichheitsverstößen (III.) eingegangen wird. Im Anschluss wird das Folgerichtigkeitsgebot näher beleuchtet (IV.) sowie abschließend Art. 3 Abs. 1 GG dem Verhältnismäßigkeitsprinzip im Pandemiekontext gegenübergestellt (V.)

I. Der Gleichheitsgrundsatz

1. Die Dogmatik des Gleichheitsgrundsatzes

Der allgemeine Gleichheitssatz gebietet dem Gesetzgeber, wesentlich Gleiches gleich und wesentlich Ungleiches ungleich zu behandeln.[575] In der Prüfung ist zunächst die Frage aufzuwerfen, ob eine Person oder Gruppe anders behandelt wird als eine Vergleichsgruppe.[576] Wird eine solche Ungleichbehandlung festgestellt, kann diese unter Umständen gerechtfertigt sein. Ursprünglich wurde vom BVerfG hier eine Willkürprüfung angewandt. Art. 3 Abs. 1 GG verbietet demnach, wesentlich Gleiches willkürlich ungleich zu behandeln.[577] Die Ungleichbehandlung kann nur gerechtfertigt werden, wenn sie sachlich begründet ist,[578] wobei ein Verstoß gegen das Willkürverbot nur vorliegt, wenn die Unsachlichkeit evident ist.[579] Zwischenzeitlich erweiterte das BVerfG die Willkürformel um das Erfordernis, dass die Sachgründe „dem Differenzierungsziel und dem Ausmaß der Ungleichbe-

---

[573] *Murswiek*, NVwZ-Extra 5/2021, 1, 7.

[574] Bei der Kontrolle des Gesetzgebers wurde Art. 3 Abs. 1 GG dagegen kaum relevant, siehe aber zur Bundesnotbremse *VG Sigmaringen*, Beschl. vom 07.05.2021, Az.: 5 K 1392/21, BeckRS 2021, 10148.

[575] St.Rspr., siehe nur BVerfGE 116, 164, 180; E 160, 41, Rn. 51.

[576] Siehe nur BVerfGE 52, 277, 280.

[577] Statt aller BVerfGE 1, 14, 52; E 49, 148, 165.

[578] So etwa BVerfGE 1, 14, 52; E 83, 1, 23; E 89, 132, 141 f.

[579] Siehe nur BVerfGE 55, 72, 90.

handlung angemessen“ sein müssen.[580] Später stellte das Gericht der Willkürformel die sog. „neue Formel“ gegenüber, nach welcher ein Gleichheitsverstoß vorliegt, „wenn eine Gruppe von Normadressaten im Vergleich zu anderen Normadressaten anders behandelt wird, obwohl zwischen beiden Gruppen keine Unterschiede von solcher Art und solchem Gewicht bestehen, dass sie die ungleiche Behandlung rechtfertigen könnten“.[581] Mittlerweile wurden beide Formeln in einen stufenlosen Maßstab überführt.[582] Demnach gilt „ein stufenloser am Grundsatz der Verhältnismäßigkeit orientierter verfassungsrechtlicher Prüfungsmaßstab, dessen Inhalt und Grenzen sich nicht abstrakt, sondern nur nach den jeweils betroffenen unterschiedlichen Sach- und Regelungsbereichen bestimmen lassen“.[583] Die Intensität der Prüfung wird dabei insbesondere von drei Faktoren bestimmt:[584] Ein gleichzeitiger Eingriff in Freiheitsgrundrechte wirkt prüfungsverschärfend,[585] ebenso die Nähe zu den speziellen Differenzierungsverboten des Art. 3 Abs. 3 GG[586] sowie die fehlende Möglichkeit von Betroffenen, auf die Ungleichbehandlung Einfluss zu nehmen.[587] All das gilt ebenfalls für den Verordnungsgeber, wobei dessen Gestaltungsfreiheit durch die jeweilige Verordnungsermächtigung weiter begrenzt wird.[588]

2. Der Gleichheitsgrundsatz in der pandemischen Rechtsprechung

Welchen Prüfungsmaßstab die Gerichte in der pandemischen Rechtsprechung anwendeten, ist nicht einfach zu beantworten. Selten befassten sich die Gerichte im vorläufigen Rechtsschutz explizit mit dieser Frage. Zumeist wird in den Entscheidungen floskelhaft die Rechtsprechung des Bundesverfassungsgerichts zum stufenlosen Maßstab wiedergegeben, ohne dann aber den gewählten Maßstab zu benennen und die Wahl zu begründen. Das gilt für die vielen Entscheidungen im Kontext des Einzelhandels,[589] aber auch etwa für Entscheidungen zum Beherber-

---

[580] BVerfGE 129, 49, 68; E 133, 1 Rn. 44.

[581] BVerfGE 55, 72, 88; E 60, 123, 133 f.; siehe dazu auch *Thiele*, in: Dreier, GG, 4. Auflage 2023, Art. 3 Rn. 33.

[582] *Thiele*, in: Dreier, GG, 4. Auflage 2023, Art. 3 Rn. 34.

[583] BVerfGE 129, 49, 69; E 141, 1, Rn. 93; E 145, 106, Rn. 98.

[584] *Thiele*, in: Dreier, GG, 4. Auflage 2023, Art. 3 Rn. 45.

[585] So etwa in BVerfGE 118, 79, 100.

[586] Siehe etwa BVerfGE 131, 239, 256.

[587] Zum Beispiel BVerfGE 98, 365, 389.

[588] BVerfGE 13, 248, 255; E 58, 68, 79; E 69, 150, 160.

[589] Siehe nur *OVG Schleswig*, Beschl. vom 24.04.2020, Az.: 3 MR 9/20, BeckRS 2020, 6917 Rn. 21 f.; *VGH München*, Beschl. vom 27.04.2020, Az.: 20 NE 20.793, BeckRS 2020, 6630 Rn. 35 f.; *VGH Kassel*, Beschl. vom 28.04.2020, Az.: 8 B 1039/20.N, BeckRS 2020, 7280 Rn. 27 f.; *VGH Mannheim*, Beschl. vom 30.04.2020, Az.: 1 S 1101/20, BeckRS 2020, 7262 Rn. 40 f., 47; *VG Berlin*, Beschl. vom 05.05.2020, Az.: VG 14 L 51/20, BeckRS 2020, 11944 Rn. 27 f.

gungsverbot.[590] Was die Gerichte dann durchführten, bewegte sich am unteren Rand des stufenlosen Maßstabs und entspricht einer klassischen Willkürprüfung. Dass der gleichzeitige intensive Eingriff in Freiheitsgrundrechte für eine verschärfte Prüfung sprechen würde, bemerkten Gerichte zwar gelegentlich.[591] Allerdings schlug sich das nur äußerst selten in der weiteren Prüfung nieder.[592] Selbst bei der Überprüfung von „G-Regeln" beließen es Gerichte zumeist bei diesem willkürprüfungsähnlichen Ansatz,[593] obwohl es sich um personenbezogene Differenzierungskriterien handelt, auf welche Betroffene nur begrenzt bis gar keinen Einfluss haben. So wurden etwa im Frühjahr 2021 Geimpfte und Genesene gegenüber nicht immunen Personen bevorzugt, obwohl zu diesem Zeitpunkt noch kein Impfstoff für jede impfwillige Person bereitstand. In einer Hauptsacheentscheidung hielt der VGH München fest, dass die Ungleichbehandlung im Rahmen der 800-Quadratmeter-Regel stärker an personen- beziehungsweise objektbezogenen Kriterien anknüpfte, zumal es sich um einen intensiven Eingriff in ein Freiheitsgrundrecht (Art. 12 Abs. 1 GG) handelte. Beides spreche für eine intensivere Prüfung.[594] Genau gegenteilig entschied das OVG Münster. Zwar handele es sich um einen schwerwiegenden Eingriff in grundrechtlich geschützte Freiheiten. Allerdings hätte der Verordnungsgeber in einer komplexen Entscheidungssituation handeln müssen, und bei einer schrittweisen Lockerung von Maßnahmen komme es zwingend zu zeitweisen Ungleichbehandlungen. Beides spreche gegen einen engen Verhältnismäßigkeitsmaßstab.[595]

Dass identische Regelungen unterschiedlich bewertet wurden, ist nicht unbedingt Folge einer intensiveren Überprüfung, sondern häufig Ergebnis einer unter-

---

[590] *OVG Schleswig*, Beschl. vom 23.10.2020, Az.: 3 MR 47/20, BeckRS 2020, 27894 Rn. 21 f.

[591] Zum Beispiel *OVG Bremen*, Beschl. vom 23.04.2020, Az.: 1 B 107/20, BeckRS 2020, 6622 Rn. 35–37.

[592] So zur 800-Quadratmeter-Regelung *VG Mainz*, Beschl. vom 29.04.2020, Az.: 1 L 273/20.MZ, BeckRS 2020, 9197 Rn. 34–45; zu Schulschließungen *VG Berlin*, Beschl. vom 10.03.2021, Az.: VG 3 L 57/21, BeckRS 2021, 3986 Rn. 21–27.

[593] Siehe etwa *VGH Mannheim*, Beschl. vom 12.10.2021, Az.: 1 S 3038/21, BeckRS 2021, 30074 Rn. 76–83; *OVG Saarlouis*, Beschl. vom 20.12.2021, Az.: 2 B 278/21, BeckRS 2021, 40145 Rn. 17; *OVG Weimar*, Beschl. vom 30.12.2021, Az.: 3 EN 775/21, BeckRS 2021, 41461 Rn. 79; *OVG Magdeburg*, Beschl. vom 11.01.2022, Az.: 3 R 216/21, BeckRS 2022, 57 Rn. 59. Siehe aber auch etwa *VGH München*, Beschl. vom 14.09.2021, Az.: 25 NE 21.2307, BeckRS 2021, 28472 Rn. 57; *OVG Bautzen*, Beschl. vom 04.11.2021, Az.: 3 B 374/21, BeckRS 2021, 33293 Rn. 73: Verhältnismäßigkeit wird angesprochen, durchgeführt wird dann aber maßgeblich eine Willkürprüfung.

[594] *VGH München*, Urt. vom 06.10.2022, Az.: 20 N 20.794, BeckRS 2022, 31586 Rn. 78; ähnlich auch etwa das *OVG Lüneburg*, Urt. vom 01.06.2023, Az.: 14 KN 36/22, BeckRS 2023, 13678 Rn. 123. Ohne Begründung eine Verhältnismäßigkeitsprüfung durchführend dagegen etwa *ThürVerfGH*, Urt. vom 28.02.2024, Az.: VerfGH 110/20, BeckRS 2024, 3520 Rn. 164–170.

[595] *OVG Münster*, Urt. vom 22.09.2022, Az.: 13 D 38/20.NE, BeckRS 2022, 56327 Rn. 348–352; in diese Richtung auch schon im vorläufigen Rechtsschutz *OVG Münster*, Beschl. vom 19.03.2021, Az.: 13 B 252/21.NE, BeckRS 2021, 4912 Rn. 49.

schiedlichen Bewertung von Aspekten, welche nicht primär epidemiologischer Natur sind. So wurde die Ausnahme des Buchhandels von der 800-Quadratmeter-Regelung vom VGH München als gleichheitswidrig betrachtet, weil von diesem keine geringere epidemiologische Gefahr ausgegangen sei als von anderen Einzelhändlern. Manche Gerichte schlossen sich dem an,[596] während in anderen Entscheidungen Faktoren wie die Versorgung mit Bildungs- und Informationsmaterial als Rechtfertigung angeführt werden.[597] Es handelt sich dabei nicht um epidemiologische Fragestellungen im Tatsächlichen – also etwa um die Frage, welchen Einfluss die 800-Quadratmeter-Regelung auf das Infektionsgeschehen eigentlich hat –, sondern um die normative Frage, welche Einzelhandelsbereiche geöffnet bleiben sollten, um Wirtschaft und Bevölkerung nicht zu stark einzuschränken.[598] An dieser Stelle darauf zu verweisen, dass angesichts der Entscheidungssituation die Anforderungen an die Rechtfertigung geringer sein müssten,[599] ist weder erforderlich noch überzeugend. Denn hinsichtlich der Frage, welche Einzelhandelsbetriebe für die Grundversorgung relevant sind, bestehen überhaupt keine zeitlich bedingten Erkenntnislücken.

Überzeugender ist es hingegen, den exekutiven Handlungsträgern bei Fragen im tatsächlichen Bereich Einschätzungsspielräume zu gewähren. Denn letztlich stellen sich hier dieselben Probleme wie bei der Verhältnismäßigkeit. Das erklärt auch, warum zwar durchaus viele Anträge und Klagen wegen eines Verstoßes gegen Art. 3 Abs. 1 GG erfolgreich waren, darunter aber kaum solche waren, in denen eine epidemiologisch begründete Ungleichbehandlung (z.B. < 800 Quadratmeter vs. > 800 Quadratmeter) als gleichheitswidrig eingestuft wurde. Denn hier kam es auf Fragestellungen im Tatsächlichen an. Erfolgreich waren Anträge dagegen tendenziell wegen nicht-epidemiologisch begründeter Differenzierungen, die keine Fragen im Tatsächlichen, sondern im Normativen aufwarfen (z.B. Öffnung nur bis 800 Quadratmeter für Elektroläden, unbegrenzte Öffnung dagegen für den Buchhandel). Selten kam es aber doch zu Entscheidungen, in denen epidemiologisch begründete Ungleichbehandlungen hinterfragt wurden. So wurde die Erwägung, dass größere Einzelhandelsbetriebe eine höhere Anziehungskraft auf Personenmassen besäßen, von manchen Gerichten teils als plausibel akzeptiert,[600] während

---

[596] So etwa *VGH Mannheim*, Beschl. vom 30.04.2020, Az.: 1 S 1101/20, BeckRS 2020, 7262 Rn. 51.

[597] So etwa *VGH Kassel*, Beschl. vom 28.04.2020, Az.: 8 B 1039/20.N, BeckRS 2020, 7280 Rn. 32; *OVG Berlin-Brandenburg*, Beschl. vom 28.04.2020, Az.: OVG 11 S 28/20, BeckRS 2020, 7276 Rn. 30.

[598] Siehe sogleich II. zur Zulässigkeit solcher Erwägungen.

[599] So etwa das *OVG Berlin-Brandenburg*, Beschl. vom 17.04.2020, Az.: OVG 11 S 23/20, BeckRS 2020, 6073 Rn. 15; *OVG Bautzen*, Beschl. vom 29.04.2020, Az.: 3 B 144/20, BeckRS 2020, 7081 Rn. 49; *OVG Lüneburg*, Beschl. vom 29.04.2020, Az.: 13 MN 120/20, BeckRS 2020, 7098 Rn. 43.

[600] Siehe etwa *OVG Lüneburg*, Beschl. vom 27.04.2020, Az.: 13 MN 98/20, BeckRS 2020, 6651 Rn. 50; *VGH Kassel*, Beschl. vom 28.04.2020, Az.: 8 B 1039/20.N, BeckRS 2020, 7280 Rn. 28; *OVG Münster*, Beschl. vom 29.04.2020, Az.: 13 B 496/20.NE, BeckRS

andere Gerichte eine fehlende Tatsachenbasis für diese Annahme bemängelten und die Rechtfertigung der Ungleichbehandlung auf diese Weise versagten.[601] Ähnlich wurde auch unterschiedlich bewertet, ob Hygienemaßnahmen im großflächigen Einzelhandel besser umsetzbar sind.[602]

Art. 3 Abs. 1 GG bindet immer nur den jeweils zuständigen Hoheitsträger.[603] Eine Ungleichbehandlung liegt nicht vor, wenn die beiden Vergleichsgruppen unterschiedlichen Träger öffentlicher Gewalt unterliegen, wenn also etwa ein Sachverhalt in zwei Bundesländern unterschiedlich behandelt wird. Der VGH München hielt eine Fassung der bayerischen 800-Quadratmeter-Regelung aber im Hauptsacheverfahren (auch) deshalb für gleichheitswidrig, weil „in der weit überwiegenden Mehrzahl der Bundesländer" Einzelhandelsbetriebe mit einer Fläche über 800 Quadratmeter dennoch öffnen durften, wenn diese ihre Verkaufsfläche auf ebendiese 800 Quadratmeter begrenzten, während das nach der streitgegenständlichen bayerischen Verordnung nicht zulässig war. Obwohl es sich um Akte unterschiedlicher Rechtssetzungsgewalten handelte, betrachtete der VGH München diesen Umstand jedenfalls bei der Rechtfertigung und schloss aus der unterschiedlichen Handhabung in anderen Bundesländern auf die Unangemessenheit der Ungleichbehandlung.[604]

Wurde in einer Entscheidung Art. 3 Abs. 1 GG thematisiert, dann war es meist unstrittig, dass eine Ungleichbehandlung vorlag. In Einzelfällen wurde das Vorliegen einer Ungleichbehandlung aber auch mit überraschenden Begründungen abgelehnt. So sah etwa das *OVG Bautzen* in einer Hauptsacheentscheidung im Fall der unterschiedlichen Behandlung von Fitnessstudios einerseits und Einrichtungen des Freizeit- und Amateursportbetriebs andererseits keine wesensgleichen Sachverhalte, da es sich bei Fitnessstudios um gewerbliche Einrichtungen handle.[605] Zutreffend wies das BVerwG im Rahmen der folgenden Revision darauf hin, dass dieser Umstand epidemiologisch belanglos ist und darüber hinaus auch Sporteinrichtungen gewerblich betrieben werden können.[606] Nach Ansicht des OVG Weimar lag keine Vergleichbarkeit zwischen Einreisenden aus ausländischen Risikogebieten und

---

2020, 9226 Rn. 34; *VGH Mannheim*, Beschl. vom 30.04.2020, Az.: 1 S 1101/20, BeckRS 2020, 7262 Rn. 48; *VG Berlin*, Beschl. vom 05.05.2020, Az.: VG 14 L 51/20, BeckRS 2020, 11944 Rn. 22.

[601] *VG Hamburg*, Beschl. vom 21.04.2020, Az.: 3 E 1675/20, BeckRS 2020, 6396 Rn. 22–27.

[602] So einerseits das *VG Hamburg*, Beschl. vom 21.04.2020, Az.: 3 E 1675/20, BeckRS 2020, 6396 Rn. 21; anders das *OVG Hamburg*, Beschl. vom 30.04.2020, Az.: 5 Bs 64/20, BeckRS 2020, 7265 Rn. 30.

[603] St.Rspr., siehe etwa BVerfGE 21, 54, 68; E 148, 147, Rn. 100.

[604] *VGH München*, Urt. vom 06.10.2022, Az.: 20 N 20.794, BeckRS 2022, 31586 Rn. 83.

[605] *OVG Bautzen*, Urt. vom 30.06.2022, Az.: 3 C 54/20, BeckRS 2022, 18163 Rn. 52.

[606] BVerwGE 178, 322, Rn. 76–79. Ebenso danach *OVG Lüneburg*, Beschl. vom 04.12.2023, Az.: 14 KN 29/22, BeckRS 2023, 34596 Rn. 37–41; *ThürVerfGH*, Urt. vom 28.02.2024, Az.: VerfGH 110/20, BeckRS 2024, 3520 Rn. 174–178.

Einreisenden aus anderen Teilen der Bundesrepublik mit hoher Inzidenz vor, wenn nur erstere einer Absonderungspflicht unterliegen, da im Ausland andere Maßnahmen als in Deutschland galten und das Kontaktprofil von inländischen und ausländischen Reisenden anders aussehe.[607] Ähnlich entschied das OVG Lüneburg.[608]

II. Insbesondere: Differenzierungsfreiheit des Verordnungsgebers

Bereits angeklungen ist die Frage, nach welchen Kriterien insbesondere der Verordnungsgeber im Rahmen seines Maßnahmenkonzepts differenzieren darf. Im Gegensatz zur legislativen Gesetzgebung ist exekutive Normsetzung hinsichtlich des Differenzierungsziels und -kriteriums nicht nur an alle höherrangigen Rechtsvorschriften gebunden. Die Ziele und Mittel müssen sich zudem aus der gesetzlichen Ermächtigungsgrundlage ergeben und sich in deren Rahmen bewegen. Nichts anderes gilt bei der Regelung als Allgemeinverfügung. Bei Maßnahmen, die auf die §§ 28 ff. IfSG gestützt werden, sind das zunächst epidemiologisch begründete Kriterien. So kann etwa die Gastronomie im Innen- und Außenbereich wegen der unterschiedlichen Ansteckungsgefahr unterschiedlich behandelt werden. Dürfen aber auch wirtschaftliche und gesellschaftliche Auswirkungen von Maßnahmen beachtet werden? Seit Schaffung des § 28a IfSG dürfte das zu bejahen sein, denn § 28a Abs. 6 S. 2, 3 IfSG gibt explizit vor, dass nach Möglichkeit „soziale, gesellschaftliche und wirtschaftliche Auswirkungen auf den Einzelnen und die Allgemeinheit einzubeziehen und zu berücksichtigen“ sind und einzelne Bereiche aus aufgrund ihrer sozialen, gesellschaftlichen und wirtschaftlichen Bedeutung für die Allgemeinheit von Schutzmaßnahmen ausgenommen werden können. Daraus folgt nicht nur, dass entsprechend dieser Kriterien differenziert werden kann, sondern auch, dass sogar entsprechend differenziert werden muss.[609] § 28 IfSG hingegen gibt, ausgehend vom Wortlaut, für eine solche Differenzierung nichts her. Teils wird in der Literatur aber vertreten, eine solche Differenzierung sei auch ohne fachgesetzliche Regelung verfassungsrechtlich geboten.[610]

In der Rechtsprechung wurde diese Frage uneinheitlich beantwortet. Das OVG Lüneburg entschied im April 2020 im Rahmen des Eilantrags eines Fitnessstudiobetreibers:

---

607 *OVG Weimar*, Beschl. vom 20.12.2023, Az.: 3 N 250/21, BeckRS 2023, 45605 Rn. 117–125.

608 *OVG Lüneburg*, Beschl. vom 29.11.2023, Az.: 14 KN 24/22, BeckRS 2023, 37054 Rn. 106–113.

609 *Eibenstein*, in: Sangs/Eibenstein, IfSG, 2022, § 28a Rn. 158, 168 f.

610 *Eibenstein*, in: Sangs/Eibenstein, IfSG, 2022, § 28a Rn. 158; *Kluckert*, DVBl. 2021, 96, 101; a. A. wohl *Gerhardt*, IfSG, 6. Auflage 2022, § 28a Rn. 115.

„Dabei ist die sachliche Rechtfertigung nicht allein anhand des infektionsschutzrechtlichen Gefahrengrades der betroffenen Tätigkeit zu beurteilen. Vielmehr sind auch alle sonstigen relevanten Belange zu berücksichtigen, etwa die Auswirkungen der Ge- und Verbote für die betroffenen Unternehmen und Dritte und auch öffentliche Interessen an der uneingeschränkten Aufrechterhaltung bestimmter unternehmerischer Tätigkeiten.“[611]

Begründet wird das Ergebnis nicht. Dieselbe Auffassung vertrat auch das OVG Bautzen. Zur Begründung heißt es:

„Jedoch ist die sachliche Rechtfertigung der in der Sächsischen Corona-Schutz-Verordnung angeordneten Maßnahmen nicht allein anhand des infektionsschutzrechtlichen Gefahrengrades der betroffenen Tätigkeit zu beurteilen. Kollidierende Grundrechtspositionen sind in ihrer Wechselwirkung zu erfassen und nach dem Grundsatz der praktischen Konkordanz so in Ausgleich zu bringen, dass sie für alle Beteiligten möglichst weitgehend wirksam werden (BVerfG, Beschluss vom 30. Januar 2020 – 2 BvR 1005/18 –, juris Rn. 34 und v. 6. November 2019 – 1 BvR 16/13 –, juris Rn. 76 m. w. N.).“[612]

Gegen diese Argumentation spricht aber, dass es im Falle einer Ungleichbehandlung überhaupt nicht um das Verhältnis zwischen zwei kollidierenden Grundrechtspositionen geht. Dass, wie von Teilen der Literatur vorgebracht, eine Differenzierung schon verfassungsrechtlich geboten ist, mag zutreffen. Dann muss allerdings zunächst der Gesetzgeber aktiv werden und einfachgesetzlich festlegen, dass und wie nach nicht-epidemiologischen Kriterien differenziert werden darf, wie es später durch § 28a IfSG geschehen ist.

Das OVG Saarlouis verfolgte in der Frage eine widersprüchliche Rechtsprechungslinie. Binnen weniger Tage entschied der 2. Senat im November 2020, sich hinsichtlich der Schließung von Fitnessstudios und Restaurants der Auffassung des OVG Lüneburgs anzuschließen,[613] während er im Kontext der nur partiell verbotenen körpernahen Dienstleistungen postulierte, eine Ungleichbehandlung könne nur „unter dem allein relevanten Aspekt der seuchenrechtlichen Ziele der Verordnung“ gerechtfertigt werden.[614] Diese uneinheitliche Linie setzte sich in den Hauptsacheentscheidungen fort.[615] Der VGH Mannheim bezweifelte in ständiger Rechtspre-

[611] *OVG Lüneburg*, Beschl. vom 16.04.2020, Az.: 13 MN 77/20, BeckRS 2020, 6187 Rn. 11.

[612] *OVG Bautzen*, Beschl. vom 29.04.2020, Az.: 3 B 147/20, BeckRS 2020, 9760 Rn. 50. Ebenso später in der Hauptsache, siehe etwa *OVG Bautzen*, Urt. vom 10.08.2022, Az.: 3 C 62/20, BeckRS 2022, 24660 Rn. 47.

[613] *OVG Saarlouis*, Beschl. vom 10.11.2020, Az.: 2 B 308/20, BeckRS 2020, 30341 Rn. 19; *OVG Saarlouis*, Beschl. vom 12.11.2020, Az.: 2 B 320/20, BeckRS 2020, 30643 Rn. 28.

[614] *OVG Saarlouis*, Beschl. vom 06.11.2020, Az.: 2 B 306/20, BeckRS 2020, 31038 Rn. 19; *OVG Saarlouis*, Beschl. vom 16.11.2020, Az.: 2 B 340/20, BeckRS 2020, 31419 Rn. 17; *OVG Saarlouis*, Beschl. vom 16.11.2020, Az.: 2 B 337/20, BeckRS 2020, 31183 Rn. 18.

[615] Alle relevanten Belange: *OVG Saarlouis*, Urt. vom 31.03.2022, Az.: 2 C 182/20, BeckRS 2022, 7316 Rn. 21 (Fitnessstudio); nur seuchenrechtliche Ziele: *OVG Saarlouis*, Urt. vom 31.05.2022, Az.: 2 C 324/20, NVwZ 2023, 622 Rn. 17 (körpernahe Dienstleistungen).

chung,[616] dass neben infektionsschutzrechtlichen Gründen und überragend wichtigen Gründen des Allgemeinwohls hinaus Differenzierungen zulässig sind, ohne diese Frage im vorläufigen Rechtsschutz beantworten zu wollen. Wenn ein umfassender Lockdown sukzessive aufgehoben werden soll, dann könnten zwar verschiedene, infektionsschutzrechtlich gleichwertige Lösungen in Betracht kommen. Hier sei es vorstellbar, nach anderen Kriterien zu differenzieren. Allerdings lägen derartige Erwägungen regelmäßig außerhalb der infektionsschutzrechtlichen Ermächtigung, womit Differenzierungen nach Belieben des Verordnungsgebers möglich wären.[617] Insbesondere auch vor dem Hintergrund des Parlamentsvorbehalts sei dies bedenklich.[618] In seinen Hauptsacheentscheidungen scheint der VGH Mannheim seine Linie bestätigt zu haben.[619] Unter die wichtigen Gründe für das Allgemeinwohl fällt demnach auch die Wahrnehmung besonders wichtiger Grundrechte wie etwa Art. 4 Abs. 1, 2 GG, weshalb Gottesdienste und andere religiöse Zusammenkünfte besser gestellt werden dürften.[620] Der ThürVerfGH betonte in seinen Hauptsacheentscheidungen, dass dem Verordnungsgeber im Rahmen eines Gesamtkonzepts nach einem umfassenden Lockdown auch Differenzierungen wegen anderen Erwägungen nicht verwehrt gewesen seien.[621]

Mit dem Erlass von § 28a Abs. 6 S. 2, 3 IfSG entschied der Bundesgesetzgeber die bis dahin ungeklärte Frage dahingehend, dass auch mit Blick auf soziale, wirtschaftliche und gesellschaftliche Auswirkungen differenziert werden darf. Überraschend ist insofern, dass das OVG Saarlouis weiterhin einen sehr restriktiven Ansatz verfolgte. Trotz § 28a Abs. 6 S. 2, 3 IfSG sei bei Ermittlung der Gleichheits- oder Ungleichheitskriterien ausschließlich auf seuchenrechtlich relevante Tatbe-

---

[616] *VGH Mannheim*, Beschl. vom 30.04.2020, Az.: 1 S 1101/20, BeckRS 2020, 7262 Rn. 45 f.; *VGH Mannheim*, Beschl. vom 02.06.2020, Az.: 1 S 1528/20, BeckRS 2020, 10755 Rn. 32; *VGH Mannheim*, Beschl. vom 06.11.2020, Az.: 1 S 3448/20, BeckRS 2020, 30988 Rn. 25–27; *VGH Mannheim*, Beschl. vom 06.11.2020, Az.: 1 S 3388/20, BeckRS 2020, 29929 Rn. 21–25; *VGH Mannheim*, Beschl. vom 10.11.2020, Az.: 1 S 3432/20, BeckRS 2020, 32359 Rn. 27–30; *VGH Mannheim*, Beschl. vom 11.11.2020, Az.: 1 S 3379/20, BeckRS 2020, 31406 Rn. 22–26; *VGH Mannheim*, Beschl. vom 13.11.2020, Az.: 1 S 3405/20, BeckRS 2020, 31490 Rn. 20–24.

[617] *VGH Mannheim*, Beschl. vom 30.04.2020, Az.: 1 S 1101/20, BeckRS 2020, 7262 Rn. 46.

[618] *VGH Mannheim*, Beschl. vom 06.11.2020, Az.: 1 S 3448/20, BeckRS 2020, 30988 Rn. 27.

[619] *VGH Mannheim*, Urt. vom 02.06.2022, Az.: 1 S 1079/20, BeckRS 2022, 15543 Rn. 214; *VGH Mannheim*, Urt. vom 02.06.2022, Az.: 1 S 926/20, BeckRS 2022, 15410 Rn. 222; *VGH Mannheim*, Urt. vom 02.06.2022, Az.: 1 S 1067/20, BeckRS 2022, 15501 Rn. 220; *VGH Mannheim*, Urt. vom 11.04.2024, Az.: 1 S 930/23, BeckRS 2024, 12594, Rn. 190–130.

[620] *VGH Mannheim*, Urt. vom 11.04.2024, Az.: 1 S 278/23, BeckRS 2024, 12539 Rn. 175–177.

[621] *ThürVerfGH*, Urt. vom 28.02.2024, Az.: VerfGH 110/20, BeckRS 2024, 3520 Rn. 153–155.

stände, Umstände und Gesichtspunkte abzustellen.[622] Ein Bruch mit der Rechtsprechung zu § 28 IfSG findet hier nicht statt; die eigenen Entscheidungen dazu zitiert das Gericht weiterhin. Andere Gerichte wollten dem dagegen nicht folgen.[623] Das BVerwG hob die Entscheidungen später auf, soweit diese auf der Annahme beruhten, es läge ein Verstoß gegen Art. 3 Abs. 1 GG vor.[624] Allerdings stellte das BVerwG lediglich einen materiell-rechtlichen Fehler darin, dass das OVG Saarlouis keine tatsächlichen Feststellungen dahingehend getroffen hätte, ob epidemiologische Unterschiede die Ungleichbehandlung rechtfertigen können.[625] Die Annahme, es könne lediglich auf seuchenrechtliche Tatbestände ankommen, hielt das BVerwG dagegen für nicht zu beanstanden.[626]

III. Normaufhebung als Rechtsfolge?

Sofern eine Ungleichbehandlung festgestellt wurde, stellt sich die Frage, welche Konsequenz daraus folgt. Im Großteil der Entscheidungen im vorläufigen Rechtsschutz war die Antwort darauf so selbstverständlich, dass sie gar nicht näher hinterfragt wurde: Die Vollziehung der jeweiligen Regelung wurde vorläufig ausgesetzt. Der VGH München verweigerte sich dem jedoch mehrfach:

> „Im Ergebnis dürfte im hier zu entscheidenden Fall ein entsprechender Verstoß jedoch deshalb nicht zu einem Anspruch der Antragstellerin auf vorläufige Außervollzugsetzung des § 12 Abs. 2 Satz 1 12. BayIfSMV führen, weil die Voraussetzungen für den Erlass der angegriffenen Norm – wie oben dargelegt – derzeit erfüllt sind und aus einem Verstoß gegen Art. 3 Abs. 1 GG jedenfalls im Grundsatz kein Anspruch auf Normaufhebung folgt […] Bei einer gleichheitswidrigen Rechtsverordnung kommt eine gerichtliche Korrektur durch Aufhebung einer belastenden Maßnahme im Grundsatz nur dann in Betracht, wenn das normative Ermessen des Verordnungsgebers rechtmäßig nur in einem bestimmten Sinn ausgeübt werden könnte oder wenn sich mit Sicherheit annehmen lässt, dass der Verord-

[622] So im vorläufigen Rechtsschutz *OVG Saarlouis*, Beschl. vom 09.03.2021, Az.: 2 B 58/21, BeckRS 2021, 4001 Rn. 12; *OVG Saarlouis*, Beschl. vom 27.12.2021, Az.: 2 B 282/21, BeckRS 2021, 40331 Rn. 17. In der Hauptsache *OVG Saarlouis*, Urt. vom 21.07.2022, Az.: 2 C 294/21, BeckRS 2022, 18515 Rn. 24; *OVG Saarlouis*, Urt. vom 21.07.2022, Az.: 2 C 64/21, BeckRS 2022, 18512 Rn. 21; *OVG Saarlouis*, Urt. vom 15.09.2022, Az.: 2 C 62/21, BeckRS 2022, 25643 Rn. 26.

[623] So explizit das *OVG Berlin-Brandenburg*, Beschl. vom 29.03.2021, Az.: OVG 11 S 42/21, BeckRS 2021, 6068 Rn. 29; auch der VGH Mannheim hatte keine Zweifel mehr an der Zulässigkeit von nichtinfektiologischen Differenzierungskriterien, siehe etwa *VGH Mannheim*, Beschl. vom 19.02.2021, Az.: 1 S 502/21, BeckRS 2021, 2258 Rn. 60.

[624] *BVerwG*, Urt. vom 18.04.2024, Az.: 3 CN 8.22, BeckRS 2024, 16510; *BVerwG*, Urt. vom 18.04.2024, Az.: 3 CN 7.22, BeckRS 2024, 8910; *BVerwG*, Urt. vom 18.04.2024, Az.: 3 CN 12.22, BeckRS 2024, 16488.

[625] So etwa *BVerwG*, Urt. vom 18.04.2024, Az.: 3 CN 8.22, BeckRS 2024, 16510 Rn. 23 f.

[626] So etwa *BVerwG*, Urt. vom 18.04.2024, Az.: 3 CN 8.22, BeckRS 2024, 16510 Rn. 22. Siehe danach etwa *OVG Saarlouis*, Urt. vom 09.09.2025, Az.: 2 C 139/24, BeckRS 2025, 27650.

nungsgeber, wäre ihm das Problem bewusst, den Anforderungen des Gleichbehandlungsgebots gerade in diesem Sinn Rechnung tragen würde […] Das ist hier jedoch nicht der Fall, weil sich die aus der pandemischen Gefahrenlage aufgrund von COVID-19 und der Schutzpflicht des Staates aus Art. 2 Abs. 2 Satz 1 GG folgende Konfliktlage nicht derart auflösen lässt, dass eine vom Verordnungsgeber nicht nachvollziehbar begründete Ausnahme von einer Infektionsschutzmaßnahme durch die Einbeziehung eines vergleichbaren Lebenssachverhaltes erweitert wird. Gerät allerdings das Verhältnis von repressiven Verboten und Befreiungen derart in Schieflage, dass das repressive Verbot an sich in Frage gestellt wird, kann dieses Verbot im Hinblick auf den Gleichbehandlungsgrundsatz nicht mehr aufrechterhalten bleiben.“[627]

Auch das OVG Weimar hielt es in einigen Entscheidungen für zweifelhaft, den Vollzug der jeweiligen Regelungen wegen eines Gleichheitsverstoßes auszusetzen, weil dem Verordnungsgeber ein Einschätzungsspielraum zukommt, wie der Gleichheitsverstoß beseitigt werden soll.[628] Um ein neues Phänomen handelt es sich dabei aber nicht. In der Rechtsprechung des BVerfG ist anerkannt, dass bei einem Gleichheitsverstoß im Regelfall die Unvereinbarkeit des Gesetzes mit dem Grundgesetz erklärt und nur im Ausnahmefall die Nichtigkeit des Gesetzes ausgesprochen

[627] *VGH München*, Beschl. vom 16.03.2021, Az.: 20 NE 21.624, BeckRS 2021, 4745 Rn. 33; ebenso *VGH München*, Beschl. vom 16.03.2021, Az.: 20 NE 21.714, BeckRS 2021, 5355 Rn. 34; *VGH München*, Beschl. vom 16.03.2021, Az.: 20 NE 21.712, BeckRS 2021, 4748 Rn. 34; *VGH München*, Beschl. vom 17.03.2021, Az.: 20 NE 21.603, BeckRS 2021, 5349 Rn. 30; *VGH München*, Beschl. vom 17.03.2021, Az.: 20 NE 21.605, BeckRS 2021, 5350 Rn. 30; *VGH München*, Beschl. vom 17.03.2021, Az.: 20 NE 21.609, BeckRS 2021, 5351 Rn. 30; *VGH München*, Beschl. vom 18.03.2021, Az.: 20 NE 21.579, BeckRS 2021, 5348 Rn. 33; *VGH München*, Beschl. vom 19.03.2021, Az.: 20 NE 21.806, BeckRS 2021, 7568 Rn. 41; *VGH München*, Beschl. vom 07.04.2021, Az.: 20 NE 21.868, BeckRS 2021, 7569 Rn. 45; *VGH München*, Beschl. vom 21.12.2021, Az.: 20 NE 21.2946, BeckRS 2021, 40118 Rn. 55; *VGH München*, Beschl. vom 28.12.2021, Az.: 20 NE 21.2916, BeckRS 2021, 40581 Rn. 55. Anders wohl aber noch *VGH München*, Beschl. vom 27.04.2020, Az.: 20 NE 20.793, BeckRS 2020, 6630, wobei hier die Verordnung wegen der kurzen Restgültigkeitsdauer ebenso nicht aufgehoben wurde.

[628] *OVG Weimar*, Beschl. vom 08.11.2020, Az.: 3 EN 725/20, BeckRS 2020, 34845 Rn. 66; *OVG Weimar*, Beschl. vom 30.11.2020, Az.: 3 EN 729/20, BeckRS 2020, 42130 Rn. 95; *OVG Weimar*, Beschl. vom 21.12.2020, Az.: 3 EN 812/20, BeckRS 2020, 42874 Rn. 40; *OVG Weimar*, Beschl. vom 07.01.2021, Az.: 3 EN 851/20, BeckRS 2021, 7150 Rn. 39; *OVG Weimar*, Beschl. vom 28.01.2021, Az.: 3 EN 22/21, BeckRS 2021, 1745 Rn. 66; *OVG Weimar*, Beschl. vom 05.02.2021, Az.: 3 EN 59/21, BeckRS 2021, 7113 Rn. 31; *OVG Weimar*, Beschl. vom 11.02.2021, Az.: 3 EN 58/21, BeckRS 2021, 5304 Rn. 82; *OVG Weimar*, Beschl. vom 25.02.2021, Az.: 3 EN 88/21, BeckRS 2021, 3233 Rn. 100; *OVG Weimar*, Beschl. vom 09.03.2021, Az.: 3 EN 105/21, BeckRS 2021, 5292 Rn. 73; *OVG Weimar*, Beschl. vom 10.03.2021, Az.: 3 EN 111/21, BeckRS 2021, 5291 Rn. 88; *OVG Weimar*, Beschl. vom 23.03.2021, Az.: 3 EN 119/21, BeckRS 2021, 8667 Rn. 102; *OVG Weimar*, Beschl. vom 25.03.2021, Az.: 3 EN 175/21, BeckRS 2021, 8669 Rn. 69; *OVG Weimar*, Beschl. vom 26.03.2021, Az.: 3 EN 180/21, BeckRS 2021, 8672 Rn. 71; *OVG Weimar*, Beschl. vom 07.04.2021, Az.: 3 EN 209/21, BeckRS 2021, 30643 Rn. 67; *OVG Weimar*, Beschl. vom 09.04.2021, Az.: 3 EN 190/21, BeckRS 2021, 30644 Rn. 70. Siehe aber andererseits etwa *OVG Weimar*, Beschl. vom 22.05.2020, Az.: 3 EN 341/20, BeckRS 2020, 10615: Vorläufige Außervollzugsetzung wegen eines Gleichheitsverstoßes.

wird.[629] Das erklärt sich daraus, dass sich dem Gesetzgeber regelmäßig mehrere Alternativen bieten, wie er den Gleichheitsverstoß beseitigen kann.[630] Selbiges gilt für Fälle exekutiver Rechtssetzung.[631]

IV. Grundsatz der Folgerichtigkeit

Betrachtet man Literatur und Rechtsprechung zu Ungleichbehandlungen im Rahmen von Normsetzung, dann stößt man unweigerlich auf den Grundsatz der Folgerichtigkeit. Nach Rechtsprechung des BVerfG erfordert dieser Grundsatz, dass sich eine einzelne Regelung in die restliche Rechtsordnung einpasst und nicht deren Grundentscheidungen widerspricht.[632] Dogmatisch stellt eine nicht folgerichtige Regelung in der Rechtsprechung des BVerfG eine Ungleichbehandlung dar.[633] Das BVerfG spricht regelmäßig davon, dass eine nicht folgerichtige Regelung die nicht gerechtfertigte Ungleichbehandlung indiziert.[634] Ob der Rechtfertigungsmaßstab durch die Folgerichtigkeit erhöht ist oder nicht, wird in der Rechtsprechung des BVerfG nicht einheitlich beantwortet.[635] Der normative Gehalt des Grundsatzes bleibt damit begrenzt. Er beschreibt schlicht ein Prüfungssetting, in dem das stimmige Einfügen einer Regelung in ein bestehendes Regelungssystem im Vordergrund steht, nicht die bipolare Ungleichbehandlung zweier Sachverhalte.[636] Daneben entfaltet der Grundsatz eine zeitliche Komponente im Sinne eines Gleichheitsgebots in der Zeit.[637] Es handelt sich dabei nicht um ein „richterrechtlich erfundenes Prinzip“[638], wie der Grundsatz in der Literatur teils bezeichnet wird. Er ist schlicht Ausdruck des Umstandes, dass auch der Gesetzgeber an Art. 3 Abs. 1 GG gebunden ist.[639] Eine Ungleichbehandlung durch den Gesetzgeber kann sich aber eben nicht nur durch eine unterschiedliche Behandlung von Sachverhalten durch ein Gesetz ergeben, sondern auch durch die unterschiedliche Behandlung von Sachverhalten durch die von ihm geschaffene Rechtsordnung insgesamt. Die durchaus berechtigte Kritik, welche von Teilen der Literatur gegen den Folgerichtigkeitsgrundsatz gerichtet wird – etwa die Gefahr, dass einfaches Recht durch das

[629] BVerfGE 110, 94, 138 f.; *Wollenschläger*, in: Huber/Voßkuhle, GG, 8. Auflage 2024, Art. 3 Rn. 317.

[630] Siehe etwa BVerfGE 22, 349, 361 f.; E 110, 94, 138 f.

[631] BVerfGE 115, 81, 93; BVerwGE 129, 116, Rn. 31.

[632] Siehe schon BVerfGE 17, 122, 132; E 23, 242, 256.

[633] So *Payandeh*, AöR 136 (2011), 578, 589.

[634] So etwa BVerfGE 9, 20, 28; E 122, 1, 36.

[635] *Nußberger*, in: Sachs, GG, 10. Auflage 2024, Art. 3 Rn. 100; *Payandeh*, AöR 136 (2011), 578, 592.

[636] *Bulla*, ZJS 2008, 585, 591–593.

[637] *Leisner-Egensperger*, Kontinuität als Verfassungsprinzip, 2002, S. 233–235.

[638] So *Lepsius*, JZ 2009, 260, 260.

[639] So auch *Leisner-Egensperger*, DÖV 2013, 533, 538.

BVerfG an einfachem Recht gemessen und so zu Verfassungsrecht überhöht wird[640] oder der frühere Gesetzgeber den späteren Gesetzgeber bindet[641] –, ist daher bei näherer Betrachtung eine Frage der Kontrolldichte bei der Prüfung von Art. 3 Abs. 1 GG. Den Bedenken kann Rechnung getragen werden, indem dem Gesetzgeber Einschätzungs- und Wertungsspielräume gewährt werden. Relevant wird der Grundsatz der Folgerichtigkeit vor allem bei Prüfungen von Art. 3 Abs. 1 GG in Rechtsgebieten wie dem Wahlrecht und dem Steuerrecht.[642] Gerade bei Letzterem kommt dem Grundsatz eine besonders hohe praktische Bedeutung zu, da sich dem Grundgesetz kaum Maßstäbe entnehmen lassen, an welchen sich die Handlungen des Steuergesetzgebers messen ließen.[643] Entsprechend zeichnen sich Prüfungen von Art. 3 Abs. 1 GG im steuerrechtlichen Kontext durch eine ausgeprägte richterrechtliche Kasuistik aus.

Allerdings hat sich die Folgerichtigkeit in der Rechtsprechung des BVerfG spätestens[644] seit der Entscheidung zum Nichtraucherschutz[645] vom Gleichheitssatz emanzipiert und in die Prüfung von Freiheitsgrundrechten Einzug gehalten. In besagter Entscheidung erklärte das BVerfG das Baden-Württembergische Rauchverbot in der Gastronomie für verfassungswidrig. Der Landesgesetzgeber hatte hier grundsätzlich das Rauchen in der Gastronomie verboten, jedoch zahlreiche Ausnahmen vorgesehen. Entscheidend für den Ausgang des Verfahrens war, dass nach Ansicht des Gerichts die Regelung mit Blick auf Betreiber von Ein-Raum-Kneipen unangemessen gewesen sei, für welche keine Ausnahmeregelung griff. Dabei betonte das BVerfG ausdrücklich, dass ein vollständiges Verbot angemessen wäre.[646] Wenn der Gesetzgeber aber Ausnahmen vorsieht, dann müsse er sich vor dem Hintergrund der Folgerichtigkeit an der Wertung, Nichtraucherschutz sei nicht absolut, festhalten lassen. Die Bedeutung des verfolgten Zwecks werde so relativiert, deshalb komme den Folgen für die Betreiber von Ein-Raum-Kneipen ein erhöhtes Gewicht zu.[647] In der Folge brach in der Literatur Streit darüber aus, ob das Folgerichtigkeitsprinzip dogmatisch besser bei Art. 3 Abs. 1 GG, dem Verhältnismäßigkeitsgrundsatz oder als eigene Schranken-Schranke aufgehoben ist.[648] Dabei wird aber übersehen, dass es sich bei der Folgerichtigkeit um ein bloßes Argumentationsmuster handelt, welches sowohl bei Art. 3 Abs. 1 GG als auch bei den einzelnen Teilanforderungen des Verhältnismäßigkeitsprinzips fruchtbar gemacht werden

---

[640] *Lepsius*, JZ 2009, 260, 263.

[641] *Leisner-Egensperger*, DÖV 2013, 533, 538 f.

[642] Siehe dazu *Payandeh*, AöR 136 (2011), 578, 593–602.

[643] *Lepsius*, JZ 2009, 260, 260 f.

[644] Die These, das *BVerfG* hätte in der Nichtraucherschutz-Entscheidung Neuland betreten, ist nicht haltbar; entsprechende Argumentationsmuster wurden vom Gericht bereits früher genutzt. Siehe dazu *Payandeh*, AöR 136 (2011), 578, 603–605.

[645] BVerfGE 121, 317.

[646] BVerfGE 121, 317, 360.

[647] BVerfGE 121, 317, 362 f.

[648] Siehe dazu nur *Michael*, in: Jestaedt/Lepsius, Verhältnismäßigkeit, 2015, S. 42, 73 f.

kann, und zwar aus ganz unterschiedlichen Perspektiven. Letzteres folgt aus den unterschiedlichen Settings: Im Rahmen der Prüfung des Gleichheitssatzes geht es um die unterschiedliche Behandlung von zwei Sachverhalten, also etwa der Ausnahme von Festzelten vom Rauchverbot, während Ein-Raum-Kneipen ausnahmslos daran gebunden sind. Die Verhältnismäßigkeit thematisiert dagegen das Verhältnis zwischen Zweck und Mittel, also etwa die Frage, ob ein Rauchverbot in Ein-Raum-Kneipen das Ziel des Nichtraucherschutzes fördern kann und die erwartbaren Belastungen für die Wirte das erwartbare Ausmaß an Zweckförderung wert sind. Für dieses Verhältnis ist der Umstand, dass ein anderer Sachverhalt anders als der gerade geprüfte behandelt wird, aber irrelevant – jedenfalls unmittelbar. Lediglich mittelbar kann er als Hilfserwägung relevant werden, zum Beispiel wenn der Gesetzgeber durch eine nicht folgerichtige Regelungsgestaltung offenlegt, dass dem verfolgten Zweck von ihm selbst im Zweifel keine überragende Bedeutung zugemessen wird. Die fehlende Folgerichtigkeit verengt dann also den normativen Wertungsspielraum. Denkbar ist dieses Argument ebenso bei Geeignetheit und Erforderlichkeit; dann wirkt sich die fehlende Folgerichtigkeit auf den empirischen Einschätzungsspielraum aus. Es handelt sich im Kern also um bloße Hilfserwägungen, um die Wertungen des Gesetzgebers offenzulegen und ihn daran festzuhalten, ohne aber in seine Spielräume einzugreifen. Diese Anwendung des Folgerichtigkeitsgrundsatzes hat mit der Anwendung im Rahmen von Art. 3 Abs. 1 GG aber nichts zu tun.

Der Grundsatz der Folgerichtigkeit in seiner ursprünglichen Bedeutung wird in vielen Prüfungen von Art. 3 Abs. 1 GG erwähnt. Zentral ist eine Entscheidung des OVG Hamburg aus dem März 2020.[649] Die Antragstellerin betrieb mehrere Filialgeschäfte, in welchen sie E-Zigaretten und Zubehör vertrieb. Ihren Antrag gegen das Öffnungsverbot für Teile des Einzelhandels stützte sie argumentativ unter anderem darauf, dass die Antragsgegnerin Verkaufsstellen des täglichen Bedarfs hätte offenlassen wollen. Für Konsumenten von E-Zigaretten gehöre aber auch entsprechendes Zubehör zum täglichen Bedarf. Dass die Antragstellerin ihre Filialen geschlossen lassen musste, sei vor dem Hintergrund nicht verständlich. Das Gericht bemerkte dazu:

> „Für Rechtsbereiche der Gefahrenabwehr wie das Infektionsschutzrecht ist zu berücksichtigen, dass die Verwaltung ihre Entscheidungen hier oftmals – wie die vorliegende Konstellation zeigt – unter Zeitdruck und Bedingungen einer sich ständig verändernden Lage zu treffen hat. Dass sie trotz dieser Handlungsbedingungen bei ihren Entscheidungen am Maßstab von Art. 3 Abs. 1 GG einem Gebot innerer Folgerichtigkeit unterläge – wie dies in anderen Rechtsbereichen, etwa dem Steuerrecht, für das Handeln des Gesetzgebers anerkannt ist (vgl. BVerfG, Urt. v. 27.06.1991, 2 BvR 1493/89, BVerfGE 84, 239, juris Rn. 108; Beschluss vom 19.11.2019, a.a.O., Rn. 100 m.w.N.) –, wird, soweit ersichtlich, in Rechtsprechung und Literatur zu Recht nicht vertreten.“[650]

[649] *OVG Hamburg*, Beschl. vom 26.03.2020, Az.: 5 Bs 48/20, BeckRS 2020, 4731.

[650] *OVG Hamburg*, Beschl. vom 26.03.2020, Az.: 5 Bs 48/20, BeckRS 2020, 4731 Rn. 13.

Die Ausführungen werfen Fragen auf. Was meint das Gericht damit, dass die Verwaltung nicht dem Gebot innerer Folgerichtigkeit unterläge? Deutet der Verweis auf das Steuerrecht darauf hin, dass das Gericht hier nur die Bindung an ein besonders durch richterliche Kasuistik ausgeprägtes Folgerichtigkeitsgebot – wie es im Fall des Steuerrechts der Fall ist[651] – ablehnt? Dem Wortlaut nach ist der Verweis auf dieses Rechtsgebiet aber nur exemplarisch. Ist die Verwaltung im Infektionsschutzrecht nach Ansicht des OVG Hamburg also überhaupt nicht an das Gebot der Folgerichtigkeit gebunden? Das wäre erklärungsbedürftig – schließlich handelt es sich dabei, wie oben festgestellt, lediglich um eine Ausprägung der Bindung des Gesetzgebers an Art. 3 Abs. 1 GG. Das OVG Hamburg leitet sein Ergebnis mit den Handlungsbedingungen der Behörden her. Aber warum sollte eine Behörde pauschal nicht in der Lage sein, in einer dynamischen Lage eine folgerichtige Regelung zu schaffen? Bei der Frage stehen gerade keine Erkenntnisdefizite im Mittelpunkt, weshalb man den Verordnungsgeber hier nicht von Anforderungen des Folgerichtigkeitsgrundsatzes freistellen kann.[652] Nachvollziehbarer ist dagegen schon die Erläuterung in einer Entscheidung des OVG Münster, dass in einer Lockerungsphase keine überhöhten Forderungen an die Folgerichtigkeit eines Regelungskonzept gestellt werden können, wenn dieses in einen „Lockerungsfahrplan" eingebettet ist.[653] Unklar an der Entscheidung des OVG Hamburg ist weiterhin auch, welche konkrete Auswirkungen auf den Prüfungsmaßstab daraus folgen sollen, dass die Behörden nicht an das Folgerichtigkeitsgebot gebunden wären. Die Ausführungen sind damit bei näherer Betrachtung überflüssig. Insbesondere liefert das OVG Hamburg kurz weiter oben selbst schon die Begründung, warum das Vorbringen der Antragstellerin nicht trägt: Welche Einzelhandelsbetriebe solche des täglichen Bedarfs sind, ist eine Wertungsfrage.[654] Die einzig richtige Antwort auf die Frage gibt es nicht, denn der tägliche Bedarf hängt auch von individuellen Gewohnheiten ab. Entsprechend muss man der Antragsgegnerin hier einen Wertungsspielraum einräumen. Einer Ausnahme vom Folgerichtigkeitsgebot bedarf es für das Ergebnis also gar nicht. Die Ausführungen dazu sind demnach für die Argumentation nebensächlich.

Dennoch wurde der Passus in der weiteren verwaltungsgerichtlichen Rechtsprechung von diversen Gerichten vielfach zitiert. Die Ausführungen des OVG Hamburg wurden dabei – häufig wortgleich – bei den Ausführungen zum Prüfungsmaßstab bei der Rechtfertigung floskelartig übernommen.[655] Auch hier

---

[651] *Payandeh*, AöR 136 (2011), 578, 594–599.

[652] *Shirvani*, DVBl. 2022, 329, 334.

[653] *OVG Münster*, Urt. vom 25.08.2022, Az.: 13 D 74/20.NE (juris) Rn. 314.

[654] *OVG Hamburg*, Beschl. vom 26.03.2020, Az.: 5 Bs 48/20, BeckRS 2020, 4731 Rn. 13.

[655] *OVG Lüneburg*, Beschl. vom 27.04.2020, Az.: 13 MN 98/20, BeckRS 2020, 6651 Rn. 55; *OVG Schleswig*, Beschl. vom 08.05.2020, Az.: 3 MR 23/20, BeckRS 2020, 9076 Rn. 32; *OVG Bremen*, Urt. vom 15.06.2020, Az.: 1 B 176/20, BeckRS 2020, 12859 Rn. 42; *OVG Weimar*, Beschl. vom 25.02.2021, Az.: 3 EN 88/21, BeckRS 2021, 3233 Rn. 102; *ThürVerfGH*, Urt. vom 01.03.2021, Az.: VerfGH 18/20, BeckRS 2021, 3015 Rn. 229; *OVG*

blieben Begründung und Bedeutung für die weitere Prüfung im Unklaren. Nur in wenigen Entscheidungen wurde eine Bindung an das Folgerichtigkeitsgebot vertreten.[656] Auch hier hatte das für das Ergebnis der Entscheidung aber keine Bedeutung.

Als Erwägung innerhalb von Verhältnismäßigkeitsprüfungen wurde die Folgerichtigkeit in den Entscheidungen nicht unter diesem Namen erwähnt.[657] Die dahinterliegende Logik wurde aber in manchen Entscheidungen herangezogen. So wurde etwa die anhaltende Schließung von Outlet-Centern bei gleichzeitigen Lockerungen im übrigen Einzelhandel vom OVG Schleswig als unverhältnismäßig betrachtet. Denn wenn der Verordnungsgeber durch die Lockerungen zum Ausdruck bringt, dass die epidemiologische Lage wieder einen eingeschränkten Betrieb im Einzelhandel erlaubt, dann erschließe es sich nach Ansicht des Gerichts nicht, dass das für Outlet-Center nicht gelten sollte.[658] Teils gehen die Prüfungen von Art. 3 Abs. 1 GG und der Verhältnismäßigkeit so ineinander über.[659] Diese Übernahme von Folgerichtigkeitserwägungen in die Verhältnismäßigkeit erklärt auch die obige Feststellung, dass bei Entscheidungen zu Beschränkungen im Einzelhandel Prüfungen von Art. 3 Abs. 1 GG und der Verhältnismäßigkeit innerhalb der Entscheidungen im Ergebnis zumeist gleichliefen.[660]

Welches Potenzial Folgerichtigkeitserwägungen für die (pandemische) Verhältnismäßigkeitsprüfung haben, zeigt eine Hauptsacheentscheidung des BVerwG zur grundsätzlichen Untersagung von Versammlungen. Da in anderen Lebensbereichen bereits stärker gelockert wurde, schloss das Gericht daraus, dass die epidemiologische Gefahrenlage nicht mehr so angespannt war wie zuvor. Weil der Gefahrenlage so ein geringeres Gewicht in der Abwägung zukam, wurde die Versammlungsuntersagung als unangemessen eingestuft.[661] Das Gericht kann so seine begrenzte Fähigkeit kompensieren, Tatsachenfragen zu beurteilen, ohne zu stark in den Kompetenzbereich der Exekutive oder Legislative einzugreifen. Denn das Gericht setzt nicht seine Einschätzung an Stelle derer des Gesetz- oder Verordnungsgebers, sondern prüft lediglich die konsequente Umsetzung einer einmal getroffenen Einschätzung. Ähnliche Erwägungen stellten Verwaltungsgerichte schon im vorläufigen Rechtsschutz an. So wurde die vollständige Schließung von Fitnessstudios teils

---

Weimar, Beschl. vom 23.03.2021, Az.: 3 EN 119/21, BeckRS 2021, 8667 Rn. 108; *OVG Weimar*, Urt. vom 20.12.2022, Az.: 3 N 233/21, BeckRS 2022, 46523 Rn. 81.

[656] *VG Hamburg*, Beschl. vom 16.04.2020, Az.: 17 E 1648/20, BeckRS 2020, 9930 Rn. 27; *VG Halle*, Beschl. vom 17.04.2020, Az.: 5 B 190/20 HAL, BeckRS 2020, 8017 Rn. 18; unklar *VGH Mannheim*, Beschl. vom 30.04.2020, Az.: 1 S 1101/20, BeckRS 2020, 7262 Rn. 44.

[657] Dasselbe Phänomen ließ sich bereits vor Corona in der Rechtsprechung des BVerfG erkennen, siehe dazu *Petersen*, Verhältnismäßigkeit als Rationalitätskontrolle, 2015, S. 130 f.

[658] *OVG Schleswig*, Beschl. vom 24.04.2020, Az.: 3 MR 9/20, BeckRS 2020, 6917 Rn. 35.

[659] So etwa *VG Hamburg*, Beschl. vom 21.04.2020, Az.: 3 E 1675/20, BeckRS 2020, 6396; *VG Berlin*, Beschl. vom 05.05.2020, Az.: VG 14 L 51/20, BeckRS 2020, 11944.

[660] Siehe dazu oben S. 127 ff.

[661] BVerwGE 179, 168, Rn. 50–52.

deshalb als nicht erforderlich betrachtet, weil der Verordnungsgeber zum fraglichen Zeitpunkt nicht alle Sportstätten geschlossen hatte und hier Schutzkonzepte als mildere, gleich effektive Mittel bewertete.[662]

V. Gleichheit und Verhältnismäßigkeit

Überwindet der Gleichheitsgrundsatz also Funktionsgrenzen des Verhältnismäßigkeitsprinzips? Ist der Gleichheitsgrundsatz im Gegensatz zum Verhältnismäßigkeitsprinzip umfassend justiziabel, wie das Stimmen in der Literatur beobachtet haben wollen?[663] Bei genauerer Analyse lassen sich Zweifel an den Thesen nicht von der Hand weisen. Denn trotz ihrer unterschiedlichen Funktionsweisen besteht ein weitestgehender Gleichlauf zwischen Verhältnismäßigkeitsprinzip und Gleichheitsgrundsatz.

Ursache dafür ist nicht, dass durch die stufenlose Formel die gleichheitsrechtliche Rechtfertigungsprüfung zu einer Verhältnismäßigkeitsprüfung mutiert wäre.[664] Vielmehr treffen die Funktionsgrenzen, welchen das Verhältnismäßigkeitsprinzip in der Pandemie unterliegt, auch auf den Gleichheitsgrundsatz zu. Ungewissheiten im Tatsächlichen, gerade in Kombination mit potenziell katastrophalen Szenarien für die öffentliche Gesundheitsversorgung, führen zu großen exekutiven Spielräumen. Deshalb waren Gerichte nicht nur sehr zurückhaltend, Maßnahmen als ungeeignet oder nicht erforderlich zu betrachten, sondern auch darin, Maßnahmen wegen der ihnen innewohnenden Differenzierungen als gleichheitswidrig zu betrachten, wenn diese auf epidemiologische Annahmen gestützt waren (z.B. geringere Ansteckungsgefahr bei Einzelhandelsbetrieb mit geringer Verkaufsfläche). Einfacher taten sich Gerichte, Maßnahmen aufzuheben, wenn diese innerhalb eines Teilbereichs Ungleichbehandlungen aufwiesen, welche nicht seuchenrechtlich begründet waren (z.B. Ausnahmen von der 800-Quadratmeter-Regelung), oder wenn widersprüchliche Wertungen zutage traten (z.B. vollständiges Versammlungsverbot, während in anderen Bereichen bereits gelockert wurde).[665] Da sich diese Argumentationen mittels des Folgerichtigkeitsgebots jedoch auch auf die Verhältnismäßigkeit übertragen lassen, kam es auch hier regelmäßig zu einem Gleichlauf von Verhältnismäßigkeits- und Gleichheitsprüfung.

---

[662] So *OVG Weimar*, Beschl. vom 22.05.2020, Az.: 3 EN 341/20, BeckRS 2020, 10615 Rn. 61 f.; *VGH München*, Beschl. vom 12.11.2020, Az.: 20 NE 20.2463, BeckRS 2020, 30337 Rn. 27.

[663] *Erdmann*, NVwZ 2020, 1798, 1799; *Lüke*, JöR 2022 (70), 609, 633.

[664] Siehe dazu oben S. 328.

[665] Gleichwohl besteht hier die Herausforderung, das Vorliegen von wesensgleichen Sachverhalten zu begründen, siehe etwa *OVG Bautzen*, Beschl. vom 17.11.2020, Az.: 3 B 362/20, BeckRS 2020, 31796.

Zutreffend ist aber, dass Gleichheits- und Folgerichtigkeitsaspekte Lücken füllen, welche in einer Pandemie entstünden, wenn alleine Zweck und Mittel gegeneinander abgewogen würden und es so zum Abwägungsdeterminismus käme.[666] Aus Sicht von Rechtssuchenden ist das grundsätzlich positiv. Allerdings ist für diese die Argumentation mit Gleichheitsverstößen auch ein zweischneidiges Schwert. Schließlich lässt sich ein solcher Verstoß auch damit beheben, dass bisherige Privilegierungen abgeschafft und Maßnahmen so noch weiter verschärft werden, wie es auch geschehen ist.[667] Die bereits früher gegenüber dem Gebot der Folgerichtigkeit geäußerte Kritik, das Gebot könne zur Provokation von unverhältnismäßigen Regelungen führen,[668] hat sich insofern durchaus bestätigt. Problematisch können hier insbesondere Lockerungsphasen sein, da zu strenge gleichheitsrechtliche Anforderungen die Akteure dazu zwingen können, an bestehenden Maßnahmen noch insgesamt festzuhalten, statt diese „Stück für Stück" abzubauen. Den Verordnungs- beziehungsweise Allgemeinverfügungsgebern hier Experimentierräume[669] einzuräumen, ist durchaus sachgerecht. Die Anforderungen an die Rechtfertigung in solche Lockerungsphasen zu reduzieren,[670] ist daher auch vor der Zielsetzung der möglichst schnellen Aufhebung von Maßnahmen durchaus naheliegend.

---

[666] So zu Art. 3 Abs. 1 GG *Hensel*, DÖV 2020, 1120, 1223.

[667] So etwa im Fall von *VGH München*, Beschl. vom 12.11.2020, Az.: 20 NE 20.2463, BeckRS 2020, 30337 Rn. 27. Die Verordnung wurde noch am gleichen Tag geändert, siehe BayMBl. 2020 Nr. 639.

[668] *Bickenbach*, Die Einschätzungsprärogative des Gesetzgebers, 2014, S. 341 f.

[669] *Frenz*, GewArch 2020, 246, 247.

[670] *Frenz*, GewArch 2020, 246, 247.

Schluss

Rechtsschutz in der Krise?

Zu Beginn der Untersuchung wurden vier Thesen formuliert:[1] Erstens wurde aus der Unzufriedenheit bei Teilen der Literatur die These abgeleitet, Gerichte hätten womöglich „zu lasch“ kontrolliert. Ebenfalls wurde ausgehend von manchen Beiträgen in der Literatur die These formuliert, dass Gerichte ihre Kontrolldichte womöglich von der epidemiologischen Lage abhängig machten. Als dritte These wurde vermutet, dass der vorläufige Rechtsschutz einen effektiven Rechtsschutz erschwerte und als Einfallstor für eine zu geringe oder wechselnde Kontrolldichte diente. Die Annahme, es könnte zu einer Maßstabsverschiebung gekommen sein – die Gerichte manche rechtlichen Prinzipien bei der Bewertung von Coronamaßnahme also anders anwandten als zuvor – wurde als vierte These geführt. Ein Resümee der Untersuchung (A.–C.) zeigt: Von Maßstabsverschiebungen kann nur in einem Fall gesprochen werden. Welchen Einfluss die Eigenheiten des vorläufigen Rechtsschutzes auf den Rechtsschutz hatten, lässt sich nur schwer beurteilen, wenngleich sich negative Effekte kaum von der Hand weisen lassen. Die These der Inzidenzabhängigkeit lässt sich kaum belastbar überprüfen. Insgesamt geriet der Rechtsschutz nicht in die Krise, sondern hat sich durchaus bewährt. Die Gerichte wurden aber in der herausfordernden Situation alleine gelassen (D.). Eine mögliche Unzufriedenheit über eine zu zurückhaltende Justiz lässt sich womöglich durch eine falsch verstandene Rolle der Gerichte erklären (E.).

A. Die verfassungs- und verwaltungsgerichtliche Rechtsprechung zu Coronamaßnahmen

Die Corona-Maßnahmen zogen eine große Zahl von verfassungs- und verwaltungsgerichtlichen Entscheidungen nach sich. Ausgehend von der Methodik dieser Untersuchung ergaben sich rund 1.630 Entscheidungen, von denen gut die Hälfte auf Beschränkungen im wirtschaftlichen Bereich entfiel.[2]

Im Bereich der Einschränkungen der privaten Lebensgestaltung finden sich viele Einzelfallentscheidungen zur Isolation und Quarantäne von Infizierten und Ansteckungsverdächtigen. Die generelle Rechtmäßigkeit dieser Maßnahme stellte dabei

[1] Siehe S. 41.

[2] Siehe S. 41 f. und S. 46 f.

aber – mit Ausnahme einiger wenigen Entscheidungen – keine Rolle.[3] Umstritten war es dagegen, ob Rückreisende aus bestimmten Regionen außerhalb der Bundesrepublik pauschal dazu verpflichtet werden konnten, sich zuhause abzusondern. Sowohl in Eil- als auch in Hauptsacheverfahren wurde dies von manchen Gerichten verneint.[4] Ausgangsbeschränkungen werfen Fragen hinsichtlich ihrer Verhältnismäßigkeit auf; dies gilt gerade dann, wenn sie ausschließlich nachts gelten.[5] Lange teilten Gerichte diese Zweifel – mit einer Ausnahme – aber im Rahmen des vorläufigen Rechtsschutzes nicht,[6] ehe im Februar 2021 erste Gerichte Eilanträgen stattgaben.[7] Eilanträge gegen die nächtliche Ausgangsbeschränkung lehnte das BVerfG aber ab.[8] In späteren Hauptsacheentscheidungen wurden Ausgangsbeschränkungen vermehrt als rechtswidrig eingestuft.[9] Innerdeutsche Einreisebeschränkungen und Ausreisegebote erwiesen sich weitgehend als gerichtsfest.[10]

Kontaktbeschränkungen griffen tief in das Privatleben ein. Zweifel an der Rechtmäßigkeit dieser Maßnahme finden sich zwar durchaus in den Entscheidungsgründen, doch sowohl im vorläufigen Rechtsschutz als auch in späteren Hauptsacheverfahren war ein Vorgehen gegen die Maßnahme selten erfolgreich.[11] Maskenpflichten auf öffentlichen Plätzen und Straßen wurden häufig wegen Zweifeln an Geeignetheit und Erforderlichkeit aufgehoben,[12] im Personen- und Flugverkehr erwiesen sich Maskenpflichten dagegen als gerichtsfest.[13] Vergleichsweise häufig waren auch Eilanträge gegen Alkoholkonsumverbote im öffentlichen Raum und Feuerwerksverbote erfolgreich.[14]

Auch Versammlungsbeschränkungen beschäftigten häufig die Gerichte. Die besonders weitreichenden Beschränkungen der Versammlungsfreiheit in der ersten Welle wurden zunächst von den Gerichten gebilligt, bis das BVerfG in zwei Entscheidungen die Bedeutung der Versammlungsfreiheit herausstellte.[15] Dies hatte nachhaltige Auswirkungen; Eilanträge gegen Versammlungsverbote und restriktive Auflagen waren häufig erfolgreich, während sich Masken- und Abstandspflichten meist als gerichtsfest erwiesen.[16] Das BVerwG stellte später klar, dass ein Ver-

[3] Siehe S. 48 f.
[4] Siehe S. 50 ff.
[5] Siehe S. 53 f. und S. 59.
[6] Siehe S. 54 ff.
[7] Siehe S. 58 f. und S. 62 ff.
[8] Siehe S. 64.
[9] Siehe S. 65 ff.
[10] Siehe S. 69 ff.
[11] Siehe S. 78 ff.
[12] Siehe S. 87 ff.
[13] Siehe S. 90 f.
[14] Siehe S. 92 ff.
[15] Siehe S. 96 ff.
[16] Siehe S. 98 ff.

sammlungsverbot mit Ausnahmevorbehalt unangemessen ist, wenn die Entscheidung über eine Ausnahmegenehmigung maßgeblich von der Entscheidung einer Behörde abhing.[17] Auch die Bedeutung von Art. 4 Abs. 1, Abs. 2 GG wurde vom BVerfG in einer frühen Eilentscheidung betont.[18] Die Bedeutung der Kunstfreiheit wurde in Entscheidungen zu Beschränkungen des Kunst- und Kulturbetriebs aber meist verkannt.[19]

Viele Entscheidungen ergingen zu Beschränkungen des Einzelhandels. Schließungen von Einzelhandelsbetrieben wurden ebenso wie Personenzahlbeschränkungen, G-Regeln und Hygiene- und Abstandspflichten in aller Regel bestätigt.[20] Differenzierungen zwischen Einzelhandelsbranchen und anhand der Verkaufsfläche sorgten aber wiederholt für erfolgreiche Eilanträge.[21] Auch die Schließung von gastronomischen Betrieben wurde fast ausnahmslos bestätigt.[22] Für stattgebenden Eilentscheidungen sorgten aber Sperrstunden und Ausschankverbote von Alkohol.[23] Ein gerichtliches Vorgehen gegen die Beschränkung von Veranstaltungen war in Einzelfällen erfolgreich. Die Beschränkungen von Großveranstaltungen wurden aber bis ins Jahr 2022 hinein für rechtmäßig erachtet.[24] Beherbergungsverbote bei touristischen Anlässen wurden ebenfalls bestätigt, Beherbergungsverbote für Touristen aus Hotspots zogen dagegen erfolgreiche Eilanträge nach sich.[25] Im Bereich der körpernahen Dienst- und Werkleistungen sorgten Ungleichbehandlungen zwischen verschiedenen Gewerken für erfolgreiche Eilverfahren. Die langen Beschränkungen des Prostitutionsgewerbes wurde zudem von manchen Gerichten als unverhältnismäßig betrachtet.[26] Auch die Beschränkung von Fitnessstudios wurde teils als gleichheitswidrig eingestuft.[27] Zu der Schließung von Kinos finden sich kaum Entscheidungen.[28] Clubs und Diskotheken blieben bis zum Sommer 2021 durchgehend geschlossen und unterlagen damit den längsten Beschränkungen; die Einschränkungen wurden aber bis in das Jahr 2022 hinein für rechtmäßig erachtet.[29]

Im Bereich des Bildungswesens arbeitete das BVerfG heraus, dass aus Art. 2 Abs. 1 i.V.m. Art. 7 Abs. 1 GG ein Recht auf schulische Bildung folgt.[30] Ent-

---

[17] Siehe S. 112.

[18] Siehe S. 113 f.

[19] Siehe S. 115 f.

[20] Siehe S. 117 ff.

[21] Siehe S. 127 ff.

[22] Siehe S. 134 ff.

[23] Siehe S. 139 ff.

[24] Siehe S. 143 ff.

[25] Siehe S. 148 ff.

[26] Siehe S. 152 ff.

[27] Siehe S. 159 ff.

[28] Siehe S. 165 f.

[29] Siehe S. 166 f.

[30] Siehe S. 168 ff.

scheidungen zu Beschränkungen von Universitäten und Hochschulen lassen sich kaum finden.[31] Das Besuchsverbot in Gesundheits- und Pflegeeinrichtungen führte teils zu einer sozialen Isolierung der Bewohner. Dennoch finden sich nur wenige Entscheidungen dazu.[32] Die einrichtungs- und unternehmensbezogene Impfpflicht wurde vom BVerfG in einer außergewöhnlich schnell ergangenen Hauptsacheentscheidung bestätigt.[33]

Von Teilen der Literatur wurden Versuche unternommen, einen Zusammenhang zwischen der epidemischen Lage und der Erfolgsquote herzustellen. Teils wurde aus einer Korrelation zwischen epidemischer Lage und Erfolgsquote weiter gefolgert, die Gerichte hätten ihre Kontrolldichte an die epidemische Lage angepasst.[34] Allerdings ließen sich aus einem Zusammenhang zwischen Erfolgsquote und epidemischer Lage keine klaren Schlüsse etwa auf die Kontrolldichte ziehen, weil die Rechtmäßigkeit der Maßnahmen maßgeblich von der jeweiligen epidemischen Lage abhing. Auch ein Abgleich zwischen Eilentscheidungen und den später dazu ergangenen Entscheidungen im Hauptsacheverfahren lässt eine solche Aussage nicht belastbar zu.[35]

B. Prozessuale Aspekte

I. Der vorläufige Rechtsschutz

Der einstweilige Rechtsschutz nahm in der Pandemie eine überragende Bedeutung ein, weil Rechtsschutz durch Hauptsacheverfahren nicht rechtzeitig zu erlangen war. Gerichte stehen bei Eilanträgen vor dem Dilemma, dass eine gründliche Prüfung das Eilverfahren in die Länge zieht, eine nur kursorische Prüfung aber das Risiko erhöht, dass die Entscheidung im Eilrechtsschutz nicht der tatsächlichen materiellen Rechtslage entspricht.[36]

Die bundes- und verfassungsgerichtliche Rechtsprechung löst dieses Dilemma seit jeher dadurch auf, dass die Verfassungsgerichte in erster Linie eine Folgenabwägung durchführen und die materiell-rechtliche Rechtslage nur dann beachtet wird, wenn sich die Begründetheit oder Unbegründetheit des entsprechenden Rechtsbehelfs in der Hauptsache aufdrängt.[37] Gelegentlich kommt es zu einer solchen materiell-rechtlichen Prüfung auch dann, wenn etwa die Hauptsacheentschei-

---

[31] Siehe S. 170 f.

[32] Siehe S. 171 f.

[33] Siehe S. 173 ff.

[34] Siehe S. 175 f.

[35] Siehe S. 176 ff.

[36] Siehe S. 181 f.

[37] Siehe S. 186 ff.

dung vorweggenommen wird und der Eilrechtsschutz dazu dient, die Schaffung vollendeter Tatsachen zu verhindern, wobei die Handhabung uneinheitlich ist. Gleichwohl spricht einiges dafür, dass die Verfassungsgerichte dennoch eine verdeckte materiell-rechtliche Prüfung durchführen, wenngleich sich diese nicht aus den Entscheidungsgründen ergibt. In der pandemischen Rechtsprechung handhabten die Verfassungsgerichte dies nicht anders. Das BVerfG stellte teils primär auf eine Folgenabwägung ab, prüfte aber regelmäßig auch die materielle Rechtslage, ohne dass eine einheitliche Linie erkennbar wäre. Da es stets zu einer Vorwegnahme der Hauptsache kam, hätte es auf Basis der vorpandemischen Rechtsprechung nahegelegen, in allen Fällen eine materiell-rechtliche Prüfung vorzunehmen.[38] Allerdings spricht auch in Bezug auf die pandemische Rechtsprechung viel dafür, dass das BVerfG immer eine verdeckte materiell-rechtliche Prüfung vornahm, diese aber nur dann in den Entscheidungsgründen darlegte, wenn es von Erfolgsaussichten in der Hauptsache ausging oder das Gericht dies für nötig erachtete, um einer Entscheidung mehr Überzeugungskraft zu verleihen.[39] Landesverfassungsgerichte neigten etwas häufiger zu einer materiell-rechtlichen Prüfung.[40] Im Vergleich zu den Verwaltungsgerichten wurden die Verfassungsgerichte seltener angerufen. Mit prozessualen Hürden wie den Erfordernissen der Rechtswegerschöpfung und der Subsidiarität lässt sich dies allenfalls teilweise erklären.[41]

Bei der verwaltungsgerichtlichen Rechtsprechung muss man differenzieren. Bei Verfahren nach § 80 Abs. 5 VwGO und § 123 Abs. 1 VwGO lösen Gerichte das Dilemma zwischen Zeit und Gründlichkeit seit jeher zugunsten einer materiell-rechtlichen Prüfung auf. Eine Folgen- oder Interessenabwägung nehmen die Verwaltungsgerichte nur bei offenen Erfolgsaussichten vor.[42] Bei Verfahren nach § 47 Abs. 6 VwGO – denen in der Pandemie eine nicht zu unterschätzende Bedeutung zukam – orientierten sich Oberverwaltungsgerichte lange Zeit am Prüfprogramm der Verfassungsgerichte. Nach einer Entscheidung des BVerwG nahmen die Oberverwaltungsgerichte aber zunehmend materiell-rechtliche Prüfungen vor.[43] Spätestens mit den pandemischen Entscheidungen der Oberverwaltungsgerichte ist die Frage nach dem Prüfprogramm zugunsten des materiell-rechtlichen Ansatzes entschieden, den die Gerichte einhellig anwandten.[44]

Mit Blick auf die materiell-rechtliche Prüfung in Eilverfahren ist es über alle Gerichtsbarkeiten hin in Rechtsprechung und einem Teil der Literatur hin anerkannt, dass diese lediglich „summarisch“ erfolgen könne, müsse oder dürfe. Dieses Postulat wird unreflektiert verwendet; bei näherer Betrachtung erweist sich die

---

[38] Siehe S. 189.

[39] Siehe S. 189 f.

[40] Siehe S. 195 ff.

[41] Siehe S. 184 ff. und S. 195 ff.

[42] Siehe S. 210 ff. und S. 215 ff.

[43] Siehe S. 201 f.

[44] Siehe S. 202 ff.

„summarische“ Prüfung als Floskel, hinter der sich ein uneinheitlicher, von Einzelfall zu Einzelfall variierender Prüfungsmaßstab verbirgt.[45] Vor dem Hintergrund der Rechtssicherheit und Vorhersehbarkeit von gerichtlichen Prozessen ist dies bedenklich. Nach richtiger Ansicht müssen bereits im Eilrechtsschutz Rechtsfragen im Regelfall vollständig und Tatsachenfragen nach Möglichkeit ebenfalls abschließend beantwortet werden.[46] In einer Pandemie müssen sich Gerichte zwangsläufig auf das Parteivorbringen und einer Aufbereitung durch Einrichtungen wie das RKI beschränken, weil ihnen eigene epidemiologische Fachkompetenz fehlt und der Zeitfaktor die Einholung externer Expertise nicht zulässt. Dennoch waren Gerichte durchaus bemüht, sich mit der Studienlage eigenständig auseinanderzusetzen.[47] Bei Rechtsfragen muss differenziert werden. Einige Rechtsfragen sind ihrerseits von Tatsachenfragen abhängig und damit im Eilverfahren nur begrenzt beantwortbar. Doch auch Rechtsfragen, die ohne vorherige Beantwortung von Tatsachenfragen beantwortbar wären, wurden von den Gerichten teils offengelassen.[48] Von einer Maßstabsverschiebung lässt sich hier zwar nicht sprechen, denn klare Maßstäbe existieren wegen des undefinierten Begriffs der „summarischen“ Prüfung nicht. Allerdings kommt das Vorgehen der Gerichte der Flucht in die Abwägung gleich. Ebenfalls flüchten sich Gerichte in die Folgenabwägung, wenn sie Aspekte ignorieren oder überhöhte Anforderungen daran stellen, wann von Erfolgsaussichten in der Hauptsache auszugehen ist.[49]

Folgenabwägungen im pandemischen Kontext weisen das Problem auf, dass sich in der Abwägung mögliche Folgen für das Grundrecht auf Leben und körperliche Unversehrtheit aller Grundrechtsträger den Folgen für andere Grundrechte einer kleineren Gruppe von Grundrechtsträgern gegenüberstehen. Zudem wägten Gerichte regelmäßig die Folgen für das Grundrecht auf Leben und körperliche Unversehrtheit aller Grundrechtsträger ab mit den Folgen für die Grundrechte des einzelnen Antragstellers. Wenn Gerichte dann noch zuvor geäußerte Zweifel an der streitgegenständlichen Maßnahme in der Folgenabwägung ausblendeten, war die Abwägung für den Antragsteller nicht mehr zu gewinnen.[50] Das lässt sich als Abwägungsdeterminismus bezeichnen. In welchem Ausmaß die Flucht in die Folgenabwägung und der Abwägungsdeterminismus dazu geführt haben, dass Eilentscheidungen von der tatsächlichen materiellen Rechtslage abwichen, lässt sich nur schwer beurteilen.[51] Die von Teilen der Literatur vertretene These, eine zu geringe Prüfungsdichte im vorläufigen Rechtsschutz hätte den Grundrechtsschutz erschwert

[45] Siehe S. 218 f.

[46] Siehe S. 220 ff.

[47] Siehe S. 225.

[48] Siehe S. 225 ff.

[49] Siehe S. 228 ff.

[50] Siehe S. 192 ff., 206 ff., 215 ff.

[51] Siehe S. 232 ff. und schon 178 f.

(„Achillesferse des Grundrechtsschutzes“[52]), kann so nicht vollständig von der Hand gewiesen, in ihrer Pauschalität aber auch nicht bestätigt werden.

II. Rechtsschutz in der Hauptsache

Im Vergleich zur Masse der Eilentscheidungen finden sich nur wenige Hauptsacheentscheidungen. Nicht zuletzt liegt dies auch daran, dass die Gerichte teils hohe Anforderungen an das Feststellungsinteresse und das Rechtsschutzbedürfnis stellten.[53] Die Rechtsprechung hielt hier an den etablierten Fallgruppen für nachträglichen Rechtsschutz fest. Insbesondere gewährten die Verwaltungsgerichte nachträglichen Rechtsschutz im Falle von sich schnell erledigenden Eingriffsakten weiterhin nur dann, wenn es sich um tiefgreifende Grundrechtseingriffe handelte, woran manche Gerichte hohe Anforderungen stellten. Angesichts der vorpandemischen Rechtsprechung ist dies zwar konsequent; von einer Maßstabsverschiebung lässt sich hier nicht sprechen. Allerdings hätte das Interesse an einer Aufarbeitung der Maßnahmen durch Hauptsacheentscheidungen gefordert, dass Feststellungsinteresse bzw. Rechtsschutzbedürfnis in solchen Fällen über die etablierten Fallgruppen hinaus bejaht worden wären.[54]

C. Materiell-rechtliche Aspekte

I. Der Parlamentsvorbehalt

Der Parlamentsvorbehalt verpflichtet den Gesetzgeber nach ständiger Rechtsprechung, in wesentlichen normativen Bereichen alle wesentlichen Entscheidungen selbst zu treffen und nicht der Exekutive zu überlassen, wobei Entscheidungen etwa dann wesentlich sind, wenn in Grundrechte eingegriffen wird und ein großer Adressatenkreis betroffen ist.[55] Gemessen daran genügte die anfängliche Rechtsgrundlage für die Maßnahmen, die Generalklausel des § 28 Abs. 1 IfSG (ggf. i. V. m. § 32 IfSG) nicht den Anforderungen des Parlamentsvorbehalts. Gleichwohl war dies auf Basis der vorpandemischen Rechtsprechung in der Anfangszeit damit zu rechtfertigen, dass die weitere Entwicklung der Pandemie nicht absehbar war und damit noch keine Kodifikationsreife bestand.[56] Doch jedenfalls im Spätsommer 2020 war dieser Übergangzeitraum vorbei. Trotz Kodifikationsreife ließen

---

[52] *Blankenagel*, JZ 2021, 702, 707.

[53] Siehe S. 238 ff.

[54] Siehe S. 245.

[55] Siehe S. 246 f.

[56] Siehe S. 248 ff.

spezielle Rechtsgrundlagen auf sich warten.[57] In den Gerichtsentscheidungen wurden zwar teils auch starke Zweifel daran geäußert, dass die Praxis noch dem Parlamentsvorbehalt genügte, doch blieb es eine seltene Ausnahme, dass Eilanträge deshalb Erfolg hatten.[58] Bei diesem Aspekt kam es im Vergleich zur vorpandemischen Rechtsprechung zu einer Maßstabsverschiebung, die auch in späteren Hauptsacheentscheidungen nicht vollständig korrigiert wurde.[59] Allerdings stellten das LVerfG Sachsen-Anhalt und das OVG Saarlouis fest, dass der Parlamentsvorbehalt im Herbst 2020 verletzt wurde, während das BVerwG mit einer kritikwürdigen Argumentation weiter davon ausging, dass noch keine Kodifikationspflicht bestanden hätte.[60] Mit dem mehrfach angepassten § 28a IfSG schuf der Bundesgesetzgeber im November 2020 zwar eine spezielle Ermächtigungsgrundlage, die sowohl auf Tatbestands- als auch auf Rechtsfolgenseite weiterhin nur das Mindeste regelte. Gleichwohl hatten die Gerichte nun keine Zweifel mehr daran, dass dem Parlamentsvorbehalt genüge getan wurde.[61]

Einen Sonderfall stellte der strafrechtliche Parlamentsvorbehalt des Art. 103 Abs. 2 GG dar.[62] Obwohl nahezu jeder Verstoß gegen eine Corona-Regelung bußgeldbewehrt und Art. 103 Abs. 2 GG damit einschlägig war, wurde der strafrechtliche Parlamentsvorbehalt in kaum einer Entscheidung thematisiert. Dabei ist zweifelhaft, ob die damalige Praxis mit Art. 103 Abs. 2 GG vereinbar war. Allerdings war schon die vorpandemische Rechtsprechung zu den Anforderungen, die der strafrechtliche Parlamentsvorbehalt stellt, widersprüchlich.[63] Nur der ThürVerfGH und das LVerfG Sachsen-Anhalt beschäftigten sich näher mit der Frage und kamen zu unterschiedlichen Einschätzungen.[64]

II. Das Verhältnismäßigkeitsprinzip

Das Verhältnismäßigkeitsprinzip erwies sich als zentrale Beschränkung nicht nur der legislativen Gestaltungsfreiheit,[65] sondern auch der exekutiven Gestaltungsfreiheit.[66] Die erste Prüfungsstufe des Verhältnismäßigkeitsprinzips, die Prüfung des legitimen Zwecks, fixiert die weitere Prüfung der Geeignetheit, der Er-

[57] Siehe S. 255.
[58] Siehe S. 255 ff.
[59] Siehe S. 257 ff.
[60] Siehe S. 259 ff.
[61] Siehe S. 262 ff.
[62] Siehe S. 265 ff.
[63] Siehe S. 266 f.
[64] Siehe S. 267 f.
[65] Siehe S. 271 ff.
[66] Siehe S. 295 ff.

forderlichkeit und der Angemessenheit.[67] An die Geeignetheit und Erforderlichkeit eines Eingriffs stellt die Rechtsprechung seit jeher keine hohen Anforderungen.[68] Dem Gesetzgeber werden hier Einschätzungsspielräume gewährt, die gerichtliche Kontrolldichte wird so reduziert.[69] Klare Maßstäbe hat das BVerfG nicht entwickelt, die Kontrolldichte variiert von Einzelfall zu Einzelfall.[70] Auf Ebene der Angemessenheit gewährt das BVerfG ebenso seit jeher Einschätzungs- und Wertungsspielräume. Unzutreffend ist daher die Auffassung, das Gericht habe diesbezüglich in seinen Entscheidungen zur „Bundesnotbremse" ein Novum vollzogen.[71]

Bisher weder in der Literatur noch in der Rechtsprechung abschließend geklärt ist die gerichtliche Kontrolldichte mit Blick auf den Verordnungsgeber.[72] Beim Erlass von Verordnungen handelt es sich einerseits um Normanwendung, andererseits aber auch um Normsetzung. Weder lässt sich daher das für die Überprüfung von Einzelfallentscheidungen entwickelte Verwaltungsermessen auf den Verordnungsgeber anwenden, noch kann die Figur der Einschätzungs- und Wertungsspielräume ohne Weiteres auf den Verordnungsgeber übertragen werden. In der Corona-Pandemie übernahm der Verordnungsgeber im Bereich der Maßnahmengestaltung weitgehend die normsetzenden Aufgaben des Gesetzgebers, verfügte dabei aber über eine schwächere personelle und prozedurale demokratische Legitimation als der Gesetzgeber. Die Verordnungen hätten daher einer höheren Kontrolldichte unterliegen müssen als formelle Gesetze.[73] In der Rechtsprechung spiegelt sich das aber nicht wider. Die Spielräume des Verordnungsgebers wurden weitgehend mit denen des Gesetzgebers gleichgesetzt.[74] Diese Praxis wurde schon früh vom BVerfG gebilligt. Nur der VGH München beschäftigte sich in einigen Entscheidungen eingehend mit der Kontrolldichte bezüglich des Verordnungsgebers. In einer anderen Entscheidung begründete der VGH München darüber hinaus einen infektionsschutzrechtlichen Beurteilungsspielraum, der nur begrenzt gerichtlich überprüfbar sein soll.[75]

Aufgrund der Einschätzungsspielräume auf Ebene der Geeignetheit und Erforderlichkeit entfalteten diese Prüfungsstufen nur eine schwache Begrenzungsfunktion bezüglich der legislativen und exekutiven Gestaltungsfreiheit. Das ist aber angesichts der vorpandemischen Handhabung der Geeignetheit und Erforderlichkeit konsequent. Gleichwohl wurden Maßnahmen aber durchaus als nicht geeignet oder

---

[67] Siehe S. 272 ff.

[68] Siehe S. 277 f.

[69] Siehe S. 279 ff.

[70] Siehe S. 280 f.

[71] Siehe S. 287 ff.

[72] Siehe S. 297 ff.

[73] Siehe S. 312 f.

[74] Siehe S. 308 ff.

[75] Siehe S. 314 f.

nicht erforderlich eingestuft.[76] Durch implizite Abwägungen und Folgerichtigkeitsargumente konturieren Verwaltungsgerichte die beiden Prüfungsstufen nach.[77] Einschätzungen des RKI waren zentral für die Überprüfung, ob sich eine Einschätzung noch innerhalb des Spielraums bewegte.[78] Gelegentlich dienten die Einschätzungsspielräume selbst als Argument, um Geeignetheit und Erforderlichkeit einer Maßnahme zu begründen.[79] Ein nicht eindeutig klargestellter legitimer Zweck führte teils zu bezuglosen, unkonturierten Prüfungen.[80] Dies setzte sich dann in den Prüfungen der Angemessenheit fort. Ebenfalls trat auf dieser Prüfungsebene das bereits bei den Folgenabwägungen beobachtete Phänomen des Abwägungsdeterminismus auf.[81] Diese Tendenz wurde verstärkt, wenn die zu erwartende Zweckerreichung nicht in die Abwägung eingestellt wurde.[82] Insgesamt kam es so bezüglich des Verhältnismäßigkeitsprinzips zu keinen Maßstabsverschiebungen. Allerdings entfaltete das Prinzip infolge situationsbezogener Funktionsgrenzen und der Handhabung der Gerichte nur eine eingeschränkte Begrenzungsfunktion.[83]

III. Gleichheitsrechtliche Aspekte

Daneben waren in den Entscheidungen häufig auch gleichheitsrechtliche Aspekte relevant. Nachdem das BVerfG bei der Rechtfertigung einer Ungleichbehandlung früher zwischen einer Willkür- und einer Verhältnismäßigkeitsprüfung differenzierte, wendet die Rechtsprechung heute einen stufenlosen, am Grundsatz der Verhältnismäßigkeit orientierten Prüfungsmaßstab an.[84] Trotz der intensiven Grundrechtseingriffe wandten die Gerichte in den Entscheidungen zu Corona-Maßnahmen zumeist einen Maßstab an, der sich am unteren Rand des stufenlosen Maßstabs bewegte und einer klassischen Willkürprüfung entsprach.[85] Sofern Differenzierungen epidemiologisch begründet wurden, zeigten sich diese tendenziell häufiger als gerichtsfest im Vergleich zu Differenzierungen, die anderweitig begründet wurden.[86] Problematisch war bis zur Schaffung des § 28a IfSG, ob der

[76] Siehe S. 305 ff.
[77] Siehe S. 306 ff.
[78] Siehe S. 314 f.
[79] Siehe S. 282 ff. und S. 313 f.
[80] Siehe S. 281 f. und S. 305.
[81] Siehe S. 292 ff. und S. 323 ff.
[82] Siehe S. 294 f. und S. 317 ff.
[83] Siehe S. 326 ff.
[84] Siehe S. 328 f.
[85] Siehe S. 329 f.
[86] Siehe S. 329 ff.

Verordnungsgeber überhaupt auf Basis von Kriterien differenzieren durfte, die nicht epidemiologisch begründet werden konnten.[87]

Der Grundsatz der Folgerichtigkeit wird zumeist mit dem Gleichheitsgrundsatz in Verbindung gebracht.[88] Allerdings hat sich die Folgerichtigkeit spätestens mit der Entscheidung des BVerfG zum Nichtraucherschutz vom Gleichheitsgrundsatz emanzipiert. Es handelt sich dabei um ein Argumentationsmuster, das sich sowohl bei Art. 3 Abs. 1 GG als auch bei der Verhältnismäßigkeitsprüfung fruchtbar machen lässt.[89] Bei der Prüfung des Gleichheitsgrundsatzes findet sich die Folgerichtigkeit in der pandemischen Rechtsprechung in Gestalt eines häufig zitierten Passus des OVG Hamburg, demzufolge die Verwaltung im Bereich des Infektionsschutzrechts keinem Gebot einer inneren Folgerichtigkeit unterliege. Die Begründung und die Bedeutung des Passus bleiben unklar.[90] Im Rahmen von Verhältnismäßigkeitsprüfungen wurde die Folgerichtigkeit zwar nicht so benannt. Doch das Argumentationsmuster half Gerichten dabei, den Verordnungsgeber an seinen eigenen Wertungen festzuhalten und seine begrenzte Fähigkeit zu kompensieren, Tatsachenfragen zu beurteilen, ohne zu stark in den Kompetenzbereich der Exekutive oder Legislative einzugreifen. Die Verhältnismäßigkeitsprüfung wurde so nachgeschärft. Gleichheitsrechtliche Aspekte spielten somit in der Pandemie eine wichtige Rolle. Allerdings handelt es sich dabei um ein zweischneidiges Schwert, denn Gleichheitsverstöße lassen sich auch durch mehr Freiheitsbeschränkungen beheben.[91]

D. Die alleingelassene Justiz

Die Rechtsprechung wurde durch die Situation stark gefordert, manchmal wohl auch überfordert. Nicht nur erreichten die Gerichte Eilanträge in hoher Zahl, komplexe Entscheidungen mussten noch dazu in kurzer Zeit getroffen werden. Durch den Zeitdruck war nicht daran zu denken, dass Gerichte sich der fachfremden Materie durch die Hilfe von Sachverständigen annäherten, wie sie es in Hauptsacheverfahren üblicherweise tun würden. Um sich nicht anzumaßen, es „besser zu wissen“ als Gesetz- und Verordnungsgeber, musste die Rechtsprechung diesen angesichts großer Ungewissheiten auch große Einschätzungs- und Wertungsspielräume einräumen. Andererseits mussten sie dennoch für einen effektiven Rechtsschutz gegen die Maßnahmen sorgen.

Verwaltungs- und Verfassungsgerichte sahen sich nicht nur mit einer äußerst anspruchsvollen Ausgangslage konfrontiert, sondern mussten diese zudem weitge-

---

[87] Siehe S. 333 ff.

[88] Siehe S. 338 ff.

[89] Siehe S. 339 f.

[90] Siehe S. 340 ff.

[91] Siehe S. 343 f.

hend alleine bewältigen. Bereits angesprochen wurde die weitestgehende Inaktivität des Bundesgesetzgebers im Bereich der Maßnahmenpolitik.[92] Auch wenn man die Ansicht nicht teilt, dass es zeitweise zu Verstößen gegen den Parlamentsvorbehalt kam, so lässt sich schwerlich bestreiten, dass der Bundesgesetzgeber konkrete Fragen der Pandemiebekämpfung offenließ und mittels unpräzisen Ermächtigungsgrundlagen der Exekutive überantwortete. Den Verwaltungsgerichten fehlten dadurch einfachgesetzliche Maßstäbe, an denen sie das Handeln der Behörden messen konnten. So mussten die Gerichte notgedrungen auf das Verhältnismäßigkeitsprinzip zurückgreifen, welches dabei an seine Funktionsgrenzen geriet.

Dabei wäre es dem Bundesgesetzgeber durchaus möglich gewesen, selbst einfachgesetzliche Maßstäbe zu schaffen. Nicht nur erwies sich der Bundestag trotz der besonderen Situation als funktionsfähig. Auch wäre es sachlich möglich gewesen, die Materie in konkretere gesetzliche Grundlagen zu gießen, wie Kiesling im Herbst 2020 bewies. In ihrer Stellungnahme zum Dritten Bevölkerungsschutzgesetz legte Kiesling einen Entwurf für eine Neukonzeption der Ermächtigungsgrundlagen für die Coronamaßnahmen vor.[93] Der Entwurf gibt den Behörden zu Beginn eine Reihe an Kriterien vor, an der das Schutzkonzept auszurichten ist, so etwa auch eine Clusteranalyse bezüglich der Infektionsfälle mit geklärter Quelle (§ 31a Abs. 1 S. 3 IfSG-E). Auf konkrete Schwellenwerte, welche von Gerichten besonders einfach nachgeprüft werden könnten, verzichtet Kiesling aber. Danach folgen die Ermächtigungsgrundlagen für Standardmaßnahmen (§§ 31b ff. IfSG-E). Diese differenzieren zumeist zwischen abschließend aufgelisteten Beschränkungen (so etwa § 31c Abs. 2 oder § 31d Abs. 1 S. 1, Abs. 2 i.V.m. § 31c Abs. 2 IfSG-E) und weitergehenden Maßnahmen, welche nur dann zulässig sind, „sofern mildere Maßnahmen nicht ausreichen" oder wenn die weitergehende Maßnahme „zwingend erforderlich ist" (beispielsweise § 31c Abs. 1 S. 2 oder § 31d Abs. 1 S. 2 IfSG-E). Auf Ermächtigungsgrundlagen für manche Maßnahmen wie Ausgangsbeschränkungen wurde bewusst verzichtet. Später legte Kießling mit Hollo und Gallon einen ähnlichen Entwurf für ein „Epidemiegesetz" vor.[94] Dieser verfolgt den Ansatz, dass zwischen einer „drohenden Epidemie", einer „Epidemie" und einer „schweren Epidemie" sowie zwischen „regionalem" und „überregionalem" Infektionsgeschehen differenziert wird, wobei all diese Rechtsbegriffe zu Beginn des Entwurfs näher definiert werden (§ 3 EpidemieG-E). Abhängig von diesen Differenzierungen ergeben sich die zulässigen Maßnahmen. So sollen zum Beispiel private Zusammenkünfte im Fall einer „Epidemie" auf vier bis sieben Haushalte begrenzt werden können, im Falle einer „schweren Epidemie" dagegen auf zwei bis vier Haushalte (§ 18 Abs. 1, 2 EpidemieG-E).

---

[92] Siehe *Lepsius*, JöR 69 (2021), 706, 717; kritisch auch *Ruschemeier*, JöR 2021 (69), 449, 455 f. Anders dagegen *Hering*, Der Staat 2022, 205.

[93] *Kießling*, Stellungnahme für die öffentliche Anhörung im Gesundheitsausschuss, 10. November 2020.

[94] *Gallon/Hollo/Kießling*, Epidemiegesetz, 2023.

Freilich ließen sich auch dadurch nicht alle Probleme lösen, mit denen die Rechtsprechung zu kämpfen hatte. Denn insbesondere das Verhältnismäßigkeitsprinzip spielt gerade im ersten Vorschlag von Kießling weiterhin eine zentrale Rolle. Damit besteht nicht nur das Problem des Abwägungsdeterminismus auf Ebene der Angemessenheit weiter,[95] auch wird die Kontrolldichte weiterhin niedrig sein, wenn die Gerichte dem Verordnungsgeber in Folge von bestehenden Unsicherheiten auch künftig große Einschätzungs- und Wertungsspielräume einräumen müssen. Reduzieren lässt sich dieses Problem nicht durch eine Gesetzesänderung, sondern lediglich dadurch, dass die Unsicherheiten im Tatsächlichen so weit wie möglich reduziert werden. Dazu kam es in der Coronapandemie nicht. Der Evaluationsbericht des Sachverständigenausschusses nach § 5 Abs. 9 IfSG stellte den zuständigen Institutionen ein geradezu vernichtendes Zeugnis aus. Bereits zu Beginn der Pandemie sei versäumt worden, eine begleitende Datenerhebung und Forschung aufzubauen, während anderen Staaten dies taten. Auch im weiteren Verlauf sei dieser Mangel nicht behoben worden. Eine sinnvolle Evaluierung der Maßnahmen sei so ebenso wenig möglich gewesen wie schon eine Ausrichtung der Maßnahmen an der aktuellen Studienlage und empirischen Daten.[96] Dabei sei das RKI hier sogar gesetzlich in der Pflicht gestanden.[97] Wenn die Judikative die Spielräume der anderen Staatsgewalten respektiert und sich bei der Kontrolldichte zurückhält, dann wäre im Gegenzug zu erwarten, dass die Exekutive die Erkenntnislage so schnell wie möglich aufhellt und die Legislative die Exekutive dazu in die Lage versetzt. Darauf wiesen die Gerichte auch immer wieder hin. Doch bis zum Ende der Pandemie ließen der Gesetzgeber und die zuständigen Behörden und Institutionen die Gerichte im Regen stehen.

Zu Recht wurde in der Literatur darauf hingewiesen, dass die zentrale Rolle des RKI in der Rechtsprechung durchaus problematisch ist. Denn es handelt sich um eine Bundesoberbehörde, welche der Rechts- und Fachaufsicht des Bundesministeriums für Gesundheit unterliegt.[98] Eine Behörde, welche selbst an der Pandemiebekämpfung beteiligt ist, wird so zu einem wichtigen Einflussfaktor der gerichtlichen Kontrolle der Pandemiebekämpfung. Die Weisungsgebundenheit wird außerdem immer zu Spekulationen über politische Einflussnahme einladen.[99] Besonders

---

[95] So auch ausdrücklich *Gallon/Hollo/Kießling*, Epidemiegesetz, 2023, S. 82.

[96] Siehe insbesondere *Sachverständigenausschuss nach § 5 Abs. 9 IfSG*, Evaluation der Rechtsgrundlagen und Maßnahmen der Pandemiepolitik, S. 19, 25–27, 41–43, 61 f., 72, abrufbar unter https://www.bundesgesundheitsministerium.de/fileadmin/Dateien/3_Downloads/S/Sachverstaendigenausschuss/220630_Evaluationsbericht_IFSG_NEU.pdf (letzter Abruf: 18. November 2025).

[97] *Sachverständigenausschuss nach § 5 Abs. 9 IfSG*, Evaluation der Rechtsgrundlagen und Maßnahmen der Pandemiepolitik, S. 27, abrufbar unter https://www.bundesgesundheitsministerium.de/fileadmin/Dateien/3_Downloads/S/Sachverstaendigenausschuss/220630_Evaluationsbericht_IFSG_NEU.pdf (letzter Abruf: 18. November 2025).

[98] *Klafki*, Risiko und Recht, 2017, S. 200.

[99] Siehe dazu auch *VG Osnabrück*, Beschl. vom 03.09.2024, Az.: 3 A 224/22, BeckRS 2024, 22552.

dann, wenn die Einschätzungen des RKI bereits für legislative und exekutive Entscheidungen zentral waren, potenziert sich der Einfluss der Einschätzungen des Instituts.[100]

Allerdings stellt sich die Frage, auf welche Erkenntnisquellen sich die Gerichte stattdessen stützten sollten. So berief sich das BVerfG bei seinen Hauptsacheentscheidungen zur „Bundesnotbremse" auf die Aussagen einzelner sachkundiger Personen. Dadurch droht aber eine nur selektive Betrachtung des wissenschaftlichen Kenntnisstandes.[101] Das Problem potenziert sich, wenn dieselben Personen bereits bei der Beratung des Gesetz- beziehungsweise Verordnungsgebers beteiligt waren. Ein Gericht kann aber auch – gerade im Eilverfahren – nur schwer überprüfen, ob das vermittelte Bild der wissenschaftlichen Erkenntnislage und die Auswahl der beratenden Personen ausgewogen ist. Ebenso liegt es außerhalb der Kompetenz von Gerichten, selbst den naturwissenschaftlichen Stand zu erfassen und einzuschätzen. Gerichte versuchten sich teils daran, handelten sich aber damit gelegentlich den Vorwurf der Überheblichkeit gegenüber den zuständigen und fachlich kompetenteren Behörden ein.[102] Ganz davon abgesehen wird ohnehin nur ein staatliches Institut finanziell und organisatorisch in der Lage sein, eine entsprechend ausreichende Datenerhebung aufzubauen und zu betreiben.

Eine zentrale Leitforschungseinrichtung bietet also für den Rechtsschutz einen erheblichen Mehrwert, aber nur dann, wenn Kompetenz, Neutralität und Unabhängigkeit der Einrichtung über alle Zweifel erhaben sind. Das setzt einerseits voraus, dass die Einrichtung finanziell und personell ausreichend ausgestattet ist. Zum anderen sollte die Einrichtung vollständig unabhängig von der politischen Ebene und nicht weisungsabhängig sein. Dadurch würde nicht nur die Gefahr reduziert, dass der Eindruck eines politischen Einflusses entsteht und die Expertise so diskreditiert wird. Auch würde so das Problem gemildert, dass die gerichtliche Bewertung von exekutivem Handeln maßgeblich vom fachlichen Urteil eines Teils der Exekutive abhängig ist.[103] Ebenso sollte sich die Einrichtung deshalb ausschließlich damit beschäftigen, den wissenschaftlichen Kenntnisstand im epidemiologischen Bereich zu erfassen, selbst durch entsprechende Begleitforschung dazu beizutragen und die Erkenntnisse für die Politik und Öffentlichkeit aufzubereiten. Dagegen sollte sich die Einrichtung nicht als Teil der Pandemiebekämpfung von Bund und Ländern verstehen, also nicht etwa an die Öffentlichkeit appellieren, die Maßnahmen zu

---

[100] *Abdulsalam*, JöR 2021 (69), 487, 498; *Lepsius*, JöR 69 (2021), 706, 753.

[101] *Pagenkopf*, ZRP 2022, 51, 53 f.

[102] *Kaiser*, RuP 2021, 7, 14; *Trute*, GSZ 2020, 93, 97 f. u. 100 f.; für eine gerichtliche Auswertung der Studienlage aber *Kruse/Langner*, NJW 2021, 3707, 3712.

[103] Zuzugeben ist dem aber, dass es sich beim RKI um eine Bundesbehörde handelt, die Maßnahmen aber von den Ländern verhängt wurde. Relativiert wird das aber dadurch, dass die Maßnahmen der Länder maßgeblich von der Bundesregierung mitgeprägt wurden, siehe dazu oben S. 34 ff.

befolgen.[104] Denn das birgt die Gefahr, dass sich die Einrichtung mit öffentlicher Kritik an einzelnen Teilen des Maßnahmenbündels zurückhält, um das Vertrauen in die Bekämpfungsstrategie von Bund und Ländern insgesamt nicht zu gefährden. Derartige Überlegungen wären bei einer Behörde verständlich, mindern aber die gerichtliche Verwertbarkeit der Expertise. Denn sowohl für einen offenen Diskurs über die Sinnhaftigkeit von Maßnahmen als auch für deren gerichtliche Überprüfung müssen fachliche Zweifel klar benannt werden. Das ist von einer Behörde kaum zu erwarten. All das spricht für eine Trennung zwischen einer politisch-verwaltend tätigen Bundesoberbehörde und einer unabhängigen Leitforschungseinrichtung. Ob Ideen wie die Herauslösung von Teilen des RKI dem gerecht werden,[105] bleibt abzuwarten.

E. Mehr Debatte wagen

Bei näherer Betrachtung erweist sich also mancher Vorwurf an die Justiz als übertrieben. Trotz aller Kritik an einzelnen Entscheidungen, trotz den Funktionsgrenzen, an welche die Rechtsprechung in dieser Pandemie stieß: Insgesamt hat sich der gerichtliche Rechtsschutz in der Krise bewährt.

Doch wodurch entstand die damalige Unzufriedenheit mit der Rechtsprechung, die in Teilen der Gesellschaft, aber auch bei manchen Stimmen in der rechtswissenschaftlichen Literatur bestand? Eine Erklärung könnte eine überhöhte Erwartungshaltung gewesen sein. Aufgabe der verfassungs- und verwaltungsgerichtlichen Gerichte ist es, staatliches Handeln auf die Rechtmäßigkeit zu überprüfen, nicht dagegen darauf, ob das politische Handeln dem subjektiv Wünschenswertem entspricht. Die Rechtsprechung prüft, ob ein Grundrechtseingriff außerhalb jedes Verhältnisses zur Zweckerreichung steht. Sie prüft dagegen nicht nach, ob die angemessenste Maßnahme gewählt wurde. Denn diese Einschätzung hängt maßgeblich von subjektiven Wertungen ab. Die Pandemie warf hier ganz grundlegende Fragen auf: Welchen Wert hat persönliche und wirtschaftliche Freiheit, welchen Wert hat der Schutz vor Infektionskrankheiten? Welche Risiken ist die Gesellschaft bereit einzugehen? Wie sicher muss eine Gefahrenprognose sein, damit freiheitseinschränkende Maßnahmen erfolgen sollten? Gerichte prüfen nur, ob staatliches Handeln den Wert eines Freiheitsgrundrechts verkannt hat, ob eine Gefahrenprognose zu unsicher ist, um darauf aufbauend eine Maßnahme zu verhängen. Begrenzt prüfen sie auch, ob der Staat zu wenig unternimmt gegen eine Gefahr für Leib und Leben. Doch wie der Bereich zwischen diesen Ober- und Untergrenzen ausgestaltet

---

[104] Das tat das RKI aber während der Coronapandemie, indem etwa der damalige Präsident *Lothar Wieler* regelmäßig Pressekonferenzen mit den jeweiligen Bundesgesundheitsministern abhielt.

[105] *Trappe*, Dem RKI droht die Zerschlagung. Lauterbachs Reform der öffentlichen Gesundheit gerät „aufs falsche Gleis", Tagesspiegel vom 22. März 2024.

werden sollte, kann alleine im Rahmen der demokratischen Willensbildung entschieden werden. Gerichte sind ihrer Grundkonzeption nach gerade keine politischen Akteure,[106] und die Judikative kann parlamentarische Versäumnisse nicht ausgleichen.[107] Das Parlament wäre nicht nur am besten dafür geeignet, eine öffentlich geführte Diskussion über diese Wertungen in politische Maßnahmen zu transformieren,[108] es wäre vor dem Hintergrund der Gewaltenteilung auch gerade dafür prädestiniert – anders als die Justiz.

Doch hat dieser Prozess der kollektiven Meinungs- und Entscheidungsfindung in der Pandemie funktioniert? Bei einem Rückblick kommen Zweifel auf. Bis zur Bundestagswahl 2021 beschränkte sich die damals regierungstragende Koalition darauf, nur das Nötigste selbst zu regeln. Wesentliche Entscheidungen zur Pandemiepolitik wurden meist hinter verschlossenen Türen in der Bund-Länder-Konferenz getroffen, die genaue Ausgestaltung erfolgte auf technokratischem Weg in der Ministerialverwaltung der Länder. Ähnlich verlief die vorgelagerte öffentliche Debatte. Einer Studie zur medialen Berichterstattung zwischen Januar 2020 und Juli 2021 im Auftrag der Rudolf-Augstein-Stiftung zufolge berichteten die untersuchten Leitmedien einseitig. Die Berichterstattung sei demnach dominiert worden von Politikern der damaligen Regierungskoalition, Ärzten und sonstigen Vertretern des Gesundheitswesens, andere wissenschaftliche Disziplinen hätten ebenso ein Nischendasein gefristet wie die Opposition.[109] Über wissenschaftliche Unsicherheiten sei wenig berichtet worden, eine abwägende Betrachtung der Folgen der Maßnahmen hätte es gerade am Anfang der Pandemie selten gegeben.[110] Versuchten Kritiker, sich nach den Regeln der Aufmerksamkeitsökonomie Gehör zu verschaffen, brach regelmäßig ein *Shitstorm* über sie herein.[111] Die Opposition gegen die Maßnahmenpolitik der damaligen Bundes- und Landesregierungen wurde so „Querdenkern“ überlassen, was den rechten und linken Rand unnötig stärkte.[112] Selbst weit nach Ende der Maßnahmen versuchen manche politischen Akteure, eine kritische Aufarbeitung zu verhindern.[113]

---

[106] *Di Fabio*, Coronabilanz, 2021, S. 55 f.

[107] *Ruschemeier*, JöR 2021 (69), 449, 460.

[108] *Klafki*, JöR 2021 (69), 583, 601.

[109] *Maurer/Reinemann/Kruschinski*, Einseitig, unkritisch, regierungsnah?, S. 27–31, abrufbar unter https://rudolf-augstein-stiftung.de/wp-content/uploads/2021/11/Studie-einseitig-unkritisch-regierungsnah-reinemann-rudolf-augstein-stiftung.pdf (letzter Abruf: 18. November 2025).

[110] *Maurer/Reinemann/Kruschinski*, Einseitig, unkritisch, regierungsnah?, S. 41 f., 53–55, abrufbar unter https://rudolf-augstein-stiftung.de/wp-content/uploads/2021/11/Studie-einseitig-unkritisch-regierungsnah-reinemann-rudolf-augstein-stiftung.pdf (letzter Abruf: 18. November 2025).

[111] *Di Fabio*, Coronabilanz, 2021, S. 87, 116–118, mit Verweis auf die Aktion „#AllesDichtmachen“.

[112] *Klafki*, JöR 2021 (69), 583, 601.

[113] Siehe etwa: Grünengesundheitsexperte gegen Enquete-Kommission zur Corona-Politik, Zeit Online vom 26. April 2023.

Das Ende der Maßnahmenpolitik wurde eingeleitet, als nach der Bundestagswahl 2021 die nunmehr in der Regierungskoalition vertretene *FDP* einer Fortschreibung des Maßnahmenregimes nicht mehr zustimmte, wie es die Koalitionspartner *SPD* und *Bündnis 90/Grüne* forderten. Zu einer offenen und grundsätzlichen Debatte darüber, ab welchem Gefährdungsniveau der Staat aktiv werden sollte, und wie weitgehend die Mittel sein sollten, welche der Staat zur Gefährdungsbekämpfung einsetzt, wurde weiterhin nicht geführt. Vielmehr standen sich innerhalb der regierenden Koalition zwei gegensätzliche Blöcke gegenüber, nur mühsam wurden Kompromisse gefunden. Über die IfSG-Änderungen im März 2022, welche den Ländern die Ermächtigungsgrundlage für die meisten Maßnahmen entzog, wird es später heißen, der damalige *FDP*-Bundesjustizminister *Marco Buschmann* hätte den *SPD*-Bundesgesundheitsminister Karl Lauterbach „über den Tisch gezogen".[114] Und dennoch: All das zeigt nicht nur, dass – entgegen den Behauptungen extremistischer Kreise – auch während der Pandemie demokratische Zustände herrschten. Es war auch nicht erforderlich, dass die Rechtsprechung die Akteure zu einem Ende der Maßnahmenpolitik zwingen musste. Das Ende der Maßnahmen wurde vielmehr maßgeblich von den Wahlberechtigten eingeleitet.

Die Prozesse der demokratischen Willensbildung erwiesen sich also auch in der Krise funktionsfähig, wie es auch die Rechtsprechung tat. Gleichwohl zeigt sich bei beidem Verbesserungspotenzial. Eine offenere Debatte in Medien, Gesellschaft und Parlament schon während der Pandemie hätte vermutlich nicht nur zu einer höheren Akzeptanz geführt.[115] Selbst bei besten Bedingungen kann die Justiz nur für eine *rechtmäßige* Pandemiepolitik sorgen. Eine *maßvollere*, *effektivere* und *bessere* Maßnahmenpolitik dagegen bringt nur die kontroverse Debatte hervor.

---

[114] *Hassenkamp u. a.*, Karl Lauterbach. Wie der Corona-Erklärer zum Pannenminister wurde, Der Spiegel vom 5. Dezember 2022.

[115] Siehe zum Potenzial des Gesetzgebungsverfahrens, Entscheidungen zu legitimieren und damit für Akzeptanz zu sorgen, grundlegend *Luhmann*, Legitimation durch Verfahren, 12. Auflage 2021, S. 174–200.

Literaturverzeichnis

Abdulsalam, Maryam Kamil: Die Stunde der Exekutive: Ein Wendepunkt im Umgang mit Tatsachen?, JöR 2021 (69), 487–504.

Alexander, Robin: Machtverfall. Merkels Ende und das Drama der deutschen Politik: ein Report, München 2022.

Amann, Melanie/*Feldenkirchen*, Markus/*Hassenkamp*, Milena/*Medick*, Veit/*Schult*, Christoph: Ein Mann zieht durch. Gesundheitsminister Lauterbach und Corona, Der Spiegel vom 9. September 2022, abrufbar unter https://www.spiegel.de/politik/deutschland/karl-lauterbach-er-wollte-der-pandemieprofi-sein-jetzt-verrennt-er-sich-a-c4740ed4-20be-45cd-8beb-1aa7e91419c4 (letzter Abruf: 18. November 2025).

Amhaouach, Lamia: Doch keine Richtungsweisung für künftige Corona-Maßnahmen, RuP 2022, 74–79.

Amhaouach, Lamia/*Huster*, Stefan/*Kießling*, Andrea/*Schaefer*, Lynn: Die Beteiligung der Landesparlamente in der Pandemie – Modelle und Entwicklungen, NVwZ 2021, 825–830.

Amhaouach, Lamia/*Kießling*, Andrea: Die einrichtungsbezogene Impfpflicht – eine Bilanz nach sechs Monaten, NJW 2022, 2798–2803.

Andrejko, Kristin L./*Pry*, Jake M./*Myers*, Jennifer F./*Fukui*, Nozomi/*DeGuzman*, Jennifer L./*Openshaw*, John/*Watt*, James P./*Lewnard*, Joseph A./*Jain*, Seema/*California COVID-19 Case-Control Study Team/California COVID-19 Case-Control Study Team/Abdulrahim*, Yasmine/*Barbaduomo*, Camilla M./*Bermejo*, Miriam I./*Cheunkarndee*, Julia/*Cornejo*, Adrian F./*Corredor*, Savannah/*Dabbagh*, Najla/*Dong*, Zheng N./*Dyke*, Ashly/*Fang*, Anna T./*Felipe*, Diana/*Frost*, Paulina M./*Ho*, Timothy/*Javadi*, Mahsa H./*Kaur*, Amandeep/*Lam*, Amanda/*Li*, Sophia S./*Miller*, Monique/*Ni*, Jessica/*Park*, Hyemin/*Poindexter*, Diana J./*Samani*, Helia/*Saretha*, Shrey/*Spencer*, Maya/*Spinosa*, Michelle M./*Tran*, Vivian H./*Walas*, Nikolina/*Wan*, Christine/*Xavier*, Erin: Effectiveness of Face Mask or Respirator Use in Indoor Public Settings for Prevention of SARS-CoV-2 Infection – California, February–December 2021, MMWR Morb Mortal Wkly Rep 2022, 71 (6), 212–216.

Aust, Helmut Philipp: Im Auftrag des Bundes, Verfassungsblog vom 15. Dezember 2020, abrufbar unter https://verfassungsblog.de/im-auftrag-des-bundes/ (letzter Abruf: 18. November 2025).

Bachmann, Peter: Untersagung der Öffnung des Einzelhandels in der Corona-Pandemie, NJW-Spezial 2021, 78.

Bader, Johann/*Ronellenfitsch*, Michael (Hrsg.): Beck'scher Onlinekommentar VwVfG, 69. Edition, Stand 1. Oktober 2025.

Bagheri, Gholamhossein/*Thiede*, Birte/*Hejazi*, Bardia/*Schlenczek*, Oliver/*Bodenschatz*, Eberhard: An upper bound on one-to-one exposure to infectious human respiratory particles, Proc. Natl. Acad. Sci. U.S.A. 2021, 118 (49).

Barczak, Tristan: Der nervöse Staat: Ausnahmezustand und Resilienz des Rechts in der Sicherheitsgesellschaft, 2. Auflage, Tübingen 2021.

Barczak, Tristan: Die „Stunde der Exekutive“, RuP 2020, 458–468.

Barczak, Tristan (Hrsg.): Mitarbeiterkommentar zum Bundesverfassungsgerichtsgesetz, Berlin 2018.

Bartsch, Matthias/*Clauß*, Anna/*Eberle*, Lukas/*Feldenkirchen*, Markus/*Gathmann*, Florian/*Großbongardt*, Annette/*Gude*, Hubert/*Knobbe*, Martin/*Schaible*, Jonas/*Teevs*, Christian/*Traufetter*, Gerald/*Wiedmann-Schmidt*, Wolf/*Winter*, Steffen: Angela Merkel und die Corona-Osterruhe. Die Nacht, in der Deutschland scheiterte, Der Spiegel vom 26. März 2021, abrufbar unter https://www.spiegel.de/politik/deutschland/angela-merkel-und-die-corona-osterruhe-die-nacht-in-der-deutschland-scheiterte-a-212138c6-0002-0001-0000-000176746224 (letzter Abruf: 18. November 2025).

Bayerisches Landesamt für Gesundheit und Lebensmittelsicherheit/Robert Koch-Institut: Beschreibung des bisherigen Ausbruchsgeschehens mit dem neuartigen Coronavirus SARS-CoV-2 in Deutschland (Stand: 12. Februar 2020), Epid.Bull. 2020 (7), 3–4.

Becker, Christian: Anmerkung zu BVerfG, Beschl. v. 29.04.2020 – 1 BvQ 44/20, COVuR 2020, 95–96.

Benamor, Sofiane: 3G-Beschränkung der Versammlungsfreiheit?, DÖV 2022, 590–594.

Bender, Justus/*Freidel*, Morten/*Schuller*, Konrad: Ministerpräsidentenkonferenz: Politiker haben Durchstecherei satt, FAZ vom 27. März 2021, abrufbar unter https://www.faz.net/aktuell/politik/inland/ministerpraesidentenkonferenz-politiker-haben-durchstecherei-satt-17265374.html (letzter Abruf: 18. November 2025).

Bender, Philipp: Verwaltungsgerichtlicher Rechtsschutz gegen Gottesdienstverbote durch Maßnahmen zur Eindämmung des Corona-Virus, NVwZ-Extra 2020 9b, 1–6.

Berkemann, Jörg: Das „verdeckte“ summarische Verfahren der einstweiligen Anordnung des Bundesverfassungsgerichts, JZ 1993, 161–171.

Berwanger, Jörg: Anmerkung zu BVerfG, 30.08.2020 – 1 BvQ 94/20 – Ablehnung eines Eilantrags gegen das Verbot einer Dauermahnwache in Berlin, NVwZ 2020, 1511–1512.

Bethge, Johannes: Ausgangssperre, Verfassungsblog vom 24. März 2020, abrufbar unter https://verfassungsblog.de/ausgangssperre/ (letzter Abruf: 18. November 2025).

Bickenbach, Christian: Die Einschätzungsprärogative des Gesetzgebers: Analyse einer Argumentationsfigur in der (Grundrechts-)Rechtsprechung des Bundesverfassungsgerichts, Tübingen 2014.

Blanke, Hermann-Josef/*Sander*, Aimee: Bewährungsprobe des deutschen Föderalismus in der Pandemie, ZG 2023, 15–35.

Blankenagel, Alexander: Did Constitution Matter?, JZ 2021, 702–710.

Boehme-Neßler, Volker: Anm. zu „Bundesnotbremse“ I, NVwZ-Beilage 2022, 34–35.

Boehme-Neßler, Volker: Ausgangssperren zur Pandemiebekämpfung?, NVwZ 2021, 670–674.

Boehme-Neßler, Volker: Das Parlament in der Pandemie – Zum Demokratiegrundsatz am Beispiel von § 28a InfSchG, DÖV 2022, 243–251.

Bott, Wolfgang: Anmerkung zu VG Wiesbaden, Beschl. v. 26.03.2021 – 6 L 368/21.WI, COVuR 2021, 318.

Brenner, Michael: Die Flexibilität des Verhältnismäßigkeitsprinzips in Zeiten von Corona, SächsVBl. 2021, 345–350.

Brocker, Lars: Exekutive versus parlamentarische Normsetzung in der Corona-Pandemie, NVwZ 2020, 1485–1488.

Brooks, John T./*Butler*, Jay C.: Effectiveness of Mask Wearing to Control Community Spread of SARS-CoV-2, JAMA 2021, 325 (10), 998.

Brüning, Christoph/*Thomsen*, Frederik: Not kennt ein Gebot: Gewaltenteilung in Zeiten einer Pandemie, NVwZ 2021, 1183–1187.

Brunner, Manuel: Vom Wert des Zitiergebots in Krisenzeiten – Eine Anmerkung zu den Beschlüssen des VG München vom 24.03.2020, M 26 S 20.1252 und M 26 S 20.1255, DÖV 2020, 925–930.

Buchholz, Udo/*Buda*, Silke/*Prahm*, Kerstin: Abrupter Rückgang der Raten an Atemwegserkrankungen in der deutschen Bevölkerung, Epid.Bull. 2020 (16), 7–9.

Buda, Silke/*an der Heiden*, Matthias/*Altmann*, Doris/*Diercke*, Michaela/*Hamouda*, Osamah/*Rexroth*, Ute: Infektionsumfeld von erfassten COVID-19-Ausbrüchen in Deutschland, Epid.Bull. 2020 (38), 3–12.

Bulfone, Tommaso Celeste/*Malekinejad*, Mohsen/*Rutherford*, George W./*Razani*, Nooshin: Outdoor Transmission of SARS-CoV-2 and Other Respiratory Viruses: A Systematic Review, The Journal of Infectious Diseases 2021, 550–561.

Bulla, Simon: Das Verfassungsprinzip der Folgerichtigkeit und seine Auswirkungen auf die Grundrechtsdogmatik. Zugleich eine Besprechung der Nichtraucherschutz-Entscheidung des BVerfG vom 30.07.2008, ZJS 2008, 585–596.

Burkiczak, Christian/*Dollinger*, Franz-Wilhelm/*Schorkopf*, Frank (Hrsg.): Bundesverfassungsgerichtsgesetz, 2. Auflage, Heidelberg 2022.

Busse, Volker: Kommentar zur Geschäftsordnung der Bundesregierung, 3. Online-Ausgabe, Baden-Baden 2018.

Büssow, Vincent: Ende der Maskenpflicht in Bus und Bahn. FDP feiert sich, Frankfurter Rundschau vom 2. Februar 2023, abrufbar unter https://www.fr.de/panorama/maskenpflicht-ende-corona-massnahme-bus-bahn-zug-fernverkehr-nahverkehr-lauterbach-92063442.html (letzter Abruf: 18. November 2025).

Casdorff, Stephan-Andreas/*Fiedler*, Maria/*Hackenbruch*, Felix: Nach Aussage von Drosten: Justizminister fordert Ende aller Corona-Schutzmaßnahmen, Tagesspiegel vom 26. Dezember 2022, abrufbar unter https://www.tagesspiegel.de/politik/nach-aussage-von-drosten-justizminister-fordert-ende-aller-corona-schutzmassnahmen-9091546.html (letzter Abruf: 18. November 2025).

Chan, Jasper Fuk-Woo/*Yuan*, Shuofeng/*Zhang*, Anna Jinxia/*Poon*, Vincent Kwok-Man/*Chan*, Chris Chung-Sing/*Lee*, Andrew Chak-Yiu/*Fan*, Zhimeng/*Li*, Can/*Liang*, Ronghui/*Cao*, Jianli/*Tang*, Kaiming/*Luo*, Cuiting/*Cheng*, Vincent Chi-Chung/*Cai*, Jian-Piao/*Chu*, Hin/*Chan*, Kwok-Hung/*To*, Kelvin Kai-Wang/*Sridhar*, Siddharth/*Yuen*, Kwok-Yung: Surgical Mask Partition Reduces the Risk of Noncontact Transmission in a Golden Syrian Hamster

Model for Coronavirus Disease 2019 (COVID-19), Clinical Infectious Diseases 2020, 71 (16), 2139–2149.

Cremer, Wolfgang: Art. 80 Abs. 1 S. 2 GG und Parlamentsvorbehalt – Dogmatische Unstimmigkeiten in der Rechtsprechung des Bundesverfassungsgerichts, AöR 122 (1997), 248–267.

Danwitz, Thomas von: Die Gestaltungsfreiheit des Verordnungsgebers: zur Kontrolldichte verordnungsgeberischer Entscheidungen, Berlin 1989.

Dapprich, Tim Niklas: Die Pflicht zur Präzisierung eines legitimen Zwecks – Die Dogmatik des Verhältnismäßigkeitsgrundsatzes am Beispiel der Corona-Politik, COVuR 2021, 717–722.

Dederer, Hans-Georg/*Preiß*, Marina: Wesentlichkeitstheorie und Pandemiegesetzgebung, AöR 148 (2023), 289.

Degenhart, Christoph: Entscheidung unter Unsicherheit – die Pandemiebeschlüsse des BVerfG, NJW 2022, 123–127.

Di Fabio, Udo: Coronabilanz: Lehrstunde der Demokratie, München 2021.

Dirnaichner, Udo: Eingriff in den Kernbereich der Exekutive bei Schulschließungen auf Grund eines Bundesgesetzes? (Bundesnotbremse II), KommunalPraxis BY 2022, 106–112.

Dombert, Matthias/*Külpmann*, Christoph (Hrsg.): Vorläufiger Rechtsschutz im Verwaltungsstreitverfahren, 8. Auflage, München 2025.

Dreier, Horst (Hrsg.): Grundgesetz. Kommentar. Band 1: Präambel, Vorbemerkungen, Artikel 1–19, 4. Auflage, Tübingen 2023.

Dreier, Horst (Hrsg.): Grundgesetz. Kommentar. Band 2: Artikel 20–82, 3. Auflage, Tübingen 2018.

Dreier, Horst (Hrsg.): Grundgesetz. Kommentar. Band 3: Artikel 83–146, 3. Auflage, Tübingen 2018.

Duden-Redaktion: Duden – Die deutsche Rechtschreibung, 29. Auflage, Berlin 2024.

Dünchheim, Thomas: Gaststätten- und Dienstleistungsverbot wegen Corona-Bekämpfung in Schleswig Holstein (Anmerkung zu OVG Schleswig, Beschl. vom 09.11.2020 – 3 MR 60/20), jurisPR-ÖffBauR 2/2021 Anm. 6.

Dürig, Günter (Begr.)/*Herzog*, Roman/*Scholz*, Rupert/*Herdegen*, Matthias/*Klein*, Hans H. (Hrsg.): Grundgesetz. Kommentar, 107. Ergänzungslieferung, München 2025.

Edenharter, Andrea: Anmerkung zu OVG Berlin-Brandenburg, Beschl. 23.03.2020 – OVG 11 S 12/20, DVBl. 2020, 757–781.

Edenharter, Andrea: Anmerkung zu Sächs. OVG, Beschl. v. 07.11.2020 – 6 B 368/20, DVBl. 2021, 130–133.

Edenharter, Andrea: Freiheitsrechte ade?, Verfassungsblog vom 19. März 2020, abrufbar unter https://verfassungsblog.de/freiheitsrechte-ade/ (letzter Abruf: 18. November 2025).

Edenharter, Andrea: Grundrechtseinschränkungen in Zeiten der Corona-Pandemie, JöR 2021 (69), 555–581.

Ehlers, Dirk: § 32. Verwaltungsgerichtliche Normenkontrolle, in: Ehlers, Dirk/Schoch, Friedrich (Hrsg.), Rechtsschutz im Öffentlichen Recht, München 2021.

Eibenstein, Henrik: Anmerkung zu OVG Berlin-Brandenburg, Beschl. v. 30.12.2020 – 1 S 177/20, COVuR 2021, 102–103.

Eibenstein, Henrik: Anmerkung zu VG Hamburg, Beschl. v. 10.11.2020 – 13 E 4550/20, COVuR 2020, 892–893.

Eibenstein, Henrik: Die (vertane) Chance des § 28a IfSG, COVuR 2020, 856–864.

Eibenstein, Henrik: Feststehender Anordnungsinhalt bei Eilanträgen im Normenkontrollverfahren, NJW 2022, 980–983.

Eibenstein, Henrik: Feuerwerksverbote in pandemischen Zeiten, Verfassungsblog vom 22. Dezember 2020, abrufbar unter https://verfassungsblog.de/feuerwerksverbote-in-der-pandemie (letzter Abruf: 18. November 2025).

Eibenstein, Henrik: Kein zweiter Shutdown von Art. 8 Absatz 1 GG, NVwZ 2020, 1811–1815.

Eibenstein, Henrik: Persona non grata dank Inzidenzwert, COVuR 2020, 688–692.

Eibenstein, Henrik/*Greve*, Holger: „Corona-Spaziergänge“ und die Versammlungsfreiheit, NVwZ-Extra 2022 4a, 1–8.

Engel, Christoph: Das legitime Ziel in der Praxis des Bundesverfassungsgerichts. Eine quantitative Analyse der Entscheidungen des Jahres 2011, in: Jestaedt, Matthias/Lepsius, Oliver (Hrsg.), Verhältnismäßigkeit: zur Tragfähigkeit eines verfassungsrechtlichen Schlüsselkonzepts, Tübingen 2015, 97–128.

Engels, Andreas: Infektionsschutzrecht als Gefahrenabwehrrecht?, DÖV 2014, 464–474.

Erdmann, Max: Kohärenz in der Krise?, NVwZ 2020, 1798–1802.

Erichsen, Hans-Uwe/*Scherberg*, Arno: Die einstweilige Anordnung im Verfahren der verwaltungsgerichtlichen Normenkontrolle (§ 47 Abs. 7 VwGO), DVBl. 1987, 168–179.

Eyermann, Erich/*Fröhler*, Ludwig (Begr.)/*Geiger*, Harald/*Happ*, Michael/*Kraft*, Ingo/*Rennert*, Klaus/*Schmidt*, Jörg (Hrsg.): Verwaltungsgerichtsordnung: Kommentar, 14. Auflage, München 2014.

Eyermann, Erich/*Fröhler*, Ludwig (Begr.)/*Happ*, Michael/*Hoppe*, Michael/*Kraft*, Ingo/*Schübel-Pfister*, Isabel/*Wöckel*, Holger (Hrsg.): Verwaltungsgerichtsordnung: Kommentar, 16. Auflage, München 2022.

Ferrau, Frederik: Ausgebremste Grundrechte – Die geplante Ausgangssperre im Infektionsschutzgesetz, JuWissBlog, 14. April 2021, abrufbar unter https://www.juwiss.de/31-2021 (letzter Abruf: 18. November 2025).

Finthammer, Volker: Corona-Strategie des Bundesgesundheitsministers – Flächendeckendes Impfen soll ab Mitte 2021 starten, Deutschlandfunk.de vom 26. Dezember 2020, abrufbar unter https://www.deutschlandfunk.de/corona-strategie-des-bundesgesundheitsministers-100.html (letzter Abruf: 18. November 2025).

Fobbe, Séan: Legal Data Science – Teil I: Was ist das?, LTO vom 13. Juli 2022, abrufbar unter https://www.lto.de/recht/hintergruende/h/legal-data-science-verstaendlich-erklaert-teili-was-ist-das-grundlagen-daten-aufbereiten-open-source (letzter Abruf: 18. November 2025).

Fobbe, Séan: Legal Data Science – Teil II: Wie man sie nutzen kann, LTO vom 8. Juni 2022, abrufbar unter https://www.lto.de/recht/hintergruende/h/legal-data-science-teil-ii-verstaendlich-erklaert-nutzen-recherche-rechtswissenschaft (letzter Abruf: 18. November 2025).

Frammersberger, Alexander: Der Hängebeschluss – Eine Möglichkeit der Rechtsschutzintensivierung im Eilverfahren, NVwZ 2022, 1866–1870.

Frankenberg, Kiyomi von: Prävention als Verhältnismäßigkeitsproblem, NVwZ 2021, 1427–1431.

Frenz, Walter: Anmerkung zu BVerfG, Beschl. v. 19.11.2021 – 1 BvR 781/21, 1 BvR 889/21, 1 BvR 860/21, 1 BvR 854/21, 1 BvR 820/21, 1 BvR 805/21, 1 BvR 798/21: Volle Bestätigung des Corona-Gesetzgebers: Kontakt- und Ausgangsbeschränkungen als ultima ratio, DVBl. 2022, 43–46.

Frenz, Walter: Anmerkung zu OVG NRW, Beschl. v. 19.03.2021 – 13 B 252/21.NE: Größere Freiheit für den lockernden Verordnungsgeber: notwendiges Experimentieren, DVBl. 2021, 678–681.

Frenz, Walter: Anmerkung zu VGH BW, Beschl. v. 05.02.2021 – 1 S 321/21 – Zu schwacher Coronaschutz – entgegen Art. 2 Abs. 2 Satz 1 GG, DVBl. 2021, 548–551.

Frenz, Walter: Corona-Lockerungen zwischen Stringenz und Effizienz, GewArch 2020, 246–248.

Froese, Judith: Das Verhältnismäßigkeitsprinzip in der Krise, DÖV 2022, 389–400.

Fuhlrott, Michael: Einrichtungsbezogene Impfpflicht ist verfassungsgemäß, GWR 2022, 227.

Gallon, Johannes: Informeller Föderalismus statt öffentlicher Deliberation, Verfassungsblog vom 9. Februar 2021, abrufbar unter https://verfassungsblog.de/informeller-foderalismus-statt-offentlicher-deliberation/ (letzter Abruf: 18. November 2025).

Gallon, Johannes/*Hollo*, Anna-Lena/*Kießling*, Andrea: Epidemiegesetz: Entwurf eines Gesetzes zur Neuordnung der Rechtsgrundlagen der Epidemiebekämpfung, Baden-Baden 2023.

Gerhardt, Jens: Infektionsschutzgesetz, 6. Auflage, München 2022.

Gersdorf, Hubertus: Verfassungswidrigkeit von Zuschauerverboten bei Fußballspielen Teil I, COVuR 2022, 518–526.

Gersdorf, Hubertus: Verfassungswidrigkeit von Zuschauerverboten bei Fußballspielen Teil II, COVuR 2022, 578–584.

Glaab, Sarah/*Schwedler*, Anna: Besuchseinschränkungen in Pflegeheimen zur Bekämpfung des Coronavirus, NJW 2020, 1702–1705.

Goldhammer, Michael: Die Prognoseentscheidung im öffentlichen Recht, Tübingen 2021.

Gölzer, Sarah/*Fischer-Uebler*, Annika/*Schaub*, Annkathrin: Die ungenutzte Macht der Parlamente in der Covid-19-Pandemie, NVwZ 2021, 928–935.

Gorbalenya, Alexander E./*Baker*, Susan C./*Baric*, Ralph S./*De Groot*, Raoul J./*Drosten*, Christian/*Gulyaeva*, Anastasia A./*Haagmans*, Bart L./*Lauber*, Chris/*Leontovich*, Andrey M./*Neuman*, Benjamin W./*Penzar*, Dmitry/*Perlman*, Stanley/*Poon*, Leo L. M./*Samborskiy*,

Dmitry V./*Sidorov*, Igor A./*Sola*, Isabel/*Ziebuhr*, John: The species Severe acute respiratory syndrome-related coronavirus: classifying 2019-nCoV and naming it SARS-CoV-2, Nat Microbiol 2020 (5), 536–544.

Graulich, Kurt: Das Handeln von Polizei- und Ordnungsbehörden zur Gefahrenabwehr, in: Bäcker, Matthias/Denninger, Erhard/Graulich, Kurt (Hrsg.), Handbuch des Polizeirechts, 7. Auflage, München 2021.

Gregor, Christof: Versammlungsrechtlicher Umgang mit „Spaziergängen", DÖV 2022, 759–766.

Greve, Holger: Infektionsschutzrecht in der Pandemielage – Der neue § 28a IfSG, NVwZ 2020, 1786–1792.

Greve, Holger/*Lassahn*, Philipp: Die bundeseinheitliche „Notbremse" – Verfassungsfragen zum Vierten Bevölkerungsschutzgesetz, NVwZ 2021, 665–670.

Greve, Holger/*Lassahn*, Philipp: Verfassungsrechtliche Zulässigkeit von 2G-Regelungen, NVwZ 2022, 197–204.

Grimm, Christian/*Huber*, Fabian: Länder fordern schärfere Corona-Regeln – FDP sperrt sich dagegen, Augsburger Allgemeine vom 10. August 2022, abrufbar unter https://www.augsburger-allgemeine.de/politik/infektionsschutzgesetz-laender-fordern-schaerfere-corona-regeln-fdp-macht-da-nicht-mit-id63584121.html (letzter Abruf: 18. November 2025).

Groß, Thomas: Von der Kontrolle der Polizei zur Kontrolle des Gesetzgebers – Transformationen rechtsstaatlicher Kontrollinstrumente, DÖV 2006, 856–861.

Guckelberger, Annette: Ausgangsbeschränkungen und Kontaktverbote anlässlich der Corona-Pandemie, NVwZ-Extra 2020 9a, 1–15.

Guckelberger, Annette: Norm- und Sachverhaltswissen im Verwaltungsprozess, VerwArch 2017 (108), 1–34.

Habich, Irene/*Heinze*, Saskia: Kein Zutritt für Ungeimpfte – wie sinnvoll ist das?, Redaktionsnetzwerk Deutschland vom 10. September 2021, abrufbar unter https://www.rnd.de/gesundheit/kein-zugang-fuer-ungeimpfte-wie-sinnvoll-ist-das-2g-modell-LXTDG453VNH5POFYILAM5KWGNY.html (letzter Abruf: 8. November 2025).

Haratsch, Andreas: Zur Verhältnismäßigkeit nächtlicher Ausgangsbeschränkungen – Eine Lüneburger Spezialität, DÖV 2021, 538–542.

Hassenkamp, Milena/*Müller*, Dieter: Karl Lauterbach. Wie der Corona-Erklärer zum Pannenminister wurde, Der Spiegel vom 5. Dezember 2022, abrufbar unter https://www.spiegel.de/politik/deutschland/karl-lauterbach-wie-der-corona-erklaerer-zum-pannenminister-wurde-a-5ae801b5-1c53-4f61-a412-039a621b36fd (letzter Abruf: 18. November 2025).

Haurand, Günter: Bundesnotbremse I – Ausgangs- und Kontaktbeschränkungen (Besprechung von BVerfG, Beschl. vom 19.11.2021 – 1 BvR 781/21 u.a.), DVP 2022, 134–139.

Haurand, Günter: Bundesnotbremse II – Schulschließungen (Besprechung von BVerfG, Beschl. v. 19.11.2021 – 1 BvR 971/21, 1 BvR 1069/21), DVP 2022, 139–143.

Hecker, Wolfgang: Anmerkung zu BVerfG, Beschl. v. 05.05.2021 – 1 BvR 781/21, 1 BvR 805/21, 1 BvR 820/21, 1 BvR 854/21, 1 BvR 889/21 – Eilanträge gegen bundesrechtliche nächtliche Ausgangsbeschränkungen abgelehnt, NVwZ 2021, 795–796.

Heiden, Matthias an der: SARS-CoV-2-Nowcasting und -R-Schätzung, abrufbar unter https://zenodo.org/doi/10.5281/zenodo.8062328 (letzter Abruf: 18. November 2025)

Heinecke, Gabriele: Bleiben Sie demokratisch! Eine Besprechung der Beschlüsse des Verwaltungsgerichts Hamburg vom 16. April 2020 (Az. 17 E 1648/20) und des Hamburgischen Oberverwaltungsgerichts vom 16. April 2020 (Az. 5 Bs 58/20), KJ 2021, 88–93.

Heinemann, Patrick: Verwaltungsgerichtlicher Eilrechtsschutz: Die Chimäre der summarischen Rechtsprüfung, NVwZ 2019, 517–521.

Heinig, Hans Michael/*Kingreen*, Thorsten/*Lepsius*, Oliver/*Möllers*, Christoph/*Volkmann*, Uwe/*Wißmann*, Hinnerk: Why Constitution Matters – Verfassungsrechtswissenschaft in Zeiten der Corona-Krise, JZ 2020, 861.

Heller, Jonas: Die Unstrittigkeit des Zwecks, Verfassungsblog vom 28. März 2020, abrufbar unter https://verfassungsblog.de/die-unstrittigkeit-des-zwecks/ (letzter Abruf: 18. November 2025).

Hensel, Roman: Die Kontrollperspektive der Eilentscheidungen nach § 47 Abs. 6 VwGO zu den Pandemieverordnungen, DÖV 2020, 1120–1123.

Herdegen, Matthias: Gestaltungsspielräume bei administrativer Normgebung – Ein Beitrag zu rechtsformabhängigen Standards für die gerichtliche Kontrolle von Verwaltungshandeln, AöR 114 (1989), 607–643.

Hering, Laura: Parlamentarismus in Zeiten der Corona-Pandemie: Eine Gegenerzählung zur Verfallsgeschichte der Parlamente in der Gesundheitskrise, Der Staat 2022, 205–233.

Hillgruber, Christian: Grundrechtsschranken, in: Isensee, Josef/Kirchhof, Paul (Hrsg.), Handbuch des Staatsrechts der Bundesrepublik Deutschland, Band IX: Allgemeine Grundrechtslehren, § 201, 3. Auflage, Heidelberg 2011.

Hillgruber, Christian/*Goos*, Christoph: Verfassungsprozessrecht, 6. Auflage, Heidelberg 2025.

Himmelrath, Armin/*Ziegler*, Jean-Pierre: Coronavirus in München: Parkbank – Kritik an Tweet der Polizei, Der Spiegel vom 7. April 2020, abrufbar unter https://www.spiegel.de/panorama/justiz/coronavirus-in-muenchen-parkbank-kritik-an-tweet-der-polizei-a-b17df8aa-bc8e-4a19-b2f9-64d1928d3680 (letzter Abruf: 18. November 2025).

Hippeli, Michael: Kommunales Verbot von Corona-„Spaziergängen" bleibt vorerst in Kraft, jurisPR-MedizinR 3/2022 Anm. 1.

Hippert, Julia/*Saul*, Philipp: Querdenken – Eine Chronologie der Corona-Demonstrationen, Süddeutsche.de vom 28. April 2021, abrufbar unter https://www.sueddeutsche.de/politik/querdenken-chronologie-bundestag-1.5279496 (letzter Abruf: 18. November 2025).

Hirschberg, Lothar: Der Grundsatz der Verhältnismäßigkeit, Göttingen 1981.

Hoffmann-Riem, Wolfgang: Freiheit und Sicherheit im Angesicht terroristischer Anschläge, ZRP 2002, 497–501.

Höfler, Martin: Allgemeinverfügung zu Corona-Spaziergängen im Einzelfall zulässig, KommunalPraxis BY 2022, 143–145.

Höfling, Wolfram/*Augsberg*, Steffen/*Rixen*, Stephan (Hrsg.): Berliner Kommentar zum Grundgesetz, Band 2, Stand: Ergänzungslieferung 2/25, August 2025, Berlin.

Hofmann, Andreas W.: Anmerkung zu OVG Bautzen, 07.11.2020 – 6 B 368/20 – „Querdenker“-Demonstration in Leipzig, NVwZ 2020, 1855–1856.

Hofmann, Annekathrin/*Zücker*, Carolin: Anmerkung zu OVG Münster, Beschl. v. 20.11.2020 – 13 B 1770/20.NE, COVuR 2021, 58–59.

Holterhus, Till Patrik/*Michl*, Fabian: Die fragliche Autorität der Judikative, in: Holterhus, Till Patrik/Michl, Fabian (Hrsg.), Die schwache Gewalt? Zur Behauptung judikativer Autorität, Tübingen 2022, 1–9.

Hoven, Elisa: Zur Verfassungsmäßigkeit von Blankettstrafgesetzen, NStZ 2016, 377–383.

Huber, Peter M./*Voßkuhle*, Andreas (Hrsg.): Kommentar zum Grundgesetz, Band 1: Präambel, Artikel 1–19, 8. Auflage, München 2024.

Huber, Peter M./*Voßkuhle*, Andreas (Hrsg.): Kommentar zum Grundgesetz, Band 2: Artikel 20–82, 8. Auflage, München 2024.

Hufen, Friedhelm: Lebensmittelrecht und Verfassungsrecht: Eine ausbaufähige Beziehung, in: Hagenmeyer, Moritz/Welsch, Michael/Loosen, Peter/Bergmann, Joachim (Hrsg.), Festschrift für Michael Welsch, Hamburg 2010, 93–104.

Hufen, Friedhelm: Verwaltungsprozessrecht, 13. Auflage, München 2024.

Hufnagel, Margit: Dieser Corona-Flickenteppich ist gefährlich, Augsburger Allgemeine vom 28. März 2021, abrufbar unter https://www.augsburger-allgemeine.de/politik/Kommentar-Dieser-Corona-Flickenteppich-ist-gefaehrlich-id59397506.html (letzter Abruf: 18. November 2025).

Huster, Stefan/*Kingreen*, Thorsten (Hrsg.): Handbuch Infektionsschutzrecht, 2. Auflage, München 2022.

Ipsen, Jörn: Notstandsverfassung und Corona-Virus, RuP 2020, 118–132.

Isensee, Josef: Das Grundrecht auf Sicherheit. Zu den Schutzpflichten des freiheitlichen Verfassungsstaates, Berlin/New York 1983.

Isensee, Josef: Grundrechtsschranken, in: Isensee, Josef/Kirchhof, Paul (Hrsg.), Handbuch des Staatsrechts der Bundesrepublik Deutschland, Band IX: Das Grundrecht als Abwehrrecht und als staatliche Schutzpflicht, § 191, 3. Auflage, Heidelberg 2011.

Jarass, Hans D./*Pieroth*, Bodo (Begr.): Grundgesetz für die Bundesrepublik Deutschland. Kommentar, 18. Auflage, München 2024.

Jungblut, Matthis: Rückblick 2020 – Chronologie eines Schuljahrs in der Coronakrise, Deutschlandfunk.de vom 28. Dezember 2020, abrufbar unter https://www.deutschlandfunk.de/rueckblick-2020-chronologie-eines-schuljahrs-in-der-100.html (letzter Abruf: 18. November 2025).

Jungholt, Thorsten/*Schuster*, Jacques: Wolfgang Kubicki – „Ich halte das in einem Rechtsstaat für höchst problematisch“, WELT vom 24. April 2021, abrufbar unter https://www.welt.de/politik/deutschland/plus230632417/Kubicki-Das-ist-ein-Hypermoralismus-und-zutiefst-antidemokratisch.html (letzter Abruf: 18. November 2025).

Kahl, Wolfgang/*Waldhoff*, Christian/*Walter*, Christian (Hrsg.): Bonner Kommentar zum Grundgesetz, Ordner 7, Stand: 230. Ergänzungslieferung, Juni 2025, Heidelberg.

Kahle, Christian/*Martin*, Henrike: Verkaufsflächenbeschränkungen im Einzelhandel zur Eindämmung der Corona-Pandemie, NVwZ 2020, 1333–1337.

Kaiser, Anna-Bettina: Ausnahmeverfassungsrecht, Tübingen 2020.

Kaiser, Anna-Bettina: Demokratie perdu?, RuP 2021, 7–15.

Kaiser, Anna-Bettina: Vorläufiger Rechtsschutz gegen Corona-Verordnung mit 2G-Regelung im Einzelhandel (Besprechung von OVG Lüneburg, Beschl. v. 16.12.2021 – 13 MN 477/21), JuS 2022, 382–384.

Kalscheuer, Fiete: Anmerkung zu VG Köln, Beschl. v. 07.05.2020 – 7 L 814/20, COVuR 2020, 212–213.

Kaltenbach, Julian: Verbot öffentlicher Gottesdienste durch die Hamburger Corona-Verordnung auf dem Prüfstand, HRN 2020, 5–10.

Kämmerer, Jörn Axel/*Jischkowski*, Leif: Grundrechtsschutz in der Pandemie – Der „Corona-Lockdown" im Visier der Verfassungs- und Verwaltungsgerichtsbarkeit, GesR 2020, 341–353.

Karpen, Ulrich: Einstweiliger Rechtsschutz des Nachbarn im Baurecht, NJW 1986, 881–889.

Kersten, Jens/*Rixen*, Stephan: Der Verfassungsstaat in der Corona-Krise, 3. Auflage, München 2022.

Kießling, Andrea: Anmerkung zu VGH München, 14.12.2020 – 20 NE 20.2907 – Nächtliche Ausgangsbeschränkung in Hotspots wegen Corona-Pandemie, NJW 2021, 182–183.

Kießling, Andrea: Die Konstruktionsfehler des § 28a IfSG, Verfassungsblog vom 4. August 2021, abrufbar unter https://verfassungsblog.de/die-konstruktionsfehler-des-%c2%a7-28a-ifsg/ (letzter Abruf: 18. November 2025).

Kießling, Andrea: Rechtssicherheit und Rechtsklarheit bei Ausgangssperren & Co? Zur geplanten minimalinvasiven Änderung des § 28 I IfSG, JuWissBlog, 24. März 2020, abrufbar unter https://www.juwiss.de/33-2020/ (letzter Abruf: 18. November 2025).

Kießling, Andrea: Stellungnahme als geladene Einzelsachverständige für die öffentliche Anhörung im Gesundheitsausschuss des Deutschen Bundestages am 12.11.2020, 10. November 2020, abrufbar unter https://www.bundestag.de/resource/blob/805488/949a9f1023 0bb6b7a445ea5d2cdad74c/19_14_0246-7-_ESV-Kiessling-3-BevSchG-data.pdf (letzter Abruf: 18. November 2025).

Kießling, Andrea (Hrsg.): Infektionsschutzgesetz. Kommentar, 1. Auflage, München 2020.

Kießling, Andrea (Hrsg.): Infektionsschutzgesetz. Kommentar, 2. Auflage, München 2021.

Kießling, Andrea (Hrsg.): Infektionsschutzgesetz. Kommentar, 3. Auflage, München 2022.

Kingreen, Thorsten: Der demokratische Rechtsstaat in der Corona-Pandemie, NJW 2021, 2766–2771.

Kingreen, Thorsten: Verfassungsbeschwerde und Antrag auf Erlass einer einstweiligen Anordnung der Mitglieder der FDP-Fraktion, abrufbar unter https://www.heise.de/downloads/1 8/3/0/9/6/0/5/3/FDP_Verfassungsbeschwerde_BevSchG_IfSG.pdf (letzter Abruf: 18. November 2025).

Kingreen, Thorsten: Whatever it Takes II?, Der Gesetzentwurf zur Impfpflicht ab 18, Verfassungsblog vom 15. Februar 2022, abrufbar unter https://verfassungsblog.de/whatever-it-takes-ii/ (letzter Abruf: 18. November 2025).

Klafki, Anika: Corona-Pandemie: Ausgangssperre bald auch in Deutschland?, JuWissBlog, 18. März 2020, abrufbar unter https://www.juwiss.de/27-2020/ (letzter Abruf: 18. November 2025).

Klafki, Anika: Differenzierte Rechtsgrundlagen als Gebot effektiver Krisenbewältigung, NJW 2023, 1340–1344.

Klafki, Anika: Kontingenz des Rechts in der Krise. Rechtsempirische Analyse gerichtlicher Argumentationsmuster in der Corona-Pandemie, JöR 2021 (69), 583–602.

Klafki, Anika: Kooperationsmechanismen im modernen Bundesstaat. Interföderale Rechtsharmonisierung in Deutschland und den USA, VerwArch 2018 (109), 96–116.

Klafki, Anika: Mehr Parlament wagen? – Die Entdeckung des Artikel 80 Absatz 4 GG in der Corona-Pandemie, NVwZ 2020, 1718–1722.

Klafki, Anika: Neue Rechtsgrundlagen im Kampf gegen Covid-19, Verfassungsblog vom 25. März 2020, abrufbar unter https://verfassungsblog.de/neue-rechtsgrundlagen-im-kampf-gegen-covid-19/ (letzter Abruf: 18. November 2025).

Klafki, Anika: Risiko und Recht: Risiken und Katastrophen im Spannungsfeld von Effektivität, demokratischer Legitimation und rechtsstaatlichen Grundsätzen am Beispiel von Pandemien, Tübingen 2017.

Klafki, Anika: Stellungnahme als Einzelsachverständige zum Entwurf eines Dritten Gesetzes zum Schutz der Bevölkerung bei einer epidemischen Lage von nationaler Tragweite (BT-Drs. 19/23944), 10. November 2020, abrufbar unter https://www.bundestag.de/resource/blob/805568/07051b199add717e04d7cca843c3de48/19_14_0246-9-_ESV-prof-Dr-Klafki-3-BevSchG-data.pdf (letzter Abruf: 18. November 2025).

Klafki, Anika: Verwaltungsrechtliche Anwendungsfälle im Kontext der COVID-19-Pandemie, JuS 2020, 511–515.

Klein, Eckart/*Benda*, Ernst/*Klein*, Oliver: Verfassungsprozessrecht, 4. Auflage, Heidelberg 2020.

Kloepfer, Michael: Der Vorbehalt des Gesetzes im Wandel, JZ 1984, 685–695.

Kloepfer, Michael: Verfahrensdauer und Verfassungsrecht, Verfassungsrechtliche Grenzen der Dauer von Gerichtsverfahren, JZ 1979, 209–216.

Kluckert, Sebastian: Die Generalklausel des § 28 Abs. 1 Satz 1 IfSG im Spannungsverhältnis zwischen epidemiologischer Fachlichkeit, rechtsstaatlicher Machtbegrenzung und demokratischer Verantwortlichkeit, DVBl. 2021, 96–102.

Klüver, Meike: Anmerkung zu OVG Hamburg, Beschl. v. 01. 04. 2021 – 5 Bs 54/21 – Pflicht zum Tragen einer Maske beim Joggen zu bestimmten Zeiten und auf bestimmten Wegen, NVwZ 2021, 820–822.

Köbler, Gerhard: Juristisches Wörterbuch: für Studium und Ausbildung, 19. Auflage, München 2024.

Kohler, Julia Rebecca: Anmerkung zu VGH Mannheim, 16.07.2020 – 1 S 1792/20 – Quarantäne nach Einreise aus der Türkei, NVwZ 2020, 1451–1453.

Komp, Lennart/*Thrun*, Felix: Ungleiche Freiheit für Geimpfte?, JA 2021, 743–749.

Kopp, Ferdinand O. (Begr.)/*Schenke*, Wolf-Rüdiger (Hrsg.): Verwaltungsgerichtsordnung. Kommentar, 31. Auflage, München 2025.

Korinek, Karl: Die Verfassungsgerichtsbarkeit im Gefüge der Staatsfunktionen, VVDStRL 39 (1981), 7–50.

Korte, Stefan/*Kleffmann*, Christopher: Die Rechtsformneutralität des schwerwiegenden Grundrechtseingriffs als Voraussetzung prinzipaler Normenkontrolle, DÖV 2024, 41–48.

Kraft, Lara Lucia: Versammlungsverbote in der Corona-Pandemie, JöR 2022 (70), 547–608.

Krüger, Thomas/*Saberzadeh*, Leila: Anmerkung zu VerfG Brandenburg, Beschl. v. 03.06. 2020 – 9/20 EA/ Beschränkung der Versammlungsfreiheit (Art. 23 Abs. 1 LV) durch § 5 CoronaV4 V BB vorläufig nicht in normierter Form anzuwenden, npoR 2020, 255–256.

Krüger, Thomas/*Saberzadeh*, Leila: Keine öffentlichen Gottesdienste mit begrenzter Teilnehmerzahl unter Einhaltung konkreter Schutzmaßnahmen (SARS-CoV-2) (Anmerkung zu BVerfG, Beschl. v. 10.04.2020 – 1 BvQ 31/20), npoR 2020, 192–193.

Kruse, Johannes/*Langner*, Christian: Covid-19 vor Gericht: Eine quantitative Auswertung der verwaltungsgerichtlichen Judikatur, NJW 2021, 3707–3712.

Külper-Schiek, Wiebe/*Piechotta*, Vanessa/*Pilic*, Antonia/*Batke*, Madeleine/*Dreveton*, Léa-Sophie/*Geurts*, Brogan/*Koch*, Judith/*Köppe*, Stefan/*Treskova*, Marina/*Vygen-Bonnet*, Sabine/*Waize*, Maria/*Wichmann*, Ole/*Harder*, Thomas: Facing the Omicron variant – how well do vaccines protect against mild and severe COVID-19? Third interim analysis of a living systematic review, Front. Immunol. 2022 (13), 940562.

Lang, Rudi/*Bühler*, Jonas: Verhältnismäßigkeit der (ersten) allgemeinen Ausgangsbeschränkungen in Bayern anlässlich der „COVID-19"-Pandemie, DVBl. 2021, 20–25.

Lauring, Adam S./*Tenforde*, Mark W./*Chappell*, James D./*Gaglani*, Manjusha/*Self*, Wesley H. u. a.: Clinical severity of, and effectiveness of mRNA vaccines against, covid-19 from omicron, delta, and alpha SARS-CoV-2 variants in the United States: prospective observational study, BMJ 2022, 376:e069761.

Lautmann, Rüdiger: Justiz – die stille Gewalt: teilnehmende Beobachtung und entscheidungssoziologische Analyse, Frankfurt am Main 1972.

Leipold, Dieter: Grundlagen des einstweiligen Rechtsschutzes im zivil-, verfassungs- und verwaltungsgerichtlichen Verfahren, München 1971.

Leisner-Egensperger, Anna: Der legitime Zweck als Bezugspunkt der Verhältnismäßigkeit, JZ 2021, 913–924.

Leisner-Egensperger, Anna: Die Folgerichtigkeit – Systemsuche als Problem für Verfassungsbegriff und Demokratiegebot, DÖV 2013, 533–539.

Leisner-Egensperger, Anna: Die Freiheit und ihr Schutz, NJW 2021, 2415–2420.

Leisner-Egensperger, Anna: Die Leistungsfähigkeit des Verhältnismäßigkeitsprinzips, NVwZ 2024, 1455–1461.

Leisner-Egensperger, Anna: Geeignetheit als Rechtsbegriff, DÖV 1999, 807–815.

Leisner-Egensperger, Anna: Kontinuität als Verfassungsprinzip, Tübingen 2002.

Lepsius, Oliver: Anmerkung zu BVerfG, Beschluss v. 05.05.2021 – 1 BvR 781/21, JZ 2021, 955–959.

Lepsius, Oliver: Anmerkung zu BVerfG, Urteil v. 09.12.2008 – 2 BvL 1/07 u.a., JZ 2009, 260–263.

Lepsius, Oliver: Ausnahme als Rechtsform der Krise, DVBl. 2023, 701–710.

Lepsius, Oliver: Die Chancen und Grenzen des Grundsatzes der Verhältnismäßigkeit, in: Jestaedt, Matthias/Lepsius, Oliver (Hrsg.), Verhältnismäßigkeit: zur Tragfähigkeit eines verfassungsrechtlichen Schlüsselkonzepts, Tübingen 2015, 1–41.

Lepsius, Oliver: Einstweiliger Rechtsschutz nach Maßgabe des Gesetzes. Eine Analyse des Beschlusses des BVerfG vom 05.05.2021 zum Ausgangsverbot der „Bundesnotbremse“, Der Staat 60 (2021), 609–651.

Lepsius, Oliver: Gesetz und Gesetzgebung, in: Herdegen, Matthias/Masing, Johannes/Poscher, Ralf/Gärditz, Klaus Ferdinand (Hrsg.), Handbuch des Verfassungsrechts: Darstellung in transnationaler Perspektive, § 12, München 2021.

Lepsius, Oliver: Grundrechtsschutz in der Corona-Pandemie, RuP, Beiheft 7: Corona und Grundgesetz 2021, 40–63.

Lepsius, Oliver: Hat das BVerfG den Rechtsstaat pandemisch umgebaut?, LTO vom 3. Dezember 2021, abrufbar unter https://www.lto.de/recht/hintergruende/h/bverfg-1bvr78121-1bvr97121-corona-bundes-notbremse-massnahmen-kontakt-ausgang-schule-kinder-grundrechte-kommentar-verfassung-rechtstaat/ (letzter Abruf: 18. November 2025).

Lepsius, Oliver: Partizipationsprobleme und Abwägungsdefizite im Umgang mit der Corona-Pandemie, JöR 69 (2021), 706–762.

Lepsius, Oliver: Sicherheit und Freiheit – ein zunehmend asymmetrisches Verhältnis, in: Merkel, Wolfgang/Nolte, Georg/Schuppert, Gunnar Folke/Zürn, Michael (Hrsg.), Der Rechtsstaat unter Bewährungsdruck, Baden-Baden 2010, 23–54.

Lepsius, Oliver: Vom Niedergang grundrechtlicher Denkkategorien in der Corona-Pandemie, Verfassungsblog vom 6. April 2020, abrufbar unter https://verfassungsblog.de/vom-niedergang-grundrechtlicher-denkkategorien-in-der-corona-pandemie/ (letzter Abruf: 18. November 2025).

Lerche, Peter: Übermaß und Verfassungsrecht: zur Bindung des Gesetzgebers an die Grundsätze der Verhältnismäßigkeit und der Erforderlichkeit, Köln/Berlin/München/Bonn 1961.

Lichdi, Johannes: Die Geltung des Parlamentsvorbehalts in der Corona-Pandemie, SächsVBl. 2020, 273–279.

Lindner, Josef Franz: Thesen zur Weiterentwicklung des Verhältnismäßigkeitsgrundsatzes, NJW 2024, 564–568.

Lucenti, Sebastian: Keine „Lex-COVID-19“ für Corona-Maßnahmen – Teil I, NVwZ Online-Aufsatz 2/2023, 1–13.

Lucenti, Sebastian: Keine „Lex-COVID-19“ für Corona-Maßnahmen – Teil II, NVwZ Online-Aufsatz 3/2023, 1–7.

Luhmann, Niklas: Legitimation durch Verfahren, 12. Auflage, Frankfurt am Main 2021.

Lüke, Inga Maria: Einstweiliger Rechtsschutz gegen Corona-Schutzverordnungen. Eine Analyse der oberverwaltungsgerichtlichen Rechtsprechung von März 2020 bis August 2021, JöR 2022 (70), 609–639.

Mangold, Anna Katharina: Kurzgutachten: „Grundrechtliche Bewertung einer Ausgangssperre zur Pandemiebekämpfung", 2021, abrufbar unter https://freiheitsrechte.org/uploads/publications/Demokratie/Kurzgutachten-Ausgangssperren-2021-Gesellschaft-fuer-Freiheits rechte-Corona.pdf (letzter Abruf: 18. November 2025).

Mangold, Anna Katharina: Relationale Freiheit. Grundrechte in der Pandemie, VVDStRL 80 (2021), 7–36.

Maurer, Marcus/*Reinemann*, Carsten/*Kruschinski*, Simon: Einseitig, unkritisch, regierungsnah? Eine empirische Studie zur Qualität der journalistischen Berichterstattung über die Corona-Pandemie, abrufbar unter https://rudolf-augstein-stiftung.de/wp-content/uploads/2021/11/Studie-einseitig-unkritisch-regierungsnah-reinemann-rudolf-augstein-stiftung.pdf (letzter Abruf: 18. November 2025)

Mayer, Stefan: Abschätzung der Infektionsgefährdung durch SARS-CoV-2 im Einzelhandel auf der Basis unterschiedlicher Methoden, ARP 2021, 55–59.

Merten, Detlef: Verhältnismäßigkeitsgrundsatz, in: Merten, Detlef/Papier, Hans-Jürgen (Hrsg.), Handbuch der Grundrechte in Deutschland und Europa, Band III: Grundrechte in Deutschland – Allgemeine Lehren II, § 68, Heidelberg 2009.

Meßerschmidt, Klaus: Gesetzgebungsermessen, Berlin 2000.

Meyer, Hubert: Die Ministerpräsidentenkonferenz im bundesstaatlichen Krisenmanagement, NVwZ 2023, 1294–1297.

Michael, Lothar: Das Verhältnismäßigkeitsprinzip als Schlüssel(bund)konzept, in: Jestaedt, Matthias/Lepsius, Oliver (Hrsg.), Verhältnismäßigkeit: zur Tragfähigkeit eines verfassungsrechtlichen Schlüsselkonzepts, Tübingen 2015, 42–59.

Michael, Lothar: Entscheidungsbesprechung von BVerfG, Beschl. v. 19.11.2021 – 1 BvR 971/21, 1 BvR 1069/21 – Bundesnotbremse II (Schulschließungen), ZJS 2022, 247–258.

Michael, Lothar/*Morlok*, Martin: Grundrechte, 9. Auflage, Baden-Baden 2025.

Mielke, Bettina/*Wolff*, Christian: Künstliche Intelligenz und Large Language Models in der Rechtsprechung, LRZ 2023, Rn. 560

Möllers, Christoph: Anmerkung zu LVerfG M-V, Endurteil vom 21.10.1999 – LVerfG 2/98 –, ThürVBl. 2000, 41–43.

Möllers, Christoph: Parlamentarische Selbstentmächtigung im Zeichen des Virus, Verfassungsblog vom 26. März 2020, abrufbar unter https://verfassungsblog.de/parlamentarische-selbstentmaechtigung-im-zeichen-des-virus/ (letzter Abruf: 18. November 2025).

Möllers, Christoph: Stellungnahme zum Entwurf eines Dritten Gesetzes zum Schutz der Bevölkerung bei einer epidemischen Lage von nationaler Tragweite – Drucksache 19/23944 und begleitende Anträge, 11. November 2020, abrufbar unter https://www.bundestag.de/resource/blob/805682/90775997933c613cc334fd5065cded6e/19_14_0246-15-_ESV-Prof-Dr-Moellers-3-BevSchG.pdf (letzter Abruf: 18. November 2025).

Möllers, Christoph: Stellungnahme zum Entwurf eines Vierten Gesetzes zum Schutz der Bevölkerung bei einer epidemischen Lage von nationaler Tragweite, BT-Drs. 19/28444,

15. April 2021, abrufbar unter https://www.bundestag.de/resource/blob/834614/9ace24a12b228c12a677f4b05aec4865/19_14_0323-2-_Prof-Dr-Moellers_-viertes-BevSchG.pdf (letzter Abruf: 18. November 2025).

Möllers, Martin H. W./*Van Ooyen*, Robert Chr.: Bundesnotbremse – das Bundesverfassungsgericht bleibt „etatistisch": Neue Grundrechte, weniger Freiheit und eine „Kontrollinszenierung"?, RuP 2022, 58–73.

Montag, Tobias: Die Mär vom dysfunktionalen Flickenteppich. Warum der Föderalismus bei der Bewältigung von SARS-CoV-2 hilft, abrufbar unter https://www.kas.de/de/einzeltitel/-/content/die-maer-vom-dysfunktionalen-foederalismus (letzter Abruf: 18. November 2025)

Muckel, Stefan: Ausgangs- und Kontaktbeschränkungen zur Pandemiebekämpfung verfassungsgemäß („Bundesnotbremse I"), JA 2022, 171–174.

Muckel, Stefan: Ausgangsbeschränkungen im IfSG des Bundes: keine einstweilige Anordnung des BVerfG, JA 2021, 608–610.

Muckel, Stefan: Einrichtungs- und unternehmensbezogene Impfpflicht – keine einstweilige Anordnung des BVerfG, JA 2022, 435–437.

Muckel, Stefan: Gesetzlich untersagte Öffnung von Gaststätten, JA 2022, 612–614.

Muckel, Stefan: Schulschließungen zur Pandemiebekämpfung verfassungsgemäß („Bundesnotbremse II"), JA 2022, 174–176.

Mückl, Stefan: Die einstweilige Anordnung nach § 123 VwGO im System des vorläufigen Rechtsschutzes, JA 2000, 329–335.

Müller, Dieter: Anmerkung zu OVG Weimar, Beschluss vom 26. Februar 2021 – 3 EO 134/21, COVuR 2021, 224.

Münkler, Laura: Expertokratie: Zwischen Herrschaft kraft Wissens und politischem Dezisionismus, Tübingen 2020.

Murswiek, Dietrich: Die Corona-Waage – Kriterien für die Prüfung der Verhältnismäßigkeit von Corona-Maßnahmen, NVwZ-Extra 5/2021, 1–15.

Nagel, Kai/*Müller*, Sebastian Alexander: Stellungnahme zu den Verfassungsbeschwerdeverfahren 1 BvR 781/21, 1 BvR 798/21, 1 BvR 805/21, 1 BvR 820/21, 1 BvR 854/21, 1 BvR 860/21 und 1 BvR 889/21, 14. Juli 2021, abrufbar unter https://depositonce.tu-berlin.de/handle/11303/16043 (letzter Abruf: 18. November 2025).

Neumann, Dieter: Vorsorge und Verhältnismäßigkeit: die kriminalpräventive Informationserhebung im Polizeirecht, Berlin 1994.

Niesler, André: Die gerichtliche Regelung des Sofortvollzugs als „kleine Hauptsacheentscheidung", in: Gärditz, Klaus Ferdinand/Keller, Karen/Niesler, André (Hrsg.), Der Kontrollauftrag der Verwaltungsgerichtsbarkeit: Liber Amicorum für Max-Jürgen Seibert, Berlin 2020, 307–328.

Ogorek, Markus: Bewegungsbeschränkungen für Bewohner von Corona-Hotspots (Besprechung von VGH München Beschl. v. 26.01.2021 – 20 NE 21.162), NJW 2021, 824–827.

Ohne Nennung: Angela Merkel drängt Länder zu härterem Coronakurs, Der Spiegel vom 28. März 2021, abrufbar unter https://www.spiegel.de/politik/deutschland/anne-will-merkeldraengt-laender-zu-haerterem-corona-kurs-a-d3cc0c39-dddf-43cb-8711-7a3564bd81a1 (letzter Abruf: 18. November 2025).

Ohne Nennung: Beherbergungsverbot bereits auf der Kippe, n-tv.de vom 13. Oktober 2020, abrufbar unter https://www.n-tv.de/panorama/Beherbergungsverbot-bereits-auf-der-Kippe-article22094722.html (letzter Abruf: 18. November 2025).

Ohne Nennung: Berliner Senat will Sperrstunde gerichtsfest machen, n-tv.de vom 20. Oktober 2020, abrufbar unter https://www.n-tv.de/regionales/berlin-und-brandenburg/Berliner-Senat-will-Sperrstunde-gerichtsfest-machen-article22113335.html (letzter Abruf: 18. November 2025).

Ohne Nennung: Berufung auf Notstand. Jung würde entführtes Flugzeug abschießen lassen, Spiegel vom 16. September 2007, abrufbar unter https://www.spiegel.de/politik/debatte/berufung-auf-notstand-jung-wuerde-entfuehrtes-flugzeug-abschiessen-lassen-a-505981.html (letzter Abruf: 18. November 2025).

Ohne Nennung: Christian Drosten zur Corona-Lage in Deutschland: „Nach meiner Einschätzung ist die Pandemie vorbei“, Tagesspiegel vom 26. Dezember 2022, abrufbar unter https://www.tagesspiegel.de/wissen/corona-experte-drosten-nach-meiner-einschatzung-ist-die-pandemie-vorbei-9089959.html (letzter Abruf: 18. November 2025).

Ohne Nennung: Corona-Impfpriorisierung aufgehoben. Können sich ab Montag alle impfen lassen?, Redaktionsnetzwerk Deutschland vom 6. Juni 2021, abrufbar unter https://www.rnd.de/gesundheit/corona-impfpriorisierung-aufgehoben-koennen-sich-ab-montag-alle-impfen-lassen-GP2PSDBGIQFYG3T5WVOXUBALC4.html (letzter Abruf: 18. November 2025).

Ohne Nennung: Coronaregeln für Risikogebiete in Deutschland: Kritik am „Flickenteppich“, taz vom 6. Oktober 2020, abrufbar unter https://taz.de/Coronaregeln-fuer-Risikogebiete-in-Deutschland/!5718713/ (letzter Abruf: 18. November 2025).

Ohne Nennung: Erstes Bundesland schert aus: Thüringen will Beschluss nur in Teilen umsetzen, Focus Online vom 28. Oktober 2020, abrufbar unter https://www.focus.de/politik/deutschland/corona-gipfel-erstes-bundesland-schert-aus-thueringen-will-beschluss-nur-in-teilen-umsetzen_id_12594337.html (letzter Abruf: 18. November 2025).

Ohne Nennung: EU lässt Corona-Impfstoff zu, dw.com vom 21. Dezember 2020, abrufbar unter https://www.dw.com/de/eu-l%C3%A4sst-corona-impfstoff-zu/a-56007933 (letzter Abruf: 18. November 2025).

Ohne Nennung: Großbritannien lässt Corona-Impfstoff von Biontech zu, Redaktionsnetzwerk Deutschland vom 2. Dezember 2020, abrufbar unter https://www.rnd.de/gesundheit/grossbritannien-lasst-corona-impfstoff-von-biontech-zu-JYH74C64MQFVZ5OQT7XDPH6SCY.html (letzter Abruf: 18. November 2025).

Ohne Nennung: Grünengesundheitsexperte gegen Enquete-Kommission zur Corona-Politik, Zeit Online vom 26. April 2023, abrufbar unter https://www.zeit.de/politik/deutschland/2023-04/enquete-kommission-corona-politik-skepsis-gruene-spd (letzter Abruf: 18. November 2025).

Ohne Nennung: Jahresvorschau. Das wird das Jahr 2020 politisch, Der Spiegel vom 31. Dezember 2019, abrufbar unter https://www.spiegel.de/politik/ausland/jahresvorschau-das-wird-das-jahr-2020-politisch-a-1301766.html (letzter Abruf: 18. November 2025).

Ohne Nennung: Lauterbach appelliert an Länder, taz vom 12. Oktober 2022, abrufbar unter https://taz.de/!5887695/ (letzter Abruf: 18. November 2025).

Ohne Nennung: Merkel kritisiert „Öffnungsdiskussionsorgien", tagesschau.de vom 20. April 2020, abrufbar unter https://www.tagesschau.de/inland/merkel-lockdown-101.html (letzter Abruf: 18. November 2025).

Ohne Nennung: RKI-Präsident Wieler – „Die Leute dürfen das Coronavirus nicht unterschätzen", Deutschlandfunk.de vom 8. April 2020, abrufbar unter https://www.deutschlandfunk.de/rki-praesident-wieler-die-leute-duerfen-das-coronavirus-100.html (letzter Abruf: 18. November 2025).

Ohne Nennung: Sachsen-Anhalt und Bayern: ÖPNV-Maskenpflicht fällt in zwei Bundesländern, Handelsblatt vom 6. Dezember 2022, abrufbar unter https://www.handelsblatt.com/politik/deutschland/corona-regeln-sachsen-anhalt-und-bayern-oepnv-maskenpflicht-faellt-in-zwei-bundeslaendern/28851370.html (letzter Abruf: 18. November 2025).

Ohne Nennung: Schleswig-Holstein will nicht alle Coronavirus-Beschlüsse umsetzen, Der Spiegel vom 26. November 2020, abrufbar unter https://www.spiegel.de/politik/deutschland/coronavirus-schleswig-holstein-will-nicht-alle-corona-beschluesse-umsetzen-a-4d550188-0f67-4cb2-aa24-467cbefa207c (letzter Abruf: 18. November 2025).

Ohne Nennung: Wuhan – Zentralchina meldet mysteriöse Lungenkrankheit, Der Spiegel vom 31. Dezember 2019, abrufbar unter https://www.spiegel.de/gesundheit/diagnose/wuhan-zentralchina-meldet-mysterioese-lungenkrankheit-a-1303225.html (letzter Abruf: 18. November 2025).

Ossenbühl, Fritz: Die Kontrolle von Tatsachenfeststellungen und Prognoseentscheidungen durch das Bundesverfassungsgericht, in: Starck, Christian (Hrsg.), Bundesverfassungsgericht und Grundgesetz: Festgabe aus Anlaß des 25jährigen Bestehens des Bundesverfassungsgerichts, Tübingen 1976, 458–518.

Ossenbühl, Fritz: Rechtsverordnung, in: Isensee, Josef/Kirchhof, Paul (Hrsg.), Handbuch des Staatsrechts der Bundesrepublik Deutschland, Band V: Rechtsquellen, Organisation, Finanzen, § 103, 3. Auflage, Heidelberg 2007.

Ossenbühl, Fritz: Vorrang und Vorbehalt des Gesetzes, in: Isensee, Josef/Kirchhof, Paul (Hrsg.), Handbuch des Staatsrechts der Bundesrepublik Deutschland, Band V: Rechtsquellen, Organisation, Finanzen, § 101, 3. Auflage, Heidelberg 2007.

Ossenbühl, Fritz: Zumutbarkeit als Verfassungsmaßstab, in: Rüthers, Bernd/Stern, Klaus (Hrsg.), Freiheit und Verantwortung im Verfassungsstaat: Festgabe zum 10jährigen Jubiläum der Gesellschaft für Rechtspolitik, München 1984, 315–327.

Pagenkopf, Martin: Der freiheitliche Staat und die Wissenschaft in der Corona-Pandemie, ZRP 2022, 51–54.

Papier, Hans-Jürgen: Freiheitsrechte in Zeiten der Pandemie, DRiZ 2020, 180–183.

Pautsch, Arne/*Haug*, Volker M.: Parlamentsvorbehalt und Corona-Verordnungen – ein Widerspruch, NJ 2020, 281–286.

Payandeh, Mehrdad: Das Gebot der Folgerichtigkeit: Rationalitätsgewinn oder Irrweg der Grundrechtsdogmatik?, AöR 136 (2011), 578–615.

Peters, Wilfried/*Janz*, Norbert: Art. 8 GG in der Pandemie – vier aktuelle Fragestellungen des Versammlungsrechts, NWVBl 2022, 269–274.

Peters, Wilfried/*Janz*, Norbert: Grenzenloser Shutdown bei Art. 8 GG? Das Corona-Virus und die Beschränkungen des Versammlungsrechts, GSZ 2020, 223–226.

Petersen, Niels: Verhältnismäßigkeit als Rationalitätskontrolle: eine rechtsempirische Studie verfassungsgerichtlicher Rechtsprechung zu den Freiheitsgrundrechten, Tübingen 2015.

Pieroth, Bodo/*Schlink*, Bernhard: Grundrechte. Staatsrecht II, Heidelberg 1985.

Pokraka, Daniel: Corona-Maßnahmen – 800-qm-Regel sorgt für Kopfschütteln, tagesschau.de vom 16. April 2020, abrufbar unter https://www.tagesschau.de/inland/corona-massnahmen-117.html (letzter Abruf: 18. November 2025).

Poscher, Ralf: Das Grundgesetz als Verfassung des verhältnismäßigen Ausgleichs, in: Herdegen, Matthias/Masing, Johannes/Poscher, Ralf/Gärditz, Klaus Ferdinand (Hrsg.), Handbuch des Verfassungsrechts: Darstellung in transnationaler Perspektive, § 3, München 2021.

Poscher, Ralf: Sicherheitsverfassungrecht im Wandel, in: Vesting, Thomas/Korioth, Stefan (Hrsg.), Der Eigenwert des Verfassungsrechts: was bleibt von der Verfassung nach der Globalisierung?, Tübingen 2011, 245–262.

Posser, Herbert/*Wolff*, Heinrich Amadeus/*Decker*, Andreas (Hrsg.): Beck'scher Onlinekommentar VwGO, 75. Edition, Stand 1. Oktober 2025.

Qian, Hua/*Miao*, Te/*Liu*, Li/*Zheng*, Xiaohong/*Luo*, Danting/*Li*, Yuguo: Indoor transmission of SARS-CoV-2, abrufbar unter http://medrxiv.org/lookup/doi/10.1101/2020.04.04.20053058 (letzter Abruf: 18. November 2025).

Redeker, Helmut: Coronabedingte Schließung des (nicht systemrelevanten) Einzelhandels war verhältnismäßig (Anmerkung zu OVG Nordrhein-Westfalen, Beschluss vom 06.04.2020 – 13 B 398/20), IMR 2021, 302.

Reimer, Philipp: Verhältnismäßigkeit im Verfassungsrecht, ein heterogenes Konzept, in: Jestaedt, Matthias/Lepsius, Oliver (Hrsg.), Verhältnismäßigkeit: zur Tragfähigkeit eines verfassungsrechtlichen Schlüsselkonzepts, Tübingen 2015, 60–76.

Remmert, Barbara: Verfassungs- und verwaltungsrechtsgeschichtliche Grundlagen des Übermaßverbotes, Heidelberg 1995.

Ritgen, Klaus: Die Entscheidungen des BVerfG zur „Bundesnotbremse" und ihre Bedeutung für die künftige Pandemiegesetzgebung des Bundes, ZG 2022, 102–123.

Rixen, Stephan: Abschied von der Verhältnismäßigkeit?, Verfassungblog vom 25. Mai 2022, abrufbar unter https://verfassungsblog.de/abschied-von-der-verhaltnismasigkeit/ (letzter Abruf: 18. November 2025).

Rixen, Stephan: Gesundheitsschutz in der Coronavirus-Krise – Die (Neu-)Regelungen des Infektionsschutzgesetzes, NJW 2020, 1097–1103.

Rixen, Stephan: Grenzenloser Infektionsschutz in der Corona-Krise?, RuP 2020, 109–117.

Robert Koch-Institut: 7-Tage-Inzidenz der COVID-19-Fälle in Deutschland, abrufbar unter https://zenodo.org/doi/10.5281/zenodo.12631992 (letzter Abruf: 18. November 2025).

Robert Koch-Institut: Epidemiologischer Steckbrief zu SARS-CoV-2 und COVID-19, Stand: 26. 11. 2021, abrufbar unter und zitiert nach https://web.archive.org/web/20241217041716/https://www.rki.de/DE/Content/InfAZ/N/Neuartiges_Coronavirus/Steckbrief.html?nn=13490888 (letzter Abruf: 18. November 2025).

Robert Koch-Institut: Fachwörterbuch „Infektionsschutz und Infektionsepidemiologie", abrufbar unter https://www.rki.de/DE/Themen/Infektionskrankheiten/Fachwoerterbuch_Infektionsschutz.pdf (letzter Abruf: 18. November 2025).

Robert Koch-Institut: Hinweise zur Testung von Patientinnen und Patienten auf SARS-CoV-2, Stand: 20. Dezember 2023, abrufbar unter https://www.rki.de/DE/Themen/Infektionskrankheiten/Infektionskrankheiten-A-Z/C/COVID-19/Diagnostik-Hinweise.html (letzter Abruf: 18. November 2025).

Robert Koch-Institut: Intensivkapazitäten und COVID-19-Intensivbettenbelegung in Deutschland, abrufbar unter https://zenodo.org/doi/10.5281/zenodo.12635204 (letzter Abruf: 18. November 2025).

Robert Koch-Institut: RKI-Ratgeber COVID-19, Stand: 22. Mai 2025, abrufbar unter https://www.rki.de/DE/Aktuelles/Publikationen/RKI-Ratgeber/Ratgeber/Ratgeber_COVID-19.html (letzter Abruf: 18. November 2025).

Robert Koch-Institut: SARS-CoV-2: Virologische Basisdaten sowie Virusvarianten im Zeitraum von 2020–2022, Stand: 21. September 2023, abrufbar unter https://www.rki.de/DE/Themen/Infektionskrankheiten/Infektionskrankheiten-A-Z/C/COVID-19-Pandemie/Virologische_Basisdaten.html (letzter Abruf: 18. November 2025).

Robert Koch-Institut: Wöchentlicher Lagebericht des RKI zur Coronavirus-Krankheit-2019 (COVID-19) vom 31. 03. 2022, abrufbar unter https://www.rki.de/DE/Themen/Infektionskrankheiten/Infektionskrankheiten-A-Z/C/COVID-19-Pandemie/Situationsberichte/Wochenbericht/Wochenbericht_2022-03-31.pdf (letzter Abruf: 18. November 2025).

Rommelfanger, Ulrich: Anmerkung zu VGH Kassel, Beschl. v. 16. 04. 2021 – 7 B 753/21, COVuR 2021, 363.

Ruschemeier, Hannah: Neues Virus, alte Rechtsfragen?, JöR 2021 (69), 449–446.

Sachs, Michael: Kontakt- und Ausgangsbeschränkungen in der Pandemie, JuS 2022, 182–185.

Sachs, Michael: Schulschließungen in der Pandemie, JuS 2022, 186–189.

Sachs, Michael: Versammlungsverbot (Covid-19), JuS 2020, 474–476.

Sachs, Michael (Hrsg.): Grundgesetz: Kommentar, 10. Auflage, München 2024.

Sachverständigenausschuss nach § 5 Abs. 9 IfSG: Evaluation der Rechtsgrundlagen und Maßnahmen der Pandemiepolitik, abrufbar unter https://www.bundesgesundheitsministerium.de/fileadmin/Dateien/3_Downloads/S/Sachverstaendigenausschuss/220630_Evaluationsbericht_IFSG_NEU.pdf (letzter Abruf: 18. November 2025)

Sangs, André: Das COVID-19-Schutzgesetz, NVwZ 2022, 1489–1496.

Sangs, André: Das Dritte Gesetz zum Schutz der Bevölkerung bei einer epidemischen Lage von nationaler Tragweite und Gesetzgebung während der Pandemie, NVwZ 2020, 1780–1785.

Sangs, André/*Eibenstein*, Henrik (Hrsg.): Infektionsschutzgesetz: mit Trinkwasserverordnung, München 2022.

Schaub, Annkathrin/*Gölzer*, Sarah/*Fischer-Uebler*, Annika: Religionsausübung in Zeiten der Covid-19-Pandemie, DVBl. 2022, 146–151.

Schlaich, Klaus/*Korioth*, Stefan: Das Bundesverfassungsgericht: Stellung, Verfahren, Entscheidungen: ein Studienbuch, 13. Auflage, München 2025.

Schlink, Bernhard: Abwägung im Verfassungsrecht, Berlin 1976.

Schlink, Bernhard: Der Grundsatz der Verhältnismäßigkeit, in: Badura, Peter/Dreier, Horst (Hrsg.), Festschrift 50 Jahre Bundesverfassungsgericht, Band II, Tübingen 2001, 445–465.

Schmidt-Bleibtreu, Bruno/*Klein*, Franz/*Bethge*, Herbert (Hrsg.): Bundesverfassungsgerichtsgesetz, 64. Ersatzlieferung, München 2024.

Schmitt, Felix: Anmerkung zu BayVGH, Beschluss vom 28.04.2020, 20 NE 20.849, BayVBl. 2020, 519–522.

Schmitt, Felix: Die Verfassungswidrigkeit der landesweiten Ausgangsverbote, NJW 2020, 1626–1631.

Schmitt, Felix: Solutionismus, Technokratie und Entdemokratisierung, JöR 2021 (69), 465–486.

Schmoll, Heike: Weiter Unklarheit über Hotspot-Regelung, FAZ vom 16. März 2022, abrufbar unter https://www.faz.net/aktuell/politik/inland/corona-weiter-unklarheit-ueber-hotspot-regelung-17882396.html (letzter Abruf: 18. November 2025).

Schoch, Friedrich: § 21. Vorläufiger Rechtsschutz durch das Bundesverfassungsgericht, in: Ehlers, Dirk/Schoch, Friedrich (Hrsg.), Rechtsschutz im Öffentlichen Recht, München 2021.

Schoch, Friedrich: § 22. Verfassungsrechtliche Anforderungen an den verwaltungsprozessualen Rechtsschutz, in: Ehlers, Dirk/Schoch, Friedrich (Hrsg.), Rechtsschutz im Öffentlichen Recht, München 2021.

Schoch, Friedrich: § 34. Aufschiebende Wirkung und verwaltungsgerichtliches Aussetzungsverfahren, in: Ehlers, Dirk/Schoch, Friedrich (Hrsg.), Rechtsschutz im Öffentlichen Recht, München 2021.

Schoch, Friedrich: § 35. Verwaltungsgerichtliche einstweilige Anordnung, in: Ehlers, Dirk/Schoch, Friedrich (Hrsg.), Rechtsschutz im Öffentlichen Recht, München 2021.

Schoch, Friedrich: Der Prüfungs- und Entscheidungsmaßstab im Normenkontroll-Eilverfahren, NVwZ 2022, 1–8.

Schoch, Friedrich: Einstweilige Anordnung, in: Badura, Peter/Dreier, Horst (Hrsg.), Festschrift 50 Jahre Bundesverfassungsgericht, Band I, Tübingen 2001, 695–723.

Schoch, Friedrich: Vorläufiger Rechtsschutz und Risikoverteilung im Verwaltungsrecht, Heidelberg 1990.

Schoch, Friedrich/*Schneider*, Jens-Peter (Hrsg.): Verwaltungsrecht – Verwaltungsgerichtsordnung: VwGO, 47. Ergänzungslieferung, München 2025.

Schoch, Friedrich/*Schneider*, Jens-Peter (Hrsg.): Verwaltungsrecht – Verwaltungsverfahrensgesetz: VwVfG, 7. Ergänzungslieferung, München 2025.

Schulze-Eickenbusch, Knut: Der Umfang des Entscheidungsermessens bei Gesetzgebungsakten, Hamburg 1972.

Schulze-Fielitz, Helmuth: Nach dem 11. September: An den Leistungsgrenzen eines verfassungsstaatlichen Polizeirechts?, in: Horn, Hans-Detlef (Hrsg.), Recht im Pluralismus: Festschrift für Walter Schmitt Glaeser zum 70. Geburtstag, Berlin 2003, 407–434.

Schünemann, Markus: Corona-Notbremse – In diesem letzten Landkreis gilt sie noch, Berliner Morgenpost vom 10. Juni 2021, abrufbar unter https://www.morgenpost.de/vermischtes/article232503319/corona-notbremse-landkreis-hildburghausen-thueringen.html (letzter Abruf: 18. November 2025).

Schwarz, Kyrill-A.: In dubio pro imperio? Zum Beschluss des BVerfG vom 19.11.2021 – 1 BvR 781/21 u. a. – Bundesnotbremse, NVwZ-Beilage 2022, 3–6.

Schwarz, Kyrill-A.: Zur Frage der Verfassungsmäßigkeit der bundeseinheitlichen „Corona-Notbremse", COVuR 2021, 258–262.

Sehl, Markus: Sind die Gerichte zu ängstlich?, LTO vom 28. September 2021, abrufbar unter https://www.lto.de/recht/justiz/j/justiz-gerichte-rechtsstaat-corona-krise-pandemie-bverfg-angst-unsicherheit (letzter Abruf: 18. November 2025).

Seidel, Tim: FFP2-Maskenpflicht „von O bis O" – der Herbst- und Winterfahrplan in die Verfassungswidrigkeit?, DÖV 2023, 243–251.

Seiler, Christian: Pandemiebedingte Maßnahmen zur Kontaktvermeidung als verfassungsrechtliche Herausforderung, JZ 2021, 924.

Shirvani, Foroud: Infektionsschutzrechtliche Betriebsuntersagungen aus gleichheitsrechtlicher Perspektive, DVBl. 2022, 329–336.

Siegel, Thorsten: Verwaltungsrecht im Krisenmodus, NVwZ 2020, 577–583.

Sobota, Katharina: Sachlichkeit, rhetorische Kunst der Juristen, Frankfurt am Main/New York 1990.

Sodan, Helge/*Ziekow*, Jan (Hrsg.): Verwaltungsgerichtsordnung: Großkommentar, 6. Auflage, Baden-Baden 2025.

Stach, Daniel: Die häusliche Quarantäne nach Ein- oder Rückreise aus dem Ausland, NJW 2021, 10–17.

Stache, Alessa: Vorläufiger Rechtsschutz in der (Corona-)Krise, JuWissBlog, 1. Mai 2020, abrufbar unter https://www.juwiss.de/69-2020/ (letzter Abruf: 18. November 2025).

Staupe, Jürgen: Parlamentsvorbehalt und Delegationsbefugnis: Zur „Wesentlichkeitstheorie" und zur Reichweite legislativer Regelungskompetenz, insbesondere im Schulrecht, Berlin 1986.

Stern, Klaus: Zur Entstehung und Ableitung des Übermaßverbots, in: Badura, Peter/Scholz, Rupert (Hrsg.), Wege und Verfahren des Verfassungslebens: Festschrift für Peter Lerche zum 65. Geburtstag, München 1993, 165–175.

Strübing, Jörg: Qualitative Sozialforschung, München 2013.

Thiel, Markus/*Schorlemer*, Raphael: „Corona-Spaziergänge" – versammlungsrechtliche Verbote in Gestalt der Allgemeinverfügung?, KriPoZ 2022, 97–105.

Tolksdorf, Kristin/*Loenenbach*, Anna/*Buda*, Silke: Dritte Aktualisierung der „Retrospektiven Phaseneinteilung der COVID-19-Pandemie in Deutschland", Epid.Bull. 2022 (38), 3–6.

Tollrian, Lennart: Die Kontrolle von legislativen Tatsachenfeststellungen und Prognosen in der jüngeren Rechtsprechung des Bundesverfassungsgerichts, DÖV 2024, 729–735.

Trappe, Thomas: Dem RKI droht die Zerschlagung. Lauterbachs Reform der öffentlichen Gesundheit gerät „aufs falsche Gleis", Tagesspiegel vom 22. März 2024, abrufbar unter https://www.tagesspiegel.de/wissen/die-drohende-zerschlagung-des-robert-koch-instituts-lauterbachs-reform-der-offentlichen-gesundheit-gerat-aufs-falsche-gleis-11409971.html (letzter Abruf: 18. November 2025).

Trute, Hans-Heinrich: Rechtsprechung zum Infektionsrecht in der SARS-COV-2-Welt, jM 2020, 291.

Trute, Hans-Heinrich: Ungewissheit in der Pandemie als Herausforderung, GSZ 2020, 93–101.

Ullrich, Norbert: Anmerkung zu VG Karlsruhe, 17.01.2022 – 14 K 119/22, NVwZ 2022, 271–272.

Umbach, Dieter C./*Clemens*, Thomas/*Dollinger*, Franz-Wilhelm (Hrsg.): Bundesverfassungsgerichtsgesetz: Mitarbeiterkommentar und Handbuch, 2. Auflage, Heidelberg 2005.

Vitzthum, Thomas: Frank Ulrich Montgomery – „Stoße mich daran, dass kleine Richterlein 2G im Einzelhandel kippen", WELT vom 27. Dezember 2021, abrufbar unter https://www.welt.de/politik/deutschland/plus235826200/Frank-Ulrich-Montgomery-Stosse-mich-daran-dass-kleine-Richterlein-2G-im-Einzelhandel-kippen.html (letzter Abruf: 18. November 2025).

Vohl, Carlotta: Coronabedingte Geschäftsschließung ist notwendige Schutzmaßnahme nach dem IfSG (Anmerkung zu VGH Bayern, Beschl. vom 30.03.2020–20 CS 20.611, IMR 2020, 303.

Volkmann, Uwe: Der Ausnahmezustand, Verfassungsblog vom 20. März 2020, abrufbar unter https://verfassungsblog.de/der-ausnahmezustand/ (letzter Abruf: 18. November 2025).

Volkmann, Uwe: Heraus aus dem Verordnungsregime, NJW 2020, 3153–3160.

Volkmann, Uwe: Wenn die Justiz der Herde folgt. Wie der Zeitgeist die Rechtsprechung beeinflusst, FAZ vom 6. Mai 2020, abrufbar unter https://www.faz.net/aktuell/feuilleton/debatten/wenn-die-justiz-der-herde-folgt-wie-der-zeitgeist-die-rechtsprechung-beeinflusst-16755465.html (letzter Abruf: 18. November 2025).

Völzmann, Berit: Versammlungsfreiheit in Zeiten von Pandemien – Die staatlichen Maßnahmen im Rahmen der Corona-Krise, DÖV 2020, 893–904.

Wagner, Stephan: Der Beschluss des BVerfG vom 05.05.2021 – 1 BvR 781/21 u.a. – und die Frage: Ist Karlsruhe auf dem Weg zum politisierten Gericht? – Teil 1, COVuR 2021, 647–654.

Wagner, Stephan: Der Beschluss des BVerfG vom 05.05.2021 – 1 BvR 781/21 u.a. – und die Frage: Ist Karlsruhe auf dem Weg zum politisierten Gericht? – Teil 2, COVuR 2021, 710–717.

Wagner, Stephan: Leben in der Abwägung, COVuR 2023, 152–180.

Wagner, Tobias: Die Rechtsprechung des BVerfG zur Verfassungsmäßigkeit der sog. einrichtungs- und unternehmensbezogenen Nachweispflicht, öAT 2022, 158–161.

Wagner, Tobias: Verfassungsmäßigkeit der sog. einrichtungs- und unternehmensbezogenen Nachweispflicht (Besprechung von BVerfG, Beschluss vom 27.04.2022 – 1 BvR 2649/21), öAT 2022, 143.

Waldhoff, Christian: Der Bundesstaat in der Pandemie, NJW 2021, 2772–2777.

Waldhoff, Christian: Versammlungsrecht: Verhältnis Infektionsschutzgesetz zu Versammlungsgesetz, JuS 2021, 903–904.

Walker, Wolf-Dietrich: Der einstweilige Rechtsschutz im Zivilprozeß und im arbeitsgerichtlichen Verfahren, Tübingen 1993.

Walter, Christian/*Grünewald*, Benedikt (Hrsg.): Beck'scher Onlinekommentar BVerfGG, 19. Edition, Stand 1. Juni 2025.

Walter, Ute: Die Bundesnotbremse-Beschlüsse des BVerfG, jurisPR-MedizinR 12/2021 Anm. 1.

Warg, Gunter: 2G und Verhältnismäßigkeit – ein empirisches Problem, NJOZ 2022, 65–70.

Warg, Gunter: Corona-Impfpflicht und Evidenz – die Chance des Bundesverfassungsgerichts zur Neubewertung, DÖV 2025, 160–165.

Weber, Klaus: Rechtswörterbuch, 34. Edition, München 2025.

Weitzel, Christian: Justitiabilität des Rechtsetzungsermessens: zugleich ein Beitrag zur Theorie des Ermessens, Berlin 1998.

Weschpfennig, Armin von: Der Parlamentsvorbehalt in der Corona-Krise, Die Verwaltung 2020, 469–500.

Wesser, Sabine: Verhängung einer Ausgangsbeschränkung während der Corona-Pandemie, jurisPR-MedizinR 4/2021 Anm. 1.

Wienbracke, Mike: Gastronomiebeschränkungen durch „Bundesnotbremse" sind verfassungskonform, GWR 2022, 190.

Windoffer, Alexander: Die Klärungsbedürftigkeit und -fähigkeit von Rechtsfragen in verwaltungsgerichtlichen Verfahren des einstweiligen Rechtsschutzes, Berlin 2005.

Windthorst, Kay: Der verwaltungsgerichtliche einstweilige Rechtsschutz: zugleich eine Untersuchung des Erkenntnis- und Steuerungspotenzials der Rechtsdogmatik, Tübingen 2009.

Wolf, Sebastian: Gerichte zwischen Regierung und Gläubigen: Religionsfreiheit in der Corona-Rechtsprechung, NVwZ 2023, 1872–1874.

Wolff, Daniel/*Zimmermann*, Patrick: Der Parlamentsvorbehalt in der COVID-19-Pandemie – Teil 1, JURA 2021, 18–31.

Wolff, Daniel/*Zimmermann*, Patrick: Der Parlamentsvorbehalt in der COVID-19-Pandemie – Teil 2, JURA 2022, 148–158.

Wrase, Michael: Rechtsinterpretation als soziale Praxis – eine rechtssoziologische Perspektive auf juristische Methodik, in: Frick, Verena/Lembcke, Oliver W./Lhotta, Roland (Hrsg.), Politik und Recht, Baden-Baden 2017, 63–84.

Wüstenberg, Dirk: Die summarische Prüfung in Normenkontrollverfahren, DVBl. 2020, 1115–1119.

Wysk, Peter (Hrsg.): Verwaltungsgerichtsordnung, 4. Auflage, München 2025.

Ziekow, Eike: Die Verfassungsmäßigkeit von sogenannten „Ausgangssperren" nach dem Bundesinfektionsschutzgesetz, DVBl. 2020, 732–739.

Zuck, Rüdiger: Bundesverfassungsgerichtsgesetz: Kommentar, 8. Auflage, München 2019.

Zuck, Rüdiger/*Zuck*, Holger: Die Rechtsprechung des BVerfG zu Corona-Fällen, NJW 2020, 2302–2307.

Zuleeg, Manfred: Die Ermessensfreiheit des Verordnungsgebers, DVBl. 1970, 157–163.

Stichwortverzeichnis

Alessandra Simmer

Körperverletzung und Pandemie

Die Strafbarkeit der Infektion mit SARS-CoV-2 nach den §§ 223 ff. StGB

Die Untersuchung behandelt die strafrechtliche Verantwortlichkeit bei einer vorsätzlichen oder fahrlässigen Infektion mit SARS-CoV-2 nach den §§ 223 ff. StGB. Der häufig milde oder symptomlose Verlauf der Infektion macht eine solche Strafbarkeit – anders als bei HIV – kompliziert. Bei fahrlässigen Delikten könnte zwar eine Verletzung von Sorgfaltspflichten – wie das Nichterkennen der Infektion – eine Strafbarkeit begründen. Das übergeordnete Kausalitätsproblem der naturwissenschaftlich kaum nachweisbaren Infektion bleibt aber bestehen. Eine Strafbarkeit ist deshalb nur im Ausnahmefall denkbar. Im Fokus steht auch die sog. »Querdenker-Bewegung«. Rechtfertigungsgründe kommen ihr nicht zugute. Im Einzelfall ist aber ein Verbotsirrtum möglich. Diese scheinbare Lücke im deutschen Strafrecht könnte durch die Schaffung eines abstrakten Gefährdungsdelikts geschlossen werden. Dem steht allerdings das Ultima-Ratio-Prinzip entgegen.

Schriften zum Strafrecht, Band 443
1 Tab., 1 Abb., 329 Seiten, 2025
ISBN 978-3-428-19327-1, € 89,90
Titel auch als E-Book erhältlich.

Duncker & Humblot · Berlin

Anna Katharina Lintz

Pandemie und Staatshaftung

Zur Haftung des Staates für infektionsschützende Maßnahmen mit wirtschaftlichen Folgen

Die Arbeit untersucht das Infektionsschutzrecht aus staatshaftungsrechtlicher Sicht und prüft, ob das Staatshaftungsrecht etwas zur Folgenbewältigung bei Pandemien beitragen kann. Trotz bestehender Entschädigungsregelungen im Infektionsschutzgesetz, fehlen Anspruchsgrundlagen bei generellen Betriebsschließungen. Das Staatshaftungsrecht könnte Lösungen bieten, wobei das Ausmaß der Einschränkungen die Grenzen der Staatshaftung herausfordert. Betriebsbeeinträchtigende Maßnahmen mögen zwar gerechtfertigt sein, bei unzumutbarer Belastung der Gewerbetreibenden ist eine Ausgleichspflicht dennoch verfassungsrechtlich geboten. Infektionsschutzmaßnahmen können im Einzelfall zu unzumutbaren Belastungen führen, da einzelne Unternehmen besonders intensiv und ungleich in Anspruch genommen werden. Das Infektionsschutzrecht muss überarbeitet werden, um die Balance zwischen Handlungsfähigkeit des Staates in Krisenzeiten und dem notwendigen Sonderopfer der Betroffenen im Infektionsschutz zu gewährleisten.

Schriften zum Öffentlichen Recht, Band 1535
359 Seiten, 2024
ISBN 978-3-428-19162-8, geb., € 99,90
Titel auch als E-Book erhältlich.

Duncker & Humblot · Berlin